知识产权法院论丛

ZHI SHI CHAN QUAN FA YUAN LUN CONG

第二辑

北京知识产权法院 编著

宿迟 主编

法律出版社
LAW PRESS · CHINA

编 委 会

序 言

2017 年 11 月 6 日,是北京知识产权法院建院三周年纪念日。每一名法官、助理、法警和书记员,都与三年来每个普通工作日一样,各司其职、忙碌而有序地工作,默默地在每一个司法案件中保障当事人的公平正义。尽管由于工作繁忙而没有安排特殊纪念活动,但这一天仍旧值得庆祝和纪念,北京知识产权法院建院三年取得了显著成绩。

三年来,北京知识产权法院的每一位干警,都在以改革创新精神、敢为人先勇气,创造性开展工作,各项工作扎实推进、进展顺利,赢得了当事人和社会各界的广泛赞誉,初显了成为国际知识产权诉讼"优选地"的端倪,日益成为中国司法的重要窗口和亮丽名片。2017 年 8 月,最高人民法院周强院长在第十二届全国人大常委会第二十九次会议上作了《关于知识产权法院工作情况的报告》(以下简称《三年报告》),全面总结和肯定了知识产权法院的工作。《三年报告》指出,知识产权法院在提高专业审判水平、发挥司法保护知识产权主导作用,深化司法改革、创新知识产权审判权力运行机制,发挥职能作用、提升司法公信力和影响力,加强队伍建设、提高知识产权司法能力方面取得了明显成效,初步探索出了中国特色知识产权专门化审理道路,开创了知识产权审判新局面,对于加强知识产权司法保护具有标志意义。实践证明,中央设立知识产权法院的决策完全正确,对于深入贯彻实施国家知识产权战略和创新驱动发展战略,建立健全中国特色知识产权审判体系,进一步加强知识产权司法保护,具有重要意义。

回顾过去三年的工作,我们有以下几点体会:一是牢固树立"四个意识",以习近平新时代中国特色社会主义思想为指引,不断提高政治站位,从政治高度深刻理解知识产权审判工作的重大战略意义和现实要求。二是努力转变三个理念,即以发挥司法在法治中国中的基础和枢纽作用作为建院理念,以输出公正、令人信服和有指引意义的高水平裁判为办案理念,以尊重法官"自觉、自律、自治"为带队理念。三是努力追求四个"国际一流"工作目标,即努力实现国际一流裁判水平、国际一流审判团队、国际一流研究水平、国际一流公正廉洁形象。四是大力发扬改革创新精神,完善知识产权审判体制机制,充分发挥知识产权司法保护主导作用,为推动实施国家创新驱动发展战略提供更加有力的司法服务和保障,为建设创新型国家、优化科技创新营造良好法治环境。五是不断延伸知识产权司法职能,为国家创新驱动发展战略、首都“四个中心”定位等战略规划提供司法保障。

2017 年 11 月 20 日,十九届中央全面深化改革领导小组第一次会议审议通过《关于加强知识产权审判领域改革创新若干问题的意见》,强调加强知识产权审判领域改革创新,要充分发挥知识产权司法保护主导作用,树立保护知识产权就是保护创新的理念,完善知识产权诉讼制度,加强知识产权法院体系建设,加强知识产权审判队伍建设,不断提高知识产权审判质量效率,优化科技创新法治环境。该意见是十九大精神在知识产权审判领域的具体体现,对今后知识产权审判发展提出了要求、指明了方向。近日召开的国务院常务会议也提出,要着力解决知识产权侵权成本低、维权成本高问题,加快建立侵权惩罚性赔偿制度。这都对我们的审判工作提出了更高要求,要不断克服审判工作中不平衡、不充分的问题,优化审判资源,实现公正高效。

在新的起点上,北京知识产权法院将始终在思想上、政治上、行动上同党中央保持高度一致,牢固树立“四个意识”,坚定“四个自信”,坚持首善标准,立足首都、放眼国际,敢为人先、敢于亮相、敢于拼搏、敢于担当,努力让人民群众在每一个知识产权司法案件中都感受到公平正义。

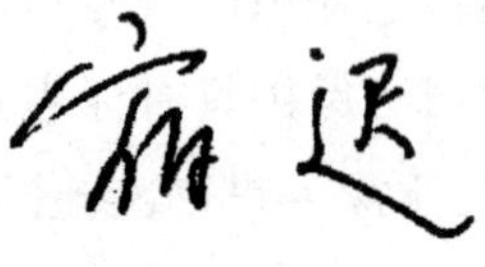

2017 年 11 月 6 日

目 录

Contents

第一部分

司法改革探索

第二部分

审判业务研究

01

第一部分

司法改革探索

案例指导制度的作用和意义

——以知识产权审判领域的探索实践为视角

宿 迟*

2015年4月24日,最高人民法院在北京知识产权法院设立知识产权案例指导研究(北京)基地(以下简称案例基地),在知识产权审判领域率先开展理论化、规范化、信息化、开放化研究和探索,为我国案例指导制度建设提供实践样本和经验。

两年多来,北京知识产权法院秉持公开、透明、多方参与的开放化理念进行了积极探索。到2016年年底,该院已有285篇裁判文书对在先案例进行了援引评述。案例基地组建起近300人的专家队伍,常态化地开展案例评审工作,现已评审出547件典型案例。保障制度实施的知识产权案例指导服务平台也已开发完成,共收录23余万份知识产权裁判文书及各方面海量数据资源,全面服务知识产权审判和司法改革需求。

总结实践经验,我们认为,具有指引意义的在先案例包括三种类型:

一是具有权威性约束力的案例。这专指经过特殊权威程序认定和发布的案例,主要指最高人民法院发布的对全国法院审判执行工作具有约束力。其次是各高级人民法院发布的,在本省、自治区、直辖市范围内具有指导作用的典型案例或参阅案例。

二是具有事实上约束力的案例。这是基于审级秩序以及适用法律一致的司法理念和工作要求,由法官对其上级法院和本院的在先生效裁判自觉予以遵循,从而使该上级法院和本院的在先生效裁判成为具有事实上约束力的案例。

三是具有说服力的案例。这是指没有权威程序认定和发布,也没有审级监督关系的各级法院法官所作出的具有参考价值的裁判。这类案例虽然不具有前

* 原北京知识产权法院院长、审委会委员、法官。

两类案例的约束力,但其中所包含的裁判规则也是法官面对新颖、疑难、复杂问题,以及法律规定不明确或者存在漏洞的情形,经过细致、充分的论证而得出,具有很强的说服效力,可供对后案审理很好参考。

这三类案例对于我国法治社会建设具有重要意义。如果将法律体系比作人体的心血管系统,全国人大立法相当于主动脉,行政法规、司法解释相当于小动脉,但仅此显然是不完整的,还不足以保证血液的循环往复和机体的新陈代谢。只有通过毛细血管在动静脉间建立微循环,充分地进行新旧物质交换,才能确保人体健康。实践中,成千上万个司法案例,尤其是前述后两类案例,恰恰就相当于一个个毛细血管,于最精微之处见真章,源源不断地为立法、行政法规、司法解释、指导性案例提供实践养分,滋养整个法律机体生生不息、进化发展。我们现在的探索,正是在解决我国法律体系中"毛细血管网"缺失,或者至少是欠缺逻辑性、科学性、自发性的问题,是以司法案例为载体,持续不断地向整个法律机体输送新鲜血液,使法律因实践而富有生命力,因有效而深具权威性。

案例指导制度是立足我国政治架构、立法制度、法律传统、司法现状的重大改革创新,其作用和意义主要体现在几个方面。

一是统一法律适用。司法案例直接来源实践,其中所形成的裁判规则是对抽象法律规定的个案具体化,能够克服成文法抽象、概括、滞后等问题,增强对法律适用的指引,并可通过一定程度上的约束力和说服力,协调法院之间、法院内部审判机构之间和审判组织之间对法律的理解和适用,确保相同或类似情形案件作出基本相同的裁判,促进法律适用统一。

二是提供裁判规则。以司法案例的形式生成具有指引意义的裁判规则,可以在法律、司法解释之外,建立起一种具有中国特色且富有效率的全新规则生成机制,及时满足社会发展过程中多变的司法需求。而且,由于司法案例中的裁判规则仍是以法律规范为逻辑起点,是法官对法律规定进行解释和适用的产物,本质上是在法律规范体系内对成文法的细则化,属于对法律的重新发现而非"法官造法",有助于实现规则之治。

三是积累司法智慧。优秀裁判是法官、当事人、律师甚至各方面专家、学者司法智慧的共同结晶,其以司法案例为载体,能够更好地积累与传承,使对法律的理解和适用可以跟随时代,并向着更精细、更准确的方向发展,也保证了法官以后在面临相同或类似情形案件审理时,可以有据可循、为我所用,既避免了重复劳动,又保证了审判质量。

四是提升业务素质。在先案例在诉讼活动中的运用将使法官心态更加开放,并将带来司法理念、裁判方法的深刻变化,促使法官从效率优先向质量优先转变,更加追求专业、精细的司法“工匠精神”。案例的广泛运用也会促使法官始终保持学习状态,不断更新知识结构,注重运用规范的思维方式和解释方法,注重裁判充分说理,真正实现“诉辩”“庭审”“裁判”相一致。

五是规范审判权行使。司法改革取消案件行政式汇报审批后,案例指导的制度性约束要求法官在面临相同或类似情形问题时应当作出基本相同的裁判,并实质性地公开裁判理由。这对于限制个别法官专横妄为、避免“暗箱操作”、预防司法腐败具有重要意义,能够有效确保法官正确、规范行使审判权。

六是增强法律对社会行为的指引。司法案例也是法制宣传教育的“活教材”。人民法院通过一个个具有示范标杆意义的司法裁判贯彻“谁执法,谁普法”的精神,使公众通过鲜活的案例,感悟法律的原则和精神,了解什么是法律允许的,什么又是法律禁止的,同时也将司法活动置于社会监督之下。在先案例也能帮助当事人研判诉讼风险,理性分析诉讼结果,促进纠纷的非诉化解,节约司法资源。

七是丰富法学理论和法学教育。司法案例是“活生生的法治,是应然规则的实然形式”,既可以作为法律定性研究的对象,又能为量化分析提供丰富的实证素材。正如我国台湾地区学者王泽鉴先生所言,“如果不读判决,我不知道我能研究什么。”案例指导制度对案例的重视和运用,还会引起法学教育的重要变革,推动法学教育更加务实、专业和精细,实现与法律职业的良好对接和共同发展。

八是为法律的制定和修改提供实证基础。法律是对社会生活的规范,任何制定和修改都将产生普遍效力,影响广泛而深远,需要有充分的实证为支撑。在案例指导制度语境下,通过纠纷解决形成裁判规则,通过个案裁判汇集纠纷样态、总结司法经验、提出立法建议,为法律条款赋予生命力,保证法律制定和修改的实证基础。

九是有利于实现高科技手段在司法领域的深入运用。要从根本上提升审判质效、推进司法改革,还需充分借助高科技手段的强大推力。案例指导制度为现代科技服务法院信息化转型升级提供了最佳的制度切入口,二者互相结合、相得益彰,不仅有效克服了传统判例制度下海量先例带来的繁杂琐碎,更是可以通过对大数据分析、人工智能等高科技手段的运用,化繁为简,将原有劣势转化为后发优势,使案例查询更加便捷精准,使规则指引更加清晰明确。

“取势高远,审机精微。”在全面贯彻依法治国,深入推进司法体制改革的当下,构建开放、动态、透明、便民的阳光司法机制,建设公正、高效、权威的司法制度,“努力让人民群众在每一个司法案件中都感受到公平正义”,不仅要求司法技术层面的统一、规范、精细,科学有效的案例指导制度更是实现上述目标的不二法门。当然,现有探索还存在认识不统一、理论不扎实、规范不明确等问题,迫切需要法律共同体更多参与到制度建设中来,共同开创中国特色司法制度的新局面。

职业法官配套薪酬改革研究

——以京津冀协同发展下法官精英化进程为视角

宋鱼水　吴园妹　卢爱媛*

摘　要:建立法官单独的职务序列及其符合法官职业特点的配套薪酬体系是司法改革题中应有之义,也是在京津冀协同发展进程中,推动法治建设所不可回避的基础性问题。随着法官从大众化到职业化再到精英化的转变,有必要重新审视现有的法官职务序列和薪酬制度,并根据京津冀的实际情况制定符合地区特点的法官薪酬标准,逐步缩小法官工资差距,最终实现三地法官薪酬的统一。

关键词:精英化　法官职务序列　薪酬改革　京津冀一体化

一、溯源:特定历史条件下形成的法官管理制度

我国法官职业的形成并非一蹴而就。1948 年,共产党在陕甘宁边区开始推行审判和检察分离的制度,在司法部内部设置专门的审判机构。在考评标准方面,政治素养、抗战表现、执行政策法令情况、业务工作情况和服从上级领导的情况最为重要,这意味政治性和行政性是当时司法职业的重要特点。

在当时历史条件下,这样的司法职业特点起了非常积极的作用,但同时,不可避免地存在一些弊端,并影响新中国成立之后的司法体制。随着经济建设的主题逐步被阶级斗争取代,司法审判的专政职能有所弱化,其独立性、中立性的特点逐步强化,法官的职业特点也开始显现,法官的行政身份逐渐淡化,转而体现出专业化、职业化和正规化的趋势。

从 1951 年《人民法院暂行组织条例》将法院直接纳入行政机关的管理序列,

---

* 宋鱼水,北京知识产权法院副院长、审委会委员、法官。吴园妹,北京知识产权法院,审判员。卢爱媛,北京知识产权法院,法官助理。

到1954年《宪法》将法院与行政机关分开,并明确提出"人民法院独立进行审判,只服从法律";从1995年的《法官法》正式颁布,明确规定法官职务等级序列,到1997年《法官等级暂行规定》《评定法官等级实施办法》明确了"法官等级是表明法官级别、身份的称号,是国家对法官专业水平的确认",并据此分为四等十二级;以及2011年《法官职务序列设置暂行规定》取代《法官等级暂行规定》对法官按照法官职务序列进行管理(有关法官职务序列的相关规范性文件及其变迁见表1)。从上述法律规范性文件的颁布来看,法官职业化进程正在不断推进,但职业特点并不突出,与行政级别和法院级别仍然存在千丝万缕的关联,特别是法官的职务等级高低仍与其所在的法院级别关系紧密相连。例如,基层人民法院的法官等级中,审判员为四级高级法官至四级法官;中级人民法院的审判员是三级高级法官至三级法官;高级人民法院的审判员是二级高级法官至二级法官,低级别的法院的法官很难晋升到高的职务等级。

表1 规范性文件颁布情况

年份	规范性文件名称	主要内容
1951	《人民法院暂行组织条例》	第10条规定:"各级人民法院(包括最高人民法院分院、分庭)为同级人民政府的组成部分,受同级人民政府委员会的领导和监督。"
1954	《宪法》	第78条将法院与行政机关分开,并明确提出"人民法院独立进行审判,只服从法律"。
1995	《法官法》	第七章以专章的形式规定了法官职务等级序列,即"法官的级别分为十二级。最高人民法院院长为首席大法官,二至十二级法官分为大法官、高级法官、法官",并规定"法官的职务等级的确定,以法官所任职务、德才表现、业务水平、审判工作实绩和工作年限为依据。"
1997	《法官等级暂行规定》(组通字〔1997〕50号) 《评定法官等级实施办法》(法〔1998〕135号)	明确了"法官等级是表明法官级别、身份的称号,是国家对法官专业水平的确认。"还规定了法官等级根据法官的职务编制,法官分四等十二级。

续表

年份	规范性文件名称	主要内容
2005	《公务员法》	将法官纳入了公务员序列，与行政机关工作人员一样，按照公务员的方式进行管理。根据《公务员法》的规定，公务员职务分为领导职务与非领导职务。
2011	《法官职务序列设置暂行规定》（中组发〔2011〕18号）	法官按照法官职务序列进行管理，法官职务层次依法按等级设置。

二、蜕变：法官精英化进程中的职业特征

（一）从大众化走向职业化

在《法官法》实施以前，法官队伍在构成上包括了相当数量的复员军人、司机、警卫等，领导中也不乏一些不具备法律专业知识的行政官员。这种人员构成在组织纪律、政治素养等方面具有一定的优势，在解决矛盾方面也发挥了一定的积极作用，但随着社会经济的发展，法官对于法律规则的运用能力逐渐凸显，使以原有方式形成的队伍越来越难满足现实需求。

随着《法官法》的施行、法学高等教育的推进以及司法考试的实行，大量具有专业法学背景知识的人员充实到法官队伍，法官队伍逐渐实现了从大众化到职业化的转变。尤其是随着部分复员军人的陆续退休，大部分的法院，特别是经济发达地区的法院，我国法官队伍已基本实现了职业化。同时，值得关注的是员额制带来的影响[①]。员额制不仅在数量上将较大幅度地减少现有的法官数量，在法官素质方面也提出了更高的要求，也即精英化成为一个比较明确的方向。

从大众化到职业化到精英化，是我国法官队伍的必经之路。如果说从大众化到职业化是法官队伍的第一次飞跃，那么职业化到精英化则是法官队伍的第二次飞跃。在职业化和精英化的双重要求之下，我国的法官队伍准入门槛更严，素质更高，数量限制更严格。从根本上来说，这取决于司法作为裁判权的本质属性，司法不仅是权力运作的过程，而且需要运用专业知识和技能的职业法官才可胜任，其不能仅仅满足于普通人所理解的朴素的是非善恶观，因此，一名职业法

① 员额制依据的是《法官法》第50条"最高人民法院根据审判工作需要，会同有关部门制定各级人民法院的法官在人员编制内员额比例的办法。"

官不能只是懂得现行法律规范的法律工匠,还必须具备较强的理论思维能力。

法官职业化是构建法律职业共同体进程中的必然趋势。无论是法官、律师或者法律学者,均系具备一定的专门知识,作为职业的基础,这就意味着共同体成员的知识结构应当是相同的。法律职业共同体知识结构的“同质化”使不同的法律人对同样的案件能得出大致相同的判断,对法官职业而言,直接关乎司法的统一性和稳定性。除知识结构上的“同质化”之外,法律人配套机制的建立也是职业共同体形成的基础,如合理的晋升机制和薪酬体系等。

(二)在案件中塑造法官职业特征

2008 年至 2012 年五年,地方各级人民法院受理案件 5610.5 万件;2013 年为 1421.7 万件;2014 年为 1565.1 万件;2015 年为 1951.1 万件。案件数量不断增长,其中涉及人身损害、劳动就业、教育、医疗、住房等涉及民生的案件比重将近 1/3,其余类型的案件多为刑事案件和经济领域的案件(包括商事案件和知识产权案件)。① 与此同时,案例指导制度的逐步形成使对裁判规则的运用成为法官重要的职业能力。

一方面,化解社会矛盾需要法官具备一定的法律知识和丰富的生活经验。另一方面,法官在规则导向方面的作用也日益突出,如 2015 年,各级法院审结一审商事案件 334.7 万件,同比上升 20.3%;审结一审知识产权案件 12 万件,同比上升 10%,在研究解决产业结构调整所涉法律问题以及促进规范网络知识产权发展方面发挥了重要作用。案件的审理与法官的成长相辅相成:一方面,具有专业素养的法官有效地解决了案件争端,化解了各种矛盾;另一方面,大量案例的历练也促成了法官的成长和逐渐成熟。

三、矛盾:行政职级与地域发展限制与法官职业化

(一)行政职级与法官职业化

以普通中级人民法院为例,行政级别在结构上呈现如下特点:一般院长为正局级,副院长为副局级,庭长为副处级或正处级,其他大部分为科级或科员。只有领导岗位和数量极少的极为资深的法官才能达到处级以上,金字塔结构明显(见图 1)。在一个单位,行政职数相对固定,即局级等行政职级的数量基本固

---

① 参见最高人民法院 2013 ~ 2015 年工作报告。

定,很难有所突破。在基层法院这一特点同样适用。稳定的金字塔式的行政级别和已经成熟的公务员薪酬体系,对法院内部秩序的稳定具有非常积极的意义,有助于维护司法裁判的统一性。

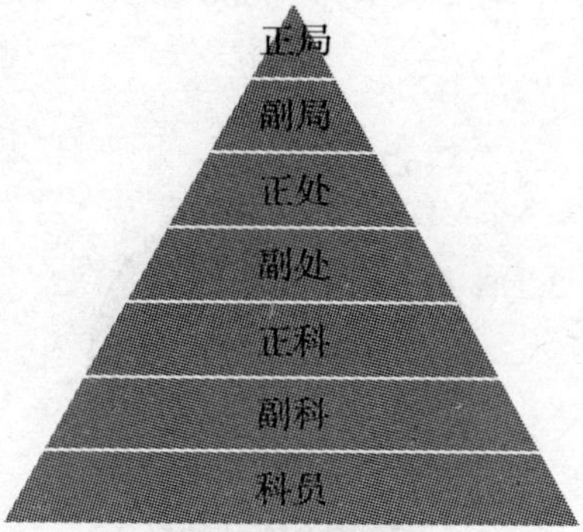

图1 行政级别

从数据来看,46.92%的法官位列公务员序列中最低的科员级,处级及以上的法官仅占5.16%,其中副处级3.95%,正处级0.98%,局级以上的仅占0.23%(见图2)。通过对照法官的年龄与职级发现,法官的职级晋升也十分缓慢,35岁以下的法官科员占65.20%,而40岁的中年法官主体还是正、副科级,甚至80%的50岁以上资深法官仍然是科级干部。①

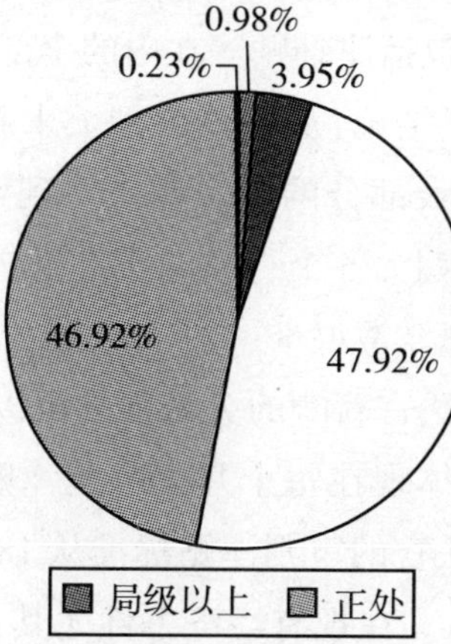

图2 法官行政级别情况

① 参见北京市高级人民法院胡昌明:《法官生存状态的调查问卷》。

从总体上看,被调查法官月收入不到5000元的占80.53%,其中甚至有27.41%的法官月收入不足3000元,而月收入超过8000元的法官,仅占3.09%(见图3)。法官的月平均收入约为4223元,年收入仅为50,712元,比2014年城镇非私营单位在岗职工年平均工资还少5000多元。另外,还有30.49%的法官租房或者住父母房。

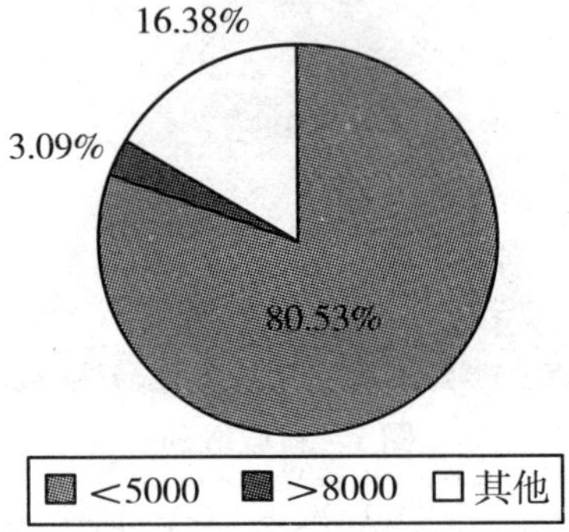

图3 法官收入情况

关于法官的收入情况,就全国平均而言,一名新晋升的法官每月工资在3000元至4000元,一名新入职的在编司法辅助人员工资为2000元至3000元。[①] 就北京市而言,一名科级法官每月的工资约在5000元至6000元,处级法官每月7000元至8000元。从工资构成上来说,主要包括职务工资、级别工资、生活津贴和工作津贴等。上述收入是包括津补贴等在内的全部收入。

综上所述,可以得出以下结论:从行政级别上来看,绝大部分的法官是科级以及科员;从收入上来看,绝大部分的法官收入不到5000元。尽管法官收入的依据主要是其行政级别,实际上,各个行政级别之间差距亦只有1000元至2000元,但行政级别之间的提升却异常艰难。

现有的法官职务等级与法官薪酬的关系几乎可以忽略不计。不同职务等级的法官在待遇上的差别主要体现在每个月的审判津贴上。按照《关于实行法官审判津贴的通知》不同等级法官的审判津贴标准从180元到340元,每个等级之间相差不超过30元(见图4)。在现有经济条件尤其是考虑通货膨胀的因素下,不同等级法官的审判津贴上几乎一致。

① 孙海龙等著:《审判权运行机制改革》,法律出版社2015年版,第291页。

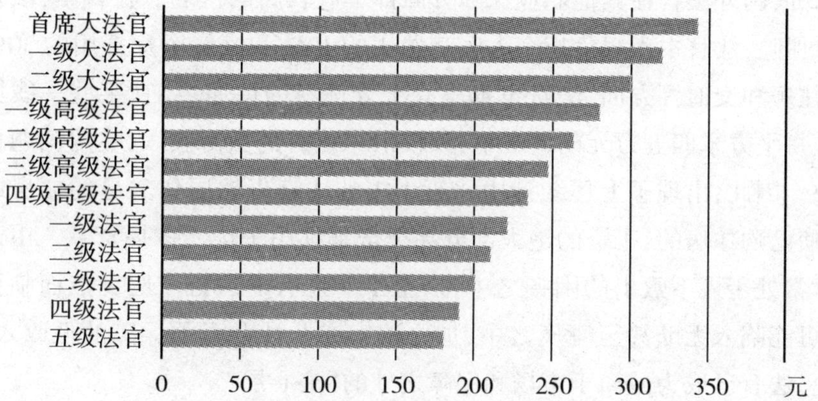

图4　各等级法官对应审判津贴

因此,总体而言,行政级别仍是法官薪酬的最主要的依据。较之国外的法官,我国法官收入水平之低自不待言。与最低工资标准相比,以北京市为例,2013年某中级人民法院一名法官(副科级)月薪约4700元人民币,北京地区2013年的最低工资标准是1400元人民币,2012年度的职工月平均工资为5600元,北京法官的月薪仅是本地最低工资标准的3.35倍。大多数国家法官的薪金均高于同级别的公务员,而且更有保障。以美国为例,根据"全国州法院中心"2012年的统计,美国50个州的基层法院法官人均年薪为13.08万美元,上诉法院法官为14.07万美元,最高法院法官为14.69万美元。美国联邦地区法院法官月薪是本国最低工资标准的11倍。①

比较其他法律职业人,"西部省会城市刚入职的年轻律师起薪为3000多元,干满5年之后,多数律师会开始拿年薪,至少10万元起跳;一名刚毕业的大学生应聘到企业法务时月薪均在4000元以上,多数企业会根据效益分发年终奖金等福利,年薪大概10万元。而具有法院工作经历、拥有丰富审判经验的离退休法官,大企业为这些人开出50万元年薪很正常;法学院教授除了领取作为教师的报酬外,还可以兼职做律师或者外出授课等,其年薪至少10万~20万元。"②在经济发达的城市,律师和企业法务的收入更高,比如,北京律师人均每年净收入2010年即已经达到16.4万元③。

① 何帆:《法官高薪的前提是什么》,载《人民法院报》2013年5月24日,第08版。

② 孙海龙等著:《审判权运行机制改革》,法律出版社2015年版,第292页。

③ 参见2011年北京市律师协会《律师行业蓝皮书》。

另外,国外法官在其他职业保障方面都享有较高的待遇。在日本,法官都参加医疗保险,法官本人只负担个人医疗费用的10%和家属医疗费用的30%。此外,在住房和交通等方面,法官也都享有十分优厚的待遇。[①] 在某些一线城市房价动辄每平方米四五万元的情况下,仅仅依靠法官的微薄收入,住房问题根本无法解决。因此,出现了上述统计中将近1/3的法官仍然居住父母的住房或者租房,即使已购住房的,工资的绝大部分甚至全部都用于偿还按揭贷款。由于我国法官常常处于入不敷出的困顿之中,以至于一旦有的法官家庭突然面临重大变故,则可能陷入无助甚至瘫痪之中,加之法官亦非社会亟须保障的低收入人群,事实上,法官已成为游离于市场和保障之外的"夹心层"。

(二)地域发展不平衡与法官职业化

京津冀三地发展不平衡是显而易见的。据相关统计显示,从发展水平看,北京综合指数及分项指数均明显优于津冀。[②] 京津冀一体化发展,意味着京津冀地区政策互动、资源共享、市场开放被纳入体系化、全局性设计中。京津冀区域幅员辽阔,经济发展不平衡由来已久,津冀面临产业转型升级的"瓶颈"。人民法院在其中的作用则是为京津冀协同发展提供优质高效的司法服务和保障,这必然离不开专业化正规化和职业化的法官队伍。最高人民法院在《关于为京津冀协同发展提供司法服务和保障的意见》中也提到"建立健全京津冀三地法院人员培训和法官任职交流机制。积极推进三地法官统一培训、学习和交流,实现人员资源互通互融。探索实行三地法官异地挂职、任职交流,努力实现三地法官司法能力共同提升。"

京津冀一体化发展对法官的专业性提出了更高的要求。随着立案登记制的全面实施,三地法院受理的案件数量,特别是有关土地、知识产权、环境保护、投资、金融、商事合同等类型的案件数量将大幅攀升,案多人少的矛盾更加明显,对法官的各项要求也越来越高,既要妥善就地化解三地关系民生的基本矛盾,又要注重三地司法标准和裁判制度的一致性。尽管在京津冀一体化进程中,因功能定位、产业疏解和人口移动等可能产生的矛盾纠纷会具有强烈的地区特点和阶

---

① 董华:《日本的法官制度》,载 http://old.chinacourt.org/html/artical/200203/19/476.shtml,最后访问时间:2016年4月25日。

② 文魁等:《京津冀发展报告(2016)》,社会科学文献出版社2016年版。转引自中国社会科学网《京津冀蓝皮书:京津冀发展报告精读》,载 www.cssn.cn/zk/zk_zkbg/201605/t20160504_2994465.shtml,最后访问时间:2016年12月15日。

段性特点。但从长远来看，知识产权、环境保护、投资金融等领域的纠纷需要专业化的法官来解决，共同提升三地法官的司法水平，以致建立跨京津冀行政区域法院集中管辖。[①] 因此，全面提升法官薪酬水平，实现京津冀三地法院法官职务薪酬趋于平衡也是一体化进程的中的必然选择和结果。

四、构建：法官职务序列及薪酬改革之制度设计

（一）制度前提：工作思路层面上的设计

1. 实行分类管理，构建合理的法官团队

从目前法院的实践来看，法院队伍基本上是分为法官、司法辅助人员、行政人员三类。自2004年起，最高人民法院即在全国确定了18个地方法院作为法官助理制度的试点法院，以期实现分类管理。2014年最高人民法院在"四五"纲要中明确提出法院人员将分为法官、审判辅助人员和司法行政人员，实行分类管理。但在实践中，问题仍比较突出，如司法辅助人员数量不够，法官助理和书记员身份混同，法官受困于各种与审判无关的琐事等。

目前我国法官共有20万人，约占全国法院总人数的58%，全国法院的总人数约34万。法官员额制是符合现代司法的总体方向，对于审判工作的专业化、提高诉讼效率、突出法院的审判职能等都具有积极效应。员额制的实施，将在较大程度上缩减现有的法官规模，为进一步推进职务序列和薪酬改革做好基础性的工作。

2. 建立法官职务单独序列，突出法官职业特点

有行政编制而无法官编制是行政管理体制下的思维，但法官不同于公务员，需要高度专业的知识和技能，承担的工作压力较大，职业风险较高，正是法官职业的这一特殊性，使对其的管理必须不同于公务员的管理。我国《法官法》设专章规定法官分为四等十二级，这为法官套用公务员的职务和级别的问题做了法律上的依据和制度建设上的引导。法官在专门的序列中接受管理，使其独立于公务员的主体身份，更加符合法官的职业特点，能够增强法官的职业尊荣感。

3. 建立单独的薪酬体系，彰显法官主体地位

在现有的公务员管理体制之下，行政级别是法官薪酬最重要的依据。打破

---

① 参见《最高人民法院关于为京津冀协同发展提供司法服务和保障的意见》。

行政级别的束缚,建立法官单独的职务序列,才能有效推行单独的薪酬体系。正如前文所述,法官职业具有特殊性,在职业准入、职业发展、职业性质等方面都不同于一般公务员,因此,在薪酬标准上高于普通公务员是各国的通例。适当提高法官的物质待遇,以法官职务和等级作为确定法官待遇的基本依据,构建法官单独的薪酬体系是彰显法官主体地位的实质性体现。

(二)制度方向:实际操作层面上的推进

1. 在立法层面建立法官单独职务序列

法官职务序列和薪酬改革在现有的公务员框架下推进是由我国的国家性质所决定的,也是大多数国家的通例。法官往往是一类特殊的公务员。在《公务员法》的框架下,公务员分为综合管理类、专业技术类和行政执法类等类别,法官作为司法裁判者,并非综合管理类和行政执法类,虽要求一定的专业知识,但也不同于一般的专业技术类公务员。

建议在《公务员法》中明确将法官作为公务员的单独一类予以规定,并另行规定有关法官的条件、义务与权利、职务与级别、录用、考核、任免等内容。这一做法的益处在于能够最大限度地保持现有公务员序列的稳定性,同时,能够通过单独的立法突出法官职务序列的特点。但存在的问题是,法官历来按一般行政公务员进行管理,难免存在路径依赖,也即习惯性地按照原有体制进行管理,若立法稍有疏忽遗漏之处,法官职务容易受制公务员管理的模式。因此,除在《公务员法》层面的立法修改外,建议出台具体的实施细则,确保法官职务序列和薪酬改革的可实施和可操作。

2. 逐步去除法官行政级别,建立法官等级序列

法官的审判能力(包括德、才、能)应是法官等级的唯一依据。尽管级别不同的法院审理的案件也不同,如级别较高的法院审理的案件难度也较高,但法官所在的法院级别不应成为评定法官等级最重要的依据。同时,由于司法改革的推进是伴随法官员额制的推进,新选任的法官队伍不仅数量大幅减少,在审判能力上也较原有法官队伍有更高提升。现有的四等十二级并非为员额法官设立,若在员额制改革完成后,仍完全适用这些等级,将挫伤较低职务层次法官的积极性。

为了保证法官有足够的晋升机会,可从以下三方面予以考虑:一是减少法官晋升等级数量,确保进入员额的法官一开始就具有相对合理的法官等级;二是提

高基层人民法院、中级人民法院法官的等级，如从基层人民法院法官职务等级的角度，可考虑在目前最高等级为四高的基础上进行突破，如将等级提高至三高，特别优秀的可晋升至二高，中级人民法院也可将法官最高等级提升至一高；三是设定合理的晋升年限，根据所在法院的特点，将按期晋升与择优晋升结合起来，如在基层人民法院，晋升四级以及法官的，可以按期晋升，晋升四高法官的，应当确定比例择优晋升。如此一来，一方面能够为普通法官职务晋升"创设一条期盼可以实现的通道"；另一方面也能为基层法官提供"充足的职业发展空间和可预期的物质待遇改善空间"。①

3. 建立配套统一的薪酬体系，法官享受国家专项规定的福利待遇

（1）从基数上增加薪酬。目前，我国法官薪酬面临的最大问题是基数过低，如北京一名法官收入甚至达不到城市职工平均收入水平，这显然是不合理的，故大幅地增加薪酬基数应是法官薪酬改革的必然要求。发达国家法官的收入一般是社会平均工资的10倍。而发展中国家一般在40倍，②这主要是发展中国家工资绝对数额较低，因此，其相对于社会平均工资更高；而从另一个角度来看，尽管各国经济文化发展水平不均衡，但法官的职业保障并没有因此而打折扣。在具体的薪酬体系的设计上，可以综合考虑社会最低收入水平、本市职工的平均收入水平以及其他法律职业人的收入水平等，确定符合法官职业特点的薪酬水平。此外，还应当建立正常的工资增长机制，法官薪酬体系的建立至少应当保障法官的基本生活水平，使法官不至于纠结于衣食细节，能保证其专心审判。

（2）建立相对统一的薪酬标准。相对统一的薪酬标准应当以平等为原则，以保基层为基础，并根据法官的任职年限进行动态平衡。无论在最高人民法院还是在基层人民法院，无论是位于经济发达地区还是位于经济欠发达地区，法官的薪酬水平应当与经济发展水平相适应，使薪酬水平对法官生活的影响趋于一致。法官职务成为单独的序列，依据法官职业特点设立的法官等级是法官薪酬的唯一依据，而非法官所在的法院级别，更非法官的行政级别。不同等级的法官享受不同的薪酬待遇，既能凸显法官之间的差异，也能为法官晋升提供基础。同时即使处于基层人民法院，也应当将法官所在的级别设置成可以达到的较高级别，确

---

① 王守安：《司法官职务序列改革的体制突破与司法价值》，载《当代法学》2014年第1期。

② 如美国联邦地区法院法官月薪是本国最低工资标准的11倍，英国地区法院法官则是9.9倍，意大利上诉法院法官是7.3倍，我国香港特别行政区区域法院法官是29倍。

保优秀的基层法官能在薪酬上达到较高的水平,从而为基层留住优秀的人才。当然,不可否认,最高人民法院和基层人民法院,经济发达地区和经济欠发达地区在审理的案件类别、数量、复杂程度上都存在一定的差异,以及法官任职资历存在实际差异,完全统一的薪酬水平可能并不能满足各级法院和各地区法官的愿望。在薪酬体系的设置上,可以根据法院特点、地区差异和法官特色,增加专项拨款,实现动态平衡。

(3)制定专项的福利待遇。《关于司法体制改革试点若干问题的框架意见》第6条规定:"根据审判工作、检察工作特点,建立与法官单独职务序列的薪酬制度。现阶段,可采取现行工资收入加办案补贴或岗位津贴的方式确定薪酬。"具体标准可以根据京津冀的经济发展水平,适当提高职务津贴标准、保证其生活水平,以调动法官的工作积极性。另外,考虑到在一线城市,住房问题仍是大多数法官生活中首要难题,可以在法律和政策许可的范围内,制度符合法官职业特点的特殊政策,如面对法官的住房困难,可以探索人才租赁房等形式,确保法官不至于为了生计而有损公正。

(4)法官薪酬需有单独统一的财政支持。我国法院的经费也应单独列入国家预算,由中央财政统一解决,使法官真正成为从中央领取薪酬的国家法官、国家检察官。京津冀一体化的目标虽然明确,但三地毕竟发展方式和发展阶段不同,且至今尚未摆脱行政区经济各求发展的旧有模式,缺乏有效的区际利益协调机制,法治配套协调机制有待进一步深化。因此,法官审理的案件数量、案件复杂程度等都存在较大差异,尽管在法官薪酬上可以实现三地法官薪酬均由中央统管,但地区差异的现实在相当长时间内无法克服,地方财政的影响不可忽视。应当实现中央财政和地方财政的合理对接,根据各地的实际情况,制定符合地区特点的法官薪酬标准,并随着各地区发展差距的缩小,逐步缩小法官的工资差异。

4. 成立跨京津冀法院,实现法官职务序列和薪酬的重新整

最高人民法院在《关于为京津冀协同发展提供司法服务和保障的意见》中明确指出,要建立健全京津冀法院工作联络机制,结合京津冀三地法院自身审判特点,对专业性较强的案件实行由特定法院集中管辖,充分发挥三地审判优势资源,推动专业化审判,提高审判质量,统一裁判标准。像知识产权案件、海事海商案件、生态环境保护案件等可以集中管辖或专门管辖制度,在重大民事案件、行政案件上也可尝试由跨京津冀三地的法院进行管辖。法院的跨区域也将带来人

员的跨区域和重新整合,现有的法官职务序列和薪酬待遇也应当重新整合,这样才能实现三地法官的自由流动。

（三）过渡期设置:依托于公务员职级的薪酬设计

1. 突破行政职数的限制,合理界定法官行政级别

在现有薪酬体系之下,法官工资收入源于法官行政级别,而行政级别又受制于行政职数的限制,总体上法官行政级别较低,工资水平亦难以提高。法官单独的职务序列最终将要突破现有的普通公务员的行政级别,但从推行过程来看,如果按照现有的法官等级制度设计,薪酬体系在理论方面有所欠缺,在实践中更是无经验可参照。相反,公务员根据行政职级确立的工资体系实行多年,经验比较成熟,社会接受程度也较高。在过渡期对构建法官薪酬体系具有非常重要的参考意义。

如果法官职业是薪酬计算的基点,在现有的行政职级体系下,确定法官对应的行政职级就显得尤为重要。例如,美国、英国、墨西哥等国的法官工资,都直接对应政府司局级以上官员。德国、日本法官的工资虽与公务员职级对应,但总体也高于普通公务员。我国台湾地区"司法院"经过努力争取,法官薪酬目前已是同一职等公务员的2.5倍,最高时曾达到3.25倍。① 在具体操作上,可尝试打破现有的行政职数的限制,法官被人大任命,即可实现行政级别上达到副处。副处作为法官薪酬计算的依据,然后根据法官资历的不同再实现法官工资的差异化。以进入法官员额后办案年限作为法官资历的依据,每5年作为晋升的窗口期(见图5)。

2. 以行政级别建立的薪酬为基础,平衡不同级别不同地区的法官薪酬

如上文所述,突破现有行政职数限制,确立法官对应的行政级别,在于合理和科学地确定法官的薪酬基数。但由于法院级别不同,法院所在地区的不同,相同级别的法官(如均按副处待遇)薪酬存在差异在所难免。在过渡期设置上,可以在此基数上探索具有法官职业特点的薪酬体系,建立法官专项的津补贴。考虑到全国85%以上的案件和法官都在基层,应优先设立基层岗位津贴,明确在基层时间每增加一年,岗位津贴即增加一定数额。不同审级法院法官的工资应保持均衡,不宜有太大落差。在此基础上,再设立平衡地区消费水平差异的地域津贴。与此同时,可充分借鉴国外经验的基础上,结合我国国情,落实《法官法》规

---

① 何帆:《法官高薪的前提是什么》,载《人民法院报》2013年5月24日,第08版。

定的“定期增资”制度。例如,每隔两年,就根据全国案件总量、法官人均办案量、通货膨胀率、物价消费指数和国家整体财政状况的变化,确定法官工资增幅。[①]

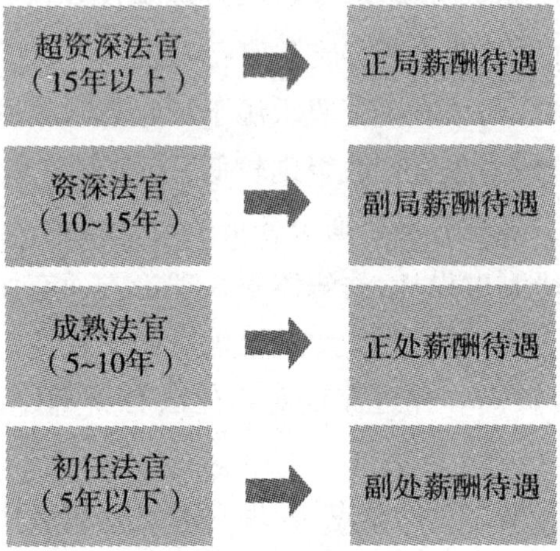

图5　法官薪酬差异

3. 以京津冀法院为试点,稳步推进各项改革

改革的推进需要试点,京津冀一体化的发展,能够成为整个法官队伍职务序列和薪酬实现跨地区改革的样本。在试点法院的选择上,考虑到京津冀发展不平衡的问题仍然比较突出,因此,除已经全面推开司法改革的北京地区的法院之外,应当兼顾津、冀二地经济欠发达地区法院,为统一的职务序列和合理的薪酬体系的建立积累经验。具体到各类人员,为保证合理衔接和平稳过渡,应采取“老人老办法、新人新办法、中人逐步过渡”的方式,老人(退休法官)沿用旧的职务序列设置规定,但在薪酬待遇上应适当有所提高;新人(初任法官)一律适用新的职务序列和薪酬标准;中人(在岗法官)则配合分类管理等改革进度,逐步过渡到新的职务序列和薪酬标准。经过几年的摸索和试点,待改革的经验和各方面条件成熟后,逐步在京津冀乃至全国范围内推广实行法官的单独职务序列。[②]

五、结论

随着法官职业的精英化走向,逐步去除现有的法官行政级别,建立法官特有的职务序列并与之配套的薪酬体系是司法改革,也是京津冀一体化发展的要求。

---

① 何帆:《法官高薪的前提是什么》,载《人民法院报》2013年5月24日,第08版。

② 王守安:《司法官职务序列改革的体制突破与司法价值》,载《当代法学》2014年第1期。

应当在立法上进一步突出法官的职业特点,同时充分考虑三地实际差异,法院级别差异等情况下,建立动态平衡的薪酬体系,使法官薪酬对生活的影响趋于一致,并随着三地经济文化发展水平差距的缩小,以及跨京津冀三地法院的设立,逐步缩小法官工资差异,实现三地法官薪酬的完全一致。

完善司法权力运行监督机制研究*

宿　迟　吴久宏　张洪占**

前　言

党的十八届四中全会提出，实现建设中国特色社会主义法治体系，建设社会主义法治国家的总目标，必须坚持中国共产党的领导，坚持人民主体地位，坚持法律面前人人平等，坚持依法治国和以德治国相结合，坚持从中国实际出发。形成完备的法律规范体系、高效的法治实施体系、严密的法治监督体系、有力的法治保障体系。

在现代法治国家，司法权是一种重要国家权力，一方面给那些受到损害的个人权利提供一种最终的、权威的救济，另一方面也对那些颇具侵犯性和扩张性的国家权力实施一种中立的审查和控制。① 因此，司法权又被称为维护社会公平正义的最后一道防线。然而，"一切有权力的人都容易滥用权力，这是万古不易的一条经验。有权力的人使用权力直到遇有界限的地方才休止。"②有权必有责，用权受监督，是现代社会的一项基本要求。作为权力本身，司法权也必然要受到监督。因为只有有效的监督才能保证司法权力公正运行，而也只有公正司法才能真正实现对人民权利的保障。

新中国成立后，特别是改革开放以来，建立了较为完备的司法权运行监督机制，比如，以监督主体为划分标准，建立了外部监督和内部监督相结合的体系化监督机制。外部监督机制主要包括人民代表大会的权力监督、检察院的法律监督、中国共产党的纪律监督、以媒体的舆论监督为代表的社会监督等，在司法机

---

* 本文为 2015 年北京市法学会重大调研课题研究成果，完成时间为 2016 年 8 月。

课题主持人：宿迟。课题组成员：吴久宏、龙飞、庞正忠、张广良、孙午生、杜长辉、张晓津、梁志军、杨静、张琳琳、张洪占、刘辉、逯遥、赵晓畅。课题执笔人：吴久宏、张洪占。

** 宿迟，原北京知识产权法院院长、审委会委员、法官。吴久宏，原北京知识产权法院纪检组组长。张洪占，北京知识产权法院法官助理。

① 陈瑞华：《司法权的性质——以刑事司法为范例的分析》，载《法学研究》2000 年第 5 期。

② 孟德斯鸠：《论法的精神》（上），张雁深译，商务印书馆 1961 年版，第 154 页。

关外部形成监督体系。内部监督机制则主要指司法机关内部为监督司法权进行的制度安排,既包括审判、管理、监督职权的分配,也包括保障司法权公正运行的各项具体制度,在司法机关内部形成监督体系。

虽然我国已经形成了一套较为完备的司法权力运行监督机制,但不可否认的是司法不廉案件仍时有发生,尤其是一些高级别司法机关领导干部因违法违纪而被追究刑事责任的案件,给社会公众对于司法公正的信心造成了极大的伤害。究其根源,乃是因为长期以来,受传统司法权行政化运行模式的影响,司法权运行监督机制一直难以跨越一些制度性因素的阻碍,突出表现为司法权独立行使程度不高、行政化色彩浓重等,导致监督机制不仅难以对司法公正发挥保障作用,甚至某些情况下成为干扰司法公正的主要入口。

建设公正高效权威的社会主义司法制度,努力让人民群众在每一个司法案件中感受到公平正义,是党的十八大和十八届三中、四中全会作出的重大部署,对推进国家治理体系和治理能力现代化、建设中国特色社会主义法治体系具有十分重要的意义。党的十八大明确提出:“要进一步深化司法体制改革,坚持和完善中国特色社会主义司法体制,确保审判机关、检察机关依法独立公正行使司法权、检察权。”中央全面深化改革领导小组审议的《关于司法体制改革试点若干问题的框架意见》,首次明确了完善司法人员分类管理、完善司法责任制、健全司法人员职业保障、推动省以下地方法院检察院人财物统一管理等司法体制改革的基础性、制度性措施。作为政治体制改革的重要内容之一,新一轮的司法体制改革正稳步推进,一些长期制约司法权运行机制建设的制度性障碍有望得到消除。这也为完善司法权运行监督机制创造了前所未有的条件。

要确保司法权公正、高效、权威运行,切实发挥司法维护社会公平正义的作用,离不开完善的司法权力运行监督机制。司法权运行去行政化是新一轮司法改革中落实司法责任制的重要举措,对传统司法权力运行监督机制也提出了前所未有的挑战。在传统司法权运行监督机制中,院、庭长是通过科层制模式来行使审判管理监督权的。这种行政化的监督方式,在法官数量众多、素质良莠不齐的情况下,一定程度上确实起到了统一裁判尺度的作用,但因其运作不公开缺乏透明度,也导致了许多以监督为名行干预之实现象的发生,掣肘了司法公正的实现。在司法改革过程中,随着审判权运行机制的改革的不断深化,随着员额制法官的精英化、专业化建设,院、庭长行使审判管理监督权的方式、范围等必然受到限制,原有的审判管理监督模式面临监督机制失灵、监督实效性打折的风险。因此,在司法改革大背景下,研究建立并完善符合司法权运行规律的新型司法权力运行监督机制具有现实必要性和紧迫性。

本课题立足新一轮司法体制改革,以全国首家整建制进行司法改革的北京知识产权法院为主要研究对象,基于新型司法权运行机制的实践,探索构建和完善新型监督机制,确保司法权运行去行政化后监督的针对性和有效性,保障司法改革的顺利运行,为司法改革成果提供保障。首先,对司法权及其监督机制进行理论化的梳理,探讨司法权监督机制的应然状态,为司法权监督机制完善提供理论依据。其次,结合传统司法权监督机制存在的问题,探讨长期以来制约司法权监督机制作用发挥的制度性障碍和根本性原因,为司法权监督机制完善提供现实依据。再次,在本轮司法改革语境下,结合中国司法和社会现状,秉持协同性和开放性理念,研究完善符合司法规律的司法权监督机制的基本路径,即以运行机制为前提,以制约机制和公开机制为内容,以保障机制为支撑的监督机制完善思路。最后,本文将对上述四大机制的具体内容分别进行详细探讨。

本课题组在调研中,综合运用了历史研究法、实证研究法、比较研究法等方法开展研究。同时,课题组围绕运行机制、制约机制、公开机制及保障机制的构建,先后多次召开座谈会、论证会,听取专家、学者、律师、专业代理人、法官及法官助理等意见建议,并形成了深化审判权运行机制、诉权保障及惩戒机制、知识产权案例指导机制、诉审判一致性机制、法官离职审查规定等阶段性成果。

第一章 司法权力运行监督机制概述

一、司法权的概念

在我国,因法院、检察院长期被统称为司法机关,司法权的具体内涵也存在争议,具有代表性的观点有狭义说和广义说两种。狭义说采纳了大多数国家的观点,认为司法权仅包括法院的审判权;广义说则认为我国设立了专门的检察机构,实行审检分离,审判机关和检察机关各自独立行使职权但互相制约的体制,形成了与西方国家近现代意义上不同的司法权概念和司法权制度。[①] 宪法规定

① 童兆洪:《司法权概念解读及功能探析》,载《中共中央党校学报》2004 年 5 月第 8 卷第 2 期。

了人民法院是国家的审判机关,人民检察院是国家的法律监督机关,故司法权除审判权外,检察院行使的检察权也应该包括在内。

司法权的本质属性为一种裁判权,审判权最能体现这一属性,且审判活动亦处于司法程序的中心地位,鉴于本文的目的在于探讨对司法权力运行的监督机制完善,在当代中国语境下,相较检察权相对纯粹的刑事领域而言,审判权几乎涵盖了社会生活的方方面面,涉及庞大的人群和更广泛的利益,承载了最多的关注和期待,围绕审判权展开探讨将具有更加典型的意义和价值。因此,本文对司法权采狭义解释,作为本文研究对象的司法权仅指法院行使的审判权。据此,司法权是指,法院依据法定的诉讼程序,以裁判当事人所提交的法律争议为目的所行使的国家权力。它是以裁判权为中心,囊括了法院在整个诉讼过程中所行使的所有权力。①

二、司法权的特征

司法权的特征主要指其作为一种国家权力,区别于其他种类权力的特别属性。从权力属性角度入手,司法权的特征可以做如下概括:

(一)中立性

司法权行使的根本目的在于,解决对立各方之间的矛盾纠纷,故审判过程中法官必须严格保持中立,任何形式或实质上的偏向,都可能背离审判的本原目的,损害司法权威。故法官行使司法权,必须处于中立、超脱立场,面对来自各方的利益和权力,不偏袒任何一方,居中裁判。一般而言,司法权的中立性主要体现在:法官在诉讼关系中居于中立地位、法官在审理过程中要有中立性表现、法官在裁判过程中要秉持中立态度。

(二)被动性

“法院不得对于未向其诉求的事项有所作为。”案件和争议的存在是司法权行使的前提条件,没有争议,司法权不能主动行使;即使有争议,如果当事人不提交法院,司法权仍无用武之地。“有纠纷方有司法意味着许多事务不属于法院管理的范围”。被动性是司法权的特有属性,这种特征与立法权和行政权形成鲜明的对照。立法机关应当积极主动的立法,以为社会生活提供可以遵循的行为规

---

① 龙飞:《我国司法权监督与制约问题研究(下)》,太原科技大学2011年硕士学位论文。

范,而法院恰恰相反,违背审判的被动性特征,主动出击,不尊重当事人的诉讼权利,就会超越职权,步入误区。

(三)独立性

马克思说过,"法官除了法律就没有别的上司。"[①]"司法权作为国家权力中权利救济的最后一道防线,在运作方式上必须是独立行使,否则将失去其存在的本质意义。采取'三权分立'体制的国家通过'司法独立原则'保障司法机关的独立性。"[②]在我国,司法权依法独立行使是一项重要的宪法原则。《中华人民共和国宪法》(以下简称《宪法》)第126条规定:人民法院依照法律规定独立行使审判权,不受行政机关、社会团体和个人的干涉。需要指出的是,我国的政权组织形式是人民代表大会制度,这是我们研究司法权特性问题必须坚持的基本前提。因此,中国语境下的"'审判独立原则'与'三权分立'体制下的'司法独立原则'是有区别的,因为后者更多强调的是整个司法体制和司法权独立于行政和立法机关,我国的'审判独立'的内容是独立于'行政机关、社会团体和个人',而绝不能独立于党的领导和人大的监督。"[③]

本文所指的司法权独立行使,具体包括如下几层含义:一是人民法院作为国家机关相对于其他机关、团体或个人的独立;二是不同审级的法院在审判工作中的相互独立;三是法院内部行使司法权的审判组织相对于法院内部其他组织、机构、人员的独立;四是法官的独立,即法官根据自己对案件事实的判断和对法律的理解,独立地作出裁判,不受来自任何方面或由于任何原因的直接或间接的限制、影响、诱导、压力、威胁或干涉。司法权的独立性,要求法院在外部体制及内部机构设置、权利分配、管理制度等方面必须尊重审判的独立性规律,确保司法权的独立行使。

(四)公开性

正义不仅要实现,而且应当以人们看得见的方式实现。公开审判是人们获得公正审判的基本要求。通过公开审判,将审判置于当事人及其他诉讼参与人、乃至社会公众的监督之下,既可以增强法官的工作责任感,防止其专横擅断,提

---

① 《马克思恩格斯全集》(第1卷),人民出版社1995年版,第180页。

② 万鄂湘:《当代司法制度与司法公正——在北京市人大常委会举办的法制讲座上的讲话》,载《中华人民共和国最高人民法院公报》2001年第6期。

③ 万鄂湘:《当代司法制度与司法公正——在北京市人大常委会举办的法制讲座上的讲话》,载《中华人民共和国最高人民法院公报》2001年第6期。

高办案质量，有助于解决人情案、关系案、金钱案等问题；还有利于当事人正确行使诉讼权利，维护自己的合法权益，提高其对审判结果的认同感和接受度，从而增强司法权威和司法公信力。

（五）亲历性

司法权的判断性要求它必须排除一切干扰、利诱和法外不当影响，保持公正与纯洁，不偏不倚地按既定规则办。[①] 司法权的行使总是涉及各纠纷主体切身利益的重组与分配，且相关利益纠纷往往是在无法协调的情况下才诉诸法院的，故司法权的行使要求法官必须处于超然中立、不偏不倚的地位，必须不受制于任何一方和任何人而做到无所畏惧，才有可能做到司法公正。

司法权的判断权性质决定了审判的参与性和亲历性。审判是一种个人化色彩浓重的活动，它的直接言词原则、辩论原则讲求的是判断者的亲历性。[②] 法官只有直接审理案件、直接听取双方当事人的请求与辩解，才能作出更接近客观实际的、公正的判决。

（六）终局性

司法终局性是指法院对认为应由其管辖的所有司法性质的争议享有最终裁判权。某项争议提请法院解决，法院认为该争议具有司法性质决定受理，该项争议就成了法院待裁判的案件，法院对这一案件作出生效裁判后，案件就终结性地解决了，除法定的情形之外，任何力量（包括案件当事人，其他国家机关，也包括法院）都不得动摇、推翻司法裁判。[③] “经过司法裁判所认定的事实关系和法律关系，都一一贴上封条，成为无可动摇的真正的过去。”[④]

司法的终局性有两层含义：一是指司法程序是最权威的纠纷解决方式，一旦经过司法处理，纠纷就将归于安定，不能再通过其他方式再次处理，即司法是正义的最后一道防线。二是已作出的司法裁决，非由法定部门，非经法定程序，不得撤销或终止其效力，即司法裁判的既判力。

三、司法权监督的要求

“所谓监督，主要是指人们为了达到政治、经济、军事、司法方面的某种目的

---

① 邓汉德：《审判独立与司法公正关系论》，载《民主与法制》2008 年第 4 期。

② 伯尔曼著：《宗教与法律》，梁治平译，中国政法大学出版社 2003 年版，第 48 页。

③ 贺日开：《司法终局性：我国司法的制度性缺失与完善》，载《法学》2002 年第 12 期。

④ 季卫东著：《法制秩序的建构》，中国政法大学出版社 1999 年版，第 19 页。

或目标,仰仗一定的权力,通过对社会公共治理中若干事务的内部分工约束或外部民主性参与控制等途径,针对公共权力的资源、主体权责、运作效能等相对独立地开展的检查、审核、评议、督促活动。在这些活动中,为界定人们的选择空间、约束人们的权利义务之间的相互关系和规范人类偏好及选择行为所形成的各种规则、习惯与实施手段,就构成监督制度。作为人类政治文明成果之一,监督制度具体包括了监督的理念,主体的权责,监督的内容、客体、过程、方式和设备等方面的规则和机理。从公共治理角度来看,监督制度的功能在于降低治理成本,纠正治理偏差,促进社会合作,服务经济发展,抑制腐败行为,提高管理效能。"①

对司法权进行监督制约,是对司法权力的实施者,实施对象和运行规则等进行科学的规范和有效约束的一种体制。建立和完善司法权力监督制约机制,就是以法制化的规则和程序制约权力,或通过权力的合理配置,达到权力的适度分散和平衡,当一种权力超过其合法限度时,监督制约机制就会进行限制和制止,使权力限定在法律和制度的范围内,置于有效的监督制约之下,从而预防权力的不规则运行和滥用。②

保障司法权力运行的公正、高效是司法权监督机制的最终目标,要实现这一目标,司法权监督机制需要符合以下要求:

(一)满足个案监督

习近平指出"要努力让人民群众在每一个司法案件中都感受到公平正义,所有司法机关都要紧紧围绕这个目标来改进工作,重点解决影响司法公正和制约司法能力的深层次问题。"③司法权力行使的对象是案件,司法公信力是公民、法人对司法机关的整体评价,但基础仍建立在每个个案的处理结果之中。个案结果对司法权力的影响不仅表现在公正形象的积累,典型个案产生的负面效应对司法公信力的伤害也将是重大而深远的。完善司法权力运行监督机制,个案监督是基础,但也是最大的困难。一方面,个案数量多、专业性强,做好个案监督需要大量的投入,尤其是在案多人少矛盾突出的现实条件下,难度更加突出;另一方面,个案监督和司法权独立行使的要求具有天然的矛盾,如何处理好双方的关

① 尤光付著:《中外监督制度比较》,商务印书馆2003年版,第1页。

② 王洁琼:《我国司法权监督与制约问题研究(上)》,太原科技大学2011年硕士学位论文。

③ 摘自2013年2月23日,习近平在中共中央政治局就全面推进依法治国第四次集体学习时的讲话。

系也将对司法权力运行监督机制提出挑战。

（二）追求程序正义

在法哲学中，程序是指按照一定的步骤顺序和方式形成某一法律决定的过程，国家通过立法对这种过程的规范和调整即形成专门的程序法。程序控权理论源于西方的法治理论，在现代越来越引起理论界的关注与重视。以程序制约司法权是现代法治社会的必然选择，使司法权行使的过程明朗化、合法化。以程序制约司法权是为了遏制其恣意、专横、权力滥用，限制其过度的自由裁量。通过设置程序规则，规范和约束司法权的合法行使，使其定向运作，并引入归责机制，提高程序违法的成本，以保证司法权在既定的程序规则范围之内健康有序地运行。在司法活动中，"重实体，轻程序"是一种普遍存在的现象。这里所说的"重实体，轻程序"，是指司法过程中，只看重对问题的实质性处置没有偏差或者是没有大的偏差，而对在具体操作过程中出现程序上的疏漏或者差错，是可以原谅的，可以不追究责任，直白地说就是"瑕不掩瑜"。因为"重实体，轻程序"已经成为一种习惯性的认识和思维，所以，司法权力行使者在案件发生问题后也经常以此为由推卸责任。而随着我国法制的进程，人们法律意识的提高，现在人民群众对司法活动的外在表现更加关注，程序问题已经成为一个社会注重的焦点。人民群众和社会舆论所关注的，或者说人民群众评判司法工作质量的依据，往往不仅是案件的实体处理结果，也包括在司法过程中的感受和程序正义与否。

（三）维护司法权独立行使

如前所述，司法权所具有的相对独立性、中立性、被动性等特征，实际上是为了确保裁判者在意志自由、不受外界不当干扰的情况下，能够依法独立作出判断，并进而作出公正裁判所需。其目的是维护社会的公平正义，实现司法工作的核心价值追求。正如习近平总书记指出的那样，"促进社会公平正义是政法工作的核心价值追求①"。因此，维护司法机关依法独立行使司法权是促进社会公平正义的根本需要，是构建对司法权运行监督机制必须关注的问题。而监督在本质上是对权力的一种限制，所以，对司法权的监督既要实现防止权力滥用的目的，又要达到维护司法权依法独立行使的要求，这就需要处理好司法权监督与独立行使之间的关系。一是二者都是实现司法公正的重要保障。司法权依法独立

---

① 《习近平谈治国理政》，外文出版社有限责任公司2014年版，第147页。

行使与司法监督的共同价值在于实现司法公正。公正作为司法的最高目标,最终实现有赖于司法权的公平、公正行使,需要司法权依法独立行使和司法监督等制度提供具体、切实的保障。二是二者只有协调配合才能实现司法公正。权力的滥用是权力本身所固有的特性,司法权也不例外,所以司法权需要被监督。而司法权的独立性又要求司法权独立运行,客观上排斥不当的干扰。所以,对司法权的监督,要充分考虑其权力运行中的特殊性,达到监督与独立运行的统协调一。

四、相关概念的关系

(一)司法权与行政权

历史上,司法权与行政权曾经历过长期的混同阶段。在西方,"十七世纪,王权至上的观点乃被视为进步的表现。人们总把国王奉为社会利益的保护神而希望被授予其司法权,并幻想着国王能忠实而仁慈的行使这一生杀予夺的权力。故而他们对律师们创制用以约束王权的法律恨之入骨,视《大宪章》之类的法律为散发霉味的垃圾。在他们看来,国王的意志就是法律,法官仅仅作为国王的代表来行使司法权,所以不管国王何时因何事而作出的决定,法院都必须遵照执行"。[①] 我国也曾长期实行审判与行政合一的体制,审判与行政不分,行政机构同时为审判机构。各朝代由中央到地方的司法机关层级上虽然存在一定区别,但司法权最终由皇帝执掌,各级地方行政长官行使同级司法权的做法则大体相同。

司法权成为一种独立的国家权力是近代分权学说发展的结果,虽然已经被广泛接受,但行政权对司法权力运行的影响却并未完全消散,我国有长期行政、审判合一传统,对司法权和行政权的差异化研究对完善司法权力运行监督机制仍具有较强的现实意义。

1.运行时的被动性和主动性

如前所述,被动性是司法权的重要特点,典型的表现就是以"不告不理"为原则,没有利益相关方主动提起诉讼,司法权不会主动介入纠纷处理过程,也不会做出具有约束力的判断。相对于司法权运行方式上的被动性,行政权则以主动

---

① [美]罗克思·庞德:《普通法的精神》,唐前宏、廖湘文、高雪原译,法律出版社2001年版,第56页。

性为特点,更多地表现为对社会生活的积极干预,力求通过具有主动性、前瞻性的行为做出影响。

2. 态度上的中立性和倾向性

司法权的中立性特点要求在权力行使过程中保持居中裁判者的角色,法官要始终处于等腰三角形的顶点位置,不偏不倚地对待各方当事人。而行政权则更加注重行政目标和效率的实现,在权力行使的过程中难免出现为了追求行政目标的实现而放弃中立态度的情况。"司法判决是依法作出的,行政决定是依行政政策作出的。法院尽力从法律规则和原则中找出正确的答案。行政官尽力根据公共利益找出最有利、最理想的答案。"①"法官与行政官的思想方式是完全不同的,法官的方法是客观的,遵守着他的法律观念;行政官的方法是经验式的,是权宜之计。"②二者的上述区别是其权力属性决定的,"司法权则是权利的庇护者"③。

3. 目标追求上的结果至上和程序至上

对于权力行使目标,行政权侧重与实质上的实现,追求最终结果,即使现实中难以达到。司法权则侧重于通过制定一套完整而合理的规则,以实现规则为途径达到目标。如对于事实的认定,行政权追求的是客观的事实,司法权则追求的是法律真实,司法权认为在司法过程中还原客观事实是不现实且不具有效率的方式,建立在证据基础上,通过现有规则作出相对合理的判断,以接近目标才更加符合司法规律,甚至在无法达到"接近"时,即使背离目标,只要是在法律规定的标准、条件和方式下,也只能承认这种判断结果的合法性。

4. 机构上的层级性和分工性

行政权行使要求上行下效,对于上级的命令要求下级具有极高的执行力,即下级对于上级的命令首要原则是服从和执行,而不是考量与质疑决定本身的合理性。司法权行使主体之间不存在官僚层级上的服从关系,机构之间的设置主要为制约、配合而非服从。司法权只服从法律规定。在判例法国家,这种法律还包括具有先例效力的判例。

5. 价值取向上的效力优先和公平优先

效率与公平是一对矛盾,无论在行政过程抑或司法过程中均如此,但是行政

---

① [英]威廉·韦德:《行政法》,徐炳等译,中国大百科全书出版社 1997 年版,第 50 页。

② [英]威廉·韦德:《行政法》,徐炳等译,中国大百科全书出版社 1997 年版,第 51 页。

③ [德]拉德布鲁赫:《法学导论》,米健等译,中国大百科全书出版社 1997 年版,第 101 页。

注重投入与产出的关系,而司法不以投入和产出的关系为最大追求。管理贵在神速和有效,判断贵在公正和准确。从某种意义上来说,政府的目标与企业的目标具有共性,行政的任务是促进和保证产出更大的馅饼,而法院的使命则是在既定规则和程序过程中判断馅饼分配的合理性。①

(二)司法权内部监督与外部监督

作为最重要的国家权力之一,对司法权的监督是由一整套完整的体系组成的,既包括以司法机构自身机构设置和机制建设为中心的内部机制,也包括以外部主体监督为核心的外部监督机制。外部监督机制主要包括:

1. 人民代表大会的权力监督

人民代表大会是代表人民行使国家权力的机关,根据《宪法》和《人民法院组织法》的规定,我国的各级人大既是国家各级权力机关,也是权力监督机关,有权监督和保障司法机关依法行使职权。按照宪法和法律的规定,全国人民代表大会及其常委会监督最高人民法院的工作,地方各级人民代表大会及其常委会"监督本级人民政府,人民法院和人民检察院的工作"。这些是国家权力机关监督的法律依据,也是司法权力运行外部监督机制的重要保证。

2. 检察院的法律监督

我国检察院对司法权监督的直接来源是苏联的检察监督制度,该制度作为中国特色社会主义法律制度的重要组成部分,对于维护司法公正、遏制司法不廉起到了较好的促进作用。检察院行使的监督权为法律监督,主要针对法院在行使司法权过程中的违法犯罪行为。

本文对完善司法权力运行监督机制研究主要以内部监督机制为主。

第二章 传统司法权力运行监督机制剖析

新一轮的司法改革已经拉开了帷幕,本轮司法改革将涉及一些长期制约审判权运行和监督机制的制度性因素,为司法权力运行监督机制的全面完善创造了良好的前提。据此,有必要对传统监督机制进行系统的梳理,找出其中存在的问题并认真剖析,以求在改革过程中予以完善。

---

① 孙笑侠:《司法权的本质是判断权——司法权与行政权的十大区别》,载《法学》1998年第1期。

传统监督机制中，司法权力运行监督主要依靠院、庭长来完成。院、庭长依托其行政管理者的身份，以行使审判管理权和监督权的名义，通过听取案件汇报并审批签发的方式，实现审判管理监督职能。我们需要辩证地看待院、庭长在管理监督过程中的作用。积极方面：一是弥补了因审判人员专业素质参差不齐对司法裁判水平的影响，一定程度上保证了案件的基本质量。二是一定程度上过滤了因司法不廉产生的裁判结果不公，对滥用司法权的行为起到了实质上的威慑作用，较好地保证了司法裁判的廉洁性。三是化解了法律制度因滞后性、自身漏洞等原因导致与社会发展的脱节，较大程度上维护了裁判尺度的统一。消极方面：一是获取案件信息主要依靠汇报制，并未实际参与庭审，缺乏对裁判过程的亲历性，容易造成审、判脱离，影响管理监督意见的准确性。二是管理监督意见对案件结果具有重大影响，容易导致腐败滋生，成为廉政风险高危领域。

一、传统监督机制中存在的问题

院、庭长审判管理监督权的具体行使过程，具有非常浓重的行政化色彩，使案件的管理监督和审判工作相互交织，反过来影响了司法权力的公正运行。具体包括四个层次的问题：一是院、庭长集行政管理权、审判管理权、审判监督权于一身，在监督主体权力能力对比中占据明显优势，监督权力过度集中，客观上排斥了其他监督主体作用的发挥；二是审判管理监督权与审判权在实践中未保持平行运行，审判管理监督权的不断膨胀事实上侵蚀了审判权的行使，影响了审判独立；三是审判管理监督权行政化的行使方式，与审判权运行的方式相互矛盾，进一步加剧了对审判权的影响；四是审判管理监督权内部化的运作方式，缺少必要的公开和广泛的参与，无法保障监督机制本身的公正性。

（一）监督主体单一化

由于院、庭长处于监督机制的核心地位，主导司法权力运行监督的每一个环节，导致司法监督权过于集中，影响了监督机制的整体效果，也限制了其他监督形式作用的发挥。

1. 影响司法权监督的整体效果

追求个案公正是司法权力运行的重要目标，而监督机制是实现这一目标的重要保障，这就要求司法权力运行中要进行个案监督。虽然在传统监督机制下规定了案件汇报制，案件均应向院、庭长汇报并经审批后才能最终确定处理结果,但通过案件汇报制实现个案监督需要付出巨大的监督成本,面对人民法院每年受理和审结的庞大案件量,院、庭长无论在人数和精力方面均无法达到上述要求。虽然名义上保有对全部案件的监督职责,但院、庭长实际无法做到对每件案件都进行认真的审查,更多时候只能重点选取风险相对较高的案件进行选择性监督,这些案件数量上通常比例较小,而绝大多数案件则只能进行形式上的审批,监督流于形式,监督机制的整体效果难以得到有效保障。

2. 限制其他监督主体的作用

院、庭长并非监督机制的唯一主体,合议庭、审判委员会作为审判组织,纪检监察部门、审判管理部门作为专门机构,当事人作为案件利害关系人,都在一定范围内承担着司法监督职责。但因为院、庭长监督权力的过分集中,其他主体的作用也受到了很大程度的限制,难以与之形成有效的配合与互补。

院、庭长虽然不是一级审判组织,但作为合议庭与审判委员会中间的衔接,对审判组织的实际运行起承上启下的重要作用。因为案件汇报制的存在,合议庭的意见要向院、庭长汇报后才能做出。审判委员会非常设机构,仅在讨论案件和重大事项时召开会议,并非所有案件均需经过审判委员会讨论。相关法律规定虽然对审判委员会讨论的案件类型做出了一定的限制,但院、庭长听取汇报一般均为审判委员会讨论的前置程序,某一具体案件是否被认定为属于该范围并最终提交审判委员会,仍要由院、庭长决定。同时,院、庭长是审判委员会的主要成员,主管院、庭长的意见也将对审判委员会讨论结果产生重要影响。法院内部专门机关则主要作为具体监督工作的执行者,院、庭长作为相关工作的启动者和指导者,很大程度上影响这些部门职能的履行。而案件当事人作为案件审理的直接参与者,其对司法审判的参与程度对提高司法公信力具有重要意义。但司法实践中当事人权利无法有效落实具有一定普遍性,难以对审判权形成实质上的监督,对与案件有关键影响的监督程序无法参与,容易让当事人对司法程序本身产生怀疑,客观上加重了信奉院、庭长的行政权威而忽视审判程序的司法权威,助长了案件审理中直接找院、庭长,通过权力直接干预审判,或者通过信访等渠道给院、庭长和承办人施压,间接干预审判的风气。

(二)管理监督权的异化

院、庭长履行监督职权主要通过行使审判管理权和审判监督权来完成,而审判管理监督权依托院、庭长行政管理者的身份,极易在行使过程中不断膨胀,甚至可能异化为侵蚀审判权的力量,成为干扰司法公正的主要因素。

1. 影响审判组织独立行使司法权

院、庭长通过案件汇报制行使审判管理监督权,汇报既可以由法官及合议庭主动提出,也可以依据院、庭长要求进行。相关规定中虽然对于汇报的范围进行了一些限制,但因不够具体,缺乏可操作性,实践中很容易被扩张解释。实践中,院、庭长听取汇报一般不受管理监督范围的限制,突破审理程序和司法廉洁事项成为普遍情况,如以统一司法尺度为名对案件结果进行讨论即成为常态,一定程度影响了法官独立行使司法权。当汇报超出合理的范围,特别是涉及案件处理结果和重大事项的决定时,就难以保证监督不越位。

2. 无法分清权责

司法责任制要求"审理者裁判,裁判者负责",而要实现"裁判者负责""审理者裁判"应是前提。传统监督机制中,院、庭长实际未参与案件审理过程,仅听取合议庭对案件事实的转述即对案件作出判断。虽然形式上院、庭长并非一级的审判组织,无权直接决定案件结果,但院、庭长作为审判管理监督者在听取汇报时发表的意见,即使表述为个人意见,考虑到院、庭长与合议庭法官不对等的权力地位,尤其是其作为行政管理者在法官职级晋升、待遇提高等方面具有的潜在影响,合议庭通常会对相关意见予以考虑。另外,即便经过汇报后合议庭意见仍与院、庭长不一致,院、庭长在案件签发前仍然具有将案件提交审判委员会讨论的权力。依据汇报情况作出的裁判结果,虽然最终的裁决以合议庭或审判委员会的名义,但结果可能并非审判组织独立做出,法官及合议庭认为是依据院、庭长管理监督意见作出,并不是其个人或集体意见;院、庭长则认为其在行使正常的管理监督责任,并非对案件结果的决定权,法官及合议庭仍应对案件结果承担责任,这就为认定司法责任制造了障碍。当然,如果汇报的情况没有被记录,责任将更加难以确定。

(三)监督方式行政化

案件汇报制下,案件只有向院、庭长汇报并审查批准后,才能最终做出裁决。虽然院、庭长形式上行使的是审判的管理监督权,行权方式上却更加类似于行政化的管理。

1. 注重监督实体而忽视监督程序

院、庭长行使审判监督管理权的范围缺乏具体的规定,尤其是限制作用的负面清单,实践中,院、庭长的管理监督几乎涵盖了审判的各个环节,特别是案件的实体处理结果。而且除程序问题为案件核心争议,监督对象基本集中在实体处理上。特别是院、庭长通常被认为对裁判尺度统一具有重要职责,为了要达到这个目的,对法官自由裁量权进行必要限制、对案件实体处理进行必要干涉均不可避免。而强调程序性是司法权的重要特点,因为相对于实体,程序具有规则明确、监督便捷的优势,可以较为容易地判断法官及合议庭处理是否存在不当之处,而不会对案件处理产生过多干涉。与此相对应,实体的处理因为涉及当事人的利益,需要结合案件事实与法律规定综合考虑,这就要求对案件实体的处理应建立在对案件过程亲历、全面了解的前提下,脱离此环境对案件实体处理进行监督,不仅超出监督权的范围,也有悖于司法权力运行的基本特征。

2. 强调上行下效的服从性

案件汇报制下,院、庭长对案件的意见虽然在形式上对合议庭没有拘束力,但实质上却会影响合议庭对案件的处理,管理和监督的意见更加类似于行政化的命令。当院、庭长的意见与合议庭不能达成一致时,最终做出让步的通常会是合议庭。实践中,如果院、庭长的意见屡次不被采纳的话,合议庭或相关法官也会被认为是不服从管理,而非对独立审判等司法原则的坚持。

(四)监督过程内部化

院、庭长行使审判管理监督权的过程被认为是法院内部行为,整个过程在启动、实施、做出、记录等方面都被列为审判秘密的范畴,实行较为严格的保密制度,当事人无法参与或知晓,甚至事后也无法通过查阅卷宗材料的方式了解情况,因为相关过程或者根本没有留存痕迹,即使存在记录,也均被放在副卷,而副卷在特别情况下可以对上级法院或机关公开,而当事人并不在此范围内。

1. 监督过程不对外公开

监督机制运行过程缺乏公开,启动、实施、做出均处在秘密中,虽然监督形成的结果可能对案件处理产生重大的实质影响,但整个监督过程排除了当事人的参与,当事人对过程和结果均一无所知,甚至对监督是否存在都无从知晓。监督过程仅在院、庭长与合议庭之间进行,合议庭与院、庭长的汇报过程没有其他人参与,监督是否能够保持在法律规定的范围,是否对案件正常处理进行了不当干预都无法知晓。形成的笔录一般均没有院、庭长的签名,汇报记录存在瑕疵,发生纠纷时就容易产生争议。汇报笔录等监督记录都放在卷宗的副卷里,而副卷的材料仅在法院内部范围公开,当事人无法通过正常渠道查询和了解。对于监督的过程,当事人不会得到任何通知,包括监督进行的时间、涉及的内容等,甚至连监督的结果也不会被告知。当事人无法参与与获知监督的任何信息,即使因为对判决结果存在异议而质疑可能存在的监督环节,也没有寻求救济的途径和可能。因为监督处理的结果缺乏公开性,不仅当事人无法主张异议,即使具有法定职能的权力机关,也很难对此进行监督。

2. 实际影响了其他公开的程度

案件汇报的结果对案件最终处理实质上产生了重大的影响,但相关的情况却无法向当事人说明,亦无法在裁判文书中予以表述,当事人和社会公众看到的裁判文书或审理结果是缺少关键程序的残缺版本,因而可能缺乏足够的说服力。而案件主审法官或合议庭作为司法责任的实际承担者,很容易受到上述因素的影响,在无法将案件汇报情况一并公开的情况下,出于减轻自身司法责任的考虑,通常会选择尽量不公开案件的其他情况,客观上影响了司法公开的实际落实。

二、行政化监督模式与司法权运行规律之间的冲突

传统监督机制基于院、庭长审判管理监督权而运行。作为法官的院、庭长,因其兼具行政管理者身份,在行使审判管理监督职责时,其权力行使方式便具有了较强的行政化色彩。同时,在审判监督管理权的实际行使过程中,监督范围也逐渐涵盖了司法权运行的全过程,尤其是案件的实体处理。院、庭长由监督管理者变为实际上的裁判者,这种行政化的监督模式在与司法权的衔接中,因为权力理念和特点的差异最终出现南橘北枳的问题。

(一)注重权力监督,忽视权利监督

院、庭长通过听取汇报的形式对个案进行监督,基于院、庭长享有的审判管理权和审判监督权,属于权力对司法权力的监督;当事人通过主张行使正当程序权利对案件进行监督,基于当事人享有的诉讼权利,属于权利对司法权力的监督。传统司法权力运行监督机制下,监督主要依托权力进行,由院、庭长通过行使审判监督权和管理权,对具体案件的处理听取汇报,并审查批准,监督对权力的依赖性很高。

院、庭长享有的监督权明显强于法官的司法权,两种权力的严重失衡极容易

导致监督异化为干预。而对当事人的权利监督,因为审判过程职权色彩明显,审判方式定位不明确,在当事人主义与职权主义之间徘徊,要么大包大揽,法院职权吸收当事人权利特别是诉讼权利,既缺乏对当事人权利的尊重与维护,也增加法院司法权运作成本。要么一推了之,将法院依职权应承担或宜由法院承担的义务转嫁给当事人。最终导致庭审虚化现象严重,当事人享有的诉讼权利无法得到有效的保障,明显弱于法官的司法权,两者权力能力严重失衡,诉讼权利无法发挥有效的监督制约作用。一方面,权力监督侵蚀了司法权的独立行使,主要监督途径作用异化;另一方面,权利监督不足以有效制衡司法权,权利监督作用虚化。据此,需要对权力监督和权利监督重新构建,削弱对权力监督的依赖,进一步强化权利监督的作用,用权利监督来代替权力监督。

(二)注重依靠人的监督,忽视依靠制度的监督

现行监督机制都着重在主体作用的发挥上,审判委员会、院、庭长、上级法院,主要的监督机制都围绕监督主体设计,但对于如何发挥监督主体的作用,构建有效的落实制度却规定很少,仅有的一些也过于原则,与实际情况结合不够,适用过程中多流于形式,导致在实践中享有行政管理权的院、庭长在监督机制的"竞争"中"脱颖而出",最终成为监督机制的核心。传统的监督制度作为"软约束",从监督的程序上看,存在不完善、不系统、不到位、不规范的问题。从监督的效果上看,存在有而不查、查而不追、追而不处、处而不严等问题。监督工作总体上处于被动局面,"头痛医头,脚痛医脚",预防和震慑作用不足,没有发挥有效的监督作用。注重依靠人的监督,忽视依靠制度的监督可能产生多方面的问题。一是依靠人的监督,虽然在短期内可以获得较高效率,但具有不稳定性,很难保证监督标准的统一,监督过程也会受到个人色彩的影响,效果上产生很大的区别,更容易因个人利益,导致监督异化,反而引发次生型的腐败。与此相反,制度的监督具有稳定性,硬性的规定可操作性强,可以最大限度保证监督结果的一致性。二是依靠人的监督,理念上注重结果,上行下效,难以在个案中准确把握监督与干扰的界限,容易造成对自由裁量的侵害,且监督主体和其需要监督的客体数量对比悬殊,监督工作难免流于形式。同时,依靠人的监督方式也阻碍了监督制度作用的发挥,导致司法权本身具有的约束价值无法发挥。三是统一裁判尺度是监督机制的重要追求之一,依靠人的监督在统一裁判尺度过程中,容易出现削足适履的情况,为了确保尺度统一而忽视个案的特殊性。制度的监督则侧重

于通过保障当事人权利来间接发挥监督作用,通过确保当事人对诉讼程序的充分、有效参与,发挥司法制度本身的作用,通过规范法官自由心证的形成过程来制约自由裁量权,达到统一裁判制度的目的。

(三)注重对私权的独立行使,忽视对公权的独立行使

依法独立行使是司法权的重要特征,也是完善司法权力运行监督机制的前提。传统监督机制下,法院要接受较为广泛的外部监督,尤其是其他公权力机关,可能以监督为名义对法院的审判工作进行了解和关注,其中不乏一些不当诉求以此种形式进入司法程序,影响司法权独立行使。对此,无论是法院还是法官,独立行使司法权很难真正意义实现。而对于社会公众,由于没有了其他强有力的公权力介入,司法权力追求的司法权独立行使则真正成为可以实现的价值,不仅排斥任何形式的干扰,有些法官将干扰的范围无限扩大,甚至认为了解案件本身即为对司法权独立行使的干扰,而将正常司法公开与过问混为一谈,一概予以拒绝和排斥,许多时候甚至连当事人的基本知情权也不愿意保障,司法程序的公开性严重不足。司法公开为社会提供了了解司法过程的信息,也是开展外部监督的前提和基础,没有司法公开,实际上否定了社会监督的可能。

(四)注重直接监督,忽视间接制约

个案监督是司法监督的重要特点,如何进行个案监督也是完善司法权力运行监督的难点。因为司法权属于相对弱势的国家权力,对干扰具有天然的排斥,只有确立了司法权独立行使,才能充分发挥其自身价值。而监督虽然根本目的是维护司法权力的公正性,但仍需要对司法权进行必要的介入,这就需要对监督的方式进行限制,既达到监督的目的,又不影响司法权独立行使。传统司法权力运行监督机制主要采取的是直接监督的方式,由同时具有行政管理权的院、庭长在案件审理过程中,通过听取汇报的方式进行,这种方式虽然能够最直接的了解案件处理情况,突出了效率的同时,也对法官独立审判造成了很大的干扰,虽然一定程度上达到了对司法权监督的目的,却也滋生出了一些其他的问题,如以监督为名的干扰司法行为。间接监督主要依靠权力之间的制衡完成,通过保障权利正常行使,发挥各自之间的制衡作用,形成权利行使的平衡,迫使各方在规定的范围内依法行使。相较于直接监督,间接监督不直接干扰司法权力运行过程,对司法权独立行使影响更小,却同样可以达到对司法权力运行的有效监督。权利监督是间接监督的主要方式之一,主要以当事人为监督主体,通过保障通当事

人诉讼权利,激发当事人基于自身利益监督司法权力的内在动力。

第三章 司法权力运行监督机制完善构想

传统司法权力运行监督机制最大的特点在于行政化管理色彩浓重,将案件实体处理结果直接作为监督对象,导致管理者和监督者混同,在司法机关内部直接限制审判组织对司法权的独立行使,在司法机关外部成为其他部门干扰案件审理的入口。行政化的监督机制,注重监督者的作用,以管理者为核心,注重实效,通过对被监督者和被监督事项的直接干预达到监督的目的,这种方式虽然能够带来较好的控制效果,但长期来看,则会导致一些不利后果,最突出的问题就是限制了司法权独立行使,容易滋生监督者对权力的滥用。而且监督具有较大的随意性和突然性,整体效果难以保证,脱离当事人,公众司法满意度不高。

审判去行政化、落实司法责任制是本轮司法改革的重要内容,随着司法改革的不断深入,长期制约司法权力运行监督机制的行政化因素将被逐渐消除,监督机制的完善也应在此背景下,在消除行政化监督思路的基础上,将审判管理监督权定位于程序监督和事后监督,限制实体监督,依照司法权力运行规律进行有效的整体设计,实现司法改革的目标,确保司法公正。

一、正确处理审判管理权与审判权的关系

(一)司法权和审判管理权的关系

院、庭长监督职权行政化,主要原因在于审判管理权与司法权混同。审判管理权的本质是通过对审判活动和审判行为的管理,建立良好审判环境,从而实现既定审判目标。概括而言,审判管理权于司法权的运行,既有服务、保障功能,也有监督、制约功能,还有协调、指导功能。

1.服务和保障

从权力的本源来看,审判管理权是人民法院基于组织管理和自我监督的需要,在审判实践中产生并不断完善的辅助性权力,其主要功能在于为司法权提供良好的运行环境,服务和保障司法权的运行。具体而言,审判管理权的行使,意味着应当基于对审判活动规律的认识和把握,通过对审判过程中的事务性工作

进行安排、对司法权及审判行为进行组织、动员、控制，对审判资源进行合理协调，从而实现对审判活动公正、高效、廉洁的保障。

2. 监督和制约

司法权是一种涉及利益分配且具有极强专业性的判断性权力，这种性质的权力也需要相应的权力予以监督和制约。审判管理权对司法权的监督、制约，虽然饱受诟病，但在我国当前司法环境下，审判管理权对司法权所施加的监督、制约功能是不可否定的。并且这种监督、制约如果有良好的制度设计和健全的运行程序，其对司法权的公正、高效运行是具有积极意义的。

3. 协调和指导

司法权的运行涉及立案、分案、开庭、裁判等多个流程环节，这就需要审判管理介入各个流程节点进行监控，明确各个节点的工作内容和时间要求，实现各个节点之间相互衔接、相互制约，以保证司法权运行的通畅和高效。此外，审判管理权的行使还意味着，可以在对司法权运行中产生的各项审判信息进行有效获取、整合、分析的基础上，对各项具体审判工作进行总结、对未来审判工作走势进行有效预测，在此基础上拟订审判目标管理和审判工作计划，对司法权的公正、高效运行进行宏观指导。

（二）司法权与审判管理权之间的冲突

司法权与审判管理权相生相伴。但是，司法权与审判管理权毕竟属于不同的权属范畴，具有不同的运行规律和要求。当审判管理权与司法权这两种权力同时作用于法院审判活动时，势必产生交互作用和相互影响，“前者有着介入和干预后者的要求，甚至有时达到了非正当的程度；而后者也有着对抗前者不干预的要求，甚至存在过度自由化的倾向。”检视当前我国不少法院的审判管理权与司法权运行，审判管理权对司法权形成了多种制约甚至冲突。审判管理权与司法权的冲突形式多样，归纳起来主要有三种基本情形：第一种是审判管理权的越位。即审判管理权介入司法权的行使领域或侵入司法权的行使过程，不当影响、干预司法权的独立行使。第二种是审判管理权的缺位。即审判管理权“放纵”司法权而不加引导，或未能有效为司法权的运行提供服务，从而保障审判活动高效有序进行。第三种是审判管理权行使的不当。即由于审判管理主体的管理理念不先进、管理导向不科学、管理技术及方法不成熟而影响审判管理的综合效能，难以达到规范、保障、促进、服务司法权的管理效果。

1. 审判管理权的"越位"

审判管理权在司法权运行中的"越位"表现为权力的过度扩张,这种扩张既可能是显性的,也可能是隐性的。审判管理权的显性扩张,主要是审判管理权强制性地将司法权进行分割,从而介入司法权行使的核心领域——事实认定权和法律适用权范畴,严重妨碍和扭曲了司法权作为判断权的本质属性,使主审法官、合议庭无法独立、正当或充分行使司法权。如有的法院明确规定所有或者特定类型案件的合议意见必须由院、庭长审批,或者必须由院、庭长签发裁判文书。院、庭长如果不同意合议庭的评议意见,合议庭必须再次合议或者提请审判委员会讨论等。这在某些情形下或许具有一定的正当性和必要性,但本质上仍属于审判管理权的扩张对司法权行使的侵蚀。审判管理权的隐性扩张,通常表现为院、庭长等审判管理主体利用其行政领导身份、地位影响等,通过其享有的对审判组织成员的考核、考评、奖励、处分等权力或职责,直接或间接地影响主审法官、合议庭等审判组织对案件司法权的独立行使,使其个人建议或意见通过"改头换面"后以合议庭意见的形式体现。这种司法权的隐形扩张方式,对司法权的独立行使危害尤大。能够通过各项制度对其进行有效遏制,直接检验着司法改革的决心和成效。

2. 审判管理权的"缺位"

审判管理权在司法权运行中的"缺位"既表现为审判管理权部分权能的缺位,也表现为审判管理权各项权能衔接不够而产生的管理效果在某些领域或整体上的弱化。前者如在审判流程管理过程中,一些审判辅助性事务的办理过分挤占了合议庭等审判组织的案件审理时间,导致审判组织办理审判事务的时间不充裕,影响审判质量和效率。后者如在立案、分案、开庭、裁判等流程节点衔接过程中,法院内部的立案庭与业务庭之间,业务庭内部的内勤与合议庭之间,合议庭成员之间,合议庭与院、庭长之间等协调、沟通不畅,导致审判流程各节点不能有效对接,降低审判工作效率。

3. 审判管理权行使的"不当"

审判管理权行使的"不当",指由于院、庭长等审判管理主体的管理理念不先进、管理导向不科学、管理技术及方法不成熟而影响审判管理的综合效能,难以达到"规范、保障、促进、服务"司法权的管理效果。例如,在审判监督活动中的案件质量评查形式大于内容,不能真实、全面反映案件的审判质量;审判质效考评选取指标不科学,指标权数确定不当,不仅不当增加了法官的工作量,而且使审判业绩评估不具有客观性，违背了司法权运行的规律。又如，审判组织的审判业绩考评情况未能在其奖惩方面体现或充分体现，为法院内部其他行政权力的介入留存操作空间等。

(三)司法权和审判管理权的应然关系

对于院、庭长审判管理而言，要明确院、庭长主要着眼于宏观管理，以审判事务管理为主。明确院、庭长以开展微观指导为例外，个案审判监督指导应受到严格限制。

完善司法权力运行监督机制，首先就是要确立符合司法规律的司法权力运行机制。在司法权运行的基础框架内改革司法权运行机制，具体目标为：(1)科学设置审判组织，合理界定合议庭、审判委员会的职权范围；细化合议庭及其成员职责，充分发挥法官作为主体地位的办案核心作用。(2)理顺法官、法官助理、书记员等各类主体之间的关系，改进审判工作模式，优化审判资源配置，调动全体审判人员及审判辅助人员的工作积极性，促进办案质量和效率的提高。(3)明晰和规范院、庭长在审判管理中的指导、监督职责，消除司法权运行中的行政化倾向；健全为审判组织提供保障和服务的机制，保障合议庭依法公正独立行使司法权。

深化司法权运行机制改革，能够切实解决影响司法公正和制约司法能力的深层次问题，为司法权力运行监督机制完善创造基础。但同时也应把握好与现行法律的关系，具体而言，应坚持以下基本原则：(1)依法有序原则。在现有法律制度框架内谋划、推进改革，确保改革措施符合法律基本原则、中央及上级机关相关部署精神。(2)立足实际原则。坚持从国情出发，坚持改革前瞻性与渐进性的统一，确保改革获得现实认同，取得实效。(3)积极创新原则。改革应当顺应时代，敢于创新、勇于创新，以改革的精神积极探索。

二、强化诉权对司法权力的制约

为了在完成个案监督的过程中，防止对司法权独立行使的干扰，需要建立符合司法规律的间接监督机制。通过保障当事人诉讼权利，建立与司法权力平衡的诉讼权利，以当事人的诉讼权利对审判权力进行制约，是司法权力运行监督机制的完善方向。

(一)权力制约在司法权监督中的作用

对权力的监督可以分为监督和制约两种方式。监督是权力高度统一前提下的工作职能分工,具有统一性、突然性、可选择性等特点,同时也存在容易出现监督越位,监督者随意选择监督对象和事项的监督失灵等问题,从而产生监督权滥用的问题。相较于监督方式,制约方式则具有以下的特点:(1)经常性。属于日常工作中因分工而产生相互约束。(2)有效性。是两种以上权力之间的博弈,可以有效构成相互之间的约束。(3)民主性。通过工作分工,形成了一个广泛的决策参与机制,保证了法律的实施。

司法权是一种被动的、中立的裁判权,因此,司法制度本身从设定之初就是一种受到外部广泛控制的权力。司法不廉案件主要根源不在于其他公共权力机构对司法权的监督不够,而在于其内部的工作机制不完善以及独立性不足。所以,对司法权的制约需要建立起比较完善的内部工作过程中的制约机制。对司法权的约束,需要发挥监督与制约两个方面的作用。尤其是日常工作中的制约机制是司法权正确行使的主要保障,我们不能依靠随机的、不确定的"监督"来保证司法权肌体健康,而是要通过经常性的工作,把制约落实到司法过程的每个具体环节上,使每个司法决定都能够制度性地产生。

(二)诉权保障在司法权监督中的作用

司法权力的特点决定了与其相互制约的权力形式要能够维护其独立性,而这种能够制约司法权的权力就是当事人享有的诉讼权利。通过当事人行使诉讼权利形成对司法权力的制约,督促法官在案件审理过程中依照法律规定的程序进行,充分发挥司法制度自身的价值和作用,通过对审判制度的有效落实,规范和约束司法权力。但因为制约的前提是权力之间力量对比要均衡,所以,而要实现制约,首先要保障当事人的诉讼权利。

诉讼是一个法官的审判权和当事人的诉权共同作用的场,审判权的扩张会导致诉权的萎缩,审判权的自律则能保障诉权的实现,诉权与审判权相互作用,构成了民事诉讼的基础。[①] 职权主义诉讼模式下的民事诉讼往往更强调法官审判权的行使,而相对忽视当事人诉权的保障。我国长期秉持职权主义诉讼模式的传统,修改后的民事诉讼法尽管进一步强化了当事人的诉权,但当事人诉权弱、审判权强的失衡结构并未从根本上发生改变,容易导致司法实践中审判权不受约束而侵害作为私权的当事人诉权的后果。因此,只有进一步强化对当事人

---

① 宋旺兴:《管辖权下移制度下的修改与完善——以审判权与诉权的冲突与协调为视角》,载《法律适用》2014 年第 2 期。

诉权的保护,不断丰富当事人诉权的内容,以当事人诉权制约法官的审判权,才能使二者在民事诉讼这一“场”中真正达至一种和谐平衡的状态,才能真正实现对当事人诉权的保护和诉讼主体地位的尊重,才能真正预防实践中普遍存在的“司法制度性侵权”①。

三、通过司法公开引入外部监督

公开是通向公正的重要途径。美国联邦最高法院法官路易斯·布兰代斯曾言:“阳光是最好的防腐剂,路灯是最好的警察”。对于司法权来讲,“真正的司法权威并不能依靠将法官个体严实地包裹于机构的神秘面纱之下而得以建立,而是应当建立在司法过程的公开、透明以及司法结果的充分说理之上!”②审判公开是现代诉讼的一项基本原则,是司法民主的重要标志。司法公开的价值是多元的,就公开与公正、公信的关系而言,公开是手段,是保障,公开不能解决所有问题,但是不公开很多问题解决不了,因此要实现司法公正、提升司法公信,应当高度重视和充分发挥司法公开的作用。

(一)公开的主要内容

司法公开的对象可以分为多方面。一是案件当事人,他们关注的焦点是案件进入诉讼程序后为什么这样办,为什么这样判。由于开庭与合议的不连贯,不透明,不说理等,当事人对法院的一些证据如何采信,结论如何形成一直存在怀疑,难以服判息诉。二是社会公众,特别是媒体。媒体监督,是指报纸、刊物、广播、电视等大众传媒对各种违法违纪行为特别是国家公职人员的违法犯罪、渎职腐败行为所进行的揭露、报道、评论或抨击。在现代法治国家,司法权是国家权力的重要部分,媒体对司法活动进行报道并监督司法权的行使,已是一种司空见惯的社会现象。③ 三是专家学者。相较于前两类公开对象,专家学者提出的意见更具有宏观性,对司法公正和司法效力提升具有更重要的意义,特别是要发挥专家学者在案例方面的作用,通过探索建立案例制度,达到统一尺度,限制法官自由裁量权。

构建外部监督体系和深入推行司法公开是一枚硬币的两面,两者不可偏颇,

---

① 沈木珠:《论司法制度性侵权及其防范》,载《甘肃政法学院学报》2001年第6期。

② [美]罗纳德·德沃金:《法律帝国》,李常青译,中国大百科全书出版社1996年版,第273页。

③ 卞建林:《媒体监督与司法公正》,载《政法论坛》2000年第6期。

均是审判权运行的监督制约机制充分发挥作用的基础和保障。一方面,审判权要依托信息化手段,完善裁判文书上网、案件流程信息公开查询等工作机制,发挥当事人和相关公众对审判工作的外部监督作用。另一方面,多措并举,引入第三方评价机制,建立由人大代表、政协委员、律师、专利代理人、当事人代表、外聘廉政监督员、审判咨询委员会成员等共同组成的外部监督团,通过常态化评价机制,共同行使外部监督职能;收集当事人、律师、专家学者以及社会公众对法官、人民陪审员、法官助理、技术调查官及书记员的审判作风、职业道德素养等方面的意见,反馈意见可作为对相关人员审判业绩考评的参考。

(二)案例在公开中的意义

依法治国是党领导人民治理国家的基本方略,而依法治国有赖于司法的治理,司法政策、司法标准、司法水平在很大程度上决定了整个社会法治发展的水平。在全面推进依法治国的进程中,法院的定位将发生很大转变,既要调和矛盾、解决争端,又要成为法治中国的基础和枢纽,发挥司法在社会治理中的重要作用。人民法院要完成上述使命,要更加重视司法裁判的规则指引作用,通过明辨是非和明晰法律标准,为当事人选择正确行为模式提供指引,为纠纷解决提供依据和参考,提升法律适用的稳定性和可预期性,最大限度地为利益攸关方提供明确稳定和可期待的预期,避免司法标准不统一或者变化频繁。最终,依靠公正的、令人信服的高水平裁判,引领法治和道德发展、维系社会秩序、规范社会生活。而这其中,案例将发挥十分重要的作用。

案例的价值可以从两个角度来考量:一是从人类法治文明发展史的角度来看,以发挥案例价值为核心的“遵循先例原则”是判例法国家法律制度的特色,但随着国际交往的不断发展,成文法国家和判例法国家开始出现不断融合的趋势。尤其是在法律渊源上,判例在成文法国家受到越来越多的重视。习近平总书记指出:“坚持从我国实际出发,不等于关起门来搞法治。法治是人类文明的重要成果之一,法治的精髓和要旨对于各国国家治理和社会治理具有普遍意义,我们要学习借鉴世界上优秀的法治文明成果。”二是从我国法律文化发展史来看,案例在我国具有长期的适用历史。我国现行法律渊源上虽不承认在先案例的法律效力,法院裁判只对本案有效,不对未来的案件产生拘束力。但是,案例在我国具有长期的适用历史,尤其是在在弥补成文法的不足方面一直发挥着重要的作用。西汉时期,董仲舒提倡"春秋决狱"①,其有关的断狱案例就被汇编成《春秋决事比》,在两汉的司法实践中经常被引用,这是我国古代较早的适用案例记载。此后如北魏确立的"存留养亲"②等制度也是对案例的具体运用。中华人民共和国成立后,废除了"六法全书",在无成文法典的情况下,司法审判是在有关政策的指导下进行的。1956 年和 1962 年全国两次司法审判工作会议都强调,"要注重编纂典型判例,经审定后发给各级法院比照援引",这使案例的重要性得到了突出。毛泽东同志于 1962 年曾明确指示,"刑法、民法一定要搞。不仅要制定法律,还要编案例。"从 1985 年开始,《最高人民法院公告》开始刊登经过审判委员会核准的典型案例,并编辑出版。2010 年 11 月,最高人民法院发布《关于案例指导工作的规定》,进一步规范了实践中对案例的利用。无论是典型案例还是指导案例,都对统一裁判尺度、指引社会行为上发挥了重要的作用。

最高人民法院从 2012 年 1 月公布第一批指导案例以来,截至 2016 年 6 月共公布了 13 批共 64 件指导案例,虽然取得了很好的实际效果,但无论从数量上抑或涵盖范围上,远难以满足审判实践的需要。在现有案例制度的基础上建立符合我国国情的案例指导制度,对完善司法权力运行监督机制,建立公正高效权威的司法权力运行体系具有重要意义。

新一轮的司法改革坚持以问题为导向,以改革的精神不断解决在司法改革中遇到的问题。面对审判去行政化后带来的法官自由裁量权的潜在扩张风险,需要构建一整套符合司法规律的刚性约束机制,以"遵循先例"为内核的案例指导制度无疑是最佳选择。通过"遵循先例",确保同类案件得到相同裁判,约束法官恣意,有效提升诉讼结果的可预期性,让正义以看得见的形式实现。案例指导制度也有助于法院以案例这种群众喜闻乐见的方式实现社会治理,激励法官持续不断地向社会输出公正、令人信服和具有指引意义的判决,及时回应社会关切,倒逼司法权运行机制改革。探索案例指导制度,探索建立向最高人民法院征询意见的预防性程序和上级法院对下级法院释法错误的纠正性程序,可使最高人民法院、高级人民法院和专业法院作出的案例具有相当大的拘束力,发挥统一法律解释、保持司法裁决稳定性的作用。

---

① 又称"经义决狱",是西汉中期儒家代表人物董仲舒提出来的,是一种审判案件的推理判断方式,主要用孔子的思想来对犯罪事实进行分析、定罪。

② 犯人直系尊亲属年老应侍而家无成丁,死罪非十恶,允许上请,流刑可免发遣,徒刑可缓期,将犯人留下照顾老人,老人去世后再实际执行。

四、监督主体职权聚焦监督机制履行

院、庭长通过听取汇报对个案进行直接监督是传统司法权力运行监督机制的主要形式,但该监督方式也被广泛诟病,成为制约监督机制完善的主要障碍。为确保司法权力运行监督机制有效发挥作用,必须转变院、庭长审判管理权和审判监督权的行使方式和目的。一是废除院、庭长个案审批权。要废除院、庭长在案件审理过程中听取汇报和签发的制度,由合议庭或法官决定案件结果并签发法律文书,从源头上消除监督机制中的行政化因素,封闭不当干扰案件审理的入口。二是以当事人权力监督和公开后的舆论监督为替代。作为监督的主要途径,院、庭长对个案的审批制度废除后,应建立权利制约和司法公开制度予以代替,通过当事人行使诉权以权利监督司法权,以及公众舆论通过公开信息监督司法权,对司法权权力运行进行监督。三是院、庭长主要职责是维护监督机制的运行。具体包括对依据权利制约和司法公开机制提出的救济请求进行干预,维护机制的运行;对违反权利制约和司法公开机制的不当行为进行纠正,并给予合理处罚;对违纪违法线索组织和领导相应部门进行调查核实,对确有违法行为的依照法律进行处理。

(一)违法违纪线索的收集

院、庭长基于审判管理权和监督权,主要从以下方面收集违法违纪线索:(1)当事人对法官及合议庭违反司法权力运行监督制约机制的行为进行的反映,如侵犯当事人的诉讼权利,对诉请没有依法予以回应等。(2)公众对法官及合议庭违反司法权力运行监督公开机制的行为进行的反映,如应公开的信息没有公开、公开不及时、公开不全面等。(3)当事人及公众对法官及合议庭违反法律法规、存在违法犯罪行为的举报线索。

(二)违法违纪行为的查处指导

院、庭长的审判管理和监督权应该着重于宏观的指导,不宜随意进行直接核实或干预,对于收到的违法违纪线索,应依托内部负责具体事务的纪检监察、审判管理部门进行核实、查证。在具体监督过程中,应严格依照反映问题的范围进行核实,不随意扩大,仅对举报情况进行核实,不涉及案件的处理,尤其是实体的结果。

(三)违法违纪行为处罚和移送

经审查认为确实违反监督机制的,应依规定对当事人的相关权利进行救济,同时,对违反机制的人员进行处罚,调查的过程要公开进行,调查结果要及时通知相关人员,并说明理由,对提出的异议要及时进行回应。

作为符合司法权力运行特点的监督机制,制约机制和公开机制相较传统行政化监督方式,更加强调软性的约束,强调对制度的依赖和尊重,这是上述制度在发挥价值时的优势,但也可能造成制度稳定性不足,容易受到挑战,这时就需要提供适当的保障。同时,新的司法权力运行监督机制更加注重制度的作用,客观上减少了监督主体的直接参与,此时,需要及时改变传统监督机制中监督主体的监督方式,从参与者、执行者转变为机制的维护者、保障者,通过对违反制度行为的纠正和处理,继续发挥监督作用,保障制度的高效运行。

第四章 构建新型司法权运行机制

司法权运行机制涵盖的内容较为广泛,本文将主要围绕各审判主体进行探讨,通过厘清主体间的权责关系、发挥各自制度价值,达到消除司法权运行中可能呈现出的行政化、职权化、非程序化、非统一化等异化形式,[①]为监督机制完善提供前提和保障。

要实现司法权的公正、高效运行,关键是协调司法权与审判管理权之间的关系,切实化解两者之间的冲突。明晰司法权和审判管理权的内涵,理顺司法权与审判管理权的正确关系,确保两者分工明确、相互配合、相互制约、共同发挥作用,是人民法院规范司法行为,加强自身建设,依法独立公正行使司法权的有效途径。改革的具体措施和途径可以根据各法院的实际有所差异,但万变不离其宗,司法权运行机制改革不应偏离司法权基本理论的规律和价值取向。

在司法权运行过程中,建立合议庭,院、庭长,审委会三个层级。其中,合议庭作为司法审判的基本主体,赋予其绝大多数案件的审理和决定权,通过构建法官团队,提高主审法官审理案件的效率和公正性,并有效协调合议庭成员发挥应有作用;转变审判管理监督权的行使方式,取消案件汇报制,规范院、庭长针对案件审判的职权行使,通过建立法官专业会议方式,承继原有司法权运行机制中案件指导、咨询的功能,减少法官业务素质对案件质效可能产生的影响;完善审委

① 李磊:《民事司法权运行异化研究》,载《河南财经政法大学学报》2012年第5期。

会工作机制,突出其审判指导作用,通过提高参与案件的针对性、亲历性等,提升审委会的实际作用。最终建立由审判组织行使审判权,形成合议庭审判权行使范围“大而全”、审委会审判权行使范围“小而精”,院、庭长和法官专业委员会作为审判组织的协调机构,在保证审判权独立的前提下,行使享有的审判管理、监督、指导、咨询职权。

一、理顺合议庭运行模式

人民法院“四五”改革纲要将完善主审法官、合议庭办案责任制作为关键环节,推动建立权责明晰、权责一致、监督有序、配套齐全的司法权运行机制。推动建立、健全符合现代司法规律的以“法官团队”为核心的合议庭审判模式应当成为实现这一要求的优先选择。

建立以法官团队为核心的审判单位,其实质是建立主审法官办案责任制,这可以从行为和结果两个维度来理解。行为意义上,是指由主审法官或由主审法官与人民陪审员组成合议庭对承办的案件全面负责审理,并直接享有对其中大多数案件的裁判权。结果意义上,是指由主审法官对承办案件的审理结果承担主要责任,违法或不当审理应受到制裁或惩戒。概言之,即“让审理者裁判,由裁判者负责”。这主要包括三个层面的内涵:一是理论层面,追究主审法官的办案责任应具备主客观要件。二是法律及相关规定层面,明确了主审法官办案权责。三是司法实践层面,主审法官办案责任制,既要发挥主审法官的能动性,又需要司法辅助人员和相关举措的配合。推行主审法官办案责任制是贯彻和落实中央关于深化司法体制改革的必然要求,有利于依法治国理念的深入开展,有利于进一步提升司法公信力,确保司法权在应有的轨道上运行。

(一)保障合议庭审判权行使,促进各组成人员权责明晰

合议庭由法官组成或者由法官与人民陪审员共同组成,合议庭法官可以在一定时期内相对固定,根据工作需要,可定期调整或轮换。合议庭设联系人一名,负责合议庭相关行政事务的沟通、协调和联络工作,联系人由合议庭法官定期轮流担任。

1. 合议庭审判长的职责主要包括:主持庭审、引导和控制审判流程、组织案件评议、决定审判过程中的相关程序性事项、审核签发裁判文书等。合议庭其他法官的职责主要包括:开庭前阅读案件材料,参加庭审,按照庭审分工履行职责;

参加合议庭评议并提出对案件的处理意见;共同签署参与审理案件的裁判文书等。法官作为合议庭成员,应平等发表意见,平等行使表决权,共同签署裁判文书。除院、庭长及审判委员会委员参加庭审担任合议庭审判长的情形外,法官在其作为主审法官审理的案件中担任审判长。

2. 法官依法行使审判权,主要职责包括:确定开庭排期、审核认定案件事实和证据、提出并决定适用法律的意见以及撰写审理报告、裁判文书等。法官负责安排和指导法官助理以及书记员从事相应的司法辅助工作。院、庭长和审判委员会委员应保证案件审理常态化,并且作为资深法官,应主审若干有重大社会影响的案件、在法律适用方面有典型性的案件以及新类型、疑难、复杂案件。

3. 明确人民陪审员参加合议庭审判案件,与法官享有同等的权利,鼓励人民陪审员参与更多案件的审理。主审法官在确定案件适用普通程序,一般应在人民陪审员名单中随机选取一名以上的陪审员,与主审法官组成合议庭进行审理;选定的人民陪审员因故不能参加审理的,由候选的人民陪审员参加。

人民陪审员行使职权的主要职责包括:主审法官应当在开庭前,将相关权利和义务告知人民陪审员,并为其阅卷提供便利条件。在庭审过程中,人民陪审员有权依法参加案件调查和案件调解工作。经主审法官同意,人民陪审员可以在休庭时组织双方当事人进行调解。合议庭评议时,主审法官应当提请人民陪审员围绕案件事实认定问题发表意见,并对与事实认定有关的证据资格、证据规则、诉讼程序等问题及注意事项进行必要的说明,但不得妨碍人民陪审员对案件事实的独立判断。人民陪审员应当全程参与合议庭评议,并就案件事实认定问题独立发表意见并进行表决。人民陪审员和法官共同对案件事实认定负责,如果意见分歧,应当按多数人意见对案件事实作出认定,但是少数人意见应当写入笔录。

(二)发挥法官团队办案核心作用,促进审判公正高效

为实现司法权的公正高效运行,应当建立以主审法官为核心的新型法官团队。法官团队由主审法官、法官助理及书记员组成,每名主审法官配备若干名法官助理和若干名书记员,以团队形式完成主审法官在合议庭中承担的工作。在法官团队内部,明晰界定法官、法官助理及书记员的各自职责范围,做到权责明确、权责一致,以充分发挥法官团队的办案核心作用。

1. 案件的承办法官为主审法官

主审法官的职责主要包括:指导法官助理、书记员完成庭前准备工作;担任

审判长主持庭审或在其未担任审判长的案件审理中参与庭审;根据案件情况决定办理委托鉴定、调查取证、现场勘验、证据保全、财产保全等事项;在合议庭评议案件时对程序事项处理、证据采信、事实认定和法律适用等问题提出全面意见;撰写所承办案件的审理报告、裁判文书并签署等。

2. 法官助理协助法官从事司法辅助工作

法官助理负责协调案件开庭排期、组织证据交换、初步归纳争议焦点、起草庭审提纲等庭前准备工作,协助主审法官办理委托鉴定、调查取证、现场勘验、证据保全、财产保全等事项,负责裁判文书上网等。法官助理根据合议庭授权可以组织简单案件的法庭询问,法官助理根据法官授权可以进行案件调解工作。法官助理一般应当参加庭审并可以在庭审中提请审判长发问。法官助理应当列席合议庭评议并应合议庭要求汇报案情及争议焦点等,并可以对案件处理发表初步意见。法官助理对案件裁判结果不具有表决权,但应当阅读评议笔录并签名。法官助理负责收集整理案件审判所需指导案例或法学研究成果,并应当在法官指导下辅助法官起草审理报告、裁判文书等。法官助理应当在裁判文书上署名。法官助理可以根据工作需要安排和指导书记员从事其他事务性辅助工作。

3. 书记员辅助法官、法官助理从事事务性工作

书记员主要在法官助理的安排和指导下开展工作,负责传唤当事人、收发诉讼材料、案件基本信息录入、引导当事人入庭、庭审及各项工作记录、刻录光盘、校核及送达裁判文书、案件报结、退卷及上诉移送案卷、办理退费及收发案款、整理卷宗、案卷归档以及其他事务性工作。实习法官助理、实习书记员可以参与司法辅助工作。

建立以“法官团队”为核心的合议庭审判模式,明晰法官团队中法官、法官助理及书记员的各自职责范围,突出了主审法官的办案主体地位,强调了团队内部审判辅助人员对主审法官的服从和配合,形成更专业化的分工协作。审判程序上则采用“快速审理”及“专业审理”两种模式,受理后的案件经业务庭登记后直接分配到审判团队,由主审法官按照繁简分流的原则和团队人员构成特点,统筹协调合议庭的人员组成和案件的分流审理。主审法官在其所承办的案件中担任审判长,裁判文书经合议庭评议作出决定并生效后,一律由担任审判长的主审法官签发,这样将原先由院、庭长行使的部分案件审批权、签发权下调一级,缩短了审判管理、监督链条,减少了不当干预审判的可能。

二、重构审判管理权的行使方式

(一)规范院、庭长审判管理权的行使

最高人民法院《关于切实践行司法为民大力加强公正司法不断提高司法公信力的若干意见》明确指出,要建立院、庭长行使审判管理权全程留痕的制度,加强对院、庭长行使审判管理权的约束和监督。这为深化司法改革明确了方向。完善法院司法权与审判管理权有效运行与制约监督机制,是现阶段法院司法体制机制改革的进一步深化,它不是重回过去的行政管理模式老路,而是在放心、放手让合议庭、主审法官依法独立行使司法权的同时加强管理,切实改变当前我国法院中普遍存在的审判管理职责模糊、不一导致的审判管理权行使的无序、随意等问题,必须根据符合现代司法规律的司法权运行要求,科学界定法院内部院、庭长等不同层级审判管理主体的管理职责,管住影响审判质量与效率的要害环节,确保去行政化后监督、管理不缺位。

院、庭长的审判管理权是一种复合性权力。这种复合性权力中,主导性的权力是行政性的权力,而审判事务管理权这种具有司法权性质的权力虽现实存在,但从我国未来司法改革确立的“让审理者裁判”的方向来看,其应是在规范化的基础上逐步弱化乃至消亡。但现阶段,审判事务管理权从某种意义上来讲仍在法院内部发挥着必不可少的积极作用,故仍其纳入审判管理权的探讨范围,但探讨的重点不在于其是否合理,而在于如何规制和引导。

1. 院、庭长行使审判管理权的基本权限

院长的审判管理职责是:从宏观上指导全面或专项审判工作,组织研究制定有助于提高审判质效的工作措施;主持审判委员会、法官专业会议研究处理相关事项;依法对生效案件进行监督等。副院长根据院长的委托行使上述职权。庭长的审判管理监督职责是:支持和保障合议庭依法履职;监督案件流程节点和程序性事项,在综合办审判管理部门相关审判运行系统管理的基础上,督促各法官团队相关审判工作的完成情况;提请主管院长召集法官专业会议,组织集体学习和研讨,总结审判经验等。

2. 院、庭长对具体案件的管理

院、庭长对具体案件负有管理职责。应当秉持在还权于合议庭的同时,也要切实明确权责、加强管理的理念,因此要求院、庭长在行使职权时,必须管住影响

审判质量与效率的要害环节,确保裁判去行政化后管理不缺位。改革向院、庭长汇报案件制,建立专业咨询制。院、庭长对具体案件的指导职责体现在以下两个方面:第一,对于某些重要的程序性事项,依法由院长决定或由副院长根据院长的委托作出决定。具体而言包括,当事人对审判人员提出回避申请,拟采取拘传、罚款、拘留等强制措施,有特殊情况需要延长审理期限,拟采取保全措施,拟准予当事人减交、免交、缓交诉讼费用等案件;第二,对于某些重大、敏感、疑难复杂或新类型的案件,院、庭长可以向合议庭(主审法官)提出咨询意见,合议庭应当听取。具体而言包括,涉案标的金额特别巨大,或具有政治敏感性,或在社会上有重大影响,或涉及国家利益、重大社会公众利益的案件;确立审判新标准、新规则的案件;新类型、疑难、复杂案件,且具有重要指导意义的案件;法律适用存在很大争议的案件;可能引发大规模群体性事件或者影响社会稳定的涉诉信访案件等。此外,在一些情形下,主审法官应当将裁判文书制作完成后送院、庭长审阅。

3. 院、庭长管理案件的全程留痕

任何一项制度若不能落到实处,都将是一纸空文。因此,要建立院、庭长在管理案件过程中形成的全部文书入卷存档制度,建立了主审法官、合议庭行使司法权与院、庭长行使审判管理、指导职权的全程留痕、相互监督、相互制约机制,确保监督不缺位、监督不越位、监督必留痕、失职必担责。非因履行职责必要,院、庭长不得向合议庭、主审法官过问正在办理的案件,不得向合议庭、主审法官批转涉案材料。院、庭长因履行职责需要对正在办理的案件提出指导性意见时,应当以书面形式提出,或者由主审法官记录在案;同时,主审法官应当将人民法院领导干部和上级人民法院工作人员提出指导性意见的批示、函文、记录等文字资料存入案件副卷备查,并在审判组织评议案件和讨论案件时作出说明。

(二)发挥法官专业会议审判指导功能

随着案件汇报制的取消,合议庭也失去了向外部征求意见的有效途径。为破解主审法官主导下的合议庭在面对疑难复杂法律问题时存在的现实困境,发挥法院内部优秀审判资源的力量,应通过建立法官专业会议的形式,弥补案件汇报制取消后,原本由院、庭长承担的审判指导、咨询功能的空缺。

法官专业会议的存在能够发挥法官集体智慧,运用组织化的手段研究讨论疑难法律问题，寻求解决办法，[①]使案件中重大、疑难问题的审理回归司法规律，统一裁判尺度。从这种意义上来讲，法官专业会议可以称为主审法官的“外脑”。而院、庭长对特定类型案件行使审判管理监督权时，可以决定将案件提交法官专业会议进行讨论，但不得直接改变合议庭的意见。因此法官专业会议制度是打造以“法官团队”为核心的合议庭审判模式，帮助法官独立行使司法权的又一重有力措施和保障。法官专业会议可以下设具体的专业委员会，按照专业领域的不同，分别由具有某一领域专长的若干法官及法官助理组成。法官专业会议既可以作为内部专家团队咨询机构，也是科学统一裁判尺度的重要途径，同时还发挥着提交审判委员会讨论案件的前置咨询和过滤机制的作用。

对于符合一定条件的案件，合议庭（主审法官）应提请召开法官专业会议进行咨询。提请召开法官专业会议进行咨询的案件范围可以包括：可以作为案例指导，创设或推翻先例的案件；新类型、疑难、复杂案件，且具有重要指导意义的案件；可能影响相关产业发展、政策调整的案件；法律法规和司法解释不明确、不具体，法律适用存在很大争议的案件；主审法官的意见为合议庭少数意见，或合议庭不能形成多数意见的案件；有必要统一裁判标准的系列性、关联性案件；受审判委员会委托讨论的其他案件等。法官专业会议在讨论案件中，充分利用其从事本领域学术调研、审判研究的优势，注重将所讨论案件与相关在先指导案例进行分析、比较、判断，必要时可提出推翻先例或创设指导案例的专业咨询意见。

法官专业会议的讨论结果仅供合议庭复议案件时参考，不得直接决定合议庭评议结论。合议庭在听取意见后进行复议，合议庭成员必须表明对法官专业会议的讨论结果的意见。

三、完善审判委员会工作机制

审判委员会制度是人民法院审判活动中不可或缺的制度。依据现行制度，审判委员会与独任法官、合议庭共同作为法院的审判组织，因此，审判委员会行使司法权无疑具有制度上的正当性，其讨论决定案件亦具有合理性。[②]但审判委员会制度的改革也是势在必行的，不能与司法权的亲历性、公开性等原则相背离。此外，制度的设计不能脱离客观实际而盲目地去追求司法理念，审判委员会

---

① 蒋惠岭：《论司法权运行机制改革》，载《北京行政学院学报》2015 年第 2 期。

② 顾培东：《再论人民法院司法权运行机制的构建》，载《中国法学》2014 年第 5 期。

制度的改革必须符合根据我国国情,坚持一切从实际出发,依传统司法体制的运行状况,科学定位审视审判委员会的功能,使审判委员会的司法功能得到更好发挥的同时,符合司法改革的整体要求。

(一)科学定位审判委员会职能

审判委员会的主要职能应当包括:

1. 指导职能

强化审判委员会总结审判经验、讨论决定审判工作重大事项的宏观指导职能。一方面,审判委员会通过定期评议审判工作,定期汇总、分析合议庭撰写的示范性判决及专业法官会议、审判咨询委员会等院内外专家团队提出的遵循、推翻或创设在先指导案例的咨询意见,定期讨论发布相关指导案例,充分发挥其总结审判经验、统一司法尺度的作用。另一方面,审判委员会定期召开会议,讨论、决定如何提高全院审判工作质效的各项举措,对全院审判工作中的全局性、前瞻性问题进行调查研究等。

2. 审判职能

明确审判委员会作为法院内部的最高审判组织,一方面,其有权对合议庭依程序报送的疑难、复杂、重大案件以及合议庭难以作出裁决的案件进行讨论、决定。另一方面,审判委员会根据案件情况,有权决定对一些疑难、复杂、重大案件进行直接审理。

这里需要强调的是,根据相关法律、政策规定,合议庭与审判委员会作为法院内部两种不同的审判组织,其行使司法权的职责分工是不同的,故两者都是独立行使司法权的审判组织,两者具有不同的审判功能定位。法院受理的绝大多数案件均由合议庭独立审理,并独立作出裁判,但对于极少数的疑难、复杂、重大案件以及合议庭难以作出裁决的案件,合议庭在依程序报告审判委员会后,审判委员会根据案情需要,决定是否对案件进行直接审理。审判委员会审理案件的方式包括书面审理与开庭审理两种方式。根据中央司法改革精神,应严格限缩审判委员会审理案件的范围,除法律规定情形和涉及国家外交、安全及社会稳定的重大复杂案件外,审判委员会主要负责审理疑难、复杂、重大案件中的法律适用问题。审判委员会对案件中的相关法律问题作出决定后,应当及时以书面形式反馈给合议庭。合议庭应当服从审判委员会作出的决定,但对案件中涉及的其他事实与法律问题,仍由合议庭作出裁判,真正实现"让审理者裁判、由裁判者负责”。

（二）规范审判委员会议事规则

具体举措包括：设立前置咨询及过滤机构。审判委员会下设若干法官专业会议，作为提交审判委员会议事事项的前置咨询和过滤机构，以增强审判委员会审议决策的科学性和专业性；讨论事项告知制度。对于提交审判委员会讨论决定的案件等相关事项，明确要求合议庭将拟讨论决定的事项、审判委员会委员名单、召开审判委员会的时间等提前告知当事人。当事人有权申请审判委员会委员回避；规范审判委员会会议材料的提交。明确要求提交审判委员会讨论的相关材料应提前送交审判委员会委员，并充分提供讨论事项的相关依据资料。逐步探索实现审判委员会可以通过信息技术手段，调阅案件的卷宗、证据材料、庭审视频、视听资料等相关材料；明确审判委员会的发言程序。审判委员会讨论案件等相关事项，明确要求审判委员会委员发言应按照资历由浅到深、职级由低到高的顺序进行，院长最后发言。审判委员会讨论案件，主审法官应当列席并汇报案件情况。对本院已发生法律效力的案件提起再审的，原主审法官应当列席。主审法官、案件所在庭的庭长和主管院长可就其他审判委员会委员的提问，进行必要的解释说明；对审判委员会决议的记录和反馈。明确要求审判委员会对案件处理等相关事项的讨论过程和作出的决议，应由每位审判委员会委员签名确认。审判委员会对案件处理作出的决议应当以书面方式反馈给合议庭；公开审判委员会决议结论和理由。对于审判委员会讨论决定的案件，除涉及国家秘密等不适宜公开的事由外，明确要求在裁判文书中公开审判委员会决定形成的具体理由和法律依据。

（三）探索审判委员会直接审理案件的程序

对审判委员会直接审理案件的程序进行积极深入的探索，主要措施包括：

1. 明确审委会审理案件的范围

按照改革纲要的要求，审判委员会审理的案件主要有两类：一是疑难、复杂、重大案件中法律适用问题的审理；二是对涉及国家外交、安全和社会稳定等案件的审理。司法实践中审判委员会主要审理的是第一类案件，在审理极少数法律规定情形和涉及国家外交、安全和社会稳定的重大、复杂案件的程序可参照合议庭开庭审理案件程序进行。审判委员会委员一般都是具有多年审判经验的资深法官，业务素质较高、审判经验也较为丰富，由审委会委员共同对案件进行直接审理可以充分发挥集体的智慧和力量,对案件进行更客观、理性的分析,避免合议庭在事实认定和适用法律问题上的局限性。审判委员会在对案件的审理过程中,可以充分发挥集体的智慧和力量,对相关法律适用问题进行更为客观全面和深入理性的分析,从而保证司法裁判的公正。审判委员会直接审理案件,充分听取各方当事人的意见陈述,既充分保障了当事人的诉权,体现了程序正义的要求,又能够保障审判委员会在直接审理充分听取各方当事人意见的基础上就相关法律适用问题作出决定,是直接审理原则的具体体现,符合司法权运行规律要求,突出了审判在诉讼制度中的中心地位,是对中央司法改革精神的具体落实。再者,审判委员会充分尊重合议庭对案件涉及的其他事实和法律问题的裁判,是坚持去行政化的指导思想,健全主审法官、合议庭运行机制,最大限度地还权于合议庭,充分保障合议庭依法行使司法权的重要方面。同时,审判委员会集中了资深优秀法官的智慧和力量,做出的分析和认定都具有较高的权威性,能够发挥良好的示范指导作用,有利于法律适用的统一,在一定程度上保证在法院管辖范围内司法实践的统一,减少“同案不同判”现象。

此外,根据中央司法改革精神和最高人民法院“四五”改革纲要的要求,中央及上级法院对加强审判委员会制度改革,充分发挥审判委员会的作用提出了明确的目标和要求。改变以往审判委员会以听取汇报为主的司法权行使方式,而是由审判委员会直接开庭审理疑难、复杂、重大案件中的法律适用问题,并实行审判委员会审理和合议庭审理相结合的司法权运行模式,是在探索符合审判规律的司法权运行机制方面的大胆创新和有益尝试,也是对“由审理者裁判,由裁判者负责”的积极践行。

2. 规范审判委员会直接审理案件的程序

对疑难、复杂、重大案件中法律适用问题的审理程序中的实践探索:一是法律适用问题的报告程序。合议庭认为疑难、复杂、重大案件的法律适用问题需要审判委员会讨论决定的,应当向审判委员会予以报告并说明理由。二是庭前告知程序。审判委员会决定对案件中的法律适用问题进行审理的,应由合议庭提前告知各方当事人,并告知当事人审判委员会拟审理案件的范围、审判委员会名单,当事人有权在规定期限内向审判委员会提交相关法律意见等,当事人有权申请审判委员会委员回避。三是书面审理程序。审判委员会收到当事人所提交的相关材料后,可以结合合议庭已查明的事实,对案件中的特定法律适用问题进行书面审理并作出决定,并将该决定及时反馈给合议庭。四是开庭审理程序。审判委员会根据当事人所提交的相关材料,决定对前述案件中的法律适用问题进行开庭审理的,应由合议庭提前告知各方当事人开庭日期(提前的期限视案件情况而定)。合议庭应于开庭前及时向审判委员会报告已查明的案件事实,并报送相关材料供审判委员会查阅。审判委员会在开庭审理过程中,为保障合议庭、审判委员会分别对同一案件先后行使司法权程序上的有效衔接,可以在庭审过程中设置如下程序:由法官助理向审判委员会总结、汇报合议庭已查明的相关案件事实,并由审判委员会主持人(院长)明确告知当事人审判委员会现仅就案件中的某一特定法律适用问题进行审理,其他事实与法律问题仍由合议庭决定。各方当事人在庭审陈述过程中,审判委员会委员有权随时打断当事人的陈述,并有权随时进行追问,以激发各方当事人在观点交锋中充分表达其意见,充分发挥口头辩论对书面审查的补充、验证和释疑作用,为审判委员会庭后作出决定提供更直观、更充分的案件信息。对于极少数法律规定情形和涉及国家外交、安全和社会稳定的重大、复杂案件,审判委员会对此类案件的审理涉及事实认定和法律适用两方面,故审判委员会开庭审理此类案件的程序可参照合议庭开庭审理案件的程序进行。

第五章　司法权力运行监督制约机制

为实现对新运行模式下司法权的有效监督,应当坚持协同性理念,依托业务工作机制、抓住司法工作关键节点,构建分权制衡的监督制约机制。司法权力运行监督制约机制主要针对诉讼过程。通过赋予当事人充分的实体和程序权利,并建立配套制度予以保障权利落实到位,提升当事人享有的各项诉讼权利能力,使当事人享有的诉讼权利与法院行使的审判权达到动态的平衡。同时,通过引导和激发当事人行使诉权,在维护自身权利的过程中客观上达到对法官审判的任意性和裁量权限制的效果,形成相互制约的机制。司法权力运行监督制约机制包括程序和实体两个维度。在程序上,主要通过立案登记制保障当事人启动司法保护的权利,通过诉权保障机制保障当事人基本的诉讼权利;在实体上,以诉讼、庭审、裁判一致原则为核心,通过真正发挥庭审的作用,对法院认定事实和做出裁判进行限制。

一、实行立案登记制度

十八届四中全会后,党中央在《关于全面推进依法治国若干重大问题的决定》(以下简称《决定》)中明确提出"改革法院案件受理制度,变立案审查制为立案登记制,对人民法院依法应该受理的案件,做到有案必立、有诉必理,保障当事人诉权"。2015 年 2 月实施的最高人民法院《关于适用〈中华人民共和国民事诉讼法〉的解释》第 208 条规定:"人民法院接到当事人提交的民事起诉状时,对符合民事诉讼法第一百一十九条的规定,且不属于第一百二十四条规定情形的,应当登记立案",规定民事诉讼中实施立案登记制度,也是首次在司法解释中明确"立案登记制";2015 年 5 月实施的修订后《行政诉讼法》第 51 条规定:"人民法院在接到起诉状时对符合本法规定的起诉条件的,应当登记立案",明确在行政诉讼中实施立案登记制度,也是首次在法律中明确"立案登记制";2015 年 5 月实施的《最高人民法院关于人民法院登记立案若干问题的规定》第 1 条规定:"人民法院对依法应该受理的一审民事起诉、行政起诉和刑事自诉,实行立案登记制",明确在刑事自诉程序中实施立案登记制度,鉴于普通刑事程序在公诉上的特殊性,至此,"立案登记制"的适用范围已经涵盖了三大诉讼可能适用的领域,"立案登记制"在法律层面上基本确立。

立案是司法程序的开端。起诉权是当事人享有的最重要的诉权之一,若其起诉权无法得到有效保障,当事人的诉求就不能进入法院,其他权利就失去了实现的可能。"立案登记制"作为保护当事人诉讼权利的一项重要制度,在发挥保护当事人权利作用的同时,也起限制法院在案件受理阶段的裁量权的作用,实际成为了当事人通过权利制约审判权进而对司法权运行进行监督的重要途径。

(一)基本内涵

在"立案登记制"实施之前,司法实践中主要适用的是"立案审查制",即法院在受理案件的过程中,先依据法律规定对当事人的起诉是否符合受理条件进行审查,然后决定是否受理。相较长期适用的"立案审查制",虽然法律及司法解释已经对"立案登记制"作为制度进行了明确,但对于"立案登记制"的确切含义、规范流程以及相应的法律后果,实务界和理论界仍存争议,立法者也尚未对这一新确立的法律制度予以进一步解释。全国人民代表大会常务委员会《关于修改〈中华人民共和国行政诉讼法〉的决定》第 51 条和第 52 条规定:"人民法院在接到起诉状时对符合本法规定的起诉条件的,应当登记立案。对当场不能判定是否符合本法规定的起诉条件的,应当接收起诉状,出具注明收到日期的书面凭证,并在七日内决定是否立案。不符合起诉条件的,作出不予立案的裁定。裁定书应当载明不予立案的理由。原告对裁定不服的,可以提起上诉。起诉状内容欠缺或者有其他错误的,应当给予指导和释明,并一次性告知当事人需要补正的内容。不得未经指导和释明即以起诉不符合条件为由不接收起诉状。对于不接收起诉状、接收起诉状后不出具书面凭证,以及不一次性告知当事人需要补正的起诉状内容的,当事人可以向上级人民法院投诉,上级人民法院应当责令改正,并对直接负责的主管人员和其他直接责任人员依法给予处分。人民法院既不立案,又不作出不予立案裁定的,当事人可以向上一级人民法院起诉。上一级人民法院认为符合起诉条件的,应当立案、审理,也可以指定其他下级人民法院立案、审理。”

根据上述法律规定可知,我国《行政诉讼法》中所确立的“立案登记制”应当至少包含三项内容:(1)法院对于当事人提交的符合起诉条件的起诉材料,应该予以立案登记,并出具注明收到日期的书面凭证。(2)对于符合起诉条件却欠缺内容的起诉材料,法院应当给予其指导和释明,并一次性告知当事人需要补正的内容。(3)对于不符合起诉条件的起诉,法院应当出具不予受理裁定,当事人对此可以上诉,而对于法院无故不接收起诉状、拒不出具不予受理裁定、或在接收起诉状后不出具书面凭证,以及不一次性告知当事人需要补正的起诉状内容等情况下,当事人是具有投诉或向上级法院起诉等救济途径的。

(二)在司法权运行监督方面的作用

在传统的立案审查制度下,立案法官对于起诉案件的审查重点主要在于两方面,一方面是诉讼本身,如立案材料是否符合形式要求,起诉是否符合案件受理的实质要件等;另一方面则是审查该案是否具有敏感因素,是否适合法院审理。

从内容上来看,改革后的“立案登记制”与传统的“立案审查制”相比,存在如下实质变化:(1)提高了对当事人自主行使诉讼权利的保障力度。(2)限制了法院立案部门立案审查权的范围。(3)加强了对法院行使立案职能的监督制约。这三个方面的实质变化都将带来一个共同的实际效果:进一步消解过去我国法院被一度诟病的“立案难”现象,降低起诉和受理的门槛,切实保障了当事人的合法权益。

当然,随着社会持续发展,各种类型的纠纷不断出现,当事人对诉讼的期望也持续提升,而法院作为纠纷解决机构,有自身运行的特点和限制,并非所有类型的诉求都能在法院得到较好的处理和解决,当上述两方面因素相互交织甚至产生冲突时,如何在坚持"立案登记制"的同时获得良好的法律效果,也是确保"立案登记制"能够长期发挥制度价值的关键。特别是对于是否仍需要进行审查方面,实行立案登记制改革后,对立案法官对起诉材料的审查深度和范围都进行了一定缩限,但对于法律关系比较复杂,疑难、新类型案件较多,如果不对其进行实质要件审查,很可能会将本应裁定不予受理的案件错误受理,或出现因级别管辖错误或诉讼标的判断错误而导致的错误立案。相关的典型问题如:在"立案登记制"下,法院是否仍需对当事人的起诉材料进行审查;审查范围和程度又和过去有哪些改变;登记的条件是什么;登记又产生什么法律效力;如果当事人的起诉符合受理条件,但存在内容欠缺,经法院一次性告知后仍然在指定期限内未补正或补齐全部材料的,又该如何处理;对当事人邮寄起诉的,该如何进行登记;这些具体问题的解决都要一套完整的举措进行保障。

(三)在保障当事人诉权方面的举措

为了进一步保障当事人自主行使诉讼权利,防止人为提高案件立案的门槛,造成"立案难"的困境,应从如下几项举措入手,保障当事人诉权:

1. 实施标准化立案

为了能够提高立案效率,节省当事人的诉讼成本以及减轻立案法官的工作压力,应结合案件类型,积极探索立案标准化问题,将其作为一项专门的问题予以研究。通过建立案件立案标准化,进一步降低案件的立案门槛,保障当事人的诉讼权利。

2. 多措并举保障当事人诉权

除了在立案环节通过多项工作机制切实保障当事人诉权以外,建立和健全一系列保障当事人诉权的工作机制,将立案阶段诉权保障与整个审判过程中的诉权保障相结合,从立案开始,直到案件审结,都能努力让当事人在每一起司法案件中感受到公平正义。

3. 进一步完善立案预登记制度

对于涉外原告起诉的案件,采取预登记的立案方式。先将符合立案条件的起诉材料收取并进行预登记,并请原告代理人签订一份限期提交公证认证手续的告知书,待当事人提交符合法定形式的公证认证手续后,案件即可立案,有效兼顾当事人行使诉讼权利和立案工作效率。

4. 立案材料一次性告知书

对需要补正立案材料的当事人,向其送达《立案材料一次性告知书》。该告知书中载明各类案件的立案要求,以及该当事人提交的立案材料中存在问题的详细说明,便于当事人尽快补正。尤其对于邮寄起诉材料的,立案法官应对起诉材料初步审查,将该起诉材料存在的问题、欠缺哪些材料等问题和《立案材料一次性告知书》一并寄给当事人,便于其尽快将符合立案条件的起诉材料提交,并办理立案手续。

5. 网上立案与网上服务

探索实施充分的网上立案制度是进一步落实立案登记制改革,保障当事人起诉权利的一个主要方向。拓展网上立案空间,扩大网上服务功能,引导当事人在网上了解立案须知与标准、网上下载立案格式材料、网上填写与提交。立案法官可以通过网络对该当事人的起诉进行初步审查,对于其中存在的问题及时指出,并送达电子版的《立案材料一次性告知书》,从而便于当事人一次性准备好全部立案材料,实现即时立案。

二、完善诉权保障机制

党的十八届四中全会通过了《中共中央关于全面推进依法治国若干重大问题的决定》(以下简称《决定》),在《决定》的第四部分“保证公正司法,提高司法公信力”中,两次提到了“诉权”这一概念,一是明确提出“改革法院案件受理制度,变立案审查制为立案登记制,对人民法院依法应该受理的案件,做到有案必立、有诉必理,保障当事人诉权”,二是提出了“全面贯彻证据裁判规则,严格依法收集、固定、保存、审查、运用证据,完善证人、鉴定人出庭制度,保证庭审在查明事实、认定证据、保护诉权、公正裁判中发挥决定性作用。”虽然从字面上看,这些表述针对的是人民法院的受理制度和证据裁判规则,但其中两处提到的“诉权”,却不仅包含了公民的“起诉的权利”和“举证、质证的权利”,而且包含了更多的含义。其中,《决定》着重强调了要“加强人权司法保障”,要“强化诉讼过程中当事人和其他诉讼参与人的知情权、陈述权、辩护辩论权、申请权、申诉权的制度保障”[①]和《决定》前文提及的“诉权”相呼应,可以说,这份以司法改革为重心的依法治国方略,将进一步保障当事人在司法活动中的诉讼权利摆在了十分重要的位置。

按照司法改革的要求,既要深入推进司法权运行机制改革,完善主审法官、合议庭办案责任制,让审理者裁判,由裁判者负责,按照司法权本身的规律办事。给予审判人员更多的自主权,减少、根除“行政化”因素,让审理者真正能够裁判。与此同时,又要保证审理者真正掌握裁判权以后,加大对其制约的力度,防止权力的滥用或不作为。

要达到这种制约,最好的方式就是通过鼓励当事人行使诉权来实现。特别是在民事诉讼中,诉权与司法权是相对的概念,对司法权而言,诉权是当事人对其制衡的最有力武器。因此,诉权保障与司法权的滥用亦是相互制约的,对诉权的保障越充分,司法权的运行就越规范,反之亦然。因此,加强对当事人的诉讼权利保障,对实现程序正义和实体正义,维护司法公正均具有天然的正当性和合理性。鉴于诉权在民事诉讼程序中最为典型,本文对诉权的探讨将主要以民事诉讼为背景进行探讨。

(一)“诉权”的基本内涵

要实现在审判的每一个节点都能切实保障当事人诉权,从而对审判权行使形成全过程制约这一目的,首先应当厘清“诉权”的应有之义,明确当事人在整个诉讼程序中享有的诉权的边界,找准审判实践中存在的疏于对当事人诉权保障的问题所在,有针对性地提出可行性对策并制定具体措施,从而完善审判程序中的诉权保障机制。

1. 提高司法公信力的必然要求

“让人民群众在每一个司法案件中都感受到公平正义”既是人民法院的工作目标和司法为民宗旨的具体体现,也是提高司法公信力的必由之路。为此,司法权不仅要追求实体公正,向当事人提供公正的裁判结果,而且更重要的是要同时确保程序公正,让公正以当事人可感可知的方式展示出来。民事诉讼法设置了很多具体的制度来加强对当事人诉权的保护,但有些规定仍然过于原则,结合审判实践中长期存在的一些不规范的习惯做法,影响了当事人法定诉讼权利真正

---

① 详见《中共中央关于全面推进依法治国若干重大问题的决定》,2014 年 10 月 23 日中国共产党第十八届中央委员会第四次全体会议通过。

落实到位,导致诉权难以形成一股与审判权相互平衡的权利,达到相互制约的目的。只有从这些严重制约诉权行使的地方入手,通过有针对性地完善诉讼程序和自觉规范司法行为确保程序公正,让当事人在诉讼中感受到每一项诉讼权利都得到充分尊重,能够高效便捷地实现,才能赢得人民群众对司法的认可,提高司法的公信力,也才能让当事人真正成为司法的监督者。

2. 实现跨越式发展目标的一项基础工程

深化司法体制改革的重点是进行司法权运行机制改革,完善主审法官、合议庭办案责任制,让审理者裁判,由裁判者负责。司法权运行机制改革,一方面要通过减少司法权运行中的“行政化”因素等措施,让审理者真正能够裁判;另一方面要加强对司法权的制约监督,防止行政管理弱化以后法官司法权的滥用。对司法权的制约监督机制很多,但是,只有当事人诉权能够从审判程序内部构成对司法权直接的制约,二者是一对矛盾,强化当事人诉权必然同时意味着对司法权的规范和限制,因此,当事人诉权对司法权的制约比审判程序之外的任何监督制约都更为有效,加强对当事人诉权保护是防止司法权滥用的基本途径。

按照民事诉讼法的理论通说,诉权是指民事纠纷发生以后,当事人所享有的诉诸法院,请求法院对民事纠纷进行审判的权利。当事人的诉权保障程度直接反映了一个国家法院的司法水平,从而折射出这个国家的人权保障状况和法治水准。在国家日益强调尊重和保障人权的今天,司法机关依法行使司法权更应以全面保障当事人的诉权为基本理念。然而从我国现行的司法实践来看,诉权保障的范围尚有局限,加强当事人诉权保障是司法改革的本质要求,也是实现司法权力运行监督制约机制的重要途径。综上,本文所探讨的“诉权”,系指案件中的当事人在审判流程的各个节点中所享有的诉讼权利的总称。因起诉权已在关于“立案登记制”的部分予以探讨,故本部分不再赘述。

(二)“诉权”的种类

要保障诉权,首先要让当事人充分了解其在民事诉讼中享有哪些诉讼权利。经过对《民事诉讼法》及《民诉法解释》的梳理,当事人在整个民事诉讼中应享有包括起诉权、重新起诉权、民事诉讼时效免予审查权、诉前保全(禁令)申请权、诉讼程序知情权、管辖异议申请权、答辩权、举证权、延期举证申请权、不公开审理申请权、变更诉讼请求权、反诉权、委托、变更、撤销代理人权、开庭安排被告知权、回避申请权、第三人的参加诉讼权、意见陈述权、举证权、上诉权、辩论权、鉴定、勘验的申请及重新申请权、提出新证据权、调查取证申请权、律师的调查取证权、申请证人出庭权、自愿调解权、发问权、上诉权、两审程序中的诉中保全申请权等方面的具体诉讼权利。此外,法律上虽然没有明确规定,但基于诉权本身衍生出来的其他权利,当事人亦可行使,法院亦应提供相应的便利。主要有:案件以内,当事人可就案件本身享有提起再审的权利、提出申诉的权利、就司法人员提出投诉的权利、查阅案件档案的权利、查询案件相关信息的权利(如受理情况、分案情况、开庭情况、结案情况、上诉移送情况等)。

在案件以外,当事人还可就案件审判流程一般问题进行咨询的权利(如立案流程、受理条件、管辖范围、审理程序、诉讼保全、诉前禁令等问题)、公开查阅开庭公告的权利、公开查阅作出的裁判文书的权利、公开查阅司法人员姓名和办公联系方式的权利、旁听庭审的权利、出于学术研究的目的获取相关审判数据或查阅相关案件卷宗的权利。

(三)"诉权"保障问题的具体表现

1. 立案登记环节存在的问题

因相关法律及司法解释均对立案登记制予以了明确规定,故在立案登记环节,"诉权"保障的问题更多体现在非立案相关事项上,突出的问题就是接待人员不接收诉前保全或禁令等申请。在立案登记过程中,部分当事人提出诉前保全或禁令的申请,但立案接待人员往往对此用较高的标准进行审查,导致很少有诉前保全或禁令能够被接受。或者立案接待人员接收材料后,不出具收据,或很长时间不答复当事人,延误了时机。

2. 审判环节存在的问题

一是被告和第三人难以送达的问题。审判实践中侵害当事人受送达权的现象主要表现形式为:在未经要求当事人填写送达地址确认单情况下直接以法院专递向当事人送达开庭传票等诉讼文书,邮件退回后直接按有效送达处理或者不经其他方式送达就采取公告送达,公告送达后受送达人不到庭即缺席审理或按撤诉处理。

二是关于保全和先予执行相关权利保障。审判实践中,诉讼保全和先予执行方面突出存在两方面的问题:一是保全和先予执行裁定的作出及执行不够及时,影响成功率;二是对于保全和先予执行的复议及被申请人解除保全的申请,不经对方当事人参与直接作出处理,不利于对方当事人权利的保护。

三是关于当事人若干申请权保障。由于法律规定不够细致,审判实践中存在对当事人申请事项处理比较随意的现象,如对当事人申请追加当事人、申请法院调查搜集证据、申请鉴定,申请中止或终结诉讼等,不能明确、及时地予以答复,或者仅作口头答复,并且处理前不听取对方当事人意见。

四是关于鉴定中当事人相关权利保障。鉴定中存在的突出问题是:有的法官过分依赖鉴定人,把鉴定中应当由法官处理的事项一并交由鉴定人处理,造成一定程度的以鉴代审;鉴定人不遵守鉴定期限;当事人无法就鉴定意见进行充分沟通。上述问题严重影响诉讼的公正,而且特别容易造成一审案件的过分拖延,成为一审案件长期不能审结的重要原因。

五是关于裁判文书中当事人权利保障。总体上看,裁判文书在保障当事人权利方面的不足主要表现为:诉辩部分对当事人诉、辩意见归纳不准确或不完整;事实部分只写结论不写理由,过于简单;理由部分不说理或选择性说理,难以服人。

六是关于二审、再审审理程序中当事人权利保障。二审、再审程序在司法实践中存在两个比较突出的问题:一个是由于改判比发回重审引发审判责任、信访责任的风险更大,法官在处理原审认定事实不清的二审或再审案件中存在更愿意发回重审的倾向,增加了当事人诉累;另一个是在当事人申请再审案件的审查阶段,由于法律规定的审查方式适用条件比较原则,所以存在未经询问被申请人即将案件提起再审的情况。这种在被申请人毫不知情情况下做出对其权利重大改变的裁判的做法剥夺了被申请人获得听审的权利,有失公正。

(四)保障"诉权"的具体举措

加强对当事人诉讼权利的保障,最为关键的是形成一套切实可行的制度,在明确当事人享有诉权种类的前提下,通过有效的制度设计,保障诉权行使能够真正落到实处,切实发挥保障当事人权利和制约审判权行使的作用。针对当事人对民事诉讼中享有的诉讼权利不甚了解或了解不够清晰,以及审判实践中反映比较突出的对诉权保障不到位的现象,应从以下三个层面予以解决:

1. 赋予当事人权利告知权,让当事人能够比较全面地了解其在民事诉讼整个过程中依法享有的诉讼权利。告知的行使可以采用随案件一并发送《民事诉讼中当事人诉讼权利告知书》的形式,告知书的内容应当是一份权利清单,将当事人在各个诉讼节点应该享有并可行使的权利予以告知,并归纳出权利名称,让当事人可以很直观地获知其权利内容及法律依据。

2.赋予当事人诉讼权利行使申请权,明确当事人行使诉讼权利的基本方式。赋予当事人提出《行使诉讼权利申请书》,提供统一格式供当事人在行使权利时填写。这种权利行使方式实际上是将诉权的行使启动权赋予了当事人,使当事人掌握了主动权。

3.赋予当事人被答复权或结果获得权,加大对审判人员的制约力度。根据法律规定和司法实践要求,制定保障当事人诉讼权利的具体规定,针对诉讼程序中的不同阶段、不同节点对审判人员均提出明确、具体、规范的要求,确立审判人员对当事人诉讼权利行使后产生的义务,审判人员未按规定要求履行相应义务的,将产生一定的后果。

(五)妨碍诉讼行为惩戒机制

1.妨碍诉讼行为惩戒机制的意义

诉权是当事人的正当权益,但只有依法正确行使才能充分保障当事人权益,达到对司法权的制衡。当事人出于自己的不当诉求,采取非法手段干预司法行为,属于妨碍诉讼行为,不仅偏离了诉权保障的制度价值,无法达到对审判权的有效制约,同时,也会对司法权力运行产生不当的干扰。只有正当行使的诉权才能对司法权力起到制衡监督作用,妨碍诉讼行为的会导致平衡的权力再度失衡,影响诉权对司法权的监督。需要通过有效的制度对当事人行使诉权进行规制,对妨碍诉讼行为建立适当的惩戒机制。

2.严重妨害诉讼行为的实践表现和影响

妨害民事诉讼行为,是指当事人、其他诉讼参与人或案外人在诉讼过程中故意实施的扰乱民事诉讼秩序、阻挠民事诉讼进程、干扰法院正常审判的行为。

妨害民事诉讼行为因情节轻重不同、后果不同、主观恶性不同等,可能采取的强制措施也不同。实践中,情节较为严重,依法可能采取罚款、拘留等力度较大的强制措施及至追刑的行为主要包括:一是扰乱审判秩序以影响司法进程的行为;二是妨害举证以干扰法庭对于案件事实判断的行为;三是擅自处分诉讼标的物以影响审执方向的行为;四是虚假诉讼、恶意诉讼干扰审执工作正常开展的行为;五是缠诉闹访给法院和法官施压的行为;六是对法官进行人身攻击以影响法官司法尊严的行为;七是滥用权利或故意虚假陈述等其他违反诚信原则的行为。

针对严重妨害诉讼行为,如果没有相应的法律应对措施,将对法官的司法信心、法院的司法公信产生了消极影响:一是对人民法院公正审判产生影响;二是对其他当事人对司法公正的确信产生的影响;三是对法院形象的影响。

3. 妨害诉讼行为的具体应对举措

改革与完善妨害民事诉讼行为的司法应对措施,有赖于公众法治观念、整体司法环境的发展与进步,以及法律制裁规范体系的建立与完善,除此之外,实践层面针对性的、具体的举措主要包括:一是通过惩治妨害民事诉讼行为告知书或诉讼诚信承诺书等方式建立事前告知和预警制度;二是强化罚款决定的执行力度,充分发挥其对妨害行为人的经济制裁作用;三是通过制定关于司法拘留的实施细则,清除司法拘留的适用障碍;四是建立职责清晰、程序完备、运转顺畅的刑事责任追究机制;五是创新司法应对措施和工作机制,借助社会诚信体系对行为人形成约束。

三、落实诉、审、判一致原则

党的十八届四中全会提出要推进以审判为中心的诉讼制度改革。以审判为中心,实际上是审判中心主义的体现,其最终目标是司法裁判。它在司法审判中强调以下两方面:一是法院裁决的作出必须以审判的方式进行;二是强调审判程序完整规范。以审判为中心的诉讼制度的建设,要求每一起案件的审理都贯彻着探索庭审程序的意图,同时更有助于形成规范性、示范性的案例,在司法活动中发挥实际指导作用。社会具体公平正义的维系,很多时候只能依靠司法者在个案中完成。

“诉、审、判一致性”是落实庭审实质化要求的具体措施,是司法工作的应有之义。“诉、审、判一致性”对提高法官司法裁判水平、深化当事人对司法审判的参与和制约等具有重要意义。“诉、审、判一致性”工作是一套系统工程,不仅涉及法院和法官工作,也涉及律师代理人参与诉讼的思路和具体诉讼行为,而且需要案例指导制度、司法责任制等配套制度相配合。

(一)诉、审、判不一致的表现形式

1. 诉的提出不规范。部分诉状内容过于冗长和琐碎,与案件相关的诉讼主张和理由与案件事实交织在一起,争议焦点不清晰、不明确。部分诉状内容又过于简单和抽象,无法清楚获悉具体的诉讼理由。

2. 先例的援引不规范。当事人提交先例支持其诉讼主张时,通常仅仅向法院提交裁判文书,而不具体说明先例与在审案件之间的关系,以及是否应当援引参照的具体理由。部分当事人不在规定的期限内提交先例,而是在庭审中或庭审后提交,影响了案件审理效率和对方当事人进行有针对性答辩的权利。

3. 争议焦点的归纳不规范。部分案件审理中,法官没有充分、全面考虑各方当事人的诉辩主张,而是根据个人经验归纳争议焦点,之后也未交由当事人确认,导致所归纳的争议焦点与当事人的诉辩主张存在分歧,包括遗漏争议焦点以及将无争议的事实作为争议焦点。

4. 庭审程序形式化。随着案件数量激增,迫使法官不得不压缩庭审时间以提高审理效率。同时,部分法官对庭审的主导性较强,尤其体现在对类型化案件的审理中。上述因素均导致当事人和律师难以在庭审中充分陈述意见,部分庭审程序存在形式化、走过场、遗漏乃至回避争议焦点的问题。

5. 裁判说理不充分。受到争议焦点归纳不规范、庭审程序形式化等因素影响,部分法官在裁判文书说理上不充分、不透彻,部分则存在说理程式化问题,没有针对当事人诉辩主张逐一进行回应,该说理的不说理,尤其体现在对当事人提出的程序类的主张,仅以“不予采信”“不予支持”的方式一笔带过,引发当事人对司法公信力的质疑。

(二)诉、审、判不一致的危害

目前,社会上对司法审判质量的质疑主要来自庭审程序形式化和裁判说理不充分两个方面。其问题和危害包括:

1. 庭审虚化形成严重的后续传导效应。由于当事人的诉辩理由没有在庭审中得到有效审理,致使后续的裁判过程也会因此而出现偏差甚至错误,影响法官的最终判断。此外,如果一审案件审理中庭审流于形式化,将失去查明案件事实的最佳时机,增大后续审判程序误判的可能性,生效裁判所产生的不良社会效果将成倍放大。

2. 影响司法裁判价值的发挥。受到庭审虚化的影响,裁判说理不能针对当事人诉辩和庭审内容有的放矢地展开,遗漏争议焦点进行裁判的问题时有发生。另外,裁判说理存在程式化、空洞化、简单化倾向,对于当事人的诉辩理由不能给出令人信服的裁判意见,更无法发挥司法裁判规范、指导、评价、引领社会价值的作用。

（三）诉、审、判不一致的原因

造成诉、审、判不一致的原因是多方面的，既有法律规定过于宽泛，落实不到位的原因，也有部分当事人及律师应诉能力不足的问题，但根本原因还是来自法院内部。(1)重效率而轻质量的司法理念普遍存在。这种理念不仅体现在管理上唯结案数论的考核方式，也表现在法官在案件审判中的任务观点，将案件审理当做单纯的工作任务，只希望于审结案件完成任务，而不重视案件审理的质量。(2)部分法官专业能力有待提高。法官素质良莠不齐，部分法官对于当事人提出的疑难、复杂诉求无法直接有效回应，转而选择通过回避焦点等方式作出认定，导致裁判缺乏说理性。(3)司法不廉洁问题一定程度上存在。以"人情案、关系案、金钱案"为代表的司法不廉洁问题并未根除，为了影响裁判结果可能存在故意回避或遗漏当事人诉求的情况。(4)行政化的管理监督机制的不当干扰。院、庭长行使审判管理监督权过程中可能涉及具体案件的处理，相关意见可能影响案件的裁判结果，法官因无法公开相关情况而使裁判说理也受到一定限制。

（四）诉、审、判一致的内涵

诉、审、判一致是指法官应当根据当事人的诉辩主张进行审理和裁判，保障当事人的诉辩主张及意见陈述在庭审与裁判中得到针对性审理和回应，确保诉辩、庭审与裁判彼此呼应、相互一致。在法庭调查前，各方当事人应当结合己方诉辩意见，分别明确案件所涉的争议焦点并确认。案件争议焦点应当具体明确，能够直接、准确反映案件的争议情况。各方当事人无争议的事实问题和法律问题，经审查能够确认的，应当及时予以确定并由当事人签字确认，无须纳入庭审审理范围，并可在裁判文书中直接予以表述。庭审时，应当针对已经确定的案件争议焦点，进行调查和辩论，不得遗漏争议焦点。裁判文书应当全面、准确反映案件争议焦点及当事人的诉辩主张和理由，不得遗漏。裁判时应当针对经过庭审的案件争议焦点逐一进行评述，并说明作出裁判所依据的具体事实和理由。未经庭审的当事人有争议的事实和法律问题，不得裁判。

（五）诉、审、判一致的要求

为保障当事人的诉辩主张和律师的代理意见在庭审与裁判中得到准确、完整、恰当的审理与回应，充分发挥庭审在查明事实、认定证据、保护诉权、公正裁判中的决定性作用，落实庭审实质化要求，提出"诉、审、判一致性"改革方案，重点从以下四个方面予以规范：

1.“无争议不听审”。对于当事人无争议的事实,在进行必要的实质审查后,可以不进入庭审,直接在裁判文书中予以确认,以突出庭审的核心地位,还原庭审听讼本意,节约司法资源,提高诉讼效率。合议庭可以召开庭前会议,由法官或法官助理帮助当事人厘清并固定无争议的事实,交由当事人确认。

2.“凡诉必审”。凡是当事人有争议的问题、凡是裁判所依据的法律及所遵循的先例,都必须开庭审理,并保障当事人充分发表意见,以确保当事人争议焦点和相关诉辩理由全部进入审理范围。法官或法官助理应当引导当事人总结、归纳争议焦点,互相匹配一致后予以确认。如果双方争议焦点无法完全匹配一致,则存在分歧的争议焦点均应纳入庭审。庭审中若出现新的争议焦点,或者当事人否认之前已确认的争议焦点,法官应当及时向当事人释明,并重新固定争议焦点进行审理。另外,对于当事人提交的先例,法官不得拒绝,而应围绕先例与本案的关系及其是否应当援引适用进行审理。法官主动发现的先例,或经审理发现应当适用当事人未主张的法律规定时,也应在庭审中交由当事人充分发表意见。

3.“凡争必判”。凡是当事人在庭审中争议的问题及所提交的先例,裁判时都必须逐一予以回应并说明具体理由,避免法官进行选择性裁判或拒绝裁判。法官在撰写裁判文书时应当明确争议焦点,不得遗漏经庭审的争议焦点,并应围绕争议焦点阐明各方当事人的诉辩主张、证据材料、案件事实和法律意见,进而做出针对性的事实认定和法律论述。如果案件代理人水平较高,可以探索将当事人诉辩意见等部分直接交由代理人撰写。

4.“未审勿判”。对于没有经过庭审争辩的内容,法官不得写入判决,以限制司法自由裁量权,避免裁判理由突袭。法官应当紧紧围绕经过庭审的当事人诉辩理由进行裁判,不得自行引入证据和裁判理由,保证对当事人充分的告知和听取。当事人在庭审之外发表的意见,也不得写入裁判文书中。

第六章 司法权力运行监督公开机制

党的十八届三中全会作出的《中共中央关于全面深化改革若干重大问题的决定》,明确把“增强法律文书说理性,推动公开法院生效裁判文书”确定为健全司法权力运行机制改革的重要内容,作为司法公开的重要内容,裁判文书公开被作为司法权力运行监督途径明确提出。为保障人民群众对人民法院工作的知情权、参与权、表达权和监督权,维护当事人的合法权益,提高司法民主水平,2013年,最高人民法院发布《关于推进司法公开三大平台建设的若干意见》,要求在全国法院推进审判流程公开、裁判文书公开、执行信息公开三大平台建设,进一步扩大了司法公开范围,拓宽了司法公开渠道,对规范司法行为,促进司法公正起到了重要的意义。

"法院司法公开的对象上,分狭义和广义两种,一是指案件的当事人;二是指不特定的人群,包括向媒体、社会公众、研究人员及关心此事的人员。"①本文将主要围绕社会公众、当事人、专业人士三类典型的司法公开对象,结合司法公开的具体内容和举措,探讨公开机制在完善司法权力运行监督机制中的作用。

一、社会公众的公开与监督

社会公众的公开与监督主要包括对法院基本信息的公开、庭审的公开和裁判文书的公开。社会公众作为作为司法监督最为庞大的群体,也是司法公开最重要的对象之一,对于面向社会公众的公开与监督,要积极利用科技的发展,扩大公开的范围,降低信息获取的成本,不断拓宽公开的广度。

(一)基本信息公开

基本信息主要指关于法院、法官及案件程序等情况的信息,相对个案信息具有的动态性,这些信息形成后基本固定,且是社会公众进一步了解司法情况的前提,且获取渠道较为单一,故应被列为必要信息向社会公众予以公布。基本信息包括:法院地址、交通图示、联系方式、管辖范围、下辖法院、内设部门及其职能、投诉渠道等机构信息;审判委员会组成人员、审判人员的姓名、职务、法官等级等人员信息;审判流程、裁判文书和执行信息的公开范围和查询方法等司法公开指南信息;立案条件、申请再审、申诉条件及要求、诉讼流程、诉讼文书样式、诉讼费用标准、缓减免交诉讼费用的程序和条件、诉讼风险提示、可供选择的非诉讼纠纷解决方式等诉讼指南信息;审判业务文件、指导性案例、参考性案例等审判指导文件信息;人民陪审员名册、特邀调解组织和特邀调解员名册、评估、拍卖及其他社会中介入选机构名册等名册信息等。

---

① 孙午生:《司法公开社会价值实现路径的思考》,载《北京政法职业学院学报》2013年第3期。

(二)庭审公开

《宪法》第125条规定:"人民法院审理案件,除法律规定的特别情况外,一律公开进行。"刑事、民事、行政三大诉讼法都明确规定了公开审理的原则,除涉及国家秘密、个人隐私或者法律另有规定的以外,案件审理应当公开进行。庭审作为案件审理最为核心的部分,庭审公开的意义更为突出。自1998年6月10日,北京市第一中级人民法院实行公开审理,规定公民只需用身份证换取旁听证即可旁听案件以来,庭审公开已经成为人民法院普遍的司法公开举措。随着科学技术的不断发展以及电子设备普及率的迅速提升,通过网络进行直播的方式也开始被广泛运用到庭审中,庭审公开克服了空间和时间的束缚,极大地拓宽了辐射的公众范围,成为社会公众了解司法、监督司法的重要途径。

庭审公开主要包括以下内容:

1. 庭审信息的公开

主要包括通过开庭公告、听证公告等方式,向社会公众告知庭审的时间、地点、案件基本情况,为旁听庭审创造条件。传统的开庭公告、听证公告等通常通过法院周边的公告栏发布,这种方式限制了信息传播的范围,部分公众可能因未能及时了解信息而错过旁听庭审的机会,故基于信息科技的发展,可以通过网络渠道发布相关开庭公告、听证公告等,尤其是进行网络庭审直播时,可以最大限度地确保相关社会公众的知情权,提高庭审公开的效果。

2. 创造实际参加的条件

社会公众申请旁听法院审理的案件,通常需要提前申请旁听证,而受法庭空间等限制,当申请旁听人数超过法庭容纳人数时,就无法保障所有人员均能旁听,法院发放的旁听证数量通常也会按照法庭容纳人数进行控制。为落实庭审公开,对于社会公众关心的案件或其他申请旁听人数较多的案件,尽量安排在容纳人数较多的法庭,满足社会公众的庭审公开需求。同时,要积极推动庭审直播,在保证社会关注度较高案件得到直播的同时,逐渐拓宽直播案件的种类,将直播常态化、规范化。

(三)裁判文书公开

最高人民法院周强院长曾表示,裁判文书是人民法院审判工作的最终"产品",是承载全部诉讼活动的重要载体。裁判文书记录了全部的审判活动,承载了纠纷处理的最终结果,也是司法履行定纷止争功能的最重要工具,对司法公正具有重要的价值。公开裁判文书,可以让社会公众更加全面地了解司法的运行过程,有效减少对司法审判“暗箱操作”的误解,对提升司法水平、加强司法监督、培育法治环境都具有重要意义。

2000年6月15日最高人民法院发布了《裁判文书公布管理办法》,提出有选择性地向社会公布案件的判决书和裁定书,迈出了裁判文书公开的第一步。2012年我国新修订的《民事诉讼法》中,正式将裁判文书公开写入了法律条文,这是裁判文书制度首次得到法律的明确认定。2013年7月最高人民法院《裁判文书上网公布暂行办法》正式开始实施,明确生效裁判文书“全部公开”,裁判文书公开水平再一次实现重大进步。

关于裁判文书公开的内容,可以分为形式公开和实质公开两个层次。形式公开主要指将裁判文书的内容向社会公众公开,而实质公开则基于形式公开提出了更高层次的要求,不仅要求将裁判文书本身予以公开,还要求公开的裁判文书要具有充分的说理性,实质上的回应了当事人的全部主张,符合诉、审、判一致的原则。关于形式上的公开,随着最高人民法院一系列举措的不断推出,在人民法院中已经得到了初步实现,而实质公开则尚处于较低水平。关于实质上的公开,有观点认为应当包括:公开案件的审判过程,包括从立案到开庭再到执行过程中产生的所有文书;公开当事人起诉主张和答辩事由,也就是公开当事人的起诉状和答辩状;公开相关证据以及庭审中的当事人质证、辩论的观点;公开法庭裁判的依据和理由。① 该观点的一些内容实际上已经超过了裁判文书公开的范围,比如当事人的起诉状和答辩状等公开,而实质公开仍应给予裁判文书的公开,关键是对裁判文书提出了更高层次的要求。

实质公开应包括两个方面的要求:一是要符合诉、审、判一致原则的要求。对于当事人提出的诉辩主张,都要经过庭审质证后最终在裁判文书中予以回应,而且这种回应应该是基于法律和事实的实质回应,而并非仅在形式上进行回应,如简单地以不予支持等予以驳回,却并未给出任何实质上的理由。二是符合实质公开要求的裁判文书可以分为公正、令人信服、有指引意义三个等级,并与裁判文书的繁简分流相衔接。公正是所有裁判文书的共同要求,对于简单案件只要求符合公正的要求;对于当事人争议较大的复杂案件,则应达到令人信服标

---

① 卓泽渊主编:《司法行为科学化:首届东岳论坛优秀论文选》,中国法制出版社2011年版,第53页。

准;对于新类型、有重大影响的案件,则应达到有指引意义标准,使裁判成为解决类似纠纷的先例,产生远超于个案的影响。

现阶段,法院对裁判文书公开的要求尚处于形式公开阶段。随着司法改革的不断深入和法官司法能力水平的提升,司法公开应向实质公开不断发展。

二、当事人的公开与监督

当事人的公开与监督本质上属于当事人诉讼权利中的知情权范畴,也是当事人行使其他权利的前提,本文对此主要从司法公开的角度进行探讨。当事人是诉讼的参与主体,案件信息与当事人的权利有直接的利害关系,甚至会产生重要的影响,客观上影响了当事人的诉讼感受和对司法公信力的感受。

(一)审判流程公开

审判流程信息是人民法院在立案、庭审、听证、合议、宣判等诉讼过程中产生的各类静态和动态信息总称。审判流程公开就是借助信息化等手段,将上述信息依法向当事人予以公开。审判流程公开应包含如下方面:(1)案件名称、案号、案由、立案日期等立案信息。(2)合议庭组成人员的姓名、承办法官与书记员的姓名、办公电话。(3)送达、管辖权处理、财产保全和先予执行情况。(4)庭审时间、审理期限、审限变更、诉讼程序变更等审判流程节点信息。

审判流程公开的基本要求是推进案件流程对内、对外的实时、全程、动态公开。(1)实现案件流程动态公开。树立起立、审、执、监一体化思想,加强对立案、分案、开庭、裁判、执行、归档等各个流程节点的管理,实现管理数据与数字法院系统、法院内网网站的全面对接,与互联网官方网站的实质对接,当事人凭借有效密码即可上网查询流程信息。(2)实现审限信息动态公开。找准影响审判的关键节点,建立审限动态管理和公开机制,通过移动网络的短信平台即时向当事人推送信息,实现对各节点审限信息的公开。(3)实现案件特殊节点信息的公开。公开案件合议、文书签发、案件报结、当事人上诉和发回重审的节点信息;公开审限延长、中止、审限扣除、程序变更等环节变化的动态信息,把上诉卷宗移送和信访申诉调卷信息纳入全程公开范围,切实解决隐性超审限问题。

(二)非法干预行为的公开

对于来自审判组织之外的非法干预司法权力运行的行为,依照干预的来源可以分为两类。一类是来自司法机关外部人员,且多是外部机关的相关领导干部;另一类来自司法机关内部人员,即非具体案件审判组织成员的其他人员。两类非法干预的表现主要是通过干预审判组织成员依法独立行使审判权,不当影响案件处理,最终做出有利于特定方的结果。

与司法公开的其他内容相比,非法干预案件审理的情况并非必然发生在每起案件中,相关信息也并非源于法律规定,但确可能对当事人的权利产生实质的影响。对非法干预行为进行记录并在一定范围内予以公开,对司法公正具有重要的现实意义:(1)有利于强化威慑作用,让任何敢于干预、插手案件的组织、个人都有所忌惮,知道任何名义和形式的过问都将被如实记录、汇总报送。(2)有利于减轻地方法院负责人和办案法官的记录压力,避免发生因害怕得罪地方党政领导干部和有关部门,而自行过滤外部过问信息,进而不记录或不如实记录领导干部干预司法活动、插手具体案件处理行为的情况。(3)有利于上级党委和纪检监察部门全面掌握情况,及时发现违法干预、插手案件等违纪违法线索。

三、专业人士的公开与监督

(一)专业人士公开与监督的意义

社会监督代表司法的民主属性,但职业性的特征决定了司法天然具有较强的专业性,以法律专业人士作为公开对象的意义在于,相对一般公众和当事人,专业人士可以从法学理论出发提供更加权威的监督,与其他公开引入的监督方式形成有益的互补。

专业监督主要指某一领域的专家、学者、专业人士等,基于自身具有的专业知识,对该司法行为进行的监督。专业监督的主体为专家学者或其他具备某一领域专业知识的人,专业监督能从理论和学术的角度出发,基于对公开材料的研究,发现司法权力运行过程中出现的深层次问题,与公众监督、当事人监督形成层次分明的监督层次。同时,专业监督反馈的意见更加理性,对提升司法公正水平也具有积极的意义。为确保专业监督的功能有效发挥,借鉴英美法判例制度中的合理因素,建立符合我国司法实际的案例指导制度是有效的途径。

(二)建立案例指导制度

1. 案例指导制度对审判促进作用

在司法权运行机制改革的多项具体路径中都贯彻形成案例指导、以审判为中心的指导思想。例如,首先,在庭审方面,推进庭审方式改革,围绕案件争议焦点展开庭审,构建以庭审为中心的诉讼制度。其次,在合议庭评议意见时,必须充分说明所依据的事实和理由,可结合法官助理收集、整理的相关在先指导案例或最新学术研究成果进行评议,并说明遵循、推翻或创设在先指导案例的具体理由。再次,作为司法辅助人员之一的法官助理,一项重要职责是收集整理案件审判所需指导案例或法学研究成果,在法官指导下辅助法官起草审理报告、裁判文书。复次,构建由内、外部专家团队组成的专业咨询机构,为指导案例的创设、援引、推翻提供智力支持,实现裁判的可预见性。内部的专家团队为法官专业会议,外部的专家团队为审判咨询委员会。最后,审判委员会通过定期评议审判工作,定期汇总、分析合议庭撰写的示范性判决及专业法官会议(调研小组)、审判咨询委员会等院内外专家团队提出的遵循、推翻或创设在先指导案例的咨询意见,定期讨论发布相关指导案例,充分发挥其总结审判经验、统一司法尺度的作用。

2. 建立案例指导制度的具体措施

一是强调案例指导具有"事实上的约束力"。案例指导重视先例的作用,首先涉及"相似性"的案件识别和适用。当事人需要围绕是否"同案"进行充分举证、辩论,法官则需要运用法律推理对案件的事实情况进行比较,在裁判文书中对于是否"同案"、是否"同判"以及为何"不同判"作出有理有据令人信服的说理。在被识别为"同类案件"的前提下,法院判决要遵循上级法院和本院的先例,在后判决要遵循在前的先例,同级法院之间要互相尊重先例。具体而言,最高人民法院的裁判具有正式的法律拘束力,其他法院的裁判均不具有正式的法律效力。但在实践中,级别越高的法院,其作出的案例就越权威,拘束力也就越大。如果下级法院不遵循上级法院的案例,就会面临被推翻的风险。与前案判决明显冲突的后案判决可能成为当事人上诉的理由及上级法院改判的理由,或者成为提交审判委员会决定或提起再审的事由。值得明确的是,案例指导制度应当是在坚持成文法体系下的以"法律为主,案例为辅"为原则的制度。案例指导的作用在于当法律规定不明时,解释法律;当法律规定有漏洞时,补充法律;当法律规定有冲突时,协调法律;当法律没有规定时,创设规则。案例指导制度并不改变我国的法律制度、不动摇我国的法律根基。也就是说,法官完全依据法律进行裁判,可以不考虑先例,但事实上,法官不得不考虑和遵守先例,偏离先例只能成为例外,指导案例发挥的是"事实上的约束力"。

二是将案例指导意识融入法官审判实务中,使每一个法官和律师都有遵循案例指导的意识和创设案例指导的意识，包括允许律师在庭审抗辩时引用在先判决，要求法官在判决书中引用和阐释先例等。所有法官、合议庭、审委会委员都是案例指导制度的主体，每一名法官都作为创设案例的参与者，并在庭前准备、庭审程序、文书撰写等各环节研究考虑实现案例指导制度。

三是在裁判文书的撰写格式上，对于疑难、复杂、新类型案件以及其他社会影响较大或司法指引性较强的案件，应加强裁判文书的说理性，通过查阅、引用、参照在先指导案例的方式，在裁判文书中详细说明合议庭评议意见形成的过程和理由，并在撰写出示范性判决的基础上推翻先例或创设在先指导案例，抽象出司法规则。与目前相对封闭的裁判文书撰写体例相比，案例指导制度要求在后案件需要对先例进行识别，识别案件的依据是裁判理由部分的“事实”，法官的事实认定与当事人的事实主张之间、法律事实与法律要件及法律规范适用之间、事实认定和法律适用与回应当事人诉讼请求的裁判结果之间，这些逻辑关系均须明晰。在裁判文书里体现出创设先例，既借鉴了英美法系的判例法及遵循先例原则，也保持了大陆法系结构严谨、“逻辑至上”的三段论推理，因此可以说是融合两大法系裁判文书撰写风格的一种尝试。

四是建立指导案例数据库系统。以统一、完备的数据库资源为依托，充分运用大数据时代的技术和价值优势，实现裁判文书及时更新，实现按照法条、法理、法院、法官、律师、判决时间、裁判要旨、案件效力层级等多种方式的检索功能，以供法官、学者、律师和公众在使用时各取所需。

五是与案例指导制度相配套并行的还有裁判文书繁简分流的举措。裁判文书繁简分流有助于帮助法官有充足的时间和精力用于撰写高水平的示范性案例。在目前的司法实践中，裁判文书在体例上过于烦琐冗长，浪费了大量审判资源。合议庭应合理把握不同类型案件特点，科学划分案件繁与简的标准。对于前述提到的疑难、复杂、新类型案件以及其他社会影响较大或司法指引性较强的案件，“当繁则繁”，在文书撰写中引用、遵循、推翻或创设先例，充分展现裁判文书的深刻论理。而对于案情简单的类型化案件，“能简则简”，探索采用格式化、模板化裁判文书撰写方式，切实提高裁判效率。

（三）建设法律共同体

1. 对于案件审理中遇到的疑难复杂问题，可以引入专家咨询制度，向具备专业知识的专家、学者、机构等公开必要的审判信息，请求专家依据专业知识，并结合案情,围绕某一特定问题提供专业的咨询意见,供法官在裁判过程中参考,提升司法裁判的梳理性和权威性。

2. 通过诉审判一致原则和案例指导制度的有效落实,不断提升裁判文书的实质公开力度,加强法官自由心证过程和裁判文书说理的公开,建立法官与律师之间对司法裁判标准、裁判规则的认同性,维护律师的合法权益,防止法官审判权滥用。

第七章　司法权力运行监督保障机制

监督保障机制的作用在于通过院、庭长、纪检监察部门和审判管理部门等发挥各自的监督职能,保障司法权力运行监督机制的有效运行。其中,院、庭长主要行使审判监督权,在保障机制中起主导作用;纪检监察部门主要通过对违纪违法行为和严重违反司法权力运行监督机制的行为进行查处,保障各项纪律、法律、规范有效落实;审判管理部门主要通过考评等方式,对审判情况进行管理和监督,保障制度落实的效果。

一、院、庭长的审判管理监督权

在审判监督职责中,应明确院、庭长的纠错、救济程序启动者定位,赋予院、庭长知情、异议和提议权,通过审判委员会、专业法官会议等组织体行使审判监督职责,体现监督与审判的平行关系。院、庭长审判监督职责指向法官审判行为的合法性、适法的统一性。

(一)院、庭长审判管理监督权的范围

1. 院长的审判监督职责

院长的审判监督权的基本职能,是对司法权运行主要是针对个案审理适用程序法和实体法发挥督察、督导作用。既包括对生效裁判的督导,也包括案件审理过程的督导。院长应当为全院法官依法公正审判案件提供保障。其主要职责包括:依法对生效案件进行监督;主持审判委员会,讨论重大或疑难案件等;主持专业法官会议、审判长联席会等研究审判疑难问题;对涉及国防外交关系、民族宗教事务、政治敏感事件等因素的案件行使案中监督权;通过承办案件对审判质

量进行监督等。副院长在分管工作范围内协助院长履行部分审判监督职责。

2. 庭长的审判监督职责

庭长应当为本庭法官依法公正审理案件创造条件。其主要审判监督职责包括:对重大复杂案件的审理,依照权限和程序提出监督指导意见;对涉及信访举报、群体矛盾、重大影响等因素的案件进行督办、指导;对本庭生效案件组织开展检查、讲评,对本庭审判质量效率等进行监督;召集本庭主审法官会议,研究重大复杂案件等。副庭长协助庭长履行部分审判监督职责。

3. 院、庭长履行审判监督职责的禁止性规定

基于院、庭长履行审判监督职责的原则与核心领域理论,院、庭长不得有以下行为:不得直接否定或改变合议庭对个案处理的意见,也不得要求合议庭改变意见;不得要求合议庭复议两次以上;对属于合议庭自由裁量权行使范围内的事项,除非超过必要限度,不得要求复议;非有正当理由,不得超过合理期间留置提请审委会决定的案件。

(二)规范院、庭长审判监督权的行使方式

1. 明确院、庭长的提议权

院、庭长通过重点查阅重大疑难案件的卷宗、通过职能部门定期不定期对生效案件的评查、接待信访当事人的投诉等,发现裁判确有错误的案件,通过提交审判委员会决定启动再审程序进行监督;对于存在审判瑕疵但处理结果正确的案件,提议召开审判委员会,对相关人员进行质询。

2. 明确院、庭长的召集权

院、庭长并非审判组织,应当借助相关组织体,通过“群言堂”行使监督职责。如通过组织召开主审法官会议、专业法官会议等形式,研究疑难复杂的法律问题,进行类案裁判的指导。

3. 明确院、庭长的知情权

对于特定类型的案件,院、庭长对审判过程享有知情权,对审判结果有异议权,并可提请相关审判组织、咨询组织进行讨论研究。逐步推行特定类型案件由院、庭长直接审理,实现审判与监督的合一。

4. 逐步推行信息化的监督系统,实现院、庭长履行审判监督职责的全程留痕

建立院、庭长与法官、法官与法官之间的直接沟通平台,通过开通网上论坛和线下交流的方式,及时收集审判中和管理中问题,集体研究,形成(相对)统一

的裁判思路。

5. 完善审判异常信号的发现和巡视机制

建立完善的信息发现及反馈机制,如审判委员会专职委员在审委会闭会期间重点履行审判质量巡视督查职责,对法官审判作风、行为规范、案件质量等开展日常巡查,对重点工作和专项工作开展专项巡查;建立日常的案件评查,由审判管理办公室定期评查案件,及时发现案件审判中存在的共性问题,发布案件评查报告,总结类案审判注意事项等,辅助院、庭长有针对性地进行审判管理。

二、内部机构的监督权

法院的内部监督机构主要包括纪检监察部门和审判管理部门,二者作为审判监督职责的执行者,从正反两个方面在监督保障机制中均承担重要的角色。纪检监察部门主要通过对违纪违法行为的惩罚,以否定性评价的方式防止违反机制行为发生。审判管理部门则根据审判情况的动态变化,及时纠正不当的审判行为,引导司法权力自觉遵守机制规定。

(一)纪检监察部门

纪检监察部门是党的纪律检查机关和政府的监察部门的统称,法院的纪检监察部门由党的各级纪委派驻纪检组和院内的监察室等部门组成,主要工作可以概括为监督执纪问责。

1. 纪检监察部门监督权行使的范围

纪检监察部门主要对违法违纪、违反监督机制的行为进行查处,主要包括:依照《中国共产党廉洁自律准则》、《中国共产党纪律处分条例》、《中共中央政治局关于改进工作作风密切联系群众的规定》("八项规定")等,对违反党内纪律规定的行为进行审查并做出处罚;依照《法官法》《人民法院工作人员处分条例》等,对违反审判作风、办案纪律的行为进行审查并做出处罚;依照《刑法》等,对违反法律规定的司法不廉洁行为进行审查,并移交相应司法机关进行处理;依照司法权力运行监督机制,对严重违反相关规定的行为进行审查并做出处罚。

2. 纪检监察部门监督权的行使方式

信访举报是法院纪检监察部门开展工作的主要方式。长期以来,法院的信访举报主要针对司法工作人员的司法廉洁和司法作风问题,完善司法权力运行监督机制要求信访举报在坚持原有功能的同时,将严重违反监督机制行为也纳入信访工作中来，对于当事人反映的有关线索应及时审查处理；与信访举报主要依托于对收到的线索进行核实不同，纪检监察部门开展审务督察则是通过主动的检查监督来发现审判工作中存在的问题，通常情况下，审务督察主要围绕司法作风问题对法院的日常工作情况开展，完善司法权力运行监督机制要求审务督察开展时，将监督机制的相关落实情况也要纳入检查的范围中，对发现的问题一并予以处理，督促监督机制各项举措的落实。

需要强调的是，纪检监察部门行使职权要严格依照司法规律办事，充分认识到司法审判工作的独立性、中立性、职业性等特点，准确把握好法官自由裁量和承担责任的界限，在履行好监督职责的同时，尊重法官的法定自由裁量权，保障司法权的公正、高效运行。

（二）审判管理部门

最高人民法院沈德咏副院长曾在“全国法院审判管理工作座谈会上”谈到：“人民法院的专门审判管理，是为了有效整合司法资源，科学安排审判工作，严格规范审判过程，客观考评审判质效，服务保障审判权依法、独立、公正、高效、廉洁行使而开展的组织、协调、评估、考核、指导、督办等一系列管理活动的总和。”审判管理工作在法院内部一般由审判管理办公室负责。

1. 审判管理部门的职权范围

作为审判委员会的办事机构，审判管理部门既是审判委员会开展审判管理工作的参谋助手，又是承上启下、连接各方的枢纽，并实际履行具体的审判管理职能。因为审判委员会并不是一个独立的部门或机构，只有当有案件或其他重要事项需要讨论决定时才被临时召集起来运行。审判管理部门的主要工作就是作为审判委员会的常设机构，对审判管理的诸多事项进行日常管理，保障审判委员会决策的有效贯彻和落实。除此以外，审判管理工作的职能还体现在服务职能上：一是科学、客观、如实地提供各项数据，为宏观作出各项决策提供服务；二是从查找不符合审判权行使规律，不利于公正与效率的环节入手，对审判工作进行规范、考评、整合，从而保障、促进、服务审判。①

① 彭劲梅：《审判管理的职能定位与实践》，载 http://www.chinacourt.org/article/detail/2013/12/id/1165488.shtml，最后访问时间：2016 年 3 月 9 日。

2. 审判管理部门职权的行使方式

协助审判委员会日常事务工作、审判流程的监管、审判质量效率评估工作和审判运行态势分析、案件质量评查工作、业务指导工作、司法统计工作、绩效考核工作、案件督办工作。审判管理部门在完成上述工作的同时,应依照司法权力运行监督机制的要求,对相关机制的落实情况进行检查、督促和引导。

结 语

行政化的司法权力运行和监督机制是柄“双刃剑”。一方面,行政化追求的直接、高效在审判权管理和监督过程中又发挥了重要的作用,尤其统一裁判尺度,防止法官滥用审判权方面,对司法权的公正高效运行又有积极的作用;另一方面,直接侵蚀了审判权的独立性,并由此衍生出不当干预、秘密审判等诸多问题,对司法公正产生了负面影响。

传统司法权运行监督机制的形成有深刻的历史和现实原因,在法治建设中也发挥过重要的保障作用,但随着我国经济、社会的不断发展,公民权利意识逐渐觉醒,司法权运行水平被赋予了更高的要求和更多的期待。在这一过程中,去除司法权运行和监督机制中的行政化因素、提升司法权行使的独立水平是司法改革的题中应有之义,也是必由之路。需要强调的是,无论是去除行政化因素,还是提升司法权行使的独立水平,最终目的都不是弱化司法权监督能力,恰恰相反,想要实现公民的要求和期待,完成司法权肩负的历史使命,司法权监督的发展方向应该是更加完善。

触及灵魂的改革,既是挑战,更是机遇。本文研究处在新旧司法机制更替过程之中,新一轮的司法改革给完善监督机制带来了挑战,也提供了机遇。本文希望通过研究可以给司法改革的继续深化提出有益的建议。因司法改革的许多具体举措仍需时间释放和检验,鉴于此,本文提出的构想仍需要结合实践不断完善。

建设中国特色、国际一流的知识产权法院*

——北京知识产权法院三年工作情况

北京知识产权法院研究室

北京知识产权法院的设立，是贯彻落实党的十八届三中全会精神的重要举措。2014年6月6日，习近平总书记主持召开中央全面深化改革领导小组第三次会议，审议通过《关于设立知识产权法院的方案》。2014年8月31日，十二届全国人大常委会第十次会议通过《关于在北京、上海、广州设立知识产权法院的决定》。2014年11月6日，北京知识产权法院挂牌成立，中央政法委时任书记孟建柱、北京市委时任书记郭金龙和最高人民法院院长周强共同揭牌。

作为按照最新司法改革精神建立的专门法院，北京知识产权法院肩负"两大使命"：一是提高知识产权保护水平，落实国家创新驱动发展战略，努力创造知识产权司法保护的中国经验和中国模式；二是以改革先行者和"排头兵"角色，整建制探索实施各项司法改革措施，努力创造可复制、可推广的改革经验。最高人民法院向我院提出了"四个国际一流"的工作目标，即实现国际一流的裁判水平、国际一流的审判团队、国际一流的研究水平和国际一流的公正廉洁形象。工作中，我院努力转变三个理念：一是以发挥司法在法治中国中的基础和枢纽作用作为建院理念；二是以输出公正、令人信服和有指引意义的高水平裁判为办案理念；三是以尊重法官"自觉自律自治"为带队理念。

三年来，我院以改革创新精神、敢为人先勇气，创造性开展工作，在提高专业审判水平、发挥司法保护知识产权主导作用，深化司法改革、创新知识产权审判权力运行机制，发挥职能作用、提升司法公信力和影响力，加强队伍建设、提高知识产权司法能力方面取得明显成效。2017年8月29日，最高人民法院

---

* 执笔人：杨静、陈栋、许波、刘用印。汇总：陈栋。

周强院长向十二届全国人大常委会第二十九次会议作了《关于知识产权法院工作情况的报告》(以下简称《三年报告》),对我院的工作给予了充分肯定,指出我院与上海、广州知识产权法院一道,初步探索出了中国特色知识产权专门化审判道路,开创了知识产权审判新局面,对于加强知识产权司法保护具有标志意义。

一、基本情况

(一)人员情况

截至2017年11月6日,我院有政法专项编制180名,按照人员分类管理要求,分为法官、审判辅助人员和综合行政人员三类。现有员额制法官52名(含院、庭长),法官助理73名。拥有2位全国审判业务专家和6位北京市审判业务专家,有25人入选“十、百、千”人才工程,初步形成了专业化审判队伍。建院以来,宋鱼水在党十九大上当选为第十九届中央委员会候补委员,宿迟、陈锦川、姜颖先后被欧洲《知识产权管理》杂志评为“全球知识产权界50位最具影响力人物”,姜颖还入选了最高人民法院“国际化法律人才库”。

(二)机构情况

我院内设机构高度精简,设9个正式编制机构,包括立案庭、审判第一庭、审判第二庭、审判第三庭、审判第四庭、审判监督庭、技术调查室、法警队、综合办公室。除法警队、综合办公室外,其他部门均为审判业务部门,承担案件审理工作。此外,立案庭还负责立案、诉讼服务、信访等事务,审判第三庭还负责商标驳回行政案件的速审工作,审判监督庭还负责再审案件审理等工作,技术调查室还负责技术调查官和人民陪审员管理等事务。综合办公室承担行政管理、后勤服务、组织人事、纪检监察等职能。按照司改要求,根据实际工作需要,内设审判管理办公室和研究室,负责审判管理、调研信息、新闻宣传等事务,工作人员均由审判人员兼任。

(三)案件情况

1. 案件数量

截至2017年10月,我院共收案33,721件,共结案22,434件,员额法官团队平均结案558件。2017年全年预计收案量将达1.6万件左右,超过上海知识产权法院、广州知识产权法院收案数总和的1.5倍,与2016年美国全国全年案件量相当，员额法官团队平均收案量将突破300件。

2. 收案类型

根据全国人大常委会及最高人民法院的相关规定，我院管辖北京市范围内的专利、植物新品种、集成电路布图设计、技术秘密、计算机软件等一审技术类案件；集中受理辖区内涉及驰名商标认定的商标侵权案件和垄断纠纷案件，以及辖区内的非技术类二审知识产权案件，并对北京市基层法院的生效案件行使审判监督权；管辖针对北京市知识产权行政部门具体行政行为提起的行政诉讼案件。除此之外，我院还专属管辖全国专利、商标知识产权授权确权行政案件，这两类行政案件数量占全部案件量的80%左右，决定着知识产权的授权确权水平，在我国整个知识产权法律制度中具有全局意义，相关审理结果影响着全国范围内知识产权的运用、管理和保护水平。就某种意义上而言，我院既是北京市的知识产权法院，也是国家层面的知识产权法院。

3. 收案特点

建院以来，我院收结案量远超预期，并保持持续增长势头，整体呈现"规模大、类型全"态势，具有四个突出特点：一是一审案件比重大，约占案件总量的80%；二是专利和商标行政案件比重大，约占一审案件的73%；三是技术类案件比例高，约占案件总量的25%；四是涉外案件比例高，约占案件总量的30%。从涉案国家和地区分布情况来看，美国、德国、日本、法国、英国位列前五。

4. 案件趋势

随着知识产权司法保护水平的提高，我院对知识产权案件的管辖形成明显的虹吸效应。自2016年起，新收案件又呈现五个值得关注的新趋势：一是涉及国家战略性新兴产业的案件增加，受理了涉及无人飞行器技术、4G通信技术、交互式电视应用技术等高新技术案件；二是出现了双方当事人均涉外仍选择到我院诉讼的案件，这在以往我国知识产权司法实践中极为罕见；三是中国权利人起诉外国当事人侵犯知识产权的案件增多，受理了西电捷通公司诉索尼公司涉及WAPI无线连接标准专利侵权案、华为公司诉三星公司涉及LTE通信标准专利侵权案；四是新类型案件增多，出现了涉及药品标准的垄断案、首例图形用户界面（GUI）外观设计专利侵权案、首例声音商标驳回复审行政案等；五是诉讼标的巨大的案件增加，华为诉三星案、宝利通诉北京小鱼案、高通诉魅族案、苹果诉高通案的诉讼标的分别为8000万元、1亿元、5.2亿元和10亿元。

二、主要工作经验及成效

(一)大力提升知识产权保护水平,发挥司法主导作用

1. 高度重视技术类案件审理

提高知识产权保护的力度和水平,实质上就是让科技人员和创新企业更具价值,从而促进创新潜能不断迸发。我院受理技术类案件约占总收案量的25%,主要涉及专利、计算机软件著作权和技术合同纠纷。为有效应对技术类案件审理需求,我院不断调整和优化审判资源配置,成立了12个专门审理技术类案件的法官团队,充分发挥调研小组、专业法官会议、法官联席会议、"智慧之友"项目等研究咨询机制作用,强化技术调查官和具有专业知识背景的人民陪审员的参审作用,构建起全新的多元技术事实查明机制,多措并举确保技术类案件审理质效。截至2017年10月,我院共审结技术类案件1983件,技术调查官共参与627起案件审理,并在32起案件中辅助法官进行了保全、勘验等工作,专业化人民陪审员也在600余起案件中促成了纠纷化解,提升了国内外当事人对我院技术类案件审理水平的认可度。

2. 大幅提升侵权赔偿数额

侵权赔偿标准问题是民事审判中加大知识产权司法保护力度的"牛鼻子"。目前司法实务中,仍然不同程度地存在"赔偿额增长不宜过快不利于维护司法稳定""判决较高的赔偿数额会被商业维权不当利用""加大知识产权保护力度不利于我国某些科技领域的发展,会影响一些地区的经济发展和社会稳定"等不同认识和质疑,我院在审判工作中按照习近平总书记提出的"让侵权者付出沉重代价"的要求,显著提高侵权赔偿标准,让权利人能够得到充分救济,愿意选择司法作为依法维权的武器;让侵权人付出沉重代价,受到应有惩治,遏制住侵权蔓延的势头。

据报道,2015年全国法院专利侵权案件的平均赔偿额仅约8万元。同年,我院将侵权平均赔偿额提升到45万元。2016年,继续加大知识产权司法保护力度,侵犯专利权的平均赔偿额达138万元,侵犯商标权的平均赔偿额达233万元,侵犯著作权的平均赔偿额为46万元。其中,U盾专利侵权案确定了4900万元的高额赔偿,并首次以计时收费的方式,支持了原告100万元的律师费主张,提升了全社会对知识产权司法保护的信心。汪洋副总理在2017年召开的全国打击

侵权假冒工作电视电话会议上，也肯定了我院在U盾案中的做法。周强院长在《三年报告》中对此也给予高度肯定。

3. 专项治理商标恶意注册

商标恶意注册不仅损害了权利人的合法利益，更会破坏整个社会诚信体系。我院对此高度重视，积极发挥司法治理的权威性、导向性和联动传导作用，采取措施坚决治理商标恶意注册：(1)用足用好法律规定，坚决制止无使用意图的商标注册行为，在“维多利亚的秘密诉商标评审委员会商标无效行政案”中，对超出使用需求之外囤积商标、以销售或转让为目的注册商标的，不予核准注册或予以无效。(2)严格适用法律，综合考量主客观因素，密织打击商标恶意注册法律之网，保护好驰名商标、具有知名度的注册商标和有一定影响的未注册商标，防治商标注册“搭便车”行为。(3)加大对连续三年未使用商标的审查力度，坚持商标使用的形式要求和实质要求相结合标准，加强证据审查力度，提高囤积商标成本。(4)增强司法能动性和有效性，发挥司法保护知识产权的主导作用，对确属恶意注册的商标，在民事侵权案件中不予保护。尝试在裁判文书中公开恶意注册商标的商标代理机构和代理人信息，引入社会舆论监督改善商标代理环境。(5)依法保障合法商标申请人利益，避免恶意注册商标给合法申请人设置权利障碍。

4. 加强对行政行为的司法审查力度

不服国务院专利和商标行政部门授权确权类裁定或者决定的行政案件由我院专属管辖。此类案件是整个知识产权案件的权利基础和中枢，与国家创新和品牌建设质量密切相关，在知识产权司法保护中具有极为重要的意义。2015年，我院受理专利和商标授权确权行政案件分别为1207件和5501件，分别审结335件和3228件，判决撤销30件和538件，撤销率分别为11.3%和18.2%。2016年，我院受理专利和商标授权确权行政案件分别为1104件和5936件，分别审结431件和4032件，判决撤销55件和959件，撤销率分别为12.8%和23.78%。总体来看，收案数量相对稳定，司法撤销率均有所上升，司法审查的规范性、有效性日益增强。

在判决撤销的商标行政裁决定案件中，实体问题主要集中在商标近似判断、三年不使用、不良影响、侵害在先权利、显著性等方面。在判决撤销的专利案件中，实体问题主要集中在专利创造性判断方面。程序问题主要集中在裁决定不说明理由、送达不当、证据审查瑕疵等方面。

我院在履行司法审查职能过程中注重贯彻以下思路：(1)对行政机关审查中

存在的审理程序不规范、适用法律法规错误等问题坚决纠正,大力推进诚信建设,包括诉讼诚信、授权诚信、审查诚信,积极发挥司法主导作用;(2)向上传导惩治恶意注册、提高产权质量理念,引导行政机关的行政审查标准向司法判断标准看齐,促进商标、专利行政授权确权案件处理向“上游”“深度”延伸;(3)贯彻最高法院分类施策的司法政策,把握不同类型知识产权的需求和特点,加强对核心创新领域、关键环节及特定问题的研究和解决。此外,我院还通过向相关行政机关发送司法建议函、调研走访、座谈等方式提出意见和建议,有效履行司法审查职能,不断促进知识产权授权确权行为规范化。

5. 积极适用程序措施和证据规则

截至2017 年10 月,我院充分发挥行为保全、证据保全等诉讼措施效用,对符合法律规定的保全申请及时采取相关措施,出具各类程序性文书64 件(其中财产保全16 件、证据保全15 件、诉前禁令1 件、处罚决定3 件、对处罚不服的复议决定3 件、责令当事人提交证据文书1 件),切实提升知识产权司法救济的及时性、便利性和有效性。在“中国好声音诉前行为保全”案中首次作出诉前行为保全裁定,之后浙江卫视书面致函我院,表示为维护司法权威将节目暂时更名为“中国新歌声”。在“奥多比软件著作权侵权案”中,对被告经营场所内近500 台电脑及时进行证据保全。同时结合知识产权审判实际,充分运用举证妨碍等证据规则,切实减轻当事人举证负担。在“墙锢商标侵权等案”中,针对被告拒不提交财务账簿、资料等证据的行为,积极适用举证妨碍规则,全额支持了权利人1000 万元的赔偿请求。探索符合知识产权诉讼特点规律的证据挖掘机制,在“西电捷通诉索尼标准必要专利侵权案”中,根据原告申请及相关证据线索,要求被告提交被控侵权产品的测试数据等材料,有效提升了事实查明的效率和准确性。

6. 营造诚信公平的诉讼环境

坚持保护与惩治并重,对违法诉讼者予以谴责和制裁,增强知识产权司法保护的威慑力和权威性,努力营造公平、有序、诚信的司法环境。制定了《在民事诉讼中保障当事人诉讼权利的实施办法(试行)》《关于适用司法拘留程序的实施细则(试行)》等规范性文件,在依法保障当事人合法诉讼权利的同时,加大对作伪证、虚假陈述、拒不履行法院生效裁判、恶意诉讼等不诚信诉讼行为的惩处力度,规范制裁方式方法。在“海南卫视著作权侵权案”中,对当事人作伪证的行为,以法定上限100 万元进行处罚;在“青岛科尼乐公司专利侵权案”中,对拒不履行法院生效保全裁定的当事人以法定最高限额100 万元处以罚款;在“远东水泥恶意诉讼案”中,判决恶意起诉人赔偿由此造成的经济损失;此外,在多起民事和行政案件中,对故意提交虚假证据的当事人进行罚款处罚,尤其是对商标三年不使用撤销行政案件中多发提交虚假使用证据的行为依法进行处罚和威慑。

(二)全面落实司改措施,创新符合知产司法特点的新举措

我院牢牢牵住司法责任制这个改革的“牛鼻子”,在审判权力配置、运行、监督等各个方面,探索建立审判权与监督权、诉权的三权制约良性互动机制,在案件审理的各个流程节点,从程序上和实体上进行系统研究,确保权责明晰,筑牢司法责任制基础。

1. 建立公正高效的审判权力运行机制

一是明确界定院、庭长职权,推进办案常态化。坚持“由审理者裁判,由裁判者负责”,还权于合议庭,除重大敏感案件外,院、庭长原则上不再听取案件汇报。同时明确院、庭长与其职权相适应的审判管理与监督职责,制定院、庭长权力清单和《庭长工作职责细则》,确保审判去行政化后监督不缺位。制定了《法官、法官助理工作业绩考评办法》,明确院庭长的结案量标准,发挥院、庭长作为资深法官的专家引领作用。贯彻“院长开庭周”“庭长开庭日”制度,实现院、庭长办案常态化,结案约占全院总结案数的9%。

二是改革审判委员会履职方式。坚决贯彻审判委员会改革要求,制定实施《审判委员会工作规则》,明确审判委员会审理案件的范围及与合议庭之间的审判权限划分等。在“华源医药公司案”中首次公开开庭审理案件所涉重大、复杂法律问题,依法有效地履行了审判职能,中央政法委和最高人民法院对此给予了充分肯定,全国人大常委会副委员长万鄂湘也指出该做法是值得鼓励的一种审判方式。探索符合自身特点的审判委员会运行模式改革,下设四个专业法官会议,发挥案件咨询、前置过滤和统一裁判尺度作用,有效提升了审判委员会决策的专业性和权威性。落实个案审理常态化、规范化建设,发挥审判委员会的引领把关作用,先后审议了“中国好声音”“U盾专利侵权”“紫玉山庄”等案件,并在裁判文书中直接公开审判委员会决定理由。此外,推进决议事项由个案向专项工作转变,专门研究了加大司法保护力度、技术调查官回避、改革后的业绩考评以及贯彻司法政策等专项议题,发挥对审判工作的统领作用。

三是推行诉、审、判一致性改革。为确保庭审实质化,加强诉权保障,我院制定了《诉、审、判一致性审理规范》和相关配套保障措施,确保法官、律师、学者等

整个法律共同体共同参与,在同一语境、同一标准下展开工作。明确提出“无争议不听审”“凡诉必审”“凡争必判”“未审勿判”,当事人没有争议的可以在庭前固定,凡是当事人争议的不得遗漏,必须发挥庭审解决争端的实质性作用,没有经过庭审交锋的不得裁判。

四是推进专业化审判和繁简分流。(1)根据专业特长,将法官团队划分为技术、商标与竞争、著作权以及专司简易案件审理的速审四类,开展专业化审判,提升审判质效。(2)开展“焦点式审判”,确保庭审重点突出、紧凑高效。(3)建立针对商标驳回复审行政案件的速审机制,四个速审法官团队2016年成立以来(共三个季度)结案1609件,平均审理周期缩短32.27天,审判效率大幅提升31.04%,审判标准进一步规范统一。(4)改革裁判文书体例,创新要素式裁判文书体例,将文书撰写与开庭审理有机结合,确保“简出效率”;对于疑难、复杂和新类型案件,通过援引在先案例增强裁判说理性,尝试公开合议庭少数意见,确保“繁出精品”。

2. 探索案例指导,促进裁判统一

按照十八届四中全会“加强和规范司法解释和案例指导,统一法律适用标准”的要求,最高人民法院于2015年4月24日在我院设立知识产权案例指导研究(北京)基地(以下简称案例基地),探索具有中国特色的知识产权案例指导制度,破解司法改革还权于合议庭后可能带来的“同案不同判”难题。

案例基地将理论化、信息化、规范化和开放化建设同步推进,取得了阶段性成果。在理论化建设方面,组织大规模、长时间、系统性的课题研究和研讨,已初步探明中国特色知识产权案例指导制度的思路和具体路径,为中国特色知识产权案例制度制度的构建奠定了理论基础。在规范化建设方面,制定了《知识产权审判案例指导工作实施指南》《典型案例评审办法》等一系列规范性文件,指导案例评审、发布和运用,使案例基地和专家工作、审判工作实现规范化和日常化。在开放化建设方面,与国内主要研究机构、高校、行业自治组织建立了紧密合作关系,组建起300余人的专家队伍,共同开展课题研究和典型案例评审。

为保障制度实施,案例基地建成了国内第一个面向公众和法官的知识产权案例服务平台——“出释入典”。该案例服务平台有机融合了“三库一系统”(基础案例库、典型案例库、知识库和专家评审系统),通过知识产权码体系实现案例、法规、学术知识的智能关联,可以提供案例评审、查询、智推、指导等服务。截至2017年10月,案例服务平台包括232,489件知识产权裁判文书,547件典型案例，可以充分发挥在先案例的规范指引作用，统一法律适用。此外，案例服务平台能够提供基于大数据分析的判决书深度剖析功能，针对检索结果进行多个维度的分类聚合统计，相继向社会发布了涉及“一带一路”、高新技术企业、娱乐产业等领域的专业分析报告，提示诉讼风险、提供诉讼指引。

在案例基地建设的同时，我院还将案例指导规则适用到日常审判中。截至2016年年底，我院763件案件中涉及在先案例，其中当事人提交在先案例的有657起，我院法官主动援引的有106起，285篇裁判文书对在先案例进行了详细论述。

我院对案例指导制度的探索和实践得到各界广泛关注和响应，“焦点访谈”、“今日说法”、《法制日报》、《光明日报》等权威媒体多次进行专题报道。最高人民法院周强院长和陶凯元副院长给予了积极肯定，要求我院进行总结和推广。2017年4月，最高人民法院在《中国知识产权司法保护纲要（2016—2020）》中明确确立了案例基地案例的地位，其将与最高法院指导性案例、公报案例和民三庭发布的典型案例等并列成为知识产权司法案例群的重要部分。

3. 构建开放、动态、透明、便民的阳光司法机制

我院全面落实司法改革要求，积极推进和谐、健康的法治环境建设，以开放的心态推动构建阳光司法机制。

一是加大司法公开力度。以最高人民法院司法公开四大平台建设为指引，全面推行审判公开，实现从形式公开向实质公开的转变，将一切能够公开的信息及时全面公开，通过诉权制约审判权，依靠社会监督不断增进司法公正。（1）与知产宝司法数据研究中心两度合作发布了《北京知识产权法院司法数据分析报告》（2015年度、2016年度），引入社会第三方对法院审判工作进行大数据分析和公开，获得各界积极反响与好评。（2）举办系列律师开放日活动，邀请律师走进法院，听取律师对我院工作的意见和建议。（3）主动开展多元立体新闻宣传，以批量输出精品裁判和名牌法官“两个一批”为宣传重点，依托我院及上级法院官微开展宣传，与中央电视台“焦点访谈”、“今日说法”等权威媒体深度合作，梳理宣传典型案件、集中展示改革成效，营造了良好的舆论氛围。（4）主动开展司法廉洁形象调查评估，不断提升司法公开程度，持续改进司法廉洁作风。

二是形成专业化志愿服务长效机制。成立全国首家知识产权法院志愿者服务队，率先引入服务型和专家型司法志愿者参与诉讼活动，形成“知产志愿蓝”品牌，依靠人民群众参与司法，不断促进司法公正和司法公信力提升。截至2016

年年底,已有700余名大学生参与了我院司法志愿者服务。

三是建立法律职业共同体和谐良性工作机制。充分发挥律师、学者在推进法治建设过程中的重要作用,创造和谐的诉讼环境,积极探索新模式,建立法官与律师良性互动工作机制。(1)发挥案例基地专家咨询委员会的溢出效应,形成助力司法改革和知识产权审判调研的新局面。(2)与北大、清华等十余所高校及科研院所探索合作共建模式,共同开展学术研究和教育培训,不断促进审判质效提升。(3)探索在个案审理中针对案件争议焦点公开向学术研究机构征求意见,并将反馈意见写入判决,被业界和媒体评价为拓展司法民主的新举措。(4)连续举办"知识产权法院论坛",使法律群体及时知悉法院的想法和态度,搭建合法、公开、透明、畅通的沟通交流平台。

4. 不断提高符合知识产权司法规律的信息化水平

司法改革和信息化推动法院工作的"车之两轮,鸟之双翼",相辅相成、缺一不可。我院按照最高人民法院周强院长提出的"以信息化为司法改革提供科技支撑,以司法改革需求引领信息化发展"要求,坚持"业务主导、开放建设和面向全国"的建设理念,积极开发适应于知识产权司法特点的信息化系统。除"出释入典"知识产权案例指导服务平台外,我院还联合北京国双科技有限公司、腾讯公司等联合开发完成了知识产权庭审语音识别录入系统,在减轻书记员工作强度的同时提高庭审记录的客观性和完整性。2017年11月,最高人民法院"法信微诉平台"在我院启动上线,标志着国内首家为全国法院提供微信端调解、审判和诉讼服务的移动平台正式诞生。目前,我院在积极研发符合知识产权审判特点的远程审判流程系统,为全市法院提供可复制样本,力争使北京知识产权审判信息化建设达到全国一流水平。

(三)积极发挥职能作用,提升司法公信力和影响力

1. 服务国家战略实施

我院紧紧围绕党和国家工作大局,服务保障经济社会持续健康发展。除了服务国家创新驱动发展战略外,作为首都法院,我院还积极服务京津冀一体化和首都功能战略调整:一是依法保障首都"四个中心"功能建设,促进"科技创新中心"和"文化中心"建设目标的实现;配合"疏解整治促提升"专项行动,依法保障"三城一区"规划实施,实现市场净化、产业升级和创新发展。二是延伸知识产权司法职能,定期走访知识产权行政机关、企事业单位,加强沟通交流,建立联动机

制，形成强大合力，既要摘侵权之叶，更要刨侵权之根。三是在上级法院的部署下，积极做好集中审理京津冀跨区域技术类案件的准备工作。

2. 不断扩大国际影响力。知识产权司法的使命和特点决定了知识产权法院要坚持国际视野、尊重国际规则，不断加强国际交流、扩大国际影响、增强国际话语权。我院依法妥善审结了高通诉魅族案、索尼侵犯西电捷通案等一系列有重大影响的案件，充分展现我国公正高效的司法形象，获得了国际普遍认可，发挥了重大典型案件的标杆作用，逐步成为国际知识产权诉讼的“优选地”。在上级机关的安排下，我院积极参与国际交流，成为国外机构来华就知识产权交流访问的热门地点，也已成为中国司法的重要窗口和亮丽名片。截至2016年年底，我院共接待外国来访共计71批931人，占全市外事接待量一半。同时，我院还参加了首次中美法治对话、中欧法律论坛、斯坦福大学中国指导性案例项目（CGCP）等重要国际会议和交流项目，在包括案例指导制度探索在内的一系列工作获得了积极评价，提高我国知识产权司法保护的国际地位和影响力。

（四）切实加强队伍建设，提升司法能力

坚持全面从严治党，以党建带队建促审判，打造拼搏奉献、敢为人先的知产精神和干警队伍。

1. 推动党建队建与司法改革和审判发展相互融合促进

逐步完善党组工作规则及“三重一大”决策制度，健全了机关党委、纪委、工会及党支部、党小组等党建组织体系，制定出台了《关于进一步加强党建工作的意见》等一系列规范性文件，强化“一岗双责”。将党建工作的触角延伸至审判一线，积极查找知识产权审判特有的廉政风险点，构建契合审判规律和司法改革的廉政风险防控体系，加强法官离职审查、审判权力运行监督机制研究，开展常态化的廉政监察和审务督察，确保党的决策部署与审判和改革任务落实以及干部群众需求相统一，凝聚最大共识。

2. 多措并举，建设知识产权审判“人才高地”

为培养一批知名法官，我院根据法官分工和擅长领域，将重大疑难复杂案件交由相应领域的专家型法官审理，在审判实践中锻炼人才。组建专业化法官团队，进一步提升专业化程度，梯次推进专才培养。立体化开展有针对性的业务培训，搭建成长交流平台。开展法律英语、域外动态、国际规则等各类培训研讨，派遣人员到域外交流学习，拓宽视野。建院以来，宿迟、陈锦川、姜颖先后被欧洲

《知识产权管理》杂志评为“全球知识产权界 50 位最具影响力人物”,姜颖还入选最高人民法院“国际化法律人才库”。在拥有 2 位全国及 5 位北京市审判业务专家的基础上,又培养了一批优秀法官,并有 25 人入选“十、百、千”人才工程,审判一庭还荣获由世界知识产权组织和国家工商行政管理总局联合颁发的第二届“中国商标金奖——商标保护奖”。

3. 制度管理与自治自律相结合,顺应队伍建设的需求

组建了法官自治机构审判管理办公室和研究室,负责人均由法官兼任,牵头开展全院审判管理和研究工作。组建全体法官联席会议、4 个专业法官会议、4 个调研组,开展立体化、多层次的审、学、研自治活动。专业法官会议研究和讨论本领域的法律适用和标准统一问题,并发挥对审判委员会审议事项的前置过滤功能。调研组就本领域审判相关问题开展常态化研究,对本院和下级法院提供办案指导和案件咨询。法官联席会作为全体法官例会机制,起到信息沟通和发布、研究和讨论的作用。此外,还成立了法官助理和聘用制审判辅助人员两个自治委员会,实现各类人员分类自治管理,推动了队伍职业化建设和法院文化建设。

三年来,北京知识产权法院以优异的成绩赢得了当事人和社会各界的广泛赞誉,逐步成为国际知识产权诉讼的“优选地”,已经成为中国司法的重要窗口和亮丽名片。

2017 年 11 月 20 日,十九届中央全面深化改革领导小组第一次会议审议通过了《关于加强知识产权审判领域改革创新若干问题的意见》,强调加强知识产权审判领域改革创新,要充分发挥知识产权司法保护主导作用,树立保护知识产权就是保护创新的理念,完善知识产权诉讼制度,加强知识产权法院体系建设,加强知识产权审判队伍建设,不断提高知识产权审判质量效率,优化科技创新法治环境。该意见是十九大精神在知识产权审判领域的具体体现,对知识产权审判发展提出了要求、指明了方向。北京知识产权法院将始终在思想上政治上行动上同党中央保持高度一致,牢固树立“四个意识”,坚定“四个自信”,坚持首善标准,立足首都、放眼国际,敢为人先、敢于亮相、敢于拼搏、敢于担当,努力让人民群众在每一个知识产权司法案件中都感受到公平正义。

知识产权案例指导制度的障碍与克服*

——北京知识产权法院庭审实质化规范研究

杨　静**

摘　要:知识产权案例指导制度的建立,存在知识产权法定主义、当前司法能力不足等方面的制约,需要从法官主体地位为核心的内外制度环境支撑和自身体系建设两方面推进。北京知识产权法院在完成内部改革的基础上,通过"诉审判一致性",实现庭审实质化,以形式正义约束和保障实质正义,探索成文法制度下的中国特色知识产权案例指导制度。

关键词:知识产权判例　案例指导制度　知识产权法定主义　诉审判一致性

一、引言

2015年4月24日最高人民法院在北京知识产权法院建立了知识产权指导案例研究(北京)基地(以下简称案例基地),该基地的主要任务是依托北京知识产权法院的基层实践,探索建立中国特色的知识产权指导案例制度(或可称为判例制)——以成文法为背景,在个案中以特定事实为基础作出的终局裁判,该裁判规则在同一司法区域内对相同或相似的其他案件发生说服效力(或称事实上的拘束力,而非法定拘束效力)的制度。①

---

* 原文载《法律适用》2016年第10期。

** 北京知识产权法院研究室主任、审委会委员、法官。

① 傅郁林:《建立判例制度的两个基础性问题——以民事司法的技术为视角》,载《华东政法大学学报》2009年第1期。

撇开概念上的分歧,[①]关于我国建立案例指导制度的必要性,程序法领域的专家学者已具有较高共识,理论上也已进行了较为充分的论证。[②] 以持"法定主义统治地位"观点的学者为代表的不少人担心,知识产权法官利用民法或其他法律的原则条款,扩充知识产权的保护范围,破坏利益平衡机制,动摇知识产权法定原则的统治地位,[③]这些观点对于冷静思考并选择具体实现方式具有重要作用。本文从法定主义的担忧说起,反思案例指导制度的可行性,进而论述北京知识产权法院的实证路径。

二、知识产权法定主义对案例指导制度的质疑与回应

建立知识产权案例指导制度的最大阻力,在于人们担忧法官通过司法途径扩张知识产权,其中最主要的质疑声音来自知识产权法定主义论者。郑胜利教授提出,知识产权法定主义是指"知识产权的种类、权利以及诸如获得权利的要件及保护期限等关键内容必须由法律统一确定,除立法者在法律中特别授权外,任何人不得在法律之外创设知识产权。"[④]李扬教授对知识产权法定主义的理论基础作了进一步发展,他认为作为一项司法原则,知识产权法定主义坚持整体性知识产权法的观念,否认在相关问题上法官自由裁量权的存在。[⑤] 崔国斌教授批判法官在个案中扩充保护客体的范围和知识产权的权能,认为其中折射出的司法者持有的"劳动自然权"权利观违背了立法者选择的功利主义,法官造法活动破坏法定的利益平衡关系,损害知识产权法的确定性,进而提出应当坚持全面落

---

① "判例制度"的概念可能产生望文生义的效果,故现在一般使用"案例指导制度"。但后者除了同样容易望文生义,将案例限定于上级法院乃至最高法院的案例之外,更重要的是"指导"的行政色彩太强,而且可以随时介入。关于我国及一些前社会主义国家奉行"指导制"上诉模式因而缺乏审级之间相互独立的问题,参见解亘:《上诉程序的功能与结构——以二审上诉模式为核心的比较研究》,载《法学评论》2005年第5期。

② 李步云:《关于法系的几个问题——兼谈判例法在中国的运用》,载《中国法学》2000年第1期;张骐:《判例法的比较研究——兼论中国建立判例法的意义、基础与操作》,载《比较法研究》2002年第4期;刘作翔:《我国为什么要实行案例指导制度》,载《法律适用》2006年第8期;谢晖:《经验哲学之兴衰与中国判例法的命运》,载《法律科学》2000年第4期;王利明:《论中国判例制度的创建》,载《判解研究》2000年第1期;陈卫东、李训虎:《先例判决·判例制度·司法改革》,载《法律适用》2003年第1、2期;奚晓明:《建立以案件审理为中心的案例指导制度》,载《河北学刊》2007年第3期。

③ 崔国斌:《知识产权法官造法批判》,载《中国法学》2006年第1期。

④ 郑胜利:《论知识产权法定主义》,载《中国法学》2006年第3期。

⑤ 李扬:《知识产权法定主义及其适用——兼与梁慧星、易继明教授商榷》,载《法学研究》2006年第2期。

实知识产权法定为主导的基本司法理念，严格限制法官造法。[①] 易继明教授对法定主义做出了清晰的概括：法定主义基本的逻辑是，对于某些似乎是应该给予法律保护的客体，当认识不清或未走完立法程序时，则其特定的知识产权就不存在，与其冒着授予本不应该设立的私权的错误，不如将其暂放在公有领域之中。[②]

上述法定主义理论对我国知识产权司法影响很大，特别是对于规制个案裁判不统一、法官任意扩充知识产权保护范围等情况，具有较高指导价值。然而，法定主义理论本身不足以阻碍和否定知识产权案例指导制度，理由如下：

首先，知识产权法定主义具有自身的缺陷。(1)知识产权法定主义本身并非绝对的、严格的、全面的立法法定，实际上，知识产权的类型、主体、客体、内容、限制等并非均由成文法明确规定，知识产权法中存在大量的概括性条款和兜底条款，它们为法定主义者所承认，这本身就是立法层面对于法定主义做出的缓和。(2)知识产权法定主义存在过分依赖立法者理性认识能力、忽视司法过程的能动性和创造性、难以很好地适应社会发展的缺陷。知识产权司法面临的技术问题、商业模式问题层出不穷，成文法的滞后性明显。(3)对于如何克服法定主义的僵化问题，李扬教授提出要以杜绝司法能动为基本原则，因而仅可从立法上想办法，并提出两种方案，一是采取概括式和列举式相结合的立法方式，二是及时修改法律，将新出现的诉求法定化、权利化，[③]然而这两条路径本身也带有自身无法克服的滞后、繁杂、僵化等问题。

其次，知识产权法定主义不能得出反对法官解释与续造法的结论。(1)在坚持物权法定主义和罪刑法定主义的民事和刑事审判中，均不排斥案例指导制度的作用和价值。知识产权法定主义不是指某一权利的享有须由法律明确规定，而是指该权利的类型、内容等要素由法律明确规定，不许当事人通过契约创设，不承认习惯法创设。进一步而言，知识产权法定主义与物权法定的理由并无本质区别：照顾到物权的绝对性，若允许以契约或习惯创设物权，会极大损害公益；照顾到物尽其用的经济效应，若任意创设，对所有权设种种的限制和负担，则会妨碍所有权自由，影响物的利用；照顾到交易安全与便捷，只有物权种类和内容

---

① 郑胜利：《论知识产权法定主义》，载《中国法学》2006年第3期。

② 易继明：《知识产权的观念：类型化及法律适用》，载《法学研究》2005年第3期。

③ 李扬：《知识产权法定主义的缺陷及其克服——以侵权构成的限定性和非限定性为中心》，载《环球法律评论》2009年第2期。

的法定化,方可便于公示,确保交易安全和便捷。[①] 知识产权也是同理,因此知识产权亦无排斥案例指导制度的理由。(2)表面上看知识产权法的发展历程是"先有法律,后有知识产权",实质上真正"可救济、可执行的具体知识产权"来自司法对立法的推动。考察历史,无论是1623年的《垄断法案》还是1709年的《安娜法》,最初都没有规定一种明晰的、因此可以执行的权利,当时的立法主要在于宣示权利的存在,是司法真正实现了一系列知识产权的可执行性。[②] 当前全球创新迅猛,集成电路布图设计、信息网络传播权等知识产权的发展更证明了司法先导的现实。(3)强法定主义者严禁法官造法的逻辑前提是,认为立法者已经做出"审慎的政策性权衡",据此已经建立起"知识产权法精细的利益衡量机制"。这不仅高估了立法者的能力,更与真实的逻辑背道而驰。实际上,法律必然有漏洞,"制定法经常支离破碎、考虑不周并且不公正。"弱法定主义者尽管反对法官造法,但却无法解释所谓"概括式和列举式相结合的立法",本身就是赋予法官在具体案件裁判中创造性释法的权力(因此就是授权法官造法),显见的是,其提出修法等弥补的途径恰恰造成悖论,即会出现"修法前的最后一个牺牲品"的现象。[③]

最后,强法定主义者要求法官仅在"解释法"的限度内活动,严禁"续造法"。这种理想是不现实的。原因在于,没有一页法律不需要解释,这是我们探讨的前提共识,而司法的解释活动必然具有能动性。实现正义的方式依赖法律解释,其方法主要包括文义解释,体系解释,目的解释,历史解释,当然解释等,对于没有法律规定的情形,还需要类推,补充反向推论等多种方法。[④] 在成文法背景下,通常可将文义可能的范围作为划分法律解释和法律续造的分界线。"法律解释必先由文义解释入手,且所作解释不能超过可能的文义。否则,即超越法律解释的范围,而进入另一阶段之造法活动。"[⑤]至于一般条款的适用,据德国学者卡纳里斯,一般条款,无论它多么一般,但总算作了规定,与完全未作规定不同,有时虽可说它未做法律上的足够的评价,但不能说它未做法律上的指令。因此,仍属于

① 王泽鉴:《民法物权——通则·所有权》,中国政法大学出版社2001年版。

② 例如,某种新类型知识产权,不能在司法中予以保护,而必须等待修法后方可成为法定权利,则修法前未收到保护的个体将成为最后一个牺牲品。参见应振芳:《司法能动、法官造法和知识产权法定主义》,载《浙江社会科学》2008年第7期。

③ 应振芳:《司法能动、法官造法和知识产权法定主义》,载《浙江社会科学》2008年第7期。

④ 郑永流著:《法律方法阶梯》,北京大学出版社2012年版,第4页。

⑤ 梁慧星著:《民法解释学》,中国政法大学出版社2000年版,第210页。

法律解释的范畴。[①] 事实上,法律解释不仅是三段论的含义,解释与续造无法截然分割,一方面文义解释与历史解释、目的解释不可能严格分开,他们会交替出现法官脑海中,而且概括性条款实际上授予了法官自由裁量的权力,它既是文义解释,当然更是其他解释。即使是简单的字面解释,它也包含了一个民族发展历史,更不可避免地包含了法官对于社会道德、政治伦理、公共政策的态度乃至个人偏好。综上,司法能动的关键在于掌握正确的法律解释方法和法律续造方法,而非徒劳的试图限定法官解释的范围。

三、知识产权案例指导制度的其他障碍与克服

案例指导制度是建立在一系列司法程序、司法技术、司法传统与司法经验之上的一整套司法制度,除了来自知识产权法定主义的怀疑外,当前我国司法还存在以下几方面的不足,这些也是建立案例指导制度所必须补齐的"短板"。

(一)多元论下的司法能力不足

知识产权的法哲学思想不断发展,基本理论日益丰富,但正如易继明教授所归纳的,他们没有超越出近代以来的几种主要理论:人格理论(黑格尔),激励理论(边沁),经济分析理论(科斯和波斯纳),社会利益理论(庞德),社会正义理论(罗尔斯),其他理论(如契约说等)。[②]

法定主义对知识产权法的发展至关重要,但与其他学说并非互相对立,实际上,无论是论证知识产权的正当性,还是解决审判实践中的法律适用问题,一元主义都存在严重的"能力不足"。各种理论从不同的角度对知识产权的合理性进行论证,相辅相成,并非决然对立,在具体司法案件中都或多或少发挥指导作用。没有一种哲学基础可以直接用作制度设计的准则,某种哲学基础可以作为一种立法或者司法的抽象原则,法定主义是为交易安全和交易便捷而设,法官若将自然权利理论、工具主义理论等任何备选的理论作为证成具体的案件判决的说明性理由,这一运用方式正是抽象性原则典型的使用方式,都不具有可谴责性。不能借具体案件判决结论的妥当与否,否定司法运用抽象原则进行说理本身。法官在个案中不断扩张权利类型和内容等所谓"造法错误",并非仅束缚司法权就能杜绝的,这恰说明即使在成文法制度下,法官动态的、个体的解释与发展法律

---

① 梁慧星著:《民法解释学》,中国政法大学出版社 2000 年版,第 210 页。

② 郑胜利:《论知识产权法定主义》,载《中国法学》2006 年第 3 期。

也是不可避免的。判断个案释法的对与错,不应仅以严格法定主义为标尺,更需要遵循先例这一制度性的疏解、约束和规范。

尽管如此,法定主义者细致的实证研究,确实反映出多元论下法官司法能力的不足,体现出当前知识产权司法状况与案例指导制度的差距。

首先,法官容易形成危险而随意的自然权观念。诚如崔国斌教授所言,司法实践中确实存在一些类似"电视节目表"①、"互联网商业模式保护"②等案件,法官在个案中根据当事人的劳动投入(包括资产投入甚至商业竞争手段)及商业损益,利用原则性条款等对于未构成法定知识产权的所谓"合法权益"予以保护。这种在个案中以自然权利论来支持裁判"道德上的正义",判决得当则有助于弥补法律不足,但稍有不慎则弊大于利,法官往往疏于抑或说无力站在更高的社会公共利益平衡角度思考问题,导致个案擅自创设的知识产权无法回应地域性、时间性、权利穷竭、权利保护期限、权利限制以及知识产权权利人的"圈地行为"③等种种挑战,对知识产权法的稳定性造成危害。

其次,大陆法系法官容易坚持僵化的法定主义。实践中也有一些案件严格而僵化的坚持法定主义,以法无明文规定为由,对科技产业发展的需要坚持不予回应。例如,在美国、日本、韩国、欧盟等均已将GUI纳入专利保护客体的国际大趋势下,在我国专利审查指南作出删除图案中对于非固定显示的电子图案的限制之修改以前,④司法对于当事人依据著作权法或专利权法提出的GUI保护请求,几乎没有作出有力的支持,未能对GUI予以保护,从而导致我国软件产业整体竞争不利。

最后,大陆法系的法官往往缺乏妥善运用功利主义的司法训练。知识产权

---

① 郑胜利:《论知识产权法定主义》,载《中国法学》2006年第3期。

② 例如,在优酷诉金山猎豹浏览器拦截广告不正当竞争案中,法院明确保护商业模式,参见(2014)一中民终字第3283号民事判决书。

③ 张平:《知识产权制度基本理论之讨论》,载《科技与法律》2011年第4期。

④ 2014年3月17日,国知局发布了第68号令,决定对《专利审查指南》修改,新的审查指南于2014年5月1日施行。本次修改的重点在于增加了图形用户界面的产品外观设计专利。删除《专利审查指南》第一部分第三章第7.2节第三段最后一句"产品的图案应当是固定的、可见的,而不应是时有时无的或者需要在特定的条件下才能看见的。"学者对此解读认为:构成外观设计的是产品的外观设计要素或要素的结合,其中包括形状、图案或者其结合以及色彩与形状、图案的结合。本次修改将审查指南中图案中对于非固定显示的电子图案的限制进行了删除,从而使得电子图案可以作为外观设计的要素。载http://www.iprlawyers.com/ipr_Html/02_04/2014-3/20/20140320085401174.html,最后访问时间:2014年3月20日。

法官并非简单地套用法律就可以得出答案,科技进步带来知识产权司法永远面临的难题,有时法官面临在对与对、正义与正义以及不同的价值之间作出选择,此时需要法官解释和运用法律的智慧。我国法官在面临这种难题时,缺乏对科技进步相关的社会学分析与经济学分析训练,同时也缺乏对于特定历史时期国家产业政策以及世界产业博弈格局的透彻认识,容易被发达国家知识产权制度"万花筒"一般的演进历史所误导。例如,在"微信商标行政案"中,[①]尽管创博亚太公司申请注册"微信"商标在前,但商评委和一审法院均以"微信"商标会对变化了的社会公共利益和公共秩序造成不良影响为由,不予核准该商标的注册。法官实际上面临两种同样正义的价值,一方面是商标申请人基于申请行为产生的对特定符号的先占利益,以及未来对特定符号的使用可能产生的期待利益;另一方面是庞大的微信用户已经形成的稳定认知和改变这种稳定认知可能形成的较大社会成本,此时如何正确适用法律,是援引"不良影响条款",还是《商标法》第 8 条关于注册商标实质要件的一般规定,即显现出法官对功利主义的理解与运用智慧。[②]

(二)司法技术的落后

首先,当前的裁判文书难以担负起案件识别功能。案例指导制度的核心是遵循先例,其技术操作的核心是对先例的识别,即识别先例与后案之间的类似性,当为同案时,法官须得同判。对于先例的获取,应当而且只能源于裁判文书。判例法国家裁判文书并无严格统一格式,以美国为例,其正式判决一般遵循格式,并可作为先例援引,大致都包含事实陈述、分析法理及案件裁判和指引三部分,各部分分别具有判例法意义的功能,分别对应着当事人的不同"主张",产生不同效力。

裁判和指引部分(判决主文)回应权利主张,产生权利效力。判决主文针对原告的诉讼请求及被告对诉讼请求的抗辩,宣告判决结果,确定既判事项,并成为实体权利产生的依据。

事实部分是法庭对事实主张的回应,产生事实效力或证明效力。事实认定是针对当事人双方的事实主张和证明过程,宣告证明结果,确定适用法律的前提

---

① 北京知识产权法院(2014)京知行初字第 67 号行政判决书。

② 孔祥俊:《论商标法的体系性适用——在〈商标法〉第 8 条基础上的展开》,载《知识产权》2015 年第 6 期。

条件(要件事实/法律要件)是否具备,并成为未来相关案件事实认定的依据(预决事实)和判断是否"同案"的依据。为了让读者了解案件情况,厘清本案与既往先例的界限,作为先例的裁判文书需要充分介绍案件事实。

分析法理部分(裁判理由)回应法律主张,只有裁判理由部分才可能产生司法先例,它是法官在个案中创设的具有法律拘束力的一般规则,既不仅限于本案当事人,又不是社会正义、公共政策等比较宽泛的一般原则,而是介于二者之间,具有法的规范形式和效力的法律规则,是判例发展为法,从而形成判例法的根本表现,也是被后案所识别和遵从的内容,具有法的规定性、权威性和强制性。

除此之外,争议焦点对于判例的运行至关重要,它是法官对本案推理和判决以及后人寻找先例的指路标,只有清晰准确地界定一个案件要解决的问题,法官才基本上有一个裁决概念范围,确定判例所涉及的法规属于哪一类。判例法国家法官一般会在判决中明确指出争议焦点,如果法官没有明确指出,那么往往也在双方当事人所主张的内容中可以得知,这就要求对于双方当事人的主张及观点理由,有精准的把握和充分的尊重。

其次,当前庭审缺乏有效对抗,难以确保实现庭审实质化。司法判例是法院输出正义的产品,审理程序是产品的生产规则和工艺,它直接决定裁判结果的水平,具有独立价值。判例法国家庭审制度采用对抗制度(当事人主义),要求法官、律师、检察官、当事人和陪审团一起在法庭上集中进行诉讼活动,通过诉讼各方证据上的强弱、多寡以及律师在法庭上高度专业化的"决斗",帮助法官认知和查明事实真相,法官必须严守中立性的要求虽然抵消掉纠问式诉讼中法官主动掌握信息的好处,但专业律师之间的对抗性客观上使法官能够不失偏颇,兼听双方,从而保证裁判在形式与规则上的正义性。英美法系有效的庭审对抗,依托庭前会议、专业和高水平的法官助理及律师、事实与法律分工的审理程序以及一系列庭审程序规则。当前中国司法改革提出的庭审实质化,对知识产权指导案例制度的建立至关重要。

最后,大陆法系法官普遍缺乏对普通法的类比推理等先例识别与运用能力。案件的识别、区分及先例遵循,要求法官判断本案与先例事实相同部分和不同部分,分析哪一部分是重要的,进而判断是否按照重要部分相同的先例规则作出裁判。整个判断过程体现了类比推理技术的运用,它是法官和律师都需要经年培养并熟练掌握的司法技能,其基本内涵是,如果两个事物在某些方面相似,那他们在其他方面(或应视为)相似。① 虽然这种推理是概率性的(给定了某些相似性,其他的相似性的存在,仅具有可能性而非确定性),仍在普通法先例识别与比对中发挥了重要作用。类推思维的典型形式大致可以分为5个步骤:(1)某种实施模式A("源"案例)有某些特征,我们可以把这些特征称作X、Y和Z;(2)某种实施模式B("目标"案例)有特征X、Y和A,或者X、Y、Z和A;(3)A在法律中是以某种方式处理的;(4)在思考A、B及其之间相互关系的过程中建立或发现了一些能够解释为什么那样处理的原则;(5)因为A、B有共同之处,B应当得到同样的处理。②

裁判充满了法律规则与事实相互交织的情况,这就要求法官必须"要心中充满正义,目光往返于规范与事实之间",必要时还须对法律发展的历史脉络以及相关产业政策以及社会整体利益平衡进行历史、社会和经济学分析。

相较而言,当前我国知识产权审判各个环节均无法达到案例指导制度的要求,庭审存在形式化、仪式化、虚置化和审判程序僵化等问题,裁判文书存在与庭审脱节,不说理、空洞化等问题。最重要的是司法者的能力,受大陆法系"三段论"法律推理传统的影响,大多数知识产权法官缺少类比推理的训练,缺少先例识别与区分的技术能力。裁判文书论理的缺失反映出的法律解释能力的不足,在理论深度和理性论辩的智慧方面仍需加以训练,法官较少跳出个案从全局利益平衡以及产业政策、历史等方面进行考虑,缺乏续造法律规则的经验和方法。

归根结底,当前推行案例指导制度的障碍,看似来源于法定主义与自然权利主义的对峙,实则是知识产权司法能力的不足以及社会对其的不信任。在一项人为建立的、没有经验的新制度开始之前,纵使大多数人欢迎,真正的实施者也必须警醒的考虑到所有的困难和障碍,进而以理智、常识和良知来做出判断。当前真正的问题不在于知识产权案例指导制度是否应被谴责和批判,而在于如何正当、合理地建立和运用它,必须要说明何谓创设先例?知识产权法官的所谓"造法"行为是否应被批判?如何限制使其不得恣意?如何提高司法能力使其不受质疑?

---

① [美]布莱恩·H.比克斯著:《牛津法律理论词典》,邱昭继、马德华译,法律出版社2007年版,第6页。

② [美]凯斯·R.孙斯坦著:《法律推理与政治冲突》,金朝武、胡爱萍等译,法律出版社2004年版,第77页。

四、实现路径:建立庭审实质化与类案同判的刚性约束机制

案例指导制度不会完全自发地形成,它需要人们有意识的发展和建设[①]。美国法学家卢埃林认为,职业法官、职业律师、书面判决和现代工业化国家是司法先例制度的必要条件。[②] 英国法学家认为,有三个条件使英国普通法得以产生,案例汇编达到了现在这样的高水准,法院的等级制发展到目前的情形,上议院的司法功能有今天这样的杰出法律家来行使。[③] 张琪教授提出建立司法先例制度的条件有二,一是来自司法先例制度之外的社会条件或体制条件,二是来自司法先例制度本身。

笔者对此颇为赞同,北京知识产权法院的实践也印证了这一观点,其有计划、有步骤的推动外部体制条件与先例制度自身的实现。前者包括改革审判权运行机制,改变院、庭长、审委会职能与决策方式,转变法官考核与评价方式,着力推进法律共同体建设和专业咨询制,内外兼修治理诉讼环境,根本目的之一就是确保法官主体地位和审判去行政化,为案例指导制度施行创造体制机制环境[④]。当然,除此之外,成熟的案例指导制度还要求司法者无论是在宪法、法律、文化以及法律共同体关系层面上,都能具有较强的独立性和权威性,同时要求上级法官和上级是审判程序具有更高的权威性,这些条件还需要在长期的制度调整和司法文化培育中逐步实现。

在此基础上,北京知识产权法院对支撑案例指导制度的必要条件及现实差距进行了详细剖析,提出了建立庭审实质化和类案同判的刚性约束机制作为案例指导制度自身建设的切入点和抓手。制定了《诉审判一致性审判规范》(以下简称《一致性规范》)和《指导案例遵循与参照程序指南》(以下简称《指南》),力图在纠正司法作风、扭转诉审判不一致的低层次问题同时,建立起遵循先例的行为方式和程序规则,培育遵循先例的司法习惯,边“破”边“立”。

诉审判一致性规范,概指一整套位于诉讼法框架之下、符合案例指导制度要

---

① 张琪:《建立中国先例制度的意义与路径:兼答〈“判例法”质疑〉——一个比较法的视角》,载《法制与社会发展》2004 年第 6 期。

② Karl Llewellyn, THE CASE LAW SYSTEM IN AMERICA, p. 5.

③ Rupert Cross and J. W. Harris, PRECEDENT IN ENGLISH LAW, pp. 24 – 25.

④ 北京知识产权法院课题组:《关于审判权运行机制改革的思考与探索——以北京知识产权法院为分析样本》,载《法律适用》2015 年第 10 期。

求的庭审与裁判规则,其目标是保障当事人诉与辩的主张和代理人的代理意见在庭审与裁判中得到准确、完整、恰当的审理与回应,确保诉辩、庭审与裁判相互匹配、相互一致、相互衔接,解决诉审判不一致的低层次问题,同时建立起约束司法肆意、发挥法律共同体智慧、倒逼裁判说理和程序对抗的刚性机制。其基本内容可以概括为以下六个方面。

第一,"无争议不听审"。对于当事人无争议的事实,经过必要的实质审查后,可以不进入庭审,而直接在裁判文书中确认。该规范旨在突出庭审重点,还原庭审听讼的本意,节省诉讼成本、提高诉讼效率。其配套措施包括:(1)法院可根据案件需要,召开庭前会议,由法官或助理帮助当事人厘清并固定无争议的事实,经过必要的实质证据审查后,纳入庭前审查报告或记入笔录,由双方当事人确认。(2)当事人做出与已经初步固定的事实相反或矛盾的表述,都必须纳入庭审程序查明确认。

第二,"凡诉必审"。凡是当事人有争议的问题、凡是裁判所依据的法律及所遵循的先例,都必须开庭审理,并保障当事人充分发表意见。该规范旨在保障当事人诉讼争议和论辩理由全部进入审理范围,不被遗漏,避免裁判突袭。其具体措施包括:(1)法官或助理指导当事人(庭前)总结、归纳、匹配诉辩焦点并(签字)确认,经过法院释明仍然存在分歧的,任何一方当事人所认为的争议焦点均应当确保纳入庭审。庭审中新出现的焦点问题,也应当及时固定并审理。(2)凡是有争议的事实和证据须在法庭上出示和审查,不必受限于诉讼程序先审证据后进行全案法律辩论的形式约束,可以根据案件情况,进行焦点—质证—论辩的"焦点式审判"。(3)当事人按照规范格式提交先例支持其诉讼主张,法官不得拒绝,否则说明理由。(4)法官主动参照的先例或当事人提交的先例,都应在庭审中告知全体当事人,并保障各方当事人有针对先例发表意见的机会。(5)法官意图在裁判中适用的法律若与当事人主张或认可的法律不一致时,应在庭审中释明。

第三,"当判则判"。凡是能够在庭审上作出判断的事项,应及时当庭作出判断。旨在保证事实查明、诉辩交锋都在庭审中完成,保障审判的对抗性,确保法官认真听审,及时下判,避免"暗箱操作"和庭后干预。其具体措施包括:(1)凡是已经出示原件的证据,除非特别疑难,法官应当当庭对真实性、合法性和关联性作出判断。(2)凡是能够确认的部分事实和法律结论,应当当庭确认。(3)休庭或闭庭前应当进行法庭小结,小结中已经确定的事实在裁判文书中不得变更,否则需经过重新庭审。

第四,“凡争必判”。凡是当事人在庭审中争议的问题和提交的先例,在裁判文书中必须逐一予以回应并说明具体理由。该规范旨在避免法官选择性裁判或拒绝裁判。其配套措施包括:(1)裁判文书应当明确焦点,并围绕焦点阐明各方的主张、证据、事实和法律意见,并做出对事实的认定和法律的论述。(2)裁判文书不得省略庭审中争议的焦点。(3)有条件时,诉辩意见、证据事实等部分直接从律师代理词中引用,或由律师撰写。

第五,“非审勿判”,未经过庭审争辩的内容,不得写入判决,否则视为无效。其内涵在于,防止裁判突袭或裁判任性,鼓励法律适用的心证公开。其具体措施包括:(1)法官应当在双方当事人法律意见中,选择法律适用,否则应当告知当事人并听取意见。(2)未经过庭审或(其他方)当事人发表意见的证据和事实,不得作为进入判决。

第六,“遵循先例”。鼓励当事人提交先例支持自己的主张,对于当事人提交的先例,法官应当审查并在裁判文书中对是否遵循和参照说明理由。下级法院应当主动遵循上级法院的先例,本院在后裁判应当主动遵循在先裁判的先例,否则应当说明理由。对其他法院的先例也要保持必要的参考和尊重。关于遵循先例,知产法院专门制定了《指导案例遵循与参照程序指南》,其中指明了哪些案例应当遵循,哪些案例可以参考,法官在何时应当创设先例,当事人提交先例的程序和规则,法官撰写裁判文书以及识别和引证先例方法,以及先例摘要、汇编、整理与发布的规则和机制。《指南》意图提出创设先例、遵循先例、参考先例的司法行为与程序规范,帮助法官养成尊重先例、充分说理、主动创设先例的职业习惯和传统,提高知识产权法官法律推理、逻辑推理能力,确保案例指导制度的规范运行,同时形成全社会特别是律师、学者共同监督司法的制度机制,培育法律共同体对案例指导制度的主动探索和经验共识。

五、评价和余论

党的十八届四中全会要求“推进以审判为中心的诉讼制度改革,保证庭审在查明事实、认定证据、保护诉权、公正裁判中发挥决定性作用”。尽管该项改革多关注刑事审判,然而知识产权审判的庭审中心功能远未充分发挥。在构建知识产权指导案例制度的过程中,当前中国建立知识产权案例指导制度,目标不可谓不宏大,问题不可谓不复杂,此时更需充分关注制度设计正当性和可行性,否则非但不能达到预期效果，而且蕴藏着新制度无法承载的负面效应和风险。

北京知识产权法院在基础制度准备的基础上，推进以审判为中心的知识产权民、行诉讼制度改革，确保诉、审、判一致性，恢复庭审查明事实、裁判输出法律的本来面目，确保遵循先例得以实质性的程序依托，倒逼法官成为真正独立公正的司法者，减少改革推进的质疑和阻力，激励法官创设出高水平裁判。以程序正义为切入，方法和措施未必精准，但至少给这一法治中国语境下的百年大计工程，在认识论和方法论上提供了实证经验。

人民法院审判委员会制度改革研究

北京知识产权法院课题组*

第一章　课题主要内容综述

一、调研概况

北京知识产权法院在确定“人民法院审判委员会制度改革研究”调研课题后，立即开展组织布置工作，由陈锦川副院长担任主持人，由审判第二庭牵头并具体负责，挑选调研骨干共同组成课题组，并及时召开会议研究课题思路。通过前期的调研，确定了课题的主体框架和主要内容。在调研过程中，课题组积极收集国内外相关法律规范、专著、论文等文献资料，进行分类归纳整理，运用司法统计、实证分析、历史考察、比较研究等方法，借鉴国内外有益经验，重点结合我国人民法院审判委员会制度的现有情况进行研讨，形成本课题调研报告。

二、背景现状

审判委员会作为人民法院的最高审判组织，在充分发挥审判指导作用、确保案件质量方面起着重要作用。但一方面，现行审判委员会制度因其运行中固有的行政化倾向及讨论过程的不透明等原因，在司法实践中极易引发审判分离、权责分离，因而备受诟病。另一方面，审判委员会作为审判组织，在应当如何对其进行科学定位并充分发挥其审判职能、如何进一步完善其审理案件程序及议事规则等方面，我国现行理论和实务界的研究还很不充分。按照中央关于司法改

---

* 课题主持人：陈锦川，北京知识产权法院党组成员、副院长、法官。

课题组成员：张晓津，北京知识产权法院审判二庭庭长、审委会委员、法官；司品华，北京知识产权法院法官；刘义军，北京知识产权法院法官；刘仁婧，北京知识产权法院法官助理。

革目标——“让审理者裁判、由裁判者负责”①的要求，作为审判权运行机制改革重要组成部分的审判委员会制度改革已是势在必行，但其具体改革举措及实现路径仍值得深入探讨。

2014 年 11 月 6 日，北京知识产权法院成立，作为司法改革的探索者和先行者，审判委员会制度制改革是该院建院后重点探索的改革内容之一，在实践中探索改革离不开科学调研和顶层设计，这为本课题的开展提供了直接动因。

三、研究内容及结构安排

本课题以中央和最高人民法院关于司法改革的最新精神和要求为指导，围绕审判委员会的诸多问题展开调研。课题的主体部分为五个部分。其中，第一部分主要介绍审判委员会制度的历史渊源、现状及问题，梳理审判委员会制度的发展历程，分析审判委员会制度的产生原因和制度运行中存在的问题。第二部分总结了审判委员会制度的司法功能，明确审判委员会的法律性质是人民法院内部的审判组织，而且是最高审判组织。对审判委员会的职能进行准确定位，并分析了审判委员会和独任制、合议庭的关系。第三部分从实证出发，以中央及最高法院关于审判委员会制度改革的基本精神为指引，归纳了地方法院关于审判委员会制度改革的实践探索，并总结了审委会制度改革实践的基本经验及实践中遇到的问题。第四部分从比较法的视角对域外特殊审判模式的考察与借鉴。审判委员会制度是我国一项特有的司法制度，域外司法实践中并无可以直接比较的对象。但我们仍可以研究域外司法实践当中与我国审判委员会功能相类似的有关制度的功能构建形式及其实现方式，从而为审判委员会制度研究提供借鉴和启示。第五部分在理论研究的基础上，以司法改革的方向为指引，指出了推进我国审判委员会制度改革的基本路径，包括科学定位审判委员会的职能，健全和完善审判委员会的组织结构，充分发挥审判委员会制度统一法律适用标准的作用，探索审判委员会直接审理案件的范围和程序等具有可操作性的具体建议。

四、研究方法

本课题在研究过程中注重理论与实践相结合。在文献研究方面，结合中央

---

① 2013 年 11 月 12 日中国共产党第十八届中央委员会第三次全体会议通过《中共中央关于全面深化改革若干重大问题的决定》，《决定》第 33 条第（2）项规定，改革审判委员会制度，完善主审法官、合议庭办案责任制，让审理者裁判、由裁判者负责。明确各级法院职能定位，规范上下级法院审级监督关系。

及最高人民法院相关司法改革的最新精神,主要参考国内司法制度、诉讼法领域及典型法院关于审判委员会制度的现有规定等相关文献,并及时跟踪研究国内法律法规、司法解释和司法政策关于该制度的相关规定及其演变;在实证研究方面,注重在北京知识产权法院的工作实践中收集包括本院在内的全国典型法院关于审判委员会制度改革探索的各项举措,对相关问题进行充分梳理、归纳和抽象;在比较研究方面,对部分域外国家法院的大法官会议制度等相关制度进行介绍、探讨,以为本课题的研究提供借鉴和参考。

五、实践意义

本课题以我国法院现行司法体制的运行状况为依托,科学审视、定位审判委员会的功能,通过理论分析和实证研究的方式探讨现行制度的各项利弊,使审判委员会制度的改革既符合审判公开、保障当事人的知情权及司法的亲历性等原则,又符合中央和最高人民法院关于审判权运行机制改革的要求,使审判委员会的司法功能得到更好发挥。在司法改革的大背景下,本课题的调研成果真正发挥了调研服务于领导决策、服务于审判实践的作用,对司法实践有重要指导意义。

第二章 审判委员会制度的历史渊源、现状及问题

审判委员会制度审判委员会制度是我国司法实践中极具中国特色的一项独特的审判制度,其确立有着深厚的历史背景、理论背景和特定司法背景,是与我国司法实践的发展历程不可分割的。“在一定历史时期,审判委员会总结审判经验,指导审判工作,在审理疑难、复杂、重大案件等方面发挥了重要作用。”①然而近年来,我国的司法实践本身发生了变化,且司法理念也与时俱进,萌芽于新民主主义革命,创立于新中国成立初期的审判委员会制度虽然也逐渐暴露了一些与现在的司法理念和司法实践不相适用的一些问题。

---

① 满志方:《充分发挥审判委员会职能作用切实提高法院审判质效水平》,载《中国审判》2014 年第 1 期。

一、审判委员会制度的历史渊源

审判委员会是人民法院内部设立的对审判工作实行集体领导的组织，其任务主要有三个方面，即“总结审判经验，讨论重大、复杂或者疑难的案件，讨论其他有关审判工作的问题”。[①] 审判委员会制度的确立也经历了一个长期的演变发展历程，具有较为复杂的历史渊源。研究审判委员会制度改革，需要认真总结梳理其发展脉络，同时分析其现状，以便进一步地发现其中存在的问题，从而解决问题。

（一）审判委员会制度的产生原因

我国的审判委员会萌芽于新民主主义革命时期，发展于解放战争时期，在新中国成立后正式确立并逐渐完善。审判委员会制度的产生不是主观臆想的产物，也不是法律移植的产物，而是我国司法实践本土化的产物。审判委员会制度的确立是与特定历史条件下的司法实践，以及我国的政治体制和我国历史上的审判传统分不开的。

1. 我国当时落后的司法环境是审判委员会制度产生的现实原因。

审判委员会制度从新民主主义革命时期开始出现，正式形成和发展于建国初期。这一历史时期我国的司法环境较为落后。一方面，各项法律法规尚不完善，司法机关审理案件很多时候“无法可依”，需要有比较权威和专业的审判组织来审理案件。另一方面，这一时期各基层审判组织中普遍缺乏专业法律人才，审理案审判委员会作为相对专业化的审判组织，既能够参与疑难、复杂案件的审理，保证司法公正，同时作为法院内部的最高决策机构，其参与审理案件，也有助于确立案件审判标准，从而统一执行党的司法政策、法律适用标准以及案件裁判尺度。

2. 我国的政治体制是审判委员会制度产生的政治原因。

我国是人民民主专政的社会主义国家，民主集中制既是我国国家制度构建的基本原则，也是中国共产党的基本组织原则。《中华人民共和国宪法》（以下简称《宪法》）第3条明确规定：“中华人民共和国的国家机构实行民主集中制的原

---

① 《中华人民共和国人民法院组织法》第11条规定，各级人民法院设立审判委员会，实行民主集中制。审判委员会的任务是总结审判经验，讨论重大的或者疑难的案件和其他有关审判工作的问题。

则”①。审判委员会制度的产生是与我国的政治体制分不开的,从某种程度上来说,审判委员会制度也是我国政治制度中民主集中制原则的体现,集中决策审理案件也是“集中下的民主”和“民主下的集中”的直接体现。审判委员会制度契合了中国共产党领导下的我国政治体制及司法制度的客观需要,满足了我国新民主主义革命以来各个社会历史时期的司法需求。

3. 我国的司法传统是审判委员会制度产生的文化原因。

我国历史上自秦朝大一统开始,就是中央集权的国家,且这种集权的趋势不断强化。中央集权的政治特点反映在司法制度上,就是中央司法机关参与大案要案的审理,并作出决定。在我国古代的司法审判制度中,长久以来存在“会审”制度,从某种程度上来讲,审判委员会制度是对中国古代司法制度当中“会审”制度的延续和发展。“会审是中国古代重大疑难刑事案件审理的主要方式,我国唐朝时形成了三司会审制度,至明清两代,则形成了一套较为完备的会审制度,主要包括三司会审、九卿会审、秋审和朝审等。”②在特定的历史时期,会审制度有其特殊的价值,发挥了一定的积极作用,并且对今天审判活动产生了根深蒂固的影响。审判委员会审理的案件是重大疑难案件,所作出的决定其他审判组织也需要服从,体现了我国重大案件通过集体研究决定的法律文化传统。

总而言之,审判委员会制度既不是法律移植的结果,也不是理论创造的结果,而是植根于中国社会土壤,经过中国社会长期司法实践检验的有效经验和做法。作为司法本土化的制度性成果,审判委员会制度是中国社会历史选择与司法实践的结果。

(二)审判委员会制度的发展历程

审判委员会制度的形成和发展大体经历了四个历史阶段,即新民主主义革命时期的萌芽阶段(1931~1949年);审判委员会制度的形成、确立和发展阶段(1949~1956年);“反右”扩大化开始至“文化大革命”结束审判委员会制度的曲折发展阶段(1957~1976年);党的十一届三中全会以后审判委员会制度的重新确立和改革完善阶段(1978年至今)。③ 下面,本文将对其不同发展阶段分别进行阐述:

---

① 《中华人民共和国宪法》第3条规定,中华人民共和国的国家机构实行民主集中制的原则。

② 谢冬慧:《中国古代会审制度考析》,载《政法论坛》2010年第4期。

③ 北京市第一中级人民法院课题组:《审判委员会制度的变与不变》,载《人民司法》2015年第7期。

1. 新民主主义革命时期的萌芽阶段(1931～1949年)

"中华苏维埃共和国诞生后,逐步建立起的裁判委员会、裁判研究委员可以说是新中国法院审判委员会制度的雏形。"①"1948年颁布的《东北解放区人民法庭条例》规定,村、区人民法庭组织审判委员会,由农民代表大会选举的若干人、上级政府委派一人组成,这是'审判委员会'的名称首次出现在正式的法律文件中。"②但当时的人民法庭是县以下基层农会直接组织的、以贫雇农为骨干并由政府代表参加的群众性临时审判组织,只负责与土地改革有关的案件。因此,此时的审判委员会并不是人民法院的一种审判组织,而是行使司法权的基层行政机构。

2. 审判委员会制度的形成、确立和发展阶段(1949～1956年)

中华人民共和国成立以后,审判委员会得到了进一步发展,并逐渐完善。1954年的《中华人民共和国人民法院组织法》(以下简称《人民法院组织法》)第10条规定审判委员会有权讨论重大的或者疑难的案件或者其他有关审判工作的问题。1955年3月,最高人民法院第一次召开了审判委员会会议,宣布最高人民法院审判委员会成立。这是我国第一次以基本法律的形式,确定了审判委员会这一法律制度,并规定了审判委员会的设立、任务、任免等基本制度,进一步扩大了审判委员会的职权,包括审判监督权和助理审判员代行审判员职务的决定权等。最高人民法院审判委员会会议在1955年3月第一次召开,会上,最高人民法院审判委员会宣布成立,一些具体的工作制度也得以形成。随后,全国各级法院相继组建了审判委员会。

3. "反右"扩大化开始至"文化大革命"结束审判委员会制度的曲折发展阶段(1957～1976年)

"1956年我国开始的'反右派'运动也影响到了法院系统,司法工作自1957年下半年开始受到'左倾'思想的严重影响,法院成为了政治工具,审判委员会的职能无法得到发挥。"③从1962年到"文化大革命"结束,包括审判委员会制度在内的司法制度均被破坏,一直到1978年十一届三中全会以后才得以恢复和重建。

---

① 肖建国:《审判委员会制度考——兼论取消审判委员会制度的现实基础》,载《北京科技大学学报》(社会科学版)2002年第3期。

② 孙召银、王忠旭:《司法改革中审判委员会改革的新思路与新动向》,载《长春市委党校学报》2015年第4期。

③ 付少军:《审判委员会制度研究》,中共中央党校2012年博士学位论文。

4. 党的十一届三中全会以后审判委员会制度的重新确立和改革完善阶段(1978年至今)

党的十一届三中全会后,党和国家的各项事业逐步走上正轨,《人民法院组织法》于1979年7月由第五届全国人民代表大会第二次会议通过,除了在原第11条增加了审判委员会实行民主集中制的规定以外,基本上沿袭了1954年组织法的规定。该组织法经过1983年9月第六届全国人民代表大会常务委员会第二次会议和2006年10月第十届全国人民代表大会常务委员会第二十四次会议两次修改,但都保留了有关审判委员会的规定。现行《中华人民共和国刑事诉讼法》(以下简称《刑事诉讼法》)、《中华人民共和国民事诉讼法》(以下简称《民事诉讼法》)和《中华人民共和国行政诉讼法》(以下简称《行政诉讼法》)分别对审判委员会制度作出规定,这是对《人民法院组织法》关于审判委员会有关规定的细化和补充。作为审判委员会制度的基本法律,《人民法院组织法》和三大诉讼法都对审判委员会制度作出了比较完整的规定。

(三)审判委员会制度的现状

"人民法院审判委员会制度作为一项独具中国特色的审判制度,其在总结审判经验,指导审判工作,审理疑难、复杂、重大案件等方面曾发挥了重要作用,在一定程度上保障了司法公正。"①但是,随着社会主义市场经济的发展和审判方式改革的深化,社会公众对人民法院的司法水平要求不断提高,现行的审判委员会制度存在的一些问题也日益显露,引起理论界和实务界的广泛关注。关于我国审判委员会制度的现状分析,本文主要从以下三个方面展开。

首先,目前关于审判委员会制度的相关规定主要是在各项法规中散见分布,并不完善。虽然我国的三大诉讼法、司法解释及其他规范性文件都对该项制度作出了具体规定,但基本都是针对审判委员会讨论"重大、疑难案件",以及哪些案件需要提交审委会等最基本规定,至于审判委员会的组成方式、工作规则等没有规定。《人民法院组织法》和《最高人民法院审判委员会工作规则》虽然对审判委员会制度有更明确的规定,但是均制定于20世纪90年代初期,不能很好地适应现在的审判形势和司法环境。

其次,对于审判委员制度是否需要保留,也引起了争议,但是目前的主流观

---

① 《最高人民法院关于改革和完善人民法院审判委员会制度的实施意见》,载《司法业务文选》2010年第19期。

点是认为审判委员会制度虽然有问题但是要对其进行改革，而不是取消。

《中共中央关于全面深化改革若干重大问题的决定》提出，“改革审判委员会制度，完善主审法官、合议庭办案责任制，让审理者裁判、由裁判者负责”。《最高人民法院关于全面深化人民法院改革的意见——人民法院第四个五年改革纲要（2014—2018）》对改革审判委员会工作机制作出了规定：“改革审判委员会工作机制。合理定位审判委员会职能，强化审判委员会总结审判经验、讨论决定审判工作重大事项的宏观指导职能。建立审判委员会讨论事项的先行过滤机制，规范审判委员会讨论案件的范围。除法律规定的情形和涉及国家外交、安全和社会稳定的重大复杂案件外，审判委员会主要讨论案件的法律适用问题。完善审判委员会议事规则，建立审判委员会会议材料、会议记录的签名确认制度。建立审判委员会决议事项的督办、回复和公示制度。建立审判委员会委员履职考评和内部公示机制。”①

这相当于明确了审判委员会的制度改革势在必行，同时也表明中央对审判委员会制度的态度是改革而非取消。也就是说，肯定了审判委员会所起到的作用，在现有制度的框架内对审判委员会制度进行改革，更有效地发挥审判委员会的审判职能与指导职能。

最后，由于法治理念的进步，审判方式改革的深化，目前的审判委员会制度在发挥作用的同时，也暴露出一系列需要改进的问题。如审判委员会的定位不明确，影响其职能的发挥。审判委员会由于受我国各国家机关和企事业单位普遍存在的“行政化”的影响，组成人员多是法院领导干部，存在一定程度的“行政化倾向”，这种倾向本身不利于法院更好地发挥审判职能。除此之外，审判委员会的具体工作规则缺乏明确的规范，也不利于审判委员会制度更大限度地发挥作用。

---

①《最高人民法院关于全面深化人民法院改革的意见——人民法院第四个五年改革纲要（2014—2018）》第32条规定，改革审判委员会工作机制。合理定位审判委员会职能，强化审判委员会总结审判经验、讨论决定审判工作重大事项的宏观指导职能。建立审判委员会讨论事项的先行过滤机制，规范审判委员会讨论案件的范围。除法律规定的情形和涉及国家外交、安全和社会稳定的重大复杂案件外，审判委员会主要讨论案件的法律适用问题。完善审判委员会议事规则，建立审判委员会会议材料、会议记录的签名确认制度。建立审判委员会决议事项的督办、回复和公示制度。建立审判委员会委员履职考评和内部公示机制。

二、审判委员会制度运行中存在的主要问题

(一)审判委员会的性质定位不明确

目前,审判委员会存在的问题之一就是性质定位不够明确,主要集中在审判委员会到底是一个审判组织还是一个行政组织,又或者是两者兼具。

一种观点认为,“审判委员会是人民法院内部最高审判组织”①,是中国三种审判组织中的一种,另两种审判组织分别独任庭和合议庭。《最高人民法院审判委员会工作规则》规定审判委员会是“国家最高审判组织”。虽然审判委员会不像独任庭与合议庭那样直接主持或参加法庭审判,但是却拥有对案件进行讨论并决定的权力,“实际承担着审判职能,是一种审判组织”②。作为各级人民法院的最高审判组织,“审判委员会有权对重大、疑难案件进行讨论并作出决定”。③

另一种观点认为:从审判委员会的职能来看,既包括“讨论重大疑难案件”,也包括“其他有关审判工作的问题”。“审判委员会有权对重大、疑难案件讨论并作出决定,同时还有权决定包括总结审判经验、决定院长回避、任命助理审判员临时代行审判员职务等法院内部的重大事项。”④因此,“审判委员会既是审判组织,也是集体领导组织,既有审判组织的职能,又有集体领导的职能。”⑤

由于对审判委员会的性质定位不明确,审判委员会一方面参与讨论案件,另一方面,审委会的成员又大多具有领导职务,极容易被认为是法院内部的行政组织。且因性质定位不明确,审判委员会的成员在参与相关活动时,也难以很好地把握其中的分寸。

(二)审判委员会职能分布不均衡

关于审判委员会的职能,《人民法院组织法》第10条明确规定,各级人民法

---

① 《最高人民法院审判委员会工作规则》第1条规定,为使审判委员会活动制度化、规范化,提高工作效率,以充分发挥其国家最高审判组织的重要作用,根据《中华人民共和国人民法院组织法》和有关法律的规定以及审判实践经验,特制定本规则。

② 陈瑞华:《正义的误区——评法院审判委员会制度》,载《北大法律评论》1998年第2辑。

③ 《人民法院组织法》第11条规定,各级人民法院设立审判委员会,实行民主集中制。审判委员会的任务是总结审判经验,讨论重大的或者疑难的案件和其他有关审判工作的问题。

④ 《刑事诉讼法》第30条规定,审判人员、检察人员、侦查人员的回避,应当分别由院长、检察长、公安机关负责人决定;院长的回避,由本院审判委员会决定;检察长和公安机关负责人的回避,由同级人民检察院检察委员会决定。

⑤ 周士敏:《试谈提高审判委员会讨论案件的质量问题》,载《政法论坛》1988年第2期。

院设立审判委员会,实行民主集中制。审判委员会的任务是总结审判经验,讨论重大的或者疑难的案件和其他有关审判工作的问题。根据《人民法院组织法》的这一规定,审委会一方面具有讨论、决定疑难案件的功能,另一方面还有审判指导功能。

但是在实践中,这两项职能并没有得到全面、均衡地行使,而是有所偏废,造成审判委员会职能分布不均衡。"由于进入审判委员会讨论的案件过多、过泛,加之委员时间、精力有限,审判委员会最主要的职能都只能集中在讨论重大、疑难、复杂的案件上,研究讨论疑难案件甚至成为一些法院的唯一职能,导致除审判外的职能'名存实亡'。"①"案件的讨论、决定功能占据了绝对性的重要地位,而审判业务指导功能没有得到充分发挥。"②各级、各地法院缺少对审判业务指导作用的重视。特别是在基层法院,审判业务指导工作基本上被闲置。这也导致了在审判工作中难以指导新问题、新现象的法律适用问题,没有时间研究、总结、推广审判经验,没能形成建设性的指导意见。

审判业务指导在越高级别的法院越能发挥出它的功能,它关系着整个地区的审判尺度,关系着法律适用的统一,关系着"同案同判",司法公信的建设。上、下级法院之间的业务沟通与指导,一定程度上能减少基层法院的发回、发改率,有利于统一法律的适用。审判委员会要积极、经常性的进行审判总结,通过案件的讨论,提炼出具有指导意义的裁判规则,这也是发挥审委会业务指导功能的有效途径。

(三)审判委员会制度运行的行政化倾向

目前,审判委员会制度运行的行政化倾向是目前存在的突出问题。这种行政化倾向主要体现在组织模式的行政化以及案件讨论过程中受行政因素影响。

一方面,各法院的审判委员会几乎都是由各院的院领导,各业务庭庭长及其他部门的中层干部组成,具有明显的行政色彩,而审委会立足的初衷是要精选出业务素质强硬,审判阅历丰富的资深的专业型法官,而现行的组织模式是按照行政等级进行组织的,因此,审委会在运作时,难免会受到其组成人员的行政级别

① 粟开检:《合议庭和审判委员会制度衔接问题研究——以法官独立原则为视角》,载《全国法院纪念改革开放30周年理论研讨会暨中国法学会审判理论研究会2008年年会论文集》,2008年11月。

② 马荣、王小曼:《合议庭与审判委员会衔接问题探析——在审判权运行机制改革背景之下》,载《人民司法》2015年第12期。

和身份地位等因素的影响,不利于审委会功能的真正发挥。

与此同时,由于审委会成员的行政级别不同,委员们独立的观点可能会因与上级领导意见的不同,而放弃了对自己观点的坚持。行政级别、地位的不平等,很难产生内部成员平等表达意见的效果,这样就可能使部分案件的讨论结果在院领导意见的主导下产生,审委会讨论的决定易变成"行政决定",甚至是"院长独断",随意利用"集体决策"来实现自己的意志,从而导致民主集中制原则无法发挥其本身的作用,违背了制度设立的初衷。可以说,这种弊端是组织模式的行政化所与生俱来的。

但是,对于审判委员会的行政化问题,也要正确的认识。在我国,司法行政化现象的形成有深刻的政治、文化、历史和社会原因。"长期以来,各个国家机关甚至于国有企事业单位,实际上都被当作行政机关来对待。"①在这种"泛行政化"的社会环境中,作为司法机关的法院绝不可能摆脱"被行政化"的命运。"客观地讲,当下法院审判权运行的'行政化'问题,并不(主要)是法院院长、庭长及审委会权力欲望膨胀的结果,也不(主要)是各级法院领导层对所谓'司法客观规律'的故意忽略,而是在很大程度上与法院审判工作的实际状况及实际需求相关。"②

(四)审判委员会讨论案件的泛化倾向

审判委员会讨论案件的泛滥化主要表现在提交审委会讨论的案件范围过于宽泛,且随意性很大。

对于审判委员会讨论案件的范围,是审判委员会讨论合议庭提交的重大、疑难、复杂案件。何为"重大、疑难、复杂案件",司法解释和最高人民法院的相关规定对其范围作出了限制,即明确"只有拟判处死刑、人民检察院抗诉、对合议庭成员意见有重大分歧、新类型、社会影响重大"这几类案件才能进入审判委员会讨论。但是由于规定了"其他疑难、复杂、重大的案件""合议庭认为需要提请审判委员会讨论决定的其他案件""本院审判委员会确定的应当由审判委员会讨论决

① 褚红军、陈靖宇:《审判委员会制度若干问题研究——兼论审判委员会制度的改革和完善》,载《法律适用》2005年第10期。

② 顾培东:《再论人民法院审判权运行机制的构建》,载《中国法学》2014年第5期。

定的案件”这三类兜底情形，也属于审判委员会的讨论范围。[①] 这使何为重大、疑难、复杂案件缺少一个明确的标准和界限，某个案件是否应由审判委员会讨论决定，随意性很大。此外，审判委员会作为法院内部最高的审判组织缺少应有的监督，可以根据需要将其认为合适的案件都提交到审委会，无论合议庭同意与否。由此导致审判委员会处理案件的范围过于宽泛，有架空合议庭职权的嫌疑，也为审判委员会干涉合议庭的审理工作提供了便利的渠道。

审判委员会讨论案件的非专业化体现在两个方面，一是审委会委员知识构成的非专业性，二是审委会往往缺乏业务骨干成员的参与。

审委会讨论的案件既有刑事案件、民商事案件、行政（审监）案件又有执行案件，而审委会的成员多是来自不同业务部门的法官，多数的法官常年在同一领域里从事审判工作，虽然对该领域的审判经验较为丰富，但知识构成上偏重于该审判领域，当遇到探讨其他部门的疑难复杂案件时，会因缺少专业性，无法对案件作出透彻分析，提出有针对性的法律意见，在一定程度上降低了决断的准确性，达不到案件讨论的质量和效果，很难发挥出预期的效果。

对许多基层法院而言，审委会的专职委员人数较少，并且审委会的专委多数是各庭的主管院领导或纪检组长，身兼数职，很难有时间集中精力专门性地进行审判工作的研究。同时，各法院中的业务骨干和业务精英，则不能被吸收到审判委员会中。

（五）审判委员会制度缺乏规范的工作规则

对于审判委员会制度而言，科学高效的运作机制是充分发挥审委会作用的必要条件。实践表明，审判委员会缺乏科学规范的运作方式，缺少制度的约束，操作起来具有一定的随意性。

首先，审委会所讨论决定的案件范围缺少明确的界定。人民法院组织法规定的并不完备，并未对重大或疑难案件的范围作出进一步的解释，“导致实际操作上的困难，许多一般性的案件被提交到审委会讨论，使得审委会讨论案件的范

---

① 《最高人民法院关于人民法院合议庭工作的若干规定》第12条规定，合议庭应当依照规定的权限，及时对评议意见一致或者形成多数意见的案件直接作出判决或者裁定。但是对于下列案件，合议庭应当提请院长决定提交审判委员会讨论决定：（一）拟判处死刑的；（二）疑难、复杂、重大或者新类型的案件，合议庭认为有必要提交审判委员会讨论决定的；（三）合议庭在适用法律方面有重大意见分歧的；（四）合议庭认为需要提请审判委员会讨论决定的其他案件，或者本院审判委员会确定的应当由审判委员会讨论决定的案件。

围被任意的扩张”。[①]

其次,现行的法律规定缺少对对审判委员会操作程序没有明确规定。在审判实践中,各地法院审判委员会讨论案件没有固定程序,大多数法院都采用案件承办人口头或书面汇报的形式,审判委员会委员通过案件承办人的报告,在会上当场进行讨论做出决定,只能在会上有限短暂的时间内分析并研究疑难、复杂案件,使委员们很难对案情做出精准的判断、明辨是非,正确的适用法律,难保裁判的质量。

最后,对于审判委员会的职责范围、责任划分没有做出明确规定。审判委员会作为疑难案件的最后计策组织,应当高度重视自身的责任。目前现行法规对审判委员会的职责范围和责任划定并没有规定,这使审判委员会制度的运行难以真正得到有效的监督。

第三章　审判委员会制度的司法功能与再定位

审判委员会制度作为我国一项基本的司法制度具有丰富的制度内涵。《人民法院组织法》和刑事、民事、行政三大诉讼法是审判委员会制度的主要法律渊源,四部法律中关于审判委员会的具体规定构成了现行审判委员会制度的主要内容。《人民法院组织法》是对《宪法》关于人民法院设立、职能、组成、任免等重大规定的具体化,是人民司法制度的基本法律规范,是审判委员会设立最主要的法律依据,也是审判委员会制度最重要的法律渊源。[②] 三大诉讼法中,《刑事诉讼

① 刘峥:《论我国审判委员会制度的现实困境及其改进思路》,载《刑事司法论坛》2008 年第 1 辑。

② 《人民法院组织法》第 10 条规定,各级人民法院设立审判委员会,实行民主集中制。审判委员会的任务是总结审判经验,讨论重大的或者疑难的案件和其他有关审判工作的问题。第 13 条规定,各级人民法院院长对本院已经发生法律效力的判决和裁定,如果发现在认定事实上或者在适用法律上确有错误,必须提交审判委员会处理。第 36 条规定,助理审判员,由本院院长提出,经审判委员会通过,可以临时代行审判员职务。

法》对审判委员会制度规定得相对具体、全面。[①]《民事诉讼法》和《行政诉讼法》对审判委员会的规定则较为简单，只规定了审判委员会对院长回避的决定权，以及重申了《人民法院组织法》关于审判监督程序的规定。

就审判委员会制度的主体而言，各级人民法院设立审判委员会，地方各级人民法院审判委员会委员，由院长提请本级人民代表大会常务委员会任免。最高人民法院审判委员会委员，由最高人民法院院长提请全国人民代表大会常务委员会任免。审判委员会委员属于法官，是依法行使国家审判权的审判人员。各级人民法院院长对本院已经发生法律效力的判决和裁定，如果发现在认定事实上或者在适用法律上确有错误，必须提交审判委员会处理。对于疑难、复杂、重大的案件，合议庭认为难以作出决定的，由合议庭提请院长决定提交审判委员会讨论决定。审判委员会的决定，合议庭应当执行。

一、审判委员会制度的司法功能

人民法院审判委员会制度作为一项独具中国特色的审判制度，在我国经历了尽六十年的风雨历程，是我国司法体制中的一项重要制度，在审判领域里发挥了重要作用。从 1951 年设立至今，尤其在法律和程序不健全的 20 世纪 80 年代中期以前，我国各级法院通过审委会的形式充分发挥了集体领导的优势，在总结审判经验，指导审判工作，审理疑难、复杂、重大案件等方面发挥了重要作用，避免错案的发生，确保案件质量，从一定程度上保障了司法公正。

（一）有利于保障案件的审判质量

按照《人民法院组织法》的规定，审判委员会实行的是民主集中制原则，通过发挥集体的智慧和力量来保证个案的审判质量。审判委员会是采用召开会议的形式对案件进行讨论，在充分发挥会议作用的前提下，审委会的委员们针对具体案件可以各抒己见，一起进行探讨，能够对案件进行更为客观、理性的分析，克服法官个人的主观臆断和个人认识领域的局限性；而且，审判委员会可谓是法院里

① 《刑事诉讼法》第 30 条规定，院长的回避，由本院审判委员会决定。第 180 条规定，对于疑难、复杂、重大的案件，合议庭认为难以作出决定的，由合议庭提请院长决定提交审判委员会讨论决定。审判委员会的决定，合议庭应当执行。该条是对《人民法院组织法》第 10 条关于审判委员会讨论案件职能的具体化和明确化。第 243 条规定，各级人民法院院长对本院已经发生法律效力的判决和裁定，如果发现在认定事实上或者在适用法律上确有错误，必须提交审判委员会处理。该条重申了《人民法院组织法》第 13 条关于审判监督程序的规定。

的精英团体,其委员大部分是资深法官,有着丰富的审判经验和人生阅历,对案件事实的认定和对法律适用的把握要更加准确。我国法官们整体素质的提高不是一朝一夕就能完成的大工程,法院的人员结构不合理,解决复杂疑难案件的能力还很欠缺,面对暂时无法实现的现状,限制独任法官或合议庭对案件的决定权,而是交由相对素质较高的更具有优势的审委会去对案件进行把关,则一定程度上保证了案件的审判质量,有利于化解矛盾纠纷,使当事人服判息讼。

(二)有利于保证法律适用的统一

在人民法院的统一法律适用机制当中,审判委员会制度发挥着不可替代的重要作用。这主要是由审判委员会在人民法院审判组织体系当中的特殊地位所决定的。首先,审判委员会具有最高的审判权威。审判委员会委员通常由人民法院当中理论水平最高、审判经验最丰富的资深法官担任,因此审判委员会应当具有最出色的审判能力和最高超的司法智慧,审判委员会统一法律适用的决定往往能够得到广泛的信服。其次,审判委员会是人民法院内部唯一常设性的审判组织。相对于其他临时组成的审判组织,审委会在人民法院内部的审判组织体系当中发挥着重要的核心作用,这也是人民法院内部其他审判组织所无法发挥的重要作用。最后,审委会对人民法院审判工作中的重大事项拥有决定权。这既包括审委会对人民法院审理的疑难、复杂、重大案件的处理结果具有决定权,也包括审委会对人民法院审判工作中的其他重大事项具有决定权,如司法解释的制定、司法文件的出台、指导性案例的发布、审判监督权和管理权的行使等。因此,在事关人民法院统一法律适用的重大问题上,审判委员会最有资格、最有能力也最有权威代表人民法院履行相关职责。

从审判委员会制度的现实职责任务来看,无论是总结审判经验,讨论重大、疑难的案件,还是讨论决定审判工作中的其他重大事项,其基本功能都是促进和保障法律统一适用。

(三)有利于维护司法公正

成文法因其自身的局限性和漏洞,决定了法官自由裁量权的必然存在。我国现行的司法体制缺少相对统一的裁判尺度和行之有效的案例指导制度,也缺少对法官行使自由裁量权的足够规范与监督。审判委员会内部决策充分发挥出集体的智慧保证案件的正确解决,在一定程度上合理约束了法官个人手中的自由裁量权,防止个人权力的膨胀,使决议结果更加民主,遏制了法官个人的恣意裁判行为,防止因个人原因滋生的司法腐败,造成裁判的不公。同时,中国社会作为一个熟人社会,作为社会成员的承办法官也不可避免地生活在各式各样的网状关系中。在我国特有的司法环境中,审判委员会的存在可以在一定程度上缓解加诸于法官身上的人情压力,抵御外部环境对审判活动的干预,维护审判独立,促进司法公正。

二、审判委员会的再定位

研究审判委员会的性质,对审判委员会的职能进行准确定位,厘清审判委员会在人民法院整体组织架构中的地位,有助于确定审判委员会制度与其他制度的统合点,为进一步探讨审判委员会制度提供理论基础。

(一)审判委员会的法律性质

课题组认为,审判委员会是人民法院内部的审判组织,而且是最高审判组织。

1. 从相关法律规定来看

明确审判委员会的性质是审判组织的具体规定,最早可见之于 1957 年 7 月 23 日最高人民法院给山东省高级人民法院的《关于经审判委员会讨论的案件在判决书上如何署名问题的复函》,该复函明确指出"审判委员会是人民法院的一个审判组织,它对案件的实体处理有权直接作出最后的决定"。

此后,1993 年 9 月 11 日颁布的《最高人民法院审判委员会工作规则》中又规定了最高人民法院审判委员会是国家最高审判组织,其决定合议庭或法院其他有关单位应当执行,不得擅自改变,如有异议,须报经院长或副院长决定是否提交审判委员会重新讨论决定。

在 1999 年 10 月 20 日发布的《人民法院五年改革纲要(1999—2003)》,即通常所说的第一个法院五年改革纲要中进一步确定,审判委员会是法院内部的最高审判组织。《人民法院第二个五年改革纲要(2004—2008)》第 24 条的规定,审判委员会委员可以组成合议庭或者参加合议庭,直接审理重大、疑难、复杂或者具有普遍法律适用意义的案件,但是案件仍然是以合议庭的形式进行审理,只不过这时的合议庭成员根据不同的案件情况,分为全体审判委员会委员组成的合议庭或者部分审判委员会委员组成的合议庭。

2009 年 3 月 17 日最高人民法院印发的《人民法院第三个五年改革纲要

(2009—2013)》虽未明确规定审判委员会是人民法院的最高审判组织,但是第五条在提出改革和完善审判组织时,明确将完善审判委员会讨论案件的范围和程序,规范审判委员会的职责和管理工作列为改革和完善审判组织的重要内容。

此后,2010年1月11日,最高人民法院又发布了《关于改革和完善人民法院审判委员会制度的实施意见》,该实施意见中的第3条[①]再一次明确了审判委员会是人民法院内部的最高审判组织。

因此,由上可知,审判委员会是人民法院内部的审判组织,而且是最高审判组织是有相关法律依据的。虽然上述《复函》《工作规则》和两个改革纲要并不是正式的成文法律,但却是具有正式效力的政策性文件,能肯定审判委员会是法院的最高审判组织。

2. 从审判委员会的职能来看

《人民法院组织法》第10条规定了审判委员会的主要职能是总结审判经验、讨论重大的或者疑难的案件和其他有关审判的工作。司法实践中,审判委员会最主要的职能是讨论和决定案件。[②] 无论从立法原意还是司法实践来看,审判委员会所从事的工作并非是法院内部一般的行政管理事项,而是处理审判中的重大事项,因此,从其所从事的工作性质来说,审判委员会应该是审判组织。

3. 从审判委员会的地位来看

《刑事诉讼法》第149条明确规定:审判委员会的决定,合议庭应当执行。虽然《民事诉讼法》和《行政诉讼法》没有类似的条文,但在司法实践中,都比照《刑事诉讼法》的规定执行,即审判委员会讨论和决定民事和行政案件的程序和效力都与刑事案件完全相同,并无二致。作为审判组织的合议庭要执行审判委员会的决定,因此从其地位来看,审判委员会应该是审判组织。

(二)审判委员会的职能定位

职能决定了审判委员会在人民法院的地位和作用,以及存在的必要性和合理性,科学、合理地界定审判委员会的职能,并高效、有力地促进审判委员会功能作用的充分发挥,能够充分彰显审判委员会制度的价值和优势,并且为这一制度的健康发展提供机制保障。根据相关法律规定,审判委员会的主要职能是总结

---

① 《关于改革和完善人民法院审判委员会制度的实施意见》第3条规定,审判委员会是人民法院的最高审判组织,在总结审判经验,审理疑难、复杂、重大案件中具有重要的作用。

② 其他有关审判的工作主要包括对本院生效判决和裁定启动审判监督程序的处理权、对本院院长回避的决定权、对助理审判员临时代行审判员职务的通过权等。

审判经验,讨论决定重大、疑难案件,讨论决定其他与审判有关的问题。①

1. 总结审判经验

总结审判经验是审判委员会的首要任务。我国各地各级的人民法院,在长期的审判实践中积累了十分丰富的审判经验,审判委员会应当及时进行总结,以此更好地指导审判实践,保证各级人民法院能正确地审理案件以更好地保障案件质量,树立我国法律的权威。而且,随着我国经济的发展,各种新类型的案件层出不穷,如果不及时总结审判经验,各级法院很难适应时代的发展。实践中,各级法院审判委员会总结审判经验的主要方式有:审议、批准有关本法院和本辖区法院审判工作的制度、意见和规定;研究和讨论审判工作中的改革和管理经验,分析研究审判案件的法律适用问题,总结某类案件的审判经验;分析和讨论本法院和本辖区法院的典型案件,编辑典型案例,报送上一级法院审判委员会。最高人民法院审判委员会总结审判经验除了上述方式之外,还可以通过审议、发布解释、规定、批复等形式发布具有法律效力的司法解释和全国性的指导性案例,以及其他有关审判工作的规范性文件。

2. 讨论决定重大、疑难案件

《人民法院组织法》第 10 条规定人民法院审判委员会讨论案件的范围是"重大的或者疑难的"案件;《刑事诉讼法》第 149 条规定审判委员会讨论的案件范围是合议庭难以作出决定的疑难、复杂、重大案件。另外,三大诉讼法还同时规定了如果各级人民法院的院长发现某些案件确有错误,也应该提交审判委员会讨论决定,即这些案件应属于审判委员会的讨论范围。以上法律规定,是审判委员会讨论案件范围的法律依据,各级人民法院结合本院案件数量、难易程度、审判委员会运行等实际情况将上述法律规定加以具体化,一般在审判委员会工作规则中以列举的形式明确规定本院审判委员会讨论案件的范围。

---

① 《人民法院组织法》第 10 条、《最高人民法院关于改革和完善人民法院审判委员会制度的实施意见》(法发〔2010〕3 号)对于审判委员会的任务进行了细化:审判委员会是人民法院的最高审判组织,在总结审判经验,审理疑难、复杂、重大案件中具有重要的作用。最高人民法院审判委员会履行审理案件和监督、管理、指导审判工作的职责:(1)讨论疑难、复杂、重大案件;(2)总结审判工作经验;(3)制定司法解释和规范性文件;(4)听取审判业务部门的工作汇报;(5)讨论决定对审判工作具有指导性意义的典型案例;(6)讨论其他有关审判工作的重大问题。地方各级人民法院审判委员会履行审理案件和监督、管理、指导审判工作的职责:(1)讨论疑难、复杂、重大案件;(2)结合本地区和本院实际,总结审判工作经验;(3)听取审判业务部门的工作汇报;(4)讨论决定对本院或者本辖区的审判工作具有参考意义的案例;(5)讨论其他有关审判工作的重大问题。

最高人民法院根据上述法律规定,结合各级人民法院审判工作实际、参照以往审判经验,详细规定了各级人民法院审判委员会应当和可以讨论的案件范围。对于审判委员会应当讨论的案件,合议庭和院长没有选择的余地,必须提交讨论,而不得擅自作出判决。对于审判委员会可以讨论的案件,则由合议庭提交院长决定是否提请审判委员会讨论。

3. 讨论决定其他与审判有关的问题

除上述两项职能外,审判委员会的职能还包括研究决定其他有关审判工作的问题,主要包括法律规定的处理院长发现的本院错误的判决[①]和裁定、任命助理审判员,[②]决定院长的回避,[③]以及进行审判管理。[④]

三、审判委员会和独任制、合议庭的关系

《人民法院组织法》第10条规定,各级人民法院设立审判委员会,实行民主集中制。同时规定,人民法院审判案件,实行合议制,由审判员组成合议庭或者由审判员和人民陪审员组成合议庭进行,特定情况下可以由审判员一人独任审判。根据上述法律规定可以看出,审判委员会、合议庭、独任制审判员是我国人民法院内部的法定审判组织形式,共同构成了我国人民法院内部的审判组织体系。

从审判权的具体内容来看,审判委员会、合议庭、独任制审判员作为三种不同类型的审判组织,发挥不同的作用:审判委员会的任务主要是总结审判经验、

---

① 在认定事实或者适用法律上确有错误的已经发生法律效力的案件,一旦被各级人民法院院长发现,就必须提交审判委员会处理。

② 设立助理审判员协助审判员工作是各级人民法院适应审判需要的通行做法,一般来说助理审判员都由法院院长提名,然后再经审判委员会讨论通过,才可以暂时代行审判员的职务。

③ 根据回避制度的规定,院长在担任审判长时如需回避,由审判委员会来决定,其他审判人员的回避则由院长来决定。

④ 当前,各级人民法院审判委员会开展审判管理工作主要包括以下几个方面:审判质量管理,主要是通过案件质量评查的方式,提高审判工作整体的质量和效率;审判流程管理,主要是依托现代信息技术,运用案件信息管理平台,强化对案件立案、分案、开庭、裁判、执行、归档等审理程序和流程节点的监控和管理,促进审判流程科学化、规范化、精细化;审判态势分析,主要是通过案件质量评查、审判流程管理、司法统计等渠道分析、研判审判工作的运行态势,以便及时发现和解决影响案件审判质量和效率的问题,保障审判工作健康有序开展;审判绩效管理,主要是依托审判质效评估指标体系,引导法官注重审判质量和效率,注重廉洁文明司法,注重办案的法律效果和社会效果,实现案结事了。

讨论重大的或者疑难的案件以及其他有关审判工作的问题；[①]合议庭主要负责审理一审案件、二审案件、再审案件；独任制审判员主要负责审理简单的民事案件、轻微的刑事案件和法律另有规定的案件，在实践中主要体现为适用简易程序的案件以及部分适用特别程序审理的案件。

因此，审判委员会属于我国人民法院内部审判组织的特殊形式，主要负责重大的或者疑难的特殊案件以及审判工作中的重大事项和问题；合议庭属于我国人民法院内部审判组织的基本形式，主要适用普通程序审理普通案件；独任制审判员属于我国人民法院内部审判组织的补充形式，主要适用简易程序审理简单的案件。审判委员会作为代表人民法院行使审判权的重要组织形式，与合议庭、独任制审判员共同构成了我国人民法院的审判组织体系，并且在我国人民法院的审判组织体系当中发挥了重要作用。

第四章 我国审判委员会制度的改革实践

从20世纪80年代开始，我国就开始了以强化庭审功能、扩大审判公开、建设职业化队伍等为重点内容的审判方式改革和司法职业化改革。作为我国司法制度的重要组成部分，从最高人民法院"一五"改革纲要到"四五"改革纲要，审委会制度改革一直都是法院工作改革中的一项重要内容。随着司法改革部署的整体推进与各地法院开展的实践探索，审委会制度也在不断改革和完善之中。

一、中央及最高人民法院关于审判委员会制度改革的基本精神

1. "一五"改革纲要

1999年，最高人民法院发布《人民法院第一个五年改革纲要（1999—2003）》，以"审判工作的行政管理模式，不适应审判工作的特点和规律，严重影响人民法院职能作用的发挥"的认识为基础，以"还权于合议庭"为主导思路，推出了"以强化合议庭和法官职责"为重点的"放权式"改革方案。

① 《人民法院组织法》第10条规定，审判委员会的任务是总结审判经验，讨论重大的或者疑难的案件和其他有关审判工作的问题。

2.“二五”改革纲要

2005 年,最高人民法院发布《人民法院第二个五年改革纲要(2004—2008)》,尽管仍然依循突出合议庭功能这一主导思路,但强调了“强化院长、副院长、庭长、副庭长的审判职责”,以期通过院、庭长具体参加合议庭审理案件,提升审判质量与水平,并逐步实现合议庭、独任法官负责制。并遵循这一改革思路对审判委员会的机构设置、工作程序和运行方式等进行了改革和完善。

3.“三五”改革纲要

2009 年,最高人民法院出台《人民法院第三个五年改革纲要(2009—2013)》。与前两个改革纲要相比,“三五”改革纲要中涉及审委会改革内容较少,主要对完善审判委员会讨论案件范围和机制程序等提出了改革要求。即第 5 条规定:完善审判委员会讨论案件的范围和程序,规范审判委员会的职责和管理工作,并要求落实人民检察院检察长、受检察长委托的副检察长列席同级人民法院审判委员会的规定。2010 年,最高人民法院出台《关于改革和完善人民法院审判委员会制度的实施意见》,对这一规定进行了细化,明确最高人民法院和地方各级人民法院审委会职责及讨论案件范围,对审委会讨论案件的程序、工作机制等进行了细致规定,同时明确了“审判委员会以会议决议的方式履行对审判工作的监督、管理、指导职责”。

4.“四五”改革纲要

2014 年,党的十八大和十八届四中全会做出进一步深化司法体制改革的重要战略部署,“依法治国”被提到全新高度,“让审理者裁判、由裁判者负责”成为新一轮司法改革的方向标。在此背景下,2014 年,最高人民法院发布了《人民法院第四个五年改革纲要(2014—2018)》,其中的一项主要任务就是“健全审判权力运行机制”,而“改革审判委员会工作机制”则是这项任务中的一项重要内容。“四五”改革纲要明确了审判委员会的职能定位、履职原则、议事规则及责任机制等问题。主要包括:一是合理定位审委会职能,强化审委会对审判工作中带有根本性、全局性问题进行研究和作出权威性指导意见的作用。进一步明确审委会的主要职能是总结审判工作经验,研究审判工作中的重大问题,讨论争议案件的法律适用等问题,切实发挥审委会审判决策、审判指导、审判管理和审判监督方面的功能。二是建立审判委员会讨论事项的先行过滤机制,规范讨论案件范围。除法律规定的情形和涉及国家外交安全和社会稳定的重大复杂案件外,审判委员会主要讨论案件的法律适用问题,涉及案件事实认定的问题一般均由合议庭确定,厘清合议庭与审判委员会的职责。三是完善审判委员会议事规则,提高审委会议事质量和效率。四是建立审判委员会会议材料、会议记录的签名确认制度,审委会委员需为自己发表的意见负责。五是建立审判委员会决议事项的督办、回复和公示制度,确保审委会决议得以贯彻执行。六是建立审判委员会委员履职考评和内部公示机制,对委员履职的合法性、积极性和公正性进行评价和监督。此外,还明确提出要完善审判委员会委员担任审判长参加合议庭审理案件的工作机制,使审委会委员直接参与重大、疑难、复杂案件的审理。

二、地方法院关于审判委员会制度改革的实践探索

最高人民法院针对审委会制度改革方向提出了指导性意见后,亦鼓励各地法院结合本地区实际积极探索审委会改革经验。在自上而下的政策的推动下,各地法院也纷纷探索尝试审委会制度改革。[①] 从各地法院改革实践来看,主要存在以下几种改革思路:

(一)实行结构化改革

针对以往依据行政级别确定审委会委员的做法,导致审委会委员的行政化色彩浓厚的问题,有的法院根据"二五"改革纲要开始探索改变以行政职务为主的委员配置模式,选拔有较高法律专业知识,有丰富审判经验的资深法官来优化审委会人员构成的路径,从而淡化审委会委员的行政化色彩。例如,北京市第二中级人民法院探索增补1~3名资深法官为审判委员会委员。吉林省长春市中级人民法院、湖北省襄阳市中级人民法院、北京市昌平区人民法院、北京市海淀区人民法院等建立审委会委员选拔机制,任用一线资深法官担任审委会委员。北京市昌平区人民法院严格审判委员会委员准入机制,探索委员退出机制,打破审委会委员的终身不变结构。

(二)实行专业化改革

审判委员会委员一般来自各个业务条线和综合职能部门,人员组成较为复杂,在一定程度上存在专业化不强的问题,制约审委会职能的有效发挥。因此,一些地方法院开始加强审委会的专业化建设,以适应日益复杂和分工细致的审

---

① 各级法院审判委员会制度改革的调研文章包括:顾培东:《人民法院内部审判运行机制的构建》,载《法学研究》2011年第4期;北京市第一中级人民法院课题组:《关于推动审判委员会制度改革强化其职能作用的调研报告》,载《人民司法》2014年第1期;满志方:《充分发挥审判委员会职能作用切实提高法院审判质效》,载《中国审判》2014年第1期。

判工作需要。

目前,审判委员会的专业化改革大致有两种模式:一是在审委会内部设立专业委员会,根据专业分工履行审委会职责,只有专业委员会认为或存在重大分歧或业务交叉等需要提交全体会议的案件,才由审委会全体会议讨论审议。例如,北京朝阳法院设立民事审判专业委员会、商事审判专业委员会、刑事审判专业委员会、行政审判专业委员会及执行专业委员会作为审判委员会的附设机构,根据审判委员会的授权履行审判委员会的部分职责。二是在审委会下设专家咨询委员会。例如,北京市昌平区人民法院探索成立由法院外第三方专家组成的审判委员会专家咨询委员会,作为审判委员会的咨询机构,在必要时承担对法律适用方面有较大争议、重大、疑难、复杂等类型案件的咨询工作,为审判委员会提供专门的建议意见。北京市海淀区人民法院在全院范围内选取审判业务过硬、理论功底深厚的法官,成立刑事、民事、商事(含知识产权)、行政等若干专业法官委员会,由审判委员会委员按照自身的专业,通过选任担任相应委员会的首席委员。专业法官委员会日常工作由审判委员会办公室进行协调。该委员会的主要职责:负责审查提交审判委员会的报告,并就法律适用问题及其倾向性意见提出书面报告;负责审核通过拟向上级法院提交的参阅案例、指导性案例等,提出结论性意见。

(三)实行参审制改革

针对备受批判的审判分离、违背直接言词原则的问题,各地法院探索以审委会委员参与案件审理的形式,增强审委会对审判过程的亲历性,使审委会行使职权更加贴合司法规律。主要有四种模式:一是全体委员直接审案模式。北京知识产权法院、厦门市思明区人民法院鼓浪屿人民法庭、辽宁省东港市人民法院、江苏省无锡市中级人民法院等法院实行庭审制,审判委员会委员组成合议庭走上审判台亲自审理重大、疑难案件,克服“议而不审”的问题。二是委员旁听庭审模式。哈尔滨市中级人民法院、九江市中级人民法院、抚州市中级人民法院、长沙市中级人民法院等实行审判委员会委员入庭听审制度,变事后听汇报为现场监督。德州中级人民法院还规定凡需审判委员会研究讨论的重大疑难案件,开庭时都增设“审判委员会委员席”,让参与研究决定裁判结果的审判委员会委员听取案件庭审调查、当事人陈述、辩论全过程。[①] 三是委员阅卷参审模式。湖北高院要求审委会委员通过观看庭审录像、展示证据、查阅案卷等方式增强审委会讨论案件的亲历性。四是委员参与办案模式。广东省高级人民法院、北京市第一中级人民法院、珠海市中级人民法院、襄阳市中级人民法院、江阴市人民法院等要求审判委员会委员除参加审判委员会会议外,还应当承办一定数量重大、疑难和复杂案件。

(四)实行规范化改革

在审判委员会的规范化运作方面,近年来有的法院进行了有益尝试。主要包括:(1)限制讨论范围。有的法院以明确"疑难、复杂、重大"的案件讨论标准或专门机构先行审查的方式对提交审委会讨论的"重大、疑难、复杂"案件进行限定,且逐步做到只讨论案件法律适用问题。如北京市海淀区人民法院限缩审判委员会对个案讨论的范围。具体包括:本院已经发生法律效力的判决、裁定确有错误需要再审的案件;在法定刑以下量刑且减刑幅度过大、拟宣告无罪、拟判处缓刑的刑事案件;可能向上级法院移送的刑事案件;大标的民商事案件;在本地区有重大影响的案件;中央或市级领导机关挂账的涉诉信访案件。陕西省高级人民法院对各业务部门拟提交审判委员会讨论的案件,设定由审核小组先行审查的过滤机制。[②] (2)完善议事规则。有的法院对审委会议事程序和讨论方式进行了规范和完善,要求审委会委员发表意见时做到客观、公正、独立、平等。如北京市第一中级人民法院、北京市门头沟区人民法院规定审委会听取汇报时合议庭全体成员应共同列席,合议庭成员、案件所在部门的负责人和主管院长可就其他审判委员会委员的提问,进行必要的解释说明,审判委员会表决时按照资历由低到高的顺序进行,主持人最后发表意见和表决。上海市黄浦区人民法院强化民主集中制议事规则,要求审委会委员讨论案件发表意见时,不能仅仅简单地同意或者反对合议庭意见,而应当充分阐述各自意见,详细说明理由。[③] (3)完善工作机制。为提高审委会讨论案件的质量和效率,有的法院积极探索建立和完善

---

① 《德州中院:幕后裁判者走到幕前监督和被监督"审委会"当庭听讼成制度》,载 http://news.xinhuanet.com/legal/2005-05/27/content_3009488.htm,最后访问时间:2016 年 10 月 11 日。

② 《陕西高院改革和完善审判委员会制度修订〈审判委员会规则〉》,载 http://www.chinapeace.gov.cn/2014-09/25/content_11141109.htm,最后访问时间:2016 年 9 月 25 日。

③ 《黄浦法院积极推进审判委员会运行机制改革》,载 http://www.chinacourt.org/article/detail/2015/02/id/1551199.shtml,最后访问时间:2015 年 10 月 6 日。

相关工作机制,促进审委员工作程序的科学化、规范化。北京知识产权法院、北京市第一中级人民法院规范案件审理报告模式,由审委会秘书对拟提交审判委员会讨论的案件审理报告进行形式审查和把关,并于开会前3个工作日送交各审委会委员进行预先审阅。北京市昌平区人民法院规范审判委员会运行程序,制定符合审判规律的审判委员会案件过滤机制、提请、召开、决定、督办、考评、责任追究、信息化办公、检察长列席等程序,确保审判委员的规范高效运行。北京市朝阳区人民法院规定提请审判委员会讨论案件和其他事项的部门,应由承办人制作书面报告,交审判委员会办公室,并提交书面审理报告或审议报告(二次汇报的,还应提交上次汇报情况的简要说明)。书面报告应当格式规范、文字简洁、表达准确,案件审理报告还应当归纳出争议焦点问题。承办人提交的书面报告,审判委员会办公室应予以登记并归档。并且详细规定了审判委员会讨论案件的流程顺序。(4)强化履职责任。部分法院通过强化履职责任的各项措施,增强审委会委员依法履职的积极性和公正性。例如,北京市海淀区人民法院明确审判委员会委员的权利及义务。对于审判委员会拟讨论的案件,审判委员会委员有提前向承办人或合议庭询问案情、阅卷的权利;审判委员会委员在讨论或者表决案件时发表意见,不受追究,但违法违纪和违反职业道德的行为除外。审判委员会委员应该尽量保证出席审判委员会会议,积极参与案件审理,认真参加业务学习。每年度,审判委员会办公室将对委员的会议出席、参与案件审理、参加业务学习等履职情况进行综合汇总并备案。审判委员会委员还有自行回避义务和保密义务。天津市高级人民法院建立审委会委员履职档案,如实记载出席会议情况、讨论案件议题情况和讨论规范性文件等议题情况,并实行全程录音录像,严格保管措施,促进审委会委员依法履职。[①] (5)落实司法公开、回避制度。有的法院为增强审委会工作的透明度,保障当事人的知情权和回避申请权,在审委会机制运行过程中积极落实公开、回避等制度,如北京知识产权法院、北京市第一中级人民法院实行委员自行回避和当事人申请回避相结合的工作机制,当事人申请审判委员会委员回避的,应说明具体理由,审判委员会所做出决定的理由和法律依据在裁判文书当中予以公开。

---

① 《强化工作监督管理 提高议事质量效率 天津高院加强审委会委员履职工作》,载《人民法院报》2014年12月27日,第01版。

（五）实行转型化改革

主要包括：（1）强化审判经验总结。许多法院改变将讨论案件作为审委会首要工作内容的做法，将审委会的职能逐步转向到总结审判经验和研究审判工作问题上。如北京市海淀区人民法院加大对先进审判经验的推广力度。加强各部门在发挥审判职能、提高司法能力、强化司法公信方面的先进经验、方法，尤其是在提高审判质量考核管理体系指标排名、提高审判质效方面的先进经验的总结，并及时形成提案提交审判委员会讨论。审判委员会将以公布指导性意见的方式，加大对先进审判经验的推广力度，发挥优秀部门及审判人员的榜样示范作用。上海闵行法院着重突出审委会"提炼总结推广审判经验和类案裁判方法"的职能，提供类案审判思路，促进类案裁判的适法统一。① （2）强化审委会宏观指导。有的法院开始探索加强审委会对审判工作的宏观综合指导职能，对审判质效进行监督管理，研究制定促进司法规范化的有效措施。例如，北京市第二中级人民法院加强对审判工作的宏观指导。一是听取审判管理办公室汇报审判执行工作运行态势，评议审判执行工作；二是听取年度重点工作的进展汇报；三是讨论研究具有参考意义的典型案例；四是总结推广审判工作经验，讨论决定有关审判执行工作的各类规范性文件；五是部署有关审判管理的重大措施以及司法改革重大举措等。（3）对审委会职能进行重构。少数法院尝试突破现行法律规定，对审委会职能进行重塑，将审委会定位于法院内设的业务咨询机构。如广东省东莞市第一人民法院试行让审委会成员凭丰富的知识和经验为法官提供方向性意见，具体案件如何裁判仍由法官或合议庭来决定。②

三、审委会制度改革实践的基本经验总结

（一）强化制度建设与落实履职责任并举

由于改革纲要中对审委会的履职程序和工作机制等方面的规定较为粗放，在各地法院审委会的运作实践中，因工作机制不健全、管理措施不到位、履职程序不规范等问题，易导致审委会议事表决不充分，职能作用不均衡和审委会委员履职"虚化"等现象。而以上问题已被各地各级法院所充分认识，因此开展了一

① 《"让审理者裁判"变为现实》，载 http://news.163.com/15/0120/03/AGCF21FQ00014AED.html，最后访问时间：2016 年 3 月 9 日。

② 《东莞第一法院去行政化改革之路》，载《南方都市报》2013 年 6 月 3 日，A02 版。

系列的审委会制度建设,健全完善制度,理顺工作机制。例如,采取审委会结构优化措施,吸收资深法官、相关审判领域专家进入审委会,建立审委会专业分会等机制,以适应日益复杂和分工细致的审判工作需要,增强审委会的专业性和权威性。针对审委会讨论决定案件功能引发的主要问题和弊端,采取建立案件提交过滤筛选机制等措施限缩案件讨论范围,有效遏制讨论决定案件功能的运用被扩大化的趋势,从而使合议庭真正承担起审判合一的责任;明确审委会讨论案件的具体流程,有效地减少审委会行政化因素在讨论决定案件过程中的负面影响,推动审委会由过多"行政决定"式工作方式向"民主议决"式工作方式的转变。设立审委会专职机构,专门从事审委会的会前准备、会中记录、会后督办等履职保障工作,为审委会有效行使职权提供全面服务。权力伴随责任,作为法院内部最高层级的审判组织,审委会的责任落实也成为审委会制度改革的重要内容。自最高人民法院对审判委员会责任机制建设提出明确要求后,多数地方法院通过建立审判委员会决议事项的督办、回复和公示制度,以及审判委员会委员履职考评和内部公示机制等,督促审委会委员积极履行责任,规范审判委员会的权力行使。

(二)实行集体决议与参与案件审理并举

作为审判工作中特有的决策机制和工作模式,审判委员会在发挥集体智慧,加强审判监督,保证案件质量方面发挥了重要作用。"二五"改革纲要中提出了"改革审判委员会审理案件的程序和方式,将审判委员会的活动由会议制改为审理制",意在使审判委员会的行权方式更加符合司法规律,但未对相应的审委会审理制议事机制进行具体构造。因此各地法院在具体改革实践中,通过增加审理元素,引入审委会委员听审、回避等制度,要求审委会委员参与合议庭办案等措施,不断增加审委会委员亲历性,促使委员有效掌握案件的客观真实,克服会议制可能导致的审委会委员对事实认识片面与偏差,使审委会的审判权行使从单纯注重实体公正逐步迈向实体、程序正义并重。尽管审委会以会议讨论的方式行使审判权这一做法广受质疑,但不可否认,出于司法成本和审判优势资源集中的考虑,审委会集体决议在现阶段仍是审委会行使权力的主要方式。而审委会在集体决议方面,也并没有止步不前。通过建立预先阅案制度(提前将案件汇报材料发给审委会委员,供其深入研究案件并形成意见),规范合议庭汇报制度(由合议庭总结归纳焦点问题,事先进行法律问题归纳,合议庭全体成员列席审委会并发表意见)、完善发言和表决机制(每名委员都应独立形成并发表意见,实行资历由浅到深依次发言的表决顺序原则),甚至在会议中引入独立第三方对案件的法律问题、社会效果等问题发表参考意见,进而在审委会集体审议和参与案件审理并存的两种行权模式下,有效提升了审委会集体决议的质量和效率。

(三)强化宏观管理与限缩讨论案件并举

从制度初衷来看,审委会的首要任务应该是总结审判经验,研究审判工作中的重大问题,而不应过多地处理具体案件。而各地法院针对普遍化的审委会职能重心异化、研究事项单一化等现象,一方面,对审委会讨论案件的范围和类型进行限定,大幅度压缩审委会讨论案件的数量和比例,使审委会真正能够聚焦审判执行工作中的重大问题,以及重大疑难复杂案件的法律适用问题,实现审委会工作重心的回归。另一方面,强化审委会作为最高审判组织的作用,逐步强化审委会在总结审判经验、加强宏观指导方面的功能,例如,从讨论疑难、复杂和新类型案件或典型类型化案件入手,对某些共性问题的处理和类案的法律适用形成统一认识并加以总结,形成一般性规范;对审判实践中出现的普遍性问题、典型性问题进行调研,提出规范化、制度化的解决方案;对审判执行工作中发现的重大事项或管理问题,进行集体研究形成相应的规范性意见等,并通过建立审委会定期听取审判工作汇报制度、专门机构收集反馈机制等相关配套工作机制予以保障,促进审委会充分履行宏观管理职能,由被动处理案件向主动进行审判研究转变,由对个别案件的审判工作指导向综合性、长效性的规范化机制建设转变。

四、审委会制度改革实践中遇到的问题

(一)认识不统一、系统性不强

总体来看,近年来地方法院在审委会改革方面做了许多积极有益的尝试,取得了许多宝贵经验,一些法院的改革实践甚至已经走在了理论研究和立法的前列,一系列针对性、实效性强的地方改革探索措施被改革纲要直接吸收推广。但由于审委会制度在立法上的规定较为原则和粗疏,且实践上又产生了功能异化(在许多地方已经演变成单纯讨论案件的工具),而理论上对于功能定位、职能履行方式等问题一直未形成统一认识,甚至存在较大分歧,种种因素直接或间接地影响了该项制度改革共识的形成。因对审委会制度运行的内在机理把握不统一,一些法院关于审委会制度的改革措施较为零散,改革的自发性、试探性特征

明显;对"改革纲要"中关于审委会制度改革措施常常采取"拿来主义"的态度,未能很好地与本地区、本院审级特点相结合,从而把握审委会机制改革的重点;在理顺审委会改革与整体司法机制的衔接关系,构建与审级地位相称,符合司法规律和现实需要的审委会整体工作机制方面显得差强人意。审委会制度改革在不同地区、不同法院发展中的不平衡,在一定程度上妨碍了改革整体效益的取得。

(二)存在一定局限性,效果难以评估

学界对审委会在个案讨论决定过程中"审判分离"、专业性不强、违反审判公开性、亲历性等一系列质疑,一直是审委会制度改革的重要动因。审委会制度的地方探索实践也大多是围绕这些质疑声音而开展的回应性改革。而一些"亮点化"的改革举措虽在形式上符合了改革要求,但无论是从制度实质或是实操性上来看都具有一定的片面性,改革"口号化"特征明显,容易直接影响改革效果。如,审委会委员旁听庭审的改革措施虽然贯彻了公开性、亲历性原则,能够对审委会制度的"天然"缺陷起到一定的弥补作用,但旁听并不是真正的审理过程,这种改革措施没有真正符合"审理者裁判、裁判者负责"的要求;相反,这种改革措施实质上压缩甚至剥夺了合议庭的独立审判权,判者不审、审而不判的情形仍然存在。而审委会委员作为合议庭参与案件审理,实际上并不是在履行审委会委员的职权,而是在履行作为合议庭成员或审判长的职责,也并不能真正解决审委会讨论决定案件过程中的"审判分离"问题。又如,最高人民法院提出在中级以上人民法院设立专业审判委员会的改革设想,而这一制度缺乏相关的立法依据和法律保障,不同法院做法不一,一些基层人民法院以及条件不成熟的中、高级人民法院也设立了专业审判委员会,由于某一专业领域审委会委员数量不足,委员在不同专业委员会之间出现"身份交叉"现象,并没有很好地解决专业化不足的问题。同时,在此种条件下的专业委员会增加了合议庭与审判委员会之间的环节,在专业委员会不能形成统一意见的情况下,提交审判委员会全体委员讨论决定的制度设计,不仅影响了审判效率,且审委会相对专业委员会的权威地位使专业委员会的"专业性"特点被压制,在形式上也未能摆脱外界对审委会"外行断案"的质疑。再如,少数地方法院对审判委员会进行职能重构,将审委会设置为对重大、疑难、复杂案件的指导咨询机构,最终案件决定权仍然在合议庭。这种改革措施与审委会作为法院内部最高审判组织的性质和地位并不相符,属于违背法律规定的做法,实质上也会导致审判委员会制度走向消亡。针对各级人民法院对审委会制度的改革和探索“遍地开花”而又“各自为政”的现状,首先,要统一思想认识,应当坚持审委会的最高审判组织地位,在中央及最高人民法院对于司法制度改革的框架下,从司法规律和内在要求出发提出改革完善思路。其次,要尊重和运用现有司法改革经验成果,考虑所处的社会环境和司法需求,着力克服和改进审判委员会自身不足,化繁除冗,去粗取精,努力消除与审判规律不相适应的因素。最后,需要重视审委会制度改革与其他司法制度改革的系统性与关联性,从审委会的职能定位、职权配置、功能调整、程序运作等方面有步骤、有计划、分阶段地推行,力求整体协调、统筹推进。

第五章　域外特殊审判模式的考察与借鉴

审判委员会制度是我国一项特有的司法制度,从这种意义上来讲,域外司法实践当中并没有可以直接比较的对象。但是这并不影响我们从功能主义的角度出发,研究域外司法实践当中与我国审判委员会功能相类似的有关制度的功能构建形式及其实现方式,从而为审判委员会制度研究提供参考和借鉴。

一、域外司法实践中的相关制度

(一)美国——满席庭审

满席庭审是美国上诉审法院适用的一种审判制度,系由法院内比普通 3 人合议庭人数更多的法官(一般是 5 人或 7 人)出庭审理某一案件,亦称大法庭审理,或全院联席审理。具体而言,在联邦法院系统内联邦最高法院、联邦巡回上诉法院适用满席庭审制度;在州法院系统内,州最高法院和州上诉法院适用满席庭审制度。虽然美国联邦法院和州法院对于满席庭审的规定不尽相同,但这项制度所承载的功能较为集中地体现在对疑难、复杂案件的审理上,这也与我国的审判委员会制度讨论决定重大、疑难、复杂案件的功能非常相似。

(二)德国——联邦最高法院联合审判庭及大审判庭

德国联邦最高法院由普通法院管辖权、行政法院管辖权、财税法院管辖权、劳动法院管辖权和社会法院管辖权5个分支的最高法院构成。为了解决这 5 个分支最高法院之间的判决冲突以及5个分支最高法院内部不同审判庭之间的判决冲突问题,德国专门设立了德国联邦法庭,并且在5个联邦最高法院内部分别设立了联合审判庭及大审判庭。如联邦普通最高法院大审判庭分别在民事和刑事方面各设置一个大审判庭,分别由联邦普通最高法院的院长及各审判庭的成员组成。[①] 当联邦最高法院内部可能出现法律意见偏离或者待决法律问题具有重大意义时,审判庭应当将该法律问题提交大审判庭决定。大审判庭限于决定法律问题,并以裁定的方式作出大审判庭的决定。大审判庭的裁定对于提出申请的审判庭在所提交事项上具有约束力,这与我国审判委员会制度中审判委员会做出的决定,合议庭应当执行具有一定的相似性。

(三)法国——最高法院的特别审判庭

法国最高法院除了常设6个普通审判庭(1个刑事审判庭和5个民事审判庭)和临时审判庭以外,还设置了特别审判庭,包括两类,一是院审判合议庭,二是混合庭。特别审判庭由首席院长或相关庭资格最老的庭长主持。院审判合议庭由各庭庭长、首席法官及一名普通法官组成,共19人。由院长或受案法庭决定是否需要组成院审判合议庭审理案件。在混合庭中,除了院长或其代表以外,由每个法庭派出四名法官(庭长、首席法官与两名普通法官)组成。[②] 法国最高法院的特别审判庭与普通审判庭之间的关系,类似于我国审判委员会与普通合议庭之间的关系。

(四)日本——最高法院的大法庭

在日本最高法院,审判组织包括大法庭或"全员合议庭"以及小法庭两种形式。大法庭由所有15名大法官组成,对于重要案件,尤其宪法直接规定为最高法院权限的违宪决定判决,由大法庭作出。小法庭由5名大法官组成,经大法庭授权,审理其他案件。[③] 在司法实践中,案件以大法庭形式审理还是以小法庭形式审理,通常要根据最高院的决定。但在下列情形下必须由大法庭审理:(1)根据当事人的主张,判断法律、法令、命令、规则或行政行为是否符合宪法的情形;(2)在认定法律、法令、命令、规则或行政行为违反宪法的情形;(3)关于宪法以及

---

① 邵建东、李芬:《德国联邦最高法院的历史、组织及任务》,载《清华法学》(第7辑),清华大学出版社2006年版,第104~117页。

② 刘新魁、张凝:《法国最高法院的机构设置与职能》,载《法律适用》2013年第12期。

③ 冷罗生著:《日本现代审判制度》,中国政法大学出版社2003年版,第76~77页。

其他法律、法令等的解释、适用或变更最高法院判例的情形。另外，根据日本《最高法院审判事务处理规则》，一般案件应首先由小法庭审理。除了上述三种情形以外，如果小法庭经审理认为应由大法庭审理时，小法庭的审判长应当通知大法庭的审判长，从而再由大法庭审判。这与我国审判委员会制度中，普通合议庭将疑难复杂案件提交至审判委员会讨论决定的审判组织的变化过程有一定相似性。

（五）中国台湾地区——"司法院"的"大法官会议"

"司法院"是我国台湾地区"最高司法机关"，设"大法官"15人。根据我国台湾地区"宪法"第78条及其增修条文第5条第（1）项、第（4）项可知，"大法官会议"的职权有四项：第一，组成"宪法法庭"审理"政党违宪"之解散事项；第二，组成"宪法法庭"审理"总统"、"副总统"之弹劾；第三，解释"宪法"；第四，统一解释"法律"及命令。由此可见，"司法院"主要通过"大法官会议"制度履行其审判职能和宏观指导职能，这与审判委员会制度的职能也有一定相似之处。

二、域外司法实践中有关制度的共同特点

（一）从审理的案件类型来看

如美国上诉审法院的满席庭审通常适用于死刑案件，合议庭意见不一致、与判决先例相悖等具有重大争议、事关司法判例前后统一的案件，涉及重大特殊事项的案件，以及当事人不服本院普通三人合议庭审理的案件结果而提出异议要求本院再次审理的案件。德国联邦最高法院大审判庭通常决定法院内部可能出现法律意见偏离或者待决法律问题具有根本意义时的法律问题。即某一审判庭在审理案件的过程中针对案件所涉及的具体法律问题欲作出与其他审判庭以往判决发生偏离的判决时或者争议的法律问题具有原则性意义、有助于法律的向前发展或促进法律统一时，通常需要由大审判庭做出最终决定。[①] 法国最高法院的院审判合议庭通常适用于案件涉及法律原则问题或者适用于原审判决已被撤销，重审后的新判决仍基于同样的理由被申诉的情形；而法国最高法院混合庭通常适用于正常情况下出现了同时涉及几个法庭管辖内的问题，或者所涉及的不同法庭已经或可能得出不同的判决结果的情形。[②] 日本最高法院大法庭的审理

① 卢佩：《司法如何统一——以联邦最高法院判例为实证研究对象》，载《当代法学》2014年第6期。
② 刘新魁、张凝：《法国最高法院的机构设置与职能》，载《法律适用》2003年第12期。

范围主要包括:根据当事人的主张,判断法律、法令、命令、规则或行政行为是否符合宪法的情形;在认定法律、法令、命令、规则或行政行为违反宪法的情形;关于宪法以及其他法律、法令等的解释、适用或变更最高法院判例的情形。①

(二)从审判组织形式来看

与我国法院内部同时设置独任法官、普通合议庭、审判委员会等不同审判组织相类似,大部分研究样本在法院内部也设置了多种审判组织,并在内部关系上与其他审判组织并存。比如,美国法院的联邦上诉巡回法院与各州上诉法院均设置了满席庭审与若干普通合议庭。在德国联邦普通最高法院,除了设立 12 个民事审判庭以及 5 个刑事审判庭之外,还设置了民事大审判庭、刑事大审判庭以及民事刑事联合大审判庭。在法国最高法院,除了设置刑事审判庭、第一民事审判庭、第二民事审判庭、第三民事审判庭、商事和金融审判庭及社会审判法庭 6 个审判庭外,还设置了院审判合议庭与混合合议庭等特别合议庭。在日本最高法院,有 5 名法官组成的 3 个小法庭与全体 15 名大法官组成的一个大法庭并行。并且研究发现,在这些研究样本当中,专门的审判组织与其他普通审判组织之间并非完全平等的关系,他们无论是在审判权限的划分还是在审判程序的设置上都呈现出明显的区别,具有一定的特殊性。

(三)从审理范围来看

域外法院中类似我国审判委员会制度司法审判功能的这类审判组织,基本上不对案件进行全案审理,而是仅限于就法律适用问题或法律解释问题进行审理。不论是美国的满席庭审,德国联邦最高法院的大审判庭、法国最高法院的院审判合议庭、混合庭,还是日本最高法院的大法庭,都只对案件的法律适用问题进行审理,基本上都不涉及案件的事实认定问题。

(四)从功能作用的角度来看

通过对域外司法实践的梳理和比较,可以发现,满席庭审、大审判庭、特别审判庭、大法庭以及大法官会议等这些审判组织形式,无论是审理重大、疑难案件,还是决定重大法律问题,以及解释宪法、法律和命令,其根本目的都在于统一法院内部不同审判庭之间的法律适用,解决不同审判庭之间可能出现的裁判冲突,尽可能地避免法院内部出现同案不同判的现象,从而有效维护司法的统一和

① 冷罗生著:《日本现代审判制度》,中国政法大学出版社 2003 年版,第 76 ~ 77 页。

权威。

三、域外司法实践的借鉴和启示

通过对域外司法实践样本的比较研究,我们发现所有的研究样本都对审理疑难、复杂案件设置了特定的审判组织,都体现了一条重要的司法原则,那就是通过特殊审判组织审理特殊案件的方式,避免法院内部不同审判庭之间可能出现的裁判冲突,从而有效地维护法院内部法律适用以及裁判尺度的统一。

从我国审判委员会审判权的行使情况来看,其讨论的案件类型主要都是一些重大的或者疑难的案件,具体包括:本院已经发生法律效力的判决、裁定确有错误需要再审的案件;同级人民检察院依照审判监督程序提出抗诉的刑事案件;拟判处死刑立即执行的案件;拟在法定刑以下判处刑罚或者免予刑事处罚的案件;拟宣告被告人无罪的案件;拟就法律适用问题向上级人民法院请示的案件;认为案情重大、复杂,需要报请移送上级人民法院审理的案件等。这些案件之所以重大或者疑难,根本原因也在于相关案件的司法政策以及法律适用需要统一。因此,审判委员会讨论重大的或者疑难的案件的做法体现了特殊案件由特殊审判组织审理的基本原则以及法院内部统一法律适用的基本要求,符合域外司法实践的一般规律和经验。这也是审判委员会制度与域外司法制度的共同之处。

审判委员会制度与域外司法实践中相关制度的区别主要体现在案件的审理对象,即审理事实认定问题还是审理法律适用问题,以及案件的审理方式,即通过讨论的方式进行还是通过审理的方式进行等。而这些问题正是审判委员会制度改革过程中需要重点考虑的内容,域外的司法实践无疑可以为审判委员会制度改革提供有益的参考和借鉴。

第六章　推进审判委员会制度改革的基本路径

如前所述,我国审判委员会制度在组织机构设置及运行中暴露出诸多问题,这些问题与我国当前的司法体制机制改革进程已不相适应。因此,审判委员会制度的改革是势在必行的。对此,我们认为,审判委员会制度的改革需要在总结我国审判委员会制度已有工作经验和借鉴域外司法制度的基础上,结合当前中央和最高人民法院关于司法改革精神的相关要求、我国国情和各地法院的工作实际,循序渐进地稳定进行,以充分发挥审判委员会的司法功能为最大目标。

根据中央相关司法改革的要求,审判委员会是人民法院内部的最高审判组织,在人民法院审判管理体系中居于最高层级,在司法审判和人民法院的各项工作中,发挥着至关重要的核心组织作用,具有审判决策、审判指导、审判管理和审判监督的职能。从审判决策方面来看,审判委员会通过研究人民法院审判执行工作中的重大问题,将中央宏观决策与人民法院党组作出的重大决议,转化为人民法院具体审判工作,并将任务细化、分解到具体审判业务部门予以落实;从审判指导方面来看,审判委员会通过总结审判经验,从个案审理、调查研究、实施审判管理等工作中,主动发现诉讼程序、法律适用、司法行为规范等方面存在的问题和制度不足,以进一步统一法律适用和裁判尺度,规范司法行为,严格诉讼程序;从审判管理方面来看,审判委员会通过分析审判工作运行态势,研究讨论与审判工作有关的重大问题,有针对性地进行案件调度,组织案件评查,实施流程节点的管控,促进司法公开,提出司法建议,规范各类诉讼活动,优化人力及行政装备资源配置,积极推进司法体制和工作运行机制改革等。从审判监督方面来看,审判委员会通过个案审理、审判管理等工作,能够及时发现人民法院审判执行工作中存在的诉讼活动不规范、执行程序不严格、适用法律不统一、司法作风不端正等突出问题,有针对性地开展审判监督。① 基于此,我们认为,推进我国审判委员会制度的改革应着重从如下几个方面着手:

一、科学定位审判委员会的职能

(一)审判职能

根据我国《宪法》等法律规定,审判权系由人民法院独立行使,而非由人民法官独立行使。因此,独任法官、合议庭、审判委员会作为人民法院内部的审判组织,都是根据法律授权代表法院在行使审判权,只是三者行使审判权的职责分工不同,具有不同的审判功能定位。从司法改革的要求来看,前述不同审判组织之间存在相对的层级高低之别,但审判委员会作为人民法院最高审判组织的地位不会改变,审理案件职权仍将存在。当然,审判委员会的审判权与独任法官、合议庭的审判权毕竟是不同的,审判委员会审判权应当体现最大限度的“谦抑性”,严格限制提交审判委员会讨论的案件范围,最大限度地“授权”于独任制法官、合

① 参见周强院长2014年12月2日在最高人民法院审判委员会全体会议上的讲话。

议庭。

1. 明晰审判委员会与独任制审判员、合议庭审判权限划分

如前所述,独任制审判员、合议庭与审判委员会作为人民法院内部三种不同的审判组织形式,其行使审判权的职责分工不同,具有不同的审判功能定位,都应在各自的审判权限范围内行使审判权。因此,如果低层级的审判组织遇到其难以独立审理或不宜由其审理决定的案件,则可依程序将案件移送高层级的审判组织审理决定。具体而言,人民法院受理的绝大多数案件均应由独任制审判员、合议庭审理裁判,审判委员会审理案件的范围应受到严格限缩。当独任制审判员遇到不应由其审理的案件时,应当建议组成合议庭进行审理;仅当合议庭对于重大、疑难、复杂案件的法律适用问题,以及其他涉及国家外交、安全和社会稳定的重大复杂案件,认为难以独立审理或不宜由其审理决定的,可通过一定的过滤程序提交审判委员会讨论决定。对于极少数的疑难、复杂、重大案件,审判委员会根据案情需要,有权决定对其进行直接审理。审判委员会审理案件的方式包括书面审理与开庭审理两种方式。

当合议庭对于重大、疑难、复杂案件的法律适用问题提请审判委员会进行讨论或审理的,审判委员会对案件中的相关法律问题作出决定后,应当及时以书面形式反馈给合议庭。合议庭应当服从审判委员会作出的决定,但对案件中涉及的其他事实与法律问题,仍由合议庭作出裁判,真正实现"让审理者裁判、由裁判者负责"。根据中央司法改革精神,应严格限缩审判委员会审理案件的范围,除法律规定情形和涉及国家外交、安全及社会稳定的重大复杂案件外,审判委员会主要负责审理疑难、复杂、重大案件中的法律适用问题。审判委员会的决定,其他审判组织必须执行。

2. 明确审判委员会讨论案件和直接审理案件的范围

(1)严格限缩审判委员会讨论、决定个案的范围

审判委员会作为法院内部的最高审判组织,有权对合议庭依程序报送的疑难、复杂、重大案件以及合议庭难以作出裁决的案件进行讨论、决定。

前文中对我国多地法院审判委员会制度的调研表明,当前我国不少法院的审判委员会在讨论案件方面发挥了重要职能,这对于确保案件质量具有重要作用,但审判委员会讨论决定个案数量过大,且讨论案件呈现泛滥化倾向。其中的原因自然是多方面的,但大量案件采取这种间接审理模式,违反了审判的"亲历性"原则,不利于增强一线审判人员的责任心,对案件审理效率也产生了较大负

面影响。随着司法改革推进的要求,特别是法官员额制和司法责任制的推行,法院的院、庭长等多为资深法官担任,其在入额之后应当更多地直接审理案件,通过这种方式部分替代审判委员会讨论、决定个案的外部效用。如果审判委员会仍然定位于大量讨论、决定个案,将不利于审判委员会充分发挥其总结审判经验和加强审判管理等宏观指导职能,不利于司法责任制和法官员额制等司法改革措施的推进,不利于在新的历史条件下更好地促进司法公正。因此,审判委员会讨论、决定疑难、复杂、重大案件等,不能仅是就案论案,更重要的是把对个案解决的微观处理转化为对相关法律问题的宏观指导,从而对类案产生典型示范效应,以充分发挥其总结审判经验等指导司法实践的作用。

(2)明确界定审判委员会直接审理案件的范围

审判委员会根据案件情况,有权对以下两类案件进行审理:一是疑难、复杂、重大案件中法律适用问题的审理。根据司法实践,此类案件至少包括:①拟判处死刑立即执行的案件;②合议庭经过两次合议仍然无法形成多数意见的案件;③本院的不同审判组织对类似案件的处理意见不一致、可能作出不同判决结果的案件;④拟作出的裁判结果有可能推翻之前已经形成的法律认识或者审判惯例的案件;⑤法律没有明确规定需要统一法律适用的新类型案件。由于审判委员会的核心功能应当是统一法律适用,审判委员会讨论案件主要是通过解决相关法律适用问题从而达到统一法律适用的目的,因此,审判委员会在审理案件过程中应当主要审理法律适用问题,原则上不审理事实认定问题。2015 年 9 月,北京知识产权法院审判委员会依法公开开庭审理原告安徽华源医药股份有限公司诉被告国家工商行政管理总局商标局等商标行政纠纷一案,该案系现行《行政诉讼法》实施后我国法院受理的首例涉及国家部委制定的规范性文件的合法性审查问题的案件,也是全国首例由审判委员会全体委员直接公开开庭审理的案件,对我国审判委员会如何更好发挥审判职能进行了有益的探索。二是对涉及国家外交、安全和社会稳定等案件的审理。司法实践中审判委员会主要审理的是前述第一类案件,在审理极少数法律规定情形和涉及国家外交、安全和社会稳定的重大、复杂案件的程序可参照合议庭开庭审理案件程序进行。

(二)审判指导职能

实践中,审判委员会总结审判经验的实现途径是多种多样的,主要可分为六类:一是总结审判委员会已讨论的具有典型意义的案件的审判经验;二是分析发生错案的原因以及案件改判、发回重审及提起再审的具体原因；三是审议有关审判工作的具体规定、意见和制度；四是定期召开审判形势分析会和案件质量通报会，对一些不符合审判工作规则的问题及时提出意见；五是研究讨论审判工作中如何具体应用法律、法规以及司法解释问题；六是总结其他与审判有关的经验。[①]

需要注意的是，当前最高人民法院推进司法改革的主要内容也包括进一步明确我国四级法院的分工定位。[②] 当前我国法院共分为四级，即最高人民法院、高级人民法院、中级人民法院及基层人民法院，各级法院的职责和任务是不同的，这就决定了各级人民法院审判委员会的职能定位也应当有所区别。从目前一些文献提出的审委会改革对策方案来看，很少有学者主张根据我国四级法院的层级特点和不同职能定位来具体探讨审判委员会的职能[③]，这个问题值得关注。事实上，审判委员会宏观指导职能及其形式与所在法院的层级定位是密不可分的，法院层级越高，对下级法院的审判活动进行宏观指导的必要性和指导空间就越大。相应地，作为法院内部最高审判组织，不同层级法院审判委员会宏观指导职能也应有所不同。因此在完善审判委员会宏观指导职能，应当首先分层级明确不同层级法院审委会的宏观指导职责和形式。

具体就最高人民法院审判委员会而言，进行宏观指导的主要职能是研究讨论司法解释、指导性案例；对高级人民法院审委会而言，进行宏观指导的职责主要是研究讨论审判业务文件（包括审判工作制度规范）、法律适用答复、参考性案例；对绝大多数中级人民法院、基层人民法院审委会而言，因为法院本身主要定位为审理一、二审案件，化解矛盾纠纷，通常不宜就法律应用问题出台规范性文件，而应主要定位为讨论对本院或辖区法院具有借鉴意义的案例（同时向上级法院推荐为指导性、参考性案例）、就法律适用问题对基层法院的答复或向上级法院的请示，向上级法院提出制定司法解释或审判业务文件的建议（稿）等。

此外，结合实践中各级法院总结审判经验、讨论与审判有关的工作的具体方式渠道，我们认为，各级法院审判委员会均应当承担的审判指导职责应当包括：监督指导本院和本辖区法院审判工作；分析研判本院和辖区法院审判工作运行态势，实施审判管理；制定约束本院或辖区法院的与审判有关的工作制度规范；

---

① 冯俊海：《基层法院审判委员会制度改革之思考》，载《山东审判》2006 年第 6 期。

② 参见最高人民法院发布的《人民法院第四个五年改革纲要（2014—2018）》有关内容。

③ 付少军：《审判委员会制度研究》，中央党校 2012 年博士学位论文。

讨论本院或辖区法院的审判态势分析报告;讨论重大错案或瑕疵案件总结分析报告;讨论本院或辖区法院重大审判工作部署;讨论决定其他有关审判工作的重要事项研究发布本辖区法院的指导性案例等。

二、健全和完善审判委员会的组织结构

(一)提升审判委员会的专业性

如前文所述,我国法院的审判委员在运行中存在的一个突出问题为人员构成的行政化倾向,目前各法院的审判委员会委员一般由法院院长、副院长、庭长、部分职能部门负责人及专职委员等人员组成。委员选任的标准一般与行政职务挂钩,甚至成为一种政治待遇。有的法院甚至主要将专职委员用来安排退出审判一线将要退休的中层领导。这易导致审判委员会委员缺乏专业性,有些委员未从事过或从事审判工作时间较短,有些委员担任领导后行政事务繁忙,早已远离审判一线,即使仍熟悉业务,也只是熟悉自己从事过的领域,在讨论其他领域案件时缺乏专业性基础。此外,审委会委员普遍实行"终身制",不注重人员的更新,这样就容易导致委员出现懈怠、懒散心理,时间一久审判委员会必然产生人员结构老化、委员对新法律知识理解较差、思维敏感度滞后、审判水平难以提高等问题,导致审判委员会决定的专业性和权威性难以保障,在一定程度上影响了审判委员会的专业性和说服力,也影响了审判委员会制度正常运转和发挥,是阻碍审判委员会充分履职的因素之一。优化审判委员会组成人员结构,提升审判委员会的专业性就成为审判委员会制度改革的重要组成部分。

不可否认,随着当前审判责任制和法官员额制改革的完善,法院院长、副院长、审判委员会专职委员、庭长等审判委员会委员的行政色彩可能会逐步淡化,其时间和精力会更多转移到审判业务上来,这些传统意义上不在一线办案但往往具备较高专业素质和丰富审判经验的法官,将直接组成合议庭办案,有利于恢复和进一步提升其专业素质,这对于提升审判委员会的专业性是极具积极意义的,但无疑还是远远不够的。

我们认为,提升审判委员会的专业化水平需要严格委员的选任标准。首先,审判委员会委员必须具备员额法官的资格和条件。所有审判委员会委员,无论职务高低、资历深浅,都不能够自动获得员额法官身份,而应当根据法官员额制改革的规定和要求,通过参加员额法官的选任程序进入员额法官序列,成为员额

法官。在改革过渡期内未能获得员额法官身份的,应当免除其审判委员会委员的职务。其次,审判委员会委员作为员额法官当中的精英法官,其业务水平理应比其他员额法官更高,审判经验理应比其他员额法官更丰富,故审判委员会委员的选任标准应当比员额法官的选任更加严格。担任审判委员会委员的资深法官必须是进入法官员额并承担办案任务的法官,具备较长时间的办案工作经历,具备相当的审判经验和调研、写作能力,在某一专业领域具有一定的权威性,最好是审判业务专家。因此,在委员的推选条件设置和选任过程中,应进一步突出以法官的法律知识和办案能力、办案经验作为基本标准,排除行政级别等非必要因素,甚至考虑强制规定未担任行政职务的资深法官委员应当在审判委员会中所占的最低比例,从而保证真正将具有较高法学理论水平和丰富审判经验的优秀法官选拔成为审判委员会委员。当然,这个问题不仅仅是人民法院审判委员会改革一个改革项目能够解决的问题,而是人民法院人事制度改革、审判权力运行机制等协调、同步推进的问题。

(二)设立审判委员会专业委员会

设立专业审判委员会是在人民法院《"二五"改革纲要》中最早提出的,具体内容是:"最高人民法院审判委员会设刑事专业委员会和民事行政专业委员会;高级人民法院、中级人民法院可以根据需要在审判委员会中设刑事专业委员会和民事行政专业委员会。"现代法律制度的规定日益精细化,法院所受理案件的疑难复杂程度及专业性日益增强,民事、刑事、行政、知识产权等司法领域虽然遵循一些共通的法理,但均具有各自特殊的原则和制度,司法实践中还涉及卷帙浩繁的司法解释和规定,审理疑难复杂案件需要法官具有扎实的专业理论功底和丰富的审判经验,这对法官的专业化提出了更高的要求。基于此,我们认为,审判委员会委员人数较多的法院可建立审判委员会专业委员会,选任在各自领域内业务能力突出、审判经验丰富的部分审判委员会委员组成,专业委员会根据本院审判委员会授权履行相应职责,专业委员会隶属于审判委员会,其权力和职责均源自审判委员会的授权。

关于专业委员会的制度设计问题,我们认为,首先,关于专业委员会的权限。为规范专业委员会的审判权行使,防止职能异化,除依法应当提交讨论的案件外,专业委员会仅讨论主审法官、合议庭提交讨论案件的法律适用问题。专业委员会认为相关案件事实证据等存在问题的,只能作出不予讨论的决定,不得直接改变主审法官、合议庭的意见。其次,关于专业委员会和审判委员会的职能衔接问题。对于合议庭和专业委员会均无法形成多数意见的案件,合议庭多数意见与专业委员会多数意见相冲突的案件,存在法律适用疑难问题、专业委员会难以形成一致意见的案件等,专业委员会可以提请院长决定是否提交审判委员会讨论、决定。再次,关于专业委员会的决策程序和委员责任。为解决当前审判委员会决策模式僵化和审判委员会办案责任虚化等问题,专业委员会决议应当按专业委员2/3以上多数意见作出,并由多数委员对相关案件质量负责。最后,专业委员会的宏观指导职责。专业委员会在讨论案件过程中,对于普遍性法律适用争议,应当及时总结审判工作经验,通过审判委员会决议等形式统一办案人员的认识。

专业委员会的设立和运行,一方面有利于进一步提升审判委员会的专业化水平和能力,尤其是针对某些专业性较强的复杂民商事、刑事及知识产权案件等,专业委员会有利于弥补审判委员会委员专业比较分散,专业领域审判能力有所欠缺的问题;另一方面有利于进一步实现审判组织的小型化、专业化,从而为审判委员会直接审理此类重大疑难案件提供前提。当然,鉴于各地区法院和跨行政区划法院工作内容的差异性较大,不宜对设置专业委员会的法院层级和具体类别作出"一刀切"式的规定,各地各级人民法院是否设置专业委员会,具体设立哪些专业委员会应当由各地法院根据本院案件情况具体确定。例如,某些基层法院、知识产权法院、海事法院等法院,因其审判委员会成员构成具有人员规模小或专业单一的特点,根据本院情况可以不设立单独的专业委员会。

(三)健全专业法官会议等审判决策咨询机构

健全审判委员会拟讨论案件的过滤机制,是《"四五"改革纲要》明确的当前审判委员会改革的重要任务。在当前法官整体素质还不能适应办案需求、相应的法官智力决策支持保障还相对不足的条件下,主审法官、合议庭亟须审判决策咨询、支持机构,为其办理疑难、复杂案件提供专业咨询和智力支持。如该咨询、支持机构能切实解决部分法官、合议庭对专业性支持的客观需求,分流多数拟提交审判委员会讨论的案件,将极大地减轻审判委员会讨论案件的压力,并促使其职能集中到审判宏观指导和审判管理上来。因此,建立健全审判委员会的审判决策咨询、支持机构对合理充分审判委员会的运行机制,保障审判委员会实现其各项职能至关重要。

根据最高人民法院《关于完善人民法院司法责任制的若干意见》第 8 条“人民法院可以分别建立由民事、刑事、行政等审判领域法官组成的专业法官会议,为合议庭正确理解和适用法律提供咨询意见。合议庭认为所审理的案件因重大、疑难、复杂而存在法律适用标准不统一的,可以将法律适用问题提交专业法官会议研究讨论。专业法官会议的讨论意见供合议庭复议时参考,采纳与否由合议庭决定,讨论记录应当入卷备查”的规定,结合对我国多地法院审判权运行机制改革的实践来看,建立专业法官会议制度是解决这一问题的可行方案。至于专业法官会议的制度设计,我们认为,首先,关于专业法官会议的构成和职责。专业法官会议由具有相关领域丰富审判经验的资深法官组成,负责对主审法官、合议庭在办理案件过程中遇到的疑难问题进行讨论并提出咨询意见,以有效过滤可以提交审判委员会讨论案件数量。其次,专业法官会议咨询案件的范围。对于符合一定条件的案件,合议庭、主审法官可提请召开专业法官会议进行咨询,具体咨询案件的类型而由各法院视情况而具体规定。再次,关于专业法官会议的工作程序。主审法官、合议庭遇有事实证据及法律适用等方面的疑问,均可以提请分管副院长或庭长召集专业法官会议。分管院长或庭长也可主动召集专业法官会议。最后,关于专业法官会议的效力。专业法官会议不是一级审判组织,参会主审法官提出的意见建议仅供主审法官、合议庭参考,对主审法官、合议庭没有约束力,提出参考建议的法官也不需要承担办案质量责任。

以北京知识产权法院为例,该院在实现合议庭、专业法官会议及审判委员会的运行机制有效衔接,从而充分发挥审判委员会统一法律适用标准方面进行了有益探索。北京知识产权法院倡导法官自觉、自律、自治原则,按照专利权、商标权及不正当竞争、著作权、综合等专业领域的不同,在审判委员会下设四个专业法官会议,分别由具有某一领域专长的若干法官组成。专业法官会议既是发现、识别重大、疑难、复杂案件的平台,又是筛选、创设在先指导案例的平台,同时还应充分发挥专业法官会议作为提交审判委员会讨论案件的前置咨询和过滤机制作用,以增强审判委员会审议决策的科学性和专业性。

对于适用法律存在疑难问题的案件,新类型、疑难、复杂或者有重大影响的案件,主审法官意见为合议庭少数意见的案件,合议庭不能形成多数意见的以及有其他必要情形的案件,主审法官或合议庭可以提请召集相关领域的专业法官会议进行研究讨论。专业法官会议在讨论案件中,应充分利用其从事本领域学术调研、审判研究的优势,注重将所讨论案件与相关在先指导案例进行分析、比较、判断,必要时可提出推翻先例或创设指导案例的专业咨询意见。专业法官会议的讨论结果仅供合议庭复议案件时参考,不得直接决定合议庭评议结论。合议庭听取意见后进行复议,合议庭成员必须表明对专业法官会议讨论结果的意见。

专业法官会议认为案件需要提交审判委员会讨论决定的,合议庭应当将该案件提交审判委员会。合议庭在向审判委员会提交相关案件审理报告同时,须提交案件简要汇报提纲,概括写明案件争议焦点,合议庭、专业法官会议讨论意见、主要分歧,需要审判委员会讨论的主要问题,适用法律条文的具体规定,作为审判委员会讨论决定案件的参考。审判委员会通过不定期讨论、决定重大、疑难、复杂案件,定期讨论发布相关指导案例等方式,充分发挥其统一法律适用标准的作用。

(四)健全审判委员会的专门办事机构

根据中央关于司法改革的要求,审判委员会制度改革的首要工作就是合理重构审判委员会运行机制,确保其能够有效地服务于审判委员会制度各项职能的实现。审判委员会作为人民法院内部最高审判组织,其运行机制不同于合议庭,主要是通过召开会议方式进行议事。但审判委员会宏观指导职能和审判职能的实现均不可能仅仅依靠会议议事就能够完成,必须以相应的调研、论证、分析、研讨及写作等基础工作为支撑。因此专门的调研分析指导力量、机构及其相应的工作机制是必不可少的。各级法院有必要根据审判委员会开展工作的要求,建立、健全审判委员会专门办事机构,把具有较强审判经验和综合素质的法官充实到审判委员会日常办事机构中(当然同时配备辅助人员),使其既保持较高的审判能力,又能具备办理宏观指导工作的综合素质。①

审判委员会办事机构的主要任务是为审判委员会提供日常辅助服务,促使审判委员会正常运转,确保审判委员会的作用得到充分发挥。具体而言,其至少应当包括如下职责:(1)总结审判经验。协助审判委员会研究解决审判工作中的重大问题。通过定期分析、总结一段时期审判委员会讨论的议题,特别是对新类型、有争议、社会反映强烈等特殊案件重点加以研判,发现审判工作中存在的普

① 在当前法官员额制改革背景下,强调力量向一线倾斜,明确要求入额法官必须进入一线办案,无疑是正确的。但这并不意味着取消法院和法官的审判调研职责。相反,为了避免审判与调研相互脱节,就必须使法院的调研人员具备一线办案的经验与能力。

遍性、倾向性问题，依据法律精神和审判需要研究提出参考性处理意见和解决问题的方案，向审判委员会报告，供审判委员会决策时参考。（2）审查议事材料。对合议庭、专业法官会议或审判业务庭等提交审判委员会讨论的议题进行审查，是审判委员会办事机构的重要工作职责。办事机构除了对议题的格式、材料附件进行形式审查外，还应当加强对案件、司法解释等议题内容的审查，确保提交议题的内容完整，要素齐全，以提高审判委员会议事的质量和效率。（3）督促检查审判委员会决定的落实情况。对审判委员会作出的决定，在有关部门执行过程中进行督促落实，事后进行备案检查，具体的措施是要求各议题承办部门，将执行审判委员会决定形成的文本或者案件裁判文书，送审判委员会办事机构备案，由审判委员会办事机构对照审判委员会的决定进行检查，并将检查结果书面报告审判委员会。

（五）规范审判委员会议事规则

公正司法既要求司法活动的结果体现公平正义的精神，也要求司法活动的过程坚持正当、平等、效率等程序公正原则。审判委员会通过宏观指导职能和审判职能实现公正司法的过程也应当坚持程序公正原则。这就要求审判委员会的议事程序和规则充分体现正当、平等、效率等原则。根据最高人民法院相关规定要求及对各地法院改革试点实践的调研分析，我们认为，审判委员会至少应当在如下几方面完善其议事规则：

1. 讨论事项告知制度。党的十八届四中全会决定提出要“强化诉讼过程中当事人和其他诉讼参与人的知情权、陈述权、辩护辩论权、申请权、申诉权的制度保障”。其中，遵循司法公开对审判委员会制度的要求，在审判委员会制度中全方位落实当事人诉讼知情权、申请回避权等诉讼权利是保障当事人诉权的基本要求。因此，对于提交审判委员会讨论决定的案件等相关议事事项，明确要求合议庭将拟讨论决定的事项、审判委员会委员名单、召开审判委员会的时间等提前告知当事人，并询问当事人是否知晓委员情况、是否申请委员回避、是否要向审判委员会就案件法律适用问题提交新的辩论意见等。当事人提出回避申请的，应按照相关诉讼法的要求，作出是否回避的决定并送达当事人。

2. 规范审判委员会会议材料的提交。明确要求提交审判委员会讨论的相关材料应提前送交审判委员会委员，并充分提供讨论事项的相关依据资料。逐步探索实现审判委员会可以通过信息技术手段，调阅案件的卷宗、证据材料、庭审视频、视听资料等相关材料。

3. 细化案件讨论共同到会汇报制度,案件讨论时,合议庭的全体成员应共同到会、共同汇报。汇报时,一般先由合议庭承办法官汇报案情、合议庭审判长和其他法官补充。

4. 明确审判委员会的发言程序。审判委员会讨论案件等相关事项,明确要求审判委员会委员发言应按照资历由浅到深、职级由低到高的顺序进行,院长最后发言。审判委员会讨论案件,主审法官应当列席并汇报案件情况。对本院已发生法律效力的案件提起再审的,原主审法官应当列席。主审法官、案件所在庭的庭长和主管院长可就其他审判委员会委员的提问,进行必要的解释说明。

5. 对审判委员会决议的记录和反馈。明确要求审判委员会对案件处理等相关事项的讨论过程和作出的决议,应由每位审判委员会委员签名确认。审判委员会对案件处理作出的决议应当以书面方式反馈给合议庭。

6. 公开审判委员会决议结论和理由。对于审判委员会讨论决定的案件,除涉及国家秘密等不适宜公开的事由外,明确要求在裁判文书中公开审判委员会决定形成的具体理由和法律依据。在可能的情况下,可考虑探索建立案件少数意见公开制度,对审判委员会的少数意见的公开。当然,少数意见的公开指的是最终结论性意见的公开,而非讨论过程的公开,且应作技术性处理,不得将具体委员个人与其具体发表意见的内容和过程公布于外。

7. 完善审判委员会决议执行和反馈机制。一方面,审判委员会办事机构负责收集本院审理的有关情况,检查和落实审判委员会决议内容。另一方面,由于审判委员会宏观指导事项原则上应当公开,因此应当允许当事人就案件处理中可能与审判委员会决议冲突的情况提出异议,发挥当事人的监督作用。

三、充分发挥审判委员会制度统一法律适用标准的作用

如前所述,审判委员会是人民法院内部的最高审判组织,在人民法院审判管理体系中居于最高层级,在司法审判和人民法院的各项工作中,均发挥着至关重要的核心组织作用。根据审判委员会的职能定位,审判委员会的主要职能定位可概括为两个方面:一是发挥审判职能,即审理或讨论、决定特定案件。二是发挥宏观指导职能,即着眼于审判委员会宏观指导职能应有的定位,建立健全有利于实现其宏观指导职责的各项制度机制,积极履行相关审判指导、审判管理及审判监督职责。事实上,审判委员会的上述两个职能是相互依存、密不可分的,最

终目标均是统一人民法院的法律适用标准,提高司法裁判的权威性。

(一)审判委员会制度统一法律适用标准的方式

结合我国法院审判工作实际,审判委员会制度统一法律适用的方式主要包括以下几种方式:

1. 制定并发布指导审判工作的规范性文件。例如,最高人民法院审判委员会通过发布司法解释、司法文件等统一全国法院相关问题的法律适用标准,高、中级人民法院审判委员会通过发布规范性意见以及相关法律问题的解答统一本院及辖区法院的法律适用问题。

2. 发布指导案例或典型案例。如最高人民法院通过发布指导性案例,规范全国法院对于相关问题的法律适用标准;其他各级法院通过发布参阅案例、典型案例等为本院及辖区法院处理类似法律适用问题提供参考和借鉴。指导案例或典型案例的发布和遵循,使法官自由裁量权的行使除受制定法的制约外,还需接受在先作出的案例的约束,为法官的自由裁量权确立边界,施以合理的约束。法官在遇到类似案件或者案情基本相同的关联性案件时,裁判文书体例上给出了如何援引在先同类案件案例的指引,在格式上也为此预留空间,使法官从撰写裁判文书的角度养成遵循先例的司法习惯,确保了"同案同判"、案件裁判尺度的统一,从而也抑制了法官恣意与可能产生的司法腐败,进一步确保了司法裁决的稳定性和权威性。以北京知识产权法院为例,审判委员会通过定期评议审判工作,定期汇总、分析合议庭撰写的示范性判决及专业法官会议(调研小组)、知识产权审判咨询委员会等院内外专家团队提出的遵循、推翻或创设在先指导案例的咨询意见,定期讨论发布相关指导案例,充分发挥其总结审判经验、统一司法尺度的作用。

3. 审理或讨论决定特定案件中的法律适用问题。审判委员会是人民法院内部的最高审判组织,其通过审理或讨论决定特定案件以发挥统一法律适用作用的意义是不言而喻的。对于疑难、复杂、新类型案件以及其他社会影响较大或司法指引性较强的案件,各级人民法院的审判委员会充分发挥其审判职能,通过审理或讨论决定相关案件中的法律适用问题,既能够确保该案案件在司法政策、法律适用方面的有效统一,也为本院及辖区本院审理的其他类似案件提供指导和借鉴,从而发挥统一裁判尺度的作用。至于审判委员会审理案件的范围及程序问题,我们将在下文中详细论述,此部分不再赘述。

4. 统一行使再审案件决定权。对生效案件提起再审是人民法院审判监督权的重要内容,也是人民法院统一法律适用,主动纠正错误裁判的重要手段。但是由于生效案件系人民法院的审判组织代表人民法院行使审判权的结果,并且已经发生了法律效力,在这种情况下,由作为最高审判组织的审判委员会来统一行使再审案件决定权,无疑具有最高的司法权威性,也有利于做到本院范围内案件再审标准的尺度统一。对于本院已经发生法律效力的判决、裁定确有错误需要提起再审的案件应当由本院的审判委员会统一行使决定权。

(二)充分发挥审判委员会统一法律适用标准的作用

1. 充分发挥审判委员会总结审判经验的职能以统一法律适用

司法实践中,及时、全面地总结审判经验对于人民法院统一法律适用具有重要意义,也是各级人民法院审判委员会应当重点发挥作用的领域。具体而言,最高人民法院作为我国的最高审判机关,主要侧重于总结全国范围内具有普遍法律适用意义的案件审判经验,制定司法政策和审判规则,发布司法解释和指导案例,维护法制的统一,监督指导全国审判工作。高级人民法院作为众多中级人民法院和基层人民法院的上级法院,其主要职能为审判指导,侧重于总结辖区范围内某一审判领域或某项审判工作中具有典型示范意义的案件审判经验,形成规范性文件或参考性案例,在辖区范围内开展审判指导。中级人民法院作为主要的上诉审法院,其主要职能为"依法纠错,定纷止争",主要通过总结疑难、复杂、新类型案件审判经验,以定期召开辖区法院审判工作座谈会等形式,解决具有普遍适用意义的法律问题,统一辖区法院的法律适用。基层法院侧重于纠纷解决、化解矛盾,因此应当及时总结和解决类型化案件中的法律适用不明确问题的新类型问题,以及某些实用性强审判技巧并形成工作规则,用以指导基层审判实践。

2. 充分发挥审判委员会的审判管理、监督职能以统一法律适用

审判委员会的审判管理、监督职能应当主要体现在:一是加强对审判工作运行态势的分析合研判。审判委员会定期听取并审议本院审判管理部门关于全院审判工作运行态势的分析报告。审判委员会在对报告进行审议的基础上可以制定相应的对策措施,并要求全院各部门遵照执行。二是加强对全院各领域审判工作的检查和监督。审判委员会定期听取各审判业务部门的工作报告,对各领域审判执行工作进行评议,对各领域审判工作的总体情况进行评价。三是加强对全院各部门审判质效情况的监督和管理。加强对案件质量的监管,定期开展

并总结案件评查工作。定期开展审判质量质询工作。定期对审判质效情况进行总结。针对审判质量、审判效率方面存在的问题,分析原因,提出解决问题的对策建议并制定相应的制度规范。

四、探索审判委员会直接审理案件的范围和程序

党的十八届四中全会提出了“推进以审判为中心的诉讼制度改革”的要求。对于审判委员会而言,由于通常仅讨论或审理案件的法律适用问题,在一般情况下,可以通过书面审理形式进行,这也是与世界各国司法制度惯例相一致的。但由于法律适用问题与事实证据问题不是完全割裂的,对于特别疑难、复杂、重大案件,即使是法律适用方面的判断,审判委员会委员的“亲历性”也是重要的方面。因此,在确保合议庭、主审法官对事实证据负责的基础上,仍然需要扩大委员了解案情的程序和途径,以确保案件结论的正确性。基于此,审判委员会在特定情况下直接审理案件具有十分重要的意义。

根据我国相关法律、政策规定,独任制法官、合议庭与审判委员会作为人民法院内部不同的审判组织,其行使审判权的职责分工不同,均是独立行使审判权的审判组织,具有不同的审判功能定位。对于涉及国家外交、安全和社会稳定的重大复杂案件,以及一些重大、疑难、复杂案件的法律适用问题,审判委员会根据案件情况,有权对其进行直接审理。北京知识产权法院以开庭审理原告华源医药公司诉被告商标局等商标行政纠纷一案为契机,对审判委员会审理案件的移转程序、审判委员会直接审理案件的范围及程序等进行了卓有成效的探索。

(一)审判委员会审理案件的移转程序

鉴于审判委员会审理案件的范围受到严格限缩,绝大多数案件都首先由合议庭或者独任制法官进行审理,如其中有案件涉及应当由审判委员会审理的事由时,则应当将该案件从合议庭或者独任制法官向审判委员会进行移转。

关于案件的移转程序,课题组认为,合议庭或者独任制法官在审理案件过程中,如果发现案件属于审判委员会审理案件的情形和范围,应当向审判委员会提出书面申请,并且制作关于将案件提交审判委员会审理的申请报告。院、庭长在履行审判管理、监督职责过程中,如果发现案件应属于审判委员会审理范围的,也可以要求相关审判组织提出案件移转申请。申请报告中应当对案件提交审判委员会审理的理由和依据、拟提交审判委员会审理的具体事项以及合议庭或独

任制审判员已经审理查明的基本案件事实进行全面阐述。申请报告应当提交审判委员会的专职办事机构,并由专门人员负责审查。审查的重点主要是案件是否属于审判委员会审理案件的范围和情形,拟提交审判委员会审理的问题和事项是否具体明确,合议庭查明的案件基本事实是否清楚,提请讨论的问题是否包含事实问题等。对于不符合移转条件的申请,审判委员会专职办事机构应当退回原审判组织或者经过补正后重新提交。对于符合移转条件的申请,由审判委员会专职办事机构作出关于将相关案件移转审判委员会审理的决定。原审判组织应当将相关案件材料向审判委员会进行移送并且由审判委员会对相关案件继续审理。

(二)审判委员会直接审理案件的方式

审判委员会直接审理案件的方式主要包括开庭审理和书面审理两种方式。审判委员会审理案件原则上只审理法律适用问题,而不审理事实认定问题。如果审判委员会在审理案件过程中发现案件的相关事实不清,可以要求原审判组织就相关事实问题进行补充审理。如果案件的关键事实问题存在重大争议或者事实问题与法律问题相互交织无法区分的情况下,审判委员会可以将相关事实问题与法律问题一并进行审理,并且按照言词原则的要求,通过开庭的方式进行直接审理。如果提交审判委员会审理的案件仅涉及法律适用问题而不涉及事实认定问题,那么审判委员会审理案件的方式可视情况稳定,即可以通过开庭或书面的方式进行审理。

北京知识产权法院受理的绝大多数案件均由合议庭进行审理并独立作出裁判,但对于涉及国家外交、安全和社会稳定的重大复杂案件,以及一些重大、疑难、复杂案件的法律适用问题,审判委员会根据案情需要,有权决定对案件进行直接审理。前述的原告华源医药公司诉被告商标局案件,因系新《行政诉讼法》实施后我国法院受理的首例涉及国家部委制定的规范性文件的合法性审查问题的案件,具有很强的典型性;且该案的处理涉及知识产权法、行政法中的一系列复杂法律问题,其处理结果将对此后同类案件的处理具有重大影响。为此该法律适用问题应由审判委员会进行审理。

在该案件的审理中,北京知识产权法院积极探索由审判委员会直接开庭审理疑难、复杂、重大案件中的法律适用问题,并实行审判委员会审理和合议庭审理相结合的审判权运行模式。审判委员会负责审理该案中规范性文件的合法性审查问题,该案中的事实问题及其他法律问题仍由合议庭进行审理。审判委员会对案件中的相关法律问题作出决定后,及时以审判委员会决议的书面形式反馈给合议庭。合议庭根据审判委员会作出的决定,对案件中涉及的其他事实与法律问题独立作出裁判。当然,某些重大、疑难、复杂案件中的事实问题和法律问题的区分界限并不明显,我们认为,在难以对其进行清晰界定的情况下,审判委员会有权对相关事实和法律问题一并进行审理。

(三)审判委员会直接审理案件的程序

如前所述,审判委员会直接审理的案件类型包括两类:一是重大、疑难、复杂案件中的法律适用问题;二是涉及国家外交、安全和社会稳定的重大复杂案件。北京知识产权法院对审判委员会审理这两种类型案件的程序进行了卓有成效的探索:

1. 对疑难、复杂、重大案件中法律适用问题的审理程序

审判委员会对于疑难、复杂、重大案件的审理,通常应仅限于对案件中涉及的法律适用问题的审理。审判委员会决定对某一案件中的特定法律适用问题进行审理的,应由合议庭提前告知各方当事人,并告知当事人审判委员会拟审理案件的范围、审判委员会名单及其可于规定期限内向审判委员会提交相关法律意见等,当事人亦有权申请审判委员会委员回避。审判委员会收到当事人所提交的相关材料后,可以结合合议庭已查明的事实,对案件中的特定法律适用问题进行书面审理并作出决定,并将该决定及时反馈给合议庭。

审判委员会根据当事人所提交的相关材料,决定对前述案件中的法律适用问题进行开庭审理的,应由合议庭提前告知各方当事人开庭日期(提前的期限视案件情况而定)。合议庭应于开庭前及时向审判委员会报告已查明的案件事实,并报送相关材料供审判委员会查阅。

审判委员会在开庭审理过程中,为保障合议庭、审判委员会分别对同一案件先后行使审判权程序上的有效衔接,可以在庭审过程中设置如下程序:由法官助理向审判委员会总结、汇报合议庭已查明的相关案件事实,并由审判委员会主持人(院长)明确告知当事人审判委员会现仅就案件中的某一特定法律适用问题进行审理,其他事实与法律问题仍由合议庭讨论决定。各方当事人在庭审陈述过程中,审判委员会委员有权随时打断当事人的陈述,并有权随时进行追问,以激发各方当事人在观点交锋中充分表达其意见,充分发挥口头辩论对书面审查的

补充、验证和释疑作用,为审判委员会庭后作出决定提供更直观、更充分的案件信息。

审判委员会对案件中的相关法律问题作出决定后,应当及时以书面形式反馈给合议庭。合议庭应当服从审判委员会作出的决定,但对案件中其他事实与法律问题的处理,仍由合议庭独立作出决定。

对于审判委员会参与审理的案件,裁判文书尾部仍只署合议庭成员的姓名,但审判委员会参与审理案件的委员名单、审理案件的范围及审理过程等均应当在裁判文书中记载。除涉及国家秘密等不适宜公开的事由外,裁判文书中还应当公开审判委员会对案件作出的决定形成的具体理由和法律依据。

2. 对涉及国家外交、安全和社会稳定等案件的审理程序

审判委员会在审理极少数法律规定情形和涉及国家外交、安全和社会稳定的重大、复杂案件的过程中,因此类案件的审理涉及事实认定和法律适用两方面,故审判委员会开庭审理此类案件的程序可参照合议庭开庭审理案件的程序进行。

五、结语

审判委员会作为人民法院内部最高审判组织,其地位和作用是通过承担宏观指导和审理案件这两大职能来具体实现的。审判委员会制度改革的总体方向和目标,就是充分发挥这两大职能,以便更好地解决实践中存在的制约司法公正的深层次问题,在确保法律统一适用过程中发挥重要作用。这不仅符合审判委员会制度的立法设计初衷,也是审判委员会制度不断改革完善的主要动因。一方面,审判委员会宏观指导职能的发挥,要求其将更多精力放在总结审判经验、加强审判指导和审判管理等方面,同时严格限缩其讨论或审理案件的范围,对个案的处理保持"谦抑性"。另一方面,审判委员会审理案件职能的发挥,需要在实践中进一步探索其审理案件的范围、方式及程序等,不断提升审判委员会直接审理案件的质效。当然,优化审判委员会组织结构,提升审判委员会人员构成的专业化、完善审判委员会议事规则等举措是保障审判委员会充分发挥其职能的前提和基础。

审判委员会制度的重要性及复杂性,决定了审判委员会制度的改革不能一蹴而就,而应通过渐进式的改革,既为审判委员会制度的运行积累更多的实践经验,也为审判委员会制度功能的发挥提供有力的制度保障。另外,我国各地法院

面临的具体问题也不尽一致,审判委员会制度运行的制度环境存在很大的差别,这就决定了审判委员会制度改革不能采取“一刀切”的方式,而应当根据人民法院的地域特点以及层级特点,有的放矢地制定改革措施,从而使审判委员会制度改革真正符合司法审判工作的客观实际,符合中国社会的现实国情需要。

关于知识产权法院法官选任和培养的调研报告

北京知识产权法院课题组*

探索设立知识产权法院，是全面深化司法改革的重要组成部分。知识产权法院成立后，优化司法资源的配置，提高知识产权案件专业化水平，提高审判效率，通过司法体制改革探索更加有效的知识产权司法保护机制，这一系列改革目标都有赖于一支优秀的精英法官队伍来落实和完成。知识产权法官在司法改革的浪潮中扮演着举世瞩目的角色。如何选任知识产权法官，培养什么样的知识产权法官，法官如何参与到知识产权保护国际规则的制定过程中，实现我国知识产权司法的国际话语权，是关涉我国知识产权法院制度的理想建构和改革事业的人员基础，也是根基所在。

一、我国知识产权法院法官选任情况及存在问题

（一）法官选任情况

2001 年修改的《中华人民共和国法官法》（以下简称《法官法》）对法官的任职资格作出了明确规定，包括应具有中国国籍、年满 23 岁、有相应的法律学习经历、通过国家统一司法考试、具有相应的法律工作经历等。知识产权法院法官的任职资格除了应当符合《法官法》的上述基本规定以外，还必须符合专门的任职条件。2014 年 10 月 28 日，为指导北京、上海、广州知识产权法院组建工作，最高人民法院制定出台了《知识产权法院法官选任工作指导意见（试行）》（以下简称意见）。意见规定：知识产权法院审判员应在从事知识产权及相关审判工作的优秀审判人员中选任，也可在具备同等资格和条件的从事知识产权法律实务、法学研究和法学教学的专业人员中选任。其中，审判人员担任知识产权法院审判员

---

* 本课题主持人为北京知识产权法院副院长宋鱼水，课题组成员为审判第二庭庭长张晓津，法官兰国红，法官助理刘仁婧、范晓玉，本文执笔人为刘仁婧。

的,应具有四级高级法官任职资格、6年以上相关审判工作经验、具有普通高等院校法律专业本科或以上学历、具有较强的主持庭审及撰写裁判文书能力。意见同时规定成立专门的法官遴选委员会,由法官遴选委员会对法官人选的专业能力进行评审,并根据评审情况提出差额人选;知识产权法院法官选任工作在所在地高级人民法院领导下进行。

在意见的指导下,北京、上海、广州的高级人民法院分别就北京知识产权法院、上海知识产权法院、广州知识产权法院的法官选任工作制定出台了选任方案。

关于选任资格,北京知识产权法院在2014年遴选首批法官时,要求选任的法官应当符合以下条件:(1)大学本科以上学历;(2)具有5年以上审判工作经历,担任法官从事知识产权审判工作满3年;(3)现任处级职务,或正科级满3年,特别优秀的可放宽至2年;(4)年龄在33周岁以上(1981年10月31日以前出生),特别优秀的可放宽至32岁(1982年10月31日以前出生);(5)近三年年度考核均为称职以上;(6)身体健康;(7)符合任职回避规定。在2015年遴选第二批法官时对法官的选任条件做了适当的调整,选任条件包括:(1)具有高等院校大学本科及以上学历;(2)进入法院系统6年以上,曾担任民商事法官满5年,担任过知识产权法官的可放宽至3年(截至2015年8月31日);(3)现任处级职务,或正科级满3年,特别优秀的可放宽任职年限;(4)33周岁以上,特别优秀的可放宽至32周岁;(5)近三年年度考核均为称职以上;身体健康;符合任职回避规定。

上海知识产权法院要求选任的法官应当符合以下条件:(1)大学本科以上学历;(2)具有10年以上审判工作经历,其中知识产权审判工作经历满一年;(3)具有较强的庭审驾驭能力及撰写裁判文书能力;(4)案件质量检查结果合格;(5)近五年年度考核均为称职以上;(6)不违反任职回避的规定。

广州知识产权法院在2014年遴选首批法官时,要求选任法官应当符合以下条件:(1)四级高级法官以上、副处级或任正科级满3年的法官;(2)取得全日制普通高等院校大学本科以上学历、学士以上学位;(3)具有6年以上相关审判工作经历,从事知识产权审判工作2年以上;(4)作为经办法官审结案件500件以上,或审结知识产权案件200件以上;(5)年满32周岁。在2015年遴选第二批法官时对法官的选任条件做了适当的调整,选任条件包括:(1)具有四级高级法官任职资格,或任正科级满3年的审判员、助理审判员,近三年年度考核均为称职以上;(2)取得全日制普通高等院校大学本科以上学历;(3)从事民商事审判工作满6年,或从事审判工作满6年,且具有知识产权审判工作经历;(4)作为经办法官或担任审判长审结案件300件以上,或审结知识产权案件200件以上,年满32周岁。

关于选任程序,北京、上海、广州三地均成立了法官遴选委员会,负责对法官人选进行专业评审。法官遴选委员会不仅包括法院的人员,还包括法学学者、资深律师、知识产权专家等。如北京知识产权法院法官遴选委员会由原北京市高级人民法院院长慕平担任,委员则由最高人民法院、市人大内司委、市委政法委、市人力社保局、市知识产权局、中国知识产权法学研究会、律师协会以及北京三级法院的法官代表共同组成。广州知识产权法院法官遴选委员会由1名常任委员和24名非常任委员组成。其中常任委员为原广州市中院院长、市人大常委会副主任吴树坚担任,非常任委员包括15名各级法院法官、3名法学学者、3名资深律师、3名知识产权专家。

法官遴选程序包括报名、资格审查、笔试、面试等环节。经遴选程序选任的法官具有以下特点:一是审判经验丰富。绝大多数法官具有10年以上的审判工作经历,并从事知识产权审判工作多年,具有较丰富的知识产权审判工作经验。二是学历学位较高。均是全日制大学本科以上学历,绝大多数具有研究生学历,获得硕士或博士学位。三是专业知识扎实。除了具有法律专业背景以外,有的还具有理工科专业背景,如计算机、医学、机械、化学等,对于审理技术类案件具有极大优势。

(二)存在的问题

从目前北京、上海、广州三地的知识产权法院法官选任的情况来看,主要存在以下一些问题:

一是无专门机构负责选任工作。知识产权法院作为探索司法改革的急先锋,内设部门大幅压缩,人员高度精减,实行扁平化管理。以往由法院政治部专门负责的法官队伍选任、组织、管理等工作,如今缺乏相应的部门来承接。

二是专业局限。三地的知识产权法院在遴选首批法官时均要求法官必须具有从事知识产权审判的工作经验,因此,具有其他领域审判经验的法官无法进入知识产权审判领域。事实上,知识产权案件除了部分涉及技术类案件,还有很大一部分合同类案件,所涉及的法律争议仍然是传统的民事及商事法律问题,因此,有必要将法官遴选的范围扩大至民事及商事领域。例如,北京知识产权法院、广州知识产权法院在第二批遴选的法官中就吸收了部分从事民事或商事审判的法官。此外,除了专业背景以外,法官的综合素质应当是更重要的考虑因素,将遴选的范围仅局限于知识产权审判领域限制了对优秀人才的吸收。

三是职级局限。三地的知识产权法院在遴选法官时均对法官的职级作出了一定限制,如应当任副处级或者正科级满3年等。对法官的职级进行评定是法院管理行政化的一个体现,职级事实上并不一定与法官的经验、能力、水平直接挂钩。在推行司法改革及法院去行政化的背景下,知识产权法院作为司法改革的试验田,应当淡化对职级的要求,把选任的条件重点放在审判经验及审判能力的考察上。

四是年龄局限。司法的本质决定了担任法官需要丰富的人生阅历和社会经验。法律从业年限的长短很大程度上代表了法官职业经验是否丰富。三地的知识产权法院还对选任法官的年龄作出了一定限制。例如,北京知识产权法院要求的最低年龄为33周岁,特别优秀的可以放宽至32周岁。上海知识产权法院未规定年龄,但要求具有10年以上审判工作经历,结合大学本科以上的学历要求,通常符合条件的人员年龄至少为32周岁以上。广州知识产权法院要求的最低年龄为32周岁。但同时也应考虑到法官的年龄不一定与工作经历及工作时间挂钩,特别是从事知识产权审判的法官平均年龄较之传统民商事法官更为年轻这一现实情况。对年龄进行直接限制在一定程度上限制了年轻人员加入知识产权审判队伍。

二、我国知识产权法院法官培养情况及存在问题

(一)法官培养情况

我国法官的培养主要通过职前法官培训和在职法官培训进行。目前我国知识产权法院的法官均是从各级法院的审判人员中遴选产生,因此,知识产权法院的法官主要通过在职培训进行。

1. 培训机构及组织管理

目前,我国尚未就知识产权法官培训工作设立单独的培训机构。知识产权法院法官培训与其他审判领域的法官培训由同一法官培训机构负责,均隶属于最高人民法院国家法官学院及国家法官学院在各省、自治区、直辖市的分院。根据《法官培训条例》的规定,法官培训实习统一领导、统一规划、归口负责、分级实

施。法官培训实行两级管理体制,即最高人民法院统一领导全国法官培训工作,高级人民法院领导本辖区法院法官的培训工作。最高人民法院和高级人民法院教育培训主管部分负责法官培训规划、管理和协调工作。各法官培训机构负责组织、实施各项法官培训工作。例如,北京知识产权法院法官培训工作由北京市高级人民法院教育培训部分统一规划、管理,北京知识产权法院自身根据业务需求也会制订相应的培训计划。

2. 培训的方式及内容

知识产权法官培训主要以在职离岗集中培训的方式进行,同时累计学时。具体的形式主要是各种形式的培训班。

知识产权法官培训主要针对审判业务进行培训。例如,著作权、商标、专利审判业务中的疑难复杂问题、新法实施过程中遇到的问题、因技术发展而引发的新类型案件问题等。有时候也会采取模拟法庭等形式开展实训式培训。

3. 培训的考核

负责法官培训组织管理的部门同时也负责培训的考核。通常情况下遵循"逢训必考"的原则,采取案例分析、撰写调研或者论文的形式对法官培训的效果进行考核。法官参加培训的履历、成绩将存入本人档案。无正当理由拒不参加培训的,所在知识产权法院除督促其改正外,还会视情节给予批评教育直至取消任职资格。

(二)存在的问题

从目前知识产权法院法官培训的现状来看,主要存在以下问题:

1. 无专门机构负责培训工作。与前述法官选任面临的问题相类似,知识产权法官的培训工作也面临司法改革部门精简合并后的承接问题。法官培训是一项系统工作,如何在司改大背景下,将以往政治部的工作职责与知识产权法院全新的机构设置相对接,使知识产权法官的培训组织在制度保障下焕发出新活力,有待探索。

2. 培训形式较为单一。近年来,对法官的培训课程形式有一定程度上的突破,但整体来看,法官培训仍然采取离岗集中办培训班为主,其具体形式是授课老师单方授课,法官被动接受,较少能够形成互动。

3. 培训内容尚有局限。知识产权法院法官培训内容主要集中在著作权、商标权及专利权的内容,少有涉及合同法、行政法的内容。实际上,知识产权法院受理了大量涉及技术的合同类案件，尽管合同的履行标的涉及专业的技术内容，但案件的争议焦点主要在合同的履行、违约行为的认定及违约责任的承担等，有的案件还涉及公司及股东之间的纠纷，因此，有必要加大对合同法、公司法等民商事法律的培训力度。同时，北京知识产权法院还负责商标、专利授权确权行政案件的审理，其中涉及大量行政程序的问题，因此，还有必要加大对行政法的培训力度。此外，由于知识产权案件对行业模式具有较大影响，常常引发媒体关注，因此，也有必要加大对法官如何妥善应对媒体及处理舆情的培训，避免媒体炒作对案件公正审判造成不当影响。

4. 缺乏国际交流。知识产权案件中有大量的涉外案件，部分案件的裁判引发了国际关注。我国知识产权制度也是在学习借鉴了域外知识产权制度的基础上建立起来的，域外知识产权法律制度的最新发展对我国知识产权制度具有重要借鉴意义。因此，有必要加强知识产权法官的国际交流。可以通过到国外知识产权审判机构交流访问、参加国际会议并发表演讲、到国外知名大学交流学习等方式，积极宣讲中国知识产权保护状况，展现中国知识产权法官的风采，同时拓宽知识产权法院法官的国际视野。

三、域外知识产权法院法官的选任和培养

设立知识产权法院是域外知识产权司法保护的一种趋势，其中美国、德国、日本、韩国、中国台湾地区都设有专门的知识产权法院。其对法官的选任和培养也各有特色。

（一）美国知识产权法官的选任和培养

美国专利侵权纠纷案件的初审由联邦地区法院管辖。设有联邦巡回上诉法院（CAFC），该法院将关税与专利上诉法院和索赔法院合并后成立，管辖对美国专利商标局、专利复审委员会和商标评审委员会决定不服而提出的授权确权上诉案件、对所有联邦地区法院作出的专利侵权诉讼判决不服而上诉的案件以及对美国国际贸易委员会作出的裁决不服而提出的上诉案件。联邦巡回上诉法院保持有 18 名一线巡回法官，法官任命通过总统提名并由参议院确认来进行。法官只要“表现良好”，任期就可以一直延续，一般来说会终身任职。法官满足一定资格可选择转为资深法官地位。转为资深地位的法官能够继续任职，但不需要处理一线法官那么多的案件。一线法官配备一名法官助理和最多四名法律秘

书,而资深法官配备一名法官助理和一名法律秘书。联邦巡回上诉法院的法官具有不同的背景和资料,但都拥有专利法方面的知识和经验。有些法官有技术学科的学位,还有些法官聘请具有技术学科学位或者拥有专利工作经验的法律事务助理,协助进行专利案件的审理工作。①

(二)德国知识产权法官的选任和培养

德国联邦专利法院是世界上第一个知识产权法院,管辖不服德国专利、商标局和德国植物新品种局决定的案件、宣告专利无效的案件、专利强制许可的案件等,涉及是否授予专利、实用新型、工业设计和植物新品种的案件及其授予后的有效性争议案件均由该法院管辖。专利侵权案件是由地区法院受理,由于其涉及专业性和对经验要求较高,仅有 12 个地区法院可以受理专利侵权诉讼案件,主要集中在杜塞尔多夫地区法院、慕尼黑地区法院和曼海姆地区法院。审判人员由技术法官和法律法官组成,专利案件的审判采取审判庭模式,每个庭根据审理内容的不同,调整审判法官的数量以及技术法官所占比例。联邦专利法院由院长、审判长、其他法官组成,联邦专利法院的法官由联邦总统任命。他们是具有《德国法官法》规定的法官资格的技术部门的专家,法官成员不仅具有专业学术和技能,还有丰富经验,也符合专利法规定的任职条件。但是在担任专利法院法官的条件上,技术法官还必须具备法定的法官资格,必须经历法律专业学习及专业考核,技术法官的选任一般在专利与商标局的高级别技术审查员中进行,这是由于该职位对技术领域和法律领域都有较高的要求。②

(三)日本知识产权法官的选任和培养

日本国会制定了《日本知识产权高等法院设立法》,2005 年 4 月在东京高等法院(裁判所)内设立了知识产权高等法院(裁判所),主要管辖日本特许厅作出决定的诉讼案件以及与专利权、实用新型权、统一电路设计布置权和作者的著作权相关的民事上诉案件。一审案件则由东京和大阪两个地方法院专属管辖。与设计权、商标权、著作权(排除作者的著作权)、出版权、邻接权以及不正当竞争行为侵害商业利益的相关权利的民事案件由一般地方法院一审,并由各自相应的八个高等法院二审。该法院在司法管理方面受到最高法院的监督,与其他高等

---

① 蔡元臻:《美国联邦巡回上诉法院特色机制及对我国的借鉴》,载《科技与法律》2015 年第 1 期。

② 赵志浩:《德国知识产权诉讼制度对我国建立知识产权法院的启示》,载《商 business》2014 年第 2 期。

法院相比具有更大程度的独立性,设有一位专门的首席法官、司法会议和独立的司法行政管理者,案件审理由三位法官组成合议庭或者由五位法官组成的大合议庭进行。根据《日本知识产权高等法院设立法》第 3 条的规定,由最高法院任命知识产权高等法院的法官,并从中选择一人担任院长。实践中,最高法院任命知识产权高等法院的法官,不仅从东京高等法院知识产权部的法官中选拔,也从全国法院的法官中合适于审理知识产权纠纷的法官遴选。

(四)韩国知识产权法官的选任和培养

韩国知识产权执法机关包括韩国知识产权局下设的知识产权审判部、韩国专利法院和普通民事法院。知识产权审判部和专利法院负责知识产权的无效和专利权范围的确定,民事法院负责侵权行为的一般司法审判。韩国专利法院是专门的知识产权行政法院,由院长、首席法官、法官、技术咨询员和秘书处组成,专利法院共十名法官,分为三个组。《韩国法院组织法》第 54 条之二规定:5 年以上在专利局从事审查官或者审判官的人、7 年以上作为一般职公务员且从事产业技术或者科学技术相关事务 5 年以上并曾在职 5 级以上的人、科学技术相关领域取得硕士学位,从事相关领域或者研究 10 年以上的人、科学技术相关领域取得博士学位的人、取得《国家技术资格法》规定的技术师资格的人当中属于第一类人。另外,司法研修所的所长、高等法院或专利法院的首席法官、区法院、家事法院及行政法院的首席法官、高等法院及专利法院的审判长均须从担任《法院组织法》所列职务 15 年以上的人中选任。

(五)中国台湾地区知识产权法官的选任和培养

我国台湾地区颁布“智慧财产法院组织法”“智慧财产案件审理法”,2008 年 7 月 1 日设立“智慧财产法院”,将涉及民事、行政、刑事三类诉讼都集中起来,统一由“智慧财产法院”审理。从审判人员组成上,从法官的遴选条件和增加技术审查官方面来提高审判专业化程度。根据“智慧财产法院组织法”第 13 条的规定,具备担任“智慧财产法院”的法官有以下几类:(1)曾任“智慧财产法院”法官;(2)长期担任法官或检察官,且供职时间满一定年限;(3)富有智慧财产实务经验且执业满一定年限的律师;(4)在公立、私立高度或研究所长期从事智慧财产相关研究教授或研究员,且满足教学和科研的年限和职称要求。① 以上人员需

① 彭莉:《知识经济下台湾知识产权司法制度的变革——从“专庭”、“专股”到智慧财产法院》,载《台湾研究集刊》2007 年第 4 期。

经过审查委员会审查后,才可担任"智慧财产法院"的法官。

(六)域外经验对我国的启示

从上述域外经验来看,世界上主要发达国家的法官选任和培养制度都奉行的是高度职业化、精英化的路线。依前述程序,一位普通公民想成为法官,需要经过法律专业的艰苦训练,在此基础上还需通过严格选拔才能成为正式法官,入职门槛较高。法官队伍专业化几乎是各国普遍的共识和经验,也应当成为我国法官选任和培养制度的改革趋势。在借鉴域外有益经验的同时,也应当看到,法官精英化意味着人数较少的法官队伍,可能与我国目前普遍存在的"诉讼爆炸现象"存在一定矛盾。当前我国处于经济发展、社会转型、法治进步等大环境下,社会转型时期矛盾纠纷多发易发、公民法制意识和权利意识的增强、国家立法进程加快、司法为民便民政策的不断完善等各种因素交织,从而使大量矛盾纠纷以诉讼的形式不断涌入法院,法院每年受理的案件数量巨大。而我国从事知识产权案件审理的法官较之其他法官而言平均年龄更小,人员队伍年轻化,人才队伍储备不足、案多人少等问题更加突出,这意味着我国知识产法官选任和培养制度改革不可能一步到位,而是一个循序渐进的过程。在放眼世界吸收和借鉴其他国家法官选任的有益经验的同时,更要立足国情,探索符合我国实际的法官选任和培养制度。

四、对完善知识产权法院法官选任和培养的建议

借鉴两大法系主要国家的法官选任、培养经验,结合我国法律传统及司法现状,在前期调研的基础上,我们提出以下建议:

(一)明确专门机构负责知识产权法官选任和培养工作

基于知识产权法院机构设置高度扁平化的特点,可以考虑在最高人民法院和高级人民法院成立专门部门,负责指导、协调、管理和具体实施知识产权法官的选任和培养工作。在知识产权法院之外的更高层面设立机构专门负责,也便于知识产权法官的选任和培养高屋建瓴,统一开展,形成长效的工作机制。

(二)在法官选任方面的具体建议

1.在法院内部设立知识产权法官选任委员会

目前的法官选任委员会由政法委主导,这确保了政法机关始终坚持正确的政治方向,紧跟中央政策,把握政策脉络。在我国第一家知识产权法院——北京

知识产权法院筹建过程中,中央政法委以及北京市委政法委在机构编制、干部选任、法官遴选等方面都做了大量的组织协调工作。还应当看到,法官选任是保持司法队伍持续健康发展的重要工作,在保证政法委指导工作的前提下,可以进一步增强法官选任委员会的专业性。建议在法院内部设立法官选任委员会,发挥内部人员充分了解员额法官候选人个人情况的优势,使知识产权法官的选任考察更为准确客观,有利于真正优秀的人才通过选拔进入知识产权法官队伍。

2. 科学核定知识产权法院的法官员额

确定科学的法官员额是我国知识产权法官职业化的一个重要步骤,也是法官选任改革必须考虑的基础。知识产权法官员额制是对我国目前的知识产权法官队伍进行精英化重组,从现有法院工作人员中选出符合一定条件的优秀法官,科学合理的设置审判组合模式,建立符合审判权运行规律的工作机制。只有人数较少的精英化法官队伍,国家才更有可能为其提供优越的任职保障,法官的权威性也更容易获得和维持,这也是现代法治国家均严控法官数量的重要原因。①我国当前司法改革中探索的主审法官制应是这一精神的集中体现。核定标准应以各个法院的审判工作量为主要依据。具体而言,审判工作量的核定应当充分考虑各法院的案件数量、复杂程度和审判程序繁简等因素,同时还应综合考虑现有编制、辖区面积、人口数量、经济和社会发展水平等因素。

孟建柱书记在2016年7月的全国司法体制改革推进会指出,中央确定的以省为单位、以政法专项编制为基数的员额比例,总体上是符合实际的。但我国幅员辽阔,不同地方经济社会发展水平差异大,在确定法官员额比例和基数时不宜"一刀切"。中央确定的39%的员额比例是一项参考性、原则性标准。具体到每个法院,到底需要多少员额制法官,应该是由收案数量决定,有些法院即便员额比例低于39%仍然案少人多,但是对于办案压力极大的法院而言,按照39%的员额比例遴选出的法官数量仍然无法满足办案需要。这必然制约办案的效率、影响案件质量。这要求司法改革的具体实施者确定充分满足办案实际需要的员额比例,既要坚持中央确定的原则,又要紧密结合工作实际科学确定。以北京知识产权法院为例,该院2015年收案数量近万件,2016年受理案件更是突破一万件大关,但2016年该院的法官员额数量仅为44人(含院长、庭长等9人),其法官员额与收案数量的比值为1∶242。在如此严峻的收案形势下,案件数量

---

① 刘义军:《法官逐级遴选制度的构建》,载《理论探索》2014年第6期。

和每个法官核定的审判工作量应当成为核定知识产权法院的法官员额的最主要考虑因素。

3. 知识产权法官的选任条件应有一定弹性和张力

司法的本质决定了担任法官需要丰富的人生阅历和社会经验。[①] 法律从业年限的长短很大程度上代表了法官职业经验是否丰富，综观两大法系主要国家，其在法官遴选、晋升时均十分看重法官的法律从业年限，且通常法院的级别越高，对作为法官任职条件之一的法律从业年限的要求就越长。但同时也应考虑到，知识产权作为与新技术发展息息相关的新兴法律领域，从事知识产权审判的法官平均年龄通常较之传统民商事法官更为年轻。知识产权法院作为司法体制改革的重大部署，中央在法官遴选上可适当放权，知识产权法院应大胆尝试，发挥自身主观能动性，在不突破司法改革原则性规定的前提下，淡化对职级、年龄的要求，把选任的条件重点放在审判经验及审判能力的考察上，在现有知识产权法官考评制度基础上做出探索尝试，使优秀的法官能够脱颖而出，为司法体制改革积累经验。

4. 合理设定知识产权法官的考评方式

首先，增强法官考评委员会的民主性。法官考评委员会应由院长、副院长、各部门领导及法官代表等更广泛、更有代表性的人员组成。其中，法官代表的人数应不少于一半，且应定期轮换。其次，以法官的司法能力及职业业绩为考评重点。对法官的考评仍应包括德、能、勤、绩、廉等方面，但法官的司法能力及职业业绩情况应作为考评重点，具体包括将法官的庭审礼仪、庭审驾驭能力、认定案件事实与适用法律能力、裁判文书制作能力、办案的质量和效率、调研能力等作为考评标准。再次，平时考核为主，年终考核为辅。每位法官应有一个考评档案，平时定期的考评情况均纳入其中，作为年终考评的依据。年终考评时，考评委员会所有人员均在考评档案上签出切实的考评意见以示公正。最后，法官考评制度与惩戒制度分离。明确法官考评制度仅是每年对法官司法能力及业绩的一般性考察和评价，以为法官的遴选、晋升等提供激励机制，不应作为对法官进行免职、处分等惩戒处理的依据。

5. 加大知识产权法官逐级遴选的力度

上级法院的法官主要从下级法院遴选，然后逐级向上级法院流动，这是发达

---

① 谭世贵等:《中国法官制度研究》,法律出版社 2009 年版,第 73 ~ 74 页。

国家尤其是大陆法系国家法院遴选法官的普遍做法，也符合司法特性的本质要求。大陆法系国家的各级法院在选任法官时基本遵循逐级遴选的原则，只是不同国家在联邦或州法院系统的选拔方式上略有不同。在逐级遴选时，知识产权法官较之其他专业法官更强调复合专业背景和法官的综合素质，因此遴选不应局限于知识产权领域，曾经从事过民商事审判、行政审判甚至刑事审判领域的法官，其审判经验亦对知识产权案件的审理大有裨益。

借鉴国外有益经验，结合我国法院实际，我国知识产权法官的选任程序可以下为例：(1)申请。法院根据本院编制和法官缺额情况，先起草拟遴选法官的职位、员额和条件，逐级报至上级法院的法官遴选委员会，经法官遴选委员会审核无异议后予以公布；符合参加遴选条件且具有任职意愿的法官，可由本人向法官遴选委员会提出申请，并附送个人从事审判工作以来的审判、调研等工作业绩说明。(2)推荐。申请时，需由至少3名从事同类审判工作满5年以上的资深法官推荐，并应附有详细的推荐理由。(3)评议。法官遴选委员会依程序对申请人进行资格审查、考试(包括笔试、面试)及考察，并经充分评议后按照一人一票，得票多者当选的原则，以不记名投票方式确定法官的提名、推荐人选；申请人所在法院的法官考评委员会对申请人作出的近5年内的考评意见应作为法官遴选委员会对申请人进行考察、推荐的重要参考依据。(4)公示。法官遴选委员会确定法官的提名、推荐人选后，应及时向社会公示，公示期不少于15天。(5)任命。公示结束后，依照《法官法》等相关规定，由法院院长提名，报经同级权力机关任命。

6. 完善司法辅助人员的选任管理

法官员额制是实现法官精英化、专业化必不可少的前提条件，也是具有重大和深远意义的改革事项和战略性举措。对于解决我国法院内部法官职务序列与非法官职务序列界限不清，提高法官素质具有积极意义。然而，知识产权法院实行法官员额制之后，法官人数急剧减少，而知识产权案件收案量却在激增，“案多人少”的情况越发凸显。课题组认为，导致“案多人少”矛盾的不是因为法官人数少，更不是员额制本身出了问题，而是法官助理、书记员以及其他行政综合部门工作人员的选任管理制度必须跟上法官员额制的步伐。

合理的司法辅助人员配置能使法官从烦琐的行政事务中解脱出来，提高了法官工作效率，在法官员额制的前提下解决“案多人少”的矛盾。北京知识产权法院的实践也证明了这一点。实行法官员额，虽然减少了法官数额，但“法官团队”的结案数量不降反升。一个法官在司法辅助人员配置充足的情况下，通过

“1 +1 +1”甚至“1 +n +n”的模式,可以带领自己的法官团队高效率完成案件的审理工作。因此,保证司法辅助人员的配置到位,并且对他们实行科学分类管理优化审判资源配置就显得尤为重要。完善司法辅助人员的选任管理,是实现法官职业化的有力保障。

作为司法辅助人员的法官助理、书记员及其他行政人员,工作性质各不相同,对此必须制定不同的职业标准和管理原则。根据法官助理的职责,[①]法官助理主要可以从在法院内部没有被选任为法官的审判人员和具有法律研究生以上学历的优秀在职人员中选拔,随着法官职业化建设的不断发展和完善,也可逐步过渡到从法律院校的优秀应届毕业生中挑选法官助理。明确从事法官助理工作可以作为晋升法官的途径之一,但不是唯一途径。书记员的主要职责为庭审排期、庭审记录以及整卷归档等,根据其岗位特点,对书记员实行聘用制,建立单独序列,即对书记员的录用、培训、晋级等进行单独管理,力求建立一支稳定、高效的专业化书记员队伍。行政综合部门的人员专司行政管理事务,根据审判职务序列与行政职务序列分流的原则,不再享有审判职称而实行公务员序列的管理。对于法院内部人员的分类管理,北京知识产权法院、深圳市中级人民法院、珠海市横琴新区人民法院等多家法院均已开展了有益探索,并积累了宝贵的一线经验。

(三)在法官培养方面的具体建议

1.构建“大数据”背景下的现代化法官培训体系

2016年《国民经济和社会发展第十三个五年规划纲要》正式出台,明确提出了实施国家大数据战略。随着近年来大数据在诸多领域得到广泛应用,其重要作用日益凸显。大数据同样可以为知识产权法官培训提供良好的平台。通过大数据科技的运用,可以全面、精细化地了解各地区、各法院、甚至能精确到每一名知识产权法官的培训现状和个性化需求,同时为知识产权法官培训提供大数据支持,依托现代科技,构建信息时代的法官培训体系。

知识产权案件审理具有很强的专业性,对法官的能力和素质要求较高。知识产权案件中的技术类案件更是因涉及自然科学技术领域,对法官的知识储备

---

① 法官助理协助法官从事司法辅助工作,负责协调案件开庭排期、组织证据交换、初步归纳争议焦点、起草庭审提纲等庭前准备工作,协助主审法官办理委托鉴定、调查取证、现场勘验、证据保全、财产保全等事项,负责裁判文书上网等。参见北京知识产权法院课题组:《关于审判权运行机制改革的思考与探索——以北京知识产权法院为分析样本》,载《法律适用》2015年第10期。

提出了更高的要求。审理专利案件的知识产权法官不仅要有较高的法律专业素养、丰富的审判经验,最好还具备理工科专业的知识背景,对当前科学技术的总体状况和发展趋势有一定了解。同时对于具备理工科教育背景的法官,也可结合其自身的知识特点和结构制订相应的培训方案。

培训内容和形式可以丰富多彩。除著作权法、商标法及专利法的内容外,还应增加民法、合同法、公司法、行政法和相关诉讼法的内容。针对不同的培训对象采取专题讲座、业务竞赛、模拟法庭、学术研讨等穿插其中。受训人员每完成一个阶段的业务培训,可进行有针对性的业务竞赛,使法官在竞赛中认识不足,相互激励,促进学习。而模拟法庭、学术研讨等为法官创造积累庭审经验、提高研究能力的平台,在思维的交锋中探索解决问题的路径,使优秀的司法实务经验得以传承和推广。同时,可发挥互联网技术的优势,通过网络课堂、远程互动等技术,增设网络视频讲座、分享学习资料,搭建讨论平台,使法官可通过集中或分散方式,灵活安排空闲时间,进行自主学习和培训。

2. 大力支持知识产权法官开展对外国际交流培训

在当前世界大发展、大变革、大调整的背景下,知识产权司法保护全球化的趋势越发明显,国际社会对中国知识产权司法保护的关注度日益增高。北上广三地知识产权法院的建立,采取各项法律举措致力于提高知识产权保护水平,也肩负着扩大知识产权司法保护的国际影响力,树立中国知识产权保护的良好形象的光荣使命。

知识产权案件中涉外因素的比重日益加大,对法官职业群体乃至法律职业家提出了更高的要求。知识产权法官的培训应着力打造一支具有国际视野的高素质审判队伍。知识产权法官不仅需要具有扎实的专业知识,丰富的社会经验,还要具有驾驭国际化诉讼的语言能力和思维能力。此外,知识产权领域存在众多国际条约,更需要知识产权法院的法官具备国际视野和世界眼光,提高裁判复杂案件的能力。

知识产权法官的培训应当与国际接轨。培养一批外语水平流利的知识产权法官,选赴英美和大陆法系国家研修课程,到世界著名大学、知识产权研究机构交流学习,考察他国知识产权司法机关的先进经验。选派专业、外语俱佳的知识产权法官积极参加国际多边交流的舞台,向国际社会发出中国声音,阐释中国知识产权司法保护的实践做法,投身国际知识产权交流合作,及时跟踪和把握知识产权国际司法的前沿和动向。

3. 强调知识产权法官职业道德和品行操守

现代法治国家在选任法官时,除考虑学历、经历等技术性标准以外,法律职业伦理与个人品行也是一个很重要的考量因素。所谓的法官的职业伦理道德与职业素养操守都是为了维护社会正义、捍卫社会公正而提出的,包括中立地位、秉公办案、刚正不阿、兢兢业业等个人品行。法官作为裁判办案者,也即司法者,是法律与实际生活沟通的桥梁,法院则是把所有法规实际化、现实化并且完全适用于现实生活中的中枢,适用法律解释法律,法官应当具有守卫法律捍卫正义为维护社会公正愿意身死的气节,无论何时都要保持一个中立的超然地位,不为感性、情感、生活所影响,这就要求法官要有极高的职业伦理素质与职业道德操守,法官的任用也是以此为重要标准。即在人们心中法官必须具有高尚的个人品格,既能体现司法的公平和正义,又能体现司法的人性和尊严。因此对于知识产权法官的培训内容除了法律专业知识外,在法官职业道德、品行操守、廉政教育等方面还应加大培训力度。

五、结语

知识产权法院法官的选任和培养制度改革可以提高司法能力,改变法官形象,更重要的是为司法权威和司法公信的提升奠定队伍基础。因此,我们要有把知识产权法院法官的选任和培养制度作为司法体制改革要攻克的重要堡垒的准备,筚路蓝缕,励精图治,以科学的法官选任和培养制度为知识产权法院的高效运作提供源源动力,最大限度发挥知识产权法院在完善知识产权保护、推动创新驱动发展的功能作用。

北京知识产权法院关于商标驳回复审行政案件速审机制运行情况的调研

北京知识产权法院课题组*

2016年2月25日,北京知识产权法院(以下简称北京知产法院)以"繁案精审、简案快审"为指导思想,正式实施了商标驳回复审行政案件速审机制(以下简称速审机制),依法简化案件审理程序,全面优化审判资源配置,在推进行政案件繁简分流、提升整体审判质效方面进行了有益探索。为深入总结速审机制运行情况,该院课题组通过座谈研讨、调查问卷、个案访谈等方式就机制运行的基本情况、取得的成效、经验做法及存在的问题进行了全面调研,并就进一步完善速审机制提出了对策建议。

一、探索建立速审机制的背景

(一)探索速审机制是践行司法改革使命的必然要求

北京知产法院受理的案件既有疑难复杂的技术类、著作权类案件,也有案件事实相对清楚、权利义务关系相对明确的商标驳回复审行政案件。2016年北京知产法院启动繁简分流改革,在审判庭设立商标、专利、著作权专业法官团队,推进专业化审判。同时,在立案庭设立速审团队,对商标驳回复审行政案件进行集中快审快办。探索速审机制,以最少的司法资源取得最大的审判效益,是深入推进审判权运行机制改革的必然选择。

(二)探索速审机制是加大知识产权保护力度的重要途径

2015年,北京知产法院共受理商标驳回复审行政案件2564件,约占全院受理案件27.9%。2016年预计受理该类案件近3000件,案件总量大且涉外、涉外埠案件多。但是,2015年该类案件平均审理用时为103.96天,审理周期较长,与

---

* 课题主持人宋鱼水;负责人杜长辉;主要执笔人张剑、刘晓慧。

该类案件事实清楚、法律关系相对明确的特点不符,客观上制约技术类和新类型疑难复杂案件审理,也在一定程度上影响加大知识产权保护力度的实践效果。依法简化该类案件的审理程序是充分发挥审判职能、加大知识产权保护力度的重要途径。

(三)探索速审机制是破解案多人少短板的客观要求

2015 年,北京知产法院未结案件共 4123 件。2016 年,预计新收案件 10,000 件左右。但是,2016 年北京知产法院入额法官共计 44 名,除院庭长及综合职能部门法官外,一线法官仅为 32 名,案多人少的严峻形势居于全市中级人民法院之首,人案矛盾已经日益成为制约北京知产法院整体审判质效的"难题""短板"。探索建立提升审判效率的制度机制是北京知产法院破解案多人少难题的客观要求。

同时,2015 年年底,最高人民法院提出要依法加大案件繁简分流力度,实行繁案精办细办、简案简办快办。2016 年年初,北京市高级人民法院指出要在刑事、行政和执行领域设立速裁庭、速裁组。这为北京知产法院探索速审机制提供了政策指引。

二、速审机制的基本内容

速审机制是在现行法律规定框架内,通过简化案件审理程序,优化司法资源配置,对符合条件的案件实行快速审理的工作机制。速审机制不是独立的审理程序,其实质是在行政诉讼法规定范围内,创新审理方式,降低诉讼成本,提升审判效率的工作机制。

(一)适用范围

目前速审机制仅适用于事实相对清楚、权利义务关系相对明确的商标驳回复审行政案件[①]。

(二)机构设置

在立案庭设立速审组,采用速审机制对商标驳回复审行政案件进行集中快速审理。在具体设置方面,采取了"1 + 2 + 4"模式:"1"是设立一个速审服务窗口,主要用于集中提供速审咨询、原告方送达、开庭排期等服务;"2"是指设立速

① 商标驳回复审行政案件是指商标申请人不服国家工商管理总局商标评审委员会作出的商标驳回复审决定,于法定期限内向法院提起的行政诉讼。

审准备室和材料交换室两个工作室，主要用于向被告方集中送达、与被告方进行诉讼材料交换等工作；“4”是指设立速审组四个法官团队快速办理案件。其中“1+2”构成了速审前期服务平台，4个法官团队成为速审后期审理平台（见图1）。

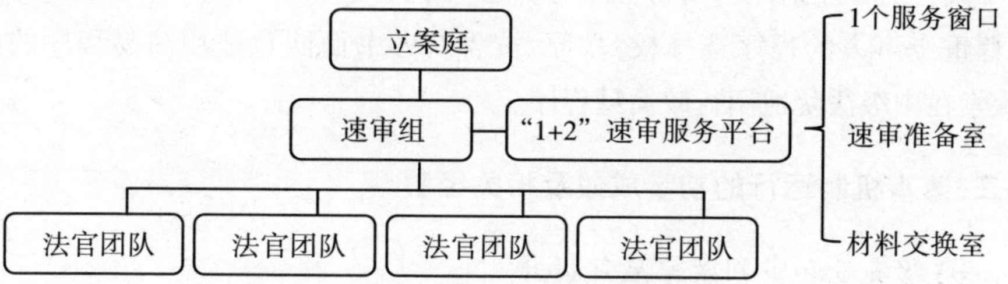

图1　速审组“1+2+4”设置模式

（三）机制运行七大特点

1. 改原有条块衔接为立审无缝化衔接

改变以往立案庭先立案、后逐一分配至业务庭的传统做法，案件登记立案后即时分流至速审组，以无缝化立审衔接保障繁简分流高效有序。

2. 改分散送达方式为集中送达和交换

改变以往承办书记员逐案送达的传统方式，依托“1+2”速审服务平台，统一采取原告立案当日即时送达、被告每周两次来院签收和交换诉讼材料的方式，切实提升送达效率。

3. 改传统分散排庭为集中排期庭审

改变承办法官自行安排开庭的方式，由速审服务窗口依照立案先后顺序依次排期开庭，进行集中审理。

4. 改庭前分散邮寄交换为当庭证据交换

针对商标驳回复审行政案件中被告方证据均为原告复审阶段所提供的特点，改变以往承办书记员逐案邮寄交换证据的方式，采取开庭当日庭前进行证据交换并当庭发表质证意见，提高证据交换效率、降低诉讼成本。

5. 改普通文书体例为要素化文书

对于进入速审机制的案件，除少数疑难复杂案件外，统一采用要点突出、格式精简的要素式裁判文书，以“文书瘦身”提高文书制作效率。

6. 改粗放型陪审为集约化陪审

针对速审案件高效运转工作特点,提前固定陪审时间,并按照庭审安排统一调配,保障陪审效率。注重发挥陪审员在审阅卷宗材料、协助明确审理思路和审核裁判文书等方面的积极作用,保障速审案件审判质效。

7. 改普通程序适用为简易程序与普通程序并用

尊重当事人的程序选择权,在原、被告双方书面同意适用简易程序的前提下,探索在中级法院适用行政简易程序。

三、速审机制运行的初步成效及相关经验

(一)结案量和审判效率显著提升

自2016年2月25日至12月31日,立案庭速审组四个法官团队共受理商标驳回复审行政案件1811件[①]。同期,审结1576件,结案率为87.02%,约占全院同期结案19.43%(见图2)。速审组集中利用全院不到10%的审判资源审结全院近20%的案件。在审理用时方面,同期已结商标驳回复审行政案件平均审理用时约为71.51天,比2015年缩短32.45天,审判效率提升31.21%。速审机制在提高审判效率、优化资源配置方面取得了初步成效(见图3)。

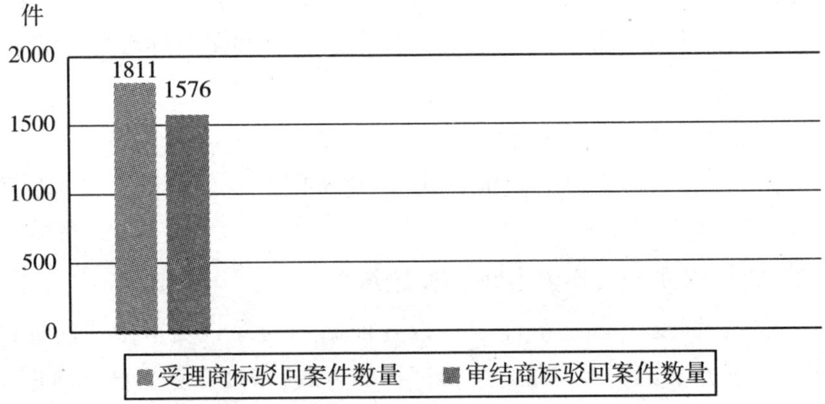

图2 2016年速审组商标驳回行政案件收结案情况

① 速审组成立前,北京知产法院其他部门受理商标驳回复审行政案件600余件,且在速审机制运行过程中,由于人员配置不到位,共分流400多件商标驳回复审行政案件至其他部门。2016年,北京知产法院共受理受理商标驳回行政案件2848件。

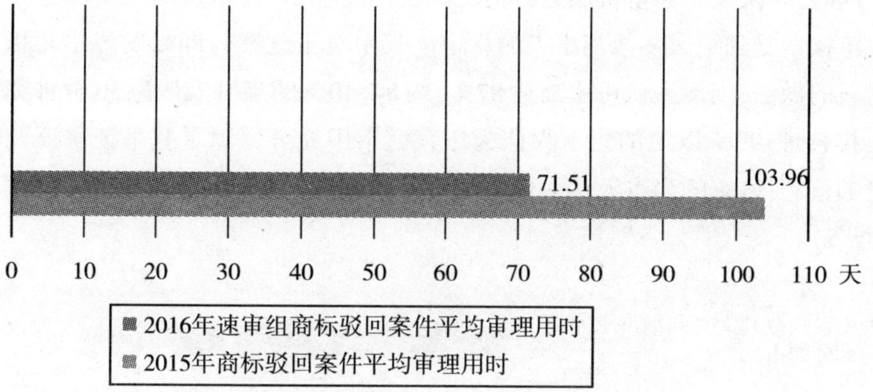

图3　商标驳回复审行政案件平均审理用时对比

(二)行政简易程序适用效果良好

速审机制创新采取立案当日送达传票以及庭前证据交换等方式，节约庭前准备时间约20天，为更好地适用行政简易程序创造了条件。自2016年2月25日至12月31日，在双方当事人同意的基础上，北京知产法院适用简易程序审结商标驳回复审行政案件333件，占比21.13%，且均在法律规定的45日内审结，为行政简易程序适用提供了实践样本(见图4)。

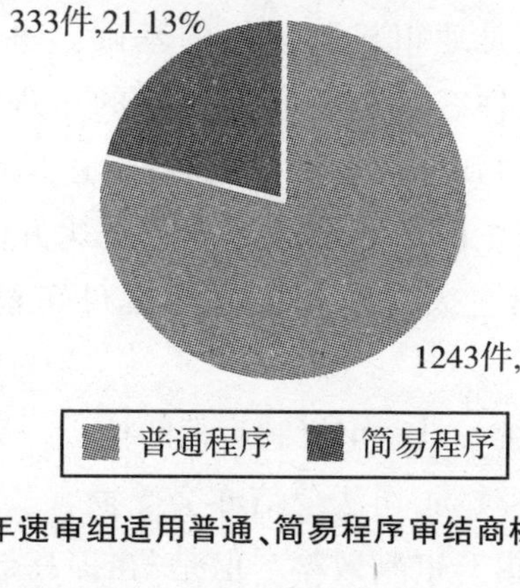

图4　2016年速审组适用普通、简易程序审结商标驳回案件量及占比

(三)当事人的诉讼成本进一步降低

北京知产法院受理的商标驳回复审行政案件中涉外、涉外埠案件高达85%以上。速审机制开庭当日向原告送达开庭传票，并在庭前进行证据交换，大大节约了当事人，尤其是涉外、涉外埠当事人反复来京、诉讼材料邮寄等方面的时间和经济成本。

同时,我院关于速审机制运行情况调查问卷显示,速审机制在审理程序方面的改革探索受到绝大多数当事人的肯定。其中对于立案后即时发传票和相关诉讼材料的做法,当事人认可率高达87%;约84.40%的当事人认为30分钟庭审时间安排合理;99%以上的当事人认为法官庭审中充分保障了其举证质证及陈述意见的权利;91%的当事人认为速审组要素式裁判文书归纳诉求完整、论理充分(见图5)。

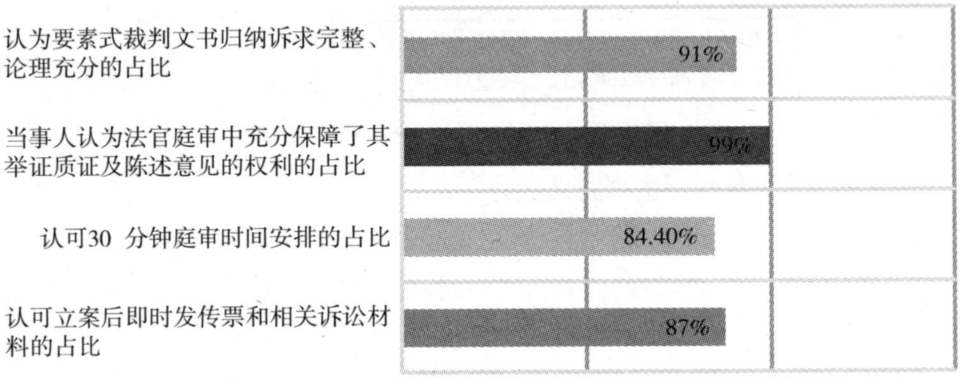

图5 当事人对速审机制关键环节满意度情况统计

总体来看,速审机制成效的取得主要得益于以下四个方面的探索与实践:

(1)科学确定案件类型是速审机制运行的基础。事实相对清楚、权利义务相对明确、争议不大的案件客观上不需要复杂的审理程序,且依法简化该类案件的审理程序不会影响到案件公正。同时,送达是诉讼合法顺利进行不可或缺的环节,也是程序公正的重要组成部分。送达方便且周期较短的案件适宜采用速审机制,存在第三人等送达困难的案件可能无法真正实现快审快办。

(2)坚持效率与公正相统一是速审机制运行的核心。案件审理周期过长,当事人对程序公正的信赖将会减弱,司法公信亦会受损害。速审机制立足效率优先,通过依法简化诉讼环节提升审判效率。但是,在提高效率的同时,北京知产法院始终注重将依法保障当事人的知情权、诉讼程序选择权、申请回避权以及举证质证、辩论等诉讼权利贯穿始终,对涉及当事人诉讼权利的环节不简化、不压缩,杜绝以牺牲当事人的诉讼权利为代价换取审判效率的提升。

(3)合理制约法官权力是速审机制运行的重要保障。没有制约的权力必然产生腐败。在构建和实施速审机制过程中,注重将规范速审法官权力运行贯穿分案、审理和判决全流程,综合采取按照立案先后顺序随机分案、每周定期召开速审法官会议以及鼓励法官在判决中援引在先判例、统一裁判标准等措施,加强对法官自由裁量权的合理制约,最大限度地防范快审快办过程中存在的廉政风险,以司法权力规范廉洁运行保障案件公正和速审机制持续良性运行。

(4)优化法官团队配置是发挥速审机制效应的重要支撑。进入速审机制的案件事实相对清楚、权利义务关系相对明确,法官助理、聘任制司法辅助人员在提升结案量方面发挥作用的空间较大。2016 年 2 ~ 9 月,速审法官团队法官、法官助理、书记员 1:1:1 配置下,平均结案量为 32 件/月。10 月,每个法官团队增配两名聘任制司法辅助人员,全员攻坚结案,平均结案量达到 67 件/月,比前期增加 109.38%,结案量增长显著。运行实践证明,速审组当前 1:2:2 人员配置结构基本商标驳回复审行政案件审理需要,团队合力发挥较为充分。

四、速审机制运行中存在的问题及原因分析

速审机制取得了初步成效,但总体来看,速审机制运行实效有待进一步挖掘,机制运行规范化、科学化和持续化方面有待改进,具体表现在以下六个方面:

(一)速审机制在"简案"集中快审快办方面的作用发挥不够充分

2015 年,北京知产法院受理商标驳回复审行政案件 2564 件,2016 年达到 2848 件,且呈现持续上涨趋势。2016 年速审组齐心协力共审结该类案件 1576 件,约占全院受理商标驳回复审行政案件 55.34%,尚有千余件商标驳回复审行政案件未进入速审机制,从这个意义上来看,速审机制在"简案"集中快审快办以及促进案件繁简分流方面的作用尚未得到有效发挥。但是,速审组一线法官团队每年审结 600 件左右商标驳回复审行政案件已到达满负荷状态,全年近 3000 件的案件量严重超出当前速审法官整体审结能力,也是制约速审机制作用有效发挥的重要因素。

(二)速审机制启动方式有待进一步规范

当前,速审机制采取法院依职权启动的方式,只要是商标驳回复审行政案件均适用速审机制。但是,调查问卷显示,约有近 10% 的当事人认为其对于是否适用速审机制享有选择权,法院不能依照案由决定商标驳回复审行政案件均适用速审机制。司法实践中,基于涉案引证商标正处于撤销、无效等审理程序之中以

及办理商标共存协议等可能消除商标注册权力障碍情形,部分当事人主观上希望拉长案件审理周期,亦存在反对适用速审机制、要求采用传统方式进行审理的情形,对于速审机制正常运转造成了一定程度的障碍。

(三)少数当事人对于速审机制仍存在一定程度的抵触情绪

实践中,部分当事人担心进入速审机制的案件审限短可能影响案件公正,从而拒绝签署速审机制各种书面材料。调查问卷显示,约6.5%的当事人提出应根据案件具体情况决定是否适用速审机制,对于复杂的商标驳回复审案件不应适用速审机制。引发当事人上述疑虑的主要原因是速审机制是新型审理方式,而并非法定概念,部分当事人不了解速审机制,甚至将速审机制混同行政简易程序,认为只要进入速审机制的案件都会在45日内结案。

(四)速审组审判辅助人员整体压力较大

一方面,速审组受理的商标驳回复审行政案件总量较大,每月新收案件200件左右,尤其是书记员疲于应付每月至少60件案件庭审记录、送达等工作,上诉移转、卷宗归档无暇顾及。另一方面,速审组案件周转快,案件从立案到开庭平均用时为23.41天,从开庭到结案平均时长仅为48.1天,且每月每个团队至少20件适用行政简易程序的案件,法定审限仅为45日,且不能延长,高速运转的工作节奏一定程度上增加了速审团队人员的心理压力。

(五)速审法官及法官助理职业成长与发展问题不容忽视

目前速审组仅受理商标驳回复审行政案件一种案件,且该类案件事实相对清楚、权利义务关系相对明确,涉及的法律条文相对局限,相对单一的案件结构容易引起职业倦怠。调研发现,速审组法官、助理普遍认为长时间脱离技术类、民事类等审判实践会影响审判业务能力的全面提升,普遍具有承办多元类型案件的业务需求。

(六)司法辅助人员管理与使用有待规范

目前聘任制司法辅助人员职责定位不够清晰,速审组各团队聘任制司法辅助人员管理和使用的具体方式各异。总体来看,速审组司法辅助人员既承担了部分法官助理的工作,也承担了部分书记员的工作。但是,从管理和考核机制来看,当前对于司法辅助人员的考核采取书记员管理与评价模式,与速审组司法辅助人员实际承担的工作职责不完全吻合,不能科学反映司法辅助人员的工作业绩,不利于其工作积极性的调动和速审机制作用的充分发挥。

五、完善速审机制运行的对策建议

（一）充实速审法官队伍，为有效发挥繁简分流作用提供人力保障

一线速审法官团队每月审结商标驳回复审行政案件为50件左右。因此，按照每年商标驳回复审行政案件3000件和上述结案标准测算，建议进一步充实速审法官队伍，按照1:2:2配置，适当增配速审法官团队，为速审机制有效发挥繁简分流作用提供必要的人力基础。同时，建立新任法官速审平台锻炼成长机制，新入额法官分批次到速审组办理案件，将速审组作为培养年轻法官的重要平台，全面保障速审机制持续良性运行。

（二）制定速审工作规范，规定特定类型案件强制适用速审机制

简案快审是司法公正的内在要求，也是遵循司法规律的题中应有之义。当事人滥用诉讼权利，人为造成事实相对清楚、法律关系明确案件审理不当拖延，既有悖司法公正的内在要求，也不利于节省有限的司法资源。因此，应制定相关工作规范，明确法院依职权启动速审机制，对于符合条件的案件适用速审机制进行快速审理，不能赋予当事人对于是否采用速审机制的选择权，以防止个别当事人滥用选择权利达到不当拖延诉讼的目的。同时，针对个案可能存在的特殊情况，应按照速审机制进入开庭，由合议庭在合议的基础上依法公正处置。

（三）多措并举提高速审案件质量，以公正裁判保障速审机制生命力

作为提高审判效率、优化审判资源配置的机制探索，速审机制能否持续发挥其制度效应并真正赢得公众信赖，最根本的是案件质量。应进一步严把速审案件质量关，通过加大校核力度、速审案件专项评查、速审裁判文书评比、鼓励援引在先判例等方式提升速审案件审判质量，让当事人在每一个速审案件中都感受到程序和实体公正。建立在案证据较多、疑难复杂或引证商标权利状态不确定等需要较长审理周期等特殊案件台账管理制度，明确根据案情进行二次开庭、适当等待确定引证商标权利状态等具体措施，真正以高质高效的裁判水平回应当事人对于速审机制的关切，从根本上保持速审机制生命力。

（四）全面畅通信息沟通渠道，进一步消除当事人对于速审机制的认识偏差

加大速审机制宣传工作力度，在进一步强化速审服务窗口、庭审、庭后全程解释说明工作基础上，广泛通过新闻发布会、法院开放日、公开庭审和媒体报道等多种方式加大信息宣传，让广大当事人全面了解速审机制的构建原则、速审机制与简

易程序的区别以及保障案件程序和实体公正相关措施,最大限度消除当事人对于速审机制的认识盲区、误区,以司法公开提高公众对于新型审理方式的支持信赖。

(五)以信息化建设为依托,发挥智能辅助在提高审判效率方面的积极作用

进一步扩大自动语音识别系统在商标驳回复审行政案件庭审记录工作中的运用,缓解书记员记录压力,提高庭审效率。同时,商标驳回复审行政案件具有一定特殊性,被告均为国家工商管理总局商标评审委员会,建议采取被告方电子送达模式,将应诉通知、裁判文书以电子数据方式送达至被告确认的电子地址,减轻送达压力,提高送达效率。进一步建立与被告商标评审委员会商标驳回复审行政决定及商标档案电子信息共享机制,减轻法官助理在撰写裁判文书方面的压力,提高裁判文书制作效率。

(六)建立多层次速审法官团队管理与使用长效机制,保障速审机制持续运转在精准测算收结案情况、确保完成商标驳回复审行政

案件审判任务的前提下,适度调整速审法官承办案件的结构,根据速审法官兴趣、特长,鼓励速审组法官承办一定数量其他类型的案件,满足法官、助理全面提升审判业务能力的职业需要。同时,建立速审法官、法官助理定期交流机制,速审组法官、助理工作一年后,可根据其职业兴趣调入其他专业审判团队,做到速审机制运行与法官成长成才"两不误"。

(七)规范聘任制司法辅助人员管理使用,充分发挥其司法辅助作用

科学制定考核规则,充分发挥考核激励作用。根据速审组司法辅助人员承担法官助理和书记员双重角色的具体情况,以裁判文书署名、卷宗整理等可量化指标进行综合业绩考评。同时,赋予速审团队法官一定比例的考评权重,由速审组法官根据本团队司法辅助人员的实际工作情况予以量化考核,科学反映其工作业绩,切实发挥考核机制的激励作用。探索建立司法辅助人员自治管理委员会,依托自治管理委员会定期开展技能培训、业务交流,提高其自我管理、自我发展的能力,为进一步发挥司法辅助作用提供支持。

知识产权商标行政案件速审机制证成与建构

——以某知识产权法院的实践为样本

史兆欢*

当前,以审判权运行机制为核心的各项司法改革举措逐步推进。在法官员额受到严格限制、案多人少矛盾突出、审判质效受到制约的司法大环境下,某知识产权法院作为整建制推进司法改革的法院,立足本院实际,就商标驳回复审行政纠纷积极主动探索速审机制,以实现案件繁简分流、提高审判质效的目的,在此轮司法改革中发挥了重要作用。

一、速审机制定位与定性

速审机制的用语借鉴了其他国家的类似制度,如美国宪法第六修正案确立的刑事案件中犯罪嫌疑人获得快速审判(Speedy Trail)的原则;①法国民事诉讼制度中的分散性简易与速审程序性规定以及独立设置的"紧急审理裁定"程序规定;②再如德国民事诉讼中的"简化和加快诉讼程序"。③ 在我国,速审机制并非严格意义上的法律概念,也并未有法律对其定义进行直接规定。速审机制是某知识产权法院在总结其他国家类似制度高效、快速等显著特点的基础上,就该类技术性司法措施归纳出的一个概括性称谓。

在商标行政案件中,对速审机制的积极探索,很大程度上是迫于法院面临"案多人少"之巨大现实压力。从定位的角度来看,这一机制的建立采用"实用主义"的改革思路,属于司法改革中的技术性措施。该机制建立的目标定位应在

---

* 北京知识产权法院法官助理。

① 参见维基百科 Speedy Trail Clause 词条,载 https://en. wikipedia. org/wiki/Speedy_Trail_Clause,最后访问时间:2016 年 6 月 3 日。

② 廖中洪:《法国民事速裁程序及其基本理论思想》,载《法治研究》2010 年第 7 期。

③ 程林:《德国民事速裁制度及其借鉴意义》,载《金陵法律评论》2011 年秋季卷。

于,通过合理配置司法资源,优化审判机制,实现案件繁简分流,保证案件质量优先的同时最大限度地提高审判效率。

我国目前民事诉讼制度和行政诉讼制度中设立有“简易程序”和“速裁程序”,其中相关法律及司法解释对简易程序的起诉、答辩、传唤、送达方式等进行了进一步明确。速审机制是一项创新性的司法措施,其并不能等同于我国诉讼制度中已经存在的简易程序或速裁程序。基于上述对速审机制定位的分析,其本意不是创设一项新的诉讼程序,而是在现有诉讼程序的基础上,采用实用主义的改革思路,进行一些技术性的调整和优化,以适应审判权运行机制改革和案多人少巨大压力的现实需要。

某知识产权法院目前就商标驳回复审案件试行速审机制,速审机制具体包含有两项内容:一是适用简易程序审理案件;二是适用优化的普通程序审理案件。具体而言,在立案时,当事人可以自由选择采用简易程序还是普通程序;无论当事人选择采用何种程序,均可在立案窗口当场向当事人送达开庭传票,确定开庭日期;无论当事人选择何种程序,经当事人同意,均在开庭当日当庭向其交换证据及发表质证意见;当事人选择采用简易程序审理的,采用审判员独任审理,送达、传唤、审限等程序均按照简易程序处理;当事人选择采用普通程序审理的,组成合议庭,在当事人同意的前提下,对送达、传唤、举证质证等程序事项,采用速审机制优化后的措施,法院对审限可参照简易程序。

从以上分析可以看出,速审机制不仅吸收了简易程序的优点,将其运用到普通程序中,同时也对简易程序进行了技术性优化。由此可见,某知识产权法院目前试行的速审机制,就是通过依法简化诉讼环节,优化审判工作流程,实行快速审理的工作机制。速审机制并非创设了一种新的诉讼程序或诉讼制度,并不是一个独立的程序,而是在司法改革的背景下,在遵守相关诉讼法规定和尊重当事人意愿的前提下,法院为降低诉讼成本,提升审判效率,在借鉴国外诉讼制度和国内实践经验的基础上,在遵守现行法律规定的前提下,创新审理方式,积极探索优化诉讼程序,提高审判质效的司法技术改良措施。

二、速审机制的正当性

(一)速审机制是快速解决纠纷、提高审判效率的重要举措

基于速审机制的定位与定性,其根本目的在于快速解决纠纷。美国的速审,

并非一种诉讼程序，其最早来源于美国宪法第六修正案，是为保障人权，快速解决刑事案件，减少羁押周期，在刑事案件中赋予犯罪嫌疑人的一项权利。快速解决纠纷，是程序正义的要义之一。正如法谚所言，迟来的正义非正义。如果案件久拖不决，缺乏效率，不仅不利于纠纷和矛盾的解决，反而会加剧和深化社会矛盾。从行政诉讼目标模式的选择来看，我国行政诉讼法的历次修改有一个变迁的过程，1989年《中华人民共和国行政诉讼法》（以下简称《行政诉讼法》）总则第一条明确的重心在于对行政权力的维护和监督。[①] 最新的《行政诉讼法》则开始强调要求人民法院在兼顾公平和效率的前提下，及时解决行政争议。[②] 因此，解决行政争议的快速性和及时性要求，敦促法院应提高司法效率，这在本次修改法律时也受到了关注。结合知识产权权利周期短、审理周期长、程序往复多次普遍等特点，快速解决纠纷，提高司法效率显得尤为突出，速审机制的建立是解决这些问题的良好尝试。

（二）速审机制是合理配置司法资源，实现案件繁简分流的务实性措施

繁简分流，顾名思义，是指“将难易程度不同的案件纳入不同的程序去审理”[③]，也有学者将其理解为“根据案件的难易程度，将简单的案件集中由少数几个固定的法官根据简易程序进行审理”。[④] 无论采用何种定义，繁简分流的主要目的在于对案件进行分类，合理配置司法资源。就目前知识产权案件的具体审判实践而言，案件类型多样化，繁简不一。“特别是知识产权确权授权案件大幅度增加，法官办案压力大，这类案件也逐渐发生了分化，既有疑难复杂的新类型案件，也有一些案件事实清楚、争议不大、审理思路相对成熟的常规案件。”[⑤]但是按照目前的司法实践，无论案件简单还是复杂，均需组成三人或三人以上合议庭。知识产权商标驳回复审案件数量巨大，但事实和法律关系并不复杂，法律规则相对成熟和确定，因此无须耗费过多司法资源。2014年新修订的《行政诉讼法》第一次在行政诉讼中规定了简易程序，是对行政案件繁简分流的初步探索。

---

① 1989年《行政诉讼法》第1条规定：为保证人民法院正确、及时审理行政案件，保护公民、法人和其他组织的合法权益，维护和监督行政机关依法行使行政职权，根据宪法制定本法。

② 2014年修订的《行政诉讼法》第1条规定：为保证人民法院公正、及时审理行政案件，解决行政争议，保护公民、法人和其他组织的合法权益，监督行政机关依法行使职权，根据宪法，制定本法。

③ 王亚新：《司法效率与繁简分流》，载《中国审判》2010年第12期。

④ 王利明著：《司法改革研究》，法律出版社2001年版，第80页。

⑤ 马军：《知识产权授权确权案件的审理与行政诉讼法的新发展》，载《电子知识产权》2015年第11期。

速审机制的建立,将商标驳回复审案件单独对待,通过创新审理方式、优化审判流程和采用灵活的诉讼措施,合理分配司法资源,实现了案件的繁简分流。

(三)速审机制是解决案多人少矛盾的必然选择

法院系统案多人少的矛盾十分突出。2015 年,某知识产权法院共受理 9191 件案件,未结案件共 4123 件。在司法改革员额制和立案登记制的背景下,案件数量会持续增加,法官数量会大量减少。在此种现实状况下,造成旧案积压严重,新案进度缓慢,案多人少的矛盾会更加突出。因此,探索建立提升审判效率的制度机制也是破解当前案多人少工作难题的必然选择。速审机制是一种提高审判效率的具体措施,在繁简分流的前提下,快速审结在数量上占多数的商标驳回复审案件,有助于缓解案件压力,解决商标争议,稳定社会市场秩序,促进市场活力。

三、速审机制的可行性

除却理论上的正当性,速审机制的建立亦有其现实依据和法律参照,在具体机制建构上亦有可借鉴的实践经验。在知识产权商标行政案件中尝试速审机制,有司法政策的引导和可参照的法律规定。同时,商标驳回复审案件本身的特点,以及其他类型案件中旨在快速解决纠纷的在先司法经验,也为速审机制的建立提供了借鉴。

(一)司法政策的引导

最高人民法院在《人民法院第二个五年改革纲要(2004—2008)》中明确提出,在民事简易程序的基础上建立速审程序制度。这是在司法文件中首次提到"速审程序"。2005 年 11 月 2 日,最高人民法院召开了全国法院推进执法办案工作电视电话会议,最高人民法院常务副院长沈德咏在讲话中指出,"要依法加大案件繁简分流制度,积极合理使用小额诉讼程序、简易程序、速审程序等程序,实行繁案精办细办、简案简办快办。要围绕影响审判效率的普遍性问题,探索优化审判流程,积极推进机制创新,依法简化简单案件送达、开庭、裁判文书制作等环节,有效破解案多人少的难题"。[①] 北京市高级人民法院杨万明院长在 2016 年全市法院院长工作会议上指出,要加强速审审判庭、速审审判组的建设,不仅要在

---

① 罗书臻:《狠抓执法办案第一要务,加大工作力度破解工作难题》,载《人民法院报》2015 年 11 月 3 日,第 01 版。

民商事审判领域设立速审庭、速审组,还要根据实际需要,在刑事、行政和执行领域设立速审庭、速审组。

以上司法政策,从宏观到微观,均引导设立速审机制。某知识产权法院结合自身实际,选择在商标驳回复审行政案件中尝试速审机制,是落实上述司法政策的具体体现。

(二)可参照的法律依据

速审机制的适用对象既包括适用简易程序审理的案件,也包括适用普通程序审理的案件。现行《中华人民共和国民事诉讼法》(以下简称《民事诉讼法》)在第十三章中专门对"简易程序"进行了规定,共涉及6个条文,但均为原则性规定。为此,最高人民法院于2003年以34个条文,分别从适用范围、起诉与答辩、审理前的准备、开庭审理、宣判与送达及其他6个方面,详细规定了适用简易程序的各个细节。①

我国的行政诉讼制度起步较晚,有关研究相对落后,因此1989年的行政诉讼制度中只规定了普通程序,内容比较详尽。但经过近30年的发展,理论研究和审判实践的经验积累已得到长足的进步,同时鉴于复杂案件和简单案件类型的分化,学界和实务界强烈呼吁建立行政简易程序。因此,2014年修订的《行政诉讼法》第82条至第84条首次规定了行政简易程序。最高人民法院又作出了更为详尽的规定,规范了行政案件适用简易程序各个环节的具体内容。②

对于以上简易程序中的技术性规范,速审机制可以直接借鉴有关规定。

(三)商标驳回复审案件的特点适合速审机制

某知识产权法院选择商标驳回复审案件尝试速审机制,有基于案件本身特点的考虑。根据相关规定,③可以适用简易程序的行政案件要求(基本)事实清楚、权利义务明确、争议不大、法律关系简单。结合商标驳回复审案件的特点,其基本事实围绕一件商标申请展开,商标评审委员会认为该商标不符合条件因此拒绝予以注册;双方的权利义务关系清晰;所涉及的法律条文数量有限且较为集

① 参见最高人民法院《关于适用简易程序审理民事案件的若干规定》(法释〔2003〕15号)。

② 参见最高人民法院《关于开展行政诉讼简易程序试点工作的通知》(法〔2010〕446号)。

③ 参见2014年修订的《行政诉讼法》第82条:"人民法院审理下列第一审行政案件,认为事实清楚、权利义务关系明确、争议不大的,可以适用简易程序……"同时,最高人民法院《关于开展行政诉讼简易程序试点工作的通知》第一条规定:"下列第一审行政案件中,基本事实清楚、法律关系简单、权利义务明确的,可以适用简易程序审理……"

中,多数涉及商标图文比对或商品类别比对。[①] 除此之外,商标驳回复审案件并不涉及权利冲突的另一方当事人。上述特点,决定了商标驳回复审案件相对简单,司法实践形成的裁判规则也较为统一。因此结合目前知识产权案件的审判实践,商标驳回复审案件作为速审机制的实验对象是一种必然选择。

(四)其他类型案件采用速审机制的探索

司法实践中,有关速审的制度探索包括简易程序、民事小额速裁程序和刑事速裁程序,尤其是民事简易程序和小额速裁程序,已经有较为丰富的实践经验。如上文所述,速审机制主要是一种技术性的司法改良措施,因此在规则适用上,民事、行政案件之间的差异并不会太大。

民事案件审判领域的"小额速裁"程序,规定在《民事诉讼法》第 162 条。[②]《民事诉讼法司法解释》又补充规定,即使标的额不符合"小额"的标准,只要是简单的金钱给付类案件,也是适用小额诉讼程序。小额速裁程序实际上是民事简易程序的一种优化,和本文探讨的速审机制有十分高的契合度。《民事诉讼法司法解释》又进一步界定了小额诉讼程序的强制适用性,明晰了适用小额诉讼程序的案件类型,增强了小额诉讼程序的可操作性,科学合理设置了小额诉讼程序异议制度。[③] 另外,还有多个法院和部门针对小额速裁制度的运行展开了调研工作,总结出务实且操作性强的实践经验。[④] 这些完善的修订与实践经验的总结,为知识产权行政案件速审机制的建立提供了丰富的借鉴。

四、对两个质疑的澄清

(一)既有"简易程序",何必再要"速审机制"?

仅从字面上看,容易产生一种误解,即将某知识产权法院试行的速审机制等同于简易程序。同时,也会有人产生质疑,为什么在有简易程序的前提下,还要探索设立速审机制?正如上文所述,简易程序是速审机制的一部分,速审机制是

① 商标驳回复审案件涉及的法律条文相对较少,且较为固定,一般集中在《商标法》第 10 条、第 11 条、第 30 条和第 31 条。

② 《民事诉讼法》第 162 条规定:基层人民法院和它派出的法庭审理符合本法第 157 条第 1 款规定的简单的民事案件,标的额为各省、自治区、直辖市上年度就业人员年平均工资 30% 以下的,实行一审终审。

③ 吴卫:《新民诉法司法解释小额诉讼程序规定之亮点解析》,载 http://www.acla.org.cn/html/lilunyanjiu/20150317/20282.html,最后访问时间:2016 年 6 月 5 日。

④ 覃军等:《试行小额速裁程序的调研报告》,载《人民司法(应用)》2012 年第 3 期。

对简易程序和普通程序的优化，具有简易程序所不具备的优点：

一是速审机制具有包容性，既可适用于简易程序，也适用于普通程序。速审机制作为一整套诉讼措施的优化和改进，具有很强大包容性。就目前某知识产权法院试运行的机制而言，如果当事人未选择简易程序而采用普通程序审理，速审机制的一整套措施也可发挥重要作用，在立案、送达、举证、安排开庭、陪审员调度、文书制作等方面优化普通程序，提高审判效率。

二是速审机制对简易程序进一步优化。虽然司法解释对行政诉讼简易程序所涉环节作出了具体规定，[①]但并未涉及立案、分案、立案时送达开庭传票、当庭交换证据、焦点式审判、文书制作等更为优化的措施。这些都是速审机制明显具有的优点，且其实际效果也有事实支撑。据统计，2015 年，某知识产权法院适用普通审理方式审结商标申请驳回复审行政案件的平均用时为 103.96 天，从立案到开庭的平均用时约为 67.1 天，从开庭到审结的平均用时 34.1 天。现阶段适用速审机制审理商标申请驳回复审行政案件的平均周期比 2015 年缩短 65.95 天，审判效率提升了 63.44%。

（二）某知识产权法院适用简易程序的法律依据

某知识产权法院在法院层级上应当属于中级人民法院。相关法律及司法解释仅规定可以在基层人民法院试点行政诉讼简易程序，但是否可在中级人民法院开展并无明确规定。由于法律规定的不明确，某知识产权法院在商标行政案件中适用简易程序会导致两个方面的问题：一是当事人质疑某知识产权法院适用简易程序审理商标驳回案件的合法性；二是由于法律未明确规定知识产权法院可以适用简易程序审理有关案件，所以某知识产权法院目前将是否适用简易程序的决定权让与当事人。但出于审判质量等多种因素的担忧，导致当事人选择适用简易程序的案件相对较少。

针对以上两个问题，本文认为可以从法律规定的文义解释和目的解释出发，作以下分析：

首先，从案件性质上，商标驳回复审行政案件符合适用简易程序的案件条件。2014 年修订的《行政诉讼法》第 82 条规定了可以适用简易程序的案件类型。

---

① 参见《最高人民法院关于开展行政诉讼简易程序试点工作的通知》（法〔2010〕446 号）。

就上述适用条件来看,相关规定着重强调了"一审"及"案情简单"。[①] 结合商标驳回复审案件的特点,其基本事实围绕一件商标申请展开,商标评审委员会认为该商标不符合申请条件因此拒绝予以注册;双方的权利义务关系清晰;所涉及的法律条文数量有限且较为集中,多数涉及商标图文比对或商品类别比对。除此之外,商标驳回复审案件并不涉及权利冲突的另一方当事人。上述特点,说明北京知识产权法院在商标驳回复审案件中探索性地适用简易程序,完全符合上述立法精神。

其次,从法院层级上,现有法律规定基层人民法院的一审案件可以试行行政诉讼简易程序。但是,法律并未明确排除中级人民法院适用简易程序的可能性。一般来讲,基层人民法院的一审案件相较于中级人民法院和高级人民法院及最高人民法院的一审案件简单,正是基于这样的逻辑推定,法律才明确规定基层人民法院可以适用简易程序。所以,能否适用简易程序,立法本意更加注重的是案件本身是否"事实清楚、权利义务关系明确、争议不大",而非法院级别的高低。除此之外,知识产权商标行政案件具有特殊性,因为一审案件在全国范围内只有某知识产权法院可以审理,不存在"更为简单的知识产权商标行政案件"供基层人民法院适用简易程序,也不存在可以审理"更为简单的知识产权商标行政案件"的一审基层人民法院。因此,在商标行政案件中强调可以适用简易程序的法院级别没有实际意义。

最后,由于法律的规定不明确,某知识产权法院将是否适用简易程序的决定权让与当事人,而不是由法院自行决定是否适用简易程序。出于各种因素的顾虑,当事人愿意主动选择简易程序的案件比例不高。实际上,此种顾虑是多余的,有时也是出于诉讼策略的考虑,不追求案件结果胜负,故意拖延案件时间,为其他案件争取胜空间。如果当事人未选择适用简易程序,将导致本可以快速审理解决的案件久拖不决,浪费了司法资源,甚至将法院变成了其实现诉讼战略的工具。如果法律明确规定中级人民法院可以适用简易程序,赋予知识产权法院适用简易程序的决定权,可以有效减少司法资源的浪费,提高审判效率。

基于此,同时考虑到知识产权案件的特殊性,为避免引起误解和争议,希望

---

① 2014 年修订的《行政诉讼法》第 82 条规定:"人民法院审理下列第一审行政案件,认为事实清楚、权利义务关系明确、争议不大的,可以适用简易程序……"同时,最高人民法院《关于开展行政诉讼简易程序试点工作的通知》第 1 条规定:"下列第一审行政案件中,基本事实清楚、法律关系简单、权利义务明确的,可以适用简易程序审理……"

有关部门以法律或司法解释的形式,明确知识产权法院适用简易程序的权力和条件。①

五、速审机制的具体建构

某知识产权法院是从多个角度构建速审机制的,包括审判资源配置、程序设置和权利保障等。

(一)审判资源配置

在立案庭内部设立"速审小组",由若干法官和法官助理级书记员组成,专门审理商标驳回复审行政案件。在立案庭内部设立"速审组",改变由立案庭统一立案,然后按照权限将案件逐一分配到业务庭的传统做法。在速审机制下,案件登记立案后则直接转入速审组,有效压缩案件在法院内部不同部门之间的周转时间,切实以无缝化立审衔接保障效率。在审判人员配备上,针对速审案件高效运转的特点,周期性固定人民陪审员,并按照庭审安排统一调配,有效保障陪审效率。除此之外,速审机制下在立案大厅设立的一个速审服务窗口、速审准备室和材料交换室。速审服务窗口主要用于集中提供速审咨询、原告方送达、开庭排期等服务。速审准备室和材料交换室两个工作室,主要用于向被告方集中送达、与被告方进行诉讼材料交换等工作。

(二)程序设置

速审程序的各个环节设计立案与送达、证据交换和质证、开庭审理、裁判文书制作、审限要求等,具体如下:

立案与送达。立案接待窗口收取商标驳回复审案件后,将案件即时送至速审服务窗口,由速审服务窗口当场向原告发送开庭传票、权利义务告知等诉讼材

① 如《最高人民法院关于开展行政诉讼简易程序试点工作的通知》第8条规定:"最高人民法院确定的行政审判联系点法院(不包括中级人民法院)可以开展行政诉讼简易程序试点。各高级人民法院可以选择法治环境较好、行政审判力量较强和行政案件数量较多的基层人民法院开展行政诉讼简易程序试点,并报最高人民法院备案。"相应地,可以将该条直接修改或另行规定为:"最高人民法院确定的行政审判联系点法院可以开展行政诉讼简易程序试点。各高级人民法院可以选择法治环境较好、行政审判力量较强和行政案件数量较多的人民法院开展行政诉讼简易程序试点,并报最高人民法院备案。"或者,"最高人民法院确定的行政审判联系点法院(不包括中级人民法院)可以开展行政诉讼简易程序试点。各高级人民法院可以选择法治环境较好、行政审判力量较强和行政案件数量较多的基层人民法院开展行政诉讼简易程序试点,并报最高人民法院备案。知识产权法院可以根据审判实际需要,在知识产权一审案件中可以开展行政诉讼简易程序试点,并层报最高人民法院备案。"

料。速审组接收案件后,由速审准备室和材料交换室向被告商标评审委员会送达诉讼材料,改变由书记员逐案送达的传统方式,依托部门沟通形成的速审服务机制,统一采用每周二、四向被告集中送达,保证送达效率。据统计,通过集中向被告送达,平均4.64天完成被告方传票、应诉通知等送达工作。

证据交换和质证。知识产权行政案件具有特殊性,不同于一般行政案件。被告证明其行政行为合法的证据绝大部分为原告在之前的行政程序中提交的、用以证明申请商标可注册的材料。在不违反法律规定和尊重当事人意志的前提下,在当事人同意开庭当日交换证据和当庭质证的情况下,速审机制不再单独设立举证时限和单独组织证据交换。经过开庭审理,如果各方当事人或合议庭认为有必要重新指定举证期限的,法院会另行指定举证期限,以充分保证当事人的诉讼权利。

开庭审理。根据当事人选择适用简易程序还是普通程序的不同,合议庭的组成均依据法律规定组建,由一人独任审理或组成三人或三人以上单数合议庭。速审机制审理案件采用"焦点式"审判的模式,即经当事人同意,在庭审中将事实调查和法庭辩论合并进行,合议庭总结的争议焦点需要经双方当事人确认,案件审理围绕争议焦点进行。

裁判文书制作。商标驳回复审类案件采用标准化的要素式裁判文书格式。要素式裁判文书是指对于案情相对简单、法律关系明确、裁判标准较为统一的类型化知识产权授权确权行政案件,利用要点突出、格式精简的裁判文书模板所撰写的裁判文书。这种裁判文书更加精简,重点突出,更便于当事人理解且撰写简便易行,有利于缩短结案周期。

审限要求。当事人选择采用简易程序审理的案件,速审组按照法律的规定,必须在45天内审结案件。如果当事人选择采用普通程序审理,在采取前述速审机制司法措施的前提下,案件的审理周期也大为缩短。

(三)权利保障

在探索实施速审机制的各个环节中,制度的设计都依法保障当事人权利,合理制约法官权力的运行。在立案阶段,注重保障当事人的知情权和程序选择权等诉讼权利,依法向当事人发放诉讼权利义务告知书,明确告知当事人在不同阶段的诉讼权利,由当事人选择适用普通程序抑或简易程序;在分案阶段,依照立案顺序进行随机分案,切实从源头杜绝"关系案、金钱案和人情案";审理阶段,当庭交换证据和质证须经当事人同意,庭审时长每案至少保证三十分钟,充分听取各方诉辩意见。

六、结语:作为经验范式的可能

改革的目的在于通过尝试形成经验,作为一种可推广的范式使其具有普遍适用性。目前某知识产权法院在商标驳回行政案件中推行的速审机制,对其他类型的案件亦具有很高的借鉴价值,具有很强的包容性和实践可操作性。

首先,以商标局为被告的商标行政案件可以适用速审机制。以商标局为被告的商标行政案件多涉及商标申请不予受理、商标转让未予核准、商标著录信息错误请求改正未予批准等行政行为,案件事实清楚,权利义务明确,法律关系单一,双方需举证的内容较少,和商标驳回复审案件一样,完全可以适用速审机制的一整套措施。

其次,案情简单的专利行政案件可以适用速审机制。比如,涉及外观设计专利驳回复审的案件和是否属于可授予专利客体问题的驳回复审案件,这两类案件相对较为简单,法官无须具备理工技术背景知识也可快速审结。

再次,某些商标侵权、著作权侵权民事案件也可尝试适用速审机制的某些措施。如著作权侵权民事案件中,有许多涉及多张图片或多部电影的众多串案,当事人和侵权行为完全一致,只是每一个案件中被侵权的图片和电影不同,这类案件也较为简单,侵权证据在立案时一般均已固定,可在采用简易程序的同时,尝试速审机制中的立案时送达开庭传票、当庭交换证据等措施。

最后,在不涉及知识产权的普通行政案件中,可以有选择地尝试适用速审机制的某些措施。在普通行政案件中,也存在多个案情简单、事实清楚的案件,可以在立案、送达、证据交换、陪审员统一调度、开庭审理、文书制作等方面,借鉴速审机制的做法。

速审机制作为一种诉讼措施的创新,其实践效果尚需司法实践的进一步检验,其中存在的问题和未发掘的优化之处有待于进一步总结经验。经过一段时间的运行之后,期望总结出可复制、可推广的司法改革经验,并在其他类型案件中加以运用,努力为推进案件繁简分流、优化审判资源配置、提高审判质效提供有益经验。

我国知识产权领域技术调查官选任问题探析*

仪　军　李　青**

摘　要：科学、公正审理知识产权技术类案件对于国家创新发展和企业知识产权保护具有重要的推动作用，查明专业领域的技术事实是技术类案件审理的关键，技术调查官制度很大程度上提高了知识产权技术类案件的专业化审理水平。技术调查官制度的运行、技术调查官作用的发挥与技术调查官的人员选任有直接关系，本文立足于我国现有技术调查官选任相关规定及存在的不足，分析借鉴域外技术事实查明人员的选任经验和做法，结合笔者所在的北京知识产权法院技术调查官制度运行一年多来的实践，对我国知识产权领域技术调查官的选任问题进行探讨。

关键词：知识产权领域　技术调查官　选任

近年来，在国家创新驱动发展战略推动下，企业技术创新和成果保护的需求日益强烈，与此同时，法院受理的涉及专利、计算机软件、技术秘密、植物新品种、集成电路布图设计等的知识产权技术类案件数量也呈逐年递增趋势。以北京知识产权法院为例，该院 2015 年共受理技术类案件 1885 件，2016 年受理 2276 件，分别占全年总收案数的 20.5% 和 21.4%。加强对专利、计算机软件、技术秘密等核心知识产权的司法保护，对于高新技术企业生产经营和国家创新战略推动具有重要影响，公正、高效审理技术类案件，直接关系高新技术企业的生存发展和国际竞争力的提升。知识产权技术类案件审理中，技术事实的查明、认定以及法律适用是关键，而高度专业化的技术事实查明对于大多数法律专业毕业的法官来说，存在较大困难。2014 年 12 月，最高人民法院制定发布《关于知识产权法院

---

* 发表于《专利代理》2017 年第 1 期。

** 仪军，北京知识产权法院技术调查室负责人，法官。李青，北京知识产权法院技术调查室法官助理。

技术调查官参与诉讼活动若干问题的暂行规定》(以下简称《暂行规定》),在我国首次提出了技术调查官的概念,并率先在北京、上海、广州三地知识产权法院试行技术调查官制度。技术调查官制度运行以来也得到社会各界的广泛关注,而构建符合知识产权技术类案件审理需要的技术调查官选任机制是技术调查官制度科学运行的关键。

一、我国现有技术调查官选任的规定及存在的不足

对于技术调查官的具体选任条件及任职类型,《暂行规定》第 1 条规定:"知识产权法院配备技术调查官,技术调查官属于司法辅助人员;知识产权法院设置技术调查室,负责技术调查官的日常管理"。从上述规定的文字含义来看,技术调查官应为法院正式工作人员,即行政在编人员,行政编制的性质具有相对的稳定性,一定程度上能够保证技术调查官的中立性,也便于人员的管理与考核,但从审判需求角度出发,仅设置在编型一种技术调查官任职类型,不利于技术调查官作用的充分发挥,也难以满足知识产权法院专业化案件审判工作的多元需求,这主要体现在:

1. 行政编制的技术调查官专业技术覆盖面不够广泛。现行公务员行政编制人数有限,技术调查官的编制数量是以法院行政编制总量为基础,很难根据审判实践的变化随时增加编制,因此,有限的在编技术调查官无法覆盖技术类案件涉及的诸多专业技术领域。以北京知识产权法院为例,2016 年北京知产法院受理各类技术类案件 2276 件,案件涉及机械、材料、通信、医药、光电、计算机等多个专业技术领域。随着科学技术的迅猛发展,专业化不断加强,技术领域分工细化的趋势日益显现,司法实践中,不少案件又涉及多技术领域问题的交叉,在此情况下,有限的在编技术调查官无法满足现有技术类案件对专业技术领域广泛性和专业研究分类精细化的要求。

2. 行政编制的技术调查官知识更新存在困难。法院并非技术应用的一线单位,与技术应用一线部门的联系交流较少,在编技术调查官在单纯的司法环境中难以及时进行知识更新和实践应用,在当今技术发展日新月异的形势下,这就容易导致与技术发展相脱节,难以达到"本领域技术人员"的技术水平要求,不利于发挥技术调查官在技术事实查明中应有的作用。

3. 行政编制的技术调查官可招录的人员范围受限。司法实践中的技术事实查明工作要求技术调查官具有本领域技术人员的专业水平,同时由于大部分技

术类案件与生产实践紧密联系,因此,还要求技术调查官具有一定的生产、科研经验,从这个角度来说,应届毕业生由于缺乏实践经验,不适合直接担任技术调查官。但对于有一定生产应用实践经验的技术人员来说,无论是现阶段行政编制下的工资待遇,还是在专业化的技术职业发展方面,法院一般都不在该类技术人员职业发展规划的考虑范畴之内。因此,在行政编制条件下,招录能够胜任技术事实查明工作的技术人员存在一定困难。

4.行政编制的技术调查官职业发展受限。从技术调查官的职业发展角度出发,对于愿意来法院工作的具有相应技术水平的人员来说,要实现个人在专业发面的不断发展,需要通过不断参与研发、技术研究、应用实践等方式进行“回炉锻造”,但在目前法院普遍面临的巨大审判压力之下,技术调查官一定时间内脱离岗位专注科研和实践的可能性较小。此外,现阶段法院的行政在编人员仍是实行行政职级制,但对于被选任的专业技术人员而言,据此确定其职级、薪酬显然存在不合理之处。

二、外国及我国台湾地区技术调查官或其他技术事实查明人员的选任模式及比较分析

其他国家和地区对于涉及专业技术问题的案件中的技术事实查明所采用的模式各有不同,如韩国、日本及我国台湾地区专门设置了技术调查官(有的国家称为技术审理官或技术审查官),我国现行技术调查官制度也主要是借鉴了日本、韩国和我国台湾地区有关技术调查官的立法和成熟经验;德国主要采用技术法官的方式,美国等国家采用的是专家证人或专家咨询与技术助理相结合的模式。虽然德国、美国等国家的制度模式与技术调查官制度有所不同,但其对于参与技术事实查明的人员的选任实践对于我们的技术调查官的选任也具有一定的借鉴意义。

(一)韩国、日本、我国台湾地区技术调查官的选任情况

1.韩国

对于技术审理官的任用资格,韩国《技术审查官规则》规定:“在专利局从事审查官或者审判官5年以上者、作为一般公务员从事产业技术7年以上者,或者负责科学技术相关事务5年以上并曾在职5级以上者、科学技术相关领域取得硕士学位且从事相关领域或者研究10年以上者、科学技术相关领域取得博士学

位者、取得国家技术资格法规定的技术师资格者”。实践中，对于技术审查官的选拔渠道，一般有三个方向，一是政府机构内部选拔，具有5年以上经验的知识产权局之审查员，或者具有5年以上法官经验的，或者具有7年以上科技工作经验且为5级及以上公务员资格的；二是在科技领域的研究人员中选拔，科学技术领域获得博士学位的，或者在科技领域获得硕士学位且从事经营研究活动满10年的；三是从通过相关技术资格考试的人员中选拔，如根据韩国法律获得相关技术许可资格的人员。①

2. 日本

日本同时设置了技术调查官和技术咨询专家制度。日本的技术调查官从来源看，主要来自专利局的审查员或复审员，少数曾经是专利律师，审查员或复审员大多拥有20多年的专利审查经验。技术调查官是法院的正式工作人员，任期一般为两年，两年之后，他们可以选择回到原来的工作岗位，也可以选择继续留任。技术咨询专家中，大学教授约占50%，公立研究机构和民间企业研究人员约占30%，专利代理人约占20%。技术咨询专家是最高法院统一任命的兼职人员，一旦任命，他们便具有法院工作人员的身份，然而，与一般法院工作人员不同，他们只有被指派作为技术咨询专家参与案件审理中时才具有法院工作人员的身份。技术咨询专家隶属于最高法院指定的法院，接受其所在法院的指派参与相关案件审理，任职期限为两年。②

3. 我国台湾地区

根据我国台湾地区“智慧财产法院组织法”第15条的规定，“智慧财产法院”设技术审查室，置技术审查官。我国台湾地区“智慧财产法院约聘技术审查官遴聘办法”第3条规定：“具下列资格之一者，得受聘为约聘技术审查官，但具‘公务人员任用法’第二十八条第一项情事者，不予聘用，已聘用者，应予解聘：（一）曾任专利或商标高级审查官、审查官，成绩优良并具证明；（二）曾任专利或商标助理审查官三年以上，成绩优良并具证明；（三）曾任‘经济及能源部智慧财产局’约聘专利或商标审查员三年以上，成绩优良并具证明；（四）曾任公立或立案之私立专科以上学校或教育部承认之外国专科以上学校相关科、系、所讲师六年以上

① 马洽菲、韩元牧：《简述技术事实之审查——从我国知识产权法院设立技术调查官制度谈起》，载《中国发明与专利》2015年第3期。

② 凌宗亮：《日本知识产权审判中的技术事实查明制度》，载《上海法治报》2016年3月2日，B06版。

助理、教授、副教授、教授合计三年以上,有智慧财产权类专门著作并具证明;(五)曾任公、私立专业研究机构研究员、副研究员、助理研究员合计六年以上,有智慧财产权类专门著作并具证明;(六)具有国内外少见之特殊技术或科技研发专长且有证明;(七)经专利师考试及格、执行业务三年以上、申请发明专利件数达二十件以上者。"①

(二)其他国家从事技术事实查明的人员的选任情况

1. 德国

对于技术事实的认定,德国主要采用的是技术法官制度。对于技术法官选任方面的要求,在《德国法官法》第120条和《德国专利法》第65条中都有明确规定,被任命为技术法官的人必须在德国或欧盟境内的大学、技术学校或相关科研机构毕业,同时要求通过技术或自然科学相关方面的国家级或学院级考试,且至少有5年以上的工作经历。技术法官通常会从德国专利商标局中的资深技术审查员中挑选。在德国的专利法院,技术法官的地位与普通法官是一样的,而非司法辅助人员,技术法官与其他职业法官一样,享有终身任职的地位。②

2. 美国

在美国,技术事实的查明主要以专家证人或专家咨询模式进行,但在法院内部,也配备具有理工科技术背景的法官技术助理,如联邦巡回上诉法院每个法官均配有法律助理和技术助理。③ 但美国技术助理的选任条件较为宽松,与我国的法官助理类似,主要是以相关专业的毕业生为主。

(三)域外技术调查人员选任模式分析

综合上述国家和我国台湾地区从事技术调查的人员的选任模式和人员来源,可以发现有以下特点:

1. 任职方式上基本都是法院正式工作人员,但任期有所不同。如德国的技术法官,是与法官一样终身任职,日本和我国台湾地区一般有相对固定的任期限制(日本技术咨询专家的法院工作人员身份具有临时性),技术调查人员属于法院工作人员的性质,使其相对来说能够独立于各方当事人,从而一定程度上保证

① 宋汉林:《知识产权诉讼中的技术事实认定——兼论我国知识产权诉讼技术调查官制度》,载《西部法学评论》2015年第5期。

② 马洽菲、韩元牧:《简述技术事实之审查——从我国知识产权法院设立技术调查官制度谈起》,载《中国发明与专利》2015年第3期。

③ 徐雁:《论我国知识产权专家参审制度之完善》,载《东南司法评论》2012年卷。

技术调查工作的中立性。

2. 人员来源广泛。如韩国、日本、我国台湾地区的技术调查官的选任条件规定,符合一定条件的专利审查人员、科研机构、学者都可以选任技术调查官,日本的技术咨询专家还可以从专利代理人中选任,技术调查人员来源的广泛性有利于扩大技术调查的专业覆盖面,特别是生产、科研一线人员对于专利创新及前沿技术的敏感度较高,有利于更好地完成技术调查工作。

3. 人员的选任条件相对较高。除美国的技术助理外(美国主要是以专家证人、专家咨询为主,技术助理对于技术事实查明的作用相对专业技术调查官较小),大多数都要求至少5年以上的专业技术工作从业经历,或要求在专业研究方面具有较为突出的成就。可以看出,虽然涉及专利等技术问题的案件需要技术调查官从普通技术人员的角度对专业问题进行解读,但经验相对丰富的专业技术人员或科研人员能够更准确地把握案件涉及的专业技术问题。

三、北京知识产权法院对技术调查官选任的探索与实践

北京知识产权法院技术调查室成立于2015年10月22日,在《暂行规定》未对技术调查官选任等问题作出明确规定的情况下,结合相关文件精神和知识产权审判的实际需要,北京知识产权法院制定了《北京知识产权法院技术调查官工作规则》(以下简称《工作规则》)和《北京知识产权法院技术调查官管理办法》(以下简称《管理办法》),对于技术调查官的任职类型、选任条件、任期等作了进一步探索和细化。

(一)技术调查官任职模式

《管理办法》中区分技术调查官的不同类型和来源渠道,设置了以下几种技术调查官的选任模式:(1)在编的技术调查官,其属于法院正式行政编制人员,由法院自主进行选拔选任;(2)聘用的技术调查官,由法院面向社会公开自主进行招聘,签订相关劳务合同,解决组织人事关系、薪酬待遇等问题;(3)交流的技术调查官,由国家机关、行业协会、大专院校、科研机构、企事业单位等向法院派驻,任命后组织人事关系不变动,薪酬待遇由原单位保障;(4)兼职的技术调查官,由法院通过单位推荐、自我推荐等形式,从相关领域的技术人员中选择聘用,聘用后组织人事关系不变动,薪酬待遇由原单位保障。此外,在2016年6月北京知产法院审理的一起技术类案件中,因现有技术调查官的专业技术领域与案件所涉

及的技术问题均不完全符合,为了确保案件技术事实的准确查明,采用了临时聘用的方式聘请该技术领域的专业人员担任该案的技术调查官,为解决案件中的特殊技术问题进行了有益的尝试。但根据个案具体需要临时聘用的技术调查官仅在所参与的具体案件中具有技术调查官的身份。

(二)技术调查官的选任条件

对于技术调查官的选任条件,《管理办法》中做出了如下规定:(1)具有大学本科及以上学历;(2)具有相关技术领域教育背景;(3)从事相关技术领域的专利审查、专利代理或者其他实质性技术工作5年以上;(4)年龄不超过45周岁,兼职的技术调查官不受该年龄限制,特殊情形下,在编的、聘用的和交流的技术调查官经本院审判委员会同意,可以不受年龄限制;(5)品行端正、身体健康。

上述条件中,对于相关技术性工作5年以上从业经验的要求主要是考虑司法实践中,大多数技术类案件所涉及的专业技术知识往往具有技术前沿性强、复杂程度高、涉及利益大等特点,技术调查官只有经过较长时间实践,积累一定经验,达到本领域中等技术人员的水平,才能准确地理解案件涉及的技术内容,知晓技术应用的实际情况,从而为完成技术事实查明工作奠定基础。

(三)现有技术调查官人员情况及工作实践效果

基于上述考虑,结合受理的技术类案件的数量、类型、涉及的技术领域等,北京知产法院首批选任了5名交流技术调查官、34名兼职技术调查官和27名技术专家,暂时没有选任在编的和聘用的技术调查官。5名交流的技术调查官分别来自国家知识产权局专利局、专利复审委员会、专利审查协作北京中心,交流年限为一年或两年;34名兼职的技术调查官中有15名来自专利审查协作中心,16名来自企事业单位、高校或科研机构,3名来自专利代理机构。27名技术专家都来自高校或科研机构,全部具有正高职称。2016年,共有包括5名交流技术调查官在内的35名技术调查官参与了352件案件的技术事实查明工作,提交技术审查意见262份,同年北京知识产权法院技术类案件审结数量同比增加85%,技术类案件审判质效得到明显提升。

通过实践发现,北京知产法院推行的技术调查官选任模式的优势主要体现在:(1)技术调查官来源广泛,专业技术领域覆盖面较广,能够基本满足现阶段技术类案件审判需要;(2)技术调查官总体人数及技术类案件涉及较多的几个技术领域的技术调查官人数比较充足,为使用调配提供了必要空间;(3)来自高校、科研机构及生产应用一线的技术调查官数量占比较高,适应目前技术迅猛发展和知识高速更新的形势,有利于更好地完成技术事实查明工作;(4)来自国家知识产权局系统的技术调查官不仅具有专业技术背景,且在准确适用专利法规定方面较之其他来源的技术调查官更有优势,为法官审理技术类案件,特别是专利授权确权行政案件提供了切实、有效的帮助。

在实践中也发现现行选任模式亦存在一定的不足,主要表现在:(1)现有交流及兼职技术调查官的人事关系仍在原工作单位,在其所研究或从事的专业技术领域内履行技术调查官职责时,可能与案件的处理存在一定的利害关系或者易被外界认为存在利害关系,影响技术调查工作的公正性和科学性;(2)在人员管理上,由于兼职和交流技术调查官人事关系不在法院,对其工作业绩考核的标准和人事管理的方式还需要进一步探索完善;(3)兼职技术调查官由于不在法院定点办公,且都有本职工作,无法及时与法官进行庭前沟通或庭后评议;(4)从非专利审查部门选任的技术调查官缺乏专利法等基础性法律知识,无法准确把握技术类案件审理中涉及的与技术问题紧密相关的法律概念,在一定程度上限制了其作用的发挥。

四、完善我国技术调查官人员选任的建议

技术调查官制度的核心在于专业性、中立性和公开性。探索符合中国知识产权审判实践的技术调查官选任方式,也要从始至终以上述三项原则为指导方向。技术调查官的选任中,专业性是基础,要求选任的技术调查官应当具有相关技术领域的实践经验,能够较为准确地把握案件中涉及的专业技术问题;中立性是技术调查官选任的内在要求,要求选任的技术调查官在进行技术调查工作时,与案件各方当事人不存在潜在的利害关系,公正履职、客观地提出审查意见;公开性是技术调查官科学选任的程序保障,要求技术调查官的选任应当透明、经过严格的评审程序,最终选任的人选应当向社会公开。根据专业性、中立性、公开性的原则,我们认为可以从以下几个方面完善我国知识产权领域技术调查官的选任工作。

(一)技术调查官的来源

借鉴外国及我国台湾地区技术调查官及相关技术调查人员的选任实践,我们认为技术调查官的选任来源应当具有广泛性,建议从“四个一线”领域中进行

选任,即生产一线、教学一线、科研一线和审查一线,"四个一线"领域的技术人员与专业领域的技术发展情况紧密接触,专业技术素养较高,能够满足技术调查官专业性的要求,同时,从"四个一线"选任技术调查官,选任余地较为广阔,也能够满足当下法院审理的知识产权技术类案件涉及专业面广的实际需求。"四个一线"具体来说涉及的行业及领域包括但不限于:专利审查行政部门、科研机构、高等院校、生产性企业、专利代理机构及律师事务所。目前,一些观点认为囿于利害关系的限制,不应当从专利审查行政部门和专利代理机构等选任技术调查官,但我们认为,首先,从外国和我国台湾地区的做法来看,存在大量从专利行政部门选派或从专利代理机构选任的技术调查官,这部分人员较高的专业技术能力和其知晓相关法律规定的优势对于技术类案件的审理具有很大帮助;其次,反对观点的主要理由在于,来自专利行政部门和专利代理机构的技术调查官的中立性难以保证,但我们认为可以通过完善技术调查官公正中立履职的制度规范来解决这一问题,北京知识产权法院技术调查官制度运行一年多来的实践也充分表明,通过技术调查官个人利益冲突排查、向当事人释明、保障当事人依法行使提出回避的权利等制度建设能够较为有效地保证技术调查官中立履职,因此,我们认为,不应当简单实行"一刀切",排除专利行政部门和代理机构、律所作为技术调查官的来源渠道。

(二)技术调查官的任职模式、选任条件及职业发展

1.任职模式

鉴于行政编制技术调查官在选任方面存在的问题,我们建议设置灵活多样的技术调查官任职类型。技术调查官制度的目的在于借助技术调查官的专业知识,辅助法官查明案件技术事实,以该目标为导向,我们认为可以探索多种任职方式相结合的技术调查官任职方式。具体来说,可以采用以下任职模式,或者将以下方式灵活组合运用:(1)在编型的技术调查官,行政在编的技术调查官属于法院的正式工作人员,相对独立于各方当事人,因此,应该保留此种技术调查官的任职类型,在编型的技术调查官具有法院正式工作人员的身份,受《公务员法》的约束;(2)交流型的技术调查官,从"四个一线"性质的单位进行选派,其人事组织关系仍在原单位,由原单位解决工作待遇等问题,交流期限一般不少于1年;(3)兼职型的技术调查官,从"四个一线"性质的单位进行选派,其人事组织关系仍在原单位,由原单位解决工作待遇等问题,在法院从事技术事实查明工作

期间由法院根据财务制度要求另外给付劳务费用，任职期限可根据实际情况设定为2~3年；(4)聘任型的技术调查官，采用聘任制公务员的方式，以合同形式聘任，聘任合同期限为1~5年，由聘任其的法院负担工资福利等，并按照相关规定实行协议工资制。

2. 选任条件

在选任条件方面，对于各种任职类型的技术调查官，我们认为应当采用较为一致的选任标准：(1)具有普通高等院校理工科专业本科及以上学历；(2)具有5年以上相关专业技术领域生产、管理、研究工作经验；(3)达到中级以上专业技术资格；(4)年龄不超过45周岁，特殊情况下，经技术调查官选任专门委员会同意，可以不受该年龄限制。对于聘任制的技术调查官，还应当参照中组部及各地人力资源部门关于聘任制公务员选聘的相关规定。

同时，在廉洁性方面还应有一定的要求，如规定具有以下情况的，不能选任为技术调查官：(1)曾因犯罪受过刑事处罚的；(2)曾被开除公职的或者因违规违纪被解除劳动合同、聘用合同和聘任合同的；(3)受过党纪政纪处分的；(4)涉嫌违法违纪正在接受审查尚未结案的；(5)有其他不适宜担任技术调查官情形的。

3. 职业发展与规划

职业规划问题主要针对的是在编型的和聘任型的技术调查官，因为交流和兼职的技术调查官任期相对较短，且人事和工资、组织关系等仍保留在原单位，因此，其在法院工作期间，仍是按照原单位的规定和要求进行职级晋升。

在编型和聘任型的技术调查官要充分考虑其专业技术更新和专业技术职级晋升方面的要求，使其能够胜任技术不断发展下技术类案件的审判需要，并能科学的实现个人职业发展。可以从以下几面进行完善：(1)对在编型和聘任型技术调查官，不适用行政级别，可以单独制定专业技术类公务员管理规则，根据我国《公务员法》的规定，行政编制的公务员可划分为综合管理类、专业技术类和行政执法类等类别，我国目前还未出台针对专业技术类公务员管理的规定，但某些地方自行制定的该类规范，也可以参考，如有观点认为，可以对应普通公务员设置技术调查官的职务层次；关于技术调查官的技术职称评定问题，可以在最高人民法院成立技术职称评审委员会，各省、直辖市高级人民法院可根据实际情况建立相应技术职务评审组织。[①] (2)在任期方面，符合一定条件的聘任型技术调查官

---

① 杨海云、徐波：《构建中国特色的技术性事实查明机制》，载《中国司法鉴定》2015年第6期。

可以续聘或签订无固定期限劳动合同,以加强聘任制技术调查官的稳定性。(3)在灵活采用不同任职类型组合模式的前提下,合理调配交流型、兼职型技术调查官的工作任务量,给予在编型和聘任型技术调查官从事一线科研、学习和实践的时间与机会,可以通过与其他技术一线部门进行人员交流或让技术调查官参与技术课题研究等方式实现其技术知识更新。

(三)技术调查官工作中立性的探索

无论何种任职模式的技术调查官,中立、公正履职都是必然的要求,技术调查官的职责在于辅助法官查明案件技术事实,其出具的技术审查意见仅能作为法官判案的参考,但在大多数法官不具有专业知识背景的情况下,技术调查官的意见对于案件技术事实的查明以至后续的法律认定具有重要的影响。因此,应当采取有效措施确保技术调查官的客观中立履职。笔者认为可以从以下几个方面进行完善:

1. 加强制度建设,建议上级法院根据技术调查官制度的运行实践对于技术调查官工作中立性、回避等问题作出进一步详细的规定,实际上北京知识产权法院已在2016年年底在全国率先制定实施了《北京知识产权法院技术调查官回避实施细则》,根据技术调查官来源的不同及可能存在的不同情形的潜在利害关系情形,规定了不同的回避事由,明确了技术调查官的自行利益排查机制和应回避而未回避、导致严重后果的处罚机制,有效保护了案件当事人的合法权益。

2. 严格技术调查官选任,做到选任条件、选任程序的公开,明确技术调查官选任和不予选任的事项,在选任程序上,采用个人自荐与单位推荐相结合的方式,成立技术调查官选任的专门委员会,实现选任流程的透明和公开,选任的技术调查官的实际情况要及时向社会公开并接受监督。

3. 以管理促中立,在技术调查官的日常管理方面,针对技术调查官工作中可能出现的廉政风险点,制定相应的防控措施,强化技术调查官中立履职方面的培训,并将廉政作为技术调查官考核的重要组成部分,促进技术调查官中立履职意识的养成。

4. 完善技术事实查明机制,为防止技术调查官"一家之言"左右案件裁判结果,积极探索由专业化人民陪审员、技术调查官、司法鉴定机构、专家辅助人共同参与的"四位一体"技术事实查明机制,多方听取技术审查意见,研究各方技术审查意见的合理运用与协调。

5. 探索技术审查意见的采信机制,在现阶段技术调查官出具的技术审查意见不对当事人公开的前提下,探索通过法官适度"心证公开"的方式引导当事人对技术焦点问题发表进一步的意见,要求法官不得一味依赖技术审查意见,应当在裁判文书中对于各方争议焦点进行详细说理和论证。

6. 加强内外部监督,采用多种方式及时听取法官、律师等社会各界对技术调查官工作的评价和意见,总结分析内外部意见、建议,并有针对性地加以改进。

五、结语

技术调查官制度在我国是一项全新的制度,需要在实践中不断探索和完善。技术调查官的科学选任,是实现技术调查官制度良性、科学发展的基础。在现行体制下,技术调查官的选任需要考虑案件类型、人事制度、职业保障等多方面的因素,但首要的是技术调查官的选任满足知识产权领域技术类案件的审判需要,在此前提下,可以大胆创新技术调查官的不同选任方式,各地法院可以根据知识产权审判需求,灵活设置技术调查官的任职类型,并围绕技术调查官制度的专业性、中立性和公开性的要求,不断进行探索和实践。

专业化人民陪审员制度之构建与实践

——以知识产权审判为例

仪　军　孟　杨　常婷婷*

人民陪审员的大众化，不是将既了解法律知识又具备专业知识的人才拒之门外，人民陪审员的专业化也不是将阅历丰富、熟知社情民意的人拒之门外。具有理论基础的国外相关制度和我国部分法院的实践，为知识产权审判中引入具有技术优势的专业化人民陪审员提供了可借鉴的经验。在本文中，我们力求在对专业化人民陪审员相关制度运行情况进行分析以及借鉴国内外相关经验的基础上，结合我院在知识产权审判中对专业化人民陪审员制度的构建与实践的探索，提出建立符合我国国情和知识产权审判要求的专业化人民陪审员制度，以期对我国的知识产权审判有所裨益。

一、专业化人民陪审员制度的基本情况

（一）我国专业化人民陪审员制度的发展

1. 我国专业化人民陪审员制度的产生

实行陪审制度是当今世界大多数国家的通常做法，英美法系国家实行的是陪审团制，大陆法系国家实行的是参审制。我国实行的是人民陪审员制度，即由依法定程序产生的人民陪审员依法参加人民法院的审判活动并与法官具有同等权利的司法制度。[①]

专业化人民陪审员，是指来源于社会各阶层和各行业，可以不具备丰富的法律知识，但应该熟知自身行业和领域的知识技能，具备相应的专业技术分析能力

---

* 仪军，北京知识产权法院技术调查室负责人、法官。孟杨，北京知识产权法院技术调查室法官助理。常婷婷，北京知识产权法院技术调查室书记员。

① 刘乔：《构建海事审判专家陪审员制度研究》，载《人民司法》2011 年第 7 期。

和认知水平,能够代表和反映社会民意的人民陪审员。[①]

大众化是人民陪审员选任的本质要求,而强调人民陪审员的专业化则是审理特殊类型案件,尤其是知识产权案件中技术类案件(以下简称技术类案件)的切实需要。随着诉讼案件的多样化与复杂化,知识产权案件中的知识产权合同纠纷、知识产权权属、侵权纠纷等涉及的技术领域范围不断拓宽,分类逐步细化,一个案件中出现涉及多个技术领域的情况也时有发生。涉及技术问题的争议主要集中于对涉案的专利、互联网等技术方案或手段的理解、比对和分析,计算机软件程序的分析、技术秘密中相关技术信息公知性的认定等诸多方面。鉴于审理知识产权案件的法官大多数毕业于文科院校,部分具有理工科教育背景的法官也都脱离实践多年,在审理案件时,对各专业技术领域知识的了解已经明显与现实发展脱节,这就给法官理解知识产权案件中的技术问题形成了阻碍。因此,法官在审理技术类案件时对能够帮助其解决专业技术问题的人员的需求日渐迫切,故对专业化人民陪审员制度的探索也随之开始。

我国对专业化人民陪审员制度的初步探索可以溯源自最高人民法院1991年6月6日针对北京市高级人民法院的复函——《关于聘请技术专家担任陪审员审理专利案件的复函》[法(经)函〔1991〕64号],据此,人民法院在审理第一审专利案件时根据案件所涉及的技术领域,可以聘请有关技术专家担任陪审员。最高人民法院在2008年2月19日第二次全国法院知识产权审判工作会议上明确提出要求:“各地法院必须将提高专利等技术类案件审判水平作为一项重点工作来抓,要通过多种途径和渠道有效地解决专业技术事实认定问题。可以充分吸收各类技术专家作为人民陪审员参与知识产权案件审判,并可以根据具体情况和特殊需求,探索聘任技术专家担任陪审员的特殊措施。”2010年1月14日,最高人民法院在《关于人民陪审员参加审判活动若干问题的规定》(法释〔2010〕2号)第5条明确规定:特殊案件需要具有专业知识的人民陪审员参加审判的,人民法院可以在具有相应专业知识的人民陪审员范围内随机抽取。

由此可见,虽然我国目前尚没有法律法规就专业化人民陪审员制度予以明确规定,但最高人民法院的上述做法以及颁布地司法解释体现出对具有专业知识的人员作为人民陪审员参加审判活动是持肯定态度的。

---

① 汪晖:《选任人民陪审员应兼顾大众化和专业化》,载《人民法院报》2015年8月19日,第2版。

2. 我国专业化人民陪审员制度运行情况

现行法律法规尚未对专业化人民陪审员参加审判活动进行明确规定,因此,各地法院在实际操作中的做法也不尽相同。如北京市人民法院自 1995 年起,选任来自科研单位、高校以及国家专利机关的工作人员作为人民陪审员参加知识产权审判活动。2001 年又选任国家知识产权局、专利复审委员会的工作人员作为知识产权案件的人民陪审员,这些人员具备理工科专业背景,并具有丰富的专利审查业务经验。[①] 又如,上海市静安区法院审理医疗纠纷案件时邀请了医疗界的人民陪审员参加,审理经济纠纷案件邀请工商界人民陪审员参加,根据案件特点选择有专长的特邀人民陪审员参加陪审。[②]

由此可见,各地对专业化人民陪审员制度的探索在实际操作上虽有不同,但均以案件涉及地相关领域作为出发点选择人民陪审员。特别是在审理技术类案件时就认定案件中的技术事实给予了有力支持,对案件的顺利审理发挥了重要作用。

(二)其他国家解决技术类案件事实查明的相关制度

其他国家法院在审理技术类案件时对技术事实查明问题大多是通过在法律规定中明确专业人员参加审判活动的法律地位或者是建立专业法院的模式,弥补普通法官在技术事实认定能力方面的不足。[③] 1790 年美国专利法明确规定,专利侵权案件的损害赔偿应当由陪审团决定,但并没有达到预期效果,在 1996 年美国联邦最高法院在判决中论及知识产权诉讼中使用陪审团审理以保持专业判断的问题,并在知识产权案件中推行专家陪审团;[④]《英国民事诉讼规则》第三十五章第 15 条规定:技术陪审员协助法院处理掌握技术和经验之事项[⑤],对于法院和真理有极高的忠诚度,拥有完全的独立;德国于 1961 年 7 月 1 日设立专门的联邦专利法院,这是国际上第一个专门处理知识产权诉讼的法院,该法院将法官分为法律与技术两类,对于技术法官的从业要求不仅体现在法律方面更要求其具有一定的技术知识,两类法官在法律地位上完全一致而且也享有同样的权利

① 赵静:《对我国知识产权陪审制度的思考》,载《中国专利与商》2002 年第 4 期。

② 彭志源:《人民陪审员规范化管理与培训实用手册》(上),银声音像出版社 2004 年版,第 79 页。

③ 当然,除了专家陪审团、技术陪审员之外,一些国家或地区还采用技术调查官制度来解决技术类案件中的技术事实查明问题。

④ 张玉瑞、韩秀成:《我国知识产权司法体制改革(6)》,载 http://chinalawedu.com/news/20800/213/2006/5/xi0158329511225600212834-0.htm,最后访问时间:2015 年 8 月 12 日。

⑤ 徐昕译:《英国民事诉讼规则》,中国法制出版社 2001 年版,第 123 页。

义务;[①]日本在《知识产权战略大纲》为理论基础上,于2005年4月特别设立了知识产权高等法院,协助法官审判的技术专家多达150名,有力地推动了知识产权案件的审判。[②]

从上述国家对技术类案件的审判机制来看,虽然具有相应专业知识人员的身份在审判组织中有所不同,但专业技术人员参加知识产权审判活动已经成为各国普遍采取的做法,也为我国解决技术类案件中的技术事实认定问题提供了经验。

二、专业化人民陪审员制度在我国知识产权审判工作中存在的主要问题

人民陪审员制度是我国司法制度的重要组成部分,也是司法改革的一项重要内容。2005年5月1日发布的《全国人民代表大会常务委员会关于完善人民陪审员制度的决定》明确了人民陪审员制度在国家司法制度中的地位,人民陪审员制度也逐步受到各地法院重视,制度建设日益完善。但专业化人民陪审员制度通过一段时间的探索,在制度建设以及实践方面还存在一些问题。

一是对制度实际运行缺乏明确统一的制度规范。目前,专业化人民陪审员制度在现行法律中并没有明确规定,仍以最高人民法院做出地司法解释作为其实践的依据。而且《关于人民陪审员参加审判活动若干问题的规定》中,虽对于专业化人民陪审员在个案中的确定方式有所涉及,但关于专业化人民陪审员的性质、选任机制、诉讼地位、权利义务等问题均未做出明确的规定,导致该制度在运行上还缺乏法律依据和操作规范。由于技术类案件对专业化人民陪审员的一些特殊要求,使专业化人民陪审员与其他人民陪审员在案件中参与的程度和发挥的作用均有所不同。各地法院在知识产权审判工作中虽然都注重发挥专业化人民陪审员的作用,而由于缺乏明确、统一的制度及规则,目前只能各行其是,有的参照普通人民陪审员的规定,有的根据实际需要自行设立制度或实施一些新举措,这不仅面临着程序公正性的考验,也在一定程度上存在行为失范的可能性[③]。

二是专业化人民陪审员的审判职责尚需要通过实践进一步明确。"让审理

---

① 郭寿康、李剑:《我国知识产权审判组织专门化问题研究——以德国联邦专利法院为视角》,载《法学家》2008年第3期。

② 叶强:《日本实施知识产权战略的借鉴意义》,载《经济纵横》2007年第6期。

③ 黎淑兰:《论知识产权专业化审判新格局的构建与实现——以上海知识产权法院专业化建设为视角》,载《法律适用》2015年第10期。

者裁判,由裁判者负责”是司法改革的核心内容之一,而作为合议庭成员的人民陪审员,在案件审理过程中是否享有与法官同等的权利仍在一定程度上存在争议。在最高人民法院和司法部制定的《人民陪审员制度改革试点方案》(以下简称《试点方案》)中指出,“要逐步探索实行人民陪审员不再审理法律适用问题,只参与审理事实认定问题,人民陪审员和法官共同对案件事实认定负责。”而在技术类案件中,选用具有专业知识的人民陪审员参加审判活动,就是要发挥他们了解行业发展趋势和技术进步方向的特长。在技术类案件中,事实查明和法律适用往往相互交织在一起,难以准确地进行界定,这也是技术类案件有别于其他民事或者行政案件的一个特点。例如,最高人民法院《关于审理侵犯专利权纠纷案件应用法律若干问题的解释(二)》(法释〔2016〕1 号)中规定,在审理侵害发明或者实用新型专利权案件中进行技术特征是否等同判断时,如果被诉侵权技术方案的相应技术特征是以基本相同的手段,实现相同的功能,达到相同的效果,且本领域普通技术人员在被诉侵权行为发生时无须经过创造性劳动就能够联想到的,人民法院应当认定该相应技术特征与功能性特征相同或者等同。据此,在进行是否侵权的判断时,就必须对相关技术特征的采取地手段、实现地功能、达到的效果进行技术分析,而这一分析地事实依据、分析方法和过程以及分析地结论均将对最终侵权判定产生直接的实质性影响,即“事实审”和“法律审”难以分割。因此,在审理技术类案件时,如何贯彻《试点方案》中的精神,还需要进一步通过实践来探索。

三是“陪而不审,审而不议,议而不言,言而不用”的现象仍然存在。所谓“陪而不审”是指在案件审理过程中人民陪审员自己或者当事人都对人民陪审员的参与缺乏切身感受,人民陪审员只是起到“陪”,甚至是“凑数”的作用,而未发挥“审”的职责;“审而不议”是指在参加审判活动的人民陪审员中真正参加案件评议的人数所占比例太低,不能切实发挥其合议庭成员的应有作用;“议而不言”是指有些人民陪审员在评议时不就案件的处理理由发表自己的意见,而只是随声附和法官的意见,对案件的审理缺乏实质的参与,其实,这也是一种变相的“审而不议”;“言而不用”是指人民陪审员在案件评议过程中,虽然发表了自己的意见,但因为对相关问题缺乏实质性的了解或者是与法官的审判思路不符,导致其意见对案件的处理不具有参考价值。

以上是我们梳理专业化人民陪审员制度实施情况时发现的主要问题,还有一些其他问题不在此一一赘述。

三、对专业化人民陪审员制度在知识产权审判工作中存在问题的分析

通过实践与调研,我们认为专业化人民陪审员制度目前所存在问题的原因主要体现在:

一是技术类案件量相对较小,导致在统一规范方面重视程度不够。包括知识产权案件在内的这些专业性较强的案件相对于数量庞大的民事、商事以及刑事案件显然属于“小众”,对其缺乏统一、具体的规定也是可以预见的。

二是技术类案件在庭前准备工作,证据的解读、分析,参考资料的收集、整理,庭审需要花费的时间以及在评议案件时花费的精力等方面均超过普通案件,但大多数法院对于专业化人民陪审员工作量的核算、奖惩制度、陪审补助的计算等缺乏客观的考量,而是采取“一刀切”的简单化处理,与其他人民陪审员相比没有区别,使得专业化人民陪审员履职积极性难以提高。

三是拥有专业化人民陪审员资源的单位对该制度的了解不足,对其能够发挥的作用缺乏认识。企事业单位、科研院所及大专院校等单位拥有大量专业技术人员,但他们对于人民陪审员制度的了解有限,对专业化人民陪审员在知识产权保护、构建知识产权审判法律共同体中能够发挥的作用更是所知甚少,这就导致很多单位对专业化人民陪审员的选任没有给予足够的重视甚至是不予支持。这一点在我院今年的专业化人民陪审员增选工作中体现得十分明显,即使在我院工作人员做了专业化人民陪审员制度的相关介绍并说明了推荐人民陪审员对其所在单位的有利之处后,仍有部分单位拒绝推荐候选人,使专业化人民陪审员在选任方面的工作难度加大。

四是法官对人民陪审员能够发挥地作用认识度不够。部分法院以及法官对专业化人民陪审员参加审判依旧停留在解决法官员额不足、缓解案多人少的矛盾这一层面上,认为专业化人民陪审员只是为组成合议庭凑齐人数,进而将“陪审”转变成“陪衬”。在此情况下,对专业化人民陪审员能够发挥的作用缺乏充分的认识,更缺乏挖掘意识。因此专业化人民陪审员在审判工作中没有发挥其应有的作用也就不足为奇了。

四、北京知识产权法院对专业化人民陪审员制度的构建及实践

(一)北京知识产权法院专业化人民陪审员制度构建

北京知识产权法院(以下简称我院)是全国最早成立的知识产权法院,同时

也是第一家整建制开展司法改革试点的法院。按照中央司法体制改革的精神,我院在专业化人民陪审员工作方面进行了一些探索。

1. 建立专业化人民陪审员队伍

我院审理的案件中,技术类案件占有一定比例,约占我院受理案件总数的27%。针对上述案件,我院在选任人民陪审员时,专门选拔了一批具有一定技术背景的人员,与其他人民陪审员共同组成我院的人民陪审员队伍,以适应我院审判工作的实际需要。目前,我院现有人民陪审员123人,具有技术背景,在生产、科研、教学、专利审查一线从事相关工作的人员占我院人民陪审员总数的40%,他们来自生产企业、各级科研机构、高等院校、国家知识产权局审查协作(北京)中心等单位,为法官在审理技术类案件时查明技术事实,确保案件质量提供了有力支持。同时,还有约7%的人民陪审员在企业工作并具有法律背景,工作的丰富经历也能够让人民陪审员将自身的专业技术优势运用到审判工作中,为高效、准确审理案件提供服务与帮助。此外,面对技术类案件受理量逐年上升以及涉及的技术领域覆盖面逐步扩大的趋势,我院2017年正在选任第二批专业化人民陪审员,加强我院的人民陪审员队伍,并使人民陪审员所属技术领域的范围能够与我院受理案件的情况相适应。

2. 加强管理,统一规范

人民陪审员工作应当在制度下规范、有序进行,特别是我院作为整建制实施司法改革的法院,更应该在初始阶段就夯实基础,为进一步完善制度提供平台。因此,我院负责人民陪审员工作的部门在分析现有制度,学习人民陪审员改革试点工作方案的基础上,结合我院审判实际,制定了《北京知识产权法院人民陪审员管理办法(试行)》《北京知识产权法院人民陪审员工作规则(试行)》。

3. 构建"四位一体"的技术事实查明机制

我院在选任专业化人民陪审员后,对技术类案件的审理形成了技术调查官、专家辅助人、司法鉴定人、专业化人民陪审员均可参与又相互配合、从不同角度发挥作用的格局。

技术调查官作为司法辅助人员,主要负责协助法官解决案件中的具体技术问题;专家辅助人一般由当事人自行聘请,在法庭上帮助当事人就技术问题进行说明,协助当事人分析鉴定结论,发表对技术问题的评论、意见等;司法鉴定人主要侧重于借助设备、仪器等进行检测并通过分析、对比查明相关的技术事实;专业化人民陪审员是案件的裁判者,可以对专业问题、鉴定结论进行审查、判断,其中立地位是案件公正审理的保证。[①]

我院专业化人民陪审员和技术调查官都是为了帮助法官进行技术事实查明工作,两者相互配合,但也要进行职责的合理分工。技术调查官主要负责查明案件中的具体技术事实,工作围绕对技术事实的争议展开,其提交的技术审查意见作为法官认定技术事实的参考,但技术调查官不享有表决权;专业化人民陪审员不仅可以在自己的技术领域内就案件的技术事实查明发挥作用,还可以从行业实际状况及发展的角度,就案件的处理提供可参考的信息和素材,其作为裁判者全程参与诉讼,能够准确了解案件争议焦点,实质性介入到案件的审判中。他们不仅仅考虑技术问题,还可以从不同于法官法律思维的角度做出自己判断,帮助法官形成内心确认。

4. 结合我院审判实际进行人民陪审员培训

我院在 2016 年举办了两期人民陪审员业务培训,从专业审判的角度来看,对我院专属管辖的涉及专利和商标的授权、确权以及侵权案件的诉讼程序和审判实践中遇到具体问题进行讲解,让专业化人民陪审员在熟悉专业技术的基础上逐步熟悉审判业务,搭建人民陪审员和法官共同认可的沟通渠道,使人民陪审员了解如何与法官就技术问题进行交流,以期更好地履行审判职责。

5. 灵活适用随机抽取的方式确定参加审判活动的专业化人民陪审员

由于我院受理的技术类案件专业性较强,如果在全部人民陪审员范围内随机抽取安排人民陪审员显然不能满足案件的审判需要,反而会使随机抽取构成对审判的不当约束。试想,一个对涉案涉及的技术问题缺乏背景知识,对该技术领域的特点没有了解的人坐在法台上参加审判活动,不仅不能给法官提供帮助,且对其自己也称得上是一种"折磨"了。因此,我院在使用北京市高级人民法院开发的人民陪审员信息管理系统时,要求法官团队在预约人民陪审员审理技术类案件时务必提出对技术领域的具体要求,以便于系统管理员有针对性地缩小范围,在符合要求的人民陪审员中进行抽取、确定,使其在案件审理中切实发挥作用。

6. 创新管理模式,搭建有效沟通平台

加强专业化人民陪审员的管理,我院在创新管理模式过程中,实行本院工作人员专职管理、人民陪审员自制管理以及返聘退休人员辅助管理相结合管理模

---

① 吴广强:《知识产权专家陪审之正当性与制度完善》,载《人民司法》2014 年第 23 期。

式。同时,为便于与人民陪审员沟通联系,我院负责人民陪审员工作的部门建立了专用微信群,及时将我院的各项重点工作内容,受理和审结的有影响的案件情况进行发布,促进法院和人民陪审员的交流以及信息的沟通,提升了人民陪审员的履职能力。

(二)制度构建取得的初步成效

1. 审判质效得到提升

2016 年 1 ~ 11 月,我院受理一审案件数量为 7429 件,在我院仅有 44 名法官(其中包括正副院长 3 人,庭长 5 人,同时承担其他行政事务性工作和审判工作的法官 6 人)的情况下,一审案件审结数量为 4825 件,其中陪审员参加审判活动结案总数为 3680 件,陪审人次达 6381 人次,陪审员参加审判活动结案率达到 76%。

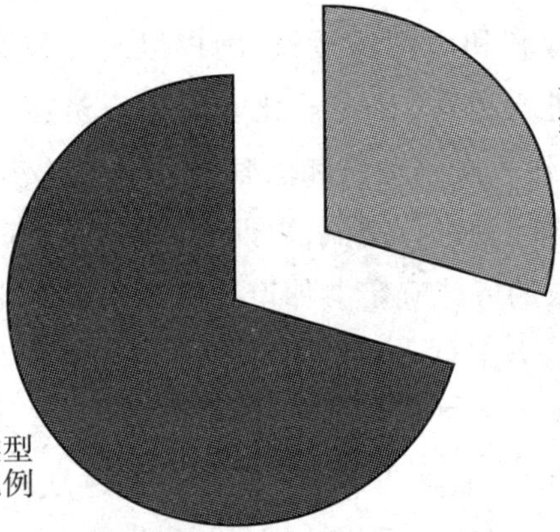

图 1 北京知识产权法院 2016 年 1 ~ 11 月技术类案件分布情况

由图 1 可以看出,2016 年 1 ~ 11 月,我院受理一审技术类案件共计 2020 件,主要涉及专利合同、权属及侵权纠纷,计算机软件著作权权属纠纷,技术合同纠纷,商业秘密合同纠纷,植物新品种合同纠纷等案件占一审案件受理总数的 27%。2016 年 1 ~ 11 月,我院一审技术类案件审结 968 件①,已经比我院 2015 年全年审结一审技术类案件总数增长 37%。

由此可见,对审判中遇到的技术事实认定问题,虽然技术调查官发挥的作用比较突出,但专业化人民陪审员参加案件评议时提供信息广泛,亦具有针对性,

① 此结案总数包括 2015 年我院旧存案件和 2016 年 1 ~ 11 月新收案件总和的结案总量。

充分体现出专业化人民陪审员对于我院法官团队技术类案件审判工作同样发挥了不可小视的作用。

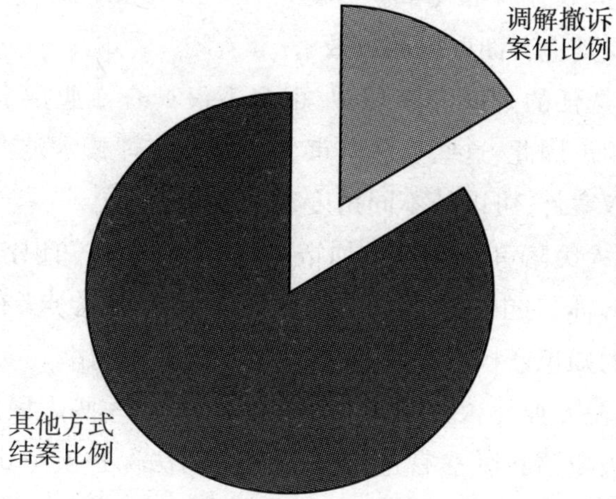

图2 北京知识产权法院2016年1~11月参加审判活动结案调撤情况

由图2可以看出,专业化人民陪审员参加审判活动的审结案件中,以调解、撤诉方式审结的约为582件,调撤率达到16%。在这些案件的审理过程中,专业化人民陪审员运用自己的技术知识和对本行业相关情况的了解,把握了案件的技术争议,抓住了解决纠纷的要点,协助法官厘清审理思路,有理有据地做通当事人的工作,为解决纠纷发挥了积极作用。

综上所述,针对我院员额法官少、一审案件量大、技术类案件多的实际情况,专业化人民陪审员对我院审判效率的提升和调撤工作顺利进行起到了明显的帮助作用。

2. 法官团队反响良好

在我院向法官团队征求关于专业化人民陪审员履职工作建议及意见时,多数法官表示我院专业化人民陪审员对于技术类案件的审理发挥了积极作用。例如,我院某法官在审理涉及专利确权行政纠纷案件中,原告就专利涉及的电磁炉用于覆盖按键的包覆膜技术的应用各执一词。在评议案件时,曾经在相关领域企业工作过的人民陪审员向法官解释了该项技术的应用背景,他的说明与庭审后法官向技术调查官咨询的结果基本一致,从而有效地帮助法官形成了内心确认。又如,我院某法官审理的涉及计算机软件的合同纠纷案件中,各方当事人诉讼能力有限,证据提交不充分,庭审效果不甚理想,庭审后两名对计算机软件开发以及应用有一定了解的人民陪审员协助法官开展了调解工作。人民陪审员从专业技术角度入手,指出双方当事人在诉辩中的缺陷,并协助法官对当事人进行引导,最终有效促进双方当事人和解结案。

3. 制度构建在其他方面取得的成效

首先,在我院选任的人民陪审员中,很多不仅具有专业技术知识,同时也具有丰富的生活经验。因此,这些人民陪审员既能够审理技术类案件,也能审理其他类型的知识产权案件,可以从不同角度参加审判活动。

其次,专业化人民陪审员通过参加审判活动,对当前知识产权的热点问题、难点问题有所了解,同时也对实践中容易出现纠纷的"风险点"有了切实体会,这对完善所在单位的知识产权保护机制起到积极的推进作用。

最后,经过我院专业化人民陪审员的联系、协调,一些人民陪审员所在单位以及行业协会积极邀请我院法官进行知识产权司法保护实务讲座,促进了审判机关与"生产一线"之间的沟通,增强了相关单位对知识产权司法保护的了解,也强化了他们对知识产权制度建设的重视。

五、专业化人民陪审员制度在实践中亟待解决的问题以及相关建议

尽管我院经过调研、分析,在司法改革实践中解决了一些问题,取得了一定实效,但是在探索专业化人民陪审员制度构建过程中,仍然有一些问题需要我们进行更为深入的研究,并予以解决。

一是由于法官缺乏技术背景,在讨论案件的具体技术事实以及相关处理时,如果人民陪审员被赋予更多的职责,可能会导致法官在专业技术事实查明上的不适当依赖,在实质上让渡裁判权,从而导致司法不公,损害司法权威。同时,这对于法官自身业务水平的提升也是十分不利的。

据此,我们建议:陪审员在参加案件的评议时,参与审理与事实认定相关的问题,人民陪审员和法官共同对该认定负责。

二是缺乏完善的回避规则。虽然在相关规定中已经明确人民陪审员的回避参照有关法官回避的规定执行①,但是人民陪审员并不专职从事审判工作,且大多数都有自己的工作,加之案件对专业化人民陪审员技术领域的需求,故人民陪审员本人以及其所在单位与案件当事人之间存在利益冲突的可能性,且较普通

---

① 参见《人民陪审员制度改革试点工作实施办法》第17条第1款。

案件而言，专业化人民陪审员与案件当事人出现利益“撞车”的概率较高。若这种情形没有相应措施予以防范，势必影响案件的公正审理，因此，必须在制度上进行完善。

据此，我们建议：应当就专业化人民陪审员的回避问题制定实施细则，以确保当事人对人民陪审员参加审判活动的知情权，并能够依法行使申请回避的权利。

三是专业化人民陪审员在实践中的选取方式尚待完善。通过实践我们发现，在分配专业化人民陪审员时采用随机选取方式存在一定问题，如由于在某个技术领域选任的人民陪审员人数有限，如果这类案件的受理量较多，会形成在该技术领域的“陪审垄断”，并可能导致司法不公；但如果增加该领域人民陪审员的选任人数，又可能使人民陪审员的总人数过多，每人的平均年陪审案件量过少。

据此，我们建议：根据不同情况，可否对于专业化人民陪审员的任期给予适当调整，如由 5 年改为 3 年至 5 年，这样可以在相对短的时间内进行人员的合理调整，避免“陪审垄断”现象的出现，且从整体上也不会对人民陪审员队伍的稳定有不利的影响。

四是专业化人民陪审员在案件技术事实查明部分职责分工不明确。就我院正在探索构建的“四位一体”的技术事实查明机制，虽然在分工方面已初步明确了专业化人民陪审员与技术调查官、专家辅助人、司法鉴定人的职责，但专业化人民陪审员与技术调查官在职能上仍然存在重合或者混同的可能性，如何有效地进行协调，合理利用审判资源，还有待在实践中进一步探索并明确。

六、结语

专业化人民陪审员制度是我院作为专业法院在司法改革道路上的探索，尽管目前知识产权审判中专业化人民陪审员制度存在一些尚待解决和完善的问题，但我们相信，这一制度所存在的价值和我们的实践效果将为专业化人民陪审员制度的构建提供依据，我们也将在今后的工作中进一步发现问题、解决问题，让专业化人民陪审员制度发挥其应有的作用。

我国知识产权诉讼中多元化技术事实查明机制构建探讨

——以北京知识产权法院司法实践为切入

张玲玲*

摘　要:知识产权技术案件中技术事实的查明是案件审理的焦点也是难点。为攻克技术事实查明难题,司法实践中不断探索解决路径。从优化合议庭的组合到借助技术调查官的专业知识实现合议庭整体知识结构的再设计,从传统依靠鉴定到引入专家辅助人实现技术问题庭审实质化,北京知识产权法院在司法实践中逐渐建立起多元化技术事实查明机制。本文结合司法实践和审判经验,通过解构多元化技术事实查明机制及运行模式,揭示法官审理技术事实的思维导图,为进一步优化技术事实查明机制提供思路。

关键词:技术调查官　专家辅助人　鉴定

根据最高人民法院《关于北京、上海、广州知识产权法院管辖案件的规定》,涉及专利、职务新品种、集成电路布图设计、技术秘密及计算机软件的民事和行政案件由知识产权法院管辖。同时,涉及对专利复审委员会作出的行政决定不服的专利行政案件由北京知识产权法院管辖。目前,北京知识产权法院是全国唯一一家集中审理技术类民事案件和专利确权行政案件的法院,涉及技术类案件类型全面而且数量大。为高效高质审理技术类案件,北京知识产权法院自2014年11月6日建院以来,一直在积极探索破解技术事实查明难题的方式方法,目前,已初步形成以由具有技术背景的法官和专业人民陪审员组成的技术类案件专业化审判团队为核心,技术调查官为合议庭技术助手,专家辅助人为当事人技术助手,技术鉴定为有益补充,专家咨询为必要途径的技术事实查明机制。

---

* 北京知识产权法院法官。

本文以北京知识产权法院司法实践为样本,结合自身审理技术类案件的体悟,对构建知识产权诉讼中多元化技术事实查明机制及运行模式提出初步设想,以期能够在立足实践的基础上,高效科学的解决技术难题。

一、技术事实查明的组织机制构建

(一)科学组建合议庭,打造审理技术类案件专业法官团队

1. 以具有理工科背景的法官为核心,组建审理技术类案件专业法官团队

面对专业性特别强的技术类案件,纯文科出身的法官审理起来确实有些“举步维艰”。从20世纪90年代到21世纪初是我国知识产权司法审判的初期,法官的来源正处于从军转干部等非法学出身向以大专院校法学专业毕业生的过渡时期,几乎很难找到具有理工科背景又精通法律的复合型法官。但随着我国知识产权教育的发展,知识产权双学位、知识产权法律硕士以及知识产权硕士等学科的建设和发展,一批批既有理工科背景又精通法律的复合型人才逐渐培养和成长起来。其中,一大批优秀的具有复合背景的知识产权人才进入法院,并在司法实践中成长为知识产权法官。

北京知识产权法院是按照中央司法改革的精神和要求建立的法院,现有员额制法官44名,其中具有理工科背景的法官有8名。还有一部分法官虽然没有理工科的学历背景,但长期从事技术类案件的审理,已经具备深厚的技术问题审理的经验。北京知识产权法院以这样的知识产权法官为核心组建了12支专门审理技术类案件的专业法官团队。自2016年1月以来,技术类案件法官团队专门受理技术类案件,上半年审结技术类案件同比增长了89.9%①。

技术类案件专业法官团队的组建符合“专业的事情交给专业的人员来做”的解决问题的基本思路,同时也符合司法改革的基本精神②。组建专门的技术类案件法官团队不仅有利于技术类案件的集中审理,提升对技术类案件审理的质效,还有利于促进法官的专业化发展,提升对案件的审判能力。

---

① 技术类案件审结的增长率还应当考虑技术类案件审理周期、审判人员增加等因素,但不可否认,技术类案件法官团队审理技术类案件的成效已经显现。

② 《最高人民法院关于进一步推进案件繁简分流优化司法资源配置的若干意见》第18条规定:“推广专业化审判。在充分考虑法官办案能力、经验及特长等因素的基础上,根据案件的不同类型确定审理类型化案件的专业审判组织,根据案件的繁简程度确定专门审理简单案件与复杂案件的审判人员”。

2. 以技术专长人才作为陪审员,吸纳社会力量调配合议庭技术结构

尽管法官具有一定的理工科背景依然不可能精通各个领域的专业技术问题,而技术专长人才作为陪审员参与到合议庭,可以使法官根据案件技术领域的不同选择具有相应领域技术专长的陪审员组成合议庭,弥补法官对于专业技术知识的欠缺,增强合议庭就技术问题审理的能力。

专家作为陪审员组建合议庭的历史由来已久,并非北京知识产权法院独创。早在 1991 年,最高人民法院就复函北京市高级人民法院,同意其在审理第一审专利案件时,可以根据该案件所涉及的技术领域,聘请有关技术专家担任陪审员。但实际上,由于我国陪审员制度中关于选任陪审员的条件限制以及陪审员运行机制中存在诸多问题使很多具有专业技术知识的人不能或无法保障其作为陪审员参与到案件的审理中。司法实践中专家陪审员参与合议庭审理案件的数量并不大。自北京知识产权法院成立以来,在选任人民陪审员时,有意识地选拔了一批具有一定技术背景的人民陪审员,以适应该院审判工作的实际需要。该院现有人民陪审员 123 人,他们的专业所涉及的领域包括计算机、互联网、生物、医药、化学、车辆工程、机械、电子、评估、纺织、高分子等领域,分别来自生产研发一线、高校教学一线、基层组织、还有已退休人员,其中,在生产、科研、教学一线从事相关工作的人员占该院人民陪审员的 40%,为在审理具体案件中查明技术事实,确保案件质量提供了一定帮助;还有约 7% 的人民陪审员在企业工作并具有法律专业背景,他们对企业技术研发、管理、运营及保护有直接经验,能够结合自身工作实践在审判工作中发挥作用。

建立由技术专长人才作为人民陪审员,参审技术类案件的制度,可以使专长人才在诉讼程序内利用其学识为技术问题的解决发挥作用。这些人民陪审员全面接触案件事实,直接听取当事人的诉辩主张,其全方位的参审,有利于对技术难题做出更客观、准确的判断,从而提高技术类案件的审判质效。

(二)设立技术调查官辅助合议庭查明技术事实

在借鉴日本、韩国和我国台湾地区在知识产权法院专设技术调查官方面的成熟经验,在设立知识产权法院之初,最高人民法院就在《最高人民法院关于知识产权法院技术调查官参与诉讼活动若干问题的暂行规定》中规定,知识产权法院配备技术调查官,技术调查官属于司法辅助人员。知识产权法院设置技术调查室,负责技术调查官的日常管理。北京知识产权法院根据上述规定在司法实

践中积极探索建立符合司法审判实际的技术调查官制度。

2015 年 10 月 22 日,北京知识产权法院成立了技术调查室,首批任命了 37 名交流制及聘用制技术调查官,技术调查室负责技术调查官的日常管理工作并接受法官申请,根据案件所涉技术领域指派技术调查官参与诉讼活动,负责为法官审理专利、植物新品种、集成电路布图设计、技术秘密、计算机软件、涉互联网等技术类知识产权案件提供查明技术事实等方面的司法辅助。由于北京知识产权法院配置的技术调查官编制有限(仅有 5 个编制),无法覆盖日益广泛和细分的技术领域,难以应对技术类知识产权案件的发展趋势,因此,该院在光电、通信、医药、生化、材料、机械、计算机等专业技术领域,从国家机关、行业协会、大专院校、科研机构、企事业单位中选择聘用兼具实践经验和专业技术水平的人员作为技术调查官,参与知识产权案件审理,更好地为法官审理技术类知识产权案件提供司法辅助。目前,北京知识产权法院的技术调查官根据编制、任期、薪酬待遇等不同,区分为在编、聘用、交流和兼职四种类型。为加强对技术调查官的管理,确保司法公正,北京知识产权法院制定了《北京知识产权法院技术调查官管理办法(试行)》,对技术调查官的选任、管理、培训、调研、考核、退出等内容进行了规定。技术调查官的定位为司法辅助人员,对法官审理案件提供专业技术方面的司法辅助,但对案件裁判结果不具有表决权。北京知识产权法院总结以往司法实践经验,结合现有审判实际,制定了《北京知识产权法院技术调查官工作规则(试行)》,明确技术调查官职责,具体规范了技术调查官参与诉讼活动的各个环节,详细规定了与技术调查官参与诉讼活动相关的启动、回避、庭审、评议、技术专家咨询等程序性事项,并对技术调查官所出具技术审查意见的形式、内容和作用等予以明确,确保司法公开、公正。

(三)专家辅助人出庭参与诉讼,辅助当事人说明技术问题

知识产权诉讼活动因遭遇专门性问题衍生了查明事实真相的障碍。各国立法为消除障碍将拥有专门知识的人作为诉讼参与人安置在诉讼程序中,并因不同的诉讼模式而形成了各具特色的专家证人制度和专家辅助人制度。

我国专家辅助人的角色设定最早出现在 2001 年最高人民法院《关于民事诉讼证据的若干规定》,该规定第 61 条引入了“具有专门知识的人员”,具体规定如下:“当事人可以向人民法院申请一至二名具有专门知识的人员出庭就案件的专门性问题进行说明。人民法院准许其申请的,有关费用由提出申请的当事人负

担。审判人员和当事人可以对出庭的具有专门知识的人员进行询问。经人民法院准许,可以由当事人各自申请的具有专门知识的人员就有关案件中的问题进行对质。具有专门知识的人员可以对鉴定人进行询问”。但是,2009年《最高法公布对网民31个意见建议答复情况》中又使用了“专家证人”的用语,该答复指出:“专家证人制度在我国施行时间不长,但最高人民法院十分强调要注重发挥专家证人的作用,积极鼓励和支持当事人聘请专家证人出庭说明专门性问题,并促使当事人及其聘请专家进行充分有效的对质,更好地帮助认定专业技术事实”。一段时间内专家证人成为具有专门知识的人的指代。但在2012年《民事诉讼法》中再次使用了“专门知识的人”的称谓,即“当事人可以申请人民法院通知有专门知识的人出庭,就鉴定人作出的鉴定意见或者专业问题提出意见”。

严格意义上讲,专家证人和专家辅助人在我国都不是规范的法定名词,实践中亦往往混为使用。虽然专家辅助人是借鉴英美法系专家证人的模式,用于强化当事人的举证和质证力量,但我国理论界和司法实务界均认为专家辅助人和英美法系的专家证人还是有明显的区别的。专家辅助人和专家证人二者在我国是实同名不同,并非存于我国民事诉讼的两个制度。根据法律规定,专家辅助人即“有专门知识的人”①的职能主要体现为,在审前应当事人的请求对鉴定人的鉴定行为进行监督,发现和记录鉴定过程中可能存在的异常或违规现象;对案件中的司法鉴定意见进行分析说明,答疑解惑,回答委托人提出的相关问题;应当事人的请求,经法院同意,出庭陈述意见,对鉴定人做出的鉴定意见或专业问题提出意见。一方面帮助当事人行使质证权,另一方面通过对鉴定意见的合理质疑来帮助裁判者做出正确裁判。从既往的司法实践来看,关于专家辅助人的角色定位存在不同的认识,例如,2013年在浙江省某县做的问卷调查,从法官的角度来看,在调查中有49%的法官认为专家辅助人的诉讼地位类似鉴定人,27.7%的法官认为类似证人,20.6%的法官认为是独立的诉讼参与人,2.6%的法官认为

---

① 《民事诉讼法司法解释》第122条规定,当事人可以依照民事诉讼法第79条的规定,在举证期限届满前申请一至二名具有专门知识的人出庭,代表当事人对鉴定意见进行质证,或者对案件事实所涉及的专业问题提出意见。具有专门知识的人在法庭上就专业问题提出的意见,视为当事人的陈述。最高人民法院修改后民事诉讼法贯彻实施工作领导小组编著的《最高人民法院民事诉讼法司法解释理解与适用》中对该条进行条文主旨归纳时明确提到该条是“关于专家辅助人在诉讼中的申请、活动方式以及有关费用的承担的规定”。专家辅助人是《民事诉讼证据规定》创设的一种专家证据形式,被2012年民事诉讼法所吸收。因此,本文将民事诉讼法中的“有专门知识的人”与“专家辅助人”视为同义语,为行文方便及与之前用语保持一致,以下均采用“专家辅助人”这一称谓。

类似辩护律师。从律师的角度来看,42.8%的律师认为"类似鉴定人",30.8%认为类似证人,21.6%认为独立的诉讼参与人,少数律师认为类似辩护律师。[①] 在北京知识产权法院的司法实践中,专家辅助人均与当事人及其代理人坐在同一位置,代表当事人对涉及的专业问题发表意见,接受法官及对方当事人的询问,其发表的意见属于当事人发表的意见。因此,专家辅助人参与庭审的重要意义在于辅助当事人说明专业问题,这里并没有局限于技术问题,但实践中以技术问题居多。

(四)合理利用鉴定制度,补充技术事实查明机制

近年来,伴随着我国司法鉴定制度改革,有关司法鉴定制度何去何从的讨论如火如荼。由于我国诉讼制度和审判方式已经发生了变化,控辩式的审判模式也已基本形成,但与其相关联的司法鉴定制度却相对落后,使产生于强职权模式下的司法鉴定体制与新庭审方式的矛盾日益突出。为缓解鉴定人制度的相对僵硬,吸纳了专家辅助人,在一定程度上解决了当事人质证的有效性问题。在立法上亦确立了鉴定与专家辅助人并存的"双层"专家证据制度。从北京知识产权法院的司法实践来看,技术问题通过鉴定方式解决的较少,但仍然是当事人和法官可以选择的一种查明技术事实问题的方式。通过鉴定来查明的技术事实一般来讲是需要比对的内容固定但工作量大,无法通过庭审进行比对,如有些涉及计算机软件的案件。通过具有专门技术知识的中立第三方鉴定机构进行比对及技术分析不仅能够节省庭审时间,还具有一定的客观性和较强的专业性,因此,在必要时技术鉴定还是技术事实查明的一种有益补充机制。

(五)专家咨询途径必要时可为技术事实查明的补充机制

专业技术问题咨询相关领域的专家是司法实践中常用的一种方式,包括正式的专家咨询会或研讨会,也包括非正式的个别专家咨询。早在2010年,最高人民法院就聘请11位中国工程院院士为最高人民法院首批特邀科学技术咨询专家[②],此外,在《中国法院知识产权司法保护状况(2014年)》中亦提出在完善技术事实查明机制中建立专家咨询委员会、专家顾问团等[③]。司法实践中,通过专

---

① 潘广俊、陈喆、胡铭:《专家辅助人制度的现状、困境与改善建议——以浙江省为例的实证分析》,载《证据科学》2014年第6期。

② 参见《最高人民法院关于聘任马国馨等11名特邀科学技术咨询专家的决定》(法〔2010〕174号)。

③ 参见最高人民法院:《中国法院知识产权司法保护状况(2014年)》。

家咨询的案件一般是涉及重大、疑难、复杂、尖端的技术问题,且通过其他技术查明途径仍无法查明的情况下才会启用。北京知识产权法院在司法实践中对专家咨询途径进行了积极探索,推出“智友”服务模式,法官团队从个案或类案的实际问题出发,针对案件相关技术问题向专家进行咨询,主要针对根据当事人证据尚不足以查清的技术问题、标准问题、公知常识问题等,且根据我院技术调查官制度无法查清的情况。同时,对于咨询的方式并不做具体限制,可根据实际情况,采用座谈、调研、研讨、调查等方式进行,也可以通过电子邮件、纸质信函等方式进行。采用座谈、研讨方式进行的咨询,应制作笔录或纪要并由咨询项目责任人、承接主体及相关参与人签章确认。采用计算机网络及纸质信函等方式进行的咨询,电话记录、电子文稿和纸质信函应妥善留存并归档①。

二、技术事实查明的运行模式探讨

(一)以合议庭为主导,查明技术事实并作出决断

无论是技术事实还是其他一般事实均属于合议庭应该审理查明的事实,是审判权的应有含义,应该由法官行使。无论采取何种技术查明机制,最终对事实作出判断的主体应为合议庭,同时,对当事人承担责任的亦为合议庭。按照司法改革精神,案件实行主审法官负责制。案件的主审法官在合议庭中处于主导地位,但根据合议规则,合议庭最终还是以少数服从多数为原则。因此,主审法官与具有技术专长的陪审员、另一位合议庭成员之间存在制衡与校正的平衡关系。

(二)以技术调查官为外脑,实现法官知识结构的再设计

技术调查官作为法院机构设计中专门负责技术问题的司法辅助人员,其专业知识能够弥补法官专业技术知识的欠缺,帮助法官将相关技术背景、技术特点等信息在短时间内完善,在法官思维中实现技术与法律的全脑融合,从而对案件作出全面判断。在北京知识产权法院的司法实践中,主审法官会结合案件涉及的技术领域向技术调查官室申请技术调查官参与审理案件,技术调查官会在开庭前将相关技术问题进行整理和汇总,并结合当事人的诉讼主张、理由及被诉决定认定的理由归纳出庭审焦点及需要查清的技术问题。一般案件技术调查官庭

---

① 参见《北京知识产权法院“智友”服务采购管理办法(试行)》,2016年2月10日起实施。

前这些准备工作需要一周左右，当经过技术调查官的整理后再向法官讲解，法官接受消化理解相关技术问题需要的时间一般在一天之内能够完成，极大地提高了法官理解技术问题的效率，实现了法官短期内知识结构的优化。

(三)以专家辅助人与鉴定的“双层”专家证据制度实现法官心证

由于专家辅助人的诉讼地位为诉讼辅助人，其在诉讼中的陈述视为当事人本人的陈述，法官可以通过聆听和询问专家辅助人对于专业技术问题的认识以及双方专家辅助人之间对有关专门性问题进行的辩论形成自己内心的心证。此外，法官通过鉴定制度的优势充分了解鉴定人在专业问题上的意见，通过运用专家辅助人对于鉴定制度的制衡，有效消除鉴定意见对于技术事实问题的绝对决断性，有利于法官综合各方面因素对案件技术事实作出更客观的判断。

(四)以专家咨询路径突破技术难题“瓶颈”

专家咨询不是技术问题解决的常规途径，其仅适用于涉及难度大、技术新的专业技术问题。专家咨询应当是技术问题解决的最后路径，是否采取专家咨询方式由合议庭根据案件具体情况而个案提出，采取何种专家咨询方式亦应结合案件需要和现实情况进行灵活选择。专家咨询仅针对技术问题发表意见，同时，专家具有高于本领域普通技术人员的专业知识，如何将专家咨询意见结合到具体案件中，需要合议庭经过合议来完成。

三、运用多元化技术事实查明机制通过庭审实质化实现技术事实查明

建立以具有技术背景的法官为核心的合议庭为主导，技术调查官为辅助，专家辅助人、鉴定制度为补充，专家咨询为备选的多元化技术事实查明机制，目的是通过植入外脑知识储备，再设计法官的知识结构从而实现法官的全脑思维，结合法官庭审经验和技巧，实现庭审实质化，解决案件中的技术事实查明难题。

(一)法官运用多元化技术事实查明机制的落脚点在实现庭审实质化

构建多元化技术事实查明机制的根本目标是高效高质量地解决技术事实查明难题，如何运用各种技术事实查明手段不仅与案件具体情况有关，还与法官的工作方法和思路有关，但实现技术事实查明的主场在庭审，各种技术事实查明手段的效果亦体现在庭审。为更好地再现多元化技术事实查明机制之间的协同配合，笔者将结合自身审判中的经历和经验，模拟在专利确权行政案件中同时适用上述技术事实查明手段的情境(见图1)。

1. 庭前准备阶段

(1)主审法官通过阅卷了解案件涉及技术领和技术问题后向技术调查官室申请相应领域的技术调查官参与审理案件。

(2)技术调查官阅卷并出具技术审查报告,包括:①对涉案技术方案的理解包括介绍技术方案以及相关发明创造内容,如技术问题、技术手段和技术效果等;②案件涉及证据的相关问题主要包括现有技术的状况和理解;③专利行政案件中被诉裁定或者决定认定的理由及结论解析;④原告与被告争议的技术焦点;⑤目前案件中存在哪些技术事实需要进一步通过庭审查明。

(3)技术调查官结合技术审查报告与主审法官进行庭前研讨,解答主审法官就技术问题的疑问,协助法官助理整理庭审提纲。

(4)专业人才陪审员庭前阅卷,了解技术问题,参与庭前研讨。在庭前准备阶段,合议庭通过阅卷及与技术调查官的合作,根据"二八定律",即集中利用20%的时间能够基本掌握该领域80%的知识,法官已经就案件涉及的技术领域及技术问题有了基本的了解和认识,完成知识储备的移转,为庭审做好准备工作。

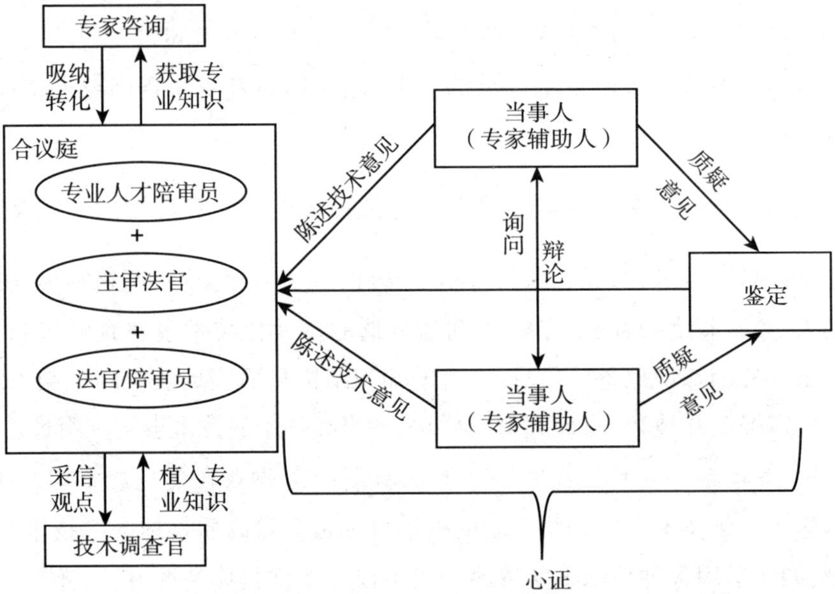

图1 庭审实质化情景模拟

2. 庭审阶段,法官凭借庭审经验及技巧,引导当事人、专家辅助人围绕焦点问题充分发表意见,并通过询问以及当事人彼此之间的辩论厘清问题,利用专家辅助人对鉴定的质疑以及支持的意见判断鉴定结论的可信程度及可采信部分,此外，技术调查官参与庭审，可以向专家辅助人及当事人询问，这样可以校正技术调查官对技术问题的认识并帮助法官完善对技术问题的理解和认识，实现法官对技术调查官意见的辩证接受。因此，庭审是各种技术事实查明手段协调发力的战场亦是法官实现心证的主场。

3. 庭审结束后，如果留有技术问题尚难决断，合议庭再就该问题进行咨询。

4. 合议阶段，技术调查官参与合议，并出具技术审查意见，对技术问题表明自己的判断，是否采信由合议庭决定。

5. 法官助理根据合议结论起草裁判文书，技术调查官就裁判文书中技术事实的查明及认定过程进行修正，法官最终确定裁判文书的文本。在技术事实查明机制中，技术调查官发挥着主导作用，但为了防止法官对技术调查官的过度依赖，应该充分发挥当事人及专家辅助人的作用，实现对技术调查官意见的补充和修正，通过庭审实质化的进行保障法官独立判断的裁判权。

（二）法官在进行技术事实判断时的思维导图

随着法律与技术相结合的大数据时代到来，通过大数据分析法院判决探寻审判思路和裁判路径成为当下的热点问题。外部揭示裁判路径莫如自我开示思维导图，下文将通过技术类案件涉及比例最大的专利创造性判断案件①，结合笔者自身审判实践，模拟法官审理案件时的思维导图，并就其中涉及的关键节点中各种技术调查方法所起到的作用进行揭示（见图2）。

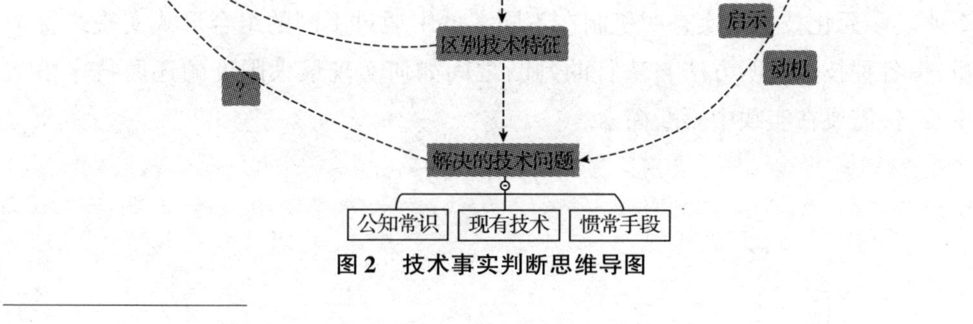

图2　技术事实判断思维导图

① 根据北京知识产权法院收案统计，涉及专利创造性的案件占技术类案件的60%左右。

面对专利创造性问题的判断,第一,解读专利技术,这主要是通过专利权利要求书、说明书进行判断,必要时通过技术调查官的讲解理解技术方案。第二,需要结合专利技术在现有技术中确定最接近的现有技术,这其中涉及对技术领域、技术特征、技术效果以及解决的技术问题等的判断,这些问题法官会通过被诉决定、技术调查官的技术审查报告、当事人的诉辩主张等进行判断。第三,确定发明的区别特征和实际解决的技术问题,这涉及对于最接近的现有技术和本专利之间的比对,是基于对各自技术方案的理解进行判断,这一部分实践中多需要借助技术调查官的专业知识和当事人的技术意见进行综合判断。第四,关于公知常识的判断问题,由于法官本身不是本领域的技术人员,公知常识、惯常手段、动机、启示等需要通过技术调查官的本领域知识及当事人的举证来进行判断。第五,是否具有创造性的问题,这是一个法律的问题,是法官行使司法裁判权的体现,无需借助技术调查官等技术查明方法来完成。

知识产权技术类案件由于专业性强,涉及技术问题复杂,一直以来在司法实践中是最难啃的“硬骨头”。为破解技术难题,各国在审理技术类知识产权案件时采取了不同的思路和方式。但从总体上来讲可分为两种基本思路,第一种思路是内挖潜力,从合议庭入手,挑选具有技术背景的法官组成合议庭,由合议庭负责技术事实的查明,这以德国司法实践为典型;第二种思路是外请助手,从当事人入手,通过专家证人参与诉讼,便于法官查明技术问题,这以美国司法实践为典型;又或者将技术问题外包,通过中立第三方专业鉴定机构出具鉴定意见或由技术专家独立查明技术事实。前述两种思路随着各自在司法实践中的运用和发展,为了更好的攻克技术问题又出现了彼此借鉴和融合的趋势。目前,北京知识产权法院在司法实践中采取的多元化技术事实查明机制就是融合了前述两种思路,内强合议庭技术力量,外借第三方知识通过庭审实质化实现对技术事实的查明。多元化技术事实查明机制在不同案件中通过不同的组合形式实现最优力量,但各种技术查明方法与法官的判断之间如何实现最大限度的还原技术事实本身,仍需要在实践中不断探索。

司法改革后知识产权司法统计分析工作的创新发展

——以购买社会化服务为途径

姜庶伟　吴园妹　李　青*

司法统计工作是一项基础性和全局性的工作。随着司法改革的逐步深入，为充分发挥司法统计促进知识产权经济发展和全社会知识产权保护的作用，知识产权司法统计分析工作更应当着眼于服务知产审判实践，通过购买社会化服务，多措并举，拓宽司法统计的途径，完善统计数据范围，加强相关数据之间的整合及分析研究，增加数据公开程度，为审判工作和司法决策提供参考，实现司法审判引导创新驱动发展中的作用。

一、购买社会化服务的必要性：传统知识产权司法统计分析的局限性

（一）传统知识产权司法统计手段单一、对庭室人力报送依赖高

传统知识产权司法统计工作主要依赖于市高院统一开发的信息球系统中的数据统计，同时还有智汇云智能搜索、“查询系统”和“审判管理系统”可以实现部分项目数据的查询功能。统计手段较为单一，各系统之间的协调整合性较差，特别是对于知识产权案件的统计项目较少，是目前知识产权司法统计工作面临的主要问题。在实践中需要统计某一类特定数据时，仍需要以各庭上报的方式完成，费时费力且统计数据的准确性不高。现有统计系统中，知识产权案件的统计数据项目还存在以下缺失：

1. 知识产权案由分类不详细。目前审判系统和信息球系统中对于知识产权行政案件的案由仅设置到二级案由部分，即商标行政和专利行政案件。三级案由的缺失给知识产权司法统计和审判实践造成巨大困难，知产法院受理的案件中，商标及专利行政案件占比高达73%，且商标和专利行政案件中包含的不同类

* 姜庶伟，北京知识产权法院审判管理办公室主任、审委会委员、法官。吴园妹，北京知识产权法院审判管理办公室法官。李青，北京知识产权法院技术调查室法官助理。

型案件的差异性较大,所反映的问题各不相同。由于知识产权行政案件与普通行政案件具有较大区别,无法适用普通行政案件案由的设置,造成了目前统计系统中知识产权行政案件案由设置的不规范和缺失。

2. 结案方式选择项不全面。目前统计系统中结案方式为选项选择,不同审级和案由的案件对应不同的结案方式选择项。但由于前期调研、系统研发等环节存在的问题,部分案件的结案方式选项中未包括所有结案方式。已有结案方式中,也存在部分结案方式名称归纳不准确的问题。在遇到此种情况时,目前一般的做法是选择最为接近的结案方式,但如此一来,容易造成案件信息的不准确填报,在对具体案件进行统计分析时,也会造成数据不真实。

3. 案件基本信息项目不全面。目前统计系统中的知识产权案件基本信息项目中缺少作品类型、保全、当事人或证人出庭情况、案件旁听、是否涉网络等方面的内容,而上述统计项目对于各类知识产权案件的深入分析研究具有重要意义。

(二)基础数据准确性有待提高

统计工作的核心是及时、准确,基础数据录入的准确性是司法统计功能得以发挥的重要前提。案件信息准确性的定期检查也是审判管理工作的重要内容,从近几年市高院连续开展的案件信息准确性专项检查结果来看,结案方式、结案时间、文书生效信息、审限变更信息为差错项较多的项目,从知产法院审判管理工作实践来看,上述项目也是知识产权案件信息错填及修改较多的项目。案件信息准确性专项检查活动对于提高案件信息填报的准确率起到了积极的监督效果,但不能否认,也具有专项活动所固有的暂时性、效果不长久的问题,且专项活动的开展需要耗费大量人力,在目前审判管理人员配置条件下,一年中无法开展多次检查活动。

(三)数据分析工作未有效展开

限于现有统计系统智能化程度以及司法统计人员的紧缺,现阶段司法统计工作很大程度上还停留在传统的数据加减的阶段。数据的整合性、可利用性较弱,对于审判态势、审判规律、行业经济发展中存在问题的反映性不强,司法统计分析仍然存在面窄、量少、质弱的不足,不少统计分析只是就数字论数字,缺乏深入分析,参考价值不高。数据分析工作未能有效开展主要原因在于司法统计数据的分析研究需要耗费大量人力、物力,如现阶段迫切需要关于各类案件裁判文书的深入统计分析,但受到裁判文书标准化和规范化程度、语词分析技术等方面的限制,在现有统计工作硬件条件下,对于裁判文书的分析研究无法完全依赖于信息化系统的自动统计分析，只能通过人工查看、检索的方式完成，所需人力和时间可想而知。

(四)司法统计数据的公开范围和程度较低

长期以来，司法统计数据按保密信息管理，司法统计信息系统也因此被确定为涉密信息系统。而实际上，在司法统计对象中，超过90%的案件的司法统计信息并不属于涉密信息，将上述涉密信息与非涉密信息均纳入涉密系统的管理模式，制约了司法统计工作的开展和发展，也暴露出了诸多弊端。同时社会公众特别是高度关注相关案件审判情况的企业等主体对于司法统计数据的公开呼声日益高涨，目前通过全市法院推行的审判信息公开平台，当事人可以查看可公开的审判流程节点信息。但由于目前审判信息项目缺失以及更广主体可获得信息受限的问题，具有高度利用和研究价值的司法统计数据可为社会大众利用的程度不高，这也影响了司法统计数据间接促进经济社会发展作用的有效发挥。

二、购买社会化服务的可行性：建立符合知识产权审判规律的司法统计

(一)知识产权案件特点及统计分析需求

知识产权案件特点比较明显。技术类案件特别是专利案件的审判情况反映了我国科技创新的发展程度及创新型企业的知识产权保护情况。商标类案件审判情况的统计分析对于企业品牌战略发展具有重要意义。网络著作权等类型案件审判情况的统计分析对于互联网新型经济发展具有重要的导向作用。特许经营、不正当竞争、垄断等类型案件审判情况的统计分析对于规范市场经营秩序、提高经营参与者的风险意识具有重要作用。

近年来，国家大力实施创新驱动发展战略，一系列与专利、网络科技等相关的创新型企业得到迅猛发展，与此同时，作为创新型企业发展核心的知识产权保护成为企业生存发展的关键。北京知产法院的成立对于我国知识产权保护和创新型发展战略推进具有里程碑式意义。北京知产法院受理案件类型多，且对于商标和专利行政案件进行专属管辖，因此，一定程度上讲，知产法院司法统计及分析工作对于以知识产权为核心的企业和经济发展具有重要的参考作用。

(二)购买社会化欲实现的统计目标

1. 实现统计渠道的进一步拓宽

整合现有知识产权司法统计系统，改进现有系统中不适应司法统计工作需

求的设置,实现数据查询的便捷操作和各统计系统中数据的衔接整合。在目前法院人力物力有限的情况下,建议考虑采取数据统计工作外包、购买社会服务的方式提高统计工作的效率。在现有统计系统条件下,尝试建立以智能化统计为核心、以司法统计报表为补充的统计模式,对于审判实践和社会公众需求度高、现有系统无法统计的事项,仍采用传统人工报表的方式。同时有计划地开发针对这项项目的信息化统计系统,提高审判管理工作效率,提升调研分析工作的深度与广度。

2. 提升数据的可利用性

转变现有司法统计分析工作简单填报表、作加减法的现状,重视对司法统计数据的分析研究工作,利用司法统计数据的"宝藏富矿",通过对海量数据的分析对比,形成有价值、高质量的决策依据。以司法统计数据为主要参考,加强对审判工作新情况、新问题的专项分析,充分利用司法统计数据资源,结合与审判活动密切相关的政治、经济信息,积极探索审判工作与经济社会发展变化之间的关系。紧紧围绕国家创新型经济发展战略要求,深入分析事关经济发展和社会管理的趋势或苗头问题,积极开展常规性、动态性分析,有针对性地开展专题性、规律性的分析,全面拓展数据分析的服务领域,及时将数据分析的成果上报、通报或向社会公开,全面发挥统计分析工作的职能,实现数据统计分析的成果转化。

3. 加大裁判文书公开的大数据力量

裁判文书是审判数据的重要载体,又因为裁判文书连接着当事人和法官法院,故对裁判文书数据能够有效提取直接关系到是否能够反映当事人、法官和法院的真实客观状况。这恰恰是传统司法统计无法触及的深层次和多维度数据。从大数据的角度,裁判文书尤其是知识产权裁判文书也符合大数据的特点:一是数据体量巨大。除少量根据法律规定可以不出裁判文书的撤诉和调解的口头裁定之外,大部分案件均以裁判文书的方式对其进行了记录,裁判文书数量巨大,一定时间内常规软件工具难以有效抓取、管理和处理其数据。二是数据类型多样。裁判文书内容丰富,从案件类型上包括刑事案件、民事案件和行政案件,从审理的级别上包括一审、二审以及再审的文书,覆盖的法官包括基层法院、中级法院、高级法院和最高人民法院四级法院。三是数据复合性程度高。裁判文书在撰写上虽然有特定的范式,但裁判文书绝非简单地数据填空,而是需要对事实认定和法律适用进行全面的探析,同时裁判文书的说理部分也往往能够体现法官的个性,因此裁判文书所承载的数据复合型程度较高。四是数据整齐度高。

这主要是针对知识产权裁判文书而言的,较之个案因素突出的普通民事案件,知识产权案件类型化程度比较高,主要集中于专利权、著作权、商标权和竞争权利。无论是当事人、代理人还是审判人员用语整体上较为统一,有利于数据的提取。而随着北京、上海、广州三地知识产权法院的设立,管辖上的统一性,将促进裁判文书的进一步规范化,这也为数据提高整齐度提供了条件。

三、购买社会化服务的样本实践:第三方评价机制带来的优势

2015 年最高人民法院发布的《关于审判权运行机制改革试点方案》和《关于完善人民法院司法责任制的若干意见》提出了,探索建立法院以外的第三方评价机制,强化对审判权力运行机制的法律监督、社会监督和舆论监督。为此,依托于最高人民法院在知产法院设立的知识产权案例指导研究(北京)基地(以下简称基地),知产法院从 2015 年上半年就开始在司法统计工作上尝试与相关司法数据研究中心等第三方专业司法数据分析机构合作,共同对知产法院司法统计数据进行深度分析研发。两年来,知产法院就 2015 年全年案件、涉外案件、民事案件赔偿数额均进行了专项的委托,近期就著作权、商标权、专利权以及涉及程序性事项的相关统计分析正在进行中。

(一)优势分析

以知识产权法院 2015 年度司法数据分析为例,这种优势体现如下:

1. 数据统计分析的主体更为专业和中立

2016 年 4 月 15 日,相关司法数据研究中心联合清华大学法学院科技文化与竞争法中心、中国政法大学知识产权法研究所和华东政法大学知识产权学院共同发布了《司法数据分析报告(北京知识产权法院 2015 年度)》,以独立第三方身份对知产法院 2015 年度审结的案件做了全面的数据观察和分析。该份报告系知产法院首次引入第三方评价机制全面公开司法数据。基地充分发挥理论研究中心、案例发现识别中心、信息智能汇集中心和案例综合服务中心的作用,加强与第三方数据分析公司在案例上的合作,确保了数据的全面性和权威性,同时清华大学、中国政法大学和华东政法大学等专业学术机构的参与,保障了此次评价的科学性、客观性和中立性,为评价报告的质量提供了保障。在样本采集上,数量比较全面,评价指标设置较为科学、全面,较为客观和真实地反映了知产法院审判工作成绩。

2. 数据统计分析内容更为深入详细

此次数据发布以知产法院 2015 年全年做出的知识产权案件裁判文书作为分析样本,共收集到 5022 份,相对于该年度总结案数 5432 件而言,数据分析样本总体齐全度为 92.45%。该报告分为四个部分:第一部分是北京知识产权法院 2015 年结案情况的整体分析;第二部分分别从知产行政案件和知产民事案件两个角度做概括性的分类分析;第三部分对社会公众和业界最为关注的技术类案件审理情况、侵权赔偿金额、审理时长、陪审员参与、涉外案件比例等因素进行专项分析;第四部分是法官个性化分析,按照院、庭长以及随机抽取知产法院第一批员额制法官等视角对 14 位法官进行多维度的数据法官画像分析。

传统的司法统计分析在公开方式上往往以年度报告的方式进行公开,内容也往往局限于一般性的数据罗列,存在统计范围窄、指标少、未涵盖法院全部司法活动、不能体现案件中的经济社会信息等问题。较之传统的司法统计分析,本次公开的司法数据除了案件类型、案由分布、调撤情况等传统项目分析外,对传统司法统计系统难以有效抓取到的民事案件原告胜诉率、各类案件判赔情况、全额支持诉求赔偿额案件等对于一线法官审理案件和产业行情分析更具参考价值的因素均做了非常翔实的分析解读。尤为值得一提的是,该份报告还对知产法院法官个人的结案数据和办案特点进行了深入分析,包括 7 位院、庭长以及从任期满 1 年的法官中随机抽取的 7 位法官在内的 14 个法官团队,分析的数据详细至案件类型、案件性质、审理级别、结案方式、审理时间、判决书字数和判理部分字数等,从微观的视角切入,用以点带面、以小见大的方式展示了知产法院上年案件审理情况。而且,该报告直接通过对于裁判文书体例和内容的解读,直接分析出知产法院在 2015 年度案件审理中的七大创新之举,较之传统的由法院自己召开新闻发布会对社会宣传更为直观、也更具有说服力。

3. 社会效果更为良好显著

此次发布的报告知产法院利用第三方“大数据”改进审判管理的重要举措,作为中国首个知识产权专属管辖法院率先成立,知产法院具有管辖知产案由全面、收结案件全国领先、法官队伍典型、司法改革先行等突出特点,专业司法数据研究中心的参与能够较为及时、全面、准确地采集反映案件及其审理过程情况的各类信息,从而能够比较完整地反映我国近年来知识产权司法的保护水平。另外,作为知产法院司法公开的全新举措,此次发布的报告实现了从裁判文书公开到大数据公开、从以法院为单位公开到以法官为单位公开的深华,由法院以外的第三方专业机构对法院工作进行评价,法院的地位更为超然,评价结论更为客观中立,社会公众也可以更为方便、全面地对法院整体工作和法官个人工作情况进行评价。

多家媒体以《"第三方"围观大数据技术　有利于推动司法公开》《知产宝首次对知识产权司法保护数据进行深入解读》等标题进行了报道或者转载,取得了良好的社会效果。知产法院将在此次引入第三方评价机制的尝试的基础上,进一步总结审判实践经验,破解审判难点问题,预测审判发展趋势,通过信息化的建设不断拓宽司法公开的广度和深度,提升司法公开的智能化,加强司法公开的规范化,使司法公开成为促进司法公正、提升司法公信的有力杠杆,满足社会公众对司法公开更高需求以及司法改革向纵深化推进的高标准。

(二)缺点分析

1. 对已结案件裁判文书依赖度高,数据时效性较差

从知识产权法院委托第三方进行司法统计的实践来看,目前统计的素材均来自于案件裁判文书。因此购买社会化服务过程中,第三方进行的司法统计对裁判文书的依赖程度非常高。其能否作出科学合理全面的司法统计分析,依赖于对裁判文书的掌握程度。其中离不开法院的工作,法院提供的裁判文书必须全面,法官撰写的裁判文书覆盖的数据必须全面。在满足这两个前提的情况下,第三方能够较好地进行数据分析。存在的问题也很明显,对裁判文书的高度依赖,导致难以对在审的案件进行分析,而恰恰是在审的案件情况能更为及时地反应最新的知识经济发展的态势,因此仅通过已结案件进行分析,数据更新较慢,具有一定的滞后性。

2. 法院必须提出精准的需求,沟通成本较大

在传统司法统计模式之下,法院是集需求方和供给方于一体的,因此对如何采集使用数据非常明晰,对于可能需要的备用数据也较为敏感。而购买社会化服务由于是第三方介入,在没有清晰需求的情况下,对于应当提供符合何种要求的统计分析存在较大的困难。而法院的实际工作情况恰恰是需求的固定存在一定的难度,各种需求常常处于变动之中,有时候会导致第三方在工作中存在一定的被动性。因此,沟通成本较之传统司法统计模式较大。为更好地实现购买社会化服务的目标,在司法统计尤其是专业化的如知识产权司法统计中,应当在委托第三方时,提出较为清晰的需求,建立与第三方顺畅的沟通渠道,减少沟通

成本。

3. 重数据,轻分析,数据利用效率低的问题

传统的司法统计属于“大而全”,购买社会化服务希望实现的目标是“小而精”。“大而全”的数据应用面比较广泛,而“小而精”的数据应用面则较为狭窄。尤其是审判领域可细分为专利、商标、著作权,且又可分为民事和行政,一审和二审的情况下,实际上就某一特定领域,知识产权审判数据统计分析可以细之又细。与此面临的问题是,知识产权审判数据服务对象是什么?为领导决策服务还是为业务研究服务?购买社会化服务实现的目标是多样的,显然这两者都是需要兼顾的。知产法院目前的实践来看,第三方提供的数据虽然全面,但对于想从中分析出具体的问题,却并不十分理想。如某第三方提供的《北京知识产权法院审结涉外及涉及我国港澳台地区案件数据分析报告》,该报告主要对涉外案件总体,以及涉美国案件和涉港澳台案件进行了分析,从中能够看出当事人国籍后地区的分布、案由分布、一审胜诉情况分布以及一审民事判赔金额分布,对于案件背后复杂的社会经济因素等分析较少。实际上这样的分析,法院自己也能做,只不过在工作效率上低于第三方。可以看出,购买社会化服务在一定程度上解放了法院的司法统计工作,但是在数据质量,分析深度上仍然非常欠缺。

四、购买社会化服务的再思考:实现法院和第三方的优势互补

(一)建立购买社会化服务的规范性制度

通过购买社会化服务是实现司法改革后知识产权审判数据统计数据的革新的重要途径。知产法院在探索通过购买社会化服务方面取得了一定的经验,但在实践过程中,认为在制度设计上仍需进一步完善。在资质方面,基于知识产权审判的专业性,第三方评价机构的选择在考虑中立性的同时,还要兼顾其专业性;在渠道方面,除了社会整体性评价,要进一步拓宽专业化第三方评价机制的应用;在内容方面,除了能够从判决书中抓取的各类信息外,还要探索与法官工作考评对接的方式方法;在结果方面,要实现评价结果服务于审判大局,以倒逼效应提升法官办案质量。概言之,要确保评价机构中立专业,评价方法客观得当、评价内容真实完整、评价结果可转换可利用。

(二)转变法院司法统计职能,明确法院和第三方的角色定位

在购买社会化服务的方式推动审判数据统计分析的问题上,法院占据主导

地位,且更多的是定向委托的方式,购买内容市场变动,购买费用的不确定性也比较大,与其说是工作任务的外包,不如说是第三方辅助法院开展司法统计工作。因此在合作过程中,存在法院与第三方定位不清,角色不明、角色不明、能力欠缺、购买过程缺乏规范、监督和评估缺乏等问题。从目前第三方数据公司的能力来看,其优势在于对数据的处理能力,弱势也比较明显,即对数据的分析能力有限,更难以体现对数据反映问题的提炼。而这恰恰需要具有较为丰富的审判经验的法院工作人员的参与,法院工作人员才具有这方面的敏锐性。因此不妨将第三方定位为数据统计者,法院定位数据分析者。两者需要进行通力的合作,才能更好地实现数据的"统计分析"。这也要求在于第三方合作时,法院的需求应当是非常具体而且是明确的。

(三)多渠道探索第三方服务,建立有效的监督体系

就司法统计方面,目前知产法院向第三方购买社会化服务的方式仍然是定向委托,公开招标和邀标等方式还没有探索。因此在合作过程中,对于可能存在的潜在的风险点也应当注意,如第三方主体的选择上以及合作过程中都应当避免利益冲突。可以借鉴已有的政府采购的经验,建立强有力的监督体系。建立涵盖服务项目的申请、评审、立项、招标、订约、实施、调整、结项、评估、反馈等环节在内的动态管理与监督。加强财政、审计等部门对购买服务资金的监督,引入专业的第三方监督机构对公共服务相关利益主体进行监督,利用信息技术、网络大数据优势,推动购买过程透明公开,现包括公众、专家、媒体等在内的全部利益相关者的全方位监督。

创新型经济发展战略下知识产权司法统计分析工作的完善

仪 军 李 青*

一、知识产权司法统计分析工作的功能与定位

(一)北京知识产权法院成立后的案件审判情况

2014 年 11 月,北京知识产权法院(以下简称北京知产法院)成立,作为全国第一家专门的知识产权审判机构,知识产权法院的成立对于我国知识产权保护和创新经济发展具有重要作用,截至 2015 年 12 月 31 日,北京知产法院共受理案件 9191 件,接近 2012 年、2013 年两年全市各中级人民法院受理的知产案件数量之和。北京知产法院 2015 年受理的案件中,一审案件 7545 件,二审案件 1629 件,申诉案件 17 件,一审案件中,著作权纠纷 189 件,商标权纠纷 5531 件(其中商标行政纠纷 5501 件,商标民事纠纷 30 件),专利权纠纷 1696 件(其中专利行政纠纷 1207 件,专利民事纠纷 489 件),技术合同、不正当竞争等其他类型纠纷 129 件。二审案件中,著作权纠纷 1278 件,商标权纠纷 123 件,专利权纠纷 16 件,技术合同、不正当竞争等其他类型纠纷 212 件。申诉案件中,著作权纠纷 15 件,商标权纠纷 2 件。上述案件中,涉及商标、不正当竞争、垄断等类型的案件 5821 件,约占总收案数的 63%,涉及专利、计算机软件、技术合同、商业秘密等类型的案件 1885 件,约占总收案数的 64%,涉及网络著作权等类型的案件 1467 件,约占总收案数的 16%,涉及外国、港澳台的案件 2807 件,约占总收案数的 30%。北京知产法院受理的案件呈现“三多一高”的特点:一是专利、商标授权确权行政案件多;二是含涉外因素的案件多;三是重要影响、受关注的案件多;四是涉技术问题的案件所占比例高。

---

* 仪军,北京知识产权法院技术调查室负责人、法官。李青,北京知识产权法院技术调查室法官助理。

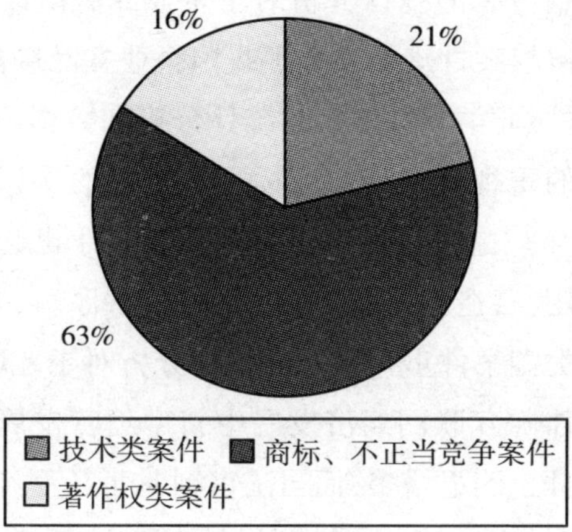

图1 案件类型

(二)知识产权司法统计分析工作的功能

司法统计是法院司法活动信息的记录,是法院一项重要的基础性调查研究活动。司法统计工作是法院审判业务工作之外重要的辅助性服务工作,对于及时掌握法院审判工作情况、评估审判运行态势、总结审判工作经验具有重要的基础性作用。同时,通过司法公开相应范围的司法统计数据,对经济社会发展具有重要的导向和规范促进作用。知识产权案件作为一类重要的案件类型,一定程度上反映了经济社会特别是国家创新经济发展的实际情况。近年来,国家大力实施创新驱动发展战略,一系列与专利、网络科技等相关的创新型企业得到迅猛发展,与此同时,作为创新型企业发展核心的知识产权保护成为企业生存发展的关键。北京知产法院的成立对于我国知识产权保护和创新型发展战略推进具有里程碑式意义。北京知产法院受理案件类型多,且对于商标和专利行政案件进行专属管辖,因此,一定程度上讲,知产法院司法统计及分析工作对于以知识产权为核心的企业和经济发展具有重要的参考作用。

1. 技术类案件特别是专利案件的审判情况反映了我国科技创新的发展程度及创新型企业的知识产权保护情况。技术类案件中,涉及专利授权确权的行政纠纷以及涉及专利侵权的民事纠纷案件约占整个技术类案件总和的90%,对此类案件的深入统计分析有利于及时掌握我国专利申请的情况和存在的问题,对于企业专利申请具有指导意义,对于专利侵权案件的统计分析和数据公开,有利于提高企业的专利维权和规范经营意识,促使企业构建专利保护的预警机制,营造全社会知识产权保护的良好氛围。

2. 商标类案件审判情况的统计分析对于企业品牌战略发展具有重要意义。商标授权确权和商标侵权案件集中反映了我国企业在品牌战略方面的实施情况以及存在的问题,通过对此类案件的实时统计分析和数据公开,有利于提高企业对于商标等品牌价值的重视程度和对商标重要作用的认识,促使企业创立自身品牌,并制定品牌维护的发展策略,同时对于侵权企业也起到较好的警示作用,规范企业商标合法使用,营造公平竞争的良好市场秩序。

3. 网络著作权等类型案件审判情况的统计分析对于互联网新型经济发展具有重要的导向作用。伴随互联网经济发展中新型经营发展模式的出现,与之相关的知识产权纠纷案件也明显增多,而司法审判对于新型经济发展形态下,经营模式的合法化以及规范性发展具有重要的导向作用,通过司法审判对是否侵权等问题的界定,能够促进互联网企业采取合法的经营模式,并基于不合法经营模式可能带来的侵权法律风险,自觉摒弃不合法的经营方式,对于互联网经济的健康发展具有重要的促进作用。

4. 特许经营、不正当竞争、垄断等类型案件审判情况的统计分析对于规范市场经营秩序、提高经营参与者的风险意识具有重要作用。对此类案件进行深入地统计分析及数据公开,使社会公众明确与市场正常秩序相对应的合法规范的经营和竞争行为,对于不符合法律规定经营模式的界定和司法审判数据的公开,能够促使社会公众在自身参与市场经营活动时,具备判断合法与否的风险意识,从而促进全社会形成良好的市场竞争秩序。

(三)知识产权司法统计分析工作的定位

最高人民法院周强院长在“全国法院第四次司法统计工作会议”上强调:“在信息网络时代,人民法院要保证司法统计的全面性和客观性,充分发挥信息服务职能,使司法统计真正成为人民法院了解社会、社会理解司法的窗口和桥梁,增强主动性和前瞻性,充分发挥服务决策职能,运用司法统计信息支持决策,减少决策的盲目性和随意性,注重挖掘统计信息背后的经济社会问题,为各级党委政府决策提供参考。”司法统计工作应该具有基础性、全局性、战略性的定位,在创新型发展战略背景下,知识产权司法统计分析工作一方面应当服务知产审判实践,通过整体数据趋势的全面分析和某一类案件数据的类型化统计分析为审判工作和司法决策提供参考;另一方面应当充分发挥司法统计促进知识产权经济发展和全社会知识产权保护的作用,通过完善统计数据范围,加强相关数据之间的整合及分析研究，客观反映创新经济发展中存在的知识产权法律保护方面的问题；另外，知识产权司法统计数据作为社会大数据的重要组成部分，通过向社会公众进行适当范围的公开，能够增强社会公众对于知产审判的理解程度，实现司法审判引导创新型经济发展的作用。

二、知识产权司法统计分析工作的现状及存在的问题

（一）知识产权司法统计分析工作的现状

2014 年 11 月北京知产法院成立，原来三个中级人民法院分别受理的知产案件统一由知产法院受理，这在一定程度上有利于知识产权司法统计数据的整合与分析，但同时集中受理案件后，对于案件数据的统计与分析要求也相应提高。以往普通中院中，知产案件作为民商事案件的组成部分，较少有针对性的专门化统计工作，对于知产案件中具体某一类案件的分析统计则局限于采取单个询问承办法官的方式，这样采集的数据全面性和准确性都不高，在此基础上对某类案件反映出的问题的分析也无法深入进行。北京知产法院成立后，为促进专业化审判水平和裁判标准的统一性，需要对所审理的各类知识产权案件的数据进行详细准确的梳理和研究、分析，由于涉及庭室多、人员分散，若单独再采取单个询问的方式，将无法实现知产案件类案化分析的目的，也无法为知产审判工作提供有力参考。因此，现阶段知识产权司法保护需求与知识产权司法统计分析工作实践之间的矛盾较为突出，限于现有统计方式的单一化和非专门性，知识产权司法统计分析的需求无法得到有效满足，限制了知识产权司法统计分析工作功能及作用的实现。

（二）知识产权司法统计分析工作中存在的问题

1. 统计手段单一、统计项目不全面

目前知识产权司法统计工作主要依赖于市高院统一开发的信息球系统中的数据统计，同时还有“查询系统”和“审判管理系统”可以实现部分项目数据的查询功能。统计手段较为单一，各系统之间的协调整合性较差，特别是对于知识产权案件的统计项目较少，是目前知识产权司法统计工作面临的主要问题。在实践中需要统计某一类特定数据时，仍需要以各庭上报的方式完成，费时费力且统计数据的准确性不高。知产法院经深入调研发现，现有统计系统中，知识产权案件的统计数据项目还存在以下缺失：

(1)知识产权案由分类不详细,案由更新不及时。目前审判系统和信息球系统中对于知识产权行政案件的案由仅设置到二级案由部分,即商标行政和专利行政案件,但实践中,依据商标和专利行政机关作出的决定类型,在商标行政与专利行政案由之下,应当再设置一级子案由。三级案由的缺失给知识产权司法统计和审判实践造成巨大困难,知产法院受理的案件中,商标及专利行政案件占比高达73%,且商标和专利行政案件中包含的不同类型案件的差异性较大,所反映出的创新经济发展的问题侧重点也有所不同。而且,“信息球”和审判系统中的其他民商事案件案由一般都设置到三级或四级,但在商标和专利行政案件部分却只有二级案由。现有统计系统中知识产权案件案由设置的依据为最高人民法院2011年修订的《民事案件案由规定》,对于知识产权行政案件,没有明确的案由依据,且由于知识产权行政案件与普通行政案件具有较大区别,无法适用普通行政案件案由的设置,造成了目前统计系统中知识产权行政案件案由设置的不规范和缺失。同时统计系统中案由设置的更新程序、手续等也较为烦琐,导致案由设置不能与审判实践更新保持同步一致。

(2)结案方式选择项不全面。目前统计系统中结案方式为选项选择,不同审级和案由的案件对应不同的结案方式选择项。但由于前期调研、系统研发等环节存在的问题,部分案件的结案方式选项中未包括所有结案方式。已有结案方式中,也存在部分结案方式名称归纳不准确的问题。在遇到此种情况时,目前一般的做法是选择最为接近的结案方式,但如此一来,容易造成案件信息的不准确填报,在对具体案件进行统计分析时,也会造成数据不真实。

(3)案件基本信息项目不全面。目前统计系统中的知识产权案件基本信息项目中缺少作品类型、保全、当事人或证人出庭情况、案件旁听、是否涉网络等方面的内容,而上述统计项目对于各类知识产权案件的深入分析研究具有重要意义。

2. 基础数据准确性有待提高

统计工作的核心是及时、准确,基础数据录入的准确性是司法统计功能得以发挥的重要前提。案件信息准确性的定期检查也是审判管理工作的重要内容,从近几年市高院连续开展的案件信息准确性专项检查结果来看,结案方式、结案时间、文书生效信息、审限变更信息为差错项较多的项目,从知产法院审判管理工作实践来看,上述项目也是知识产权案件信息错填及修改较多的项目。案件信息准确性专项检查活动对于提高案件信息填报的准确率起到了积极的监督效果，但不能否认，也具有专项活动所固有的暂时性、效果不长久的问题，且专项活动的开展需要耗费大量人力，在目前审判管理人员配置条件下，一年中无法开展多次检查活动。

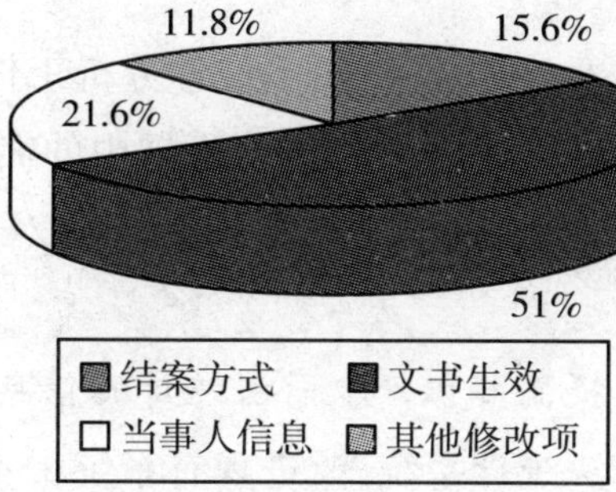

图2　北京知产法院2015年案件信息修改情况

3. 数据分析工作未有效展开

限于现有统计系统智能化程度以及司法统计人员的紧缺，现阶段司法统计工作很大程度上还停留在传统的数据加减的阶段。数据的整合性、可利用性较弱，对于审判态势、审判规律、行业经济发展中存在问题的反映性不强，司法统计分析仍然存在面窄、量少、质弱的不足，不少统计分析只是就数字论数字，缺乏深入分析，参考价值不高。数据分析工作未能有效开展主要原因在于司法统计数据的分析研究需要耗费大量人力物力，如现阶段迫切需要关于各类案件裁判文书的深入统计分析，但受到裁判文书标准化和规范化程度、语词分析技术等方面的限制，在现有统计工作硬件条件下，对于裁判文书的分析研究无法完全依赖于信息化系统的自动统计分析，只能通过人工查看、检索的方式完成，所需人力和时间可想而知。

4. 司法统计数据的公开范围和程度较低

长期以来，司法统计数据按保密信息管理，司法统计信息系统也因此被确定为涉密信息系统。而实际上，在司法统计对象中，超过90%的案件的司法统计信息并不属于涉密信息，将上述涉密信息与非涉密信息均纳入涉密系统的管理模式，制约了司法统计工作的开展和发展，也暴露出了诸多弊端。同时社会公众特别是高度关注相关案件审判情况的企业等主体对于司法统计数据的公开呼声日益高涨，目前通过全市法院推行的审判信息公开平台，当事人可以查看可公开的审判流程节点信息。但由于目前审判信息项目缺失以及更广主体可获得信息受限的问题,具有高度利用和研究价值的司法统计数据可为社会大众利用的程度不高,这也影响了司法统计数据间接促进经济社会发展作用的有效发挥。

三、创新型经济发展背景下知识产权司法统计分析工作的完善

创新型经济发展趋势下,知识产权司法统计分析工作应当立足于服务知产审判、及时反映知产审判规律和国家创新经济发展中的突出问题,在以下几方面进行完善,努力构建适应知识产权经济发展和知识产权司法保护的统计分析工作体系。

(一)拓宽统计渠道,提高知识产权司法统计的信息化水平

整合现有知识产权司法统计系统,改进现有系统中不适应司法统计工作需求的设置,实现数据查询的便捷操作和各统计系统中数据的衔接整合。在目前法院人力物力有限的情况下,建议考虑采取数据统计工作外包、购买社会服务的方式提高统计工作的效率。在现有统计系统条件下,尝试建立以智能化统计为核心、以司法统计报表为补充的统计模式,对于审判实践和社会公众需求度高、现有系统无法统计的事项,仍采用传统人工报表的方式。同时有计划地开发针对这项项目的信息化统计系统,提高审判管理工作效率,提升调研分析工作的深度与广度。

(二)完善现有统计系统中知识产权案件部分的统计内容

将裁判文书纳入司法统计分析的内容,裁判文书是对案件及其审理活动的高度概述,蕴含着大量的信息,尤其是案件中所折射出的、与社会经济发展相关的重要信息,裁判文书的统计分析对于裁判标准统一化及客观反映审判工作开展情况具有重要的参考意义,因此应当开发针对裁判文书的统计分析系统,尝试建立更加全面的裁判文书管理体系,实现裁判文书的深入化分析研究。同时建议上级法院开放现有统计系统的接口和数据利用权限,以便于各法院针对自身数据统计需要在现有审判系统的基础上建设自己的信息化统计和分析平台。对于目前统计系统中可以添加的统计项目,建议上级法院定期开展调研,了解各法院对于统计系统修改完善的意见、建议,及时添加与审判实践密切相关的统计项目。

(三)开展统计数据的深入分析研究,提升数据的可利用性

转变现有司法统计分析工作简单填报表、作加减法的现状,重视对司法统计

数据的分析研究工作，利用司法统计数据的“宝藏富矿”，通过对海量数据的分析对比，形成有价值、高质量的决策依据。以司法统计数据为主要参考，加强对审判工作新情况、新问题的专项分析，充分利用司法统计数据资源，结合与审判活动密切相关的政治、经济信息，积极探索审判工作与经济社会发展变化之间的关系。紧紧围绕国家创新型经济发展战略要求，深入分析事关经济发展和社会管理的趋势或苗头问题，积极开展常规性、动态性分析，有针对性地开展专题性、规律性的分析，全面拓展数据分析的服务领域，及时将数据分析的成果上报、通报或向社会公开，全面发挥统计分析工作的职能，实现数据统计分析的成果转化。

（四）加大司法统计数据向社会公众的公开程度

推进和规范司法统计数据的公开工作，明确可公开的数据范围，拓宽公开渠道，扩大公开对象范围。探索司法统计数据的公开发布制度，可采取定期举办司法统计信息新闻发布会的方式，尝试建立司法统计白皮书制度，充分利用网络、报刊等媒体，及时向社会公开不涉密的司法统计信息，逐步扩大公开与共享的范围和程度，更好地满足人民群众、社会各界的应用和知情需求，充分释放司法统计数据所蕴含的经济社会发展信息，主动满足社会领域大数据应用的需要。

北京知识产权法院审判辅助工作指南（2018年讨论稿）*

北京知识产权法院法官助理自治委员会**

第一部分　审判辅助工作基本分工

依照《北京知识产权法院关于落实审判权运行机制改革的实施方案》，联系本院工作实际，制定本指南。

一、法官助理的职责

法官助理是协助法官从事审判工作的辅助人员，在法官指导下履行下列职责：

（一）【审查诉讼材料和开展法律研究】审查卷宗材料（是否应受理、是否具备开庭条件等），归纳诉讼争议焦点及审理要点，整理、摘录证据，起草庭审提纲，协调类案办理，收集关联案件信息，收集、整理案件审判所需相关在先指导案例或学术研究成果；

（二）【案件流程管理】安排开庭、申请延长审限、案件报结、信息录入、文书上网公开等；

（三）【处理证据相关事项】依法调查、收集、核对有关证据，确定举证期限，组织庭前证据交换；

---

* 本讨论稿系由北京知识产权法院法官助理自治委员会申报的《关于制定北京知识产权法院审判辅助工作指南及相关工作规范的调研》院级课题调研成果转化而来，系该课题重点内容的缩编版，仅供本院审判辅助人员办理具体审判业务时参考，审判实务中应以法律法规以及法院正式发布的规范性文件为准。

** 课题主持人：宋鱼水、调研组组长：管小丽。执笔人：朱蕾、张凌博、邱明东、杨恩义、范晓玉、罗素云、孙婉婷。

（四）【处理程序性事项】协助法官办理司法鉴定、调查取证、现场勘验、证据保全、财产保全等；

（五）【接待答复事宜】处理接待案件当事人、代理人的来访、来电，以及查阅案卷材料、答复合议庭口头决议、法律释明等事宜；

（六）【参与庭审】检查开庭时所有当事人及诉讼参与人的出庭情况，宣布法庭纪律，法官助理一般应当参加庭审并可以在庭审中提请审判长发问；

（七）【参与合议】应列席合议并应合议庭要求汇报案情及争议焦点等，并可以对案件处理发表初步意见，但对案件裁判结果不具有表决权，应阅读合议笔录并签名；

（八）【开展案件调解】代表法官主持庭前调解，达成调解协议的，须经法官审核确认；

（九）【起草裁判文书】在法官指导下辅助法官起草审理报告、裁判文书等，法官助理应当在裁判文书上署名；

（十）【团队事务相关】完成法官交办的其他辅助性工作。

二、书记员的职责

书记员是审判工作的事务性辅助人员，在法官及法官助理的指导下履行下列职责：

（一）【庭审辅助工作】办理庭前准备过程中的事务性工作，包括送达工作、传唤当事人、预订法庭、收发诉讼材料、案件基本信息录入、庭审准备工作等；

（二）【处理诉费相关】案件报结、办理退费及收发案款；

（三）【各种记录工作】担任案件审理过程中发生的庭审、合议、调查、勘验、保全、询问、质证谈话等记录工作；

（四）【校核文书工作】校核及送达裁判文书；

（五）【整理卷宗相关】按照案件流程管理要求完成退卷及上诉移送案卷、刻录光盘、整理、装订、归档案卷材料（包括电子档案）等工作；

（六）【团队事务相关】完成法官交办的其他辅助性工作。

第二部分　庭前准备阶段

三、案卷材料的审查

(一)案件登记

收案是案件办理流程的第一步。立案庭窗口接收当事人递交的立案材料后,会给每个案件分配一个案号(一案一号)。审判团队收到案卷后,应对案件进行登记。有的庭室由内勤负责完成全庭收案登记,但仍有必要建立团队的专属收案本。

(二)卷宗的形式审查

案件审查是审判辅助工作的重要部分,审查工作可以按照形式审查和实质审查"两步走"的方式进行,法官助理应主动把好审查这道关,确保审判流程顺利进行。具体步骤如下:

1. 核对案件系统和实体卷宗中对应信息是否一致

收案后,应仔细核对承办人系统中的案号、当事人姓名、案由等与实体卷宗是否一致,如果出现不一致,应及时修改,遇到无法自行处理的情况,可联系技术处进行修改(需要填写信息修改表)。如果发现系统中没有实体卷宗的对应案件、系统中有案件但未收到实体卷宗等特殊情况,应及时联系庭室内勤及立案庭、技术处解决,确保系统收案数据的准确性。

2. 及时按照卷宗目录顺序整理卷宗

案卷经手人应及时对案卷材料的顺序进行整理,这样做既可以直观、清晰地审查出材料是否缺失,又方便了后续的一系列阅卷工作。具体整理顺序参见卷宗目录。

3. 审查诉讼主体是否适格、材料是否完整

(1)原告资质及相关材料的审查:原告为自然人的,应当有身份证复印件;原告为法人的,应当有盖有法人公章的营业执照复印件、组织机构代码证(三证合一的情况下,仅需标明统一社会信用代码的营业执照)、法定代表人身份证复印件及法定代表人身份证明;原告为其他组织的,应当按照民事诉讼法司法解释的规定进行审查。

有委托代理人的,应当提交授权委托书(授权委托事项、代理权限须表述清楚),委托书上须有委托人的签字或盖章。此外,委托代理人是律师的,还应当提交所函、律师证复印件;委托代理人是专利代理人的(仅限专利案件),应当提交专利代理人协会推荐函或最高院统一公布的专利代理人名单、身份证复印件、专利代理人执业证、所函;委托代理人是商标代理人的(仅限商标案件)(2015 年 4 月 1 日以后,仅限于中国贸易促进委员会专利商标事务所和中国专利代理香港有限公司的商标代理人),应当提交商标代理人协会的推荐函、身份证复印件、执业证、所函;委托代理人是公司员工的,应提交加盖法人公章的授权委托书(授权委托事项、权限须清楚)、该员工与公司签订的劳动合同复印件(必须是同一公司,关联公司均不允许)、社保缴纳证明、身份证复印件;委托代理人是上述类型之外的其他人的(如近亲属、法律工作者等),应当按照民事诉讼法司法解释的规定进行审查。

(2)被告相关材料的审查:审查案卷材料中是否有被告及第三人的名称、住所地、通信方式等,信息越完整,越有利于送达。如果被告及第三人地址不明确,可以联系原告询问其具体地址、电话等。对于行政案件中的第三人,有时原告并不能掌握其准确信息、提供的地址不准确,此时本院可以联系商评委或复审委的审查员询问第三人在评审或复审阶段代理人的信息,并通过其代理人联系第三人(注意:此时不能将诉讼材料直接寄给第三人在评审或复审阶段的代理人,只有在代理人具备委托手续的情况下才可寄给代理人)。此外,我们还可以通过网上查询等方式联系当事人,其他送达方式可参考最高人民法院《关于进一步加强民事送达工作的若干意见》(以下简称《送达工作意见》)。

(3)涉外当事人的资质审查:公证认证是否符合规定、授权代表是否有权签署相关法律文书等,还要注意有些国家存在两合公司、非营利社团组织等特殊形态的法人。

4.是否超过审查期限

行政一审案件中,要审查起诉期间是否在原告收到被诉决定(或裁定)后 15 日内(国家知识产权局作出)、30 日内(商评委作出)、3 个月内(专利复审委员会作出);二审案件要审查上诉状的落款日期是否在收到一审判决书的次日起 15 日内,或收到一审裁定书的次日起 10 日内。另外,还要注意涉外当事人提出答辩状和提起上诉的法定期限为 30 日。

5. 当事人提交的证据是否符合要求

首先,看起诉状和证据的份数是否足够向被告和第三人送达。证据较多的,可要求提交人装订成册,首页内容须包括提交方、案号、提交时间等,以便开庭审理及整卷归档。其次,核对证据目录与证据内容是否一致,不一致的情况下与当事人沟通,或告知法官以便法官在庭审时询问当事人。最后,如果缺少证据目录,应要求当事人提供(证据目录很重要,能为法官助理及法官撰写判决提供极大便利)。

6. 是否有诉费票据

应审查诉讼费用收取、缴纳的票据是否齐全,收取数额是否正确。如果没有诉费票据,应当在系统中查找该案件的诉费信息确认是否交费。如果立案后七日内当事人没有缴纳诉讼费,应询问当事人有无特殊情况,并向其明确未及时缴纳诉讼费用的法律后果为视为撤诉。若已交费,通知原告提交蓝色诉费票据;若其通过转账形式交费,则要求其提交交费凭证,由书记员持交费凭证于立案大厅交费窗口换票。若未交费,从诉费信息中打印《诉讼费交费通知单》并盖庭章,之后联系原告确定交费方式(可汇款交费或者到交费窗口直接交费)。总之,最后入卷的是蓝色票据单。

7. 是否存在保全、鉴定、追加被告等申请

在看到卷宗里有保全申请时,应当立即暂缓送达程序。

保全、司法鉴定、勘验、调查取证、专家辅助人等具体步骤与操作方法详见第三部分“七、其他非必经程序性流程”。

(三)卷宗的实质审查

1. 是否应由本院管辖

针对民事案件,要重点审查其是否属本院管辖,不属于本院管辖的,应及时移送至有管辖权的法院进行审理。

2. 当事人的诉讼身份是否适格、是否遗漏当事人

民事案件中的原告和被告必须与涉案合同(合同相对方)、权利证明(原告)、侵权证据(被告)等材料上记载的一致,除非举证证明有权利转让、许可或债务转让、继承等事项发生。在需要举证证明当事人适格的情况下,法院可以按照举证规则联系负有举证责任的当事人提供,也可以依职权调查。

行政案件中,原告和第三人的名称必须与被诉决定(或裁定)上载明的当事

人一致。被诉裁定及决定中列明的主体应当参诉,对于未将其列为被告及第三人的,应当主动追加。对行政案件中第三人将商标或专利转让给案外人的情况,必须追加受让人作为本案第三人参加诉讼,转让人亦可以作为共同第三人参加诉讼;若原告将商标或专利转让给案外人,必须让受让人作为原告参诉,转让人若有必要需要参诉,其诉讼主体地位可询问承办法官。民事案件中,凡是必要共同诉讼的案件,按照实体法的规定需要共同承担义务或共享权利的,应当追加为共同诉讼人参加诉讼。若涉及可能需要追加第三人的情况,应当及时与法官沟通。

3. 诉讼请求是否明确

审查原告的诉讼请求是否具有法律依据,审查请求与事实理由及证据的对应关系,结合当事人起诉所依据的基本事实,确定具体的请求权基础(法律条文依据和固定权利主张)。如果起诉状中的诉讼请求不明确,则要求当事人明确其诉求。

行政案件:应明确其起诉争议依据的具体法律条款及相应的理由。

民事案件:诉讼请求不当的,要求其撤回(如在商标民事侵权案件中,当事人要求法院撤销侵权商标的,可告知其可以撤回诉讼请求并提起行政程序);诉讼请求模糊的,要求其明确(如当事人在诉讼请求中仅写明要求赔偿 100 万元,应让其明确 100 万元中包括的具体经济损失赔偿数额、合理支持赔偿数额及相应的证据等)。上述情形下若当事人仍坚持原诉讼请求,可与法官沟通是否组织庭前谈话明确当事人诉求,亦可由法官在庭审时让当事人明确诉求。

4. 固定当事人的诉讼请求

剔除原告不当的诉讼请求,要求其明确模糊的诉讼请求。如部分当事人经电话沟通不愿明确诉讼请求,可与法官沟通传唤当事人进行谈话或在庭审时要求当事人明确最终权利请求。

5. 搜索关联案件

法官助理要主动搜索与本案诉争商标或涉案专利的相同在先生效判决,或针对相同法律适用问题的在先判例,找出可能影响本案判决结果的内容,呈报给法官作为庭审前的参考。发现在审案件中有关联案件的,即多起案件系同一原告或同一被告、第三人的,或者属共同诉讼的,或者多份无效宣告决定针对的是同一涉案专利或商标的,对其中可以合并审理的案件,可以一并送达、一并调解、一并处理。

6. 分案

针对有多个被告的民事案件,要特别注意审查原告起诉多个被告是否符合法律规定,以及各被告的行为之间存在确定的法律关联,否则应分别起诉。若案件涉及不同的法律关系,应当分案。

四、诉讼材料的送达

(一)行政案件诉讼材料的送达

诉讼材料送达小组对行政案件的原告、被告及国内第三人进行送达,对于涉外第三人以及国内退件第三人,仍需由具体承办的法官团队负责送达,以下集中讨论后两种情况如何处理。

1. 对于涉外第三人的送达

(1)向第三人在评审或复审阶段的代理机构询问是否继续代理诉讼

如果代理机构继续代理,可要求其在1~2周内提交初步委托手续,即初步的授权委托书、律师证复印件、所函等(初步手续不具备法律效力,因其未经公证;但初步手续有助于确认第三人是否有同意委托的真实意愿)。初步手续提交后可向第三人代理人发诉讼材料,并要求其在3个月内完成公证认证手续。由于各国公证认证手续不尽相同,在审查公证认证手续时主要审查主体资格、法定代表人身份或有资格的授权人、授权委托书等。

(2)代理机构不继续代理,或经多次催促仍未办理公证认证手续的,立即联系原告进行涉外送达

①直接送达

a. 受送达自然人在中国境内,或受送达公司的代表人或者负责人在中国境内的,可直接向其送达。

b. 向受送达人在中国境内设立的代表机构或有权接受送达的分支机构、业务代办人送达。

代表机构、分支机构查询:查询受送达人的官网,如果没有可先通过搜索引擎记性进行搜索,然后在国家企业信用信息公示系统输入境外当事人企业名称查询代表机构和分支机构情况,与搜索结果相互印证。

注意:由于现行各类外资企业或常驻代表机构实行分级授权登记管理制,查询外资企业或机构情况应首先到企业或机构所在地的市或省一级工商行政管理

机关查询。国家工商行政管理总局一般登记由商务部或其他部委直接审批的项目,如投资性公司、外商投资的银行或金融保险机构等,可凭介绍信或其他有关证件到国家工商行政管理总局信息中心查询(该中心电话 010－68023231)。

c. 直接向境外当事人邮寄送达。

受送达人所在国法律允许邮寄送达的,可以邮寄送达;自邮寄之日起满 3 个月送达回证没有退回,但根据各种情况足以认定已经送达的,期间届满之日视为送达。目前,日本在参加海牙送达公约时对“邮寄”送达方式提出了保留,我国也对此提出了保留,即不承认外国法院直接向我国境内的中国当事人邮寄法律文书的送达效力。具体操作时可以先邮寄,如果对方提出保留再采取其他方式。

d. 采用传真、电子邮件等方式直接联系受送达人进行送达。

除判决书、裁定书、调解书外,其他相关文件可采取电话方式送达,应记录拨打、接听电话号码,并保存通话录音。通过传真、电子邮件方式送达的,应当要求当事人在收到后 7 日内予以回复,当事人回复时确认收到的时间为送达的时间;若当事人回复时未确认收到的时间,其回复的时间为送达的时间;当事人未回复的,视为未送达。电子邮件须附上所有送达材料的扫描件。采用该方式送达的,送达人员应采取工作记录的方式记录传真发送和接收号码、电子邮件发送和接收邮箱、发送时间、送达诉讼文书名称等,并打印传真发送确认单、电子邮件发送成功网页存卷备查。

以上四种送达方式可同时进行,以最先实现送达的送达方式为准确定送达时间。上述代表机构、分支机构、邮寄地址、电子邮件地址等可要求原告或第三人原代理人提供。

在我国境内完成的送达活动,如向受送达人设在我国境内的代表机构、分支机构送达的,无须翻译;以传真、电子邮件、邮寄等方式直接向受送达人送达的,不强制对送达文件进行翻译,但可告知原告翻译后可能会提高送达效率,由原告选择是否翻译,原告亦可自行翻译,无须指定翻译机构翻译。

②委托送达

在直接送达的四种方式均不能成功送达时,如果受送达人是《关于民商事案件中司法文书和司法外文书的国外送达公约》(以下简称《海牙送达公约》)成员,适用公约途径送达。流程如下:承办人→本院专办员→高级法院专办员→最高法院国际合作局→司法部→被请求国中央机关或我国驻外使领馆→区分国籍,由被请求国主管机关或使馆办理。

如果受送达人并非公约国成员,适用外交途径送达。流程如下:承办人→本院专办员→高级法院专办员→最高法院国际合作局→外交部→我国驻外使领馆→区分国籍,由被请求国主管机关或使馆办理。

③公告送达

原则上不能用上述方式送达的,可以公告送达,公告需承办法官签字,目前普遍采用的方式是在《人民法院报》的公告栏刊登送达公告。

公告方法可选择:

a.本院目前设立代办点,可让原告直接来本院办理;

b.原告可自行缴费并将缴费凭证通过邮寄、传真或邮箱的形式传至我们,然后我们将凭证交给公告代办处。自行缴费账户户名:人民法院新闻传媒总社;开户行:北京银行光明支行;账号:01090378600120109025661。银行汇款、邮局汇款、支付宝汇款均可(支付宝汇款单需清楚显示汇款人的名字);

(3)结案后的工作

①判决书和上诉状的送达

结案后,先等上诉期经过后,确认中国境内当事人是否上诉。如果上诉,对于未参加诉讼的第三人,还须向其送达判决书和对方当事人的上诉状;如果不上诉,则仅送达判决书。送达方式与前述送达方式一致。

②结案后送达方式的转换

如果之前是以委托送达的途径送达成功的,则判决书和上诉状可以直接邮寄至委托送达的送达地址。

如果之前是以公告方式送达成功的,且当事人未参诉且未提供其他有效地址的,则可直接以公告方式送达。如果对方当事人上诉,可要求其对判决书和上诉状进行公告;如果对方当事人不上诉,且对受送达人利益无损害,则可采取在法院门口张贴公告的形式送达,并拍照存卷(需显示拍照日期,可附上当天报纸一同拍摄);如果对方当事人不上诉且不愿意继续公告送达,但对受送达人利益有损害,则由法院垫付费用进行公告送达。

2.对于国内退件第三人

因为本院的送达小组一般先按照原告提供的营业执照地址等邮寄,若出现退件,按照以下三步进行:

(1)向其行政阶段委托代理人送达

联系被诉决定上列明的第三人行政阶段代理人出具委托手续,收到委托手续后，按照委托手续的地址邮寄送达。

(2)最高人民法院规定的其他方式送达

没有委托代理人或行政阶段代理人不再代理，可以参考《送达工作意见》，采用以下方式送达：

①当事人在诉讼所涉及的合同、往来函件中对送达地址有明确约定的，以约定的地址为送达地址；

②没有约定的，以一年内进行其他诉讼、仲裁案件中提供的地址为送达地址；

③无以上情形的，以当事人一年内进行民事活动时经常使用的地址为送达地址；

④可以同时以电话、微信、传真、电子邮件等方式通知受送达人，具体要求见《送达工作意见》第11条、第12条；

⑤对于移动通信工具能够接通但无法直接送达、邮寄送达的，除判决书、裁定书、调解书外，可以采取电话送达的方式，由送达人员告知当事人诉讼文书内容，并记录拨打、接听电话号码、通话时间、送达文书内容，通话过程应当录音以存卷备查。

(3)公告送达

上述送达方式均不能成功送达的，再进行公告送达。

(二)民事一审案件诉讼材料的送达

民事案件需将以下材料向各方当事人送达。填写邮单后，将需要寄出的邮单列明，交到材料收发办公室。

1. 原告需送达材料：受理通知书、送达回证、当事人参加诉讼须知、举证事项告知书、举证保证书。

2. 被告需送达材料：应诉通知书、送达回证、当事人参加诉讼须知、举证事项告知书、起诉状、证据、举证保证书、送达地址确认书(非常重要)。

3. 第三人需送达材料：参诉通知书、送达回证、当事人参加诉讼须知、举证事项告知书、起诉状、证据、举证保证书、送达地址确认书(非常重要)。

注：对于被告及第三人的送达，首先按照营业执照地址进行送达；若未送到，联系原告让其寻找其他地址；若仍未送到，要进行外出直接送达、留置送达、委托送达、公告送达，具体同行政案件送达步骤。

(三)民事二审案件诉讼材料的送达

一般不需单独邮寄上述材料,若上诉人或被上诉人提交新的证据则需交换。此外,二审谈话可以电话通知或者邮寄传票,二审开庭必须送达传票,二审裁判文书必须完成送达。

五、安排开庭

(一)查看案件是否具备开庭条件

寄送开庭传票之前,要再次审查各方当事人的诉讼资格是否符合法定要求,审查当事人的诉讼材料是否交换完毕以及举证期限是否已过,及时整理归纳争议焦点,并将相关信息反馈给法官,以确保符合开庭的条件。这一步工作还有利于法官助理在庭审时能够帮助法官尽快查明事实,固定各方关于争议焦点的举证和诉辩主张。

(二)如何安排开庭顺序和时间

由于各法官团队案件数较多,因此每次安排庭审案件的数量也较多,此时应当结合案件难易程度以及庭审时间长短合理安排庭审案件数量并将案件基本情况与法官沟通。具体做法如下:

1. 结合起诉状及被诉决定或裁定整理争议焦点并固定当事人诉讼主张的法律依据;

2. 浏览各方当事人的证据并结合争议焦点估算庭审所需时间,建议将同类型、关联案件或同案由案件安排在同一天审理;

3. 与法官沟通安排开庭的案件数量及案件基本情况。

第三部分　案件审理阶段

六、庭审准备必经流程

(一)证据交换及送达传票

一般而言,对当事人寄送的证据材料后要及时交换,若案件较多,务必在送达开庭传票时完成证据交换。除非当事人当庭提交新证据,否则证据交换应在庭审前完成,要给当事人留足看证据的时间。

1. 交换顺序

原告起诉状及证据——至被告、第三人;

被告答辩状及证据——至原告、第三人;

第三人意见陈述书及证据——至原告、被告。

2. 交换形式

司法专邮:按照要求填写邮单,保证寄送的材料项目齐备且与送达回证上一致。

商评委专车证据交换:为了方便商标证据的交换,两单位之间建立了证据交换的协调机制,交换时间是每周二、四上午,所以给商评委的证据材料不用通过邮件寄送。

组织质证谈话:适用于案情复杂、证据较多的案件,核对原件与复印件是否一致、剔除无关证据、记录质证意见、总结争议焦点,便于节省庭审时间,提高庭审效率。

(二)整卷订卷

一般订好正卷即可,整理正卷的过程中也可以审查卷宗材料是否有缺失。注意事项:若委托代理人诉讼手续不全,应在开庭前通知其补交,如果未能补齐一般不能允许其参加诉讼,报告法官。证据较多的,均应提前联系当事人对证据予以胶订,防止丢失,切忌证据纸张松散。

(三)操作新审判系统

1. 预定法庭填写开庭信息

确定开庭时间后,应及时在新审判系统中预定法庭,具体方法:进入新审判系统—找到案件—编辑—变更审判组织(添加书记员)—选择开庭—点击预定法庭(输入开庭日期、时间、地点、"直播"选择否)。

2. 组成合议庭、预约人民陪审员

从新审判系统登录个案,或登录北京市法院人民陪审员预约系统。

3. 预约技术调查官

预约技术调查官需提前(至少一周)将涉案技术有关材料交其审阅,承办人需在智汇云上的网上办公系统填报技术调查官申请表。

4. 预约法庭并进行刻录

开庭时,打开书记员庭审系统(法庭电脑中均有,输入自己的用户名和密码进行登录),在已预约案件中选择开庭案件,打开后选择开庭即可进行录制。庭审结束后及时关闭该系统。

(四)庭前阅卷与制作裁判文书

提前拟好"判决头"(不含"本院认为"部分的裁判文书)有助于掌握案情和争议焦点。

在专利民事侵权案件,开庭前要求原告提供涉案专利与被控侵权产品技术特征对比表,有利于推进案件的实质性审理。

(五)制作质证、开庭笔录模板

借助法官助理的"判决头",书记员可以将主体填入笔录模板(根据自身经验,备齐具有承办人特色的各类模板,有助于全面提高庭审记录效率)。

(六)庭审中工作

1. 做好开庭/谈话笔录

2. 监督当事人签字

庭审结束后,书记员梳理笔录内容,并将笔录交由诉讼参加人在每一页签名,最后一页还需写明日期。

(七)庭审后工作

1. 制作合议笔录

案件有合议庭的,均需制作合议笔录,放入副卷。合议在合议室内进行,多举行在庭审之后、草拟判决书之前。法官助理、书记员要准确完整记录评议内容,包括对合议庭成员分歧意见的如实记录。

2. 草拟裁判文书

开庭之后,由法官助理敦促当事人提交庭后代理意见(如有),要求当事人提交诉状、代理意见、证据目录、侵权比对表的电子版。法官助理参与并记录主审法官与合议庭其他成员的合议,确定案件最终结论。

法官助理按照合议庭最终结论以及与承办法官沟通确定的争议焦点进行裁判文书初稿的撰写。文书的撰写首先要遵循最高人民法院对民事裁判文书、行政裁判文书的格式规定,裁判文书分为首部、事实认定部分、判决理由(本院认为)部分、判决主文、尾部。建议各位法官助理在撰写文书初稿之前,寻找法官曾经写过的类似案件的判决,或者在内网的查询系统中寻找类似案件,参考先前判决的格式。说理要围绕争议焦点逐一分析论证,做到层次明确。

2016 年 2 月,最高人民法院修改了民事诉讼文书的格式,所以法官助理在撰写民事诉讼文书时要特别注意采用最新规定中的格式。在撰写判决书的过程中如果遇到需要援引先例的判决,或者有典型意义、解决了疑难问题的判决,应制作“摘要”置于裁判文书前,摘要不编页码。

3. 校核裁判文书

裁判文书的初稿完成之后,法官助理要将其提交给法官进行修改。在修改完成之后,需要经过仔细的校核才能送印。本院的实际工作中,多先由法官助理根据卷宗材料校核文书,校对内容如下:

(1)排版、格式、有无错别字和错误的标点符号;

(2)案号是否正确;

(3)当事人主体信息是否正确;

(4)诉讼请求是否有遗漏;

(5)引用的法律法规是否正确;

(6)诉讼费、保全费等费用是否有遗漏,数额是否正确;

(7)主文中的主体信息是否正确;

(8)如有判赔,需有延迟履行条款;

(9)当事人的证据材料是否有遗漏,陈述与笔录和当事人提交的材料是否一致;

(10)合议庭成员是否正确、落款日期是否正确。

4. 送印裁判文书

(1)使用电子签章系统送印

经过校对,无误的裁判文书应当及时通过电子签章系统打印、盖章并装订成册,副本数量根据诉讼当事人和代理人数量及立卷归档需要确定。

(2)手动送印

根据所需送印的裁判文书正、副本数量,打印待盖章文本后,加盖所在法院公章及副本核对无误章。

5. 送达裁判文书

案件宣判分为当庭宣判和定期宣判两种。宣告判决一律公开进行。

(1)当庭宣判

当庭宣判,是指在庭审调查证据、法律辩论之后,即庭审结束之后,即刻宣布合议庭的审判结果。当庭宣判的情形较少发生,通常适用于诉审简易案件、驳回起诉的案件。对于当庭宣判的案件,书记员应在宣判后十日内向当事人或其委托代理人送达裁判文书。

(2)定期宣判

对于定期宣判,书记员需要将判决书的副本(有“与原件核对无误”字样)、宣判笔录、送达回证等文件电话通知当事人到庭领取或邮寄送达。

七、非必经程序性流程

(一)管辖权异议

1. 管辖权异议未成立的处理流程

若被告提出管辖权异议,首先应当检查被告寄出管辖权异议的时间是否在答辩期内。若时间超出答辩期,则电话通知被告其提出管辖权异议时间已超期,并口头答复不予受理,若被告执意法院作出裁定,则需要作出相应裁定书。若在答辩期内,应将管辖权异议申请书交给法官,并将被告提交的管辖异议申请书及相应证据送达给其他案件当事人,召集双方当事人进行当庭谈话并记入笔录,由合议庭讨论,由法官助理撰写管辖权异议裁定初稿,定稿后发管辖权异议裁定书。在管辖异议裁定书送达之日起 10 日内,任何一方当事人对于裁定结果不服的,均有权提起上诉,按照移送上诉的步骤进行处理。驳回管辖权异议裁定二审生效后,应当重新给予双方当事人一定的举证期,再进入案件实体审理阶段。

需要注意的是:处理管辖权异议的期间不计入案件的审限,因此应当在办案系统中扣除管辖异议案件中处理管辖异议的期间。

2. 管辖异议成立的处理流程

管辖异议裁定生效后,对于管辖异议成立的,应当及时将案件移送有管辖权的人民法院。

(二)保全

民事侵权案件中经常有当事人提出保全申请的情况。保全制度的设置是为了保障诉讼程序的正常进行,以及保证将来生效判决能够得到有效执行,对此本院也出台了《在民事诉讼中保障当事人诉讼权利的实施办法(试行)》对保全行为进行了相应的规定[①]。诉前保全(另称诉前禁令)一般由立案庭负责(如“中国好声音”诉前禁令、冲电气工业株式会社首例诉前证据保全裁定等),审判庭人员需要处理的多为诉中保全。

1. 证据保全

若在审查立案材料时发现案卷材料中有保全申请,或者在案件审理过程中收到当事人的书面保全申请,书记员和法官助理应及时告知法官,并约谈保全申请人,以确定是否进行保全。具体流程如下所示:

(1)证据保全申请书应当写明申请人和被申请人名称、申请保全的理由、保全的标的物及具体所在地(表述需明确、简单)。

(2)将当事人提交的保全申请立即交给法官;同时,一定要记住暂停通知另一方当事人的工作,以免被申请人得到消息后转移、毁灭证据。

(3)通知当事人就保全事宜进行谈话(注意:务必只通知申请人一方),对申请人的申请理由进行初步审查,经合议庭合议确定无法得到支持的,不予保全;情况紧迫,证据确实可能灭失或以后难以取得的,可同意其保全申请。

(4)书记员记录合议庭对保全申请的评议过程和结果。

(5)决定保全的,应联系申请人,通知其按要求交纳保证金。目前本院仅接受现金担保,不接受任何第三方机构出具担保书的形式。另外,申请人需要交纳保全费[②](保全费由申请人打入本院诉讼费账户)。

(6)在保证金到账后,校对、送印保全裁定书。

(7)按照保全裁定上载明的时间、地点,通过本院网上行政办公系统申请警

---

① 《在民事诉讼中保障当事人诉讼权利的实施办法(试行)》(京知法发〔2015〕26 号)规定:“第十二条　【诉前禁令】专利、植物新品种、集成电路布图设计、技术秘密、计算机软件的权利人或者利害关系人有证据证明他人正在实施或者即将实施侵害其知识产权的行为,如不及时制止将会使其合法权益受到难以弥补的损害的,可以在起诉前向本院申请采取责令停止有关行为的措施,并提交相应的证据材料。接待人员接到申请及相应的证据材料后应在出具的收据中载明接收材料的日期和具体时间,并立即将材料移送负责诉前保全审查的合议庭。合议庭收到材料后应立即进行审查,并在利害关系人递交申请书后四十八小时内作出裁定。但利害关系人未在该期限届满前提供担保或交纳保全费的,合议庭应在其交纳相关费用后作出裁定。裁定采取保全措施的,应当立即开始执行。第十三条　【诉前证据保全】因情况紧急,在证据可能灭失或者以后难以取得的情况下,利害关系人可以在起诉前向立案接待人员提交保全证据的申请。当事人申请诉前证据保全的,相关部门收转材料、作出及执行裁定的期限参照本办法第十二条的规定执行。”

② 《诉讼费用交纳办法》第 14 条　申请费分别按照下列标准交纳:……(二)申请保全措施的,根据实际保全的财产数额按照下列标准交纳:财产数额不超过 1000 元或者不涉及财产数额的,每件交纳 30 元;超过 1000 元至 10 万元的部分,按照 1% 交纳;超过 10 万元的部分,按照 0.5% 交纳。但是,当事人申请保全措施交纳的费用最多不超过 5000 元。

力支持(要求法警携带执法仪)、申请公务用车。

(8)法官、法官助理、书记员同法警一起出外勤,法官助理和书记员需要做如下准备工作:带好卷宗材料、保全裁定副本、送达回证(当场送达)、笔、笔录纸、封条、信封、全新 U 盘(注意保全设备清洁性)、胶带或胶水、行李箱等必要工具。执法仪由法警携带并全程摄像。

(9)到达现场之后,向被申请人送达保全裁定书,并进行保全。法官助理负责撰写保全笔录,在笔录纸上写明:保全时间、地点、保全人员、保全内容,其中被保全的证据一定要一一写明、制作证物保全清单,最后由保全人员、被保全人员签字。书记员负责协助法官进行证物的清理、封存等工作。

(10)将封存完毕的保全物品带回法院,放入证物室。

2. 财产保全

财产保全与证据保全的基本流程相同,因保全对象的不同有些许差别:

当事人应当提供保全标的信息。冻结银行存款的,需提供开户银行(必须)及账号;查封、扣押财产的,需提供明确的财产存放地点、财产权属状况及实际占有人的情况。

决定保全的,还需要另行交纳保全费,保全费的缴纳请参见《诉讼费用交纳办法》(保全费交至本院诉讼费账户。注意:保全解除后,保证金需要退还申请人;但保全费是由法院收取的,不予退还)。

(三)勘验和调查

1. 调查的申请与审查

法官助理或书记员收到当事人提交的证据调查申请后处理步骤如下:

(1)申请提出时限:不得迟于举证期限届满前 7 日。

(2)调查申请的内容:必须是当事人及其诉讼代理人因客观原因不能自行收集的证据,申请中应强调该客观原因。

(3)审查步骤:法官助理着重审查申请中是否载明上述内容及提起时间,符合条件后报请合议庭决定,合议庭应在收到申请后 7 日内决定是否进行调查①。

(4)合议庭决定调查搜集证据,调查地点在本市的,应当在 15 日内进行调查;调查地点在外埠的,应在 1 个月内进行调查。

(5)调查证据的交换:除涉及国家秘密、商业秘密或个人隐私的以外,合议庭

---

① 本院在《在民事诉讼中保障当事人诉讼权利的实施办法(试行)》中有相关规定。

应当在开庭3日前送达双方当事人,并在庭审时组织质证。涉及国家秘密、商业秘密或个人隐私的证据,不向当事人送达,直接在庭审时组织质证,但不得在公开开庭时进行质证。

(6)依职权调查:一般依据当事人申请进行,此外,法院还可以依职权调查,但证据材料限于五类:涉及可能损害国家利益、社会公共利益的;涉及身份关系的;涉及《中华人民共和国民事诉讼法》(以下简称《民事诉讼法》)第55条规定诉讼的;当事人有恶意串通损害他人合法权益可能的;涉及依职权追加当事人、中止诉讼、终结诉讼、回避等程序性事项的。[①] 对于法院依职权决定应当调查收集的证据,法官也可以要求当事人提供证据保存的地点及被调查人的联系方式。

2. 调查前的准备工作

外出调查前,法官助理和书记员应当通过阅卷、跟法官交流等方式,了解基本案情和调查的目的。

3. 调查工作的开展及调查笔录的制作

调查中由法官主导,法官助理和书记员协助法官做好调查过程的记录工作。形成对整个调查过程的完整记录是非常重要的,调查笔录应记录调查的整个过程,包括调查时间、调查地点、调查人、记录人、被调查人、调查经过。调查笔录应由被调查对象、双方当事人、在场人、调查人、记录人签名确认,如有人拒不签字,则也应当在签字处如实记录此情况。

4. 调查令

调查令适用于当事人及其委托代理人依靠自身力量无法调取、需要法院公函配合调取证据的情况,是相对外出勘验和调查时省力的选择。

(四)司法鉴定

司法鉴定是指在诉讼活动中鉴定人运用科学技术或者专门知识对诉讼涉及的专门性问题进行鉴别和判断并提供鉴定意见的活动。在鉴定工作中,主要涉及鉴定事项的确定、鉴定机构的选定及鉴定材料的固定等问题,相关法律法规有:《民事诉讼法》第76条至第79条;《最高人民法院关于适用〈中华人民共和国民事诉讼法〉的解释》第121条至第123条、司法部《司法鉴定程序通则》《人民法院对外委托司法鉴定管理规定》;《北京市高级人民法院关于委托司法鉴定工作的规定(试

---

① 详见《民事诉讼法》第64条第2款、《最高人民法院关于适用〈中华人民共和国民事诉讼法〉的解释》第96条。

行)》、《北京市高级人民法院关于司法鉴定人出庭作证的规定(试行)》。

办理流程:

1. 将当事人提交的鉴定申请立即交给承办法官;

2. 如果要进行司法鉴定,要组织当事人就鉴定事宜进行谈话,确定鉴定事项(鉴定材料的确定等)、鉴定机构及鉴定资料,法官助理可以就是否进行鉴定法官向法官提出意见;

3. 鉴定机构可以先由当事人协商确定,能够协商好的直接到步骤6,无法协商确定的,须执行步骤4、步骤5;

4. 填写《司法鉴定移送表》,并送交庭长审批;

5. 将《司法鉴定移送表》和相关材料移交综合办公室,报送高级法院立案庭鉴拍办选定鉴定机构;

6. 鉴定机构选定后,将委托鉴定函(委托函系鉴定申请人与司法鉴定机构签订,应包括委托人名称、司法鉴定机构名称、委托鉴定事项、是否属于重新鉴定、鉴定用途、与鉴定有关的基本案情、鉴定材料的提供和退还、鉴定风险以及鉴定时限、鉴定费用和收取方式等)与相关资料(鉴定申请、起诉书、谈话笔录、鉴定资料)移送鉴定机构;

7. 在收到鉴定机构的鉴定意见后,应向当事人送达副本。在送达时,告知当事人如有异议应于10日内以书面形式提出;

8. 当事人申请鉴定人出庭或法院认为鉴定人有必要出庭的,应当在案件开庭审理前以通知书的形式通知鉴定人所在鉴定机构。

(五)技术调查官制度

技术调查官是本院特有的一类司法辅助人员,他们在技术类案件的审判中发挥着十分重要的作用。目前本院技术调查官工作流程如下:

1. 技术事实查明工作的类型

主要可分为简单咨询、一般咨询及参与具体诉讼活动三类:

(1)简单咨询仅限于向技术调查官咨询与案件争议焦点无关的技术事实问题,主要包括以下四种情形:①技术术语的解释;②技术背景的介绍;③公知常识的理解;④其他与案件争议焦点无关的技术事实问题的咨询。

(2)一般咨询(主要为庭后咨询)指技术调查官不参与具体的案件诉讼活动(包括上述谈话、保全、勘验、庭审等与当事人直接接触的诉讼活动环节),但协助法官查明与案件争议焦点相关的技术事实问题的情形。

(3)申请技术调查官参与具体诉讼活动包括技术调查官参与谈话、保全、勘验、庭审等与案件当事人直接接触的诉讼活动等协助法官查明与案件争议焦点相关的技术事实问题的情形。

是否出具技术咨询意见,由承办法官视案情及技术咨询事项而定,一般来说,涉及案件争议焦点的技术咨询,均应出具咨询意见。

2. 不同类型技术事实查明工作流程要求

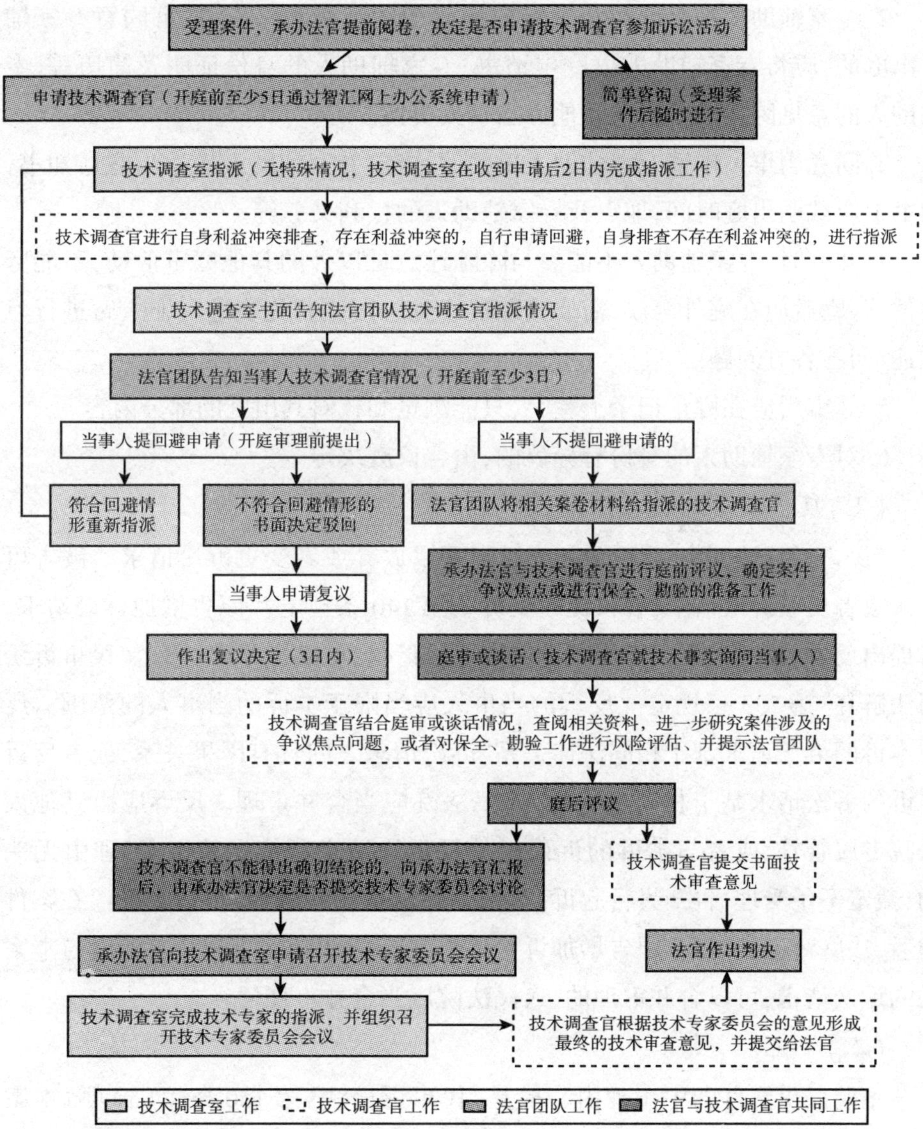

图1 工作流程

(六)专家辅助人制度

专家辅助人,是指由当事人聘请、协助当事人对案件中专门性问题进行质证的人。

办理流程:

1. 将当事人提交的专家辅助人出庭申请(一般在举证期限内提出)立即交给承办法官审核,决定是否可以同意。

2. 专家辅助人具有证明相关专门性问题的资格和身份,法官同意专家辅助人出庭的,应将专家辅助人出庭申请书、专家辅助人的身份证明及简历等、专家辅助人的意见陈述书及时与其他方当事人交换。

3. 同意当事人申请专家辅助人出庭的,应向专家辅助人送达出庭通知书,通知书上应载明出庭时间、地点及专家辅助人的权利义务等。

4. 开庭时,专家辅助人不能参与除陈述意见以外的其他庭审活动,不能旁听案件,开庭后应在庭外等候,需要其陈述意见时由法官传唤进入证人席进行意见陈述、回答各方问题。

5. 庭审后应在庭审记录上签字,只能浏览和核对其出庭的部分内容。

6. 对专家辅助人的身份有异议的,由合议庭决定。

(七)反诉及追加被告

《民事诉讼法》第51条规定:“原告可以放弃或者变更诉讼请求。被告可以承认或者反驳诉讼请求,有权提起反诉”;第140条规定:“原告增加诉讼请求,被告提出反诉,第三人提出与本案有关的诉讼请求,可以合并审理”。《民事诉讼法司法解释》第233条规定:“反诉的当事人应当限于本诉的当事人的范围。反诉与本诉的诉讼请求基于相同法律关系、诉讼请求之间具有因果关系,或者反诉与本诉的诉讼请求基于相同事实的,人民法院应当合并审理。反诉应由其他人民法院专属管辖,或者与本诉的诉讼标的及诉讼请求所依据的事实、理由无关联的,裁定不予受理,告知另行起诉。”《民事诉讼法司法解释》第232条:“在案件受理后,法庭辩论结束前,原告增加诉讼请求,被告提出反诉,第三人提出与本案有关的诉讼请求,可以合并审理的,人民法院应当合并审理。”

(八)中止

本院民事案件的中止理由一般是《民事诉讼法》第150条第(5)项“本案必须以另一案的审理结果为依据,而另一案尚未审结的”,在当事人提交中止申请书的同时还应审查其提起中止申请的相关证据材料是否真实、齐全(如专利侵权民事案件中,被告依据专利复审委员会已受理其针对涉案专利提起的无效宣告请求来申请中止,应要求其提交申请的同时提交受理通知书、无效宣告请求书、无效对比文件等证据,由法官查阅全面证据材料后再作出是否中止的裁定),法院作出中止裁定后,提起中止的申请和依据应一并向对方当事人送达。

关于中止的恢复,最高人民法院《关于适用〈中华人民共和国民事诉讼法〉的解释》第246条:“裁定中止诉讼的原因消除,恢复诉讼程序时,不必撤销原裁定,从人民法院通知或者准许当事人双方继续进行诉讼时起,中止诉讼的裁定即失去效力。”此外,和管辖权异议案件一样的理由,应在上诉、中止等事项消失后重新指定举证期限。

第四部分 案件审结后的阶段

八、案件报结工作

(一)报结原则

建议采用随结随报、抽空或每周报结法,以减轻集中报结的压力。

(二)报结流程

1. 登录智慧云法官的新审判系统;
2. 确定检索关键词(案号、当事人名字等皆可),找到该案件;
3. 领取任务,逐一填写;
4. 先点击结案检查,完成必填项;
5. 确定结案日期,完成结案。

参照《北京市高级人民法院审判流程管理办法(试行)》标准,以案件判决书宣判、裁定书宣告或者调解书送达最后一名当事人的日期为结案日期。结案时间遵守以下规定:

(一)受送达人在宣判笔录、送达回证或邮件回执上签收的日期;

(二)受送达人的法定代理人或同住成年家属,法人或其他组织的法定代表人、主要负责人或者负责收件的人,受送达人的诉讼代理人或者指定代收人在送达回证或邮件回执上签收的日期;

(三)留置送达的,裁判文书留在受送达人的住所地或确认的有效地址的日期;

(四)公告送达的,公告刊登的日期;

(五)通过有关单位转交送达的,受送达人在送达回证上签收的日期;

(六)因受送达人自己提供或者确认的送达地址不准确、拒不提供送达地址、送达地址变更未及时告知,或者受送达人本人、本条第(2)项所列人员拒绝签收,导致诉讼文书未能被受送达人实际收取的,以文书退回的日期为准;

(七)邮寄送达的,邮件有效签收的,依据本条第(2)项规定执行;邮件被退回的,依据本条第(6)项规定执行。

(三)报结常见问题

1. 开庭信息

在预约法庭时,开庭信息已经填报完成,由于填报开庭信息后,庭审时间发生变化的,庭前调解成功的或原告撤诉的,开庭信息均无法修改,此类情况较为正常,亦不计为错误。

常见问题:庭审时间未录入、录入信息但实际未开庭、庭审时间录入错误等。

2. 变更审判组织

报结时审判组织成员信息须与结案裁判文书上合议庭组成成员信息一致。

常见问题:合议庭组成成员信息未录入、姓名录入错误、身份录入错误、多录入组成成员等。

3. 审限变更情况

审限变更情况包括扣除、中止、延长三种类型。该项目的检查侧重于审限变更情况的审批与审限变更起止时间的确定。其中,审限变更的审批情况参照《北京市高级人民法院审判流程管理办法(试行)》(审限扣除、中止的,由案件承办单位负责人审批,延长审限的,由承办法官层报主管副院长审批,法律有特殊规定的除外);审限扣除、中止的起始时间可在当事人申请时间、承办法官批准时间、承办法官裁定时间、向评估、鉴定机构报送时间、承办单位负责人审批时间中进行选择,结束时间可在评估、鉴定机构出具报告时间、报告送达承办单位时间、报告送达当事人时间、再次开庭时间中进行选择。

错误类型举例:审限(扣除、中止、延长)未经审批、未录入信息、起始时间录入错误、结束时间录入错误等。

4. 结案案由、方式

结案案由是经过实体审理后,法官根据法庭查明的事实所确定的案由。系统录入的结案案由、方式应与案件结案文书列明的一致。

错误类型举例:结案案由录入错误。

5. 制作文书情况

案件结案后,应将裁判文书全文信息上传到电子数据系统。

错误类型举例:未上传裁判文书、错误上传裁判文书。

6. 文书生效情况

(1)是否生效:已过法定期限没有上诉、抗诉的判决和裁定,期间届满的次日起生效;终审的判决和裁定,在送达最后一方当事人之日起生效。

(2)不生效原因:文书点击不生效后,涉及不生效原因的填写。

错误类型举例:未点击生效、不生效原因录入错误。

九、文书上网工作

(一)需要公开文书的案件

1. 文书类型

(1)所有公开审理案件的二审判决和裁定;

(2)一审判决或裁定生效的(包含三种情形:一审判决/裁定后,当事人未上诉的;二审判决/裁定维持一审判决/裁定的;上诉人撤回上诉,一审判决/裁定生效的)。

2. 公开流程

结案后 7 日内,在制作文书界面点击制作公开文书→自动排版→完成→提交公开文书→选择审批人→提交。

(二)无须公开文书的案件

1. 文书类型

(1)调解结案的案件调解书;

(2)二审改判或发回重审的案件,一审文书无须公开;

(3)不公开审理的案件文书;

(4)其他不宜公开的案件文书。

2. 申请流程

点击申请不公开,不公开理由为调解方式结案的/不予上网的裁定书(决定书)。

(三)文书公开的范围

根据《北京市高级人民法院关于人民法院在互联网公布裁判文书规定的实施细则(试行)》第7条、第8条确定,细则相关内容如下:

第七条　各级人民法院应当在互联网上公布生效的裁判文书,但有下列情形之一的除外:

(一)涉及国家秘密、个人隐私的;

(二)涉及未成年人违法犯罪的;

(三)以调解方式结案的;

(四)其他不宜在互联网上公布的。

第八条　根据审判工作实际,全市各级法院生效的维持原判刑事裁定书、不予受理裁定书、对管辖权有异议裁定书、驳回起诉裁定书、驳回再审申请裁定书、发回重审裁定书、执行异议裁定书、执行复议裁定书或决定书、补正裁定书应当在互联网上公布,其他程序性裁定书可不在互联网上公布。

十、诉讼费的缴纳与退费

(一)案件受理费缴纳金额的确定

1. 调解方式结案或者撤诉的,减半缴纳案件受理费。

2. 适用简易程序审理的案件,减半缴纳案件受理费。

3. 被告提起反诉、有独立请求权的第三人提出的与本案有关的诉讼请求,法院决定合并审理的,分别减半缴纳案件受理费。

4. 裁定不予受理、驳回起诉的案件,无须缴纳案件受理费;已缴纳的要退还当事人。

5. 对不予受理、驳回起诉和管辖权异议裁定不服,提起上诉的案件,无须缴纳案件受理费,待二审终审确定后再行缴纳。

(二)办理诉讼案款及退费

1. 退费前的准备工作

书记员将诉讼费退费通知书(小本)和退费发还案款存根(大本)填好,需庭长和主管院长签字。

2. 通知当事人办理诉讼退费

办理退费的方式有两种:第一,电话通知有授权的代理人前来法院领取。第二,通过汇款方式办理。注:退还保证金与发还案款程序相同。无论是办理诉讼退费还是退还保证金、发还案款,书记员切记让收款人或办理人签写收条入卷。

北京知识产权法院司法保护数据分析报告
（2016年）

知产宝司法数据研究中心

编 纂 说 明

北京知识产权法院作为中国率先成立的三家知识产权法院之一，一直承担着中国知识产权司法审判改革的先行者、排头兵和试验田的角色，对于北京知识产权法院的司法数据分析，不仅是对一家法院的客观评价，更是对北京市知识产权司法保护现状的分析，是对中国最先进、最高水准知识产权司法保护现状的分析，所以本次数据分析，我们更加注重数据背后所揭示的“意义”，我们希冀于借助北京知识产权法院的数据，客观管窥中国最前沿的知识产权司法保护实况，了解中国知识产权保护的最新成果，对未来的知识产权保护有所展望。

沿着以上的分析思路，本次数据分析报告在内容和结构上具有以下特点：

1. 强调分析数据的“常态性”，排除特殊数据的干扰。例如，对于一审民事案件的分析，着重分析专利、软件著作权等技术类案件、涉及驰名商标认定案件、垄断案件等根据相关法规规定由北京知识产权法院管辖的案件；

2. 强调数据分析的“法律意义”，例如，对于审理时长的分析，将涉外及涉及我国台港澳地区案件排除在外，以便与《中华人民共和国民事诉讼法》（以下简称《民事诉讼法》）《中华人民共和国行政诉讼法》（以下简称《行政诉讼法》）的规定相对照；

3. 强调数据分析的“实践意义”。例如，对于管辖权异议案件的处理，由于其是纯粹的程序问题，所以本分析中涉及相关实体意义上的分析时，即不计入该部分数据；

4. 强调数据分析的“借鉴”“指导未来”的意义，特别对于知识产权法院成立前后，管辖等问题的规定是逐渐明确的，例如，最高人民法院《关于知识产权法院案件管辖等有关问题的通知》，故其中涉及前后管辖的变化，本次分析着眼于明确管辖后的数据，对于已经不属于知识产权法院管辖的案件数据则不计入分析。

第一部分　总体分析

北京知识产权法院管辖范围说明

一、根据最高人民法院《关于北京、上海、广州知识产权法院案件管辖的规定》的规定：

1. 北京地区的专利、植物新品种、集成电路布图设计、技术秘密、计算机软件民事和行政案件；对国务院部门或者县级以上地方人民政府所作的涉及著作权、商标、不正当竞争等行政行为提起诉讼的行政案件；涉及驰名商标认定的民事案件由北京知识产权法院管辖。

2. 不服国务院部门作出的有关专利、商标、植物新品种、集成电路布图设计等知识产权的授权确权裁定或者决定的；不服国务院部门作出的有关专利、植物新品种、集成电路布图设计的强制许可决定以及强制许可使用费或者报酬的裁决的；不服国务院部门作出的涉及知识产权授权确权的其他行政行为的由北京知识产权法院管辖。

3. 当事人对知识产权法院所在市的基层人民法院作出的第一审著作权、商标、技术合同、不正当竞争等知识产权民事和行政判决、裁定提起的上诉案件，由知识产权法院审理。

二、最高人民法院《关于知识产权法院案件管辖等有关问题的通知》

1. 知识产权法院对所在市的基层人民法院管辖的重大涉外或者有重大影响的第一审知识产权案件，可以根据《民事诉讼法》第 38 条的规定提级审理。

知识产权法院所在市的基层人民法院对其所管辖的第一审知识产权案件，认为需要由知识产权法院审理的，可以报请知识产权法院审理。

2. 知识产权法院管辖所在市辖区内的第一审垄断民事纠纷案件。

3. 对知识产权法院所在市的基层人民法院已经发生法律效力的知识产权民事和行政判决、裁定、调解书，当事人依法可以向该基层人民法院或者知识产权法院申请再审。

对知识产权法院已经发生法律效力的民事和行政判决、裁定、调解书,当事人依法可以向该知识产权法院或者其所在地的高级人民法院申请再审。

一、总体数据

2016 年北京知识产权法院共新收案件 10,638 件,审结案件 8111 件,审结量比 2015 年(5432 件)增长了 49.3%。

1. 行政案件

(1)总体情况

2016 年北京知识产权法院共新收一审行政案件 7071 件,审结 4976 件,审结量比 2015 年(3561 件)增长 39.7%。其中,授权确权行政案件有 4840 件,占行政案件总数的 97.3%。详情如下:

表 1　行政案件类型分布

案件类型	案件数量(件)
商标	4356
专利	592
著作权	26
其他	2
合计	4976

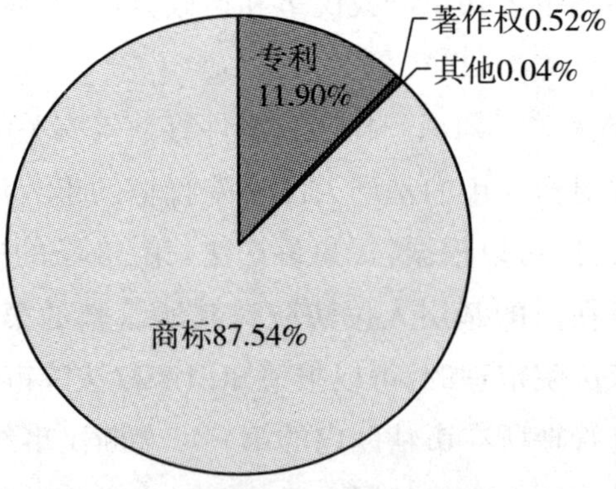

图 1　行政案件类型分布情况

表 2　授权确权行政案件类型分布

案件类型	案件数量(件)
商标	4274
专利	566
合计	4840

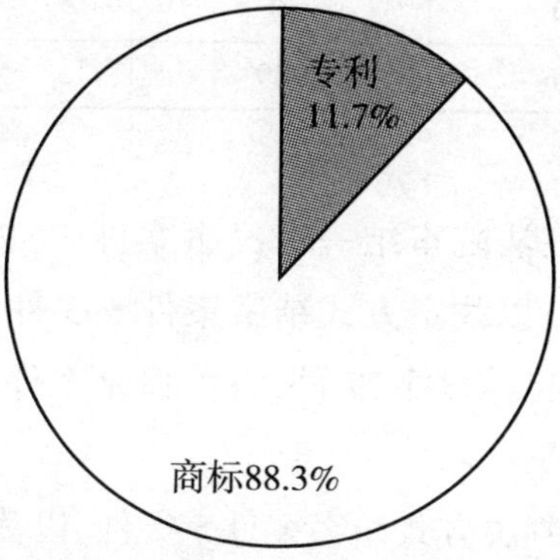

图 2　授权确权行政案件类型分布情况

(2)判决结果

在授权确权行政案件中以判决结案案件 4397 件,其中法院判决撤销行政机关行政行为案件 1006 件,撤裁率为 22.9%[①],比 2015 年增长 5.6%;以裁定结案案件 443 件,其中撤诉案件[②] 394 件,不予受理案件 18 件,驳回起诉案件 29 件,终结诉讼案件 2 件,授权确权行政案件撤诉率[③]为 9.0%。

2. 民事案件

(1)总体情况

2016 年北京知识产权法院共新收民事案件 3567 件,审结 3135 件,其中管辖权异议裁定结案 1160 件。为使本次数据分析更加集中地分析知识产权司法审判的特点,我们将在"五、综合程序"部分专门针对管辖权异议案件进行分析,本报告中其他部分(除特别说明外)统计中皆不含管辖权异议裁定结案数据。

---

① 撤裁率 = 撤销行政机关行政行为案件数量 ÷ 判决方式结案的授权确权行政案件总数。

② 含按撤诉处理案件。

③ 撤诉率 = 撤诉案件数量 ÷ 案件总数。

表3 民事案件类型分布

案件类型	一审(件)	二审(件)	申请再审(件)	总计(件)
商标	26	80	2	108
专利	444	8	0	452
著作权	320	767	3	1090
不正当竞争	10	37	0	47
其他	180	97	1	278
合计	980	989	6	1975

(2)判决结果

2016年北京知识产权法院审结一审民事案件中,以判决方式结案案件299件,原告胜诉率为46.8%;以裁定方式结案案件593件,其中,撤诉案件556件,不予受理案件8件,驳回起诉案件27件,诉前保全案件2件;以调解方式结案案件87件,调解撤诉率为65.6%。

二审民事案件中,以判决方式结案案件572件,以裁定方式结案案件294件,以调解方式结案案件123件,改发率为9.8%;在以裁定方式结案案件中,撤诉案件281件,发回重审案件5件,发回审理案件2件,维持一审裁定案件6件,二审民事调解撤诉率为40.8%。

二、审理时长①

审理时长在一定程度上可以反映出法院的审理效率。表4为2016年和2015年各类案件平均审理时长对比情况。

1.平均审理时长

表4 各类案件平均审理时长对比

审级	案件性质	2016年平均审理时长(天)	2015年平均审理时长(天)
一审	民事	351	251
	行政	167	132
二审	民事	108	67

① 根据相关法律规定,并结合审判实际,为使本次分析具有实际参考价值,该项分析仅计入当事人非涉外(包括非涉我国香港特别行政区、澳门特别行政区、台湾地区)、以判决方式结案数据,民事案件仅计入侵权及权属纠纷案件,下同。

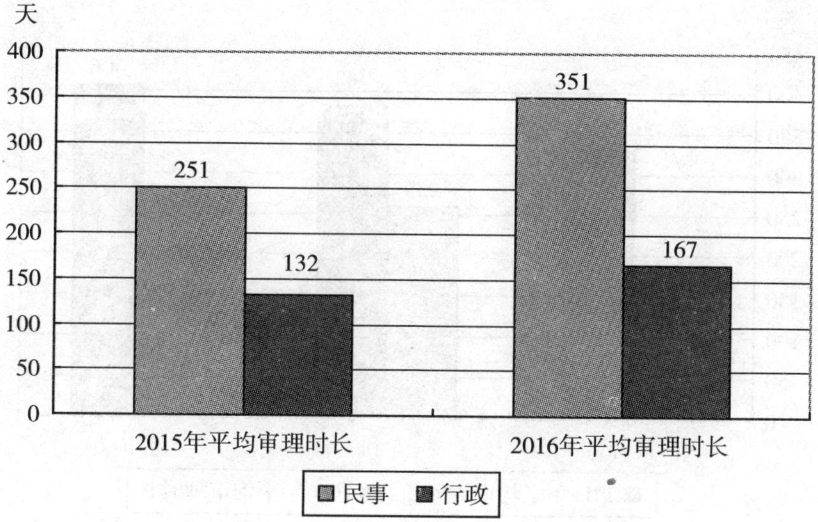

图3　审结一审案件审理时长年度对比分析(分案件性质)

表5　民事案件平均审理时长对比

审级	案件类型	2016 年平均审理时长(天)	2015 年平均审理时长(天)
一审	商标	331	169
	专利	382	259
	著作权	406	209
	不正当竞争	493	—
	垄断	326	—
二审	商标	116	80
	著作权	103	63
	不正当竞争	167	—

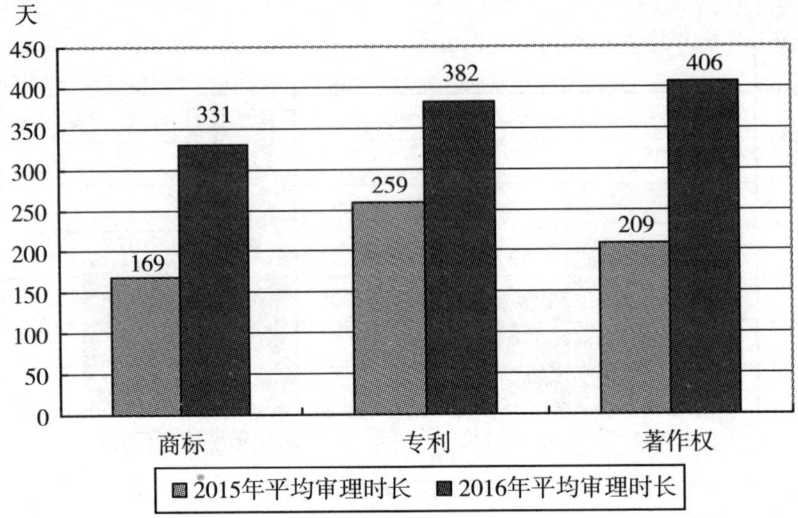

图4　审结一审民事案件审理时长年度对比分析(分案件类型)

表6　行政案件平均审理时长对比

审级	案件类型	2016 年平均审理时长(天)	2015 年平均审理时长(天)
一审	商标	158	128
	专利	356	180

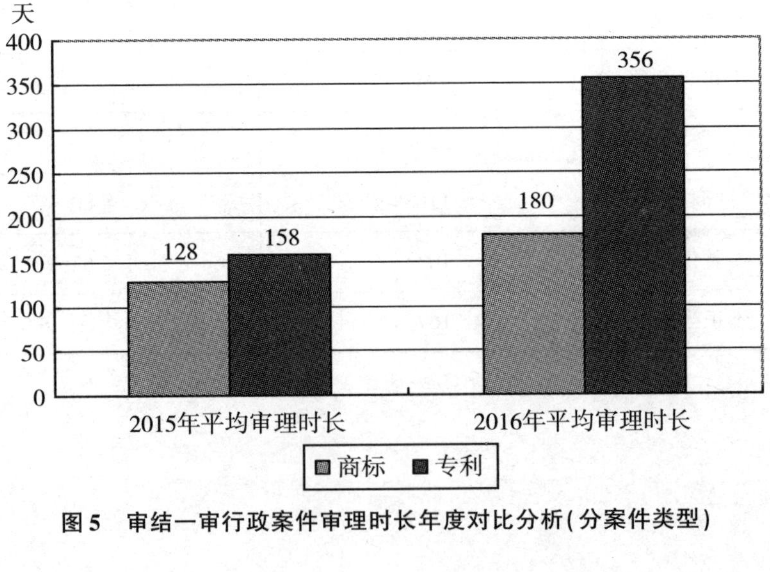

图5　审结一审行政案件审理时长年度对比分析(分案件类型)

(1)商标

表7　商标行政案件平均审理时长

案件类型	案由	2016年平均审理时长(天)	2015年平均审理时长(天)
商标行政	驳回复审	109	104
	异议复审	393	179
	不予注册复审	125	—[①]
	无效宣告请求(争议)	273	166
	撤销复审	283	192

表8　速审、非速审平均审理时长

类别	案由	平均审理时长(天)
速审组	驳回复审	90
非速审组	驳回复审	165

(2)专利

表9　专利行政案件平均审理时长对比

案件类型	案件性质	2016年平均审理时长(天)	2015年平均审理时长(天)
专利行政	驳回复审	325	179
	无效宣告	373	181

由以上数据可以看出,2016年北京知识产权法院案件平均审理时长整体上较2015年均有所延长,但这其中的影响因素是多方面的:

(1)2015年是北京知识产权法院成立的第一年。2016年审结案件中[②]有1/3案件为法院2016年以前受理的案件,这是拉长2016年审结案件平均审理时长的重要原因;

(2)2016年北京知识产权法院审结的案件中,技术类案件(专利、计算机软件、植物新品种等)1300余件,是2015年审结技术案件的2倍有余,这也是影响

① "不予注册复审"为2014年《商标法》实施后规定的案由,2015年审结案件中未出现该类案件。详见《北京市高级人民法院关于规范商标行政诉讼案由的意见》(京高法发〔2014〕392号)。

② 计入审理时长数据统计的案件。

平均审理时长的重要因素。

2016 年北京知识产权法院案件审理的一个亮点是速审组[①]的成立。速审组成立后,商标申请驳回复审案件的平均审理时长节省 45.5%,大大提高了案件审判效率。

2. 审理时长分布

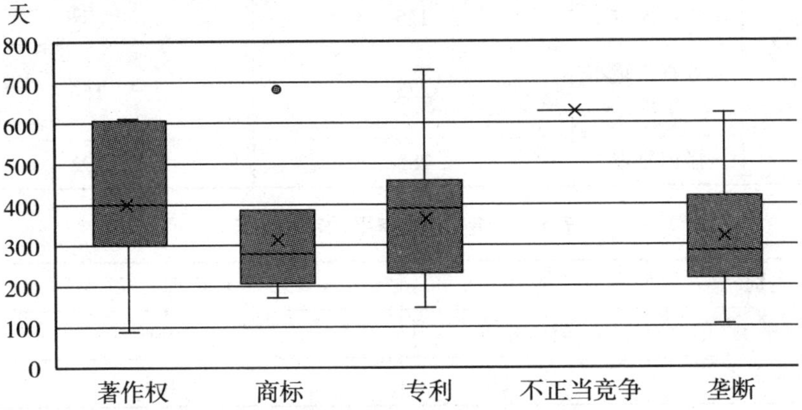

图 6　一审民事

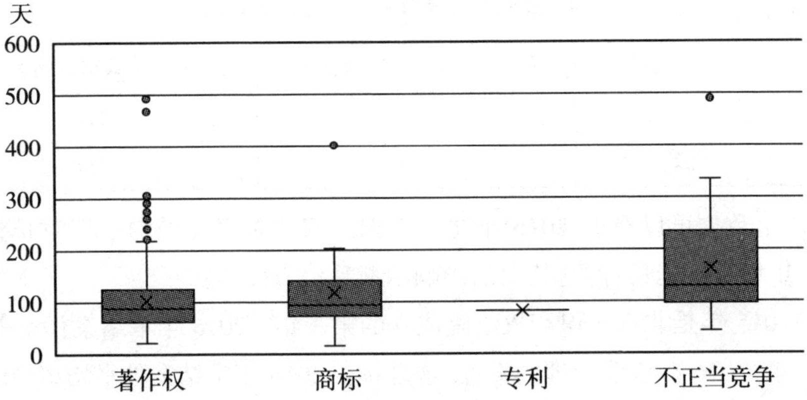

图 7　二审民事

① 2016 年 2 月 25 日运作,专审商标申请驳回复审行政纠纷案。

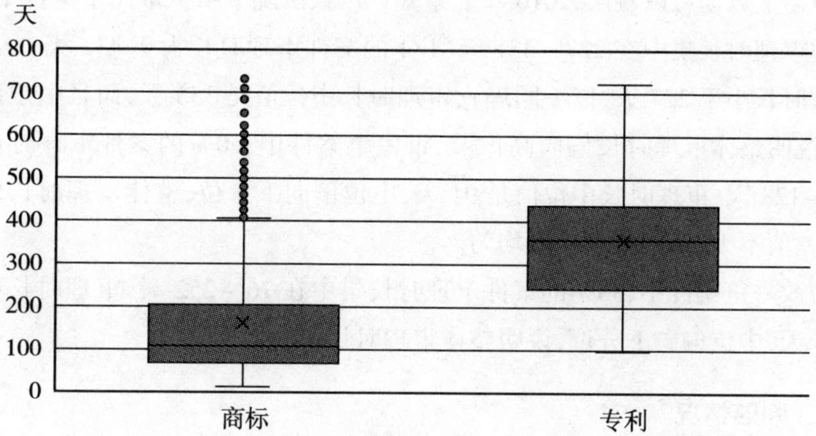

图8　行政

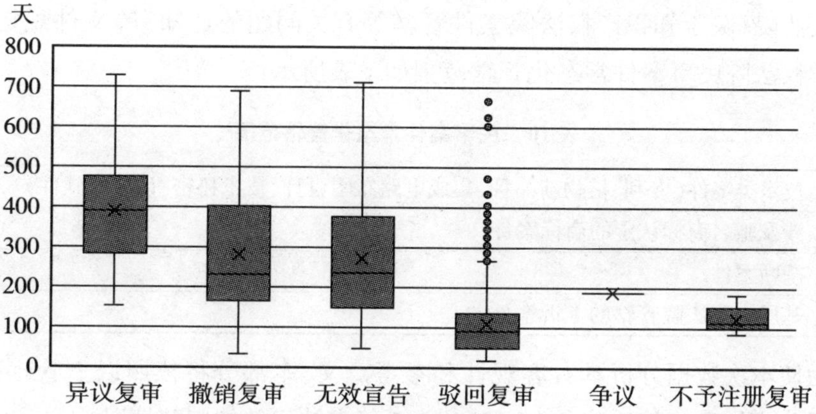

图9　商标行政

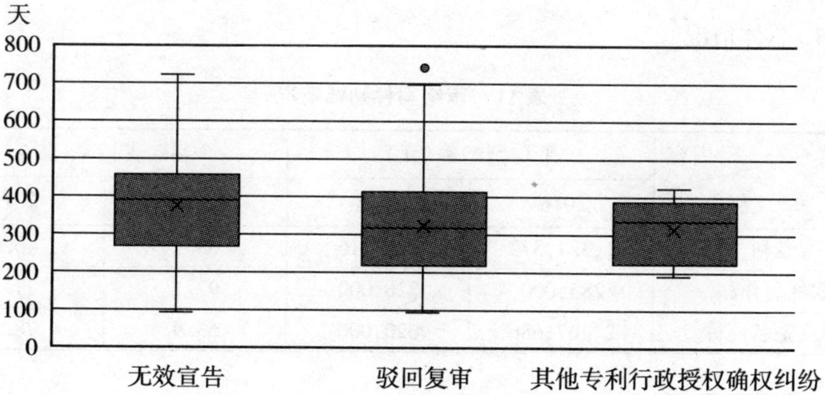

图10　专利行政

由以上数据可以看出,2016 年北京知识产权法院审结一审民事案件中,50% 的案件审理时长集中在 227 ~ 431 天(1/4 的案件审理时长大于 431 天,1/4 的案件审理时长小于 227 天,以下同理),审理时长中位值是 355 天,而且中位偏向上分位,说明整体审理时长偏向高位;二审民事案件中,50% 的案件审理时长集中在 69 ~ 128 天,审理时长中位值是 91 天,中位偏向下分位,整体审理时长偏向低位,但差值不大,说明分布相对均匀。

行政一审案件中,50% 的案件审理时长集中在 76 ~ 252 天,审理时长中位值是 126 天,中位偏向下分位,说明整体审理时长偏向低位。

三、判赔情况①

根据《最高人民法院关于北京、上海、广州知识产权法院案件管辖的规定》最高人民法院《关于知识产权法院案件管辖等有关问题的通知》等文件规定,北京知识产权法院民事案件常态化管辖范围如下表所示:

表 10 民事案件常态化管辖范围

一审	技术类案件(专利、植物新品种、集成电路布图设计、技术秘密、计算机软件)
	涉及驰名商标认定的商标案件
	垄断案件
二审	基层人民法院管辖的上诉案件

为使本次数据分析具有客观性和参考意义,本部分将依照以上管辖范围对比分析北京知识产权法院 2016 年和 2015 年审结案件的判赔情况。

1. 一审案件

(1) 总体情况

表 11 审结案件判赔情况

内容 / 类型 / 年份	平均判赔额(元)		判赔支持率(%)	
	2016	2015	2016	2015
专利	1,324,372	449,916	63.9	46.6
软件著作权	285,000	220,000	97.1	77.2
涉及驰名商标	2,267,686	620,000	63.9	78.5

① 该项统计仅计入以判决方式结案、侵权类且法院支持或部分支持原告赔偿请求的案件数据,下同。

表 12 审结案件判赔值

内容 / 类型 / 年份	判赔额中位值(元)		判赔额最高值(元)	
	2016	2015	2016	2015
专利	112,500	250,000	50,000,000	3,000,000
软件著作权	57,000	220,000	900,000	320,000
涉及驰名商标	350,500	135,000	10,000,000	3,000,000

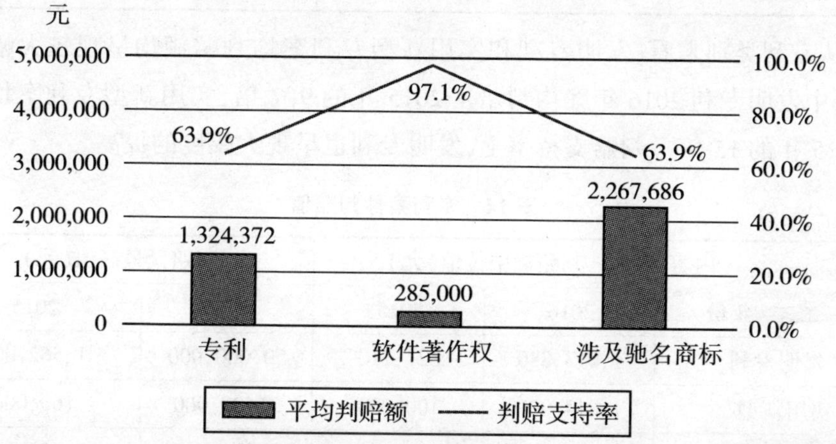

图 11 民事侵权案件判赔情况类型分析

从数据中可以看出，北京知识产权法院审结一审案件中，2016 年案均判赔额均高于 2015 年，其中专利案均判赔是 2015 年的 2.9 倍，软件著作权案均判赔是 2015 年的 1.3 倍，涉及驰名商标认定案件案均判赔是 2015 年的 3.7 倍。从判赔支持率来看，专利和软件著作权案件的判赔支持率也呈现较大幅度的提高。

但从判赔中位值来看，专利和软件著作权 2016 年判赔中位值低于 2015 年，与此同时，其判赔最高值均高于 2015 年，说明 2016 年专利和软件著作权案件案均判赔额受高值判决影响较大。涉及驰名商标认定案件中，平均判赔额、判赔额中位值以及判赔额最高值均高于 2015 年，说明 2016 年涉及驰名商标认定案件判赔情况整体优于上年。

(2)专利案件

表 13 专利案件判赔情况

内容 类型 年份	平均判赔额(元)		判赔支持率(%)	
	2016	2015	2016	2015
发明专利	6,037,713	623,886	95.9	52.4
实用新型	1,814,000	120,000	15.0	46.7
外观设计	121,556	292,271	23.5	36.2

从专利类别来看,发明专利和实用新型专利案均判赔额均呈现较大幅度增长,其中发明专利2016年案均判赔是2015年的9.7倍,实用新型专利案均判赔是2015年的15倍。判赔支持率上,发明专利也呈现大幅度的提高。

表 14 专利案件判赔值

内容 类型 年份	判赔额中位值(元)		判赔额最高值(元)	
	2016	2015	2016	2015
发明专利	1,013,880	627,710	50,000,000	1,562,000
实用新型①	1,814,000	100,000	3,608,000	160,000
外观设计	76,123	125,000	505,176	3,000,000

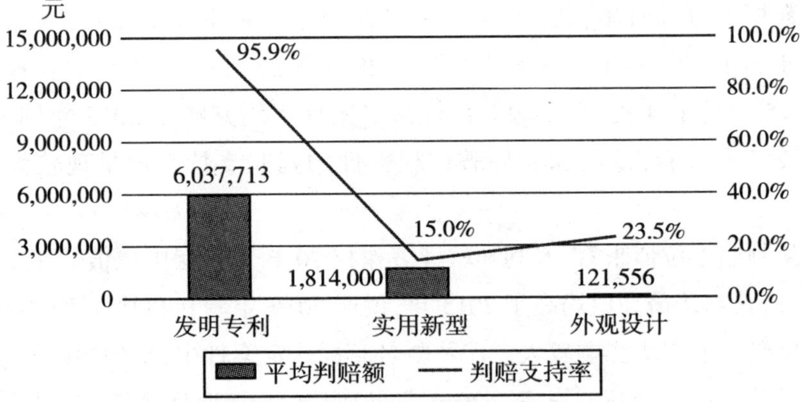

图 12 专利侵权案件判赔情况类型分析

从判赔中位值来看,发明专利和实用新型专利2016年判赔额中位值、判赔额

① 涉及判赔的实用新型专利案件仅2件,数据仅供参考。

最高值均高于2015年,外观设计专利判赔额中位值、判赔额最高值低于2015年。

(3)全额判赔案件

表15　全额判赔案件情况

类型＼内容＼年份	案件数量(件)		占比(%)	
	2016	2015	2016	2015
专利	11	5	21.2	11.6
软件著作权	2	0	28.6	0
涉及驰名商标	3	3	30.0	50.0
合计	16	8	23.2	15.7

可以看出,2016年北京知识产权法院审结全额判赔案件总数是2015年的2倍,2016年全额判赔案件占判赔案件总数的比例接近1/4,说明2016年北京知识产权法院审结案件中,全额判赔案件比例较高。[①]

(4)结论

综上,可以得出如下结论:

①2016年北京知识产权法院审结一审专利、软件著作权、涉及驰名商标认定等各类案件判赔支持率均超过60%,其中专利和软件著作权案件判赔支持率都有较大幅度增长,软件著作权判赔支持率更是达到97.1%。

②在专利案件中,2016年北京知识产权法院审结的发明专利案件是一个亮点,其判赔支持率、最高值、中位值全部达到一个新高度,同时也创造了北京知识产权法院成立以来的最高判赔额,在中国法院知识产权侵权案件中,该判赔额也位居前列。

③2016年北京知识产权法院审结案件中,全额判赔是另一个审判亮点,该部分案件占判赔案件总数的比重接近1/4,这对整体较高的判赔支持率有较大贡献,说明2016年北京知识产权法院审结案件对于权利人的赔偿请求支持力度是比较大的。

④总体来说,2016年北京知识产权法院审结一审案件中,从判赔金额上给予了权利人较为充分的保护,特别是对发明专利、软件著作权、驰名商标的保护,整体比2015年有了较大提高,为地区社会经济创新发展提供了良好的司法保障,为我国的知识产权司法保护提供了良好的借鉴。

---

① 2016年北京知识产权法院审结案件中,或未有植物新品种、集成电路布图设计、技术秘密、垄断类案件,或相关案件未涉判赔,故不作比较。

2. 二审案件

北京知识产权法院审结民事侵权二审案件判赔情况与基层法院一审判赔情况的比较：

表 16　2016 年北京知识产权法院审结民事侵权二审案件判赔情况

案件类型	一审平均判赔额(元)	二审平均判赔额(元)	一审判赔支持率(%)	二审判赔支持率(%)
商标	251,974	292,716	26.7	32.5
著作权	25,627	31,973	23.8	29.8
不正当竞争	319,814	346,422	19.1	22.1

表 17　2015 年北京知识产权法院审结民事侵权二审案件判赔情况

案件类型	一审平均判赔额(元)	二审平均判赔额(元)	一审判赔支持率(%)	二审判赔支持率(%)
商标	117,079	114,177	29.3	29.3
著作权	27,102	25,916	23.9	23.7
不正当竞争	124,829	113,065	9.8	8.9

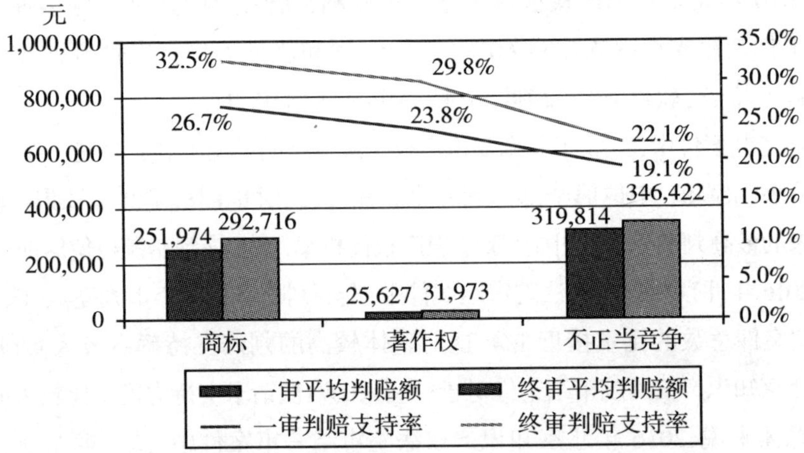

图 13　北京知识产权法院审结二审民事侵权案件判赔情况与基层人民法院一审法院判赔情况的比较

从 2016 年北京知识产权法院审结民事侵权二审案件判赔情况与基层法院一审判赔情况的比较来看，由基层人民法院上诉到北京知识产权法院的各类案件无论是平均判赔额还是判赔支持率均有所提高，说明北京知识产权法院对于权利的保护更倾向高额保护。

北京知识产权法院的这种保护措施在著作权案件中表现特别突出。在上述著作权二审案件中，原告因一审判赔金额不服而提起上诉的案件共有87件，且得到二审法院支持的有38件，占比43.7%。以张炜诉北京书生数字图书馆软件技术有限公司、刘冠军诉北京书生数字图书馆软件技术有限公司等25件为典型，北京知识产权法院根据被侵作品知名度、反复侵权等事实，将一审法院判赔标准30～40元/千字，大幅提升至300元/千字的最高稿酬标准支持原告诉求。北京三面向版权代理有限公司诉新浪网等8案，北京知识产权法院也将判赔标准由一审法院的80元/千字提高到150元/千字。

从2016年北京知识产权法院审结民事侵权二审案件判赔与2015年该院审结民事侵权二审案件判赔情况对比来看，2016年审结案件二审案均判赔额及判赔支持率均高于2015年，并且从判赔支持率来看，2015年二审之后相较一审是略有下降，但2016年是都呈现出较大幅度增长，特别是著作权案件，2016年审结一审比2015年审结一审案件的判赔额和判赔支持率都要低，但二审之后，判赔额和判赔支持率分别高出23.4%和6.1%。

四、涉外与涉台港澳地区情况

（一）涉外国当事人案件

2016年北京知识产权法院共审结涉及外国当事人案件（以下简称涉外案件）1462件，占审结案件总数的21.0%，比2015年（1163件）增长299件。其中，民事案件58件，占民事案件总数的2.9%；行政案件1404件，占行政案件总数的28.2%。

1. 民事案件

表18　2016年民事案件涉外情况统计①

案件类型	原告涉外（件）	被告涉外（件）	多方涉外（件）	总计（件）
商标	12	2	0	14
专利	24	1	3	28
著作权	8	3	1	12
不正当竞争	1	0	0	1
其他	2	1	0	3
合计	46	7	4	58

① 含一审、二审、再审案件，当事人身份按照一审计算。

从判决结果来看：

(1)原告涉外案件

表 19 原告涉外案件情况统计

案件类型	判决结果	案件数量(件)	占比(%)
商标	涉外方胜诉	12	100.0
专利	撤诉调解	15	62.5
	涉外方胜诉	4	16.7
	驳回起诉	4	16.7
	其他①	1	4.2
著作权	撤诉调解	7	87.5
	涉外方胜诉	1	12.5

由以上数据可以看出：

①商标案件,共 12 件原告涉外,皆以判决结案,涉外方(原告)全部胜诉；

②专利案件,共 24 件原告涉外,以撤诉调解为主,这可能与国外权利人和解意愿强烈有关;4 件以判决结案的案件涉外方(原告)皆胜诉;还有 4 件案件,皆因专利权由于被告申请而被宣告无效导致法院驳回起诉,这说明在涉外诉讼中,中方当事人提请专利无效是一种重要的对抗手段；

③著作权案件,也以撤诉调解为主。

(2)被告涉外案件

在被告涉外的 7 件案件中,有 6 件原告撤诉,即中方当事人撤诉;另外 1 件案件原告败诉,即中方当事人败诉。

(3)综上,2016 年北京知识产权法院审结涉外民事案件具有以下特征：

①撤诉调解比重大,无论是外方提起诉讼还是外方被诉,说明涉外案件双方和解机会大；

②涉外方主动提起诉讼的案件,外方败诉概率比较小；

③原、被告双方均涉外的案件占有一定比重。

---

① 诉前证据保全案。

2. 行政案件

(1)案由分布

表 20　商标案件案由分布

案件类型	案由	原告涉外(件)	第三人涉外(件)	多方涉外(件)	总计(件)
商标	驳回复审	750	2	0	752
	不予注册	0	1	0	1
	异议复审	12	104	10	126
	无效宣告请求(争议)	125	113	5	243
	撤销复审	77	70	19	166
	其他	12	2	0	14
	合计	976	292	34	1302

表 21　专利案件案由分布

案件类型	案由	原告涉外(件)	第三人涉外(件)	多方涉外(件)	总计(件)
专利	驳回复审	48	0	0	48
	无效宣告	23	28	2	53
	其他	0	1	0	1
	合计	71	29	2	102

(2)判决结果

北京知识产权法院审结原告涉外一审行政案件,2016 年撤销行政裁决案件比例与 2015 年撤销行政裁决案件比例的对比情况(见表 22):

表 22　撤销行政裁决案件比例

内容/类型/年份	原告涉外(%)		全部案件(%)
	2016	2015	2016
商标	30.9	25.3	24.0
专利	23.0	12.8	12.5

从数据中可以看出,2016 年北京知识产权法院审结原告涉外一审商标行政案件中,撤裁率比 2015 年高出 5.6%,比 2016 年全院整体数据高出 6.9%;原告涉外一审专利行政案件中,撤裁率比 2015 年高出 10.2%,比 2016 年全院整体数

据高出 10.5%。说明 2016 年北京知识产权法院审结案件中对于涉外当事人的保护是有力的。

3. 涉外国家

2016 年北京知识产权法院审结涉外案件中,共涉及 59 个国家(或地区)。表 23 为涉及案件数量最多的 10 个国家(或地区)列表:

表 23 涉外国家 TOP10

国家	案件数量(件)	占比(%)
美国	492	33.7
德国	160	11.0
日本	121	8.3
法国	109	7.5
英国	96	6.6
意大利	59	4.0
韩国	54	3.7
瑞士	53	3.6
荷兰	34	2.3
新加坡	32	2.2

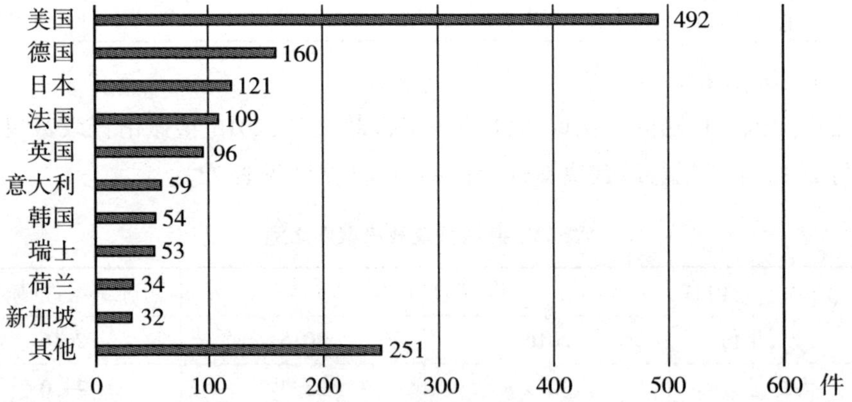

图 14 审结案件涉外当事人国家 TOP10

表 23 统计了涉外案件中涉案数量最多的 10 个国家,从表中可知,在涉外案件中涉美案件数量最多,超过全部涉外案件总数的 1/3,超过上榜欧盟五国(德、法、英、意、荷)涉案数量之和;其次是主要欧盟国家、日本和韩国。

知识产权纠纷是经济发展的晴雨表。经济联系越密切、经济发展越迅速、发展层次越高,知识产权纠纷就会相应增加。北京知识产权法院审结涉外案件的分布态势,与我国现阶段的对外经济贸易分布状况高度一致。

(二)涉台港澳地区当事人案件

2016年北京知识产权法院共审结涉及我国台港澳地区案件265件,详情如下:

1.涉台湾地区当事人案件

2016年北京知识产权法院共审结涉及我国台湾地区当事人案件(以下简称涉台案件)135件。其中,民事案件5件,行政案件130件。

(1)民事案件

表24 2016年涉台民事案件情况统计

案件类型	原告涉台湾地区(件)	被告涉台湾地区(件)	多方涉台湾地区(件)	总计
商标	0	0	0	0
专利	2	0	0	2
著作权	3	0	0	3
合计	5	0	0	5

2016年北京知识产权法院审结涉台民事案件均为原告涉及我国台湾地区。从判决结果上来看:

表25 涉台民事案件判决情况

案件类型	判决结果	案件数量(件)	占比
专利	原告败诉	2	100.0%
著作权	原告胜诉	3	100.0%

(2)行政案件

表26 2016年涉台行政案件情况统计

案件类型	原告涉台湾地区(件)	第三人涉台湾地区(件)	多方涉台湾地区(件)	总计
商标	82	19	6	107
专利	19	4	0	23
合计	101	23	6	130

2016 年北京知识产权法院审结原告涉及我国台湾地区一审行政案件 101 件,该类案件 2016 年撤裁率与 2015 年撤裁率的对比情况见表 27:

表 27 涉台案件撤裁率情况

内容 类型　　年份	原告涉台湾地区(%)		全部案件(%)
	2016	2015	2016
商标	23.5	9.6	24.0
专利	5.9	—[①]	12.5

从数据中可以看出,2016 年北京知识产权法院审结原告涉及我国台湾地区一审商标行政案件中,撤裁率比 2015 年高 13.9%,低于 2016 年全院整体数据 0.5%;原告涉及我国台湾地区一审专利行政案件中,撤裁率比 2016 年全院整体数据低 6.6%。

2. 涉香港特别行政区当事人案件

2016 年北京知识产权法院共审结涉及我国香港特别行政区当事人案件(以下简称涉港案件)124 件。其中,民事案件 3 件,行政案件 121 件。

(1)民事案件

表 28 2016 年涉港民事案件情况统计

案件类型	原告 涉香港特别行政区 (件)	被告 涉香港特别行政区 (件)	多方 涉香港特别行政区 (件)	总计 (件)
商标	0	0	0	0
专利	0	1	0	1
著作权	2	0	0	2
合计	2	1	0	3

从判决结果来看,3 件涉及我国香港特别行政区当事人的民事案件,皆以原告撤诉结案。

---

① 2015 年原告涉我国台湾地区专利行政一审案件仅 3 件,不具备统计学意义,故不作统计。

(2)行政案件

表 29　2016 年涉港行政案件情况统计

案件类型	原告 涉香港特别行政区 (件)	第三人 涉香港特别行政区 (件)	多方 涉香港特别行政区 (件)	总计 (件)
商标	97	19	2	118
专利	3	0	0	3
合计	100	19	2	121

2016 年北京知识产权法院审结原告涉及我国香港特别行政区一审行政案件 100 件,该类案件 2016 年撤裁率与 2015 年撤裁率的对比情况见表 30:

表 30　涉港案件撤裁率对比

内容 / 类型 / 年份	原告涉香港特别行政区		全部案件
	2016	2015	2016
商标[①]	32.6%	22.9%	24.0%

从数据中可以看出,2016 年北京知识产权法院审结原告涉及我国香港特别行政区一审商标行政案件中,撤裁率比 2015 年高 9.7%,比 2016 年全院整体数据高 8.6%。

3. 涉澳门特别行政区当事人案件

2016 年北京知识产权法院共审结涉及我国澳门特别行政区当事人案件(以下简称涉澳案件)6 件,全部为行政案件。

表 31　2016 年涉澳行政案件情况统计

案件类型	原告 涉澳门特别行政区 (件)	第三人 涉澳门特别行政区 (件)	多方 涉澳门特别行政区 (件)	总计 (件)
商标	5	1	0	6
专利	0	0	0	0
合计	5	1	0	6

① 2016 年、2015 年原告涉香港特别行政区专利行政一审案件皆为 3 件,不具备统计学意义,故不作统计。

2016年北京知识产权法院审结原告涉及我国澳门特别行政区一审行政案件5件,其中,撤销行政裁决案件1件。

五、技术调查官参审情况

2016年北京知识产权法院审结案件中技术调查官参审的案件共有182件,详情如下:

表32 技术调查官参审案件情况

案件性质	案件类型	案件数量(件)	占比
民事	专利	18	9.9%
	著作权	10	5.5%
	不正当竞争	3	1.6%
	技术合同	2	1.1%
行政	专利	149	81.9%

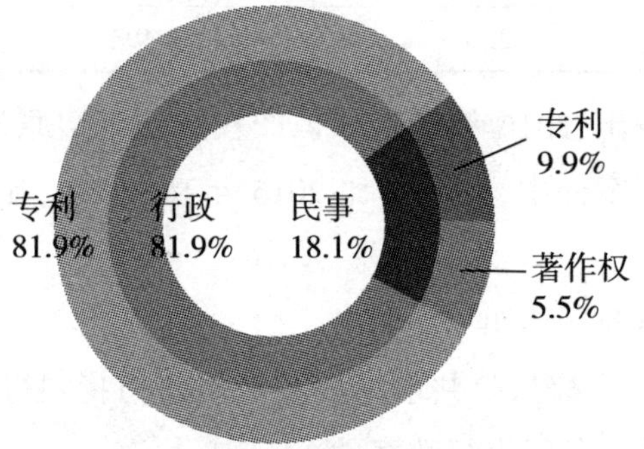

图15 技术调查官参审情况案件类型分析

表33 技术调查官参审案件案由分布

案件类型	案由	案件数量(件)
著作权	计算机软件合同纠纷	3
	侵害作品信息网络传播权纠纷	7
专利	驳回复审	61
	无效宣告	83
	其他专利行政纠纷	5

2016年北京知识产权法院技术调查官参与的案件中,专利案件共计167件,占据技术调查官参与案件总数的91.8%。

从裁判结果上来看，在技术调查官参与的专利行政案件中，撤裁率为20.0%，比全院平均值高出7.5%。技术调查官参与的专利民事案件，皆为一审案件，原告胜诉率为58.3%，撤诉率为27.8%。

六、援引在先案例情况①

2016年北京知识产权法院审结案件中，共计450份裁判文书中出现了在先案例。详情如下：

表34　在先案例使用情况

<table>
<tr><th>案件性质</th><th>案件类型</th><th>案由</th><th>案件数量(件)</th><th>总计(件)</th></tr>
<tr><td rowspan="8">行政</td><td rowspan="6">商标</td><td>驳回复审</td><td>24</td><td rowspan="6">224</td></tr>
<tr><td>异议复审</td><td>35</td></tr>
<tr><td>不予注册复审</td><td>2</td></tr>
<tr><td>无效宣告请求(争议)</td><td>92</td></tr>
<tr><td>撤销复审</td><td>67</td></tr>
<tr><td>其他</td><td>4</td></tr>
<tr><td rowspan="2">专利</td><td>驳回复审</td><td>5</td><td rowspan="2">23</td></tr>
<tr><td>无效宣告</td><td>18</td></tr>
<tr><td rowspan="10">民事</td><td rowspan="2">著作权</td><td>合同纠纷</td><td>2</td><td rowspan="2">85</td></tr>
<tr><td>侵权纠纷</td><td>83</td></tr>
<tr><td rowspan="2">商标</td><td>合同纠纷</td><td>1</td><td rowspan="2">10</td></tr>
<tr><td>侵权纠纷</td><td>9</td></tr>
<tr><td rowspan="2">专利</td><td>合同纠纷</td><td>1</td><td rowspan="2">6</td></tr>
<tr><td>侵权纠纷</td><td>5</td></tr>
<tr><td>不正当竞争</td><td>—</td><td>7</td><td>7</td></tr>
<tr><td>技术合同</td><td>—</td><td>3</td><td>3</td></tr>
<tr><td>特许经营合同</td><td>—</td><td>3</td><td>3</td></tr>
<tr><td>其他</td><td>—</td><td>89</td><td>89</td></tr>
</table>

在上述案件中，文书中记载有法官对在先案例给予评述的案件212件，占援引

① 包括当事人提交和法官主动援引案件。

先例案件总数的47.1%;其中,法官主动援引在先案例案件72件,占比34.0%。

从援引效果来看,支持性援引131件,占记载有法官评述案件总数的61.8%,即在记载有法官对在先案例发表评述意见的文书中,超过60%的裁判采用了在先案例认定的事实或裁判规则。

以上数据说明,2016年北京知识产权法院审结案件对于在先案例的认可度总体较高,无论是法官主动援引在先案例的数量还是支持性援引的案件数量,都达到了比较超前的水平,这启示诉讼当事人和代理人提交相关在先案例对于提高己方胜诉率会有所帮助。

第二部分 案件类型分析

一、著作权

1. 总体分析

2016年北京知识产权法院共审结著作权民事案件1090件。其中,一审案件320件,二审案件767件,申请再审案件3件。

一审案件中,有判决56份,其中软件著作权纠纷53件,软件著作权案件原告胜诉率为84.9%;裁定200件,全部为撤诉案件,调解64件,一审民事案件调解撤诉率为82.5%。

二审民事案件中,以判决方式结案案件402件,以裁定方式结案案件259件,以调解方式结案案件106件,改发率为7.7%;在以裁定方式结案案件中,撤诉案件254件,发回重审案件2件,发回审理案件1件,维持一审裁定案件2件,二审民事调解撤诉率为46.9%。

2016年北京知识产权法院共审结著作权行政案件26件,均为一审撤诉。

2016年北京知识产权法院审结著作权民事案件详情如下:

表35 著作权一审民事案件情况

一审	案件数量(件)
合同纠纷	104
侵权纠纷	212

续表

一审	案件数量(件)
权属纠纷	3
确认不侵权纠纷	1
合计	320

表 36 著作权二审民事案件情况

二审	案件数量(件)
合同纠纷	40
侵权纠纷	727
合计	767

2. 审理时长

不同审级的平均审理时长见表 37：

表 37 不同审级平均审理时长

审级	平均审理时长(天)
一审	329
二审	103

上述一审案件中，皆为软件著作权案件。

3. 作品类型

一审案件主要涉及计算机软件，详情见表 38：

表 38 一审案件涉及作品类型情况

涉及作品类型	案由	案件数量(件)
计算机软件	合同纠纷	102
	侵权纠纷	205
	权属纠纷	2
	确认不侵权纠纷	1
其他	—	10
合计	—	320

二审侵权案件作品类型[①]分布情况见表39:

表39 二审侵权案件作品类型

涉及作品类型	案件总数	其中:侵害信息网络传播权	占比(%)
文字作品	126	107	84.9
音乐作品	30	27	90.0
摄影作品	76	72	94.7
电影和类电作品	128	119	93.0

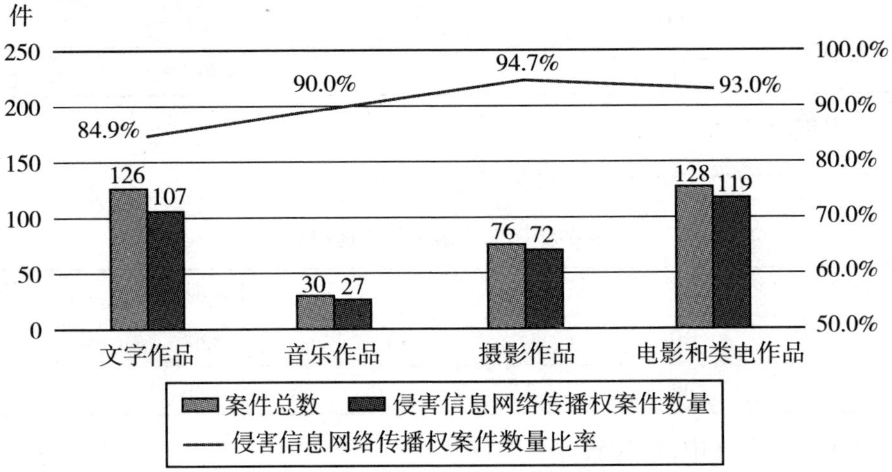

图16 二审著作权案件分割信息网络传播权作品类型分析

由数据可知,2016年北京知识产权法院审结一审民事案件中,软件著作权案件占一审案件总数的96.9%,这与北京知识产权法院的管辖权限密切相关。

二审案件中,四类主要类型作品案件中,涉及侵害信息网络传播权的案件都占绝对多数,总体比例超过90%,这是北京地区近年来互联网相关经济蓬勃发展的一个显著写照。据数据统计,2016年北京市信息、软件和信息技术服务业总产值占地区生产总值的10.8%,仅次于金融业(17.1%)和工业(15.6%)[②]。

---

① 由于多数裁定未详细记载作品类型,故本部分数据仅统计载明信息部分的判决书数据。

② 北京市统计局:《北京市2016年国民经济和社会发展统计公报》。

二、商标

(一)行政案件

1. 总体分析

2016 年北京知识产权法院共新收一审商标行政案件 5936 件,审结 4356 件,审结量较 2015 年增长 34.9%。其中,撤销行政裁决案件 964 件,撤裁率为 24.0%;撤诉案件 300 件,撤诉率为 6.9%。详情如下:

表 40 一审商标行政案件处理情况

案由	案件数量(件)	占比	判决书(份)	撤销行政裁决(件)	撤裁率
驳回复审	2858	65.6%	2725	555	20.4%
异议复审	239	5.5%	196	29	14.8%
不予注册复审	13	0.3%	10	3	30.0%
无效宣告请求(争议)	704	16.2%	617	187	30.3%
撤销复审	445	10.2%	409	177	43.3%
其他	97	2.2%	62	13	21.0%
合计	4356	100.0%	4019	964	24.0%

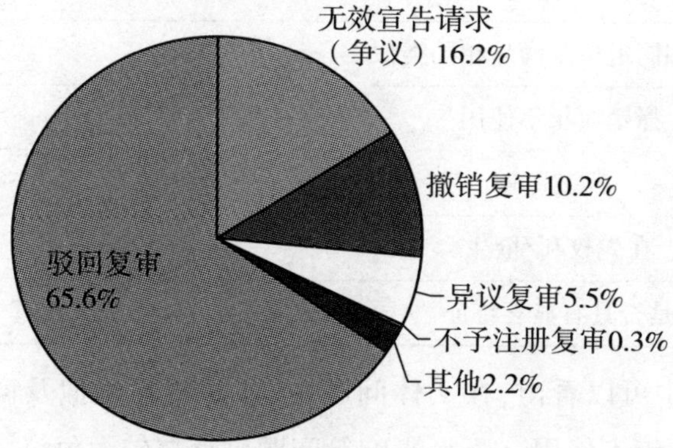

图 17 商标行政案件案由占比

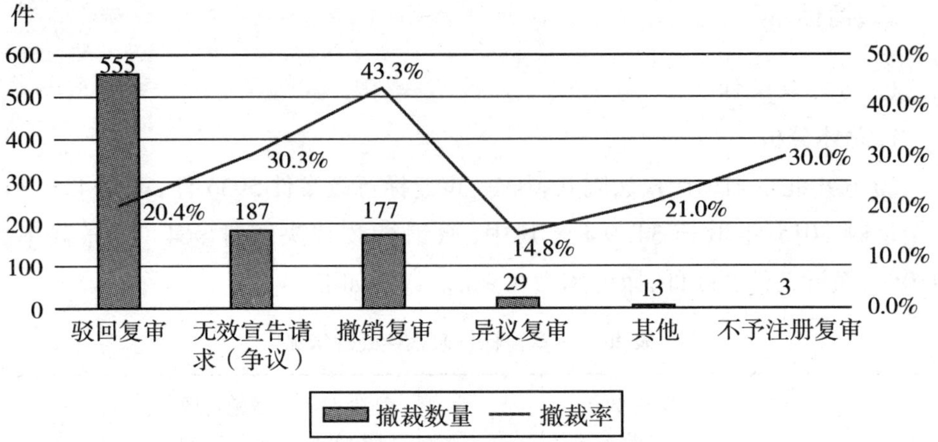

图 18　商标行政案件撤销情况分析

2. 撤裁理由

北京知识产权法院审结 2016 年商标行政撤裁案件中,因程序问题而撤裁案件 27 件,因实体问题而撤裁案件 937 件。

在 2016 年北京知识产权法院判决撤销行政裁决的案件中,实体程序中涉及的相关问题如表 41 所示①:

表 41　撤销行政裁决案件实体程序相关问题

涉及问题	案件数量(件)
商标相同近似及商品相同类似	417
撤销 3 年不使用	164
不良影响	143
在先权利/抢注	122
是否具有显著特征	74

从以上数据中可以看出,在实体问题中,商标相同近似及商品相同类似、商标性使用(撤销 3 年不使用)、不良影响等问题仍存在较大争议。

3. 当事人地域分布

当事人在知识产权授权确权行政案件中的地域分布在一定程度上反映了权

① 该部分仅从文书涉及相关法条总结,并非完全等同于法院撤销行政裁决的所依问题。

利人的分布状态。图 19 是 2016 年北京知识产权法院审结商标行政案件中国内主要的当事人(不含商标局和商标评审委员会)分布地区：

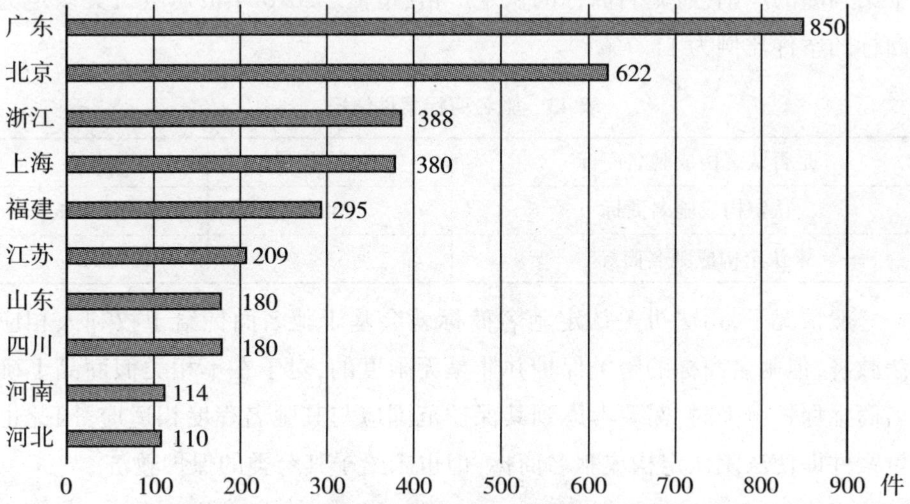

图 19　商标行政案件国内当事人地域分布情况

由数据可以看出,涉案当事人主要分布于东部沿海地区,该区域经济发达,制造业、服务业繁盛,故商标申请量、保有量大,案件数量也多。

4. 恶意抢注

近年来,“恶意抢注”成为商标权保护领域的热点话题。2016 年北京知识产权法院审结商标行政案件中,涉及恶意抢注的案件共 284 件,占判决书总数的 7.1%[①];其中法院认定构成恶意抢注行为的案件 129 件,占涉及该问题案件总数的 45.4%。法院认定构成恶意抢注的案件,除该案存在其他行政认定或行政程序瑕疵外,法院全部给予司法救济,说明北京知识产权法院严厉打击恶意抢注行为。

表 42　恶意抢注案件情况

内容	案件数量(件)	占比
涉及恶意抢注	284	7.1%
法院认定构成恶意抢注[②]	129	45.4%

---

① 由于裁定书通常情况下未记载实体争议问题,故不纳入计算。

② 法院未认定构成恶意抢注案件包括判定不构成恶意抢注及未判定该问题案件。

5. 涉及驰名商标

在商标行政案件中,涉及驰名商标的判决案件总共为383件。司法机关坚持个案判断的原则,对驰名商标的认定严格、审慎。2016年被司法机关认定为驰名商标的案件比例为11.7%。

表43　驰名商标案件情况

是否认定构成驰名商标	案件数量(件)	占比
认定构成驰名商标	45	11.7%
未认定构成驰名商标①	338	88.3%

一般情况下,司法机关认定驰名商标就会基于驰名商标给予权利人相应的司法救济,但驰名商标的跨类保护并非是无限度的,对于在不相类似商品上确定驰名商标保护范围时,需要考虑到其保护范围应与其驰名程度相适应,因此也有少量案件即使法院认定构成驰名商标,但也未给予其跨类的保护救济。

表44　驰名商标认定情况

认定构成驰名商标的司法认定	案件数量(件)	占比
认定构成驰名商标并基于该认定给予救济	44	97.8%
认定构成驰名商标但未给予跨类救济	1	2.2%

6. 涉及服务商标

随着我国经济转型的加快,服务业在我国经济中起到越来越重要的作用。2016年,北京知识产权法院审结涉及服务商标案件1213件,占比30.2%②,占比近1/3。

表45　涉及服务商标案件情况

涉及服务商标	案件数量(件)
单一的服务商标	1171
跨类涉及服务商标	42

7. 涉及证明商标、集体商标

涉及证明商标和集体商标(地理标志)的案件数量较少,仅有53件。但其作

---

① 包括判定不构成驰名商标以及未做相关审查。

② 由于裁定书多数未记载商标信息,故该统计不含裁定数据。

为特殊的商标,在市场中对消费者的指引作用也举足轻重,对其充分保护能够更好地维护市场竞争秩序。

表46　证明商标和集体商标案件情况

证明商标/集体商标地位	案件数量(件)
证明商标、集体商标作为诉争商标	42
证明商标、集体商标作为引证商标	11

(二)民事案件

1. 总体分析

2016年北京知识产权法院共审结商标民事案件108件。其中,一审民事案件26件,以判决方式结案案件14件,原告胜诉率为92.9%;以裁定方式结案案件10件,其中,撤诉案件7件,不予受理案件2件,诉前保全案件1件,以调解方式结案案件2件,调解撤诉率为34.6%。二审民事案件80件,以判决方式结案案件53件,以裁定方式结案案件18件,以调解方式结案案件9件,改发率为10.0%;在以裁定方式结案案件中,撤诉案件17件,维持一审裁定案件1件,二审民事调解撤诉率为32.5%。申请再审民事案件2件。详情见表47:

表47　2016年北京知识产权法院商标民事案件情况

一审	侵权纠纷	26件
二审	侵权纠纷	79件
	合同纠纷	1件
申请再审	侵权纠纷	2件
合计	—	108件

表48　驰名商标认定情况

一审	认定	未认定①
驰名商标认定	8件	3件

在一审民事判决中,涉及驰名商标认定案件11件,原告胜诉案件10件,胜诉率90.9%。其中,法院认定诉争商标构成驰名商标案件8件,且都基于商标驰名给予保护;认定不构成或认为无认定必要案件3件,但其中2件基于其他因素给

① 包括判定不构成驰名商标及未做审查判定。

予了权利人保护。

一审民事判决中的另外3件案件原告均涉外,由于涉及涉外管辖问题,当事人均提出管辖权异议,但未获得支持,最终原告(涉外方)均获得胜诉。

2. 审理时长

不同审级的平均审理时长如表49所示:

表49 不同审级平均审理时长

审级	平均审理时长(天)
一审	331
二审	116

3. 涉网诉讼分析

随着互联网深入生活,线下的商品和服务转战线上。可见,商标涉网诉讼的实质是网络平台中销售的商品或服务涉及了商标侵权问题。因此,通过对被告是否为网络经营者或电商平台的身份判断,能方便统计涉网商标诉讼案件。因此,我们利用关键词(如“网络”“科技”“信息”“电子”、“科贸”等)对涉案被告进行检索、筛选,可得在商标民事案件中,涉网案件数量为13件,且全部为二审案件,占二审案件总数的16.3%,原告终审(二审)胜诉率为83.3%。

三、专利

(一)行政案件

1. 总体分析

2016年北京知识产权法院共新收一审专利行政案件1104件,审结592件,审结量较2015年增长78.3%。其中,撤销行政裁决案件55件,撤裁率为12.5%;撤诉案件122件,撤诉率为20.6%。详情见表50:

表50 新收一审专利行政案件处理情况

案由	案件数量(件)	占比	判决书(件)	撤销行政裁决(件)	撤裁率
驳回复审	194	32.8%	166	16	9.6%
无效宣告	369	62.3%	266	37	13.9%
其他	29	4.9%	9	2	22.2%
合计	592	100.0%	441	55	12.5%

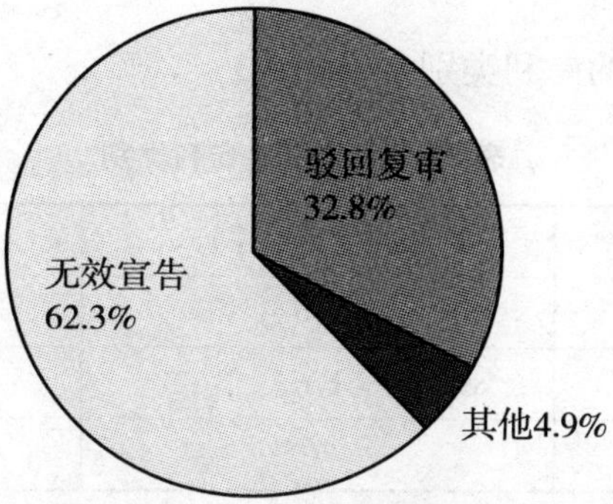

图 20　专利行政案件案由占比

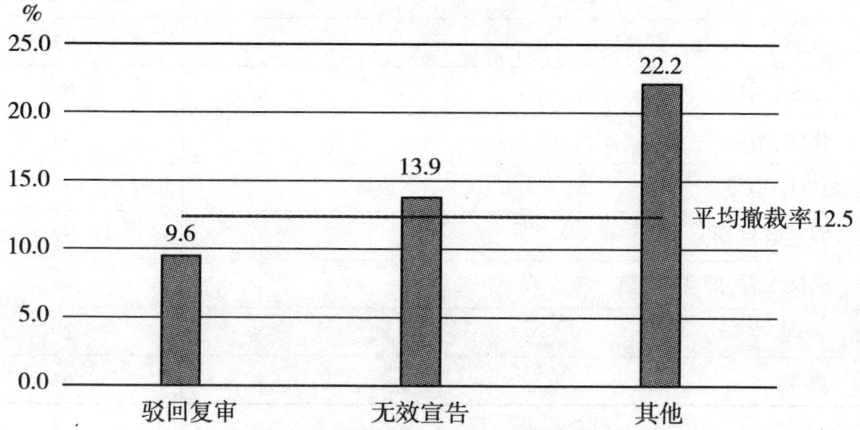

图 21　专利行政案件撤销行政裁决比率

表 51　专利行政案件判决、撤销撤裁情况

案由	专利类别	判决数量(件)	撤销行政裁决(件)	撤裁率
驳回复审	发明专利	150	16	10.7%
	实用新型	14	0	0
	外观设计	2	0	0
无效宣告	发明专利	75	15	20.0%
	实用新型	133	15	11.3%
	外观设计	58	7	12.1%
其他	发明专利	6	2	33.3%
	实用新型	3	0	0

2.技术领域

表 52 为行政案件的专利类别分类情况:

表 52　行政案件专利类别

专利类别	案件数量(件)	占比
发明专利	306	54.8%
实用新型	176	31.5%
外观设计	76	13.6%

表 53　发明专利、实用新型专利 IPC 分类

IPC 分类	涉案数量(件)
A 类　人类生活必需(农、轻、医)	93
B 类　作业;运输	66
C 类　化学;冶金	38
D 类　纺织;造纸	6
E 类　固定建筑物	32
F 类　机械工程、照明、加热	49
G 类　物理	29
H 类　电学	64

表 54　外观设计专利 LOC 分类

LOC 分类	涉案数量(件)
03 类　其他类未列入的旅行用品、箱子、阳伞和个人用品	6
06 类　家具	4
07 类　其他类未列入的家用物品	1
08 类　工具和金属器具	2
09 类　用于商品运输或装卸的包装和容器	7
10 类　钟、表和其他计量仪器、检查和信号仪器	1
12 类　运输或提升工具	9
13 类　发电、配电和输电的设备	2
14 类　录音、通信或信息再现设备	5
19 类　文具用品、办公设备、艺术家用品及教学材料	4

续表

LOC 分类	涉案数量(件)
21 类　游戏、玩具、帐篷和体育用品	1
25 类　建筑构件和施工元件	10
26 类　照明设备	5
30 类　动物的管理与驯养设备	2
31 类　其他类未列入的食品或饮料制作机械和设备	3

3. 撤裁理由

(1)撤裁原因

北京知识产权法院审结 2016 年专利行政撤裁案件中,因程序问题而撤裁案件 3 件,因实体问题而撤裁案件 52 件。

表 55　专利行政撤裁案件撤销原因

撤销原因	案件数量(件)	占比
程序问题	3	5.5%
实体问题	52	94.5%

(2)涉及法条

在实体问题导致的专利撤销行政裁决案件中,因专利创造性争议而撤销行政裁决案件占发明专利和实用新型案件撤裁总数的 83.3%。可见,专利“创造性”是专利行政纠纷案件中的关键审查点。

表 56　专利行政撤裁案件涉及法条

撤裁适用的法条	涉及问题	案件数量(件)
《专利法》第 22 条第 3 款	创造性	40
《专利法》第 29 条第 2 款	优先权	1
《专利法》第 23 条	外观相关	6
《专利法》第 27 条第 2 款	外观图片要求	1
《专利法》第 33 条	修改超范围	2
《专利法实施细则》第 4 条	其他	1
《专利法实施细则》第 6 条	其他	1

4. 当事人地域分布

图 22 是 2016 年北京知识产权法院审结专利行政案件中国内当事人(不含知识产权局和专利复审委员会)主要分布地区：

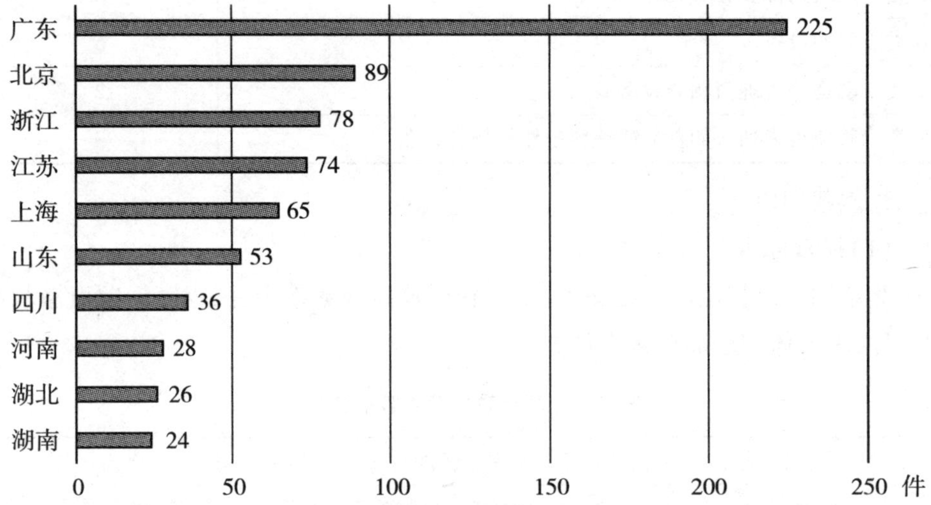

图 22 专利行政案件国内当事人地域分布情况

该项数据和商标行政案件数据高度吻合,共同说明了经济发展程度与知识产权智力成果发展之间的密切关系。

(二)民事案件

1. 总体分析

2016 年北京知识产权法院共审结专利类民事案件 452 件。其中,一审民事案件 444 件,以判决方式结案案件 88 件,原告胜诉率为 79.5%;以裁定方式结案案件 335 件,其中,撤诉案件 302 件,不予受理案件 6 件,驳回起诉案件 25 件,诉前保全案件 1 件,主动移送案件 1 件;以调解方式结案案件 21 件,调解撤诉率为 72.7%。二审民事案件 8 件,全部以判决方式结案,其中 6 件改判,改判率为 75.0%。

2016 年北京知识产权法院审结专利民事案件详情如下：

表57　2016年北京知识产权法院一审审结专利民事案件情况

一审	案件数量(件)	占比
合同纠纷	15	3.4%
侵权纠纷	333	75.0%
权属纠纷	92	20.7%
确认不侵权纠纷	4	0.9%
合计	444	100.0%

表58　2016年北京知识产权法院二审审结专利民事案件情况

二审	案件数量(件)	占比
合同纠纷	7	87.5%
侵权纠纷	1	12.5%
合计	8	100.0%

2016年北京知识产权法院审结专利民事案件裁判结果详情如下：

表59　2016年北京知识产权法院审结

专利类别	原告胜诉率	调解撤诉率
发明专利	70.4%	82.5%
实用新型	55.6%	39.1%
外观设计	93.2%	63.2%

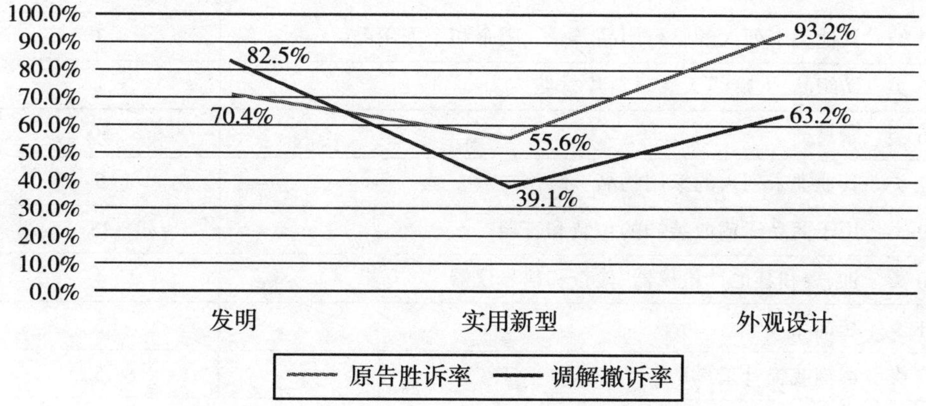

图23　一审专利民事案件原告胜诉、调解撤诉情况分析

2. 技术领域

表60为民事侵权案件的专利类别分类情况:

表60 民事侵权案件专利类别

专利类别	案件数量(件)	占比[①]
发明专利	163	49.4%
实用新型	35	10.6%
外观设计	132	40.0%

表61 发明专利、实用新型专利IPC分类

IPC分类	涉案数量(件)
A类　人类生活必需(农、轻、医)	15
B类　作业;运输	14
C类　化学;冶金	3
E类　固定建筑物	6
F类　机械工程、照明、加热	4
G类　物理	6
H类　电学	11

表62 外观设计专利LOC分类

LOC分类	涉案数量(件)
01类　食品	1
02类　服装和服饰用品	1
03类　其他类未列入的旅行用品、箱子、阳伞和个人用品	3
05类　纺织品、人造或天然材料片材类	1
06类　家具	30
07类　其他类未列入的家用物品	5
09类　用于商品运输或装卸的包装和容器	13
10类　钟、表和其他计量仪器、检查和信号仪器	4
11类　装饰品	2
12类　运输或提升工具	5

① 部分裁定专利信息记录不详,未参与计算。

续表

LOC 分类		涉案数量(件)
14 类	录音、通信或信息再现设备	2
15 类	其他类未列入的机械	1
19 类	文具用品、办公设备、艺术家用品及教学材料	2
21 类	游戏、玩具、帐篷和体育用品	2
23 类	液体分配设备、卫生、供暖、通风和空调设备、固体燃料	1
25 类	建筑构件和施工元件	1
26 类	照明设备	2
28 类	药品、化妆品、梳妆用品和器具	1

3. 侵权认定

2016 年北京知识产权法院审结发明和实用新型专利侵权纠纷且法院认定构成侵权一审案件判决书共计 13 件，以下为该部分案件法院判决中认定的侵权方式：

表 63　发明和实用新型专利案件中侵权方式

侵权方式	案件数量(件)	占比
相同侵权	8	61.5%
等同侵权	5	38.5%

4. 抗辩理由

2016 年北京知识产权法院审结专利侵权纠纷且法院驳回原告诉求一审案件判决案件共计 10 件，法院驳回理由见表 64：

表 64　专利侵权纠纷案件判驳理由

驳回理由	案件数量[①](件)
未落入保护范围	8
现有设计	1
超过诉讼时效	1
其他	1

从数据中可以看出，专利侵权诉讼被告方最可能得到支持的抗辩在于论证

① 若法院具有多项驳回理由，则分别计算。

被控侵权技术与权利人专利技术的不同。

5.涉网诉讼分析

专利是附着在商品或服务中的,因而,当线下的商品和服务转战线上时,专利民事案件也不可避免地波及网络。因此,通过对被告是否为网络经营者或电商平台的身份判断,能方便统计专利涉网诉讼案件。

综上所述,利用关键词(如"网络""科技""信息""电子""科贸"等)进行检索,可发现几大电商平台及网站,如北京百度网讯科技有限公司、北京暴风科技股份有限公司、北京京东世纪贸易有限公司、浙江淘宝网络有限公司、浙江天猫网络有限公司、北京苏宁云商销售有限公司等,皆有案件涉入,相关案件总数也达110余件,占全部案件的比例超过1/4。但就裁判结果来看,该部分案件撤诉率为73.6%,说明该类案件主要以当事人之间的和解为主要解决手段;在法院判决支持原告诉求的案件中,网络电商平台也基本承担平台责任,即停止侵权的责任。

四、不正当竞争

1.总体分析

2016年北京知识产权法院共审结不正当竞争案件47件。其中,一审案件10件,以判决方式结案案件3件,原告胜诉率为33.3%;以裁定方式结案案件7件,全部撤诉,调解撤诉率为70.0%。二审案件37件,以判决方式结案案件30件,以裁定方式结案案件5件,以调解方式结案案件2件,改发率为18.9%;在以裁定方式结案案件中,撤诉案件3件,发回重审案件2件,二审调解撤诉率为13.5%。

2.案由分布

在2016年北京知识产权法院审结不正当竞争判决案件中,案由分布如下:

表65 2016年北京知识产权法院审结不正当竞争判决案由分布

案由	案件数量(件)
仿冒纠纷	9①
虚假宣传纠纷	9
商业诋毁纠纷	5
侵害商业秘密纠纷	3
其他不正当竞争行为	8

① 其中有1件案件同时涉及仿冒纠纷和虚假宣传纠纷。

在“仿冒纠纷”案件中，纠纷主要集中在“擅自使用知名商品特有的名称、包装、装潢”及“擅自使用他人的企业名称或者姓名”两种情形上，仅有1件案件涉及“假冒他人注册商标”的不正当竞争行为。

统计中的“其他不正当竞争行为”指不属于《中华人民共和国反不正当竞争法》列明的不正当竞争行为，而是以第2条一般性规定进行规制的不正当竞争案件。该部分案件主要集中在网络侵权领域，多属于《反不正当竞争法(修订草案)》(中国人大网2017年2月26日公布)第14条规定的不正当竞争行为。

3.涉网诉讼分析

在2016年北京知识产权法院审结的47件不正当竞争案件中，涉及网络案件32件，占案件总数的68.1%，可见，随着网络的普及、互联网行业竞争加剧，该行业成为不正当竞争纠纷的高发区域，亟待加强规范化治理。

五、综合程序

1.禁令与保全

(1)诉前禁令

2016年北京知识产权法院审结案件中，有2件案件以诉前禁令方式结案，1件商标案件，1件专利案件。

(2)诉中禁令

在知产宝收录数据中，2016年北京知识产权法院审结案件存在诉中禁令与保全程序的案件共计17件，分布如下：

表66　存在诉中禁令与保全程序案件情况

案件类型	禁令与保全(件)
专利	13
著作权	4
合计	17

2.管辖权异议

表67　管辖权异议案件分布

诉讼审级	一审(件)	二审(件)	总计(件)
案件数量	5	1155	1160

2016 年北京知识产权法院审结管辖权异议案件 1160 件,占审结案件总数的 14.3%;另外,据不完全数据统计,在实体审结的 6951 件案件中,仍有 55 件案件中间涉及管辖权异议。但就异议结果来看,仅 60 件案件异议成立,仅占全部异议案件的 4.9%。

在上述管辖权异议案件中,涉及互联网案件占比将近 80%,说明互联网领域是管辖权异议案件的高发区。

3. 不予受理案件分析

2016 年北京知识产权法院审结不予受理案件共计 30 件。在行政案件中不予受理多数是由于原告起诉超过法定期限,民事案件中多数由于管辖权问题。

表 68 不同案件类型不予受理案件数量分布

案件性质	案件类型	案件数量(件)
行政	商标	5
	专利	14
	其他	2
民事	商标	2
	专利	6
	著作权	1

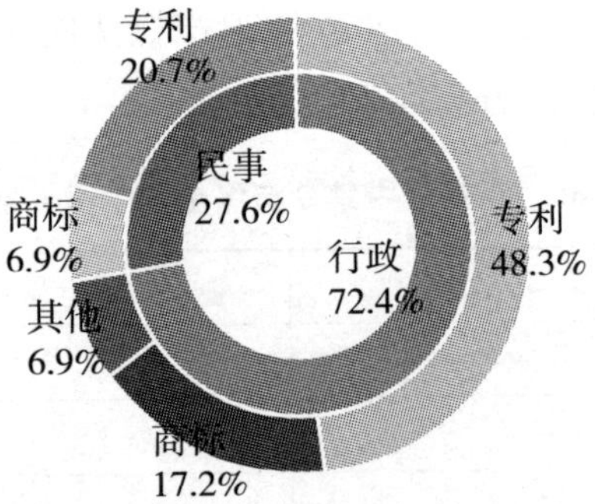

图 24 不予受理案件类型分布情况

表 69 行政案件不予受理理由分布

不予受理理由	案件数量(件)
起诉超过法定期限	12
立案手续瑕疵	3

续表

不予受理理由	案件数量(件)
原告无主体资格	2
不属于法院受案范围	1
《最高人民法院关于商标法修改决定施行后商标案件管辖和法律适用问题的解释》第 6 条第 2 款	1
行政赔偿纠纷行政程序前置	1
其他	1

表 70　民事案件不予受理理由分布

不予受理理由	案件数量(件)
法院无管辖权	6
无具体诉讼事实	2
其他	1

4. 驳回起诉案件分析

驳回起诉常与不予受理联系在一起,法律法规规定对于不符合起诉条件的案件,未受理的裁定不予受理,已受理的裁定驳回起诉。2016 年北京知识产权法院审结驳回起诉案件共计 73 件。详情见表 71:

表 71　不同案件类型驳回起诉案件数量分布

案件性质	案件类型	案件数量(件)
行政	商标	30
	专利	14
民事	商标	1
	专利	25
	著作权	1
	技术合同	1
	垄断	1

表 72 行政案件驳回起诉理由分布

驳回起诉理由	案件数量(件)
一事不再理	12
行政赔偿纠纷行政程序前置	10
起诉超过法定期限	7
原告未履行翻译义务	4
《最高人民法院关于商标法修改决定施行后商标案件管辖和法律适用问题的解释》第 6 条第 2 款	4
法院无管辖权	3
原告无主体资格	2
委托程序瑕疵	1
无明确具体的诉讼请求	1

表 73 民事案件驳回起诉理由分布

驳回起诉理由	案件数量(件)
专利权被无效	19
原告无主体资格	3
被告与案件无直接利害关系	2
缺少诉的利益	2
法院无管辖权	1
无明确被告	2

在行政案件中,一事不再理、行政赔偿纠纷行政程序前置、起诉超过法定期限占据驳回起诉理由的前三位,在民事案件中涉案专利被无效是案件驳回起诉的首因,说明提请专利无效是被告抗辩的重要手段。

第三部分 法官团队分析

一、总体分析

据了解,北京知识产权法院目前有 45 位主审法官,按照 2016 年结案量计算,每位法官年均结案180件。

二、院长、庭长法官团队[①]

本部分数据分析北京知识产权法院院长、庭长及职能部门负责人2016年审结案件情况，详情见表74：

1. 案件性质

表74　院长、庭长法官团队审结案件数量

承办法官	行政(件)	民事(件)	总计(件)
宿迟	30	19	49
陈锦川	91	7	98
宋鱼水	79	2	81
陈振华	33	80	113
姜颖	43	42	85
张晓津	68	33	101
杜长辉	7	141	148
张晓霞	48	53	101
仪军	79	21	100
杨静	72	21	93
姜庶伟	59	12	71
合计	609	431	1040

2. 案件类型

(1)行政案件

表75　院长、庭长法官团队审结行政案件数量

承办法官	商标(件)	专利(件)	总计(件)
宿迟	27	3	30
陈锦川	78	13	91
宋鱼水	69	10	79

① 包括职能部门负责人。

续表

承办法官	商标(件)	专利(件)	总计(件)
陈振华	33	0	33
姜颖	28	15	43
张晓津	55	13	68
杜长辉	5	2	7
张晓霞	40	8	48
仪军	71	8	79
杨静	69	3	72
姜庶伟	55	4	59
合计	530	79	609

(2)民事案件

表 76 院长、庭长法官团队审结民事案件数量

承办法官	商标(件)	著作权(件)	专利(件)	不正当竞争(件)	管辖权异议(件)	其他(件)	总计(件)
宿迟	0	5	0	0	0	14	19
陈锦川	0	3	2	2	0	0	7
宋鱼水	0	2	0	0	0	0	2
陈振华	0	0	60	0	20	0	80
姜颖	5	21	13	3	0	0	42
张晓津	11	16	5	0	1	0	33
杜长辉	0	14	0	2	125	0	141
张晓霞	3	41	2	0	0	7	53
仪军	2	9	0	0	0	10	21
杨静	0	13	5	1	0	2	21
姜庶伟	1	0	6	0	0	5	12
合计	22	124	93	8	146	38	431

由以上数据可知,2016 年北京知识产权法院院长、庭长及职能部门负责人人均审结案件 95 件,审结案件总数占全院年结案总数 12.8%。

三、专利案件法官团队[①]

据了解,2016 年北京知识产权法院专利案件法官团队包括以下法官:陈勇、芮松艳、彭文毅、张晰昕、刘炫孜、赵明、江建中、卓锐、崔宁、王东勇、邓卓 11 位法官。

1. 总体分析

专利案件法官团队 2016 年共审结案件 1615 件,占全院结案总数的 19.9%,人均结案 147 件;其中,专利案件 574 件,占全院审结专利案件总数的 55.0%。详情见表 77:

表 77 专利案件法官团队审结数量

承办法官	专利(件)	商标(件)	著作权(件)	不正当竞争(件)	管辖权异议(件)	其他(件)	总计(件)
崔宁	79	34	6	0	0	12	131
刘炫孜	60	48	12	0	0	1	121
芮松艳	55	31	7	1	0	2	96
邓卓	54	47	12	2	0	14	129
江建中	51	34	12	0	0	5	102
陈勇	49	16	76	3	254	3	401
张晰昕	48	79	16	1	0	2	146
王东勇	46	45	9	0	1	11	112
卓锐	46	62	8	0	0	17	133
赵明	46	54	16	2	0	1	119
彭文毅	44	63	14	1	0	3	125
合计	578	513	188	10	255	71	1615

由以上数据可知,专利案件法官团队中陈勇法官结案总量最高,超过 400 件,其中管辖权异议案件占比较大;崔宁法官审结专利案件数量居首,达到 79 件。

① 专利案件法官团队:指以审理专利案件为主的法官团队,下同。

2. 比较分析

(1)案件性质

在专利案件中,各法官审结案件性质分布见表78:

表78 专利案件中各法官审结案件性质分布

承办法官	行政(件)	民事(件)	总计(件)
崔宁	49	30	79
刘炫孜	27	33	60
芮松艳	21	34	55
邓卓	39	15	54
江建中	34	17	51
陈勇	39	10	49
张晰昕	18	30	48
王东勇	23	23	46
卓锐	27	19	46
赵明	26	20	46
彭文毅	16	28	44
合计	319	259	578

由数据可知,2016年审结专利行政案件最多的法官为:崔宁、邓卓、陈勇;审结专利民事案件最多的法官为:芮松艳、刘炫孜、崔宁、张晰昕。

(2)裁判结果

该部分分析专利案件法官团队审结专利行政案件撤裁率情况。[①]

表79 专利案件法官团队2016年审结行政案件撤裁率统计

承办法官	撤裁率
崔宁	11.4%
刘炫孜	10.0%
芮松艳	16.7%
邓卓	9.1%

① 由于民事案件多数法官结案数据量较小,不具备统计学意义,故本部分不作民事案件裁判结果分析。

续表

承办法官	撤裁率
江建中	0
陈勇	10.0%
张晰昕	0
王东勇	15.8%
卓锐	23.5%
赵明	6.3%
彭文毅	7.7%

由数据可以看出,2016 年审结专利行政案件撤裁率最高的 3 位法官分别为:卓锐、芮松艳、王东勇。

(3)审理时长

该部分分析专利案件法官团队审结专利行政案件的平均审理时长情况。①

表 80 专利案件法官团队 2016 年行政案件平均审理时长统计

承办法官	平均审理时长(天)
崔宁	308
刘炫孜	452
芮松艳	355
邓卓	282
江建中	362
陈勇	411
张晰昕	555
王东勇	318
卓锐	314
赵明	503
彭文毅	410

由数据可以看出,2016 年审结专利行政案件平均用时最短的 3 位法官分别为:邓卓、崔宁、卓锐。

① 由于民事案件多数法官结案数据量较小,不具备统计学意义,故本部分不作民事案件审理时长分析。

四、商标及不正当竞争案件法官团队

据了解,2016年北京知识产权法院商标及不正当竞争案件法官团队包括以下法官:王东、张晓丽、何暄、穆颖、宋堃、李燕蓉、刘义军、张玲玲、宋旭东9位法官。[①]

1. 总体分析

商标及不正当竞争案件法官团队2016年共审结案件2010件,占全院结案总数的24.8%,人均结案223件;其中,商标及不正当竞争案件981件,占全院审结商标及不正当竞争案件总数的21.7%。详情见表81:

表81 法官团队审结案件占全院案件总数比例

承办法官	商标(件)	不正当竞争(件)	著作权(件)	专利(件)	管辖权异议(件)	其他(件)	总计(件)
何暄	138	3	2	16	0	34	193
张玲玲	131	2	19	24	0	5	181
宋堃	127	0	10	11	0	17	165
穆颖	122	4	13	13	1	23	176
刘义军	120	4	13	21	0	30	188
宋旭东	111	1	11	2	8	3	136
李燕蓉	109	1	10	36	1	0	157
王东	77	4	55	12	319	7	474
张晓丽	27	0	128	4	179	2	340
合计	962	19	261	139	508	121	2010

由以上数据可知,商标及不正当竞争案件法官团队中王东法官结案总量最高,达到474件,管辖权异议案件占据多数;何暄法官审结商标及不正当竞争案件数量居首,达到141件。

2. 比较分析

(1)案件性质

在商标案件中,各法官审结案件性质分布见表82:

---

① 速审案件法官团队运作后,商标及不正当竞争法官团队即基本不再审理商标申请驳回复审行政纠纷案。

表82 各法官审结商标案件性质分布

承办法官	行政(件)	民事(件)	总计(件)
何暄	138	0	138
张玲玲	125	6	131
宋堃	125	2	127
穆颖	115	7	122
刘义军	108	12	120
宋旭东	104	7	111
李燕蓉	107	2	109
王东	75	2	77
张晓丽	25	2	27
合计	922	40	962

由数据可知,2016年审结商标行政案件最多的法官为:何暄、张玲玲、宋堃;审结商标民事案件最多的法官为:刘义军、穆颖、宋旭东。

(2)裁判结果

该部分分析商标及不正当竞争案件法官团队审结商标行政案件的撤裁率情况。[①]

表83 商标及不正当竞争案件法官团队2016年审结商标行政案件撤裁率统计

承办法官	撤裁率
何暄	24.8%
张玲玲	30.6%
宋堃	29.7%
穆颖	22.9%
刘义军	19.4%
宋旭东	35.1%
李燕蓉	26.4%
王东	10.0%
张晓丽	12.5%

① 由于民事案件多数法官结案数据量较小,不具备统计学意义,故本部分不作民事案件裁判结果分析。

由数据可以看出,2016 年审结商标行政案件撤裁率最高的 3 位法官分别为:宋旭东、张玲玲、宋堃。

(3)审理时长

该部分分析商标及不正当竞争案件法官团队审结商标行政案件的平均审理时长情况。①

表 84　商标及不正当竞争案件法官团队 2016 年商标行政案件平均审理时长统计

承办法官	平均审理时长(天)
何暄	243
张玲玲	261
宋堃	264
穆颖	261
刘义军	185
宋旭东	125
李燕蓉	341
王东	170
张晓丽	124

由数据可以看出,2016 年审结商标行政案件平均用时最短的 3 位法官分别为:张晓丽、宋旭东、王东。

五、著作权案件法官团队

据了解,2016 年北京知识产权法院著作权案件法官团队包括以下法官:袁伟、周丽婷、兰国红、冯刚、杨洁、章瑾 6 位法官。

1. 总体分析

著作权案件法官团队 2016 年共审结案件 1187 件,占全院结案总数的 14.6%,人均结案 198 件;其中,著作权案件 483 件,占全院审结著作权案件总数的 43.3%。详情见表 85:

---

① 由于民事案件多数法官结案数据量较小,不具备统计学意义,故本部分不作民事案件审理时长分析。

表85　著作权案件法官团队2016年审结案件数量

承办法官	著作权（件）	商标（件）	专利（件）	不正当竞争（件）	管辖权异议（件）	其他（件）	总计（件）
兰国红	137	83	11	2	0	5	238
周丽婷	104	66	16	1	1	3	191
冯刚	81	69	19	1	0	0	170
杨洁	75	46	0	0	0	3	124
袁伟	68	76	24	2	250	1	421
章瑾	18	25	0	0	0	0	43
合计	483	365	70	6	251	12	1187

由以上数据可知，著作权案件法官团队中袁伟法官结案总量最高，达到421件，管辖权异议案件占据多数；兰国红法官审结著作权案件数量居首，达到137件。

2. 比较分析

（1）诉讼审级

在著作权案件中，各法官审结案件诉讼审级分布见表86：

表86　各法官审结著作权案件诉讼审级分布

承办法官	一审（件）	二审（件）	申请再审（件）	总计（件）
兰国红	29	108	0	137
周丽婷	49	55	0	104
冯刚	30	50	1	81
杨洁	32	43	0	75
袁伟	27	41	0	68
章瑾	6	12	0	18
合计	173	309	1	483

上述案件中，除袁伟法官审结有26件行政一审案件外，其余皆为民事案件。

由数据可知，2016年审结著作权一审案件最多的法官为：周丽婷、杨洁、冯刚；审结著作权二审案件最多的法官为：兰国红、周丽婷、冯刚。

（2）裁判结果

2016年著作权案件法官团队审结著作权一审民事案件中，原告胜诉率为

76.5%,调解撤诉率为88.4%。

2016年著作权案件法官团队审结著作权二审民事案件中,改判率为8.4%,调解撤诉率为37.9%。

(3)审理时长

该部分分析著作权案件法官团队审结著作权二审民事案件的平均审理时长情况。[①]

表87 著作权案件法官团队2016年著作权民事二审案件平均审理时长统计

承办法官	平均审理时长(天)
兰国红	92
周丽婷	90
冯刚	77
杨洁	72
袁伟	—[②]
章瑾	46

由数据可以看出,2016年审结著作权二审民事案件平均用时最短的3位法官分别为:章瑾、杨洁、冯刚。

六、速审案件法官团队

速审案件法官团队,2016年2月25日起开始运作,专审商标申请驳回复审行政纠纷案件。据了解,2016年北京知识产权法院速审案件法官团队包括以下法官:张剑、张鹏、侯占恒、司品华、杨钊5位法官。

1.总体分析

速审案件法官团队2016年共审结案件1880件,占全院结案总数的23.2%,人均结案376件;其中,速审团队正式运行(2016年2月25日)以后受理并审结的商标申请驳回复审行政纠纷案件1578件,占全院全年审结商标申请驳回复审行政案件总数的55.2%。详情见表88:

---

① 由于一审民事案件多数法官判决结案数据量较小,不具备统计学意义,故本部分不作一审民事案件审理时长分析。

② 袁伟法官审结著作权二审民事案件中,无判决数据。

表88　速审案件法官团队2016年审结案件数量

承办法官	商标申请驳回复审行政案件[①]（件）	其他商标案件（件）	著作权（件）	专利（件）	不正当竞争（件）	管辖权异议（件）	其他（件）	总计（件）
杨钊	446	47	0	0	1	0	0	494
司品华	415	65	1	29	1	0	5	516
张剑	282	5	3	0	0	0	0	290
张鹏	273	51	7	0	0	0	0	331
侯占恒	162	54	4	28	0	0	1	249
合计	1578	222	15	57	2	0	6	1880

由以上数据可知，速审案件法官团队中司品华法官结案总量最高，达到516件；速审案件法官团队成立之后，审结商标申请驳回复审行政案件最多的法官是杨钊、司品华，均超过400件。

2. 比较分析

为契合速审案件法官团队的审判特点，本部分数据仅分析速审案件法官团队运行之后受理审结的商标申请驳回复审行政纠纷案件。

(1)裁判结果

该部分分析速审案件法官团队审结商标申请驳回复审行政案件的撤裁率情况。

表89　速审案件法官团队2016年审结商标行政案件撤裁率统计

承办法官	撤裁率
杨钊	15.2%
司品华	18.3%
张剑	23.3%
张鹏	18.7%
侯占恒	13.5%

由数据可以看出，速审案件法官团队成立之后，审结商标申请驳回复审行政案件撤裁率最高的是张剑法官。

① 特指自2016年2月25日起受理的商标申请驳回复审行政纠纷案件。

(2)审理时长

该部分分析速审案件法官团队审结商标申请驳回复审行政案件的平均审理时长情况。

表90 速审案件法官团队2016年商标行政案件平均审理时长统计

承办法官	平均审理时长(天)
杨钊	76
司品华	78
张剑	59
张鹏	71
侯占恒	34

由数据可以看出,速审案件法官团队成立之后,审结商标申请驳回复审行政案件平均用时最短的是侯占恒法官,案均仅1个月左右。

就以上数据整体来看,速审案件法官团队无论在结案数量、平均审理时长上都具有突出优势,大大提高了结案效率。

七、职能工作法官团队

2016年北京知识产权法院其他职能工作法官包括许波、陈栋、吴园妹3位法官。

1. 总体分析

职能工作法官团队2016年共审结案件379件,占全院结案总数的4.7%,人均结案126件。详情见表91:

表91 职能工作法官团队2016年审结案件数量

承办法官	商标(件)	著作权(件)	专利(件)	不正当竞争(件)	管辖权异议(件)	其他(件)	总计(件)
吴园妹	106	23	8	0	0	18	155
许波	82	12	14	0	0	5	113
陈栋	84	10	6	2	0	9	111
合计	272	45	28	2	0	32	379

由以上数据可知,职能工作法官团队中吴园妹法官结案总量最高,达到155

件;就整体团队来看,其审结商标案件数量最多,占总结案量的71.8%。

2. 比较分析

(1)裁判结果

由于职能工作法官团队审结商标行政案件数量最多,较具有代表性,故该部分职能工作法官团队审结商标行政案件的撤裁率情况。

表92　职能工作法官团队2016年审结商标行政案件撤裁率统计

承办法官	撤裁率
吴园妹	38.6%
许波	27.0%
陈栋	17.3%

由数据可以看出,2016年审结商标行政案件撤裁率最高的为吴园妹法官。

(2)审理时长

该部分分析职能工作法官团队审结商标行政案件的平均审理时长情况。

表93　职能工作法官团队2016年商标行政案件平均审理时长统计

承办法官	平均审理时长(天)
吴园妹	184
许波	164
陈栋	139

由数据可以看出,2016年审结商标行政案件平均用时最短的是陈栋法官。

02

第二部分

审判业务研究

以教材为基础编写的教辅书的著作权侵权认定

陈锦川*

案例

仁爱研究所诉称：其是《义务教育课程标准实验教科书　英语》教材（七年级下册）的著作权人。武汉出版社出版发行的教辅书《探究在线 高效课堂英语》（七年级下册）完全依据我方的教材编写，复制了我方教材中的课文原句、句型、短语、词汇、知识点、话题、语法、章节目录、Topic（话题）等内容，并在部分地方附加了汉语翻译和注释，构成对我方享有著作权的教材的复制、翻译、改编、汇编，因其未经许可，故严重侵犯了我方的著作权。

法院认为：仁爱研究所主张的被诉教辅书复制并引用其教材中的内容均非著作权法保护的对象，仁爱研究所关于被诉教辅书复制其教材中的重点词汇、短语、课文原句、句型、短语知识点、语法和话题等方面的内容侵犯其对教材享有的文字作品的著作权的主张不能成立。被诉教辅书并未全部或者大部分复制教材课文原文，而只是对教材课文原文少量进行了引用，从整体上来说，教辅书与教材的内容并不相同，在被诉教辅书与上诉人教材的编排顺序和体例相同但内容基本不相同的情况下，不会构成教材汇编作品著作权的侵害。最终判决：驳回仁爱研究所的全部诉讼请求。

评析

判断是否侵犯著作权，一般来说，首先应对涉案作品的类型做出认定，因为不同作品的类型，表达不同，独创性所在不同，其受著作权保护的内容和范围也不同；其次应对被诉侵权物是否使用了享有著作权的作品中具有独创性的表达作出认定，构成侵犯著作权的前提之一在于对他人作品进行了使用，这种使用是指对他人作品中受保护的独创性表达的使用，而非指未受保护部分的使用。本

* 北京知识产权法院党组成员、副院长、法官。

案涉及教材的作品性质及以教材为基础编写的教辅书的著作权侵权认定。①

一、关于教材类作品的性质

本案涉及主要以文字进行表达的教材。文字作品和汇编作品虽可能均以或者主要以文字表现,但二者存在明显的区别。文字作品,是指小说、诗词、散文、论文等以文字形式体现的作品,它是通过对经选择的文字按照一定逻辑关系进行组合和遣词造句来传递具体含义,这种文字的组合能够独立表现思想内容。文字作品的独创性体现在对文字的选择、组合和排列上,对于小说、戏剧等具有情节的文字作品而言,其表达的独创性可能还包括情节设计等。

汇编作品,则是对若干作品、作品的片段或者不构成作品的数据或者其他材料进行选择或者编排而产生的作品,汇编本身不直接产生文字作品,汇编中的作品、作品的片段或者不构成作品的数据或者其他材料在被选择或者编排之前就已客观存在,仅是汇编作品的创作素材,并不构成汇编作品的表达。因此汇编作品的表达应当体现为一种以体系化的方式呈现的作品、作品的片段或者不构成作品的数据或者其他材料的集合,它是汇编者将作品、作品的片段或者不构成作品的数据或者其他材料的集合加以体系化呈现,作用在于以汇编者认为的合理呈现方式,提供汇编者眼中有价值的作品、作品的片段或者不构成作品的数据或者其他材料。汇编作品的独创性体现在对既有的作品、作品的片段或者不构成作品的数据或者其他材料的选择或者编排方面。因此,对汇编作品而言,其既存在基于有独创性的选择或者编排而产生的汇编作品的著作权,也可能存在基于被选择或者编排的既有作品而产生的著作权,二者同样受到保护。

本案中,仁爱教材通过设置不同的单元和话题,将本身相互独立的对话或文章等按照一定的体系进行编排,并辅之以练习题加强对文章中知识点的理解,这种选择和编排体现了对课程的设计与词汇、语法知识点的安排,具有典型的汇编作品的特征,具有独创性,故仁爱教材属于汇编作品。仁爱研究所对该教材享有汇编作品的著作权。同时,该教材所选择或者编排的一些对话或文章等,亦具有独创性,构成文字作品。

---

① 北京市海淀区人民法院(2013)海民初字第6996号民事判决书、(2015)京知民终第1195号民事判决书。

二、关于教辅图书是否侵犯了仁爱研究所对其教材中的文字作品的著作权

就仁爱教材的内容而言，仁爱研究所主张被诉教辅书复制并引用了其教材中的重点词汇、短语、课文原句、句型、短语知识点、语法和话题方面的内容。但是，单个词汇本身是英语基本元素，不具有独创性；教材中的短语、课文原句、句型、短语知识点均系英语中的常用表达，或者为公有领域内的素材，不具有独创性；语法及相关知识点均是英语的语言规则或抽象出的要点，不受著作权法保护；话题均属于思想的范畴，不属于著作权法保护的表达。因此，仁爱研究所主张的被诉教辅书复制并引用其教材中的内容均非著作权法保护的对象。仁爱研究所关于被诉教辅书复制其教材中的重点词汇、短语、课文原句、句型、短语知识点、语法和话题等方面的内容、侵犯其对教材享有的复制权的主张不能成立。

改编是一种在他人作品的基础上、利用了他人作品的表达的行为，翻译是将作品从一种语言文字转换成另一种语言文字的行为，注释行为是作者使用作品并对作品进行注释。而如上所述，仁爱教材与被诉教辅书的上述具体相同内容并非受著作权法保护的表达，不存在教辅书利用了仁爱研究所教材中的作品的事实，因此，被诉教辅书并非系对仁爱教材中作品的改编和翻译。故仁爱研究所关于被诉教辅书翻译、改编其教材、侵犯其对教材享有的翻译权、改编权的主张不能成立。

根据《著作权法》第10条第1款第(16)项的规定，著作权人对其作品享有的汇编权是"将作品或者作品的片段通过选择或者编排，汇集成新作品的权利。"故受汇编权所控制的行为应当符合以下条件：一是所汇集的是具有独创性的表达；二是通过选择或者编排，汇集的结果是产生了新作品。另外，对作品或者作品的片段的汇集没有对作品或者作品的片段的内容或者表现形式做出改变。根据上述汇编权所控制的行为以及汇编的形式，事实上对汇编权所控制的行为通过复制权、发行权等其他的著作权内容也可以进行调整。但鉴于著作权法专门规定了汇编权，故对上述行为的规范可依汇编权进行，不再适用复制权等其他权利。根据著作权法的上述规定，使用著作权人具有独创性的表达是构成侵犯汇编权的前提之一。但本案中，被诉教辅书并没有使用仁爱教材中的具有独创性的表达，故仁爱研究所关于被诉教辅书对其教材进行汇编、侵犯其对教材享有的汇编权的主张不能成立。

三、关于教辅图书的出版是否侵犯了仁爱研究所对其教材中的汇编作品的著作权

汇编作品是一种以体系化的方式呈现的作品、作品的片段或者不构成作品的数据或者其他材料的集合,其独创性体现在对既有的作品、作品的片段或者不构成作品的数据或者其他材料的选择或者编排方面。对汇编作品的表达和独创性的判断要将选择或者编排方法和所采用的内容结合起来进行,即要评价汇编者是如何将具体的内容通过一定的选择和编排汇集起来并予以呈现的。因此,受保护的汇编作品必须是经选择或者编排的内容的集合,其受保护的是结合了内容的选择或者编排。

本案中,被诉教辅书使用了仁爱教材的编排顺序和体例,但仅此使用不构成对教材汇编作品著作权的侵害。如上所述,汇编作品的独创性体现在对所采用的内容的选择或者编排方面,只有在既使用了汇编者采用的选择或者编排方法又使用了汇编者选择或者编排的内容才能构成对汇编作品著作权的侵害。著作权只延及表达,不保护思想。反映了汇编者选择或者编排方法的教材的编排顺序和体例并不是著作权法所保护的表达,而只是一种思想。故被诉教辅书仅仅使用了仁爱教材的编排顺序和体例不构成对教材汇编作品著作权的侵害。

被诉教辅书并未全部或者大部分复制教材课文原文,而只是对教材课文原文少量进行了引用,且目的均为对课文原句进行翻译和解释,或作为练习题的一部分,即被诉教辅书的内容并非主要是涉案教材用来选择和编排的内容,被诉教辅书与教材内容相同的比例很小,尤其是考虑到基于教辅书的性质,其必然要适当引用教材的内容的因素,从整体上来说,教辅书与教材的内容并不相同。因此,在被诉教辅书与仁爱研究所教材的编排顺序和体例相同但内容基本不相同的情况下,不会构成教材汇编作品著作权的侵害。

《涉国际竞争知识产权保护问题》课题研究要报*

最高人民法院审判理论重大课题组

课题研究概况

涉国际竞争知识产权司法保护问题本身是一个崭新的话题，相关的研究成果及成功经验极少，以往的研究大多从国际条约文本的角度，探讨国内立法的可行性，很少关注通过司法途径，特别是通过研究司法个案裁判的方式来解决国际竞争中的知识产权问题。本课题研究将知识产权司法保护如何维护国家利益、增强国家竞争力作为总体问题，并将研究对象确定为涉国际竞争知识产权案件的司法政策和审判思路。总体框架设计上包括以下子课题：涉国际竞争知识产权案件司法政策研究、知识产权诉讼中的域外管辖权制度研究、国内外关联性知识产权诉讼研究、平行进口法律问题研究、定牌加工商标侵权判定研究、传统文化的司法保护问题研究。

涉国际竞争知识产权案件司法政策研究与其他五个子课题之间是总论与分述的关系。涉国际竞争知识产权案件司法政策研究概括性研究涉及国际竞争的知识产权司法政策的精神理念、政策目标与政策要求，概括提出人民法院要增强国家利益意识，强化国家利益思维，要根据我国国情、内外利益衡量和案件特点大胆探索、勇于裁判，推动国际知识产权裁判规则的形成，提升国家知识产权司法公信力。其余五个子课题围绕前述司法政策逐一展开。其中，子课题二围绕个案分析，研究在我国现有诉讼制度下，知识产权保护特别是反垄断案件、不正当竞争案件中域外管辖原则的可适用性问题，研究如何在国际知识产权诉讼中

---

* 本课题为2015年度最高人民法院审判理论重大课题，由原北京知识产权法院宿迟院长担任课题主持人。主要参加者包括：中国社会科学院法学研究所李明德教授，北京知识产权法院审判第二庭庭长张晓津，法官李燕蓉、穆颖、刘义军、陈栋，法官助理刘仁婧、刘用印，科技部知识产权中心宋建宝。

运用域外管辖原则维护我国的司法主权和国家利益;子课题三通过梳理国内外关联性知识产权诉讼典型案例,了解各国对于相关知识产权问题的不同政策,借鉴其先进做法,结合我国国情,研究探索适合我国国情的裁判规则;子课题四研究平行进口问题,主要通过考察世界主要国家的平行进口法律,研究我国现有相关判决,考察我国产业政策,并在此基础上就平行进口法律问题提出符合我国国家利益的司法裁判规则;子课题五在梳理定牌加工司法认定的历史沿革以及对近五年来有关定牌加工司法判决进行统计分析的基础上,为我国司法机关准确处理此类案件提供符合国情实际的参考思路;子课题六研究如何运用知识产权更好地保护我国传统文化,希望通过借鉴世界主要国家对传统文化的知识产权保护经验,同时梳理运用知识产权保护我国传统文化的观点、案例等,以维护国家利益为最高目标,综合考虑国家法律政策的导向、历史背景和权利现状等,就我国传统文化的司法保护问题尽可能提出明确的裁判原则和规则。

本课题的最大特色和创新点在于:第一,研究内容系统,研究主题明确。从司法政策的一般理论,到专门的司法政策,从宏观的司法政策精神到具体案件的政策考量因素,从知识产权诉讼管辖案件,到平行进口案件,从涉专利类案件、涉商标问题研究,到涉著作权案件、涉竞争案件等,开展知识产权司法保护全景式的系统研究。第二,研究角度新颖,突出时代主题。从法治原则为出发点,研究"法治中国"背景下司法政策的一般理论及司法政策工作的体制机制,这是现有文献中未曾触及的。以"创新驱动发展战略"为导向,从技术创新、产业发展角度研究涉及国际竞争的知识司法政策,考虑不同产业的技术创新特点,研究在不同类型案件中落实专利司法政策的考量因素,将一般化的法律规则和宏观层面的司法政策通过司法审判运用到不同的产业和不同类型的案件中,这是现有研究成果中未见记载的。另外,从"法治中国"和"创新驱动发展"两大时代主题出发,探讨司法机关如何通过司法审判能动地服务国家发展大局,积极落实"创新驱动发展"战略,也具有鲜明的时代特征和强烈的现实意义。第三,研究思维方式务实,研究方法全面。就研究思维方式而言,采用了综合问题导向和战略导向。本研究综合运用法释义学、比较法、案例研究、走访座谈、实地调研等各种方法进行研究,同时借鉴政策学中的政策工具分析方法,完成本课题的研究任务。

通过深入的调研、分析,课题组确立的主要观点是,审理涉及国际竞争知识产权案件,必须立足于国内国际两个大局认识和处理知识产权纠纷,既要保障对外开放和优化投资环境,遵循相关国际公约及国际惯例,又要激励和促进我国自主创新能力,始终维护国家利益和经济安全。审理涉及国际竞争知识产权案件,要准确把握法律精神和司法政策。通过审理涉及国际竞争知识产权案件,真正促进国家科技进步和产业技术创新,从而提高我国的国际竞争力。涉及国际竞争知识产权案件往往具有很强的国际敏感性和社会关注度,审理涉及国际竞争知识产权案件,要平衡好经济全球化与国家利益、经济一体化与国家主权独立的关系,切实提高国内裁判的国际影响、国际认同,努力使中国在国际规则制定中发出更多声音、注入更多中国元素,积极维护中国负责任大国的国际形象。

通过本课题对相关问题的研究,积极回应了司法实践中出现的问题,即在确立维护国家利益的司法政策学,尤其是在"法治中国"的大原则下,司法机关如何通过司法政策及时、能动地回应现实需求,服务国家发展大局,如何通过对不同类型的知识产权案件的审理具体落实当代知识产权司法政策的精神理念、政策目标和政策要求,具有较高的学术价值,而由于本研究立足企业最关注的问题及司法实践中的难点,所确立的相关原则,如涉国际竞争案件的司法管辖权原则、知识产权证据开示制度的探索、司法定价权的行使、平行进口侵权问题的司法规则、定牌加工的侵权判定原则、传统文化传承收益权的尝试等,都将对司法起到积极推动作用。

由于本课题最终研究成果内容较多,为方便读者阅读,以下摘取本课题研究的主要子课题要报,供研究讨论。

涉外知识产权诉讼中的域外管辖问题研究 成果要报

刘义军*

一、现阶段我国涉外知识产权保护的特点

尽管知识产权地域性管辖原则仍在知识产权案件的管辖中占据主导地位,但严格的地域性管辖原则已经不能适应时代和技术发展的要求,对其进行合理淡化和突破已是大势所趋。我国加入 WTO 十余年来,经济全球化、一体化的进程加快,我国正处于由知识产权输入型国家向创新型国家过渡的关键阶段。该阶段的知识产权保护具有如下特点:一方面,我国知识产权保护水平不断提高,但与发达国家相比,我国知识产权保护总体水平仍然不高,我国公民、法人在涉外知识产权纠纷中总体上处于弱势(被告)地位。另一方面,随着我国经济的迅速发展,我国的知识产品也开始打入国际市场,特别是广大发展中国家的市场。这意味着,我国要更好地维护本国的利益,就应当在特定情形下对知识产权的严格地域性管辖原则进行合理淡化和突破。否则,不仅不符合国际潮流,也不利于真正保护我国当事人的利益,使我国当事人不能分享到依照较高保护水平的国家法律所赋予的利益,不利于知识产权领域的国际司法合作关系和新国际秩序的建立。因此,借鉴欧美发达国家的司法实践经验,适应新的国际形势要求,尽快构建适合我国国情的涉外知识产权管辖法律制度是十分迫切和完全必要的。

二、我国法院依法对涉外纠纷积极实施管辖的意义

如果我国法院的管辖范围弱于西方国家,我国企业在国际竞争中的竞争力必然会受到制约。因此,我国不仅应当通过积极立法完善我国涉外知识产权案件管辖权的规定,还应当在司法实践层面遵循法律基本原则和精神进行大胆探索并有所突破。如华为诉美国交互数字公司要求认定其中国基本专利费率的案

---

* 北京知识产权法院法官。

件,是我国法院通过积极管辖保护我国产业利益的重要实践。事实上,以专利权为例,国外权利人的中国知识产权是否有效、价值如何、基于这些中国专利的收费诉求是否合理,往往会被外国法院所忽略,即使外国法院予以了关注,也没有能力基于中国法做出合理的判断,真正能够判断这些中国专利合理许可费的法院是我国法院。特别地,在当前行业实践中,西方公司往往以合同约定适用法和争议解决途径的方式排除我国法院的管辖,以获得其在我国法下本不应获得的利益。因此,我国法院从增强我国的国际竞争力、积极维护我国权利人的利益出发,应当积极借鉴欧美发达国家突破知识产权地域性管辖规则的限制,如通过最低限度联系原则和连带原则的有益尝试,增强法官的法律推理和自由裁量能力,运用富有创造性并具有说服力的司法解释来弥补立法的漏洞和立法滞后的局限。让司法真正成为我国涉外知识产权管辖权实践的先锋。

当然,构建适合我国国情的涉外知识产权管辖法律制度,不能照抄照搬西方发达国家的相关法律制度,还应当统筹考虑我国的经济、科技及文化发展水平,在继续奉行知识产权地域管辖原则的基础上进行有序、渐进的突破。同时还应保证履行我国所参加的国际公约或组织的义务,不违反相关国际公约的规定;考量我国法院行使管辖权要起到对侵权行为的惩戒作用;考量我国法院行使管辖权后作出的判决结果能否被外国承认和执行;考量突破地域性管辖原则的目的必须是有利于提高我国企业在国际竞争中的竞争力,有利于创新型国家的建设。

三、突破我国涉外知识产权地域性管辖的司法管辖规则

本文尝试提出我国法院在审理涉外知识产权案件时,突破知识产权地域性的如下司法管辖规则:

(一)侵害本国知识产权的情形

明确在当事人没有协议选择管辖法院的情形下,由被告住所地或经常居住地法院管辖。在知识产权诉讼案件中,多数情况下,侵权行为地也就是被告住所地或经常居住地,这两者经常是重叠的。如果被告住所地或者经常居住地不易确定或无法确定时,则由被请求保护地法院管辖。这样的条款设置不仅有利于我国公民、法人作为被告时的利益保护,也有利于在外国公民、法人作为被告时,行使案件管辖权的所在国法院作出的判决能够获得顺利执行。

此外,网络知识产权侵权案件与普通知识产权侵权案件相比,既具有共性也

具有特性。互联网的特性决定了法院在考虑管辖权问题上应充分考虑网络的特点,但也要注意到网络只是一种技术手段,法院在确定是否对其行使管辖权时要充分尊重既有的审判实践,尽量保持一致。目前,美国和欧盟的司法实践均未脱离传统的涉外知识产权侵权管辖权理论,但法院越来越倾向于寻找案件相关行为与法院地国是否存在具体联系,使争议案件的个案正义能在很大程度上得到实现。

与普通涉外知识产权案件的管辖权问题相比较,涉外网络知识产权案件在实践中更容易产生管辖权的积极冲突,而最终解决办法只有各国之间加强合作,通过订立国际公约,或根据逐渐形成的国际惯例进行调整。就国内法院的审判实践而言,法院在审理涉外网络知识产权案件时,因侵权行为结果发生地具有网络中的发散性,故通常不应先行考虑,而应当优先考虑侵权行为实施地法院的管辖权。在具体考虑侵权行为实施地时,可以考察如下因素:侵权计算机终端所在地,网址类型是主动性、被动性或互动性,法院地是否和侵权行为实施地是否具有实质联系等。此外,鉴于网络环境中被告的身份及所在地都是难以确认的,而且网络用户应该知晓自己的行为结果会在世界范围内发生,但其往往不能准确地预见到其活动直接或间接延伸到的具体区域。故"原告就被告原则"在网络环境中适用不利于纠纷的解决可以考虑引入原告住所地法院管辖的原则。这一原则的适用,不仅便于权利人维权,有利于节约诉讼成本,而且有利于将来判决的承认和执行。

(二)"侵害"外国知识产权的情形

"侵害"外国知识产权是指侵权行为地或结果发生地位于我国境外的情形。侵害外国知识产权案件主要可以分为如下两类:

1. 我国当事人侵害外国知识产权案件的管辖

例如,中国原告在我国法院起诉中国被告在美国实施侵害其知识产权的行为,英国原告在我国法院起诉中国被告在英国实施侵害其知识产权的行为。这类案件由于原被告双方或被告一方系我国公民、法人或其他组织,但侵权行为实施地或损害结果发生地位于国外,如果严格按照知识产权的地域性特点来说,我国法院本应当拒绝行使管辖权,但由于此类案件中双方当事人或被告一方包括我国公民、法人或其他组织,如双方的住所地或经营场所均在我国境内,我国法院可以对发生与境外的侵权行为行使管辖权,这有利于减少当事人的诉累,同时有利于判决的承认与执行。

2. 外国当事人"侵害"外国知识产权案件的管辖

该类型主要可区分为如下两种情形:(1)中国原告在我国法院起诉A被告在A国或B国实施侵害其知识产权的行为;(2)中国原告在我国法院起诉B国被告实施侵害其在我国和B国的知识产权。

第一种情形,如果按照知识产权的地域性管辖原则,由于该类案件侵犯的是外国知识产权,我国法院原则上应当拒绝管辖,但是根据最高人民法院《关于适用〈中华人民共和国民事诉讼法〉的解释》第532条的规定,如果案件涉及我国国家、公民、法人或其他组织的利益,我国法院可以在特定情况下行使管辖权。该类案件还涉及我国法院行使管辖权后,应当适用哪国法的问题,如果适用外国法还涉及外国法的查明以及作出的判决的承认与执行问题。

第二种情形,针对B国被告在我国实施侵害我国知识产权的行为,我国法院当然具有管辖权。特定情形下,我国法院对B国被告在B国实施的侵权行为亦有权行使管辖权,但要求此种侵权行为与我国具有某种联系,如可适度借鉴美国法院的"最低限度联系原则"和"连带原则"来建立"在美国未经许可实施我国知识产权的行为"与我国的联系。只要在B国发生的"侵害"我国知识产权的行为和发生在我国的侵权行为具有较为紧密的联系,或在B国发生的"侵害"我国知识产权的行为与我国法院管辖的案件具有连带关系,并对我国的利益产生影响,我国法院有权对分别发生在我国和B国的侵权行为一并行使管辖权。

当然,借鉴美国法院做法,这种管辖权行使的前提是,我国法院对发生于境内外的侵权行为一并进行审理比分别审理更方便,更能避免出现不同国家之间相互冲突的判决结果,并且要符合正当程序的要求。

四、"平行诉讼"及"不方便法院原则"的司法适用

由于知识产权主体、客体及相关内容的复杂性,加之各国为维护本国国家及权利人的利益,在突破知识产权的地域性管辖原则扩张本国法院管辖权的同时,常常会出现同一争议多个国家或地区的法院均具有管辖权的情形,从而形成管辖权的积极冲突,同时也给当事人挑选法院提供了可乘之机,这就涉及"平行诉讼"及"不方便法院原则"的司法适用问题。

(一)"平行诉讼"的司法适用

由于各国都奉行国家主权原则,而对民事诉讼行使司法管辖权,是国家主权

在民事诉讼领域的体现,因此在国际民事诉讼中,平行诉讼是存在的,也是允许的。我国司法实践不排除平行诉讼。对同一案件,只要根据我国法律或者我国参加的国际条约规定,我国法院有管辖权,则不问该案是否在其他国家或者地区起诉,或者该案是否已由其他国家或者地区审理,或者其他国家或者地区是否已对该案作出判决,均不影响我国法院对该案的管辖。

(二)“不方便法院原则”的司法适用

除上述平行诉讼的情形外,在涉及多个国家均有管辖权的涉外知识产权纠纷中,还常涉及“不方便法院原则”的问题。在涉外知识产权案件的审理中,特别是针对本国当事人侵害外国知识产权案件以及外国当事人侵害外国知识产权案件的管辖问题,我国法院虽可以在特定情况下对案件行使管辖权,但在其他国家法院亦对该案件具有管辖权的情况下,管辖权的积极冲突几乎是不可避免的。因此,根据我国相关法律规定并总结审判实践经验,在存在平行诉讼的情况下,如果案件涉及我国国家、公民、法人或其他组织的利益,我国法院根据案件情况,可以在特定情况下行使管辖权,无论外国法院受理该案件的时间是否先于我国法院受理案件的时间。当然,该类案件还涉及我国法院行使管辖权后,应当适用哪国法的问题,如果适用外国法还涉及外国法的查明以及作出的判决的承认与执行问题。但无论何种情形,只要我国法院作出判决在先,我国法院均可以拒绝受理外国法院申请或当事人关于请求我国法院承认和执行外国法院裁判的申请。

在涉及多个国家均对某一涉外知识产权案件具有管辖权的情形下,当事人作为自身利益的最佳判断者,往往综合权衡各种因素而选择对自己最有利的国家法院进行管辖,这本无可厚非,但有些纠纷在当事人选择我国法院管辖时,我国法院依据我国法律相关规定虽具有管辖权,但如在相关案件审理上存在较大困难,无论是涉外送达、调查取证、证据保全、开庭审理、法律适用及判决承认与执行等方面都有诸多不便,我国法院可运用不方便法院原则拒绝行使管辖权,这不仅有利于案件的公正、高效审理,也有利于维护我国司法的权威性,同时赢得其他国家对我国司法的尊重。

国内外关联性知识产权诉讼研究成果要报

穆 颖*

一、现阶段我国知识产权保护的特点

随着我国经济的不断发展,中国已经成为世界经济不可分割的一部分。从"中国制造"到"中国创造"的转变,让中国成为全球非常独特的经济区域。而在各个行业中,中国企业也越来越崭露头角,参与到全球竞争中。在此过程中,很多中国企业在国内和海外都经历了部分知识产权诉讼。这些诉讼反映出我国知识产权诉讼制度和司法审判工作与其他国家和地区的共性与差异。而知识产权司法保护与经济活动的互动关系,也在此类诉讼中日益凸显。

从参与国际竞争的中国企业来说,其在各国或地区都有可能遭遇知识产权诉讼,受到不同国家及法域的质疑,也同时受到各国各法域的保护。按照较为普遍的实践经验,在某些纠纷可以选择在不同国家寻求救济的情况下,考虑到各国均有保护本国产业发展的有利政策,各企业大多首选在本国寻求司法救济,以期待在本国得到最有利的保护。

然而,通过收集案例资料以及调研走访,我们发现,部分企业的诉讼实践经历反映出其在国内经历的知识产权诉讼并未获得其期待的本国较强有力保护,这也构成了本子课题研究的重点问题和主要内容。我们发现,通过关联诉讼的比较我国的知识产权司法保护与其他国家和地区相比确实存在一定的差异,暴露出我们国家在知识产权审判领域的一些问题,值得中国司法机关深入分析和研究,从而提高司法保护的水平和能力。表现最为突出的为以下三方面的问题:一是与证据相关的问题;二是与损害赔偿相关的问题;三是禁令问题。

(一)知识产权诉讼中的证据问题

面对知识产权诉讼中,首先,存在证据收集不力的情况,本课题分析其主要

---

* 北京知识产权法院法官。

原因为立法中证据收集制度不足和司法实践中对证据收集制度的执行不力,本课题运用比较法的分析方法,得出如下对策:

1. 借鉴英美证据开示制度,拓展我国民事诉讼证据收集渠道,扩大证据挖掘范围,解决目前我国民事诉讼中证据保全制度的不力局面,突破保全、调查举证制度的局限;

2. 在知识产权民事诉讼中首先开展证据开示制度的探索,具有可行性;

3. 开展证据开示制度要在我国现行法律规定的框架下,有限度、有选择地制定适合我国法制环境、诉讼制度的具体措施;

4. 开展证据开示制度,能够缩小我国和其他国家地区在证据制度上的差距,提高我国法院的证据收集能力、查明事实能力,为在我国诉讼的当事人减轻举证压力。进一步地,在国际竞争中,才能够为本国企业,更长远的讲,为所有在中国寻求知识产权司法保护的企业提供更有利的救济,使我国的司法保护水平能够跟得上我国企业在国际竞争中日益重要的地位。

其次,法官在证据认定中的普遍问题,即对于证据真实性认定标准过高的问题经分析,导致标准过高的原因主要为伪证和虚假陈述等不诚信举证的问题,导致法官在客观上提高证据认定标准,据此提出对策:

1. 要充分运用对伪证、虚假陈述的制裁措施,严厉制裁上述现象;

2. 与此同时,对证据标准的要求、对证据真实性的认定,应当结合常识、并且不负与当事人额外的证明自己所提证据真实的义务。

(二)知识产权诉讼中的赔偿问题

赔偿数额低是目前理论界、实践中反应很强烈的问题。而赔偿数额过低,在国际竞争领域,也严重影响了我国知识产权司法保护的国际形象。同一件知识产权,在不同国家或地区,获得差额巨大的损害赔偿,那么,确实使我国在司法保护这一层面上缺少对创新的保护力度,影响我国在国际上的创新能力,更有可能引发本国企业在面对寻求不同国家司法保护时,无法在本国获得最有利保护,反而要到其他国家寻求救济的情况,影响我国企业的国际竞争力。知识产权赔偿额实际上反映了一个国家保护的知识产权的价值。这不仅影响对单个企业的救济问题,还可能影响国际上对中国的一件专利、商标、著作权到底价值多少、含金量如何的判断,直接影响对我国创新能力的判断。

实际上各国的立法原则没有太大的差异,尤其是对法定赔偿的规定较为普遍和趋同。那么,更多的制约损害赔偿的因素,还是在司法实践层面对损害赔偿的数额确定的方法、理念问题。对此,本课题提出的对策:

1. 转变理念,从市场的角度界定知识产权的价值,通过裁判确立知识产权市场价值的司法定价权;

2. 确定科学的市场的损害赔偿计算方法,可以尝试借鉴先进的评估手段;

3. 以国际竞争为背景,行使知识产权国际市场价值的司法定价权,参与国际定价规则的制定;

4. 借鉴其他国家和地区的先进做法,积极使用惩罚性赔偿,尝试精神损害赔偿;

5. 大力支持合理支出,降低知识产权的维权成本,加大知识产权的侵权成本,也是提高知识产权价值的重要路径。

(三)知识产权诉讼中的禁令问题

与获得损害赔偿这一救济方式相比,禁令救济在知识产权诉讼中具有更为重要的作用。

一方面,考虑到知识产权案件中,获取赔偿虽然是实现权利价值的最直观途径,但是其实在更多的案件中,制止侵权才是权利人最关心的救济方式。因为知识产权往往和技术、市场息息相关,知识产权作为一项法定的垄断性权利,其价值不仅仅体现在对技术革新、品牌建立、丰富文化的贡献,从经济学的角度来讲,知识产权可以成为权利人在某领域占领市场的有利工具,其更有可能是一种资本。在不违反竞争、垄断等相关法律的前提下,知识产权权利人有权根据自己所获得的垄断性知识产权开拓市场,占领市场,获得市场的回报。对于理性的市场主体、理性的投资人而言,市场的占有率的重要性远远胜于在针对单个侵权人的诉讼中获得部分经济赔偿,即使当权利保护力度足够时,这种赔偿金额有可能也是非常可观的。当然,我们也不得不考虑到,尽管我们在为加大保护力度做各种努力和尝试,目前我国对于知识产权损害赔偿数额的确定还处于并不高,甚至是过低的状况。在这种环境下,禁止他人使用自己的知识产权的权利行使方式,对将知识产权作为市场竞争工具的市场主体来说,显得更为重要。

另一方面,从国际竞争的角度出发。对从事海外业务,进行跨国经营的企业来说,能否打入其他国家的市场,对其能否在该国家或地区开展业务至关重要。而一旦其产品被确定为侵犯知识产权,则产品无法在该国销售,其为拓展市场所作的所有前期投入都将付诸东流。对于其他想要进入我国市场的国外企业来说,一旦我国对于知识产权禁令的适用不利,则将导致其他国家可以较为轻易地进入我国市场,但我国企业在进入他国市场时就会受到强有力的阻碍。如果上述情况普遍而持久,势必影响我国企业在国际上的竞争力。因此,我国知识产权司法机关应当采取与其他参与国际竞争的国家或地区力度相当的禁令措施,才能使得我国企业在参与全球竞争中,至少不因此处于劣势。我国目前的禁令制度在司法适用中较少,导致禁令申请案件少、支持率低的原因是多方面的,其中最重要的原因在于司法机关在颁发临时禁令,即作出行为保全裁定时对法律适用要件的把握标准问题。如果颁布禁令的要求过高、标准过严,则势必影响禁令发布的比例和数量,但是如果要求过低,则可能造成禁令被滥用。本子课题提出的对策为:

1. 禁令是对权利人进行救济的重要途径,但目前这一救济手段并未发挥其应有的作用,相较其他国家和地区,我国的禁令措施不够积极有力,使权利人甚至是本国企业在我国得到的救济不足;

2. 司法机关在对禁令申请进行审查时,不宜采取“一刀切”的标准,应当结合具体案件进行灵活把握和判断。对于确实符合发布禁令条件的申请,应当及时发布禁令。

二、子课题的价值、贡献和指导意义

涉及国际竞争的知识产权案件往往具有很强的国际敏感性和社会关注度,作为司法机关,必须立足于国际国内两个大局认识和处理知识产权纠纷。本子课题以维护国家利益,增强国家竞争力为价值导向,立足涉国际竞争知识产权审判实践的需要,通过同类型不同地域的知识产权诉讼情况,对我国的知识产权司法审判与其他国家和地区相比暴露出的重点问题进行研究,提出提高我国法院司法保护水平的对策和办法。子课题从司法层面给出了非常具体的建议和对策,可操作性较强,有利于成果转化。

平行进口司法适用规则研究
成果要报

陈 栋*

平行进口问题越来越成为司法机关需要面对和重视的法律问题。本子课题以国内现有立法为基础,研究平行进口司法裁判规则,主要涉及商标、专利、著作权以及相关不正当竞争领域。三个领域的问题存在共性,但由于法定权利在权利产生、性质、内容、侵权行为、裁判考虑因素等方面存在相当区别,且国内立法在三个领域亦不相同,故得出的司法裁判规则亦也有所区别。另外,平行进口问题涉及权利平衡、市场秩序、贸易政策、国家战略等问题,同时平行进口行为本身也涉及众多因素和细节,可能影响侵权判定,故平行进口行为合法性不宜"一刀切",而要结合众多因素和情形进行具体分析。

一、商标领域平行进口问题

商标平行进口是指未取得国内商标权利人的授权,擅自进口、进口并销售标注有该商标标识的真品的行为。其特点在于:一是未取得国内商标权利人的授权或许可;二是进口的商品是真品;三是该商品在国外具有合法来源且符合进口国的进口相关规定;四是平行进口仅指商品进口而不包括服务购买。

(一)国内立法及司法实践

《巴黎公约》没有关于平行进口问题的规定,TRIPs也将该问题留待各国自行解决,我国商标法也没有对商标平行进口问题进行明确规定。司法实践中,法院不能以缺乏明确法律规定为由而拒绝裁判,近年来出现了一些关于商标平行进口的案例,这些案例具有以下特点:一是缺乏成文法规定依据和取得共识的法学理论支持;二是国内法院已经开始探索和适用平行进口考虑的各种因素,并区分情况进行裁判。

---

* 北京知识产权法院法官。

(二)司法适用考虑因素

经过研究国内外典型案例和部分成文法规分析,笔者认为在商标平行进口司法适用过程中主要考虑以下因素:

1. 商品来源及相关因素。商标的核心功能之一是区分商品来源,以实现对商品质量等属性的保证。(1)同一来源。如果平行进口商品和授权进口商品或进口国内销商品来自同一制造商,一般可以保证商品质量一致,且消费者不会产生商品来源的混淆,应当允许平行进口。(2)关联来源。如果不同的制造商均受同一权利人授权,对商品质量有统一的控制,且市场对此产生信赖时,同一商标权利人授权的多家制造商可以视为同一来源,消费者不会产生混淆。(3)例外情况:①产品质量差异。在同一商标下,产品质量的差异往往会损害商标权利人的声誉,可能会造成消费者的误认误购。②售后服务因素。售后服务可能因为经销商、制造商等因素存在差异时,如果平行进口的商品上未标注相关提示,或没有以其他方式使最终消费者获取这种信息,就会造成事实上的商品来源的混淆。③商标本身的价值因素。同一制造商的商品,在不同国家由于经营情况不同,商标附加值区分明显,应当禁止可能损害经销商或商标权人在进口国建立起的商誉的平行进口。④进口国强制性规定。引导禁止违反进口国强制规定的平行进口。⑤国内权利人投资保护因素。应当禁止可能损害国内权利人经营产生独立的商誉和进口国制造商平行进口。

2. 销售行为。进口商作为最终用户时,一般允许平行进口。进口并销售时,应当考虑销售手段,包括:①必要的标注;②重新包装问题;③重贴标识问题;④广告方式问题;⑤改换商标问题。

(三)司法裁判规则建议

根据如上分析,建议根据具体案件情况,采用如下司法裁判规则:

同时满足以下条件的商标平行进口行为,一般不视为构成侵权或不正当竞争:一是国内外商标权利人为同一人或具有关联关系,或产品实际来源于同一制造商;二是尽必要的提示义务,足以使产品购买者知悉该产品为平行进口产品。

平行进口商为进口产品的直接最终用户,即不存在进口后销售行为时,或产品在国内首次销售后出口并再次进口的,该进口行为不构成侵犯商标专用权或基于注册商标的不正当竞争。

存在下列几种情形的,则该平行进口行为可能根据具体情况构成侵权或不正当竞争违法：一是进口产品与国内产品存在质量明显区分，且没有足够提示的，造成消费者误购或对国内商标相关权利人造成损失的；二是进口产品不符合国内关于产品质量或安全等强制性规定；三是进口商擅自重新包装产品、重新贴附商标、采取不当营销手段可能损害国内商标权利人的利益的，或明显不当利用国内商标权利人的独有商誉的，或用虚假宣传等非法方式获取相对于授权进口产品或国内制造产品有竞争优势的；四是未尽必要的提示义务，平行进口产品的购买者可能将该进口产品视为国内首次销售产品的。

关于更换商标的情形。如果产品进口后，将商标更换为商标权利人在国内使用的商标并投入市场，且该产品与授权进口产品或国内销售产品不存在实质差别的，应当允许。

关于广告方式的因素。在产品进口后的销售过程中，不得在明显降低产品形象的广告宣传方式中使用涉案商标。

二、著作权领域平行进口问题

著作权平行进口是指未取得进口国国内著作权人的授权或许可，擅自进口、进口并销售、进口并出租该著作权人授权发行的作品或制品的行为。著作权平行进口相对于其他领域平行进口的特点有：一是著作权即时取得并自动保护，无须登记或授权，而且绝大多数国家自动获得著作权保护，因此著作权平行进口的权利人不限于进口国的权利人；二是著作权地域性特点不同于商标权和专利权，在著作权许可或转让活动中，一般要求当事人明确地域范围，这与权利行使的范围直接相关；三是著作权包含多种权利类型和内容，不同的作品或制品对应的权利类型和内容也存在较大差异，一般而言，针对著作权产品平行进口问题，除了著作人身权外，主要涉及发行权和出租权；四是著作权平行进口行为形式包括进口、进口并销售、进口并出租三种类型。

（一）国内立法和司法实践

我国著作权法及相关司法解释、部门规章没有对著作权平行进口问题进行明确规定或解释。从 1992 年国务院发布《实施国际著作权条约的规定》第 15 条、2004 年 5 月 5 日文化部发出的《关于加强和改进音像制品进口管理的通知》和 2011 年 4 月 6 日国家新闻出版总署、海关总署联合发布的《音像制品进口管理办法》（新闻出版总署、海关总署令第 53 号）等行政机关的规定可以看出，我国行政机关明确对音像制品平行进口采取禁止的态度。

（二）国外实践和考虑因素

与著作权相关的国际公约并未统一规定著作权平行进口的态度。《世界知识产权组织版权条约》《世界知识产权组织表演和录音制品条约》明确提出了各缔约方要加大对发行权的保护，故大部分国家规定了著作权进口权。

笔者从国外典型案例和成文法规定总结出以下考虑因素：

1. 利益平衡因素。著作权制度本身是要在保护创造者权利、鼓励创新、促进作品承载的智慧成果的传播之间进行平衡，具体包括著作权人、消费者、出版发行机构、贸易销售商等参与者，还有社会公共利益、政府监管等方面。

2. 主体因素。如果平行进口商是著作权商品的直接最终用户，应当允许。

3. 权利内容因素。关于著作人身权利，仅限于署名权、修改权和保护作品完整权。关于著作财产权利：发行权涉及作品或制品物质载体的移转，与物质载体的所有权直接相关。我国的发行权属于狭义的发行权，广义的发行权还包括我国著作权法规定的出租权等权利。著作权人可以通过发行权控制一份载体的商业流通规模以确保获得相应的回报，但也必须保护著作权人也通过出租方式获得相应的回报，否则会极大损害著作权人的利益。

4. 行为因素。行为要素考虑的因素包括：一是必要的信息披露；二是禁止改变平行进口的著作权作品；三是禁止不当利用国内授权代理商的资源进行销售；四是禁止商业诋毁等任何不正当竞争行为。

（三）司法裁判规则建议

我国学界就著作权的平行进口存在三种不同的观点：完全允许平行进口，完全禁止平行进口和提倡有限制的允许平行进口。笔者认为，为了保证贸易的自由进行，原则上允许平行进口，但对其中的特定行为进行相应的法律规制，建议采用如下司法适用规则：

一般情况下，著作权平行进口应当允许。尤其是平行进口商为进口商品的直接最终用户的，或商品在国内首次销售后出口，然后再次进口的，进口行为应当允许。

但以下情形应当禁止并应当承担相应的民事责任：一是侵犯权利人的著作人身权的；二是进口商品不符合国内强制性规定的；三是进口商采取不当竞争手段可能损害国内商标权利人的利益的，或明显不当利用国内授权销售商的独有商誉的，或用虚假宣传等非法方式获取相对于授权进口商品或国内授权商品竞争优势的；四是未尽必要的提示义务，平行进口商品的消费者可能将该进口商品视为国内首次销售商品或国内授权商品的。

三、专利领域平行进口问题

专利平行进口是指未取得进口国国内专利权利人的许可，擅自进口、进口并销售该专利权利人或经过许可的权利人投入国内外市场的专利产品或实施方法专利直接获得的产品的行为。专利平行进口具有以下特点：一是我国专利平行进口问题有较为明确的法律规定，司法中面临的问题主要是司法解释的问题；二是相对于商标平行进口问题而言，专利平行进口问题考虑因素集中在国内专利权人的保护力度方面，本质是对国内专利权人是否获得财产回报；三是相对于著作权平行进口问题而言，专利权有严格明确的授权程序，具有更为明显的地域性，更加突出保护本国专利权利人的利益。

（一）国内立法和司法现状

专利平行进口问题经过几轮专利法的修改，经历了由模糊到清晰的过程。1984 年《中华人民共和国专利法》没有规定专利权人的进口权，关于专利产品的平行进口是否构成侵权不存在权利前提；1992 年《中华人民共和国专利法》修改后，在第 11 条增加了关于专利权人的进口权的条款；2000 年《中华人民共和国专利法》修改并未就平行进口问题进行实质性修改；2008 年《中华人民共和国专利法》对进口权和部分进口行为不侵犯专利权的规定，表明了我国对专利平行进口问题的基本态度，主要体现在 2008 年修订的《中华人民共和国专利法》第 11 条和第 69 条。此外，我国国家知识产权局于 2005 年颁布《涉及公共健康问题的专利实施强制许可办法》，以解决公共健康领域的专利技术强制许可问题。

因此，我国对专利平行进口问题的基本态度是原则上允许专利平行进口。但同时还存在以下问题：一是法律并未明确平行进口的概念，而且学界的概念也未统一；二是条款的规定不够细致，很多行为和情况并未明确；三是司法实践与国家政策的契合问题。

（二）相关因素的分析

1. 专利权人的界定。按照体系解释、学理解释规则，《中华人民共和国专利法》第 69 条规定的专利权人仅指国内专利权人，该条款指向的专利产品或者依照专利方法直接获得的产品仅仅指向中国国内专利权人的产品。

2. 行为的界定。专利平行进口系列行为包括进口并使用行为和进口并销售行为。与商标平行进口不同,商标平行进口需要考虑商标在市场流通过程中起到标识商品来源的作用,专利平行进口需要考虑专利权人的创造性劳动应该获得回报,进口并使用的行为侵犯了国内独占被许可人的利益。但笔者认为,专利法规定进口权是专利权权利人的权利,进口权并非必然随许可归属于独占被许可人,平行进口商也难以确切知悉他人许可协议中关于进口的约定。这时候,让国内独占被许可人通过违约事由来同国内权利权人进行解决更为妥当。故存在国内独占被许可人的情况不能必然导致国内独占被许可人禁止平行进口行为。进口并使用行为也不能简单的允许或禁止,应该根据具体情况进行判断。

3. 许可的限定。《中华人民共和国专利法》并未直接规定许可的形式,但按照体系解释并通过其他条款的规定可以推理出其中含义。《中华人民共和国专利法》第 11 条规定的许可,应当是明示许可,包括书面、口头等其他明示许可方式,而并非默示许可。如果专利权人通过产品标示说明、合同约定等方式声明其产品投放市场后禁止进口到中国的做法,可能仅对合同相对方产生合同效力,而不能影响专利平行进口是否侵权的判定。

4. 首次销售地。首次销售地往往关系国内权利人的是否获得对价的判断,也可能影响侵权判定。

5. 相关利益主体。在专利平行进口中,国内权利人包括国内专利权人,国内一般被许可人和国内独占被许可人。国内专利权人和国外专利权人为同一人或具有关联关系,在不存在国内独占许可协议的情况下,上述同一或关联关系往往包含或应当包含同一专利权的利益划分;如果其中一个主体通过销售获得了对价,那么可以视为专利权人已经通过该专利产品投入市场获得了回报;如果国内专利权人和国外专利权人为同一人,但存在国内独占许可协议,就需要考虑该独占被许可人的利益。如果进口国国内专利权人与国外专利权人无关联,国内专利权人可以以专利侵权为由请求禁止平行进口专利产品的国内销售行为。

(三)司法裁判规则建议

未取得进口国国内专利权利人的许可,擅自进口、进口并销售该专利权利人或经过许可的权利人投入国内外市场的专利产品或实施方法专利直接获得的产品,一般不视为侵犯专利权。专利权人以明示的方式禁止其销售或许可他人销售后的产品进口到中国的,不影响侵犯专利权的判定。但进口产品并非真品、进口产品违反进口法律法规或中国强制性规定时,视为侵犯专利权。

产品制造者与国内专利权人有关联关系的,该合法制造、销售、进口的产品不构成侵犯国内专利权。但进口的产品是与国内专利权人无关联关系的产品,无论该产品是否是国外专利产品或实施国外专利直接获得的产品,只要落入国内专利保护范围的,视为侵犯专利权。

定牌加工商标侵权判定研究成果要报

刘仁婧*

一、定牌加工司法侵权判定的问题反思

当前我国正处于传统产业转型升级、培育新兴产业的经济发展转型时期,在经济全球化的国际分工定位中仍为全球最大的OEM基地,定牌加工产业在外贸出口中举足轻重,国内企业对定牌加工业务的依存度较高。中国作为世界上不可否认的制造大国,定牌加工产业在我国参与国际化市场竞争的过程中占据着举足轻重的地位。正确认定定牌加工法律关系,不仅是对知识产权纠纷中各方主体利益的保护与平衡,更关涉我国在国际对话中国家利益的维护。

涉外定牌加工的性质,决定了其关于侵权纠纷的争议除诉诸司法机关外,还常见于知识产权海关行政执法的出口环节。海关将定牌加工行为认定为涉嫌侵害国内的商标侵权而加以查扣和处罚,而法院更强调在个案中的司法公正,裁判结果有所不同。海关执法部门的认定标准与法院在具体个案中的裁判存在冲突,各地法院针对定牌加工纠纷案件认定结论也不完全一致,未通过个案裁判形成对定牌加工一类问题的明确规则,使定牌加工关系中的各相关方对自己的行为后果无法预期,从而在经济活动中产生一系列影响。从海关的统计数据可以看出,对于定牌加工货物是否构成商标侵权的认定,不仅是一个法律问题,更事

* 北京知识产权法院法官助理。

关中国国家形象和“中国制造”产品参与国际市场竞争的声誉,进而会影响我国对外贸易中定牌加工产业的发展。

二、定牌加工关系的法律定性

课题组认为,对于涉外定牌加工的行为可概括为:境内企业接受境外商标权利人的委托,按照其要求加工产品,在产品上贴附境外权利人的商标,产品全部交付给境外委托人,不在境内销售。这种行为应当属于定牌加工行为而非销售—购买行为,其实质应是承揽合同关系而非买卖合同关系。

三、定牌加工商标侵权判定思路的厘清

在梳理定牌加工司法认定的历史沿革以及对近5年来有关定牌加工司法判决进行统计分析的基础上,课题组结合最高人民法院的“PRETUL”案以及一系列典型案件,厘清定牌加工纠纷案件的审理思路,对定牌加工法律关系,影响定牌加工侵权判定的若干要素等按照一定逻辑顺序逐层分析。

(一)商标性使用

涉外定牌加工不构成商标性使用,可以从以下几个方面进行理解:

1. 由定牌加工关系本质上属于承揽合同关系所决定

定牌加工关系本质上属于合同关系中的承揽合同而非买卖合同,属于对劳务的提供和输出,是一种劳动力的租赁。《中华人民共和国合同法》(以下简称《合同法》)第264条规定,定作人未向承揽人支付报酬或者材料费等价款的,承揽人对完成的工作成果享有留置权。既然法律条文在此规定的是“留置权”,那就意味着承揽人对于其所完成的工作成果并不享有所有权,该工作成果的所有权归于定作人。也就是说在承揽人和定作人之间的定作物交付,并不会产生所有权的流转。相较而言,《合同法》第130条规定,买卖合同是出卖人转移标的物的所有权于买受人,买受人支付价款的合同。显然,承揽合同与买卖合同的重大区别在于,承揽合同中涉及的价款对应的是承揽人的劳务付出和材料费,而买卖合同中涉及的价款是商品的对价。因此从严格意义上来讲,由于在承揽人向定作人交付定作物时不发生转移物的所有权这一法律后果,在承揽合同中定作物是产品而不是进入市场流通环节中的商品。反观法律规定的“商标性使用”都是建立在将商标用于“商品”“商品包装或者容器”以及“商品交易文书”上,或者

“其他商业活动”中。既然定牌加工中商标并非被贴附于“商品”之上，也并非参与到“商业活动”中，所以不可能构成商标性使用。

2. 定牌加工方通常不具有使用商标的主观意图

商标性使用要求使用人主观上具有将附着商标的商品销售给他人的意图，消费者客观上具有识别商品来源的效果。我国台湾地区的“商标法”对商标性使用的使用者有主观上的要求，即要具有行销目的。若非因此目的，形式上纵有商标用于商品或服务之事实，审酌其目的与方法，仅系用以表示商品或服务之相关说明者，而不具有商标使用之意图者，乃属通常之使用，非商标法所称之商标使用。对于定牌加工方来说，其将商标与产品相结合的行为，主观上并不是为了交易或标示商品，只是为了完成委托方的要求，是生产制作流程的一部分。而将完成的产品交付给委托方，也并未以销售商品为目的，不具有使用商标的主观意图。

3. 定牌加工中所贴附的标识不发挥识别来源的功能

定牌加工的受托方并没有销售其受托加工商品的主观意图，没有利用商标推广其自身的加工服务，商标所表达的信息与加工方的加工服务不发生联系。在定牌加工的生产和运输过程中所涉及的经营者即便与加工商品具有密切联系，他们也并非加工商品的购买者，他们仅通过与加工方开展业务往来或者通过运输商品等方式获知所贴商标标识，这些经销商不需要通过加工商品上附着的商标识别商品的来源，此时商标并未发挥识别商品来源的功能，只是作为一个符号图样存在。事实上，上述经营者并非定牌加工商品的相关公众。同时，由于定牌加工的商品最终并不进入中国大陆地区的流通领域，因此，能够接触所贴商标的主体是特定的，他们虽然人数不确定，但他们与受托方之间均存在特定的身份关系，贴有商标的商品在上述特定主体之间的流转，并非公开使用。

4. 区分商标侵权民事案件与授权确权行政案件

(1)《中华人民共和国商标法》(以下简称《商标法》)第32条

《商标法》第32条规定，申请商标注册不得损害他人现有的在先权利，也不得以不正当手段抢先注册他人已经使用并有一定影响的商标。如果在先的未注册商标仅在贴牌加工中出现过，不能构成“在先使用并有一定影响的商标”以遏制他人的恶意抢注。

(2)《商标法》第49条

《商标法》第49条第2款规定，注册商标成为其核定使用的商品的通用名称或者没有正当理由连续3年不使用的，任何单位或者个人可以向商标局申请撤销该注册商标。如果认为涉外定牌加工中使用的标识均为“非商标性使用”,那么在上述类型的案件中,可能会与撤销3年不使用制度的立法目的相冲突。在以往的商标授权确权行政案例中,亦有认定涉外定牌加工中对标识的使用为有效商标使用的证据。

(二)商标的地域性

梳理有关定牌加工的判决可以看出,我国司法实践对于涉外定牌加工案件中涉及的商标性使用和混淆可能性的理解越来越趋向于采用严格的地域标准,即限于在我国商标法的法域内不发生识别商品来源的功能和消费者不对商品的来源产生混淆。

(三)混淆可能性

按照最高人民法院在“PRETUL”案中的观点,是否构成商标性使用是判断是否害商标权的前提。如果并非商标性使用,则无须考虑标识的近似和混淆问题。然而学界及以往一些地方法院的司法判决是从否定混淆的角度来论述定牌加工不构成商标侵权。此类观点首先认为,混淆可能性是侵害注册商标专用权的实质要件。定牌加工是否构成商标侵权,不仅要考量加工方的贴牌行为是否为商标性使用,还需要审查其贴牌产品是否会造成相同商品来源的混淆。涉外定牌加工生产的商品全部出口,没有在中国市场上销售,国内消费者根本接触不到所生产的产品,也就不存在混淆误认的可能性,缺乏构成商标侵权的实质要件,因而就不构成对境内商标持有人的商标权的侵害。定牌加工所生产的产品在国内没有销售,但出口后会在国外市场上进行销售,那么会不会对国内商标持有人在国际贸易中的权利造成侵害呢?由于商标的地域性特征,国内商标权人的商标在国外不会当然的得到保护。定牌加工贴附的标识与国内商标权人使用商标的区域分别在境外和境内,并无任何交叉重叠,不存在共同的竞争市场,没有造成对境外相关公众对商品或者商品来源的误认,也无从损害到国内注册商标的识别功能。

(四)合理注意义务

在定牌加工侵权认定中强调合理注意义务,是诚实信用原则在商标使用中的体现。《商标法》第7条规定,申请注册和使用商标,应当遵循诚实信用原则。在确定定牌加工商标侵权纠纷案件的审理思路时,应当充分考虑推动国际贸易发展的现实需求,倡导诚信的商标注册和使用氛围,遏制恶意抢注行为的发生,充分平衡国内商标权人、国内加工企业与国外商标权人的利益。因此,如果境外企业或个人违反诚实信用原则,涉嫌在境外恶意抢注国内具有一定影响的商标特别是驰名商标,并委托国内加工企业贴牌加工生产的,应当认定境外委托人的行为不具有正当性,实质性损害了我国商标权人的合法利益。此种情形下应当对国内加工企业施加更高的注意义务和合理避让义务,对于明知而接受委托的,认定其具有过错,判令其承担相应的民事侵权责任。同理,随着国际贸易在全球的蓬勃发展,国内一些企业或个人亦会利用其在国际贸易中获得的合作方信息,擅自在国内抢注他人商标,再起诉接受境外委托的国内加工企业侵犯其商标权。对此课题组认为,基于诚实信用原则,如果有证据证明国内商标权人涉嫌恶意抢注境外商标,国内加工企业对境外委托已尽到必要审查义务,且所有贴牌加工产品均出口的,国内商标权人亦不能阻却国内加工企业从事涉外定牌加工业务。因为如果判定国内加工企业构成商标侵权,不仅会损害国内加工企业的利益,也会产生鼓励恶意抢注的负面后果。

定牌加工纠纷中涉及的恶意抢注的主体,可能是国内商标权利人,也可能是国外商标权利人。恶意方在谁,何方具有抢注的主观恶意,可能会影响侵权判断的走向。

1. 恶意方为国内商标权利人

对于定牌加工方提出的国内商标注册人有恶意抢注"PRETUL"商标的理由,最高人民法院在本案中因相关利害关系人并未加入到本次诉讼,且主张方证据不足,从而不予支持。如果认定恶意的证据扎实充分,不排除法院会考虑国内商标注册人恶意抢注的因素。特别是最高人民法院近年来越来越注重诚实信用原则在商标类案件中的适用。在地方法院之前的司法判决中,有认定国内商标权利人恶意的先例。

2. 恶意方为国外商标权利人

前述提到的与"PRETUL"案同时入选最高人民法院评选的"2015 中国法院 50 件典型知识产权案例"的另一件涉外定牌加工商标侵权的案件——上海柴油机股份有限公司(以下简称上柴公司)与江苏常佳金峰动力机械公司(以下简称常佳公司)侵害商标权纠纷案,则是代表了此种情形的一起典型案例。该案因考虑了国外商标权利人注册商标不具有正当性,而国内加工企业对境外委托贴牌的商标未尽到必要审查注意义务,从而认定了定牌加工企业构成商标侵权。

加强传统文化保护　创设传统文化传承收益权成果要报

刘用印*

传统文化是中华民族的精神财富和民族根基,因此要加快立法脚步,并且在司法方面提供相应的机制和保障,促进文化与经济社会的协调发展。在2016年全国法院知识产权审判工作座谈会上,陶凯元副院长指出,要积极保护民间文学艺术、传统知识、遗传资源等非物质文化遗产,公平合理地协调和平衡在发掘、整理、传承、保护、开发和利用过程中各方主体的利益关系。可见,对传统文化的保护与对传承主体的保护是一体两面,加强对传统文化的保护就必须做好传承主体的保护工作,保护好传承主体的相关权益,尤其是经济利益。最高人民法院2015年度审判理论课题涉国际竞争知识产权司法保护问题研究课题组经充分调研、论证,认为应该以保护传承主体的经济利益为切入点,创设传统文化传承收益权,进一步完善对传统文化保护的制度体系。

一、我国传统文化司法保护现状

乌苏里船歌案、泥人张案、安顺地戏案等都曾是引起社会广泛关注的案件,但从全国知识产权审判的角度来看,涉及传统文化纠纷的案件从数量上来说一直较少,虽然生活中涉及传统文化的纠纷并不鲜见,但真正进入司法程序寻求司法途径救济的案件并不多。从司法实践中出现的这几起知名案件也反映出,司法机关更倾向于保护传统文化权利主张者的精神利益而非物质利益。

造成上述问题的原因是多方面的,但立法缺位对司法的掣肘是其中重要的一个因素。我国现行法律法规对于传统文化的主体并没有明确规定,导致司法机关在相关案件中对于主体的认定缺乏明确的依据和标准,如上述几个案件中就出现了以当地政府等公权力机关为原告的情况。

虽然这些案件通过司法人员高超的法学智慧得到顺利解决,但对于如何充

---

* 北京知识产权法院法官助理。

分保护传统文化仍然没有给出完整的答案。对于传统文化客体的保护路径缺乏深入的探讨,未能充分实现司法机关定纷止争的枢纽功能。

二、通过现有知识产权框架保护传统文化之不足

(一)从立法目的上说存在抵触

知识产权制度的价值追求在于鼓励创新,它保护的是具有独创性的、新颖的事物,知识产权是一定时期内的垄断权。而传统文化是过去的、旧的事物,人们从自然情感上会倾向于认为传统文化已经处于公共领域,任何人可以无偿地自由地使用,不应再获得知识产权法的垄断保护。传统文化多被视为现代知识产权制度所保护客体的"智力源泉",而非客体本身。另外,即使运用现行知识产权制度来保护传统文化的客体,由于知识产权的客体均具有时间性,所以受保护客体最终仍会回到公有领域,达不到保护传统文化的目的。出于这方面的考虑,在《民间文学艺术作品著作权保护条例(征求意见稿)》第 7 条规定,民间文学艺术作品著作权的保护期不受时间限制,可以视为是突破现有知识产权制度的一个探索。

(二)具体制度设计层面

知识产权有明确的权利主体、客体和内容,而传统文化的权利主体难以确定。像民族服饰、传统技艺、雕塑、器皿出土的文物等,由于历史悠久,一般带有民族特色的传统文化,难以确定最初的设计者、发明者。传统文化是特定社会群体中几代人通过长期摸索、连续传承、不断改进的过程中逐渐地成型并相对固化下来的,因此难以确定其权利的拥有者。如乌苏里船歌案中法院认为,"涉案的赫哲族民间文学艺术作品,是赫哲族成员共同创作并拥有的精神文化财富。它不归属于赫哲族某一成员,但又与每一个赫哲族成员的权益有关。"

(三)能纳入现行知识产权框架来保护的传统文化种类有限

地理标志、老字号可能通过商标法保护,一些传统的手工艺技能、家传秘方、诀窍等作为商业秘密来保护,这些都没有问题。但是,根据本课题对传统文化概念的界定,它既包括非物质文化,也包括物质文化。现行知识产权制度如专利、商标、著作权所保护的客体都是非物质的,物质成果难以纳入保护范围。

从国际的情况来看,一些国家或国际组织在用知识产权法的框架来保护传统文化方面是做过很多尝试的,1967 年修改《伯尔尼公约》的斯德哥尔摩外交会

议上,就提出了通过版权法来保护民间文学艺术也进行过尝试,但没能很好地解决上述主体模糊、时间限制等问题。有学者认为《中华人民共和国著作权法》(以下简称《著作权法》)第3条规定的杂技艺术、美术作品、曲艺、舞蹈等,这是著作权法实现了对传统文化的保护,但我们认为这种观点值得商榷。因为,如果想成为受著作权保护的作品,就必须要符合《著作权法》关于作品的独创性的定义和要求。严格来说,它已经不是我们这里所讨论的传统文化本身,而是传统文化再创造形成的成果。

课题组经充分研讨和认证,提出传统文化保护的新思路,即创设传统文化传承收益权,切实保护传承人的财产权益,为传承人发扬光大传统文化提供制度保障。

三、传统文化传承收益权的概念与内涵

这里的收益权是指,传统文化被商业化、财产化使用过程中,传承主体在经济利益上所应取得的回报。这项权利是传承主体基于其传承行为而产生的,权利主体可以是负责保管、传播传统文化的自然人、家族、组织或团体。权利内容是自己使用或许可他人使用其所掌握的传统技艺、保管的器物等,并收取报酬的权利。参照惠益分享机制,传统文化的使用人对传统文化的商业化使用或是基于传统文化产生的新型权利,尤其是新形成的知识产权,在商业经营过程中所取得的收益要留出适当的比例与传承人共享。在传承过程中,传承主体基于其智力劳动所产生的新成果符合其他法律、法规规定条件的,可以依照其他法律、法规享有权利。

四、创设传统文化传承收益权的现实意义

从劳动价值论的角度,传承行为对全社会的贡献应该得到承认和鼓励,理应建立相应的激励机制。创设传统文化传承收益权的价值取向,就是承认传承行为对人类文明得以延续所作出的贡献。对传承主体相关权利的保护与对传统文化的保护初衷、目标完全一致,是加强对传统文化保护的重要手段。

当前司法实践中涉及传统文化的纠纷很少进入司法程序,主要是由于存在主体模糊、权利内容不明确、权利客体难界定等问题,导致纠纷发生后不具备启动诉讼程序的基本条件。创设传统文化传承收益权的积极意义就在于,明确传承主体相关的权利义务,进而将纠纷导入司法程序,对侵害传承主体合法权益的

行为给予及时的救济。

五、传统文化传承收益权的具体制度设计

(一)弱保护是基本原则之一

虽然传承主体在传承过程中付出了一定的智力劳动、时间和经济成本,但传承人毕竟不是传统文化的原创者和发明人,其所获得的收益应当与其贡献相适应,尤其是在许可使用的情况下,不能让使用人有太重的经济负担,这也是出于保护公共利益的考虑,以便保证传统文化能更好地服务于社会公众。

(二)以登记制为主、备案制为辅的管理制度

传统文化的确权程序不同于普通民事主体权利,由于传统文化表现形态的多样性和复杂性,以及可能出现的传承主体的多源性,需要设立一个前置的认定和登记程序,确定不同的文化客体的权利主体及保护范围。而且,要实行双向登记制度,即传承人和使用人都要登记。要求传承个人或者组织登记,便于明确收益权的主体。要求使用人登记,是为证明使用行为具有合法来源。

当然,对于某些涉及商业秘密的传统技艺,要充分尊重传承人的意愿,不适宜公开的,可以实行备案制。

(三)司法加行政的保护双轨制

对传统文化的保护需要多个部门的配合、多种法律手段的共用。对传统文化的保护离不开行政机关的工作,法律、行政部门出台的法规规章所采取的管理措施对保存静态的传统文化,是相当有效,力度应该继续加强,具体制度也应该再进一步完善。另外,司法机关在保护传统文化方面完全有可能发挥自己的作用。司法活动中确立传承收益权是从传承主体的角度出发,从立法目的和法律原则的层面寻求对传统文化保护的依据,实现对传统文化的动态保护。当然,行政程序的先导工作也有利于后续纠纷的事实查明、证据认定等。

(四)关于分歧解决机制,要坚持纠纷解决机制上的司法终局

打通行政程序和司法程序,做好两大程序的衔接工作。要建立相应的管辖制度、明确证明规则、设立民间的仲裁委员会等配套制度,对于侵犯传承人的合法权益的,应当给予相应的赔偿。同时实现司法程序去伪存真的甄别功能,对于以欺骗或其他不正当手段取得传承人资格的,可判定登记机关的登记无效。

(五)明确传承人或使用人在利用传统文化过程中所衍生的创新成果的归属权

传统文化中的“传统”是指文化的形成时间是在过去,但传统文化不是僵化的、一成不变的,它始终处在一个不断创造的过程中。如果创新成果客体符合现行知识产权法规定的,可以申请外观设计、申请发明、注册为商标、作为商业秘密予以保护等,从而实现与知识产权相应制度的对接。所以从这个角度来说,传承收益权也是知识产权相关权利的一部分。

《关于〈专利法〉第四次修改中重大问题调研》课题部分成果*

第四次专利法修改中的标准必要专利问题研究

许　波**

涉及标准必要专利的纠纷是全球知识产权领域新近出现的疑难、复杂问题，具有很强的国际性和行业性特征，往往影响重大而深远。在第四次《中华人民共和国专利法》（以下简称《专利法》）修改中，《中华人民共和国专利法修订草案（送审稿）》（以下简称《专利法修订送审稿》）新增第85条，在我国首次就标准必要专利问题通过立法予以规定，受到各方高度关注。与此同时，我国司法实践中与标准必要专利相关的诉讼近年来明显增多，大有成为全球标准必要专利主战场的趋势。基于此，有必要结合国内外相关研究和实践情况予以梳理分析，以保证专利法修改能够反映实际需求并解决实际问题。

一、《专利法修订送审稿》第85条及其立法目的

《专利法修订送审稿》第85条规定："参与国家标准制定的专利权人在标准制定过程中不披露其拥有的标准必要专利的，视为其许可该标准的实施者使用其专利技术。许可使用费由双方协商；双方不能达成协议的，可以请求国务院专利行政部门裁决。当事人对裁决不服的，可以自收到通知之日起十五日内向人民法院起诉。"

在2015年4月1日公布的《关于〈中华人民共和国专利法修改草案（征求意

---

* 该课题由北京知识产权法院陈锦川副院长主持，课题组成员包括：宋鱼水、姜颖、张晓津、许波、崔宁、马云鹏和陈志兴。

** 北京知识产权法院法官、中国社会科学院法学系知识产权法博士研究生。

见稿)〉的说明》(以下简称《专利法修改草案说明》)中,国家知识产权局指出,参与标准制定的专利权人在标准制定过程中应当遵循诚实信用的原则,尽合理努力披露自己拥有的标准必要专利。为了平衡专利权人与标准实施者和消费者的利益,规定了标准必要专利默示许可制度,即参与标准制定的专利权人在标准制定过程中不披露其拥有的标准必要专利的,视为其许可该标准的实施者使用其专利技术,在此情形下专利权人无权起诉标准实施者侵犯其标准必要专利。但默示许可不等于免费许可,专利权人仍有权要求标准实施者支付合理的使用费。①

从《专利法修订送审稿》第 85 条内容和相关立法说明可以看出,为平衡标准必要专利权人与标准实施者和消费者的利益,立法者专门针对标准必要专利的情形,新增规定了默示许可制度。基于此,标准必要专利权人无权主张标准实施者侵犯其标准必要专利权,但有权获得许可使用费,并可在无法协商一致时请求国务院专利行政部门裁决。

二、专利法语境下②的标准必要专利相关问题

专利与标准的结合使任何主体只要按照标准进行生产就必然产生实施标准必要专利技术方案的客观后果。专利权人只需证明其专利属于标准中不存在替代技术方案的必要专利,且被控侵权产品系按照该标准生产,即可推定被控侵权产品落入标准必要专利的保护范围,除非被告有相反证据推翻。因此,在专利法语境下,标准必要专利的难点并不在于技术特征比对。根据《专利法修订送审稿》第 85 条的规定,本文简要探讨专利信息披露、默示许可和禁令救济三方面问题。

(一)专利信息披露

标准必要专利信息的披露是需要首先明确的问题,《专利法修订送审稿》第 85 条也针对专利权人在标准制定过程中不披露其标准必要专利的情形,规定了相应的法律后果。披露之所以重要,在于专利权为具有排他性的私权,而标准则具有公共属性,是为了促进技术的推广和运用,确保不特定的标准实施者均能实

① 参见国家知识产权局:《关于〈中华人民共和国专利法修改草案(征求意见稿)〉的说明》,载 http://www.sipo.gov.cn/zcfg/zcjd/201504/t20150402_1096196.html,最后访问时间:2016 年 10 月 5 日。

② 标准必要专利纠纷还经常涉及合同法和竞争法的问题,本文仅探讨与《专利法》相关的问题。

施标准中的技术方案,二者在根本属性上是不同甚至相互对立的。这也导致可能出现只要标准所涉技术方案落入专利的保护范围,则该专利的权利人就拥有了劫持(Hold-up)整个标准实施的强大控制力。因此,在尽可能多地吸纳先进的专利技术以保证标准在技术上先进性的同时,也要避免标准被特定专利所劫持。

建立专利信息披露机制就是平衡各方利益,防止专利劫持的有效手段。实践中,标准制定组织通常会事先确立相关披露政策,要求参与标准制定的各方主体披露与标准草案相关的专利信息和可能涉及的必要专利,以使标准制定组织能够选择绕开拒绝许可的专利技术,避免专利劫持。同时,标准制定组织还往往要求标准制定参与方披露其专利许可条件,[①]作为后续许可的谈判基础。

2013 年 12 月,国家标准化管理委员会、国家知识产权局联合发布《国家标准涉及专利的管理规定(暂行)》(以下简称《标准暂行规定》),其中第 5 条至第 8 条首次就标准必要专利的信息披露机制进行了规定,初步解决了此前我国标准必要专利信息披露不规范和缺乏法律依据的问题。

具体到标准必要专利侵权诉讼中,专利信息的披露则成为认定标准实施者主观过错的基础和前提。只有在专利信息披露的语境下,才能推定标准实施者负有对标准中含有专利的"应知"义务,才能进而探讨其主观过错的问题。[②] 因此,《最高人民法院关于审理侵犯专利权纠纷案件应用法律若干问题的解释(二)》(以下简称《审理侵犯专利权纠纷解释(二)》)第 24 条第 1 款、第 2 款均强调推荐性国家、行业或者地方标准应当"明示"所涉必要专利的信息。

(二)默示许可

结合相关立法说明,《专利法修订送审稿》第 85 条被认为是在我国针对标准必要专利引入了默示许可制度,专利权人不披露其标准必要专利的,无权起诉标准实施者侵犯其标准必要专利。该规定与最高人民法院在[2008]民三他字第 4 号复函(以下简称第 4 号复函)[③]的内容基本相同,差异主要在于第 85 条中增加了对"披露"的限定。

---

① 例如,承诺向任何组织或个人进行不可撤销的"公平、合理、无歧视"(Fair, Reasonable and Non-discriminatory)的 FRAND 许可。

② 李剑:《专利法司法解释(二)第二十四条之解读》,载《竞争政策研究》2016 年 3 月号。

③ 第 4 号复函载明:"专利权人参与了标准的制定或者经其同意,将专利纳入国家、行业或者地方标准的,视为专利权人许可他人在实施标准的同时实施该专利,他人的有关实施行为不属于专利法第十一条所规定的侵犯专利权的行为。"

但需注意的是,最高人民法院在 2008 年作出第 4 号复函时有一个前提,即“鉴于目前我国标准制定机关尚未建立有关标准中专利信息的公开披露及使用制度的实际情况”。当时,由于没有对专利权人披露专利信息的强制性要求,专利披露存在不规范或缺失之处,他人无从得知标准中的相关专利情况却仍需实施标准,故在此情况下视专利权人将其专利纳入标准为许可他人使用,具有一定合理性。之后,2009 年《关于专利侵权案件审理的司法解释送审稿》又进一步区分了标准组织是否明示标准所涉专利的情形,即未明示标准含有专利的,则认定专利权人默示许可他人实施标准中的专利;明示标准含有专利的,则不能认定专利权人默示许可他人实施标准中的专利。虽然该条款最终未能通过,但极大地推动了标准制定程序,特别是专利信息的披露程序的完善。[①] 随着 2013 年《标准暂行规定》的出台,标准必要专利信息披露机制已得以确立。而且,《审理侵犯专利权纠纷解释(二)》第 24 条第 1 款规定,“推荐性国家、行业或者地方标准明示所涉必要专利的信息,被诉侵权人以实施该标准无需专利权人许可为由抗辩不侵犯该专利权的,人民法院一般不予支持”。有观点认为,该条款似乎反过来隐含着在专利权人没有明示或者没有披露标准必要专利的情形下,法院有可能支持默示许可抗辩的意思。[②]

因此,《专利法修订送审稿》第 85 条规定在“不披露”标准必要专利情形下的默示许可制度似乎顺理成章,立法说明中也指出这是“结合国内外的法律实践”的产物。但有学者指出,在国外法中,特别是在美国法中,对于未披露标准必要专利的行为,美国法院并非是按照“默示许可”来处理,而是按照“欺诈”(Rambus 案)或者“默认放弃权利”(高通诉博通案)来处理。而且,无论是在美国专利法,还是在德国专利法中,都没有规定所谓的标准必要专利“默示许可”制度。[③] 事实上,对于《审理侵犯专利权纠纷解释(二)》第 24 条第 1 款,也不应作扩大的反向推导。正如该司法解释起草者所指出,第 24 条对于标准必要专利侵权判定规则的设定,仅在“标准明示所涉必要专利”的前提下展开,并不涉及“标准未明示所涉必要专利”的情形,也不能根据该条的表述反向推导“标准未明示所涉必要专

① 李剑:《专利法司法解释(二)第二十四条之解读》,载《竞争政策研究》2016 年 3 月号。

② 张伟君:《默示许可抑或法定许可——论〈专利法〉修订草案有关标准必要专利披露制度的完善》,载《同济大学学报》(社会科学版)2016 年第 3 期。

③ 张伟君:《默示许可抑或法定许可——论〈专利法〉修订草案有关标准必要专利披露制度的完善》,载《同济大学学报》(社会科学版)2016 年第 3 期。

利”的处理规则。[1] 因此,《审理侵犯专利权纠纷解释(二)》第 24 条并未暗含有默示许可的意思。

就条款本身而言,《专利法修订送审稿》第 85 条也有值得商榷之处。从标准必要专利相关诉讼情况看,无论是第 4 号复函中所谓的“默示许可”,还是美国法院认定的“欺诈”或“默认权利放弃”,均仅是将标准必要专利权人不披露专利信息的情形作为个案侵权抗辩事由进行审查,并不意味着任何人都可以此为由未经许可而实施该标准必要专利。然而,尤其是结合立法说明可以看出,《专利法修订送审稿》第 85 条并不考虑标准实施者的主观情况和行为方式,只要标准必要专利权人未作披露,其就无权起诉标准实施者侵犯其专利。尽管标准必要专利权人仍有权要求标准实施者支付合理的使用费,但此种因为“不披露”而导致的无权提起侵权之诉,也意味着任何人[2]此时只需以支付一定使用费的方式,即可换来实施标准必要专利的正当性,甚至可以先予实施再行考虑或拖延进行许可费磋商。这显然已经超出了前述个案中侵权抗辩的范围,而更类似于一种法定许可,[3]对标准必要专利权人非常不利。

事实上,标准必要专利权人的专利信息披露的内涵和边界通常并不清晰。在标准制定过程中,专利权人究竟负有多大程度的信息披露义务,以及何为标准必要专利,本身就是极具争议的话题。因此,相关国际标准组织的知识产权政策对此往往也只做原则性的要求。例如,欧洲电信标准化协会(ETSI)提出:“每一成员应尽合理的努力,尤其是在其参与制定标准或技术规范期间,将必要知识产权以及时的形式告知 ETSI”。[4] 此处的“尽合理的努力”和“必要知识产权”都是极具弹性的概念。而在美国,标准组织成员对于披露义务的范围和程度同样敏感:一方面,范围过宽会加重标准组织成员的负担,减弱其参加标准组织的积极性;另一方面,范围过窄则又将减少标准化过程中的信息交流,出现典型的专利“阻抑”情况。[5]

总之,在标准制定过程中,标准必要专利权人不应承担绝对的信息披露义

① 李剑:《专利法司法解释(二)第二十四条之解读》,载《竞争政策研究》2016 年 3 月号。

② 包括明知或应知标准中包含有必要专利的。

③ 张伟君:《默示许可抑或法定许可——论〈专利法〉修订草案有关标准必要专利披露制度的完善》,载《同济大学学报》(社会科学版)2016 年第 3 期。

④ 张伟君:《规制知识产权滥用法律制度研究》,知识产权出版社 2008 年版,第 151 页。

⑤ 刘晓春:《标准化组织专利披露政策相关规则在美国的新发展——解读高通诉博通案》,载《电子知识产权》2009 年第 2 期。

务,国际通行做法一般也只要求专利权人"尽合理的努力"披露"必要专利"即可,不应"一刀切"地规定"不披露"即视为"默示许可",且"不披露"的情形也更适宜作为一种侵权抗辩事由,而非泛化为一种类"法定许可"。尤其是在标准实施者恶意拖延谈判、不合理压低或拒绝支付使用费等情形,仍应保障标准必要专利权人寻求更多元司法救济的权利。

(三)禁令救济

禁令是英美法系中源于衡平法的概念,大陆法系国家以及我国使用停止侵权的概念,并在侵权成立时以判决停止侵权为原则。[①] 根据《专利法修订送审稿》第85条的规定,在标准必要专利权人"不披露"的情形下,其无权提起专利侵权之诉,自然也不存在禁令救济的问题。但是,如果标准必要专利权人进行了相关披露且在侵犯专利权成立时,仍然需要考虑是否予以禁令救济,对此《专利法修订送审稿》并未涉及。

众所周知,建立和推行标准是为了促进技术的推广和应用,而非强化标准必要专利权人的垄断地位。如果权利人动辄可以侵犯专利权为由要求实施者停止实施标准,则将威胁到标准的推广适用,与制定标准的目的背道而驰。另外,标准必要专利权人在将其专利纳入标准时,通常已经根据标准组织的知识产权政策作出了不可撤销的FRAND许可声明,同意对潜在的标准实施者按照"公平、合理、无歧视"的原则发放许可。此种声明应被视为一种单方法律行为,[②]使不特定第三人基于此而产生信赖利益,故亦应对标准必要专利权人产生法律上的约束力,包括不轻易对实施标准的行为颁发禁令。

国外有学者指出,标准必要专利权人作出FRAND许可声明,就不可撤销地放弃了大部分寻求传统知识产权法律救济(如禁令)的权利,而只能请求合理使用费。[③] 另有观点从经济学的角度指出,取得永久禁令的威胁极大增强了专利权人的谈判力量,导致专利许可费率高于基于专利价值和强度的自然水准。[④] 显然,如果标准必要专利权人能够轻易获得禁令,该威胁将可能导致标准实施者尤

① 一般只有在停止侵权会损害公共利益,或者会造成专利权人与侵权人之间出现严重的利益失衡时,法院才不会判决停止侵权。

② 当然,对FRAND许可声明的性质还存在第三方受益合同说、要约说、要约邀请说、强制缔约说等观点,本文采单方法律行为说的观点。

③ Joseph Miller. Standard Setting, Patents, and Access Lock-in: RAND Licensing and the Theory of the Firm. Indiana Law Review, 2006, 40.

④ Mark A. Lemley, Carl Shapiro. Patent Hold-up and Royalty Stacking. Texas Law Review, 2007, 85.

其是已经进行相关投资的实施者支出不合理的对价。但是,如果仅因作出 FRAND 许可声明就丧失了获得禁令救济的权利,对标准必要专利权人也是不公平的,可能影响其参加标准制定的积极性。

从世界各主要国家的司法实践来看,基本上均认同 FRAND 许可声明将对禁令救济产生影响,但在决定是否颁发禁令方面又存在一定差异。在我国,最高人民法院在涉及工程建设标准的张晶廷诉衡水子牙河公司专利侵权案①中指出,衡水子牙河公司知道或应当知道施工方法中涉及他人专利技术,在张晶廷进行了专利披露、衡水子牙河公司能够识别专利并能够与张晶廷进行联系的情况下,未经张晶廷许可,使用涉案专利技术,且在发生纠纷后,拒绝向专利权人支付专利许可费,构成侵犯专利权,应当停止侵权并赔偿经济损失。

《审理侵犯专利权纠纷解释(二)》第 24 条第 2 款则将专利许可谈判、FRAND 许可原则与停止侵权责任承担相联系,并分别考虑标准必要专利权人与标准实施者的主观过错情况,即在标准必要专利权人违反 FRAND 许可声明、标准实施者在许可协商中无明显过错时,对权利人停止侵权的诉讼请求不予支持。从该款内容似乎也可以反推出,如果标准必要专利权人系按照"公平、合理、无歧视"原则进行许可磋商,则可能获得禁令救济。之所以称为"有可能",是因为根据标准必要专利权人之前所作出的 FRAND 许可声明,通常情况下并不适宜对标准实施者颁发禁令,除非标准必要专利权人能够证明标准实施者存在恶意磋商等"反向劫持"标准的情形。而对于标准必要专利权人与标准实施者均存在过错,以及应由何方启动协商程序等问题,《审理侵犯专利权纠纷解释(二)》则未作规定。从我国法院现已受理的西电捷通诉索尼中国案、高通诉魅族案、三星诉华为等案可以看出,停止侵权仍然是标准必要专利权人倚重的诉求之一。具体案件中,当事各方对于许可谈判磋商中是否存在过错往往各执一词,还需结合标准必要专利纠纷特点和具体案情进行具体分析。在此方面,欧盟法院 2015 年 7 月在华为诉中兴案中确立的禁令救济程序规则值得借鉴。②

三、对《专利法修订送审稿》的修改建议

限于篇幅,本文并未探讨与标准必要专利相关的另一关键问题,即 FRAND

---

① 参见最高人民法院(2012)民提字第 125 号民事判决书。

② 具体内容可以参见祝建军:《标准必要专利禁令救济的成立条件》,载《人民司法·应用》2016 年第 1 期。

许可的问题。但基于前述分析也可看出,以“默示许可”作为理论基础的《专利法修订送审稿》第85条还有不少问题,与实际情况存在一定差距,很可能导致标准必要专利权人与标准实施者之间利益失衡,同时也未涉及禁令救济、FRAND许可等具体且重要的内容。而且,第85条和相关立法说明否定标准必要专利权人诉权,并将本质上属于私权纠纷的许可使用费纠纷交由专利行政部门裁决,也与当前世界主流的司法解决途径背道而驰,不利于从根本上解决纠纷。

不仅如此,标准必要专利的特殊性往往使得相关问题并不局限于专利法领域,全球范围内的诉讼情况也表明,还会经常涉及合同法、竞争法的问题,若仅在专利法中进行规定难免挂一漏万,至少不足以呈现标准必要专利问题之全貌。业界也有观点指出,在世界范围内,目前还没有任何一个国家对国家标准的标准必要专利用成文法的方式进行限制。《专利法修订送审稿》第85条只约束中国国家标准的参与者即国家标准专利的权利人,国际标准的权利人由于未参与中国标准制定而可以不受约束,最终相当于只缴了中国企业的枪。[①] 基于此,对《专利法修订送审稿》第85条可以选择以下两种修改方式:

一是删除该条款,在《专利法》中不专门规定标准必要专利问题,将相关纠纷留待法院在个案中处理。事实上,《审理侵犯专利权纠纷解释(二)》的出台,已经为法院处理与标准必要专利相关的专利侵权纠纷提供了一定的法律依据。今后也可随着司法经验的不断积累,通过新的司法解释或者具有指引意义的司法裁判等成本更低的方式加以解决,从而避免立法不周全、僵化所可能导致的不利影响。

二是删除该条款,但在《专利法》各具体条款或章节中增加与标准必要专利相关的内容。例如,在现行《专利法》第69条中增加第(6)项:“专利权人无合理理由不披露其标准必要专利,标准实施者实施该标准必要专利且无过错的”,以及第(7)项:“标准必要专利权人滥用其专利权的。”另外,在现行《专利法》第七章“专利权的保护”中新增一条:“标准必要专利权人在先已经作出公平、合理、无歧视的专利许可承诺,被诉侵权人在实施标准必要专利和进行专利许可协商中无明显过错的,对于标准必要专利权人请求停止实施标准必要专利的主张,不予支持。”

---

① 宋柳平:《专利法修改草案82条——不要缴了中国企业的枪》,载http://mp.weixin.qq.com/s?__biz=MjM5NTUxNjk2MA==&mid=400434875&idx=1&sn=86fdf502d8872e2be6cceced4c7e97ea,最后访问时间:2016年10月15日。

专利侵权诉讼中法定赔偿的适用

陈志兴*

摘　要："法定赔偿适用比例高""赔偿数额相对偏低"等现象与专利权人主张适用法定赔偿的比例高、且很少提交证据直接相关。法定赔偿适用遭受诟病的实质在于"赔偿数额相对偏低"，不能真正起到保护专利权的目的，但并不能因为"适用比例高"而否定法定赔偿的价值。法院应以"加大保护力度"为导向，通过灵活运用证据规则、鼓励法官自由裁量等方式，尽可能地让法定赔偿的数额与专利权的市场价值、创新程度相适应。法定赔偿不应设置下限。

关键词：法定赔偿　适用比例高　赔偿数额低　加大保护力度

随着我国创新驱动发展战略的确立，科技创新成果，尤其是专利权的司法保护问题在我国的关注度越来越高，甚至每年"两会"期间都有不少与此有关的提案（议案）。例如，2013 年"两会"期间，人大代表杨悟建议完善证据规则，解决取证难的问题，加大专利权保护力度①；2014 年"两会"期间，人大代表李健提到"企业搜集证据难度很大""赔偿额很难确定"的问题②。在 2014 年 6 月 23 日提交的《关于检查〈中华人民共和国专利法〉实施情况的报告》中，全国人民代表大会常务委员会执法检查组也提到，专利维权存在"时间长、举证难、成本高、赔偿低"、"赢了官司、丢了市场"以及判决执行不到位等状况。李克强总理也多次提到："对严重侵犯知识产权的行为，更要依法惩处，包括实行巨额赔偿惩罚，使违法者付出难以承受的代价，为创新助力"。③

2013 年，中南财经政法大学知识产权研究中心完成的《知识产权侵权损

---

* 北京知识产权法院法官助理。

① 姜旭：《加大专利权保护，有效遏制侵权行为》，载《中国知识产权报》2013 年 3 月 13 日，第 2 版。

② 《企业知识产权维权举证难》，载 http://news.sina.com.cn/o/2014-03-12/101029688350.shtml，最后访问时间：2016 年 10 月 3 日。

③ 李克强：《政府要当好市场秩序"裁判员"惩处侵犯知识产权行为》，载 http://finance.sina.com.cn/china/20140910/183320257126.shtml，最后访问时间：2016 年 10 月 3 日。

害赔偿案例实证研究报告》显示,在确定侵害专利权赔偿数额时,97.25%的判决都采取了法定赔偿的方式。而且,自2008年以来的专利侵权案件中,法定赔偿的平均赔偿额只有8万元,通常只占到起诉人诉求额的1/3甚至更低。[①]

专利权保护是科技创新的重要支撑,也是直接影响我国创新驱动发展战略实施的关键环节。从某种程度上来讲,对于专利侵权行为的制裁力度,尤其是侵权赔偿数额的高低直接反映出专利权的保护力度。

既然司法实践中,在确定专利侵权赔偿数额时,“97.25%的判决都采取了法定赔偿的方式”,因此,研究法定赔偿的适用现状、形成原因,并在此基础上提出完善对策,对于更好地实现“加大专利权司法保护力度”的目标具有非常重要的现实意义。

一、现状概览:法定赔偿适用比例高、赔偿数额相对偏低

(一)权利人胜诉率高、获赔数额低

根据我国《专利法》第65条的规定,在确定专利侵权损害赔偿数额时,至少存在“权利人实际损失”“被告侵权获利”“许可使用费的合理倍数”和“法定赔偿”四类计算方式。各方关于专利侵权损害赔偿数额低、专利权保护力度不够等诟病并不是单纯针对某一种损害赔偿计算方式,而是“整体评价”。因此,在单独分析“法定赔偿”之前,有必要就专利权司法的整体状况进行分析。

能够达成共识的是,对于专利权的保护,“损害赔偿”仅仅是一方面,另外很重要的一方面是“停止侵权”的适用。司法实务中,原告诉讼请求中最基本的两项内容也是“停止侵权”和“损害赔偿”。因此,本课题组在此引用两份现有研究成果中的表格数据,考察专利侵权司法实务中原告胜诉[②]和损害赔偿的情况。(见表1、表2)

---

① 《97%专利侵权案判决采取法定赔偿,平均赔偿额只有8万元》,载《法制日报》2013年4月16日,第6版。

② 此处“胜诉”指的是法院认定被控侵权行为成立。

表 1　专利侵权诉讼中权利人胜诉率统计(2007～2008)①

单位:件,%

项目	地区/专利类型	北京				上海				广东				江苏				浙江				合计
		发明	新型	外观	合计	发明	新型	外观	合计	发明	新型	外观	合计	发明	新型	外观	合计	发明	新型	外观	合计	
案件总数		53	48	79	180	17	20	28	65	5	23	59	87	14	21	102	137	14	43	68	125	594
国外权利人	案件数	31	0	20	51	12	2	12	26	3	1	4	8	1	0	2	3	2	0	6	8	96
	胜诉案件数	22	0	16	38	9	0	8	17	3	0	1	4	1	0	0	1	2	0	6	8	68
	胜诉率	71	—	80	75	75	0	67	65	100	0	25	50	100	—	0	33	100	—	100	100	71
国内权利人	案件数	22	48	59	129	5	18	16	39	2	22	55	79	13	21	100	134	12	43	62	117	498
	胜诉案件数	11	23	43	77	4	6	10	20	0	16	43	59	7	17	94	118	6	32	50	88	362
	胜诉率	50	48	73	60	80	33	63	51	0	73	78	75	54	81	94	88	50	74	81	75	73
权利人胜诉案件		33	23	59	115	13	6	18	37	3	16	44	63	8	17	94	119	8	32	56	96	430
总胜诉率		62	48	75	64	76	30	64	57	60	70	75	72	57	81	92	87	57	74	82	77	72

① 中国专利代理(香港)有限公司法律部:《专利侵权损害赔偿的理论与实践》,载《中国专利与商标》2009 年第 4 期。

通过表1可以看出,整体来看,五地区权利人的平均胜诉率(也就是认定侵权成立的案件比例)在70%左右。从这个角度来讲,“专利权保护力度不足”的说法并不完全符合实际。

对于这一点,也在北京市第一中级人民法院(以下简称北京一中院)审理的专利侵权案件数据中得到印证。(见表2)

表2 北京一中院侵犯专利权案件详情(一审,2010~2013)

单位:件

年份	受理	审结								
		判决			裁定			调解	移送	总数
		支持	驳回	小计	撤诉	驳回	小计			
2010	120	30	40	34	44	2	46	14	1	95
2011	135	25	3	28	42	1	43	11	8	90
2012	129	28	5	33	52	1	53	5	—	91
2013	126	28	12	40	43	5	48	4	5	97

可以看出,2010年至2013年北京一中院共审结373起专利侵权一审案件,其中,以判决方式结案的案件为135起。在这135起案件中,原告诉讼请求获得法院支持的为111起。整体来讲,原告诉讼请求获得法院支持的比例(胜诉率)为82%。

但是,对于体现专利权保护力度的另一方面——“损害赔偿数额”,司法实务中的情况则不太理想,而这也是社会各类群体诟病最多的一个问题。(见表3)

可以看出,各地区赔偿额的平均值约10万元,赔偿数额≤30万元的案件占绝大多数(约占94%),高赔偿额的案件非常少见。有观点认为,10万元左右的赔偿金基本上可以认为是“安慰性”的。①

① 中国专利代理(香港)有限公司法律部:《专利侵权损害赔偿的理论与实践》,载《中国专利与商标》2009年第4期。

表3　专利侵权诉讼损害赔偿额统计(2007～2008)①

单位:万元

项目	地区/专利类型	北京				上海				广东				江苏				浙江				合计
		发明	新型	外观	合计	发明	新型	外观	合计	发明	新型	外观	合计	发明	新型	外观	合计	发明	新型	外观	合计	
单个案件赔偿额	平均值	16.9	14	12.6	14.2	17.8	22.5	7.5	13.7	10.3	12.6	5.7	7.7	20.6	16.9	8.2	10.3	13.7	7.9	6.6	7.6	10.6
	中值	15	8.1	6	8.1	15	20	8	8	6	10	4.8	6	17.5	15	3.5	5	15	5	4	5	7
	最高	50	103	105	105	61.3	50	15.8	61.3	20	52.6	20	52.6	50	50	50	50	30	50	30	50	105
	最低	0.9	2	0.3	0.3	4.1	5	2	2	5	1.2	0.5	0.5	3.5	2	0.3	0.3	3	1	0.5	0.5	0.3
按赔偿额大小分类的案件数	≤10	8	12	37	57	5	1	14	20	2	9	42	53	3	8	75	86	2	27	47	76	293
	>10～≤30	19	7	13	39	7	4	3	14	1	6	2	9	3	7	9	19	5	4	8	17	97
	>30～≤50	6	0	1	7	0	1	0	1	0	0	0	0	2	2	7	11	0	1	0	1	10
	>50	0	1	3	4	1	0	0	1	0	1	0	1	0	0	0	0	0	0	0	0	6

① 中国专利代理(香港)有限公司法律部:《专利侵权损害赔偿的理论与实践》,载《中国专利与商标》2009年第4期。

(二)原告主张适用法定赔偿的比例高且很少提交证据

根据中南财经政法大学知识产权研究中心《知识产权侵权损害赔偿案例实证研究报告》中的研究,在确定侵害专利权赔偿数额时,97.25%的判决都采取了法定赔偿的计算方式。那么,法定赔偿的计算方式为什么会达到如此高的比例呢?课题组将做进一步统计分析。

为此,我们通过北大法宝随机收集整理了北京、广东、江苏、福建、安徽五地专利侵权案件一审民事判决书548份。(见表4)

表4 专利侵权案件一审民事判决书样本详情(2010~2014)①

单位:份

专利类型 \ 地区	北京	广东	江苏	福建	安徽	总计
发明	71	48	—	8	4	131
实用新型	—	8	—	—	—	8
外观设计	40	211	75	23	60	409
总计	111	267	75	31	64	548

通过对这548份判决进行统计,我们发现,原告主张适用的损害赔偿计算方式主要是法定赔偿,占比93.2%。(见表5)。

表5 原告主张适用的损害赔偿计算方式

单位:份,%

计算方式	原告损失	被告获利	许可费倍数	法定赔偿
数量	13	12	12	511
占比	2.4	2.2	2.2	93.2

无论是根据民事诉讼基本理论还是现行法律的相关规定,法院只能是在原告诉讼请求的框架范围内做出裁判。因此,通过表5中的数据可以看出,司法实务中,法院采取法定赔偿的方式计算损害赔偿数额主要是"源于原告的诉讼请求"。

再看赔偿数额的相关数据。还是回到《专利法》第65条第2款关于"法定赔偿"的相关规定,即:权利人的损失、侵权人获得的利益和专利许可使用费均难以

① 需要说明的是,该表中统计的548份判决书都是随机选取,在样本的代表性、完整性等方面可能存在缺陷,但考虑到区域、数量上的覆盖范围,一定程度上还是能够说明实务中的基本情况。

确定的,人民法院可以根据专利权的类型、侵权行为的性质和情节等因素,确定给予一万元以上一百万元以下的赔偿。因此,根据民事诉讼"谁主张,谁举证"的基本规则,即使在适用法定赔偿的计算方式下,也还是需要以原告提供的"侵权行为的性质和情节"等方面的相关证据作为事实基础。

然而,司法实务中"相关证据"又是怎样一种情况呢?根据统计,在上述548起案件中,仅有90起案件有损害赔偿的相关证据,仅有160起案件有诉讼维权合理开支的相关证据。(见表6)

表6　原告提交损害赔偿和合理开支证据情况

单位:件,%

计算方式	损害赔偿证据	合理开支证据
数量	90	160
占比	16.4	29.2

因此,至少根据实务中的这些数据,我们可以初步得出结论:"法定赔偿适用比例高"、"赔偿数额相对偏低"等现象与原告的诉讼维权行为存在欠缺有着直接的关系,即原告主张适用法定赔偿的比例高、且很少提交证据。

二、理论梳理:法定赔偿的价值与适用规则

考察我国专利侵权案件审判实践,怎样确定赔偿数额的问题始终是法院面临的一大难题,甚至在最高人民法院相关领导的讲话中还出现了"世界性难题"的提法。[①] 通过上文对相关数据进行统计分析,我们已经对专利权司法保护现状,尤其是法定赔偿适用的现状有了基本的认识。对此,有观点或许会认为,损害赔偿数额偏低是因为法定赔偿的适用比例过高。那么,这种观点究竟能否成立?另外,司法实务中法定赔偿的适用现状是否符合法律、司法解释和司法政策的要求?

(一)法定赔偿是加大专利权司法保护力度的必然要求

我国1984年制定的《中华人民共和国专利法》(以下简称《专利法》)和1992年修订的《专利法》均没有关于如何确定专利侵权赔偿数额的规定。1992年《专

① 曹建明:《加强知识产权司法保护、优化创新环境、构建和谐社会——在全国法院知识产权审判工作座谈会上的讲话》,2005年11月21日。

利法》修订后,最高人民法院发布《关于审理专利纠纷案件若干问题的解答》(法发〔1992〕3号)[①],其中第4条规定,专利侵权的损害赔偿可按照专利权人因侵权行为受到的实际经济损失、侵权人因侵权行为获得的全部利润、不低于专利许可使用费的合理数,并且规定法院对这三种计算方法可以根据案情选择适用。2000年《专利法》修改时,增加一条,即侵犯专利权的赔偿数额,按照权利人因被侵权所受到的损失或者侵权人因侵权所获得的利益确定;被侵权人的损失或者侵权人获得的利益难以确定的,参照该专利许可使用费的倍数合理确定。

但是,基于专利权的无形性等特点、权利人举证困难等原因,司法实践中经常会出现权利人的实际损失和侵权人的非法获利难以确定,也没有专利许可使用费可以参照的情形。在这种情况下,按照2000年修订《专利法》的上述规定,权利人关于损害赔偿的诉讼请求将不能得到任何支持,而这非常不利于专利权的司法保护。正是为了解决这一问题,最高人民法院于2001年发布《关于审理专利纠纷案件适用法律问题的若干规定》(法释〔2001〕21号),在前述三种计算方式的基础上,首次将法定赔偿作为损害赔偿的计算方式之一。[②] 2008年修订的《专利法》将法定赔偿入法,并明确了适用顺位,将法定赔偿的上限提高到一百万元。[③]

除了弥补"权利人的实际损失""侵权人的非法获利"和"专利许可使用费的倍数"三种计算方式存在的不足之外,有观点还指出法定赔偿存在的震慑作用。[④]

---

① 该司法解释被《关于审理专利纠纷案件适用法律问题的若干规定》(法释〔2001〕21号)代替,已失效。

② 第21条:被侵权人的损失或者侵权人获得的利益难以确定,有专利许可使用费可以参照的,人民法院可以根据专利权的类别、侵权人侵权的性质和情节、专利许可使用费的数额、该专利许可的性质、范围、时间等因素,参照该专利许可使用费的1倍至3倍合理确定赔偿数额;没有专利许可使用费可以参照或者专利许可使用费明显不合理的,人民法院可以根据专利权的类别、侵权人侵权的性质和情节等因素,一般在人民币5000元以上30万元以下确定赔偿数额,最多不得超过人民币50万元。

③ 第65条:侵犯专利权的赔偿数额按照权利人因被侵权所受到的实际损失确定;实际损失难以确定的,可以按照侵权人因侵权所获得的利益确定。权利人的损失或者侵权人获得的利益难以确定的,参照该专利许可使用费的倍数合理确定。赔偿数额还应当包括权利人为制止侵权行为所支付的合理开支。权利人的损失、侵权人获得的利益和专利许可使用费均难以确定的,人民法院可以根据专利权的类型、侵权行为的性质和情节等因素,确定给予一万元以上一百万元以下的赔偿。

④ 该观点认为,规定法定赔偿的突出作用,在于对侵权人施加必要的法律震慑力。最高可达100万元的法定赔偿数额可以防止侵权人通过销毁有关证据或者炮制假账等方式以躲避或者减少其应当承担的赔偿数额,迫使侵权人如实交代其非法获利。否则,在侵权人明显有违诚实信用原则的情况下,被法院判处高额的法定赔偿就是咎由自取。见尹新天著:《中国专利法详解》,知识产权出版社2011年版,第737页。

总体来讲,法定赔偿是司法实践不断发展的结果,其目的在于满足加大专利权保护力度的需要。

(二)法定赔偿的适用规则

然而,值得注意的是,法定赔偿虽是"一柄利器",但因其有"一万元以上一百万元以下"的幅度,天生具有被滥用的风险。为此,经过长期司法实践经验的积累,最高人民法院逐渐形成了一些适用规则,并以司法政策的方式予以明确。

1. 避免简单适用

考虑到法定赔偿天生具有被滥用的风险,最高法院多次强调"用好损害赔偿确定规则,尽量避免简单地适用法定赔偿方法"。[①] 2010 年,时任最高人民法院副院长奚晓明指出,进一步完善法定赔偿方法的适用,防止法定赔偿的泛化、简单化和随意化。只有在缺乏基本的可靠数据支持,确实难以合理确定权利人损失和侵权人获利,也没有合理的许可使用费可以参照计算时,才应考虑适用法定赔偿。

2. 优化证据规则

一方面,法定赔偿是在"权利人的实际损失""侵权人的非法获利"和"专利许可使用费的倍数"三种计算方式都不能采用的情况下才适用;另一方面,法定赔偿也应基于侵权行为的性质和情节等确定,需要证据支持。无论哪一方面,均涉及法院对于证据规则的把握。对此,最高法院指出,要全面、客观地审核计算赔偿数额的证据,充分运用逻辑推理和日常生活经验,对有关证据的真实性、合法性和证明力进行综合审查判断,采取优势证据标准认定损害赔偿事实。[②] 要积极探索运用推定方式转移赔偿数额的举证责任,充分发挥举证妨碍制度在损害赔偿确定中的作用,依法支持当事人有关侵权赔偿额计算方法的约定,促进当事人举证责任负担上的公平与诚信。赔偿额的计算属于事实认定范畴,可以酌情适用优势证据的证明标准。

3. 法官自由裁量

一方面,不可否认的是,由于专利权无形性等特点,司法实务中权利人对于"侵权行为的性质和情节"等法定赔偿的适用因素存在举证难;另一方面,严格适用法定赔偿的法律规定,对于"一万元以下""一百万元以上"的情形则只能是

---

① 曹建明:《全面加强知识产权审判工作为建设创新型国家和构建和谐社会提供强有力的司法保障——在全国法院知识产权审判工作座谈会上的讲话》,2007 年 1 月 18 日。

② 最高人民法院《关于当前经济形势下知识产权审判服务大局若干问题的意见》(法发〔2009〕23 号)第 16 条。

"爱莫能助"。对此,最高人民法院鼓励法官自由裁量,并演绎出"裁量性赔偿"的概念。最高人民法院指出,对于难以证明侵权受损或侵权获利的具体数额,但有证据证明前述数额明显超过法定赔偿最高限额的,应当综合全案的证据情况,在法定最高限额以上合理确定赔偿额。① 对于根据案件具体情况,当事人提供了据以计算权利人损失或侵权人获利所需的销售数量等数据,其他所需数据尚不能完全确定的,最高人民法院认为,可以参考许可费、行业一般利润率、侵权行为的性质、持续时间、当事人的主观过错等因素,酌定计算赔偿所需的其他数据,公平合理地确定赔偿数额。②

4. 契合市场价值

权利人对于侵权赔偿数额低的质疑,很常见的一个说法是,法院确定的赔偿数额远低于相关专利权本身的价值,进而导致"赢了官司输了钱"。对此,最高人民法院也明确指出,要根据专利权的创新程度,合理确定保护强度,实现专利权的保护强度与创新高度和保护程度相适应。要促进形成符合市场规律和满足专利权保护要求的损害赔偿计算机制,使损害赔偿数额与专利权的市场价值相契合,与专利权对侵权行为获利的贡献率相适应。③

5. 赔偿合理开支

诉讼活动是需要成本的,如果权利人因诉讼维权而产生的合理开支都得不到赔偿的话,确实会打击权利人的维权热情。对此,最高人民法院明确指出,除法律另有规定外,在适用法定赔偿时,合理的维权成本应另行计赔。④ 要合理确定权利人因维权支付的开支,只要有关开支具有合理性和必要性并且已经实际发生,都可以纳入赔偿范围。

三、实务迷思:法定赔偿适用遭受诟病的六大原因

根据上文论述,法定赔偿是为了适应司法实践中加大专利权保护力度的需

---

① 最高人民法院《关于当前经济形势下知识产权审判服务大局若干问题的意见》(法发〔2009〕23号)第16条。

② 2011年、2014年,时任最高人民法院民三庭庭长孔祥俊《在全国法院知识产权审判工作座谈会上的总结讲话》中对"裁量性赔偿"有所阐述。

③ 陶凯元:《充分发挥知识产权审判职能作用为全面深化改革和实施创新驱动发展战略提供有力司法保障——在全国法院知识产权审判工作座谈会上的讲话》,2014年7月3日。

④ 最高人民法院《关于当前经济形势下知识产权审判服务大局若干问题的意见》(法发〔2009〕23号)第16条。

要而产生的，有重要的价值，且专利法律法规、司法解释和司法政策已构建起较为完善的适用规则。然而，司法实践中，还是存在"法定赔偿适用比例高""赔偿数额相对偏低"等现象，并因此遭受诟病。对此，我们认为，并不能因为"适用比例高"而否定法定赔偿的价值，关键在于，目前法定赔偿的适用能否真实地反映出专利权的价值，起到遏制侵权行为、保护专利权的作用。对此，答案可能是否定的。因此，法定赔偿适用遭受诟病的问题，其实质在于，"赔偿数额相对偏低"，不能真正起到保护专利权的目的。对于"法定赔偿数额相对偏低"的问题，我们认为，主要有以下六大原因。①

（一）专利权的无形性等特点造成举证障碍

和其他知识产权一样，专利权具有无形性等特点，导致对其估价存在很大的困难，甚至在实践中很难确定一项专利权的价值。正是由于这个缘故，当专利权遭受侵害的时候，权利人往往很难确定该被控侵权行为给其带来的损失，证明被告因侵犯专利权的获利也非易事。退一步讲，即使其通过市场评估等方式最后能够得到一个数额，也需要付出巨大的成本。因此，在绝大部分专利侵权案件中，法院只能通过法定赔偿的方式确定赔偿数额。而且，由于不能形成明确的定价，导致法定赔偿确定的数额相对偏低。

（二）专利权转化运用不足等原因导致定价困难

尽管《专利法》第 65 条规定了"参照该专利许可使用费的倍数"的方式合理确定损害赔偿数额，且列于法定赔偿适用顺位之前。但是，实务中的困难在于，缺乏专利许可使用费可以参照。对此，《关于检查〈中华人民共和国专利法〉实施情况的报告》中也提到"专利运用能力不足，专利的市场价值没有得到充分体现"的问题，具体体现为"重申请、轻运用"的现象较为普遍；专利"沉睡"与"流失"现象并存；专利运用能力整体不强；对专利的市场价值认识不足；专利许可转让不够活跃，市场化水平较低等。② 和专利权无形性等特点带来的困境一样，专利权

---

① 对于法定赔偿的适用遭受诟病的原因，有文章进行过调研，得出的结论是，关键还在于权利人（案件原告）并没有提交原告损失、被告获利等相关证据，法院不得不采取法定赔偿的方式确定赔偿数额，进而也难以得出较高的赔偿数额。见陈志兴：《积极提赔偿证据客观看赔偿数额》，载《中国知识产权报》2014 年 9 月 3 日，第 11 版。但是，值得进一步思考的是，原告为什么"没有提交原告损失、被告获利等相关证据"？是什么原因导致这一局面的出现？对此，本课题组提出下文中的六大原因。

② 全国人民代表大会常务委员会执法检查组《关于检查〈中华人民共和国专利法〉实施情况的报告》，2014 年 6 月 23 日。

转化运用不足等现象同样导致法定赔偿适用比例的提升,也影响法定赔偿适用时的准确定价。

(三)法院对损害赔偿证据的采信要求过于严格

司法实务中,与其他案件中的证据采信标准一样,证明损害赔偿数额的证据也应该具备"三性",即真实性、合法性和关联性。正如上文提到的,由于专利权的无形性等特点,通过提交证据的方式证明原告损失、被告获利等存在很大的困难。在具体计算的过程中,涉及"专利产品因侵权所造成销售量减少的总数""专利产品的合理利润""侵权产品在市场上销售的总数"等需要确定的计算项目。而司法实务中,对于这些证据,权利人往往很难完整提供,其中任何一项内容的缺失都会导致"权利人的实际损失""侵权人的非法获利"等计算方式不能适用,进而不得不适用法定赔偿的计算方式。

(四)法院适用损害赔偿证据规则的灵活度不够

民事诉讼的基本证据规则是"谁主张,谁举证",只有在法律作出特别规定的情况下,才可以适用"举证责任倒置"。[①] 损害赔偿的举证也是一样。但是,考虑到权利人举证证明实际损失、被告非法获利等的难度,最高人民法院相关司法政策明确提出,要积极探索运用推定方式转移赔偿数额的举证责任,充分发挥举证妨碍制度在损害赔偿确定中的作用,依法支持当事人有关侵权赔偿额计算方法的约定,促进当事人举证责任负担上的公平与诚信。赔偿额的计算属于事实认定范畴,可以酌情适用优势证据的证明标准。但是,司法实践中,大多数案件还是严格适用"谁主张,谁举证"的证据规则。

(五)赔偿数额未能体现专利权利类型、创新高度的差异

根据《专利法》第65条的规定,法院可以"根据专利权的类型、侵权行为的性质和情节等因素,确定给予一万元以上一百万元以下的赔偿"。但是,司法实践中,"专利权的类型"这一因素并没有得到很好的体现。以上文表3为例,对于单个案件赔偿数额的平均值,发明、实用新型和外观设计并没有太大的差异。以北京地区为例,发明、实用新型和外观设计三者的平均值分别为16.9万元、14万元和12.6万元。按照创新高度排序的话,发明第一,实用新型次之,外观设计一般不蕴含科技创新成果。但是,在北京的数据中,基本上体现不出专利权的类型和

---

① 例如,对于以方法专利主张专利权保护的,《专利法》第61条规定,专利侵权纠纷涉及新产品制造方法的发明专利的,制造同样产品的单位或者个人应当提供其产品制造方法不同于专利方法的证明。

创新高度的差异，其他地区的情况也基本类似。很显然，当法院适用法定赔偿对于发明、实用新型和外观设计的司法定价基本相同的情况下，科技创新、专利权保护力度从何谈起？

（六）赔偿数额未能充分体现侵权行为类型的差异

法定赔偿的考虑因素包括“侵权行为的性质和情节”等，其中制造、使用、许诺销售、销售和进口等侵权行为类型是重要内容。由于专利权无形性等特点，在侵权行为的发现和举证难度方面，制造行为远远超出销售行为。因此，司法实务中大量案件仅起诉销售行为。① 然而，不同类型的侵权行为体现在法定赔偿的数额上是什么状况呢？以本课题组统计的131份涉及发明专利侵权案件的判决书为例，有74份判决支持了原告关于损害赔偿的诉讼请求。经对这74份判决进行分析，单纯起诉使用行为的3起案件平均获赔数额为14万元，单纯起诉销售行为的11起案件平均获赔数额为12万元，起诉制造、销售、使用等行为的60起案件平均获赔数额为36万元。这些数据虽然体现了制造者、销售者、使用者等承担损害赔偿数额的差异，但是，考虑到制造行为系源头侵权，对专利权的侵害更严重，故上述差异还不足以鼓励权利人尽可能地起诉制造商，实现源头打击侵权的司法政策。②

（七）合理开支赔偿数额未能激励权利人积极维权

正如上文提到的，专利权的无形性等特点，给权利人带来举证困难，维权成本高。然而，与专利权损害赔偿数额举证难不同的是，合理开支的举证并不存在较大的障碍。那么，对于权利人的合理维权开支（包括律师费、调查取证费等），法院是否能够给予足额赔偿呢？以本课题组统计的478份原告诉讼请求得到法院支持的判决为例，法院没有单独确定合理开支赔偿数额的案件为412件，确定的合理开支数额在5000元以下的为26件，5000元至10,000元的为13件，10,000元以上的为27件。也就是说，在86.2%的案件中，法院并没有单独确定诉讼合理开支的数额，单独确定的案件中，合理开支的支持数额也并不高。这与最高法院的相关司法政策是相悖的。③

---

① 这种现象尤其体现在外观设计专利侵权案件中。

② “鼓励源头打击侵权”的司法政策一方面能够加大专利权司法保护力度，整体上提高专利侵权赔偿数额，另一方面能够避免大量仅起诉销售商的案件涌入法院，进而节省有限的审判资源。

③ 在《关于当前经济形势下知识产权审判服务大局若干问题的意见》（法发〔2009〕23号）中，最高人民法院指出，除法律另有规定外，在适用法定赔偿时，合理的维权成本应另行计赔。

四、完善对策:法定赔偿适用典型案例给出的启示

无论是理论界还是实务界,专利权损害赔偿都是一个老问题。但是,令人惊奇的是,尽管经过多年的理论研究和司法实践经验的总结,这个问题仍然让人琢磨不透。细究起来,本课题组认为,关键在于司法实践中对法定赔偿适用规则的规范性落实和创造性执行。

(一)灵活运用专利侵权损害赔偿证据规则

正如上文提到的,侵犯专利权法定赔偿(乃至损害赔偿)数额偏低的原因主要在于在案证据不充分。但是,专利侵权损害赔偿数额举证难也是不争的事实。因此,为了体现加大专利权司法保护力度,法院应灵活掌握和运用证据规则,并适当降低证据采信门槛。例如,逻辑推理和日常生活经验、事实推定、举证妨碍等均可运用。

2014 年 5 月实施的《中华人民共和国商标法》(以下简称《商标法》)确立了类似于证据开示的举证妨碍制度,即第 63 条第 2 款规定的,人民法院为确定赔偿数额,在权利人已经尽力举证,而与侵权行为相关的账簿、资料主要由侵权人掌握的情况下,可以责令侵权人提供与侵权行为相关的账簿、资料;侵权人不提供或者提供虚假的账簿、资料的,人民法院可以参考权利人的主张和提供的证据判定赔偿数额。虽然《专利法》中目前还没有该项规定,但在我国民事诉讼中也有与此相关的规则。① 积极准确地适用这些规则,对于提高赔偿数额具有重要意义。

在原告伊西康公司诉被告智业公司侵犯专利权纠纷案件②中,法院出具证据保全民事裁定书,查封、扣押被控侵权产品设计图以及相关的财务账册等材料。在法院前往智业公司送达上述民事裁定书时,智业公司未能当场提供上述材料,法院要求智业公司于收到民事裁定书之日起 5 日内提交,并说明了不在限期内提交将承担相应不利的法律后果。但智业公司迟至 10 天后才向法院寄出被控

---

① 最高人民法院《关于民事诉讼证据的若干规定》(法释〔2001〕33 号)第 75 条规定,有证据证明一方当事人持有证据无正当理由拒不提供,如果对方当事人主张该证据的内容不利于证据持有人,可以推定该主张成立。

② 见北京市第一中级人民法院(2011)一中民初字第 16752 号民事判决书。此外,被评为"2011 年中国法院知识产权司法保护 10 大案件"之一的珠海格力电器股份有限公司诉广东美的制冷设备有限公司等侵害发明专利权纠纷案也是适用证据披露和举证妨碍规则的典型案例。见广东省高级人民法院(2011)粤高法民三终字第 326 号民事判决书。

侵权产品的财务销售资料复印件。对此,法院认为,智业公司在其提交书面代理意见中确认在法院进行诉讼保全的当天即有足够的时间完成上述工作,但其在法院已经明确相应不利法律后果的情况下,仍然拒绝在指定限期内提交涉及侵权产品的相应财务资料等资料。据此,法院适用《关于民事诉讼证据的若干规定》第75条的规定,确信被告侵权所得已超过了法定赔偿额的上限,故判决其向原告赔偿100万元。

(二)鼓励法官在确定赔偿数额时的自由裁量

裁量性赔偿,也叫酌定赔偿,是指在计算赔偿数额所需的部分数据确有证据支持的基础下,法院根据案情运用裁量权,确定计算赔偿所需要的其他数据,从而确定公平合理的赔偿数额。也就是说,根据在案证据(例如,可以确定侵权产品的销售收入,但缺少利润数据),通过法官的自由裁量,最终确定一个赔偿数额。[①] 当然,这种自由裁量的做法并不仅仅体现在法定赔偿的适用过程中,而且理想的状态是,法官能够基于在案证据并结合自由裁量,通过适用"权利人的实际损失""侵权人的非法获利"和"专利许可使用费的倍数"三种优先的计算方式确定损害赔偿数额,避免法定赔偿适用的不确定性。

在上诉人华纪平等与被上诉人上海斯博汀贸易有限公司等侵犯专利权纠纷案[②]中,最高人民法院指出,在侵权产品销售数量可以确定的情况下,根据专利产品或者侵权产品的利润率,即可以计算出被侵权人的损失或者侵权人获得的利益,并以此来确定赔偿额;在有关产品的利润率难以准确计算时,法院可以酌定一个合理的利润率来计算。当然,如果当事人能够证明存在一个真实合理的按照产品件数计算的专利许可使用费时,也可以根据按件计费标准乘以侵权产品数量所得之积计算赔偿额。又如,在原告施特里克斯有限公司诉被告浙江家泰电器制造有限公司等侵犯专利权纠纷案件[③]中,施特里克斯公司明确其主张100万元的经济赔偿的计算方式为法定赔偿。法院认为,已有在先3份判决确定家泰公司侵犯涉案专利权,且其中两份判决全额支持了施特里克斯公司关于赔偿数额的请求、另一份判决依据最高人民法院《关于审理专利纠纷案件适用法律问题的若干规定》中的上限确定赔偿数额的情况下,仍然实施侵犯涉案专利权的行

---

① 霍冰一:《最高法:三举措解决知识产权案赔偿难》,载 http://china. caixin. com/2013 - 10 - 23/100594709. html,最后访问时间:2016年10月3日。

② 见最高人民法院(2007)民三终字第3号民事判决书。

③ 见北京市第一中级人民法院(2011)一中民初字第15号民事判决书。

为,故考虑家泰公司的侵权恶意程度、家泰公司的企业规模及产品年生产量、涉案专利在被控侵权产品中的作用以及被控侵权产品的通常利润率等因素,适用法定赔偿的上限,即100万元确定为损害赔偿数额。

(三)体现专利权的市场价值和侵权行为类型

市场是专利权价值的最佳判断者。因此,法院要充分运用证据规则,加大释明力度,强化当事人举证,推动并引导当事人在提交证据、质证以及诉讼交锋中呈现专利权的市场价值。要促进形成符合市场规律和满足权利保护要求的损害赔偿计算机制,使损害赔偿数额与专利权的市场价值相契合,与专利权对侵权行为获利的贡献率相适应。①

《专利法》第65条明确规定,确定法定赔偿的数额可以考虑专利权的类型,不同的专利权类型、不同的发明创造,其市场价值必然存在差异,这一点需要在司法定价行为中体现出来。司法实务中,不少案件中也是将专利权的类型作为一项重要的考虑因素。例如,在珠海格力电器股份有限公司诉广东美的制冷设备有限公司等侵害发明专利权纠纷案②中,法院在确定赔偿数额时,亦考虑到“涉案专利的类型是发明专利,研发成本和市场价值较高”的具体情况。

当然,考虑专利权的市场定价,需要相关证据的支持。对此,最高人民法院相关司法政策指出,在当事人充分举证的基础上,法院可以探索运用市场假定法、可比价格法、行业平均法等行业或领域通用或公认的分析评估方法,提高损害赔偿计算的科学性和合理性。③ 另外,对于不同的侵权行为,如制造和销售行为,其行为人在承担损害赔偿责任上需体现出差距,以彰显法院鼓励打击源头侵权行为的决心。

(四)加大诉讼维权合理开支的赔偿力度

诉讼维权合理开支体现为当事人获取(接近)正义的成本。合理开支的赔偿是对权利人诉权保障的体现,同时也能减少“赢了官司输了钱”现象的存在。因此,在适用法定赔偿时,应按照最高人民法院相关司法政策的要求,体现出鼓励维权、加大保护力度的司法导向。

---

① 陶凯元:《充分发挥知识产权审判职能作用为全面深化改革和实施创新驱动发展战略提供有力司法保障——在全国法院知识产权审判工作座谈会上的讲话》,2014年7月3日。

② 见广东省高级人民法院(2011)粤高法民三终字第326号民事判决书。

③ 陶凯元:《充分发挥知识产权审判职能作用为全面深化改革和实施创新驱动发展战略提供有力司法保障——在全国法院知识产权审判工作座谈会上的讲话》,2014年7月3日。

例如,对于律师费的合理性问题,最高人民法院在申请再审人株式会社岛野与被申请再审人宁波市日骋工贸有限公司侵犯专利权纠纷案[①]中指出,日骋公司虽对上述律师费(按照每位律师每小时3000元计收,共计442,500元)的数额提出质疑,但未提出充分的事实和理由,且律师费以每小时3000元计收并未违反有关法律、行政法规以及行政规章的规定,本院予以支持。又如,对于合理开支的票据支持问题,最高人民法院在上诉人华纪平等与被上诉人上海斯博汀贸易有限公司等侵犯专利权纠纷案[②]中指出,为制止侵权行为所支付的合理开支并非必须要有票据一一予以证实,法院可以根据案件具体情况,在有票据证明的合理开支数额的基础上,考虑其他确实可能发生的支出因素,在原告主张的合理开支赔偿数额内,综合确定合理开支赔偿额。

我们认为,最高人民法院关于合理开支的观点是务实的,符合加大专利权司法保护力度,降低权利人维权成本的司法政策,值得推广。

五、继续思考:法定赔偿适用是否应该设置下限

关于我国专利侵权诉讼中的法定赔偿问题,有研究指出,大量财务制度不健全的个体工商户和小微企业的存在以及诉讼双方的谋利动机使得法定赔偿成为目前我国专利侵权赔偿最主要的原则。无论是法定赔偿还是非法定赔偿,专利侵权赔偿都表现出明显的产业区分特征和多种赔偿原则并用的倾向。从总体的实际平均赔偿额来看,我国的法定赔偿额偏低,这与大量专利民事案件集中在传统快速消费品和传统耐用消费品领域的事实是相关联的。事实上,高新技术产品的法定赔偿额远高于前两类产业。[③] 那么,值得思考的是,对于大量的个体工商户和小微企业被告而言,10万元的法定赔偿下限是否合理?

正如本文已经充分论述的,专利侵权诉讼中赔偿数额低的症结并不在于法定赔偿下限过低,而是证明赔偿数额的证据不足。增强权利人的举证能力、加强法院依申请或依职权调查取证等措施,要比提高法定赔偿额下限效果明显。相反,提高法定赔偿额下限,可能会导致原告怠于提交证明其损害或被告获利的证据,消极等待法院按照法定赔偿作出判决,甚至出现专门的"诉讼专业户",影响

---

① 见最高人民法院(2012)民提字第1号民事判决书。

② 见最高人民法院(2007)民三终字第3号民事判决书。

③ 李黎明:《专利侵权法定赔偿中的主体特征和产业属性研究:基于2002～2010年专利侵权案件的实证分析》,载《现代法学》2005年第4期。

企业的正常经营。提高法定赔偿额下限还有可能产生下列不良影响:一是我国相当一部分外观设计和实用新型专利市场价值较低,相当一部分被诉侵权人为销售商,对专利权人损害较小,获利较少,举证能力弱,10 万元的法定赔偿下限明显失衡;二是恐怕会产生反向激励,权利人不再去追究生产制造源头,甚至会"放水养鱼"后再起诉销售商;三是会在一定程度上限制法官根据个案情况行使自由裁量权的空间。因此,我们认为,《专利法修订草案(送审稿)》第 68 条第 2 款不应该设置下限,而是应当交由法官根据案件的具体情况自由裁量。

六、结语:关于《专利法修改草案(送审稿)》法定赔偿条款的建议

对于法定赔偿适用规则的研究需置于"加大知识产权保护力度""知识产权损害赔偿"系列课题之下进行研究。相比于"权利人的实际损失""侵权人的非法获利"和"专利许可使用费的倍数"三种计算方式,法定赔偿的适用属于"次优选择"。当通过降低损害赔偿证据采信门槛,完善证据规则等做法能够适用前三种计算方法时,应该优先适用,以反映出专利权的市场价值,体现出全面赔偿的原则,促进专利权司法保护力度的提升。当在案证据不能支持前三种计算方法时,法院也应以"加大专利权保护力度"为导向,尽可能地让法定赔偿的数额与涉案专利权的市场价值、创新程度相适应,并适当加大诉讼维权合理开支的赔偿力度,鼓励权利人积极维权。

在"严格保护"的司法政策背景下,《专利法修订草案(送审稿)》第 68 条第 2 款将法定赔偿的上限提高到 500 万元具有现实意义,但不应该设置下限,而是应当交由法官根据案件的具体情况自由裁量。即建议将《专利法修订草案(送审稿)》第 68 条第 2 款的内容修改为:权利人的损失、侵权人获得的利益和专利许可使用费均难以确定的,人民法院可以根据专利权的类型、侵权行为的性质和情节等因素,确定给予 500 万元以下的赔偿。

商标申请驳回复审案件中商标恶意注册法律问题分析及行政诉讼程序应对思路

北京知识产权法院课题组*

一、选题的意义

申请在先原则是商标注册制度所遵循的一项基本原则,这一原则的优势在于,商标注册申请审查机关可以较为便捷地确定申请主体并进行相应审查。但这一制度由于不涉及对申请注册商标的“实际使用”或“意向使用”这一申请基础事实的审查,因此也就产生了相应社会和法律问题,其中最为突出的就是商标恶意注册行为。

修正后的《中华人民共和国商标法》(以下简称《商标法》)在第13条、第15条、第32条等条款中对制止恶意注册明确了相应的法律规范,并在第7条①中增加了原则性的规定。上述条款的比照、结合适用,在商标不予注册复审案件、宣告注册商标无效案件中,对制止恶意注册行为发挥了积极作用。但商标申请驳回复审行政纠纷案件(以下简称商标驳回复审案件)中,商标恶意注册的表现形式与上述类型案件存在较大差异,集中体现为:存在恶意注册情形的是引证商标而非诉争商标。尽管诉争商标申请人往往会提出引证商标存在恶意注册的主张,但基于申请在先原则,人民法院仍将引证商标作为诉争商标申请注册的在先权利障碍事实加以认定,并依据《商标法》第30条、第31条有关法律规定驳回诉争商标申请人的诉讼请求,而对于引证商标注册行为是否属于恶意注册诉争商标申请人已经享有的合法在先权益不作实体审理。

课题组认为,商标注册制度的宗旨在于善意注册并积极在商品流通领域中

---

* 课题组负责人:杜长辉;课题组成员:张剑、侯占恒、史兆欢;执笔人:侯占恒。

① 《商标法》第7条规定:“申请注册和使用商标,应当遵循诚实信用原则”。

使用商标标志。针对商标驳回复审案件中引证商标存在恶意注册影响诉争商标申请注册的情形,为促进争议的实质性解决,课题组以北京知识产权法院速审团队2016年3月以来审结的商标驳回复审案件为基础,结合其他国家对制止恶意注册行为的制度性安排、典型案例以及我国参加国际条约所应履行的条约义务,采取实证分析、比较分析的调研方法,对上述情形的相关法律问题进行梳理和研究,进而提出有利于推动实质性解决纠纷的行政诉讼程序应对思路。为进一步规范商标申请注册秩序,遏制恶意注册行为,提升司法裁判的公信力,发挥进一步指引作用。

二、商标恶意注册的现状及危害性后果

自2016年3月至12月,我院速审团队审结商标申请驳回复审案件共计1578件。其中涉及商标法第30条和第31条的约970件,诉争商标申请人主张引证商标存在恶意注册情形的案件共67件,均集中于此类案件中,占6.9%。

课题组发现,主张商标恶意注册的民事主体大都对该商标标志进行了前期的商业使用并获取了一定商业利益,或基于该商标标志享有其他在先合法民事权益。恶意注册行为会造成损害其上述民事权益的法律后果。同时,诉争商标申请人亦会采取针对性的维权措施,维护其合法权益。课题组选取了诉争商标申请人所属国籍或国际组织、引证商标恶意注册具体情形、诉争商标申请人目前所采取的程序性和实体维权措施等视角,对商标恶意注册的现状、特点、危害后果作一梳理,并在此基础上进一步分析商标驳回复审案件中恶意注册行为难以得到有效遏制的原因,为制定相应的程序性解决措施指明方向。

(一)诉争商标申请人所属国籍或国际组织情况

在上述67件案件中,涉及欧盟成员国的22件[①],美国16件,中国大陆13件,中国香港特别行政区5件,中国台湾地区4件,日本2件,韩国、泰国、加拿大、新西兰、阿联酋各1件。其中,诉争商标申请人主体具有涉外因素的案件有54件,占80.6%。

上述统计数据体现出,针对我国法域外具有较高知名度商标实施的恶意注册行为所占比例较高,占80.5%。虽然针对国内商标实施的恶意注册行为所占比例相对较低,但绝对数量相比已经仅次于美国和欧盟。

---

① 欧盟成员国中法国15件、英国3件、德国2、荷兰1件、西班牙1件。

(二)引证商标存在恶意注册的具体情形

在上述67件案件中,诉争商标标志具有较强固有显著性且与引证商标高度近似的有64件。其中有53件案件的诉争商标申请人就引证商标恶意注册行为所损害其特定的在先民事权益加以了明确。课题组认为,从该视角分析可以总结概括出恶意注册行为所损害的合法在先民事权益的种类,并对其中最具典型性的行为加以规制。具体情况为:

1. 有3件案件体现为,引证商标注册系在同一种或者类似商品上对诉争商标(未在中国注册的驰名商标)复制、模仿或者翻译的情形,即商标法第13条第2款所调整的情形;

2. 有1件案件体现为,引证商标权利人与诉争商标申请人存在商业代理、代表关系,未经授权,擅自将诉争商标申请人使用的商标以自己的名义进行注册,即商标法第15条所调整的情形;

3. 有49件案件体现为,引证商标系对诉争商标申请人享有在先民事权益的客体进行商标注册,或对其在先使用并有一定影响的商标进行注册的情形,即商标法第32条所调整的情形①;

4. 在53件案件中,还有17件案件同时涉及大量抢注他人权利标志或将公共资源进行商标注册的情形,即商标法第44条第1款所调整的情形。

具体见图1:

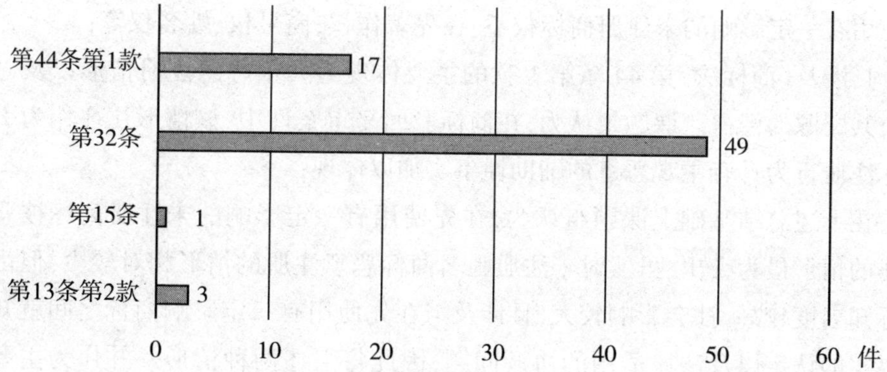

图1

① 《商标法》第32条中,涉及在先姓名权3件、著作权2件、商号权13件、在先使用有影响商标31件。

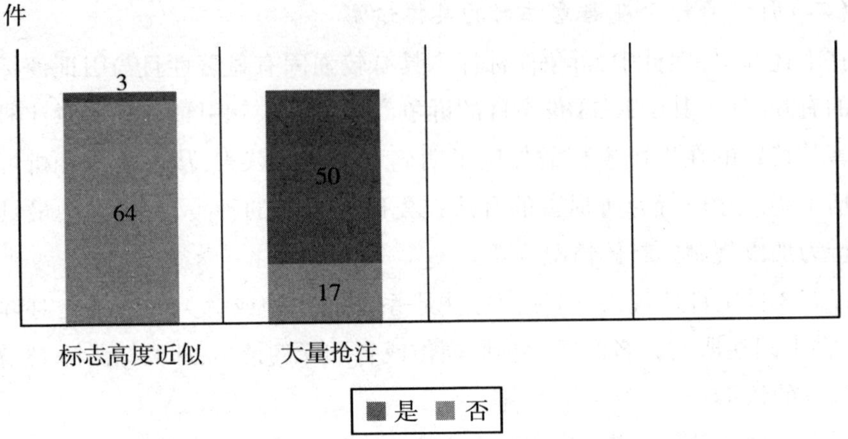

图 2

上述统计可以较为清晰地体现出几个特点：

1. 诉争商标标志具有较强固有显著性且与引证商标高度近似。课题组认为，恶意注册行为主要特征之一即商标标志之间存在高度近似，刻意复制、模仿的特点十分突出，极易造成相关公众对商品来源产生混淆、误认；

2. 引证商标权利人对所申请注册的商标标志并未早于诉争商标申请人使用或基于该标志内容拥有其他合法在先民事权益。其注册行为扰乱商标注册秩序并攫取或不当利用了诉争商标申请人的市场声誉，违反了诚实信用原则；

3. 恶意注册行为所侵害的合法在先民事权益包括：未注册驰名商标权益、在先使用有一定影响的未注册商标权益、在先著作权、商号权、姓名权等；

4. 涉及《商标法》第 44 条第 1 款的主要体现为大量恶意注册情形以及对社会公共资源的侵占。课题组认为，在商标驳回复审案件中，该情形往往作为引证商标注册行为具有主观恶意的辅助性事实加以体现；

在上述总结基础上课题组认为，在先使用有一定影响的未注册商标被恶意注册的情形最为突出，虽然对未注册驰名商标恶意注册的情形相对较少，但由于商标知名度较高，社会影响较大，且涉及与在先使用有一定影响商标之间就知名度事实的认定以及法律适用的协调问题，因此将上述两种情形一并作为主要研究的典型案件类型。

(三) 诉争商标申请人所采取的程序性和实体维权措施

诉争商标申请人针对引证商标的恶意注册行为，往往采取两方面措施：一方面针对引证商标提出异议申请、撤销注册申请或宣告商标无效申请等实体维权措施；另一方面，在诉争商标的商标驳回复审案件中，基于前述实体维权措施进而请求法院中止案件审理，或主张引证商标注册违反诚实信用原则，不应成为诉争商标注册的合法在先权利障碍。

1. 在前述 67 件案件中，诉争商标申请人明确对引证商标采取实体维权措施的有 42 件，未采取维权措施的有 15 件，还有 10 件未予以明确。

2. 在前述 67 件案件中，诉争商标申请人明确提出案件应当中止审理的 34 件，未提出的 33 件；

3. 在前述 67 件案件中，诉争商标申请人明确提出引证商标不应成为诉争商标申请注册在先权利障碍的 25 件，未提出的 42 件。

具体见图 3：

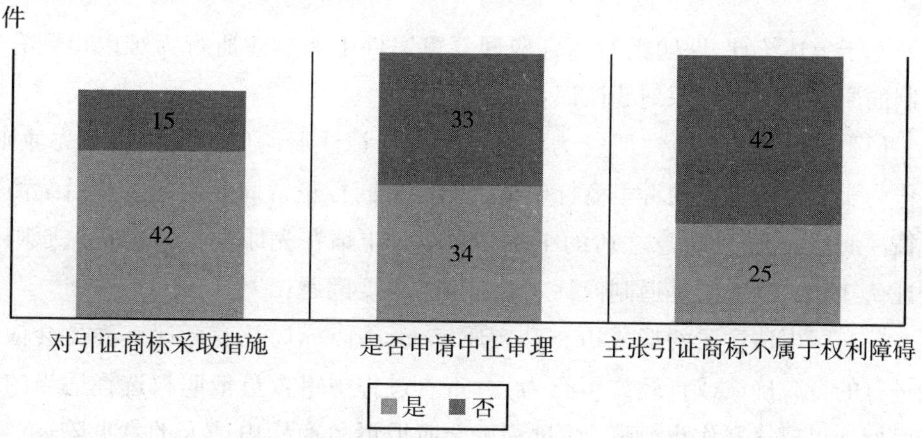

图 3

诉争商标申请人通常采取的具体措施包括：

1. 针对引证商标恶意注册行为，依据商标法第 49 条第 2 款提出撤销注册申请的有 4 件；

2. 针对引证商标恶意注册行为违反商标法第 13 条第 2 款、第 15 条、第 30 条、第 31 条、第 32 条规定，依据商标法第 33 条提出异议申请的有 2 件；

3. 针对引证商标恶意注册行为违反商标法第 13 条第 2 款、第 15 条、第 30 条、第 31 条、第 32 条规定，依据商标法第 45 条提出宣告该注册商标无效申请以及针对同时存在其他大量恶意注册商标情形，依据商标法第 44 条第 1 款提出宣告该注册商标无效申请的 36 件。

具体见图4:

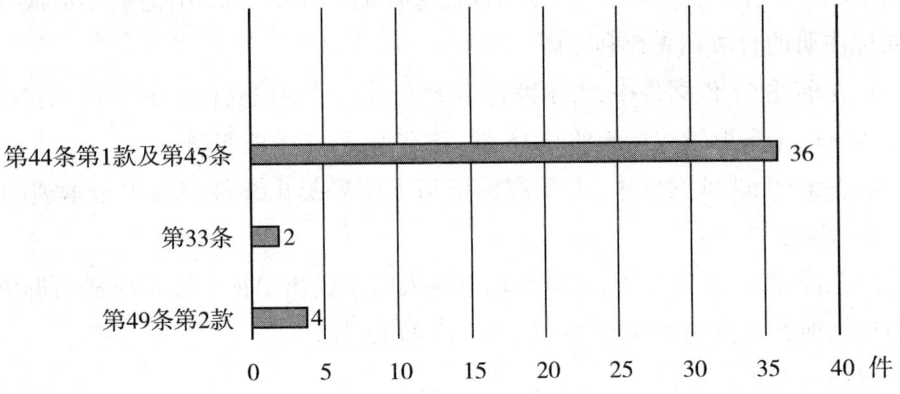

图4

基于上述统计,课题组对商标驳回复审案件中恶意注册行为难以得到有效遏制的原因有了更为深刻的认识:

1. 引证商标的恶意注册行为系利用商标申请注册制度中的申请在先原则,而作为实际使用在先的诉争商标申请人的已有商标正常商业使用以及后续商标申请注册,均会受到恶意注册的干扰和影响。申请在先原则与使用在先原则的辩证认知和协调适用是遏制商标恶意注册的首要问题;

2. 商标申请注册的形式审查和实质审查,是商标局及商标评审委员会依职权进行的行政确认或行政许可行为①。审查过程中审查员依职权选择适当的引证商标加以对比并作出判断,该过程不会听取诉争商标申请人的意见陈述。诉争商标申请人只有在收到商标注册申请的驳回决定后,才能得知引证商标的相关信息。引证商标是否存在恶意注册的情形只有待商标驳回复审程序中诉争商标申请人主动提出才能加以呈现;

3. 基于现有认识和解决途径,诉争商标申请人只能另行通过对引证商标采取提起宣告商标无效等措施维护自身权益。而在诉争商标自身的商标驳回复审行政审查中,商标评审委员会不会将引证商标恶意注册纳入评审范围;

4. 后续行政诉讼程序中,诉争商标申请人虽然一方面以对诉争商标提起宣告商标无效为由申请案件中止审理,另一方面主张引证商标系恶意注册,不应成

① 行政许可的特点是针对一般性禁止的事项,我国法律规定烟草专卖资格的获取属于一般性禁止事项范畴。除此以往的其他商标申请注册审查属于行政确认。

为诉争商标注册的在先权利障碍,但实际结果却差强人意。在上述 34 件案件中针对诉争商标申请人提出的中止审理申请均未予以准许。主要原因在于,该情形并未纳入商标评审审查范围,基于行政诉讼对行政行为合法性审查的特点,诉讼程序亦不将该情形纳入案件审理范围。此外由于针对引证商标启动的其他评审程序审查周期长、审查结论不确定性等因素,在诉讼中往往将引证商标仍视为合法有效的先权利障碍,进而驳回诉争商标申请人的诉讼请求;

5. 目前的司法实践中,法官已经开始注意到部分引证商标存在恶意注册较大可能性的因素,且在诉争商标申请人已经向商标评审委员会就引证商标恶意注册提出了撤销注册或宣告无效请求后,会视情况将案件中止审理。但中止审理掌握的标准不统一。主要表现为:部分案件在引证商标撤销注册、宣告无效行政裁决作出后,且已经进入诉讼程序时考虑中止案件审理;部分案件在尚未作出行政裁决时即中止案件审理。其原因在于,前者主要从关联案件针对引证商标恶意注册事实已经进入司法审查阶段,无须就此事实重复审理角度予以认定,后者主要从行政裁决审查周期较长,司法主导性可以体现在引证商标恶意注册事实的及时预判与确认予以认定。

三、恶意注册的内涵、构成要件以及典型形态

在前述统计分析的基础上,课题组对商标恶意注册的内涵、在商标驳回复审案件中体现的构成要件以及典型形态有了更为清晰的认知。

(一)内涵

商标恶意注册系违背诚实信用原则,以攫取或不正当利用他人市场声誉,损害他人在先合法民事权益,或者以侵占公共资源为目的的商标注册行为。①

(二)商标驳回复审案件中对恶意注册认定的构成要件

1. 诉争商标在引证商标申请注册日之前作为商标持续使用并具有相应的知名度,或诉争商标申请人就该标志享有其他合法在先民事权益;

2. 诉争商标与引证商标标志相同或近似;

3. 诉争商标指定使用商品、服务与引证商标核定使用商品、服务具有密切关联性;

---

① 北京知识产权法院院长宿迟在规制商标恶意注册专项审判工作新闻发表会的讲话:《用足法律措施、严格举证责任、裁判文书公示、彰显司法在规制商标恶意注册上的能动性和有效性》。

4. 引证商标注册行为属于违反诚实信用原则的情形,包括但不限于:商标法第 13 条第 2 款、第 15 条、第 32 条、第 44 条第 1 款所调整的情形;其他违反诚实信用原则的情形;

5. 引证商标的申请注册行为无历史原因的正当性;

6. 在恶意注册行为构成的前提下,恶意情形加重的考虑因素,包括但不限于:引证商标权利人针对诉争商标申请注册人,基于引证商标专用权行使请求权;诉争商标权利人就该商标向特定或不特定民事主体实施兜售或其他图谋获取不当利益的行为等。

(三)商标驳回复审案件中恶意注册行为侵害特定民事权益的典型类型及法律适用

1. 典型类型:

(1)抢注他人在先使用并有一定影响的未注册商标;

(2)抢注他人在我国法域范围内未注册的驰名商标。

2. 法律适用分析:

(1)区分未注册驰名商标与在先使用并有一定影响的未注册商标的事实认定标准,其中:

①未注册驰名商标,在其实际使用商品领域的驰名事实认定标准要严格一些,因为相关事实区别于工商行政机关就驰名事实进行审查并认定,而是直接由司法审查在个案中加以认定;

②对在先使用并有一定影响商标的事实认定下线标准可以因恶意注册情形而适当放宽。

(2)在驰名事实认定中,相对已注册驰名商标而言应当对驰名事实的证据采取更为严格的审查。

(3)加强全球化因素的考量:

外国企业拥有注册在我国法域外的驰名商标,该企业在与我国经营性主体存在商业接触、商业广告投放、公益活动以及赛事赞助等活动中在我国法域范围内使用该商标,适度考虑域外使用证据在驰名商标事实认定中的作用。

(4)对恶意注册商标标志近似性以及商品或服务类似的判断标准方面,可以比商标法第 32 条后半段掌握的相应标准更具有弹性一些。形成《商标法》在第 13 条第 2 款和第 32 条后半段适用上的相对平衡。

(5)强调容易导致混淆的"可能性"。其中：

可以参考美国商标法"likehood of confusion"标准，较多、相当可观的相关公众可能产生混淆，即较大盖然性；

即便恶意抢注商标经过大量商业使用，在部分地域的相关公众中已经形成了能够区分与驰名商标提供商品、服务来源的现实状态，但仍应当从法域范围以及全球化视角对混淆可能性加以判断。

四、域外制度性规范和判例的经验借鉴

违反诚实信用原则获取不当商业利益的行为是现代社会经济生活中一种不正常现象。商标恶意注册行为本身也具有这一特点，这也是市场交易秩序完善过程中的必然现象。发达国家在市场经济不断发展并逐渐成熟的过程中，亦面临同样的问题。特别是经贸活动全球化的大趋势下，以英美为代表的衡平法系与法德为代表的大陆法系针对商标恶意注册行为的规制措施也在不断地相互借鉴和完善，特别是在成文法和判例方面均予以了高度重视。我国在对外开放的过程中借鉴国外先进经验是发展的必由之路，特别是成为世贸组织成员后，遵守国际条约的相关规定也是成员国所应遵守的基本义务。课题组在前述统计分析的基础上，选取两大法系中代表性国家以及重要区域性国际组织、国际条约的立法和判例予以列举、分析，为我国规制商标恶意注册行为提供借鉴。

(一)域外制度性规范和判例介绍

1.《巴黎公约》及TRIPs的相关规定：[①]

《巴黎公约》的第6条之五就原属国已经注册的商标在其他成员国给予"原样保护"时，从反面列举了四种可以驳回及无效的情况，其中包括：在要求保护的国家，商标具有侵犯第三人的既得权利的性质；商标违反道德或公共秩序，尤其是具有欺骗公众的性质。第6条之七明确规定，代理人未经商标所有人同意而以自己名义注册商标是违反诚实信用的恶意注册行为。

TRIPs强调商标不得损害他人在先权利。

2.欧盟商标制度[②]

《欧盟商标条例》《欧盟商标指令》《欧盟商标审查指南》是欧盟成员国区域

---

① 黄晖：《商标法》，法律出版社2016年版。

② 卢结华：《欧盟商标法中恶意注册的认定》，载《中华商报》2017年第7期。

内商标注册和保护的主要法律与政策性文件。其中《欧盟商标条例》规定,申请人在提交商标注册申请时具有主观恶意的,可以作为申请该商标无效的绝对理由。《欧盟商标指令》规定,申请人恶意申请注册的商标,可能与申请时已经持续在外国使用的商标相混淆的,可以驳回注册或宣告无效。《欧盟商标审查指南》规定,判决恶意的时间点是该商标申请注册时。申请人是否有"搭便车"意图、是否以阻止第三人进入市场为目的、是否试图人为延长商标不使用期限、商标显著性、基础注册商标是否由于恶意注册已被无效、是否向他人所要经济赔偿等因素均属于人大可能存在恶意的相关事实。

3. 美国商标制度(兰哈姆法案及其他法律规范):[①]

(1)商标注册以"善意使用"或"善意使用意图"为前提和基础

申请人在提交商标注册申请时,可以选择三种基础,包括实际使用、意图使用、外国注册。上述基础均需要在申请注册前在美国有实际使用或意图使用。申请人签订意图使用声明后,如发现与事实不符的情况,则构成伪证罪,面临商标被无效以及罚款、限制人身自由的风险。[②]

(2)将恶意注册作为判断混淆可能性和淡化的考虑因素[③]。

(3)不道德或欺骗性的商标不予注册。

在美国《商标法案》第 2 条(a)中规定,商标包含不道德、欺骗性或诽谤性的信息予以驳回。第 14 条(3)和第 33 条(a)(1)规定,欺诈取得注册的商标可以作为撤销注册和抗辩的事由。[④]

4. 英国商标制度:[⑤]

(1)商标注册申请也以"善意使用"或"善意使用意图"为前提和基础。

(2)"恶意"作为商标注册驳回的绝对理由。

英国《商标法》第 3 条规定,出于恶意提出申请的,或商标申请达到恶意程度

---

① Frederick Mostert、吴琼、李佳星:《恶意抢注商标是一个国际性问题?——中美英日关于恶意抢注商标的法律应用比较》,载《中国知识产权杂志》2017 年第 2 期。

② 在"AERONAUTICA MILITARE"商标异议案中,异议申请人由于仅在欧洲有在先使用,在美国没有使用,其关于存在混淆可能性的主张没有得到支持。同时申请人由于也没有提交证明其就申请注册商标具有使用意图的证据,该申请也被驳回。

③ 在"LOREAL PARIS"案中,申请人以"意图使用"申请注册与他人驰名商标相同或近似的商标难谓巧合,在证据不能证明存在使用意图和能力的情况下,判定该申请存在恶意,并认定存在混淆可能性。

④ 黄晖:《商标法》,法律出版社 2016 年版。

⑤ Frederick Mostert、吴琼、李佳星:《恶意抢注商标是一个国际性问题?——中美英日关于恶意抢注商标的法律应用比较》,载《中国知识产权杂志》2017 年第 2 期。

的商标不得注册。[①]

5. 法国商标制度:

法国《商标法》L. 712－6条规定:"如果注册人对第三人的权利构成欺骗,或者违反了法定或约定的义务,认为对该商标享有权利者可依合法程序追还所有权。"[②]该项制度是将恶意注册商标借鉴专利法类似规定,直接将商标返还原主,避免撤销后在进行注册的程序安排。[③]

6. 日本商标制度:[④]

(1)商标注册申请也以"善意使用"或"善意使用意图"为前提和基础。

(2)商标注册驳回的理由涵盖恶意情形。

日本《商标法》第4条第1款第(19)项规定:"与标示他人业务相关的商品或服务且在日本国内或外国消费者间已广泛认知的商标相同或相近,并以不正当的目的(指以为获取不正当利益为目的、给他人造成损害为目的等不正当目的)使用商标的"。[⑤]

(二)相应启示

通过上述列举可知,无论是国际条约还是上述国家立法,商标存在恶意注册情形均已成为驳回商标注册申请的法定事由;衡平法系更注重商标的"善意使用"或"善意使用意图",即强调商标使用在先原则在商标注册制度中的主导作用,以注册证明标准的"高门槛"来尽量避免后续的争议纠纷发生;欧盟商标制度对恶意注册考量的因素作了更为明确的规定,具有较强的可操作性。法国的相关法律规定,将商标权比照物权保护的相关制度加以规制。

---

① 在 Midland Counties Dairies Ltd. 诉 Midland Dairies Ltd. 案中,法官在当事人没有主张存在"恶意"的情形下,认为法庭裁判不应当被诉讼的形式或原告免除恶意主张的声明所限制,依职权认定存在"恶意注册"事实。

② 中国人民大学知识产权教学与研究中心、中国人民大学知识产权学院:《十二国商标法》,清华大学出版社2013年版。

③ 黄晖:《商标法》,法律出版社2016年版。

④ Frederick Mostert、吴琼、李佳星:《恶意抢注商标是一个国际性问题?——中美英日关于恶意抢注商标的法律应用比较》,载《中国知识产权》2017年第2期。

⑤ 中国人民大学知识产权教学与研究中心、中国人民大学知识产权学院:《十二国商标法》,清华大学出版社2013年版。

五、行政诉讼程序中促进恶意注册问题实质性解决的应对思路

(一)相关立法完善与新形势下司法政策的指引

1. 商标法的修正

注册商标专用权取得的制度性安排中,申请在先原则成为世界各国的主流做法。为了充分发挥该制度的优势,避免或减少恶意注册行为的发生,各国立法大都引入民法上的诚实信用这一基本原则加以补充。我国《商标法》的修正也汲取了上述经验,在第7条中增加一款,明确"申请注册和使用商标,应当遵循诚实信用原则"。这一原则有助于申请在先原则与使用在先原则在商标注册和保护中的协调适用,实现私权与社会公共利益的平衡。

2. 新形势下司法政策的指引

遏制恶意注册行为是商标司法审查中的一项重点工作。特别是2013年以来,最高人民法院对此出台了相应的司法政策和指导性案例。2013年3月28日,最高人民法院对人民法院就审理商标和不正当竞争案件有关情况召开了新闻发布会,特别强调大力遏制恶意抢注商标行为。其中提到"恶意抢注扰乱了正常的商标注册秩序,阻碍品牌的培育和发展"。各级人民法院在审判实践中应坚持"两手抓,两头堵",依法遏制非法抢注行为。具体而言,一手抓商标注册环节,在审理商标授权确权案件中,注意根据商标的知名度、显著程度等,恰当运用商标近似、商品类似、在先使用并且有一定影响的商标、以欺骗或者其他不正当手段取得商标注册等裁量性法律标准,妥善把握商标注册申请人或者注册人是否有真实使用意图,以及结合商标使用过程中的"傍名牌"行为认定主观恶意等,不予损害他人权益和公共利益的抢注商标注册,已经注册的依法撤销,从权利取得的源头堵;另一手抓侵权诉讼,在民事诉讼中赋予被抢注者以抗辩权,对于注册商标属于复制、模仿或者翻译他人未在中国注册的驰名商标、抢注被代理人或者被代表人的商标或者以不正当手段抢注他人已经使用并有一定影响的商标,被诉侵权的在先商标使用人以此为由提出抗辩的,人民法院予以支持,判决驳回原告的诉讼请求,从而堵住非法抢注者的权利行使路径,使其无利可图。并进一步强调,在今后的审判实践中,人民法院将进一步加强商标权司法保护,最大限度地划清商业标志之间的边界,促进品牌创新和形成品牌竞争新优势。以净化市场环境、鼓励正当竞争为指引,坚决制止假冒商标、恶意抢注、搭车模仿等商业标

识侵权行为,为知名品牌的培育和成长提供良好的法律环境。与此同时,人民法院还将加大驰名商标保护力度,有效制止各类“傍名牌”行为,推动品牌竞争新优势的加速形成。以诚信竞争和公平竞争为导向,打击不正当竞争行为,切实维护商务诚信和社会诚信,平等保护各类市场主体公平参与市场竞争,营造诚实守信、公平有序的市场环境。

2016 年 7 月,最高人民法院副院长陶凯元在全国法院知识产权审判工作座谈会上指出,要更加重视程序公正与实体公正的统一,要以解决实体问题和实现实体公正为终极目标,避免程序空转或者机械司法,最大限度实现司法定分止争的效果。对于违反诚实信用原则或者侵犯他人合法在先权利而取得的知识产权,权利人指控他人侵权的,可以根据案件具体情况以构成权利滥用为由对其诉讼请求不予支持。在先权利人以被告取得和行使知识产权侵犯其合法在先权利为由,直接起诉被告构成侵权或者不正当竞争的,应该在查明事实的基础上依法裁判,既不需要以行政程序的处理结果为先决条件,也不需要因行政程序正在进行而中止诉讼。

2017 年 8 月,最高人民法院印发《关于为改善营商环境提供司法保障的若干意见》,其中明确指出:“进一步发挥知识产权司法监督职能,加大对知识产权授权确权行政行为司法审查的深度和广度,推动完善知识产权诉讼中的权利效力审查机制,合理强化特定情形下民事诉讼对民行交叉纠纷解决的引导作用,促进知识产权行政纠纷的实质性解决。”

(二)案例指导制度的巨大牵引作用

1. 最高人民法院 2015 年度指导案例

在邵文军诉宁波广天赛克思公司侵权商标权纠纷一案中,最高人民法院明确指出缺乏合法性基础的注册商标专用权不能对抗他人的正当使用行为,法院应当注重审查被诉行为的正当性以及诉争商标注册的正当性。以非善意取得注册的诉争商标对具有正当性的被诉行为提起侵权之诉,属于对注册商标权利滥用行为,其诉讼请求不应得到支持。

2. 最高人民法院第 16 批指导案例中指导案例 82 号

在王碎永诉深圳歌力思服饰股份有限公司、杭州银泰世纪百货有限公司侵害商标权纠纷一案中,最高人民法院进一步明确了当事人违反诚实信用原则,损害他人合法权益,扰乱市场正当竞争秩序,恶意取得、行使商标权并主张他人侵权的,人民法院应当以构成权利滥用为由对其诉讼请求不予支持。

(三)相应的启示

课题组认为,前述立法完善、司法政策以及指导案例充分体现了人民法院在商标审判领域倡导诚实信用原则的司法导向,对净化市场环境、规范市场竞争秩序、遏制商标恶意抢注现象,具有重要的规则指引与价值导向作用。同时,在申请商标注册必须符合合法性、非功能性、显著性的要求基础上,可以进一步得到如下的启示:

1. 在商标权权利效力审查机制中,该商标在申请注册阶段的合法性审查是重中之重,审查内容应当包括:该标志已经在先使用、申请注册行为具有善意以及不违反《商标法》第10条关于禁用标志的相关规定。前两项着重考虑注册环节的正当性;

2. 合法性是获得注册商标专用权以及行使该权利的重要基础。不具有合法性的注册申请应当予以驳回,即便核准注册,在向具有合法在先民事权益的特定民事主体行使该权利时也不具备实现请求权功能的基础;

3. 合法在先使用该商标的民事主体,认定其就该商标的正当使用行为应当包括在原有使用商品类别的使用以及在上述商品类别申请注册商标的行为;

4. 商标恶意注册行为是商标民事、行政案件中往往交叉并存的问题。既然在民事侵权诉讼中,人民法院作出恶意注册的商标权利人针对具有合法在先民事权益的主体提出侵犯其注册商标专用权的主张,属于违反诚实信用原则的权利滥用行为,不予保护并驳回其诉讼请求的认定。那么在商标授权程序中,引证商标如存在恶意注册诉争商标申请人在先使用商标或其他合法在先民事权益的情形,可以依据上述判例精神进一步认定商标注册制度中申请在先原则适用的前提是注册行为具有合法性,要求引证商标不得存在对诉争商标恶意注册违反诚实信用原则的情形,否则引证商标注册不具有合法性,不应成为诉争商标申请注册的在先权利障碍。商标民事、行政案件中的上述认定相互呼应,使执法尺度相统一,促进知识产权民事、行政纠纷的实质性协调解决。

(四)具体措施和建议

1. 商标驳回复审案件的审理范围

目前的商标申请注册实质审查程序针对的审查客体仅限于诉争商标,并不涉及引证商标。诉争商标申请人就引证商标存在恶意注册的主张不属于目前商标注册实质审查范围。课题组认为,基于上述启示中确立的法律适用规则及其延伸适用,诉争商标申请人提出的引证商标存在恶意注册情形的主张,经商标授权确权机关结合相关证据审查后认定引证商标存在恶意注册较大可能性的,应当纳入商标申请注册的审查范围。[①] 在后续的行政诉讼过程中,诉争商标申请人主张引证商标存在恶意注册的请求亦应纳入行政案件的审理范围,从而加大对商标授权确权行政行为司法审查的深度和广度。

2. 商标驳回复审案件的诉讼参加人范围的再考量

由于引证商标是否存在恶意注册纳入案件审理范围,案件的处理结果对引证商标权利人即具有利害关系,依照《中华人民共和国行政诉讼法》(以下简称《行政诉讼法》)第 25 条、第 29 条的相关规定,由法院应当通知引证商标权利人作为第三人参加诉讼,并对参加诉讼原因向各方当事人加以释明。诉争商标申请人、引证商标权利人也可以主动提出追加第三人的申请。通过庭审调查,对引证商标是否存在恶意注册情形加以司法审查并作出事实认定。

3. 应当中止审理和不中止审理直接裁判的情形

(1)根据最高人民法院《关于执行行政诉讼法若干问题的解释》第 51 条第 1 款第(6)项规定,引证商标恶意注册的事实[②]已经在其他在审案件中予以审理,应当中止诉争商标的商标驳回复审案件的审理。

(2)在本案诉讼程序开始后,权利人或利害关系人针对引证商标恶意注册的事实[③]又向商标评审委员会提出评审请求的,本案不需要中止审理。

4. 案外人的协助调查机制

针对审理中关于恶意注册事实的查清,法院依照《行政诉讼法》第 39 条规定,有权要求当事人提供或补充证据,依照第 40 条的规定,有权向案外人调取证据。

5. 对商标授权程序的再完善建议

(1)用好商标驳回前的审查意见书制度,即“驳回申辩制度”,将引证商标恶意抢注情形纳入商标申请注册的实质审查范围。

(2)依照商标法第 52 条第 1 款的规定,商标评审范围是驳回决定、申请人复

① 对商标授权程序进行完善的建议。

② 主张恶意情形的事实相同。

③ 主张恶意情形的事实相同。

审的事实和理由以及评审时的事实状态三部分组成。如审查意见书不支持引证商标存在恶意注册的主张,商标评审委员会应当依照上述法律规定审查此部分的事实。这样做使申请注册的实质审查、评审程序以及行政诉讼程序相互衔接,保障相对人、利害关系人的程序和实体性权利。

损害赔偿举证责任的双刃作用

——对提高法定赔偿额立法趋势的质疑

张晓霞*

摘　要：知识产权遭受侵害，赔偿的结果是判断救济是否得到实现的标准，从而成为知识产权受保护程度的风向标。救济是否得到实现，即损害赔偿的确定取决于权利人的举证。由于知识产权损害的特殊性，对权利人举证责任过于苛责，必然减弱对权利人的保护力度；但是同时，举证责任的完成和分配，担负着诚信诉讼的职责。如果对权利人的举证责任过于缓减，滋生盈利诉讼，将诉讼变成盈利的手段。我国立法中的定额赔偿，为快速审结案件并维护权利人的利益起到积极的作用。但是，由于其大量适用导致的后果使举证的空间骤然缩减。应该重新审视我国立法中逐渐提高定额赔偿幅度的立法趋势。

关键词：知识产权保护力度　举证责任　酌定赔偿　定额赔偿

知识产权遭受侵害，赔偿的结果是判断救济是否得到实现的标准；而救济是否得到实现，直接关系着权利人的利益，进而影响着创作、创新的动力。因此，赔偿的结果往往成为知识产权受保护程度的风向标①。因此，解决侵犯知识产权的损害赔额问题，更准确地说，提高知识产权损害赔偿额是建设创新型国家所必需。但是，由于损害赔偿的确定以权利人完成举证责任为前提，权利人对损害的举证决定着获赔的数额。如果对权利人举证过于苛责，自然影响对权利人的保护力度；但是同时，举证责任的完成和分配，在本质上执行着贯彻诚信诉讼的职

---

* 北京知识产权法院审判委员会委员、审监庭庭长、法官。

① 经过数据分析，我国在2002年至2010年，侵犯专利、商标、著作权，我国判决平均赔偿额依次为8万元、7万元、1.5万元。而美国2009年至2013年，专利诉讼的赔偿额平均达到430万美元。该对比结果，往往成为得出我国知识产权保护的力度远远低于美国之结论的根据。参见2016年4月22日中央政法委宣传教育指导室和最高人民法院中国应用法学研究所主办的"知识产权司法保护研讨会"的相关信息。

能。对权利人的举证过于缓减,会滋生盈利诉讼,导致将诉讼作为盈利的手段。所以,损害赔偿的举证责任一方面承载着加大知识产权保护力度的职责,另一方面,又担负着维护诚信诉讼的重任。

一、侵犯知识产权所生损害与举证证明

(一)侵犯知识产权所生损害之特征

损害赔偿基础理论告诉我们,损害包括财产性损害和非财产性损害,而财产性损害分为积极的财产损害和消极的财产损害。积极的财产损害是指现有财产的减少,而消极的财产损害是指应该增加的财产而没有增加。

由于知识产权客体无体性,导致对其权利的侵犯不会像侵犯物权那样带来交换价值的降低。知识产权权利人因侵权行为而遭受的财产上的不利益,是对知识成果利用而产生的受益的减少或丧失,即知识产权使用价值的减损。也就是说,知识产权的价值与创造知识成果所投入的劳动或成本决定不成一定的比例关系变动,而是与利用知识成果产生的受益成正比例变化。侵犯知识产权所造成的财产权性损害,就是利用知识产权可产生的受益的减少。

正是由于知识产权的价值是通过利用才产生的,所以,知识产权的损害是利用知识产权而产生收益的减损或丧失,即消极的财产损失。如果没有侵权行为,权利人可以通过对知识产权的行驶而本可以获得的利益,应该增加而没有增加的财产。侵犯知识产权损失的特点在于可得利益的丧失(著作权法领域,涉及对人身权侵害而产生的损害除外)。

(二)侵犯知识产权所生损害之举证

财产损害之范围及额度的证明,历来是实务中的难点。即便在物理范畴的物的灭失的损害,证明起来都有若干障碍。对侵犯知识产权造成损害的确定,在考虑因果关系、过错之程度时,与之对应的都是无体性的财产。由此可见,侵犯知识产权所生财产性损害的确定,必然导致举证证明的难度大大增加。

侵犯知识产权所生之财产损害,具有难以证明性,成为共识。但是,其却与精神损害不同。因为,精神损害这种非财产性之损害,系因非财产上之权利客体受到侵害而生。该损害本质上与金钱不相关,以金钱为赔偿之方法,逻辑上并不

妥当[①]。可是,精神损害赔偿能够抚慰受害人的心灵,故精神损害的金钱赔偿不再受到质疑。但是,其性质与财产性损害不同。因为损害知识产权导致财产上的损害,在理论上,具有能够证明性。

二、举证责任的双刃作用

(一)举证责任与加强权利保护

知识产权保护的作用在于鼓励创新,促进科学技术进步,促进市场健康发展,促进文化繁荣。知识产权保护作为一个国家的发展战略早已提到议事日程。而损害赔偿直接表明权利人的利益是否得到落实,在某种角度上说,损害赔偿数额成为衡量对知识产权保护力度的尺度。

大陆法系国家,侵权损害赔偿制度与德国、日本一脉相承,建构在以差额说为基础的损害赔偿理论框架之内。针对知识产权遭受侵犯产生的损害,已经超越了差额说确定的历史背景所研讨的范畴。为此,大陆法系各国试图从立法上或者司法判例上解决这一难题。在日本,为了减轻权利人的举证责任,避免对权利人举证责任的苛刻导致不利于对权利的保护,首先在知识产权领域创建了损害赔偿特有的计算方法,使实施许可费及被告侵权获利与侵权损害赔偿联系在一起[②]。该立法就是将德国 1895 年 6 月 8 日德国大审院(Reichsgericht)针对侵犯著作权的一起判决[③]所创设的规则引入到立法中。

所以,为了加强知识产权保护往往适当降低权利人对损害赔偿的举证要求,成为世界的趋势。

(二)举证与诚信诉讼

"谁主张,谁举证"为民事诉讼的一般证据规则。是指在侵权损害赔偿诉讼

---

① 曾世雄:《损害赔偿法原理》,中国政法大学出版社 2001 年版,第 390 页。

② [日]田村善之:《知的財産権と損害賠償》,弘文堂,第 90 ~ 91 页。

③ RG 8.6.1895 = RGZ 35,63(66).案情是被告在制造和销售的自动演奏装置里使用的唱片中,未经许可复制了权利人的音乐作品。但是,由于被告的复制行为使原告的作品被更多人所知,原告的销售额没有降低反而上升。为此,一审法院以损害未发生为理由而驳回了原告的损害赔偿请求。大审院经过审理,在其发回重审的理由中阐述到:一、本案中的违法性,体现在复制作品行为本身,而不是侵权者为了实际的利益而未得到著作权人的许可。据此,当唱片中使用的作品构成对权利人的全部侵权情况下,所应有的财产状况和实际的财产状况的差额可以作为损害赔偿进行请求;二、如果没有侵权行为,也就是说,被告为了得到权利人的许可,必然支付许可费。所以,应该得到的许可费而现实中未得到,权利人可以以此为根据进行损害赔偿请求;三、如果没有侵权行为,而是原告自己实施,原告应该得到的利益,却因为被告的行为而未得到,同样可以作为损失进行请求。

中,应当由当事人对其主张的事实提供证据并予以证明,若诉讼终结时根据正常证据仍不能判明当事人主张的事实真伪,则由该当事人承担不利的诉讼后果。举证责任涉及两个方面的内容:一是当事人为主张的事实而提出证据;二是当事人未尽到举证责任时导致承担败诉风险。

根据最高人民法院《关于民事诉讼证据的若干规定》第7条之规定,在法律没有具体规定,其他司法解释无法确定举证责任负担时,人民法院可以根据公平原则和诚实信用原则,综合当事人举证能力等因素确定举证责任的负担。以证据的距离、举证的难易来分配举证责任,即应该拥有待证事实的证据,或易于获得待证事实证据的当事人,应该对该事实之存否负举证责任,体现了以公平或诚实信用为标准的举证责任分配原则。

实务中,证据的提交、举证的转移以及证明责任的分配,每个环节都实质承担着诉讼诚信之职责。主张必举证,这是原则。但是,并非所有主张必然伴随举证。为此,法律规定举证倒置的特殊情况,这同样是在诚信原则的框架下,使举证更具有可行性,避免因僵化导致举证偏离实际,进而使诉讼丧失诚信,让投机行为得利。当事实难以还原的前提下,法官应该将对社会良知、公平的认知以及法理做统一协调,进行举证责任的分配。偏离诚信和公平的举证责任分配,导致判决结果的不公,不可能令人信服。

可见,举证责任的完成与分配与诉讼诚信紧密相连。在诉讼中,应当恪守谁主张谁举证之基本原则,辅助客观公正的举证责任分配,共同实现诚信之根本。

三、当事人的举证责任与法官的酌定

(一)大陆法系诉讼法中的酌定

损害赔偿额的确定是实现损害赔偿制度设计目的的终极体现,救济的功能实现只有通过损害赔偿额的确定才能反映出来。各国试图从立法上探讨解决举证困难之实际问题,进而确保损害赔偿救济功能的实现,酌定赔偿就是其中手段之一。德国、日本将酌定赔偿规定在民事诉讼法中,我国台湾地区也在其“民事诉讼法”中作了规定。该酌定赔偿降低了当事人的举证负担,既避免因举证障碍驳回损害赔偿请求权而导致的不公平,也避免了法官不能裁判而带来的尴尬,实现了法官不能拒绝裁判的民事诉讼基本原则。

以德国《民事诉讼法》为例,其第287条规定:“关于损害是否存在以及损害额难以确定的时候,法院应当考虑所有的情况进行自由心证。根据证据保全申请或者职权是否委托鉴定人以及在什么程度上判断,属于法官裁量权范围”。该条的立法理由是:在损害赔偿诉讼,如严格要求被害人就损害及其额度为主张即举证,不仅容易造成诉讼迟延,而且于损害之性质上正确之额度难以或不能算定情形,将使损害赔偿请求权实际陷于无从实现之状态。德国通说以及实务认为,该规定仅系降低证明度,缓和法官心证形成之必要条件,并非赋予法官以公平裁决损害赔偿之权力。[①] 德国学者 U. Magnus 就此评论说:当花费过高或过于困难时,法院可以对损失的存在及其数量进行估计。[②] 可见是为避免当事人为举证所付时间、体力、费用而保证实体的正义,而赋予法官在考虑全部情况的基础上,经自由心证,对损害的数额作出判断。

日本《民事诉讼法》第 248 条规定:“在认定确实有损害发生的前提下,由于损害性质致使难以举证证明其数额时,裁判所可以根据口头辩论以及调取证据的结果,酌定与损害额相当的赔偿额”。

而我国台湾地区在 2000 年修订“民事诉讼法”时,在“民事诉讼法”原来第 222 条规定基础上增加第(2)项:“当事人已证明受有损害而不能证明其数额或证明显有重大困难者,法院应审酌一切情况,依所得心证定其数额”。在“立法理由”中声明:“损害赔偿之诉,原告已证明受有损害,而有客观上不能证明其数额或证明显有重大困难之情事时,如仍强令原告举证证明损害数额,非惟过苛,亦不符诉讼经济之原则,爰增订第二项,规定此种情形,法院应审酌一切情况,依所得心证定其数额,以求公平”。[③] 以此为判例要旨的“台湾二一年上字第九七二号”判决中阐述“当事人已证明受有损害,而不能证明损害之数额时,法院应斟酌损害之原因及其他一切情事。依自由心证定其数额,不得以其数额未能证明,即驳回其请求。”[④]针对台湾该“立法”,“有论者认为,于事实之真伪有待判认,须由

---

① 许士宦:《损害数额之酌定》,载中国人民大学民商事法律科学研究中心、台湾大学民事法研究中心、北京法学会:《2008 年海峡两岸民商法高端论坛论文集》。

② U. Magnus, supra note 9, p. 100. 转引自王军、王秀转:《侵权法上损害证明的确定》,载《政法论坛》2008 年第 5 期。

③ 台湾“司法院”编《民事诉讼法部分条文对照表暨总说明》(2000 年),转引自许士宦:《损害数额之酌定》,载中国人民大学民商事法律科学研究中心、台湾大学民事法研究中心、北京法学会:《2008 年海峡两岸民商法高端论坛论文集》。

④ 杨建华:《民事诉讼法问题研析(五)》,转引自许士宦:《损害数额之酌定》,载中国人民大学民商事法律科学研究中心、台湾大学民事法研究中心、北京法学会:《2008 年海峡两岸民商法高端论坛论文集》。

法院斟酌全辩论意旨及调查证据结果为客观的自由判断时,始有自由心证之可言,今当事人已证明受有损害,而不能证明其数额或证明显有重大困难,已无事实之真伪有待判认情事,根本非自由心证问题,而系损害赔偿之数额难于或不能证明,应如何裁酌定其数额之问题”。①

可见,经过比较法的研究,在大陆法系其他国家及地区,酌定之概念现于诉讼法,是法官自由裁量权的范畴,是实现法官自由心证的途径。

(二)我国知识产权法中的酌定

在大陆法系国家,在实体法中规定“酌定数额”,应该是独一无二的。

在我国知识产权领域,法官酌定赔偿额第一次是出现在1998年7月下发的最高人民法院《关于全国部分法院知识产权审判工作座谈会纪要》中,记载:“对于已查明被告构成侵权并造成原告损害,但原告损失额与被告获利额均不能确认的案件,可以采用定额赔偿的办法来确定损害赔偿额,定额赔偿的幅度,可掌握在5000元至30万元之间。”其中,尽管使用的是定额赔偿,并未提及酌定赔偿。但是,也许是由于涉及数额的幅度,需要法官对其进行酌情判定。所以,在实务和理论界往往将“酌定赔偿”与“定额赔偿”混同使用,不加区分。2001年10月27日公布施行的《中华人民共和国著作权法》(以下简称《著作权法》)第一次修正案以及2001年12月1日施行的《中华人民共和国商标法》(以下简称《商标法》)第二次修正案中,正式以立法的形式予以确定,即根据侵权行为的情节,判决给予50万元以下的赔偿。后在《中华人民共和国专利法》(以下简称《专利法》)第三次修订中,进行了同样的规定。

可见,在其他大陆法系国家或地区的诉讼法中规定的酌定之概念不同于我国知识产权实体法中的酌定。为了便于区分,将我国知识产权实体法中的规定,下文称为“定额赔偿”更为利于区分。

① 许士宦:《损害数额之酌定》,载中国人民大学民商事法律科学研究中心、台湾大学民事法研究中心、北京法学会:《2008年海峡两岸民商法高端论坛论文集》。

四、对我国立法的检讨

(一)我国实务中定额赔偿适用的后果

我国在三大知识产权法律,即《专利法》《著作权法》和《商标法》中都有关于侵权损害赔偿额如何确定的规定。但是,我国审判实务反馈出法官对定额赔偿适用的偏爱,几乎以定额的方式解决了知识产权领域的侵权损害赔偿的问题。大量定额赔偿的适用导致举证空间的缩小,法官对赔偿数额进行酌定的普遍化形成了置其他损害赔偿确定根据的虚设局面。由于法官进行定额赔偿,掺杂了法官的主观因素,使执法标准不统一的现象层出不穷,受到来自两个方面的指责。一方面损害赔偿数额低,不足以支付维权成本,受到权利人乃至社会的诟病。另一方面,权利人懈怠对损失的举证,以诉讼作为盈利的手段,直至波及了诚信体系。

(二)立法检讨

我国《商标法》领先,定额赔偿的数额不断攀升,《专利法》第四次修订,数额的幅度紧跟其后。并以此作为加大知识产权保护力度的标志。不可否认,提高定额赔偿的上限,确实会对整体提高赔偿额具有一定的引领示范效应。但是,通过实务反馈的问题可以发现,知识产权实务中将精神损害赔偿酌定的参考因素作为财产损失额酌定的依据,忽视对证据的裁量和判断,是导致赔偿数额掺杂主观因素遭受指责的根本原因。

相反,具有一定社会认同率的判决较高赔偿额的案件①,并非因为法官在定额赔偿范围内的酌定,而是根据对证据的审查,裁量出的数额。或依据权利人的损失,或根据侵权者的侵权获利。

法官在定额范围内进行酌定的过程中,一方面以填平损害为原则约束自己,另一方面又受社会无诚信的举证环境制约;一方面努力谨慎酌定,另一方面又受到审限内裁判的制约;一方面试图增加赔偿数额加大保护力度,另一方面又受到自身收入、视野局限性的制约。定额赔偿幅度的增加必然会加剧这种纠结。

我国在实体法中规定定额赔偿,是一个创举,具有积极意义。法官适用定额

---

① 北京知识产权法院(2015)京知民终字第925号海南旅游卫视起诉浙江爱美德旅游用品有限公司侵犯著作权纠纷一案,判决赔偿200万元,在二审判理中对赔偿额的确定根据进行了阐述,针对一审判理涉及的定额赔偿与超过限额50万元以上的阐述进行了明确。此案被评为2015年北京知识产权十大典型案例。

赔偿,一定程度上维护了权利人的利益,也为迅速审结案件提供了一个途径。同时,面对怠于举证的权利人,避免了法官不能拒绝裁判的尴尬。但是,为了维护诚信诉讼,定额赔偿的幅度应该进行限制。立法留给法官定额赔偿的幅度越大,越容易误导不举证,法官进行定额赔偿,越容易受到质疑。所以,只有将酌定的范围缩小,并将上限限制在较小的数额上,才能引导当事人的诉讼回归到对损失的举证,确保诉讼的诚信进行。在举证的基础上,法官通过运用酌定这一自由裁量权,进行赔偿数额的确定。

商标显著性认定的几个问题

——对最高人民法院《关于审理商标授权确权行政案件若干问题的规定》第 8 条、第 9 条、第 11 条的解读

芮松艳*

摘　要:传统类型商标(平面商标)与非传统类型商标的显著性判断规则有所不同,传统类型商标着眼于商标含义的描述性,非传统类型商标则着眼于其表现形式。传统类型商标中具有直接描述性的标志不具有固有显著性,非传统类型商标整体上不具有固有显著性,除非达到驰名商标的程度具有获得显著性,否则不可获得注册。外文商标的显著性判断原则上以相关公众为判断主体,但亦应兼顾同业经营者利益。

关键词:传统类型商标　非传统类型商标　显著性

最高人民法院《关于审理商标授权确权行政案件若干问题的规定》已于 2017 年 3 月 1 日开始施行,该司法解释中对于实践中存在的一些问题进行了明确,其中包括显著性问题。

在《中华人民共和国商标法》(以下简称《商标法》)中,有关显著性的条款为第 11 条,"下列标志不得作为商标注册:(一)仅有本商品的通用名称、图形、型号的;(二)仅仅直接表示商品的质量、主要原料、功能、用途、重量、数量及其他特点的;(三)其他缺乏显著特征的。前款所列标志经过使用取得显著特征,并便于识别的,可以作为商标注册"。其中,第一款是有关固有显著性的规定,第二款是有关获得显著性的规定。依据该规定,如果申请商标不具有"固有显著性",则如果其经过使用具有获得显著性,亦可以作为商标予以注册。

该条款是商标显著性判断的基本条款,因其过于原则,对于实践中存在的很

* 北京知识产权法院法官。

多问题均未予涉及,故很多此类案件的审理缺少统一规则。为弥补这一缺陷,司法解释中对于包括显著性的判断主体、暗示性标志的显著性认定、三维标志的固有显著性及获得显著性认定等均作了相应规定,具体体现在第 8 条、第 9 条、第 11 条。

下文中,笔者尝试结合实践做法对上述条款作一解读。因商标的显著性认定与商标类型之间具有一定关联,因此,下文论述将会区分传统类型商标与非传统类型商标进行具体分析。这一划分虽并非法定分类,但从商标法的变化中不难看出这一区分。在 1982 年及 1993 年的《商标法》中,注册商标仅限于平面商标。2001 年《商标法》将可注册的商标类型扩大到三维标志或颜色组合标志两种可视性标志,2014《商标法》则将可注册商标扩展到声音、气味等非可视性标志。上述各种商标类型中,平面标志作为长期以来使用的商标类型,属于传统类型的商标,因此,自始便被规定在《商标法》中。而除此之外的三维标志、颜色组合标志、声音标志等则属于非传统类型商标,随着《商标法》的修改而不断被引入。虽然 2014 年《商标法》对于可注册的商标类型持开放的态度,只要符合《商标法》的规定,各种类型的商标均具有被核准注册的可能性。但不同类型的商标显著性的认定规则并不相同,正因如此,下文中笔者将区分传统及非传统类型商标两种情形进行具体分析。

一、传统类型商标的显著性认定

1. 直接描述性标志与暗示性标志的区别

最高人民法院《关于审理商标授权确权行政案件若干问题的规定》(法释〔2017〕2 号)第 11 条规定,"商标标志只是或者主要是描述、说明所使用商品的质量、主要原料、功能、用途、重量、数量、产地等的,人民法院应当认定其属于商标法第 11 条第 1 款第(2)项规定的情形。商标标志或者其构成要素暗示商品的特点,但不影响其识别商品来源功能的,不属于该项所规定的情形"。

该规定虽未明确指向平面商标,但其实际上涉及的是平面商标(传统类型商标)的显著性判断问题。传统类型的商标依据其显著性高低通常被划分为四个层级,即直接描述性、暗示性、任意性及臆造性。因就含义而言,在上述四类标志中,只有直接描述性的标志会被相关公众认为是对商品特点的描述,而非区别商品来源的标识(例如,"直通车"注册在保险、金融等服务上,[①]"五形球"注册在健

① 参见北京市第一中级人民法院(2014)一中知行初字第 1501 号行政判决书。

身器械上等,[①]均会被认为是对商品或服务特点的表述)。因此,此类标志不具有显著性。

虽然实践中通常认为暗示性标志属于具有固有显著性的情形,但一直以来均未被规定在法律或司法解释中,直至此次司法解释的出台才使暗示性标志的显著性获得了法律确认,这无疑有利于统一此类问题的认识。但不可否认的是,因直接描述性标志与暗示性标志对于商品或服务的特点均具有描述作用,因此,在具体案件中面临的问题便在于,如何确定某一标志究竟属于直接描述性还是暗示性。实践中,这一问题在很多案件中亦是当事人的起诉或上诉的理由。

对这一问题的分析应着眼于对含义的表达方式,而非相关公众是否可以根据该标志理解出相应含义。通常情况下,如果该标志系对某一含义的"常规表达",则其属于直接描述性标志。否则,便属于暗示性标志。换言之,如果相关公众或同业经营者针对该含义会给出各不相同的表达,则可以认定其并非常规表达,属于暗示性标志。反之,则属于直接描述性标志。

以使用在杀虫剂商品上的"灭害灵"商标为例,相关公众当然可以理解该文字的含义,但在不知晓该商标的情况下,相关公众如欲想到用某一词汇表达该含义,其所选择的表达方式会各有不同,这一情形说明"灭害灵"并未使用常规表达方式。正因如此,北京市高级人民法院认为,"'灭害灵'文字对杀虫剂产品的特点虽然带有叙述性或暗示性,但并未直接表示商品的用途。"[②]此外,指定使用在烧酒、葡萄酒等商品上的第7656374号"酿艺"商标、[③]指定使用在地板、建筑石料等商品上的第5545093号"易用"商标、[④]指定使用在杀害虫剂等商品上的第3419661号"玉米乐"商标,[⑤]指定使用在人用药、眼药水商品上的"视立健"[⑥]等亦均属于此种情形。

之所以采用上述判断方式,原因在于对于相关公众而言,其对于商品或服务特征相关表达的认知源于经营者的常规使用方式或人们习以为常的表达方式。通常情况下,具有普遍性的表达方式会使相关公众将其与商品或服务相联系,因

---

① 参见北京市第一中级人民法院(2013)一中知行初字第2080号行政判决书。
② 参见北京市高级人民法院(2005)高行终字第25号行政判决书。
③ 参见北京市高级人民法院(2013)高行终字第153号行政判决书。
④ 参见北京市高级人民法院(2010)高行终字第1057号行政判决书。
⑤ 参见北京市高级人民法院(2013)高行终字第672号行政判决书。
⑥ 参见北京知识产权法院(2015)京知行初字第5848号行政判决书。

此,只有该标志系对某一含义的“常规表达”的情况下,才不具有显著性。而从同业经营者角度,《商标法》禁止直接描述性标志的注册,其目的在于避免因某标志的注册而使其他同业经营者无法正常描述商品或服务特征。但如果某标志系对某一商品或服务特征的非常规表达,则对该标志的注册通常不会影响同业经营者正常描述商品或服务特征。因此,对于同业经营者而言,亦只有该标志系对某一含义的“常规表达”,才属于直接描述性标志。

2. 商标显著性的判断主体

显著性的判断必然会涉及判断主体问题,因在一些情况下,不同判断主体针对同一标识的认知可能并不相同,进而对显著性问题得出不同结论,因此,判断主体的确定问题在一些案件中不可回避。

《商标法》中对于这一问题虽并未涉及,但最高人民法院《关于审理商标授权确权行政案件若干问题的规定》(法释〔2017〕2 号)第 8 条对于外文商标的显著性判断主体做了规定,“诉争商标为外文标志时,人民法院应当根据中国境内相关公众的通常认识,对该外文商标是否具有显著特征进行审查判断。标志中外文的固有含义可能影响其在指定使用商品上的显著特征,但相关公众对该固有含义的认知程度较低,能够以该标志识别商品来源的,可以认定其具有显著特征”。

该规定中将中国相关公众作为外文商标显著性的判断主体,这一做法在通常情况下无疑是适用的,商标毕竟是相关公众用以识别商品或服务提供者的工具,因此,如果相关公众不会将某一标志作为商标识别,该商标显然不具备显著性。但不可否认的是,确实存在一些特殊情形(通常涉及的是外文商标),相关公众对于商标的含义并无认知,但其确为直接描述性词汇,甚至为该商品的通常名称,此时是否需要允许其注册,则不应仅仅考虑相关公众的认知,而应同时考虑经营者的正常经营需求。

之所以如此,原因在于显著性条款的目的除在于保障商标基本功能的实现外,亦在于避免损害同业经营者的合法利益,只是,后一目的在实践中常被忽视。同业生产经营者在其生产经营的过程中,很有可能需要对其商品或服务进行描述,此种情况下其不可避免地会使用直接描述性标志。如果允许某个特定的经营者独占使用直接描述性标志,必然会直接影响其他同业生产经营者合理使用上述标志的权利。基于此,同业经营者的利益在显著性条款的适用中同样需要予以考虑。虽然实践中大多数情况下,相关公众与同业经营者对于具体商品或服务所具有特点的认知能力基本一致,但在认知能力不同的情形时,基于对经营者利益的考量,即便相关公众不具认知能力,亦不宜于仅以此为由便认定诉争标志具有显著性。

例如,在“ひじき”案中,诉争商标为日文,相关公众对此通常不具有认知能力,如仅依据相关公众的认知,应认定其具备显著性。但实际上,由该案证据可以看出,洞头县系中国唯一的羊栖菜养殖、加工和出口基地,享有“羊栖菜之乡”美誉,当地自1982年开始加工羊栖菜,其产品90%出口日本。羊栖菜作为中国特定地区主要供出口日本的产品,其养殖、加工、销售出口涉及中国境内的市场区域系以浙江省温州市洞头县为主的特定地域范围。在争议商标申请注册之前的长期对日贸易中,洞头县羊栖菜加工出口企业均在其产品包装上标注羊栖菜的日文名称“ひじき”,将其作为羊栖菜的商品名称使用,且争议商标已被多部辞典列为通用名称。基于此,在该案中,显著性判断的主体应为同业经营者,而非相关公众。该案判决中亦以此为由认定诉争商标不具备区分商品来源的作用,从而缺乏显著性。①

二、非传统类型商标的显著性认定

最高人民法院《关于审理商标授权确权行政案件若干问题的规定》(法释〔2017〕2号)第9条规定,“仅以商品自身形状或者自身形状的一部分作为三维标志申请注册商标,相关公众一般情况下不易将其识别为指示商品来源标志的,该三维标志不具有作为商标的显著特征。该形状系申请人所独创或者最早使用并不能当然导致其具有作为商标的显著特征。第一款所称标志经过长期或者广泛使用,相关公众能够通过该标志识别商品来源的,可以认定该标志具有显著特征”。

该规定中对于三维标志的固有显著性及获得显著性的认定均做了明确规定,这一规定实际上是对司法实践中现有作法的确认。虽然该条款中仅针对于三维标志,但实际上,上述规则对于其他非传统类型商标同样适用。

1. 非传统类型商标固有显著性的认定

该条款中之所以将三维标志不具有固有显著性作为一般性原则进行规定,其原因在于与传统类型商标固有显著性的判断着眼于商标含义的做法不同,包

① 参见北京市高级人民法院(2012)高行终字第668号行政判决书。

括三维标志在内的非传统类型商标固有显著性的认定,通常应着眼于相关公众是否会将“此类”标志作为“商标”认知这一角度。只有当相关公众会将该此类标志作为商标识别的情况下,才涉及对该标志是否对于商品或服务的“特点”具有直接描述性的认定。但实践中,无论是学术界或实务界,在谈及显著性问题时,通常关注后一层次的认定,即该标志是否具有直接描述性,却常常忽略前一层次的认知。但笔者要强调的是,前一层次的认知为显著性认定的根本前提。如果“某一类”标志整体上均不会被相关公众当作商标来认知,那么具体到特定的“某个”标志,其必然不可能具有《商标法》所要求的固有显著性。

非传统类型的商标之所以原则上不会被作为商标认知,源于长期市场使用情形对于相关公众认知能力的影响。众所周知,长期以来市场中使用的商标绝大多数均是平面商标,这种客观情形对于相关公众对于商标的“外在表现形式”的认知具有决定性的影响。当相关公众在某一商品或服务上看到相关平面标志时很易将其作为商标认知,但如果其看到的是某商品的外观、包装或颜色,或听到商品所发出的声音,闻到商品所发现的气味,却通常并不会将其作为商标认知。在该标志未被大量使用的情况下,相关公众通常仅仅会将其认知为商品的外观、包装以及颜色、声音、气味等,而不会将其当然地认为是指向某一商品的提供者。[①] 这一情形充分说明,上述非传统类型的商标整体上并不会使相关公众将其作为商标认知。也正因如此,我国2001年之前的《商标法》中将可注册为商标的标志类型仅限于“平面标志”,而不包括三维标志及其他非传统类型的商标。

现有判决中,法院亦多采用这一观点。如在涉及喷枪位置商标的案件中,商标说明中对于申请商标的描述为,“该商标由位于喷漆枪把手底部的蓝色标记组成;该标记呈盘状,从把手的三面都可见,厚3～5mm,长和宽10～20mm;图中可见的其他特征并不构成该商标的组成部分”(见图1)。对此法院指出,“申请商标的图形系喷枪图形中的一个部分,鉴于该部分在喷枪图形中整体所占比例很小,且须附着于该喷枪图形同时使用,故其使用在商品或服务上时,给消费者所带来的认知系该喷枪的整体图形,而非申请商标。据此,申请商标不具有商标所应具有的内在显著特征”。由该表述中可以看出,法院认为,因相关公众并不会将该特定位置作为商标认知,因此,申请商标不具有固有显著性。

---

① 当然,如果上述商标已经经过大量使用足以使相关公众将其对应到特定的提供者,但此时其所产生的已是获得显著性,而非固有显著性。

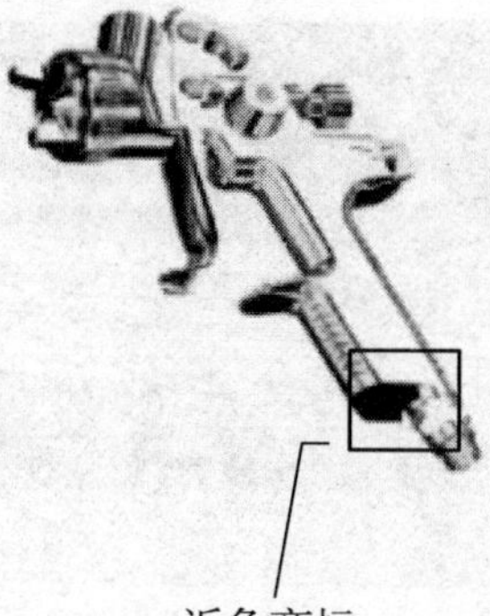

图 1

其他涉及位置商标的案件中亦存在类似表述，如在电吉他案中，法院认为，“申请商标为其所指定使用的电吉他商品的组成部分，相关消费者往往不会将其作为表示产源的商标予以认知”。在萨塔公司申请的另一位置商标案件中，法院认为“申请商标使用在指定商品上时，相关公众一般会将其视为对商品本身的描述，而很难将其认知为标识商品来源的标记”。[①]

不仅在涉及位置商标的案件中法院会持这一观点，在涉及三维标志的案件中亦是相同作法。三维标志通常包含以下三种方式：用作商品本身的形状（见图 2，指定使用商品为冰激凌等）；用作商品的包装（见图 3，指定使用商品为唇膏等）；用作商品或服务的装饰（见图 4，指定使用商品为服装、箱子等）。

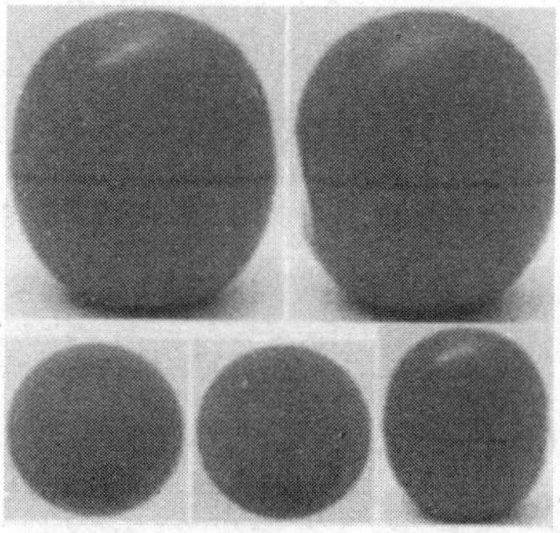

图 2

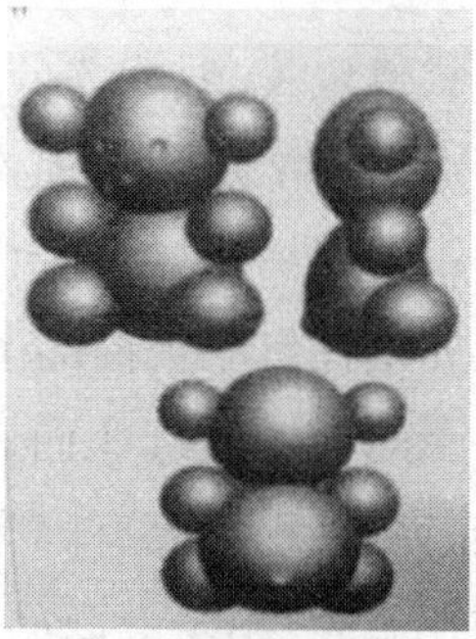

图 3

① 参见北京市第一中级人民法院（2010）一中知行初字第 1272 号行政判决书。

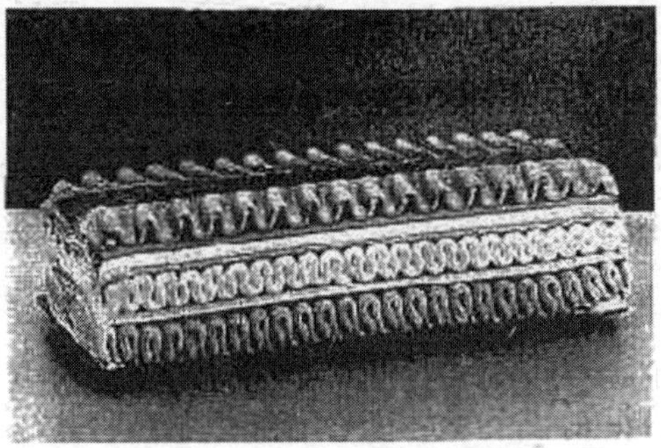

图 4

上述三种使用方式中,除三维标志作为商品或服务的“装饰”使用时与商品或服务的特点通常并无关联外,在其他两种使用方式下,相关公众看到该三维标志时,则通常均会将其认知为商品的包装或商品本身的形状,而并不会将其作为商标认知。上述情形说明,在该两种使用方式下,三维标志表示了商品的相关特点,整体上并不具有固有显著性。现有案件中基本上均采用这一作法,如在冰激凌案中,法院认为申请商标使相关公众认为其属于冰激凌产品的形状,故不具有显著性。[①] 在唇膏案中,法院认为“相关公众通常会使将其认知为商品的包装或商品的形状,因此无法起到区分商品来源的作用,不具有商标所要求的固有显著性”。[②] 在比克笔[③]及三叶草[④]等案中,法院同样采用这一观点,此亦为此次司法解释中所采用作法。

作为商品或服务的装饰使用的三维标志,相关公众虽不会将其识别为商品本身的形状或包装,但相关公众仍并非必然会将其作为商标识别,其是否会被当作商标识别仍要结合行业惯例予以判断,亦即该行业是否具有使用三维标志作为商标使用的惯例。如对于汽车行业而言,采用三维形式的车标已成为行业惯例,因此,如果在汽车类商品上注册三维标志,比较容易被认为具有固有显著性。但对于并无此惯例的行业而言,这一使用则通常会使相关公众认为其系商品的装饰,而非商标,仍不具有固有显著性。如在前文提到的小熊案中,法院认为,该标志使用在服装、箱子等商品上,“易使相关消费者认为其是商品装饰的一部分,

---

① 参见北京市第一中级人民法院(2007)一中行初字第1348号行政判决书。
② 参见北京知识产权法院(2015)京知行初字第4299号行政判决书。
③ 参见北京市第一中级人民法院(2008)一中行初字第328号行政判决书。
④ 参见北京市第一中级人民法院(2009)一中行初字第71号行政判决书。

而不会将其作为商标进行识别”,据此不具有显著特征。①

此外,在极为少见的涉及颜色组合商标的案件中,法院同样采用这一观点。如对于下图所示锯条商品颜色组合商标,法院认为该颜色组合不具有固有显著性,不应核准注册(见图5)。②

图5

在此,要特别强调的是,此次司法解释第9条之所以规定,三维标志的“形状系申请人所独创或者最早使用并不能当然导致其具有作为商标的显著特征”,其原因在于相关公众是否将此类非传统类型商标作为商标认知,与该标志本身是否新颖,是否为申请人所独创等因素均无直接关系,即便该标志之前从未出现过,亦同样如此。这一点与平面商标具有显著不同,平面商标的新颖与否直接决定了其固有显著性的高低,但对于非传统类型商标,则并非如此。在雀巢方形瓶三维标志案中,法院即明确阐述了这一观点,该判决指出,三维标志“是否系使用者所独创或其是否为臆造标志与其所具有的固有显著性的高低并无直接关系……即便该三维标志从未在该类商品上使用过,相关公众仍会将其作为商品包装或商品本身的形状、装饰认知,至多会认为该商品包装或商品形状或装饰较为‘新颖’而已,却并不会因此将其作为商标认知”。③ 正因如此,萨塔公司在喷枪案起诉理由中所称申请商标“具有独创性和显著性,能够起到区分产品产源的作用”的主张显然是无法得到法院支持的。

2. 获得显著性的认定

非传统类型商标不具有固有显著性,并不意味着其不可以通过使用获得显著性。依据《商标法》第11条第2款的规定可知,缺乏固有显著性的标志,“经过使用取得显著特征,并便于识别的,可以作为商标注册”。在此基础上,此次司法解释第9条则对于三维标志的获得显著性做了更进一步的细化,“第1款所称标志经过长期或者广泛使用,相关公众能够通过该标志识别商品来源的,可以认定该标志具有显著特征”。

与《商标法》的规定相比,司法解释更强调使用的“长期”及“广泛”。可见,

---

① 参见北京市第一中级人民法院(2014)一中知行初字第2205号行政判决书。

② 参见北京市第一中级人民法院(2005)一中行初字第1084号行政判决书。

③ 参见北京市第一中级人民法院(2012)一中知行初字第269号行政判决书。

获得显著性的判断关键在于标志知名度的认定。准确地说,在于该标志通过使用达到"何种"知名度程度才可以被认定其具有获得显著性。通常情况下,实践中掌握的标准是,如果使用者可以证明全国范围内该商品的相关公众对使用在特定商品或服务上的某一标志已"广为知晓",且能够将其与使用者之间建立起唯一对应关系,则可以认定该标志在这一商品或服务上具有获得显著性。因这一知名度标准与驰名商标的知名度标准基本相同,故对于获得显著性的举证要求可以参照驰名商标的相关规定。这一实际标准与第9条中所规定的"长期"及"广泛"的使用,系不同角度的界定,二者并无实质不同。

实践中,一些案件中已采用这一标准。如在"雀巢方形瓶"案中,法院指出,现有证据不仅无法证明雀巢公司在先使用的事实,亦无法证明诉争商标已被全国范围内调味品的相关公众广为知晓,因此,基于雀巢公司的举证,法院无法认定争议商标具有获得显著性。①

之所以设定这一标准,主要原因在于非传统类型的标志之所以不具有固有显著性,究其根源在于该类标志均具有识别作用之外的其他"固有"含义,且相关公众对上述"固有"含义均有所认知。例如,对于颜色组合标志而言,其本身固有的指代颜色这一含义使相关公众通常会将其认知为商品或服务的颜色,而非商标。对于三维立体标志而言,其本身的固有含义常会使相关公众通常将其认知为商品包装物或形状等,而非商标。对于具有直接描述性的平面标志而言,相关公众通常会基于其固有含义而认为该标志系对商品或服务的质量、原料、颜色等特点的描述,而非作为商标使用。此种情况下,使用者如希望相关公众对该类标志产生"商标"的认知,必须通过使用使该类标志的商标识别含义强于其"固有"的含义;而因为相关公众对于固有含义通常具有较为强烈的认知,故只有通过使用使该标志具有很高知名度时方可能达到这一效果。同时,如果同行业经营者具有使用这一标志的惯例(如通常会在商品上使用某一颜色组合,或使用某一包装),则相关公众对该类标志固有含义的认知会相应地被加深,此种情况下,则只有该标志的使用已具有更高的知名度时,该类标志在相关公众心目中所产生的商标的认知才可能超过其固有含义。基于此,有必要要求非传统类型商标的知名度达到驰名商标的要求。

---

① 参见北京市第一中级人民法院(2012)一中知行初字第269号行政判决书。

三、结语

传统类型商标的显著性判断从含义角度着手,不具有显著性的情形限于具有直接描述性的标志,暗示性标志则不属于此种情形。该两类标志区分的关键并不在于相关公众是否可以根据该标志理解出相应含义,而在于其是否采用了常规表达方式。通常情况下,如果该标志系对某一含义的“常规表达”,则其属于直接描述性标志。否则,属于暗示性标志。传统类型商标的显著性判断主体原则上相关公众,但对于外文商标而言,如果其确为直接描述性词汇,则即便相关公众不具有认知能力,基于对于同业经营者合理经营利益的考虑,亦有必要认定其不具备显著性。

非传统类型商标固有显著性的判断并不从含义角度着手,而首先考虑相关公众是否会将此类标志作为“商标”认知。因长期以来市场中使用的商标绝大多数均是平面商标,这种客观情形使得相关公众对于商标的“外在表现形式”具有强烈认知,故其在看到商品的外观、包装或颜色,或听到商品所发出的声音,闻到商品所发现的气味时,通常并不会将其作为商标认知,基于此,非传统类型商标整体上不具有固有显著性。但非传统类型商标可以通过使用获得显著性,对于获得显著性的知名度要求基本等同于驰名商标。

《中华人民共和国商标法》第59条第3款的理解与适用

——以启航案为视角*

芮松艳　陈锦川**

摘　要：《商标法》第59条第3款适用要件为：(1)他人在注册商标申请日之前存在在先使用商标的行为；(2)该在先使用行为原则上应早于商标注册人对商标的使用行为，但如果在先使用人主观并无恶意，则即便商标注册人使用在先，在先使用行为亦符合此要件；(3)该在先使用的商标应具有一定影响；(4)被诉侵权行为系他人在原有范围内的使用行为。后续使用的商标及商品或服务应与在先使用的商标及商品或服务"相同"或"基本相同"，使用主体应限于"在先使用人"本人及在先已获授权许可的"被许可使用人"，但商标后续使用行为的规模不受在先使用规模的限制。

关键词：先用抗辩　善意　原有范围

《中华人民共和国商标法》（以下简称《商标法》）第59条第3款为2014年《商标法》新增条款，通常被称为先用抗辩条款。本文中所涉启航案是涉及该条款的典型案件。

涉案商标为第41类学校（教育）等服务上的第1985953号"启航学校 Qihang School"商标，原告中创公司为该商标的被许可使用人。被告一启航考试学校在其经营的考研等教育培训活动中使用了"启航考研""启航教育""启航及图"等商标。被告二启航公司作为启航考研官网的经营者，负责为启航考试学校的对

---

* 参见北京知识产权法院（2015）京知民终字第588号民事判决书。

** 芮松艳，北京知识产权法院法官、专利调研组组长；陈锦川，北京知识产权法院党组成员、副院长、法官。

外推广业务，其在业务推广的过程亦使用了上述商标。原告中创公司认为两被告在经营活动中对于上述商标的使用行为、被告二启航公司对外许可的行为均构成对其注册商标专用权的侵犯，因此，要求两被告停止侵权行为并赔偿经济损失300万元及公证费15,000元。针对原告的侵权指控，两被告则依据《商标法》第59条第3款提出先用抗辩，主张"启航"商标系其在先使用的商标，依据该条款的规定，其对于"启航考研""启航教育"等商标的使用均不构成对原告注册商标专用权的侵犯。

因该条款被引入《商标法》的时间尚短，涉及该条款适用的案例极为有限，相关的理论研究尚不多，故本案的审理尚无先例可循，亦无成熟理论用于指导。因此，有必须首先对先用抗辩的制度意义、适用要件等进行深入分析。

一、《商标法》第59条第3款的制度价值

《商标法》第59条第3款规定："商标注册人申请商标注册前，他人已经在同一种商品或者类似商品上先于商标注册人使用与注册商标相同或者近似并有一定影响的商标的，注册商标专用权人无权禁止该使用人在原使用范围内继续使用该商标，但可以要求其附加适当区别标识"。这一规定是2014年《商标法》"为了平衡商标在先使用人和注册商标专用权人之间的利益而新增加的内容，主要目的在于保护那些已经在市场上具有一定影响但未注册的商标所有人的权益"。①

商标的注册与商标的使用一直以来均是商标法不断协调平衡的两个因素，虽然包括我国在内的多数国家的商标法中均采用注册制度，但这一做法并非因为商标的实质价值来源于商标注册行为，而是因为注册制度比使用制度具有明显更低的社会成本（包括权利公示成本、维权成本等），且更易操作。但商标的价值最终仍源于商标的实际使用行为，只有经过实际使用的商标才可能具有真正的识别作用。

尽管如此，在此次修改之前的商标法对于未注册商标使用人的利益却较少涉及，尤其是对于善意在先使用人在商标侵权案件中的抗辩权利并未予以规定。这一情形意味着即便商标使用人存在在先善意的使用行为且该商标已具有一定

---

① 郎胜主编，全国人民代表大会常务委员会法制工作委员会编：《中华人民共和国商标法释义》，法律出版社2013年版，第113页。全国人民代表大会法制工作委员会是商标法的立法机关，其编写的该释义中的相关表述对于该条款的理解具有重要参考作用。

知名度,其亦无法以此为由对抗商标注册人的侵权指控,其仍需要承担停止侵权,甚至赔偿损失的民事责任。

显然,这种情形不利于对已真正产生价值的商标进行保护,故在司法实践中,法院在有的案件中尝试了在无明确法律规定的情况下对在先使用人提供在先使用抗辩保护。如在"花样年华"案件中,原告玉帛源公司注册"花样年华"商标的时间是2002年2月28日,被告新天酒业公司在其葡萄酒上使用"花样年华"的时间不迟于2001年1月5日。判决最终认定被告行为不构成侵权,该认定的考虑因素之一便在于被告新天酒业公司存在在先使用商标的行为,且该使用时间较长,其对"花样年华"作为商品名称享有一定的在先权利。①

司法实践中的上述做法虽然可以从实质上为在先善意使用人提供保护,但毕竟缺少明确法律依据。为解决这一问题,2014年《商标法》将先用抗辩作为法定抗辩理由,增加了《商标法》第59条第3款,依据该规定,在先使用人在符合法定要件的情况下,不构成对商标权的侵害,并可以在原有范围内继续使用。

当然,需要强调的是,我国仍是"以商标注册制度为主,虽然法律上有必要给予在先使用的未注册商标一定保护,但保护水准不宜过高,以免冲击注册制这一商标管理中的基本制度"。② 因此,这一制度的引入并不意味着在《商标法》框架下,未注册商标与注册商标可以获得同等的保护。

二、《商标法》第59条第3款的适用要件

依据《商标法》第59条第3款的规定,可以将先用抗辩适用应符合的要件做一些提炼:他人在注册商标申请日之前存在在先使用商标的行为;该在先使用行为应早于商标注册人对商标的使用行为;该在先使用商标的行为应具有一定影响;被诉侵权行为系他人在原有范围内的使用行为。

(一)他人在注册商标"申请日"之前存在在先使用商标的行为

该要件是对在先使用行为时间点的限定。《商标法》第59第3款中对于该时间点的表述为"商标注册人申请商标注册前"。依据该表述,只有在注册商标"申请日"之前使用商标的行为才属于"在先"使用行为。之所以作此限定,并非

---

① 参见北京市海淀区人民法院(2008)海民初字第8283号民事判决书

② 郎胜主编,全国人民代表大会常务委员会法制工作委员会编:《中华人民共和国商标法释义》,法律出版社2013年版,第114页。

因为注册商标自申请日起便成为受《商标法》保护的注册商标，而是因为在我国采用商标注册制度而非商标使用制度的情况下，商标法各具体制度的设置应尽可能保障注册制度的正常运转。而以“申请日”作为在先使用行为的起算点，显然比以“注册日”作为起算点更有利于维护商标注册人的合法预期利益，并有利于维护商标注册制度。

具体而言，将在先使用行为的时间点确定为“申请日”还是“注册日”，主要取决于立法者如何确定从“申请日”到“注册日”这一期间内产生的商标使用行为的后续法律后果。如以“申请日”作为时间点，则该期间内的使用行为将无法使得使用人在商标注册后的后续使用行为具有合法性。但以“注册日”为时间点，则其后续使用行为只要在原有范围内，注册商标人将无法要求他人停止在原有范围内的后续使用行为。前者有利于商标申请人，后者有利于商标使用人。目前采用的以申请日为时间点的做法，其目的在于引导社会公众将其商标进行商标注册，而非仅仅是进行使用，从而更好地维护注册制度。

（二）该在先使用行为原则上应早于商标注册人对商标的使用行为

依据《商标法》第 59 条第 3 款的规定，在先使用人行使在先使用抗辩权的条件之一是其“先于”商标注册人使用与注册商标相同或者近似并有一定影响的商标。也就是说，在先使用人的使用行为不仅需要早于注册商标的注册申请日，在商标注册人于申请日之前已经使用该商标的情况下，在先使用人的使用行为还必须早于商标注册人对该商标的使用时间。

《商标法》贯彻诚实信用原则，保护公平竞争，平衡商标注册人和在先使用人的利益，保护善意使用。《商标法》对在先使用抗辩规定在先使用人的使用行为必须早于商标注册人对该商标的使用时间的要件的主要原因在于：如果商标注册人在申请注册前使用了商标，使商标发挥了标识作用，使相关公众建立起了标识与商品的联系，则有必要禁止在后使用人再行使用，以排除相关公众的混淆误认。但是应当注意到的是，相比于注册商标，法律上对未注册商标的保护并非绝对和无任何前提条件，而是设定了一定程度和条件的限制。例如，按照《商标法》第 32 条的规定，未注册商标的使用人欲制止他人抢注其商标，前提是其在先使用了商标并有一定影响。而要求有一定影响的目的正是排除抢注人的恶意。根据《反不正当竞争法》第 5 条第(2)项，保护商品特有的名称、包装、装潢的条件之一是该商品是在中国境内有一定的市场知名度，为相关公众所熟知的商品。最高人民法院《关于审理不正当竞争民事案件应用法律若干问题的解释》第1条第2款特别指出:“在不同地域范围内使用相同或者近似的知名商品的名称、包装、装潢,在后使用者能够证明其善意使用的,不构成反不正当竞争法第5条第(2)项规定的不正当竞争行为”。据此规定,对知名商品的名称、包装、装潢的保护,受到了使用地域和在后使用者主观过错的限制,只有恶意在后使用行为才可能构成不正当竞争行为。而《反不正当竞争法》所指的商品的名称、包装、装潢,实际上就是未注册商标。

基于此,在《商标法》第59条第3款的适用中,虽然从字面含义上,在先使用行为应早于商标注册人对商标的使用行为,但是因该要求的实质是要通过这个要件排除在先使用抗辩人具有恶意的情形,故在把握这个要件时应把在先使用是否出于善意作为重要的考量,而不应拘泥于条款本身关于时间点先后的字面用语。

也就是说,并非只要商标注册人早于在先使用人对商标进行了使用,先用抗辩便当然不成立。如在先使用人对此并不知晓,且亦无其他证据证明在先使用人存在明知或应知商标注册人对注册商标的“申请意图”却仍在同一种或类似商品或服务上使用相同或相近似的商标等其他恶意情形的,即不能仅因商标注册人具有在先使用行为而否认先用抗辩的成立。因此,对这一要件的准确表述应当是:该在先使用行为原则上应早于商标注册人对商标的使用行为。

需要指出的是,对于该要件的这一理解并不违反该条款的立法本意。立法机关认为:“在先善意地在同一种或类似商品或服务上使用与他人注册商标相同或相近似并有一定影响的商标,在先使用人有权在原有范围内继续使用该商标,而不应被认定为侵犯他人注册商标专用权。”①

(三)该在先使用的商标应具有一定影响

《商标法》第59条第3款系为未注册商标提供保护的条款,其主要目的在于保护那些已经在市场上具有一定影响但未注册的商标所有人的权益,其解决的是在先使用人对其未注册商标进行后续使用行为的合法性问题。《商标法》为未注册商标提供保护的前提在于在先使用人基于其对未注册商标的使用已产生了需要商标法保护的利益,而此种利益的产生原则上不需要该商标具有较高知名

① 郎胜主编,全国人民代表大会常务委员会法制工作委员会编:《中华人民共和国商标法释义》,法律出版社2013年版,第113页。

度,亦不要求其知名度已延及较大的地域范围。因此,通常情况下,如果使用人对其商标的使用确系真实使用,且经过使用已使商标在使用地域内起到识别作用,则该商标便具有了保护的必要性。相应地,该商标便已达到该规定中"一定影响"的要求。

(四)被诉侵权行为系在先使用人在原有范围内的使用行为

因《商标法》中对第 59 条第 3 款的"原有范围"并无细化规定,故对该条款中的"原有范围"的要求应结合该条款的立法目的、商标本身的特性以及经营活动的特点等因素综合分析。商标使用同时涉及"商标""商品或服务""使用行为""使用主体"等要素,对原有范围的理解也应从上述要素着手。

1."后续使用"的"商标"及"商品或服务"应与在先使用的商标及商品或服务"相同"或"基本相同"

在先使用人后续使用行为的合法性源于其在先的商标使用行为,因此,后续使用行为只能限于在先使用的商标及商品或服务,而不能延及未使用过的类似商品或服务上的近似商标。

需要指出的是,先用抗辩中的这一限定与注册商标的保护规则有所不同,不同之处体现在注册商标的保护范围不仅包括相同商标以及相同商品或服务,亦包括近似商标以及类似商品或服务,但先用抗辩则并不延及近似商标及类似商品或服务。存在上述区别主要源于二者性质不同。先用抗辩制度的目的在于通过限制商标专用权以保护商标在先使用人的正当利益,其主要解决的是商标自用行为的合法性问题(在先使用人后续使用该商标的行为是否具有合法性的问题),而不是为商标在先使用人设定等同于商标专用权的权利。但对注册商标的保护则解决的是禁用问题(注册商标权人可以在多大范围内禁止他人使用其注册商标)。因在先使用人自用行为的合法性来源于其在先商标使用行为,故在其并未在类似商品或服务上使用过近似商标的情况下,后续使用行为显然无法延续到上述范围。但商标注册人禁用权的主要作用在于如何避免混淆误认的产生,而混淆误认既可能来源于他人在相同商品或服务上使用相同商标,亦可能来源于他人在类似商品或服务上使用近似商标,因此,禁用权的范围可以延及类似商品或服务上的近似商标。

2.商标后续使用行为的规模不受在先使用规模的限制

此处所称的"使用规模"是指在先使用人自身的经营规模,不包括许可他人使用的情形。《商标法》第 59 条第 3 款的规定目的在于保护那些已经在市场上具有一定影响但未注册的商标的所有人的权益,该保护应是实质性的,而非仅仅是一种无实际价值和意义的形式上的保护。如果对在后使用行为的使用规模进行限制,会在很大程度上消减《商标法》第 59 条第 3 款为在先使用人所提供的应有的保护,使该条款规定失去本来要达到的目的,因此,对在后使用行为的使用规模不应有所限制。

从经营者对于商标的发展空间的需求角度出发,虽然一些经营者使用商标的目的仅限于在本地小规模经营,但亦具有相当比例的经营者希望将其商标发展壮大。对此部分经营者而言,其商标在可预见的未来是否具有合理发展空间,决定了经营者是否有动机将其继续用于经营活动。如果该商标只能在一定规模范围内使用,超出范围将可能构成侵权,则对于经营者来说,该商标不仅不可能为其带来更多的市场价值,反而需要增加成本以确保其经营规模控制在一定范围内以避免侵权风险,这一结果很可能会使得相当部分的经营者难有继续使用其商标的动机。相应地,其已获得商誉亦必将难以延续,其基于商誉已获得或可能获得的利益将难以得到维护。

此外,如果对使用规模进行限制,则必须考虑时间点问题,即在哪一时间点之前的使用规模属于原有范围内。对使用规模予以限制通常可能涉及的时间点无非是申请日、注册日或注册公告日。但无论以哪个时间点作为确定原有规模的时间点,所面临的共同问题在于,在具体案件中,原告的起诉时间距离上述时间均有相当长一段期限。以前之所述启航案为例,起诉时间与申请日(2001 年)相差 13 年,与注册日(2003 年)相差 11 年,与注册公告日(2010 年)相差 4 年。这一情形意味着在先使用人如想继续使用其商标将不得不退回到某一时间点之前的经营规模。这一结果一方面会使在先使用人已实际取得的市场利益被剥夺,另一方面在先使用人又不得不花费成本去确定其在该时间点的经营规模,并将其后续的使用行为控制在该规模内,如此很有可能会导致在先使用人难以再有继续使用其商标的动机。

对于在先使用人的后续使用规模不作限制虽会使商标权人的利益受到一定影响,但因为《商标法》为注册商标提供的保护力度仍远大于对于未注册商标的保护,故这一作法并不会动摇现有的商标注册制度。比如,注册商标的禁用权范围既包括相同商品或服务上的相同商标,亦包括类似商品或服务上的近似商标,商标注册人可以禁止他人在上述范围内使用商标并可以获得相应赔偿。但在先使用人的先用抗辩则仅限于在相同或基本相同的商品或服务上使用相同或基本相同的商标的行为,且该抗辩亦不会产生如同商标权一样的对世权,依据《商标法》不具有对他人行为的阻却力,等等。《商标法》的上述制度设计足以使商标使用人在权衡利弊的情况下选择商标注册而非商标使用,以保护其正常的经营行为。因此,对原有范围的上述限定既实现了《商标法》为在先使用提供实际保护的意图,又不会对商标注册制度产生实质影响。

3. 使用的主体仅限于"在先使用人"本人及在先已获授权许可的"被许可使用人"

在先使用人本人对商标的后续使用不属于超出原有范围的情形,自不待言。在先已获授权许可的"被许可使用人"的使用亦不超出原有范围。

《商标法》实行注册制,因此在对在先使用行为人的利益予以保护时,应避免对商标注册人的利益产生不合理影响。通常情况下,在先使用人通过自身经营扩大经营规模,一般需要一段时间的努力和积累,较难在短时间内达到较大规模。因此,即便不对在先使用人的经营规模进行限制,其对商标注册人利益的影响亦相对有限。但是因为发放许可相对于自身经营规模的扩大更为容易,且被许可人的整体数量较难控制,故如无条件地允许在先使用人通过发放许可进行经营规模的扩张,对商标注册人利益造成的影响将难以预料。因此,基于对商标注册人利益的考虑,对于被许可使用人的使用原则上应加以限制。

三、本案被诉侵权行为是否符合《商标法》第59条第3款的规定

(一)被告一启航考试学校在涉案商标"申请日"之前是否存在在先使用行为,该使用行为是否已达到"一定影响"

《商标法》第59条第3款是侵权抗辩条款,原则上只有在侵权成立的情况下才有适用的必要,因此,与侵权认定无关的标识或标识的组成部分在该条款的适用中无须考虑。本案中,被诉侵权行为涉及的标识包括"启航及图""启航考研""启航教育"等,因上述标识与涉案商标的相同部分仅为"启航"文字,亦即本案中之所以有必要适用先用抗辩条款,仅仅在于上述被诉侵权标识中含有"启航"字样,与图形等其他组成部分无关,故在判断被告是否存在在先使用行为时,仅需考虑其是否存在在先使用"启航"文字的行为即可。

本案中,涉案商标的申请日为2001年10月18日,但被告一启航考试学校在该日期前已经组织编写并出版了多本考研图书,包括中央民族大学出版社2001年6月出版的《启航考研政治讲义》及多本《启航考研政治考前20天20题》等。此外,启航考试学校自2000年3月起在《中国青年报》上连续刊登考研招生宣传报道,并列有多种启航考研辅导材料。上述证据证明,在涉案商标申请日之前,被告一启航考试学校在考研等教育服务上存在在先使用"启航"商标的行为,且该使用行为已使涉案商标在申请日之前便已具有一定规模,"启航"商标在考研服务上已实质上产生了识别作用,符合《商标法》第59条第3款规定的"在先使用"及"一定影响"要件。

(二)被告一启航考试学校在先使用"启航"商标的时间是否早于涉案商标注册人的使用时间

本案中,原告中创公司虽主张涉案商标的使用时间早于被告一启航考试学校"启航"商标的使用时间,但因其提交的全部证据中均未显示涉案商标"启航学校 Qihang School",而仅仅显示有"启航英语"等字样,且涉及"启航英语"的证据中所显示的使用主体名称与涉案商标注册人亦并不一致,因此,现有证据无法看出涉案商标注册人存在在先使用涉案商标的行为。

即便针对涉案商标的在先使用事实确实存在,但原告证据中所显示的使用范围主要限于贵州地域内,涉案商标注册人亦位于贵阳市,而被告一启航考试学校的注册地及经营地点则主要位于北京地区,两地相距较远。在并无证据证明存在其他事实足以使被告一启航考试学校知晓涉案商标的情况下,即便存在在先使用的事实亦无法得出被告一启航考试学校知晓涉案商标在先使用的结论,进而不能证明其使用"启航"商标存在过错,相应地,亦不能仅基于此而认定被告一启航考试学校的先用抗辩不能成立。

(三)被诉侵权行为中对于"启航"的使用是否符合"原有范围"的要求

在使用服务方面,由被诉侵权证据中显示内容可以看出,被告一启航考试学校对于"启航考研"等标识的使用均系使用在考研等教育培训上,该服务内容与被启航考试学校在先使用的服务内容并无不同。至于其使用的"启航"商标,亦与被告一启航考试学校在先使用的商标并无不同,故该行为中所涉及的商标及服务仍在原有范围内。

就使用规模而言,因原告中创公司并未就被告一启航考试学校的使用规模提出任何主张,而即便其提出主张,因原有范围亦不受在先使用规模的限制,故被告一启航考试学校在经营活动中对于“启航考研”的后续使用行为无论是否超出在先使用时的规模，均属于原有范围内。

就使用主体而言，本案涉及被告一启航考试学校及启航公司两个主体的使用行为。对于被告一启航考试学校的行为，因其自身在经营活动中对于“启航考研”等商标的使用，无论是使用的商标及服务类别还是规模，均处于原有范围之内，故被告一启航考试学校的上述行为符合《商标法》第59条第3款的规定。

对于被告二启航公司的行为，因在其网站宣传等经营活动中对于“启航考研”等商标的使用均仅是为被告一启航考试学校提供宣传推广的行为，其网站中所显示内容亦均指向被告一启航考试学校，因此，被告二启航公司并未单独使用“启航”等商标提供考研等教育服务，其与被告一启航考试学校之间的关系并非商标法意义上的许可人与被许可人之间的关系。被告二启航公司的行为是否构成侵权，取决于被告一启航考试学校的先用抗辩是否成立。在被告一启航考试学校的先用抗辩成立的情况下，虽然被告二启航公司的成立时间晚于涉案商标申请日，但其使用“启航考研”进行宣传等的行为同样不构成侵权。

那么，被告二启航公司对外许可的行为是否构成对原告注册商标专用权的侵犯呢？许可行为本身并不构成侵权，只有在被许可人实施了侵权行为的情况下，许可人的许可行为才可能与被许可人的实施行为一同构成共同侵权行为，故判断该许可行为是否构成侵权，首先需要确认被许可人是否使用了涉案商标或与之相近似的商标。但原告提交的证据中并未显示有任何一家被许可人的商标使用情形，故在无法确定被许可人的使用行为构成侵权的情况下，亦无法认定被告二启航公司的许可行为构成侵权。据此，原告关于被告二启航公司的对外许可行为构成侵权的主张不能成立。

综上，被告一启航考试学校、启航公司在经营活动中使用“启航考研”等商标的行为均符合《商标法》第59条第3款的适用要件，未构成对注册商标专用权的侵犯。

四、结语

《商标法》第59条第3款主要目的在于保护那些已经在市场上具有一定影响但未注册的商标所有人的权益，其适用要件为：(1)他人在注册商标申请日之前存在在先使用商标的行为；(2)该在先使用行为原则上应早于商标注册人对商标的使用行为；(3)该在先使用的商标应具有一定影响；(4)被诉侵权行为系他人在原有范围内的使用行为。其中,在适用要件(2)时应将在先使用人的善意作为重要考量因素。如商标注册人虽存在在先使用行为,但在先使用人对此并不知晓,且亦无其他证据证明在先使用人存在恶意情形的,则不能仅因商标注册人具有在先使用行为而否认先用抗辩的成立。此外,如果使用人对其商标的使用确系真实使用,且经过使用已使得商标在使用地域内起到识别作用,则该商标便已符合要件(3)中"一定影响"的要求。对于要件(4)"原有范围"的理解,应考虑"商标""商品或服务""使用行为""使用主体"等要素。在后使用的商标及商品或服务应与在先使用的商标及商品或服务"相同"或"基本相同",且使用主体仅限于"在先使用人"本人及在先已获授权许可的"被许可使用人",但商标在后使用行为的规模不受在先使用规模的限制。

涉及深度链接的侵害信息网络传播权纠纷问题研究*

冯 刚**

摘 要:涉链接侵害信息网络传播权纠纷案件成了当前司法审判中的热点问题之一,其中一些问题在理论和实务方面都存在不同的观点。本文对于相关问题从程序和实体两个方面进行提炼,并通过对相关法律概念的梳理及利益分析,评述了其他标准,论证了“服务器标准”的合理性;对于实践中突出的破坏技术保护措施性质进行了法律分析,提出“特殊侵权行为”的观点,并对于司法实践中出现的问题进行了深层解析;在此基础上,提出笔者对于审理此类案件在程序和实体两个方面的经验总结。

关键词:深度链接 网络提供行为 服务器标准 破坏技术保护措施 审判流程

一、引言

自2001年《中华人民共和国著作权法》(以下简称《著作权法》)明确规定了“信息网络传播权”以来,此类纠纷便成为著作权乃至知识产权纠纷中最重要的案件类型①,对此类案件的审理往往体现出商业利益与技术发展之间的博弈,判决影响着著作权人、网络服务提供者与网络用户的三方利益。本文对涉链接信息网络传播权案件中的技术发展趋势和背景进行介绍,并对典型案件的审判思路进行探讨及分析。

---

* 本文发表于《知识产权》2016年第8期。

** 北京知识产权法院法官,著作权调研组组长。

① 据笔者了解,在北京市基层法院知识产权庭审理的各类案件中,侵害信息网络传播权纠纷案约占全部知识产权案件的2/3,部分基层法院则高达80%。随着知识产权案件级别管辖的调整以及《民事诉讼法司法解释》第25条的适用,这一现象可能会更为凸显。

二、信息网络传播权的技术新发展

法律并不建立在空中楼阁之上,而是随着社会实践始终进行调整。有学者指出,按照我国《著作权法》《信息网络传播权保护条例》以及最高人民法院《关于审理侵害信息网络传播权民事纠纷案件适用法律若干问题的规定》(以下简称《网络著作权司法解释》)的制度化进程,信息网络传播权案件呈现了不同的裁判方法和路径①。但在笔者看来,技术的进展对于信息网络传播权案件的影响其实更为深远,要探讨此类案件的裁判思路,不仅需要把握法律的具体规定,更离不开对技术的准确理解,在探讨案件的审理思路之前,必须探讨技术的发展和变化。

当前,司法实践中侵害信息网络传播权纠纷案在技术方面出现了两个明显的新发展,作为裁判者应当了解并予以重视:

第一个新发展表现于技术平台方面,即网络传播的使用平台从 PC(固定)端向手机(移动)端发展的趋势。根据统计数据显示,目前移动端上网使用率已经超过 PC 端②,随之而来的就是在司法方面发生在手机端的侵害信息网络传播权纠纷案件的数量已经开始超过发生在 PC 端的相应案件的数量③。但是由于技术基础和表现形式的差别,手机端案件表现出很多独有的特征,裁判时不宜局限于 PC 端的判断标准。

第二个新发展表现于搜索结果显示方式方面。随着网络服务的发展,搜索引擎技术已经从第一代、第二代搜索引擎向第三代搜索引擎进行演变④。第一代搜索引擎是指简单的全文搜索,主要是基于内容匹配的原则进行排序,由于搜索结果的是对数据库抓取内容的简单罗列,其搜索结果包含的内容较多,用户检索到需要内容要多次点击跳转;而第二代搜索引擎是指对搜索资源页面的分类展

---

① 孙海龙、赵克:《变与不变:信息网络传播权的动态演进与司法应对》,载《法律适用》2013 年第 11 期。

② 中国互联网络信息中心(CNNIC):《第 34 次中国互联网络发展状况统计报告》。

③ 近两年来,法院审理或行政查处的著作权案件中,80% 以上和移动端有关。版权行政部门这两年一直在重点调研移动 APP 播放器的问题,国家版权局今年发的两个通知都涉及这个问题,北京市版权局则一直在调研修订《信息网络传播权保护指导意见》。参见法制网:《移动 APP 侵权盗版愈演愈烈,怎么破?》。

④ 该技术划分标准并非统一的学术概念,而是散见于不同论者的文章中,本文采用的是一种服务形式区分标准,而非严格的技术标准。

现的，在抓取过程中搜索引擎不仅扫描关键词，还阅读页面全文，考虑图像、视频等所有链接，并进行区分存储。但是，第一代和第二代搜索引擎的搜索结果页面（在设链网站）中一般只有搜索结果的简要信息，而没有搜索结果的完整内容（除非搜索结果的内容恰好非常少，能够完整地显示于搜索结果页面中），用户想要查看搜索结果的完整内容，就必须点击该搜索链接，并从设链网站到被链网站的跳转，在被链网站中获取完整的搜索内容。而第三代搜索引擎技术则能够自动从被链网站中“抓取”搜索结果的相应信息，并在搜索结果页面（在设链网站）中以窗口的形式进行全部显示，表现为从跳转式向窗口式的发展。

第三个新发展表现于服务提供者方面，随着网络内容服务进一步的发展整合，提供视频点播播放的网络服务商正在逐步减少，并且形成了以优酷、乐视等网站为主的大型服务商，而在音乐服务也形成了酷狗、虾米、腾讯音乐等主流服务商，前述服务商目前同时提供链接搜索服务和内容服务，其服务内容逐渐多元化。

上述新技术发展分别产生了新的技术特征，且新的技术特征在司法实践中产生不同的叠加，给司法认定提出了新的挑战。笔者认为，前述第一个新发展带来了两个方面的新技术特征，这种新技术特征均是相对于 PC 端而言的：一是手机端在结果呈现方面在一般情况下缺少地址栏，用户在获取作品时直接获取该作品，而不能了解到该作品的存储地址等信息；二是从设链网站到被链网站的跳转过程不明显，在手机端许多搜索采取了直接打开第三方软件的方式进行跳转，而没有明显的打开新的页面并载入等步骤，而在手机端的软件切换并无标志节点。前述第二个新发展也带来了两个方面的新技术特征。一是内容提供行为与搜索链接行为的用户感知界限相对地不明显，用户在操作过程中没有明确的跳转步骤，如何确定用户的感知标准是一个问题；二是新一代搜索引擎往往对于相关搜索结果进行了内容整合，其相关的信息均是通过第三方网站进行抓取的，不能因为搜索结果存在其他信息而认定存在编辑整理，在判断其是否进行了编辑整理时也需要新的标准。第三个发展是指商业实践的发展和变化，由于内容服务提供者的减少，由此造成搜索链接服务中更多地选择“定向链接”或者“有限链接”的搜索方式，对于搜索链接服务商的注意义务认定也提出了新问题。

三、技术发展对涉及搜索链接服务案件的影响

正是基于上述技术发展，从北京各基层人民法院的审判案例来看，涉及搜索引擎及来源网站（被链网站）的侵害信息网络传播权案件情况日趋复杂，在审理

中引起了很多争议,以下这种情况成为目前的典型争议——被链网站取得限制性授权后违约向设链网站开放端口的情况十分普遍。

以实务中常见的情况举例:甲公司享有某作品的信息网络传播权,甲公司与乙公司通过许可合同方式授权乙公司在其网站中向公众提供涉案作品[①],双方在授权使用范围一项约定,乙方可以在其网站中进行提供涉案作品,但不得以任何方式将该作品向第三方开放端口或进行合作。在合同履行中,乙公司违约向丙公司就涉案作品开放端口,丙公司网站就涉案作品建立了指向乙公司网站的链接。现甲公司欲就该行为提起诉讼。

与传统信息网络传播权纠纷不同,此类案件出现了以下新的特点:

(1)由于存在多个侵权主体,被诉主体具有多种可能:甲公司在起诉时可以选择乙公司为被告,选择丙公司为被告,或者选择乙公司和丙公司为共同被告;

(2)被告行为的性质具有复杂性:在此类案件中,由于存在多个主体,需要对各主体的行为性质进行判断,如乙公司构成单纯违约还是构成违约与侵权的竞合?丙公司是否侵害甲公司就涉案作品享有的信息网络传播权?丙公司的侵权行为是直接侵权还是间接侵权?

(3)此类案件的核心问题依然在于确定信息网络传播权的范围和界限,这是因为在不同主体的行为是否属于侵权仍未有定论,其责任认定实际上影响着信息网络传播权的范围,人民法院需要对信息网络传播权的范围进行合理解释,并在权利人、社会公众、网络服务的利益中寻找平衡。

四、司法实践中出现的典型情况

技术发展导致出现了新的案件情况,司法审判出现了不同的处理方式,也引起了诸多争议。其中比较具有代表性的处理方式有以下几种:

1. 在程序方面,原告起诉主张的不确定性增大,提出预备合并诉讼,而被告在诉讼过程中申请第三人参加诉讼

由于技术的变更发展,设链网站提供服务的性质具有多种可能性,权利人在起诉时往往无法准确区别设链网站是直接提供者还是搜索链接,为了保证诉讼请求的完整和诉讼程序推进,权利人可以选择在起诉时提起预备合并诉讼,即在提起主位诉讼的同时,于同一诉讼程序中提起预备诉讼,如主位诉讼请求无理由

---

① 该提供作品符合交互性特征,即网络用户可以在其选定的时间、地点获取相应作品。

时，可以就其预备诉讼请求法院审判①。虽然原告可以提出预备合并诉讼，这是其诉讼权利的体现，但是人民法院在判决中的认定应当是唯一确定的，不能模糊处理不区分性质的认定构成侵权或者认为即有可能构成直接侵权，也有可能构成直接侵权，否则就与《民事诉讼法》关于“事实清楚、责任分明”的要求相矛盾。而与此同时，被告往往声称自己作为搜索链接服务商，其提供的链接为合法来源，因此向法院申请追加被链网站作为第三人，以查明涉案作品是否具有合法授权，被链网站是否采取技术措施等相应事实，但是出于审理期限等因素考虑，审理法院可能不批准该追加申请。

2. 对于被诉行为性质的认定存在不确定性

传统搜索引擎和内容服务提供者的被诉行为性质较容易确定，对于被诉行为是属于提供行为还是链接行为一般不产生争议，关键在于其实施行为的事实查明。但是在手机端的许多案件，由于搜索技术和网络服务内容的日趋复杂，许多网站不仅作为内容提供商，同时也提供搜索链接服务，法院往往不能直接区分侵权行为性质。比如，针对设链网站的搜索链接行为，是直接突破被链网站技术保护措施实现的还是被链网站开放端口实现的，是单纯的违约还是单纯的侵权，这两个主体分别是什么行为，共同是什么行为，均需要在案件审理过程中进行进一步的查明和明确，而由于事实查明标准和侵权认定标准均不统一，其性质认定存在不确定性，有可能同样的侵权行为，在某些法院被认定为提供行为，而在另一些法院被认定为链接行为。

3. 对于侵权与违约的关系存在不同认识

如前所述，在此类案件中，存在被链接网站及设链网站等不同主体，其行为性质较为复杂，需要进一步结合案情予以认定，但在司法实践中对部分行为认定并未行为统一的标准，也有多种不同认识。比如，北京动艺时光网络科技有限公司与北京盛世骄阳文化传播有限公司侵害作品信息网络传播权纠纷案中②，涉案电影存储在被链网站的服务器上，被链网站向设链网站提供了涉案电影的链接接口，设链网站此在其网站建立了指向该电影的链接，法院认为设链公司的行为不属于共同提供作品，仅是提供链接的行为。而在乐视网信息技术（北京）股份有限公司与北京豆网科技有限公司、合一信息技术（北京）有限公司侵害作品信

① 冯刚：《侵害信息网络传播权纠纷案件的审理思路》，载《知识产权》2015 年第 6 期。

② 参见北京知识产权法院（2015）京知民终字第 796 号民事判决书。

息网络传播权纠纷一案中,法院却认为同样性质的行为构成共同提供作品的侵权行为。

4. 出现了以"法律标准""实质替代"或"链接不替代"原则替代"服务器标准"的情况

在司法实践中,随着深度链接等的新情况的出现,许多学者认为设链网站能够替代被链网站,直接向用户提供内容的链接是不应该被允许的,进而提出"链接不替代"原则,其认为如果链接替代了被链网站即构成直接侵权。① 在实践中也有很多判决实质性地采纳了这种观点,如北京我爱聊网络科技有限公司与央视国际网络有限公司侵害作品信息网络传播权纠纷②,法院即认为"在用户点击链接后,应跳转至第三方来源网站,否则该行为将实质性替代来源网站进行播放"构成侵权。

五、信息网络提供行为的判断标准

面对技术发展带来的新的纠纷和问题,笔者认为,应当坚持严格依据最高人民法院《关于审理侵害信息网络传播权民事纠纷案件适用法律若干问题的规定》及北京市高级人民法院《关于网络著作权纠纷案件若干问题的指导意见(一)》的精神进行裁判,而不应随意创造新的规则。

1. 国际公约的规定

《著作权法》中关于信息网络传播权的定义主要是参照了《世界知识产权组织版权公约》(WCT)的相关规定,是为应对互联网给著作权法带来的挑战和履行公约义务而设定的。而 WCT 第 8 条及该条约提案第 10 条中的"提供"行为是指向公众提供作品(making available of the work)的行为,这种提供是指对作品提供访问(providing access to)的行为且是最初的行为,而不是单纯提供服务器空间、通信连接或传输、按指定路径发送信号的设备行为,可见其采取的判决标准为服务器标准。同时,《世界知识产权组织表演和录音制品条约》(WPPT)也采取了同样的定义方式,我国作为前述两条约的缔约国,并没有超越其约定对信息网络传播权进行独有定义。因此从立法渊源上来讲,《著作权法》的信息网络

① 石必胜:《论链接不替代原则——以下载链接的经济分析为进路》,载《科技与法律》2008 年第 5 期。

② 参见北京市第一中级人民法院(2014)一中民终字第 3199 号民事判决书。

传播行为采用了 WCT 和 WPPT 条约的同一表述,其中的“提供”也应满足最初将作品置于服务器中的行为,采取的确定标准应是服务器标准。特别是,WCT 关于第 8 条的议定声明指出:不言而喻,仅仅为促成或进行传播提供实物设施不致构成本条约或《伯尔尼公约》意义下的传播。这一声明实际上明确将链接排除于信息网络传播行为的范围之外。

2. 我国司法解释及司法实践的标准

上述思路也得到我国司法解释与司法实践的一致认可。在“信息网络传播权”通过立法确认后,在之后的历次典型判决中,各地法院及最高人民法院均采用了服务器标准判断是否构成侵权,如2007 年的泛亚诉百度案中,北京市高级人民法院明确采取了服务器标准认定百度公司不构成侵权,2011 年的肇庆数字文化网数字影院案件中,最高人民法院则明确指出应适用服务器标准。此后,最高人民法院在 2012 年颁布了“网络著作权司法解释”作为审理信息网络传播权的司法实践的总结,其中第 3 条中虽并无服务器标准的明确表示,但因“置于信息网络中”通常应被理解为置于服务器中,且在最高人民法院网络著作权司法解释的负责人发言中确实并未肯定服务器标准,但更加值得注意的是,用户感知标准被明确否定。因此,在结合最高人民法院相关判决的情况下,不难理解出服务器标准这一含义。而回顾以往的各地法院的指导意见可知,对于信息网络侵权行为的标准逐渐在实践中走向统一,多数法院都坚持采用“服务器标准”,以认定网络服务商是否实施了“网络传播行为”,以及是否构成对“信息网络传播权”直接侵权。北京市高级人民法院的《关于网络著作权纠纷案件若干问题的指导意见(一)(试行)》、上海市第一中级人民法院《关于信息网络传播权纠纷案件若干问题的规定》(建议稿)、山东省高级人民法院《关于审理网络著作权侵权纠纷案件的指导意见(试行)》均将“其置于向公众开放的网络服务器中”作为对信息网络传播权的定义纳入其中,可见“服务器标准”作为一种客观标准,因其清晰和便于认定,在司法解释和法律实践内均得到了有效的承认,其属于信息网络传播权行为的唯一认定标准。

3. 对于“法律标准”的评价

有的学者认为服务器标准具有技术局限性,因此提出界定不同行为的性质需要依据法律标准,以是否构成对著作专有权的形式或者直接侵犯为标准进行判断。① 前述学者认为采用“法律标准”代替“服务器标准”的几个主要理由是

---

① 孔祥俊:《网络著作权保护法律理念与裁判方法》,中国法制出版社 2015 年版,第 69 页。

(1)服务器标准不能涵盖提供行为的所有情形,如其无法准确认定分工合作条件下的提供行为。(2)服务器标准可能因技术发展失去存在基础。这种观点获得了其他学者的认同,如有学者认为"应将信息网络传播行为作广义的理解,以是否直接提供权利人作品的法律标准取代服务器标准来界定信息网络传播行为。"

对此,笔者持不同意见,事实上,上述理由均是基于对服务器标准的狭隘理解。对于"服务器"概念的不同理解是对于"服务器标准"不同认识的根源。随着计算机技术和网络技术的发展及其在全社会的广泛应用,"服务器"已经不是某种计算机类型①,而是具有网络传输功能的计算机硬件与软件的结合体。"服务器"包含"网络服务器、设置共享文件或者利用文件分享软件等方式"②,"服务器标准"是指"将作品等上传到具有网络传输功能的硬件与软件的结合体供网民获得的行为是网络提供行为"。此外还应指出:该标准指向的行为主体不是"服务器"的物权所有人而是作品的"上传者",否则信息存储空间服务提供商就成为内容提供者了。

4."深度链接"是否属于"链接"

有观点认为,我国《信息网络传播权保护条例》及《网络著作权司法解释》中规定的链接是指技术发展早期有明显跳转过程的链接,而深度链接由于前文介绍的新特点,因此不属于上述规定中的"链接"。笔者对此不敢苟同。

所谓网络链接是指根据统一资源定位符(uniform resource location,URL),运用超文本标记语言(hyper text markup language,HTML),将网站内部网页之间、系统内部之间或不同系统之间的超文本和超媒体进行链接的方式,通过此种链接技术,即可从一网站的网页连接到另一网站的网页,正是这样一种技术,才得以使世界上数以亿万计的计算机密切联系到了一起;极言之,互联网的本质就是链接。链接构成了网络存在的基本内容和必然要求,无论是深度链接、定向链接都不能改变其这一技术基本特点。深层链接也好、定向链接也好,均没有提供

---

① 在20世纪90年代,服务器是与微型计算机、小型计算机、中型计算机、大型计算机和巨型计算机有关联关系的一种计算机类型。但随着技术的发展,在个人计算机中将某一目录或者文件设置为网络开放状态,则该目录或文件就起到了"服务器"的作用。这种情况并不鲜见,许多科技类专有名词都会不断拓展其内涵和外延。例如,MP3最初是指一种文件压缩格式;后来又指代以这种格式存储的文件,特别是音乐文件;再后来又指代专门用于播放这种音乐文件的专用播放设备。

② 即《网络著作权司法解释》第3条中列举的情形。

新的作品形式,只是提供获取作品的链接方式,不会再次使公众获得该作品,并非我国《著作权法》中所规定信息网络传播行为,是"向公众提供作品"的行为。

诚然,随着技术的发展服务器标准的认定方式也在不断发展,如快播公司已经发展出"磁盘阵列碎片化存储技术"能够将某一作品分成多个部分存储于不同服务器,但是其未改变上传行为的本质,即首先需要一个有效的储存空间。如果行为人上传作品的服务器并未向公众开放,公众无法获取的条件下仅上传不构成提供行为,若有人对该作品首次设置链接,才能构成信息网络传播中的提供行为,而这个存储空间及设链行为是可以通过双方的举证得以查明的。现在提出的法律标准虽然能够解释目前存在的几种提供行为,但对于构成提供标准的判断要件,相比服务器标准而言仍然是模糊的。究其本质,服务器标准是一种客观的标准,其已经明确"使作品处于能为公众获得状态的行为构成提供",这种标准能够解决目前出现的深层链接、聚合链接等问题,不应进行主观突破和解释,而法律标准是一种政策选择标准,是事后的调整标准,其需要通过价值取向或者导向进行决断,与"用户感知标准"一样均是作为主观标准,是否构成提供行为存在很大的变动空间。而网络服务者有没有提供信息内容始终是一个事实问题,若以用户识别或法律判断为依据,将主观标准引入对客观事实的认定,不仅对当事人来说无法有效的承担证明责任,也容易造成司法认定上的恣意,其无疑是对过往司法实践的背离。因此,无论是基于对于"网络传播权司法解释"的理解,还是基于司法实践中的做法,对于信息网络传播行为的理解均应坚持服务器标准,而非用户感知标准或者其他标准,不应为了追求案件的裁判效果,牺牲利益平衡原则,在具体案件中恣意进行突破性的类比适用或解释。

5. 相关方利益平衡的考量

另外,还有观点提出服务器标准在技术发展下不能有效的保护权利人利益,因此需要在实践中对其作出突破。笔者认为有必要在此做出回应。

首先,该观点未能全面地理解当前新类型传播行为的发生原因,而要求搜索链接服务商承担了过高的义务。如前所述,当前的搜索链接中出现了聚合链接、合作提供等情况,使相应作品的传播超出了权利人的控制,但是该情形的出现却并非搜索链接商的责任。实际上,权利人如果需要控制其传播利益,其可以在授权合同中与被链网站约定相应作品的传播范围,并明确的不履行该义务的违约责任,这种约定不违反《中华人民共和国合同法》的相关规定,其属于权利人一种有效的控制方法,被链网站应严格遵循合同约定,并采取一定的技术保护措施。

而现在的聚合链接等状况,与其说是搜索链接服务商进行违法抓取,不如说是被链网站未能履行合同的义务所致。按照笔者的了解,一些被链网站并未进行基本的保护措施,相应作品也开放给所有用户直接下载,其授权过期后,其仅不能由用户进行点击,但是第三方依然可以通过链接地址,从被链网站服务器上进行下载。此种情况下,权利人的传播利益损失可以从被链网站得到补偿,也能督促被链网站的义务履行。而如果只苛责搜索链接服务商,无异于缘木求鱼,使搜索链接服务商动辄得咎,进而难以进行服务创新。

其次,作为司法裁判者,在适用法律时应考虑背后的利益平衡,不能为追求片面的社会效果而牺牲法律的稳定性,该观点超越了裁判者应有的谨慎精神。人民法院是宪法规定的审判机关和法律适用机关,在进行裁判时应遵循严谨准确的司法精神,只能在司法层面适用法律,在法律规定有解释空间时,可以在空间之内发挥能动性,但是法院无权超越司法层面在立法层面“制定”法律。不可否认,在特殊情况下,法律的某些具体规定可能(在制定时或情况变化后)有问题,法院不得擅自改变对于法律的正常理解和适用,但可以采取特殊方式处理①,也可以对立法机关提出修改建议。但法院的主观能动性仅止于此,对于大量常规的类型化案件,法院应当严格依法处理,不能恣意进行突破。信息网络传播权侵权纠纷属于目前著作权纠纷中的主要案件类型,其案件具有常态化、类型化的特点,其判断标准和责任体系均由法律进行了明确规定,不存在巨大的解释空间,不能因为权利人的利益受损就推定存在应进行法律规则的侵权行为。归根结底,著作权保护的利益平衡原则强调的并非对权利人一方的倾斜保护,而是在保护权利人的基础上,更好的调整网络服务提供者的行为。

最后,深层链接等新问题的确给被链网站以及作品权利人带来了一定的损失,但该损失完全可以通过其他途径获得救济,并不一定要主张信息网络传播权。例如,权利人完全可以与被链网站进行合同约定限制授权作品仅在被链网站使用,如果被链网站未采取相应的技术保护措施,权利人可以主张其构成侵权。如果设链网站破解了被链网站的技术保护措施,则设链网站直接构成《著作权法》第 48 条第(6)项的禁止行为,属于特殊侵权。对于这个问题,笔者将在下面进行详细论述。

服务器标准符合国际立法的一般趋势,在多年以来的司法实践中其为法院

---

① 例如,许霆案经最高人民法院核准在法定刑以下量刑。

所认可,起到了良好的裁判效果。在处理此类案件时,不能为追求个案的片面保护,而主动突破法定的服务器标准,法官在此不宜将自己的地位与学者相混淆,这种突破是没有法律依据的。

六、破坏技术保护措施问题

1. 破坏技术保护措施的法律依据

关于破坏技术保护措施的法律规定为《著作权法》第 48 条第(6)项①,《信息网络传播权保护条例》第 18 条第(2)项②以及第 19 条第(1)项③,按照前述法律规定,任何第三人不得故意避开或者破坏权利人为保护其作品著作权而设置的技术保护措施。该技术保护措施是指用于防止、限制未经权利人许可浏览、欣赏作品、表演、录音录像制品的或者通过信息网络向公众提供作品、表演、录音录像制品的有效技术、装置或者部件,在信息网络传播权案件中,其可以表现为视频服务商设置的视频部分试看、会员等级观看限制、限制获取下载地址等方式。我国《信息网络传播权保护条例》的起草者在解释条例中保护技术措施的条款时也指出:"技术措施能够通过防止、限制使用者非法访问、使用权利人的作品、录音录像制品,有效地保护权利人的经济权利。"可见,关于破坏技术保护措施的立法本意为,在版权人享有某种专有权利,能够控制某种行为的情况下,版权人当然可以设置技术措施防止他人未经许可实施这种行为,以保护自己在版权法上的正当利益。

2. 破坏技术保护措施的法律性质

技术保护措施的立法渊源为《德国民法典》第 823 条第 2 款④及我国台湾地区"民法"第 184 条第 2 款⑤,即违反以保护他人为目的的法律。《著作权法》第 48 条的各款是产生损害赔偿责任的不同原因。

---

① 该项同时规定了民事责任和行政责任。

② 该项仅规定了民事责任。

③ 该项仅规定了行政责任。

④ 《德国民法典》第 823 条:【损害赔偿义务】(1)因故意或者过失不法侵害他人生命、身体、健康、自由、所有权或者其他权利者,对他人因此而产生的损害负赔偿责任。(2)违反以保护他人为目的的法律者,负相同的义务。如果根据法律的内容并无过失也可能违反此种法律的,仅在有过失的情况下,始负赔偿责任。

⑤ 我国台湾地区"民法"第 184 条:【独立侵权行为之责任】因故意或过失,不法侵害他人之权利者,负损害赔偿责任。故意以背于善良风俗之方法,加损害于他人者亦同。违反反保护他人之法律,致生损害于他人者,负赔偿责任。但能证明其行为无过失者,不在此限。

严格来说,破坏技术保护措施的行为性质是区别于侵权行为的违法行为,该行为并非提供行为。简单地说,就是一种特殊的直接侵权行为。类似于在自己的作品上假冒他人署名的行为,严格说是侵害姓名权的行为(特殊情况下还可能侵害名誉权),但《著作权法》有特殊规定①。在实践中,破坏技术保护措施的认定思路已经被很多法院在判决中予以实际采用,但是并未以破坏技术保护措施的名义认定构成侵权。这是因为查明原告或者原告给予限制性授权的主体采取技术技术保护措施且被告破坏技术保护措施这一事实有困难,因此个别法官在没有查明这一事实的情况下,在内心确认了这一事实,并在这种内心确认之下结合行业利益分析认定被告提供了作品。甚至在个别案件中,法院已经查明被告破坏了技术保护措施,但法院认为"破坏技术保护措施" +"链接"构成了"提供",进而直接认定构成提供行为。实际上,单纯的"破坏技术保护措施"已经构成了特殊的侵权,因为存在一方破坏技术保护措施,另一方使用作品的情况(在网络上提供破解他人软件密码但不提供该软件)。这种做法的实质目的依然是为没有查明破坏技术保护措施而认定提供作品做铺垫。

3. 破坏技术保护措施的查明困难及其解决思路

在类似案件中,查明权利人使用了何种技术保护措施,侵权人如何破解其技术措施具有一定的难度,需要明确双方的举证责任,并结合双方的证据及专家辅助人的证言等进行判断。但是不能因为查明破坏技术保护措施存在困难就采取上述"规避"措施。②

事实上,据笔者了解,本文论及的相关新问题如破解技术保护措施、或者设链网站与授权人合作传播等情况早已在审判实践中屡见不鲜,但是很多法院在审理类似案件时,却因为诉讼双方的举证思路、举证责任等事实查明问题而缚手缚脚,依然局限于原有审理思路,只认定设链网站构成提供行为。而正是由于审理法院的这种"规避"态度,导致很多正版服务商虽设立了专门的技术团队负责加密等手段设置技术保护措施,也了解"盗链"网站的破解行为,但是并不以破解技术保护措施起诉。这是因为原告们认为这样的举证责任过重,即原告须举证证明其针对涉案作品采取了有效的、合理的技术保护措施,而被告破坏了该技术

① 即《著作权法》第48条第(8)项。

② 类似于行人过马路,没有地面的人行横道,只有过街天桥,不能因为嫌走过街天桥麻烦就横穿马路。

保护措施。其中的难点在于原告要举证证明在被告的设链行为之前其已经针对涉案作品采取了技术保护措施，由于原告事先难以判断被告可能会针对哪些作品进行“盗链”，故难以提前全面保存证据；另外，即使原告进行了这种事先保存证据的措施，但由于该措施的采取完全取决于原告，因此很可能被质疑原告仅仅在保存证据时采取了技术保护措施，然后就“门户开放”，诱人犯错。

因此，笔者建议可以探索利用举证责任转移的规则认定上述事实：在当前的司法状况下，可以采用较为严格的分配方式，即倾向认为作为大型网站的原告对其正规影视作品均采取了技术保护措施，而由被告举反证。被告可以利用百度、谷歌、搜狗等搜索引擎对于原告网站中的涉案影视作品进行搜索，如果搜索结果直接指向原告网站，涉案影视作品能够直接下载或者播放，则认定原告没有采取技术保护措施（有案例）；笔者在司法实践中曾经遇到这种情况，勘验的搜索结果是原告网站中的一个窗口，要求输入用户名和密码，则认定原告采取了技术保护措施。[①]

这里还有一个无法回避的问题：如果不是权利人采取了技术保护措施，而是权利人所授权的网站采取了技术保护措施，而被告破坏了该技术保护措施，此时权利人是否可以作为原告起诉？笔者认为可以。理由是：第一，技术保护措施保护的就是著作权，在网络环境中就是保护信息网络传播权。第二，采取技术保护措施是基于权利人的要求（合同约定的义务）。那么，作为授权网站是否可以同时作为原告起诉？笔者认为，权利人与实际采取技术保护措施的主体可以作为共同原告起诉。

七、对该类案件的类型化总结

在涉及搜索链接服务的网络著作权案件中存在很多新型的技术特点，出现了很多新问题，但是其依然属于常见的类型化案件，在归责原则、构成要件、免责事由等诸方面与传统信息网络侵权案件没有本质差别，随着司法实践的发展，必然会形成类型化的审理思路。笔者基于自身审判工作经验，对前述审理思路形成了如下类型化建议，供大家参考：

1. 程序方面的思路——预备合并诉讼与释明制度相结合的诉审判一致规范

（1）诉审判一致原则是指法院应当根据当事人的诉辩主张进行审理和裁判，

---

① 参照前述的类比，类似于过街天桥上有步行梯也有电梯，行人可以选择利用电梯走过街天桥。

保障当事人的诉辩主张及意见陈述在庭审与裁判中得到针对性审理,确保诉辩、审理与裁判彼此对应、相互一致。

(2)预备合并诉讼是指原告在提起主位诉讼的同时,于同一诉讼程序中提起预备诉讼,以备主位诉讼无理由时,可以就其预备诉讼请求法院审判的诉讼合并形态。

(3)释明制度是指当事人的主张或陈述的意思不明确、不充分,或有不当的诉讼主张和陈述,或举证不充分时,审判人员应当通过发问、提醒等方式启发当事人予以澄清或补充。

(4)在涉链接侵害信息网络传播权纠纷案件中应当正确适用预备合并诉讼制度与释明制度,切实保障诉审判一致原则的落实。

(5)原告仅主张被告直接提供作品、表演、录音录像制品,被告提出其仅提供技术服务时,审判人员应当向原告释明,由原告选择是否在主张被诉行为系提供行为的主位诉讼的同时,还主张被诉行为系帮助侵权行为的预备诉讼。

(6)原告明确选择仅主张被诉行为系提供行为而不主张被诉行为系帮助侵权行为时,审判人员应当仅就被诉行为是否属于提供行为以及承担相应责任问题进行审理,而不应就被诉行为系帮助侵权行为以及承担相应责任问题进行审理。

(7)原告仅主张被诉行为侵害其信息网络传播权而没有明确具体性质时,法院应当向原告释明,由原告明确被诉行为的具体性质。原告可以采用预备合并诉讼的方式明确被诉行为的具体性质。

(8)原告在起诉状、陈述及其委托代理人的代理词中表述被诉行为系破坏技术保护措施的行为或者被告与直接提供者之间具有分工合作关系构成共同侵权的内容,法院应当向原告释明,由原告明确其主张并说明相应的法条依据。

(9)经释明后原告明确或者变更诉讼主张的,审判人员应当根据案件具体情况给被告及第三人重新指定答辩期和举证期。

2. 实体方面的思路——正确界定信息网络传播权的权利范围

(1)审判人员依据查明的事实认定原告采取了合理有效的技术保护措施而被告破坏了该技术保护措施,应当依照《著作权法》第 48 条第(6)项以及《信息网络传播权保护条例》第 18 条第(2)项的规定进行处理。

权利人可以与被许可人签订合同,要求被许可人采取技术保护措施。被许可人采取了合理有效的技术保护措施而被告破坏了该技术保护措施,应当判定被告侵害了权利人享有的著作权。权利人可以作为原告向被告提起侵害著作权纠纷诉讼。

(2)审判人员依据查明的事实认定被告与直接提供者之间具有分工合作关系构成共同侵权,应当依照最高人民法院《关于审理侵害信息网络传播权民事纠纷案件适用法律若干问题的规定》第4条以及北京市高级人民法院《关于涉及网络知识产权案件的审理指南》第8条、第9条、第10条的规定进行处理。

(3)原告主张被诉行为系提供行为而被告抗辩被诉行为系技术服务行为的,审判人员应当依照最高人民法院《关于审理侵害信息网络传播权民事纠纷案件适用法律若干问题的规定》第3条以及北京市高级人民法院《关于网络著作权纠纷案件若干问题的指导意见(一)》(试行)第2条、第3条、第4条的规定进行处理。

(4)深度链接是指绕过被链网站首页直接链接被链网站次级页面的链接方式。

建立深度链接的行为不是最高人民法院《关于审理侵害信息网络传播权民事纠纷案件适用法律若干问题的规定》第3条规定的提供行为。

(5)信息网络传播权人许可他人上传其作品、表演、录音录像制品,但做出限制性约定,要求对方不得与第三方合作或向第三方开放端口使第三方链接其作品、表演、录音录像制品的,除非法律、法规另有规定,该约定系有效条款。

该他人违反前款约定向第三方开放端口使第三方链接作品、表演、录音录像制品,构成违约。

第三方与该他人进行分工合作构成共同侵权的,应当依照最高人民法院《关于审理侵害信息网络传播权民事纠纷案件适用法律若干问题的规定》第4条的规定进行处理。

3. 流程图

为直观表达,笔者制作了一个审理思路流程图,以供参考。

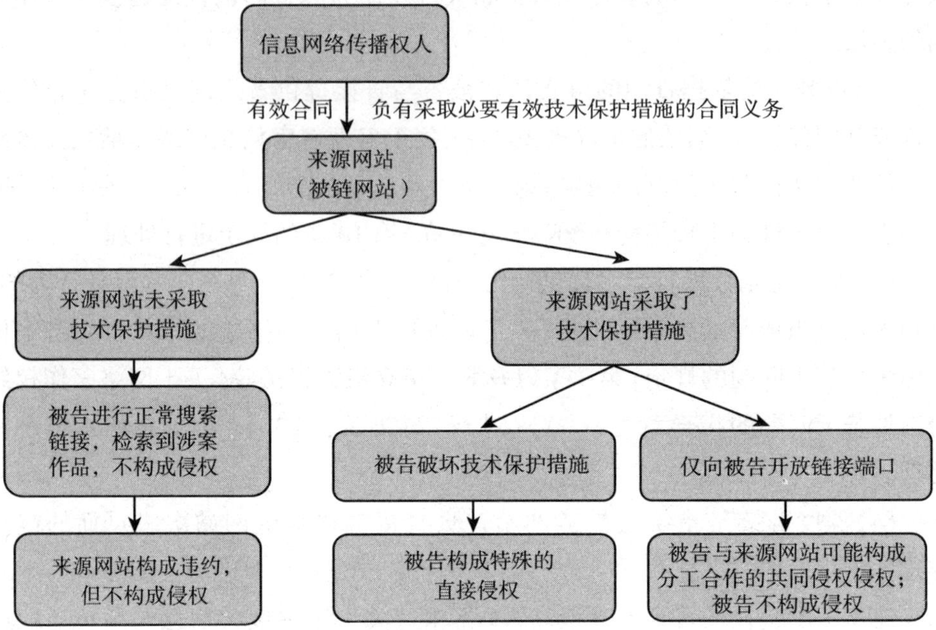

审理思路流程图

八、结语

在论及法律的适用时,美国大法官卡多佐曾说过“行动合法性与其对社会的价值之间存在一种必然、恒定的关系,尽管有时是半隐秘的。我们做出判断的每一时刻,都在不停地权衡、折中和调整”①,其论述意在表明我们在适用法律条文进行裁判时应注意导入法律背后的价值和政策,在遵循法律的可预期效果的前提下,探寻社会的公平和正义。在信息网络传播权的案件审理中亦是如此,无论网络技术和社会实践如何发展,成文法所制定的原则和价值依然具有指导作用,作为裁判者应有技术性思维,在原有的法律框架之内对个案的新情况进行具体分析,而不能片面只追求法律的社会效果,对某些案件进行简单的套用或刻意突破原有法律的明确规定,牺牲背后的利益平衡。身为裁判者只有不断的认识新的技术发展趋势,并对规则的适用进行调适,才能更好地促进法律的应用,在法律框架内有效发挥司法对于网络健康有序发展的能动作用。

① 本杰明 · N. 卡多佐:《法律的成长》,中国法制出版社 2002 年版,第 140 页。

专利商标确权司法程序中司法变更权的探讨

张玲玲*

专利商标确权①程序冗长导致其相应的"权利"长期处于不稳定状态,进而致使其真正的价值难以有效发挥,这一直以来是业界颇为关注的问题,亦成为每次修改专利法和商标法时讨论的焦点问题。根本解决上述问题需要重新构建专利商标确权程序,包括行政程序和司法程序。在司法改革的背景下,本文从司法程序切入,探讨在专利商标确权司法程序中司法变更权的适用,以期提高专利商标确权效率,避免循环诉讼,维护司法公信力。

一、司法变更权在专利商标确权司法程序中适用的现实考量

(一)专利商标确权案件的司法现状

专利商标确权案件一审由北京知识产权法院专属管辖,二审由北京市高级人民法院审理②。据统计,北京知识产权法院于 2014 年 11 月 6 日成立后,2015 年全年该院共受理各类知识产权案件 9191 件,其中受理商标确权案件③ 5501 件,占全部案件的 59.85%。商标授权确权案件审结 3228 件,判决结案 2946 件,其中撤销行政裁决 538 件,占判决结案的 18.3%。而在涉及商标评审委员会依

---

* 北京知识产权法院法官。

① 专利商标确权是指专利确权与商标确权,本文为行文简洁遂合并称谓,具体含义将在下文中阐述。

② 参见最高人民法院《关于北京、上海、广州知识产权法院案件管辖的规定》(法释〔2014〕12 号)。

③ 商标确权案件是指利害关系人诉国家工商行政管理总局商标评审委员会作出的商标驳回复审、商标异议复审、商标争议、商标撤销复审、商标无效等具体行政行为的案件。因涉及商标法新旧衔接问题,2015 年出现的商标确权案件类型基本能够覆盖新旧商标法规定的商标确权案件。同时,对于商标确权的具体称谓本文采用最高人民法院陶凯元副院长在《求是》杂志 2016 年第 1 期上发表的署名文章《充分发挥司法保护知识产权的主导作用》中的称谓,其内涵与最高人民法院《关于审理商标授权确权行政案件若干问题的意见》(法发〔2010〕12 号)中的商标授权确权案件一致,不再做学理上的探讨(如《行政法视角下商标局核准注册商标行为定性之争:是商标授权,还是商标确权》等)。

据生效判决重新做出裁定后,当事人不服又再次提起行政诉讼的案件大约有50件,占全部撤销案件的10%左右①。专利确权②案件共受理1207件,审结335件,其中判决撤销被诉决定27件,占9%。专利复审委员会依据生效判决重新做出决定后当事人再次起诉的案件目前尚未有审结。③ 专利商标确权司法程序中对行政机关作出决定或裁定中的事实问题和法律适用问题进行全面审查,最终只能作出维持或撤销被诉决定或裁定,不能直接作出确权判决。对于维持的案件,行政机关依据其作出的决定或裁定维持或无效专利权或商标权。对于撤销的案件,行政机关应当依据生效判决重新做出决定或裁定。专利商标确权案件的真正当事人往往为有利害关系的平等主体,而一旦专利复审委员会或商标评审委员会根据生效的司法判决重新作出确权认定,总有一方会对此不满意,于是会再次启动司法确权程序,这样,专利商标确权行政案件终审后,往往会引起循环诉讼。

(二)现有专利商标确权司法程序中存在的问题

1. 审级多、周期长,不利于权利的保护

自中国加入《与贸易有关的知识产权协议》后依据其要求,我国专利商标确权制度实行司法终局,并把确权行政决定的司法审查定位于行政诉讼,实行三级两审终审制。专利复审委员会和商标评审委员会作出的专利无效行政决定和商标无效行政裁定或决定等要依次接受北京知识产权法院一审、北京市高级人民法院二审以及最高人民法院再审的三级司法审查,有甚至会经历检察机关抗诉④。由于专利商标确权案件往往牵涉相关联的民事侵权案件,在确权案件未走完所有司法程序的情况下,与之相关联的权利很难得到及时的保护。例如,有专利处于无效司法程序中,其相关联的民事案件中,被诉侵权行为的定性需要依赖专利无效的结果,此时,如果案件中止审理,则被诉侵权行为一直持续,如果专利

---

① 本文是将2015年撤销商标评审委员会的案件数作为基数进行分析,从严格意义上来讲,这样计算出来的比例可能存在一定出入,但不影响本文将要探讨的问题。

② 专利确权是指专利授权机构就专利的申请和无效作出决定以及法院就前述决定进行司法审查。

③ 这种情况出现的一个原因是专利确权周期相对较长,一个案件从提起行政诉讼,到一审、二审完结至少需要一年的时间。据统计,专利复审委员会无效案件平均审查周期约为200天,而司法程序中一审平均审理周期为195天,二审平均137天,考虑到文书送达、起诉期、上诉期等其他程序性因素,一个完整的专利确权程序经历几年时间是非常普通的。参见陈锦川:《从司法角度看专利法实施中存在的若干问题》,载《知识产权》2015年第4期。

④ 目前可知涉及专利案件审理周期最长的为15年,即最高人民法院(2013)民提字第127号民事判决,该案件从首次起诉到最终判决历时15年左右,几乎经历了知识产权案件诉讼的所有程序。

无效终局结果是专利有效，则很可能出现赢了官司输了市场的局面。同样，涉及商标侵权的案件，如果涉案商标正处于无效阶段，仍然存在等还是不等的问题以及权利保护的时效性和市场格局变化的影响等问题。在这样的纠结和徘徊中，一个专利商标确权可以持续多年和多次反复。例如，安增基案中专利确权历经九年，其相关联的侵权案件审理长达 11 年；司柄文案因当事人和解亦历经仅 10 年；邢鹏万案从 1997 年至 2007 年共历经 10 年，其中专利复审委员会审查两次，一审、二审法院各审理两次，最高人民法院审理一次。

2. 循环诉讼多，虚耗司法资源，损害司法公信力

专利复审委员会或商标评审委员会根据生效的司法判决重新作出确权认定后，一方当事人基于自身利益考量又提起新的行政诉讼，这部分案件在司法实践中数量并不少，笔者仅针对 2015 年北京知识产权法院受理的专利商标确权案件进行梳理就有近 50 起。这些案件大致可分为以下几种情况：

（1）行政机关完全按照生效判决作出新的决定，当事人不服又再次提起行政诉讼的。对于该类型案件，目前实践中的做法是，法院经审理查明被诉行政行为是完全按照生效判决作出且没有程序违法的，判决维持被诉决定。例如，（2015）京知行初字第 1583 号商标行政纠纷案中，商标评审委员会依据生效判决重新做出决定，原告依旧不服提起行政诉讼。法院经审理后认为“商标评审委员会根据生效判决所确定的事实重新作出重审第 2038 号决定，该行为是对生效判决的正确执行，本院对此予以支持”。该类型案件中还有一种情形是当事人在行政阶段提交“新证据”，对于其新提交的证据法院不予考虑。例如，在（2015）京知行初字第 2579 号商标行政纠纷案件中，原告就商标评审委员会依据生效判决作出的重审决定提起行政诉讼后一审提交了多达 16 份证据，用以证明其商标享有在先权利，法院认为“被告作为（2014）高行（知）终字第 3352 号行政判决的当事人，其必须履行该生效判决。同时，本院在本案的审理范围亦为审查被告是否正确履行生效判决。对于原告在诉讼阶段提交的用以证明其享有诉争商标在先权利等实体方面的证据不属于本案审查的范围，其应该通过再审的程序来实现其实体诉求”。

（2）行政机关按照生效判决作出新的决定，但当事人主张程序违法再次提起行政诉讼。对于该类型案件，法院一般会作出两种处理结果，一种是行政机关虽然存在程序瑕疵，但实体结果与生效判决结果一致，维持被诉决定；另一种是虽然被诉行政决定实体结果遵照生效判决，但程序存在严重违法，撤销被诉决定。

这种情形无论行政机关程序是否违法,其重新做出的决定均执行了生效判决,法院的再次审查无论维持还是撤销均不会改变生效判决的结果。

(3)行政机关在按照生效判决作出新的决定时又接收并采纳了当事人新提交的证据,作出相同或者不同于生效判决的行政决定,当事人不服提起新的行政诉讼。对于该类型案件,法院一般会审查新证据的证明力,如果能够证明被诉行政行为的合法性,则维持被诉决定;如果不能,则撤销被诉决定。例如,在(2014)一中知行初字第3547号专利行政纠纷案件中,原告在专利复审委员会重新做出决定阶段又提交证据,专利复审委员会认为及法院均认为其提交的证据和主张的事实在目前尚不能对抗已生效的北京市高级人民法院(2012)高行终字第579号行政判决认定的事实。

(4)行政机关在按照生效判决作出新的决定时又以新的理由作出了和原生效判决完全不同的行政决定。当事人又提起新的行政诉讼,法院就行政机关所依据的新理由进行审查后维持或撤销了新的决定。例如,在(2015)京知行初字第1992号商标行政纠纷案件中,法院认为"阿尔山矿泉水"使用在"制矿泉水配料"以外的纯净水等其余商品上不构成误导,不具有不良影响,依据2001年《商标法》第10条第1款第(8)项遂撤销被诉决定。商标评审委员会在做出重审第144号商标驳回复审决定时依据2013年《商标法》第10条第一款第(7)项驳回了原告的注册申请。当事人不服再次起诉,因该案例涉及新旧法的转换问题,法院从实体的角度维持了重审决定。在司柄文案中,专利复审委员会在重新做出决定时又再次宣告专利无效,当事人再次起诉,法院再次撤销其新决定。

上述四种类型的案件均与普通行政案件一样,还可以走完一审、二审和再审的司法程序,便形成了典型的专利商标循环诉讼问题。这样的循环诉讼不仅虚耗司法资源,还严重损害了司法的公信力,同时,不利于保护当事人的权利。

3. 审查内容重复,缺失程序意义,损害司法裁量权,导致司法不经济

无论是专利确权还是商标确权的行政特殊程序抑或司法程序,专利局/商标局、专利复审委员会/商标评审委员会、一审法院和二审法院四套人马几乎都在重复相同的内容:对专利商标确权行政案件的事实问题和法律适用问题进行审查。这样,大量专业人才重复同样的事情,本身即违背了经济诉讼的原则。根据专利法、商标法和行政诉讼法的相关规定,一件完整的专利无效案件和商标无效案件,要经历行政与司法共四个审级,有的甚至走到再审程序。这些程序有大量工作重复却不必要,缺失程序设计的价值和意义;同时,重复审理不仅严重影响

专利商标确权的效率还严重损害了司法裁量权,给予挑战司法裁量权公信力的空间,导致司法不经济,权威受损害。

(三)司法变更权能够从司法程序上提高专利商标确权效率,提升司法公信力

目前,专利商标确权的司法程序仅限于审查行政行为的合法性,并不能直接就具体专利商标有效性等作出实体判决,这样的司法审查导致上述问题的存在,严重影响了专利商标确权的效率和司法的公信力。变更判决是司法权对行政权的直接介入,具有比撤销判决、履行判决更为直接有效的作用,能更好地控制公权力,体现行政诉讼的目的。[①] 完善专利商标确权的司法审查程序,可以适当扩大司法变更权的适用范围。在专利商标确权案件中,法院可以直接确认专利授权或商标注册的权利,可判决撤销专利或注册商标的一部分或全部,并可对专利、商标的有效性进行直接审查,有权对专利、商标的权利效力作出判决。如果在专利商标确权司法程序中确立司法变更权,将避免出现专利商标确权的循环诉讼,极大地缩短权利效力认定的周期,从而提高司法效率,进而能够提升司法的公信力。

二、司法变更权在专利商标确权司法程序中确立的基础

(一)专利商标确权司法程序中确立司法变更权有利于保障私权

目前知识产权界就专利商标权属于公民私权已基本达成共识。在专利商标确权司法程序中确立司法变更权深层次价值在于保障公民的合法权益不受侵害。专利权和商标权从本质上讲是私权,属于公民个人的合法权益。专利商标确权纠纷本质上是平等民事主体之间就专利权、商标权效力的纠纷,专利复审委员会和商标评审委员会是根据法律授权对该纠纷进行居中裁决,其处理的仍是属于私权的专利权和商标权的效力,其行政行为是一种确权行为,当这种确权行为诉至法院更多地体现为公民个人合法权益保护问题。如果将专利商标确权司法程序改为民事诉讼程序,行政机关不作为被告,涉及专利商标的双方当事人作为案件的原被告双方参与应诉,则能从根本上解决问题。然而在没有改变现有专利商标确权司法程序设计的情况下,赋予司法变更权亦能够一定程度上解决

---

① 崔冬:《再论扩大我国行政诉讼的司法变更权》,载《西南政法大学学报》2009 年第 4 期。

该问题,及时有效地保障公民的合法权益。

(二)司法变更权有利于实现专利商标确权司法程序的价值

专利商标权本质上是私权,其通过确权得以实现,因此,该确权机制的设立应体现公正、安定与效率等价值,专利商标确权的司法程序作为行政程序的监督审查程序应对该程序价值给予法律上的保障。监督与制约公权力、保护私权利,是司法程序的目标,体现了"公正"价值;专利商标确权司法程序是一种诉讼救济程序,而维护这种救济程序的稳定,体现了"安定"价值;专利商标确权司法程序中确立司法变更权有利于减少诉讼成本、缩短周期、避免循环诉讼,体现了法的"效率"价值。

司法变更权是人民法院对被诉行政行为所确定的内容通过行政诉讼,依照法律、法规和有关行政纠纷程序规则,直接予以改变的一种司法裁判行为。司法变更涉及行政权与司法权的分工,是司法权介入行政权的具体表现形式。与撤销判决、维持判决等监督方式不同,司法变更表现为一种直接介入的监督方式,可以"代替"行政机关行使部分职权。既能对行政行为的合法性、合理性作出司法判定,同样能在法官适用法律自由裁量权的基础上对如何"行政"作出主动的司法认知,进行司法矫正。司法变更的核心是改变被诉行政行为的内容。① 专利商标确权司法程序中确立司法变更权将使得法院能够直接介入到专利、商标确权中,发挥司法公正、公平的价值功能,同时,能够从实质上明确权利范围,确定权利属性,避免循环诉讼,重复审查,提高效率,并实现最终权利的安定与稳定。

(三)专利商标确权司法程序中确立司法变更权符合行政便宜原则

即便在现有专利商标确权司法程序按照行政诉讼法进行审理的情况下,将专利复审委员会和商标评审委员会的确权行为视为具体行政行为,司法变更权的确立亦能最为直接地切合行政便宜原则。便宜原则多见于程序法中,在行政诉讼中贯彻、落实便宜原则是程序法治的应有之义。特定情形下,允许人民法院径行作出司法变更,能够避免行政权故意对抗司法权的情形发生,提高效率。同时,能够避免循环诉讼,维护司法权威,提高司法效率,维护合法权益。我国现行《中华人民共和国行政诉讼法》赋予法院一定情况下的司法变更权,这为专利商标确权司法程序确立司法变更权提供了一定的空间。

---

① 夏锦文、刘志峰:《行政诉讼司法变更的理论基础》,载《法制与社会发展》2004 年第 6 期。

（四）专利商标确权司法程序中确立司法变更权历经实践检验，具有现实可操作性

自2001年专利商标确权需要接受司法审查以来，司法实践中曾一度在专利商标确权案件中直接就专利商标的有效性进行判断，并在判决主文中作出改判行政决定，直接确认专利或商标无效的案件。据统计，北京市第一中级人民法院知识产权庭2004年和2005年审结的商标确权行政案件中，共有10件就尝试采用了此种判决方式。同样，在该知识产权庭审理的与商标确权行政案件相类似的专利确权行政案件中，也有许多案件也采用了直接确定专利权效力的判决方式[①]。例如，在（2014）一中行初字第686号商标行政纠纷案件中，法院不仅在本院认为部分详尽论述了撤销被诉裁定的理由，还在主文部分明确维持涉案商标的有效。法院在判决中直接确定专利商标权效力的做法在实践中并没有产生不利影响，亦没有损害当事人的权益。这样的裁判方式能够更好的切入当事人的争议焦点，直接就实体问题作出判断，及时有效的明确权利状态；同时，也没有实质上僭越行政权。因为，专利商标确权有别于其他行政行为，法院经过审理即使不在主文中直接宣告专利商标权的效力，而是责令重新作出行政裁决，专利复审委员会和商标评审委员会在后续程序中已基本没有裁量权，只能依据判决中本院认为部分的认定作出形式上的宣告而已。如果允许法院在判决主文中直接宣告专利商标权有效或者无效，可以省略专利复审委员会和商标评审委员会的“形式裁决”，从而避免循环诉讼。这种做法经过一段的司法实践检验，具有现实的可操作性。

三、司法变更权在专利商标确权司法程序中的具体运用

根据行政诉讼法及相关司法解释，对于行政案件，人民法院只有在行政处罚明显不当或者其他行政行为涉及对款额的确定、认定确有错误时，才能直接判决变更行政处理内容[②]，否则不能直接判决实体处理内容。然而根据当前法律的规定和实践操作，对于专利商标确权司法程序按照行政诉讼法的规定进行司法审查。囿于行政诉讼判决方式的局限性，法院在能确定专利权和商标权效力的情

---

① 参见周云川：《商标确权行政纠纷中“循环诉讼”问题的解决思路》，载《中国知识产权报》（商标·前沿）2007年12月14日，第007版。

② 《中华人民共和国行政诉讼法》第77条：行政处罚明显不当，或者其他行政行为涉及对款额的确定、认定确有错误的，人民法院可以判决变更。

况下,却无法直接判决,而只能交给专利复审委员会和商标评审委员会再次作“形式”裁决。目前,专利商标确权案件法院仅在本院认为部分,对于专利、商标的有效性进行评述,判决主文部分仅存在维持和撤销被诉裁定或决定两种方式。

本文认为,结合目前专利商标确权司法现状,从法理及价值追求出发,应在司法程序中明确司法变更权,即在判决主文中用专门判项判决专利权商标权效力,在该判决生效后,专利和商标主管机关直接执行该判项,专利复审委员会和商标评审委员会无须再次作出行政裁决。具体可分为以下几种具体判项设计:

(一)判决驳回原告诉讼请求[①]

在专利商标确权案件中,原告均为原权利人或利害关系人。法院经审理维持被诉裁定或决定时,仅需在判决主文部分就司法审查的内容及理由进行阐述即可,主文部分仍然按照现行做法,驳回原告诉讼请求。

(二)撤销被诉裁定或决定,改判相应内容

在撤销被诉裁定或决定时,应设计成三个及以上判项。第一项为撤销被诉裁定或决定。第二项为改判判项,第三项为驳回原告其他诉讼请求。这种情形适用于案件事实清楚,能够在行政诉讼中直接进行判断,且不存在违背程序审查的问题时,可以直接作出改判的判决。

(三)撤销被诉裁定或决定,发回重审

这种情况适用于专利复审委员会或商标评审委员会在行政审查程序中仅就当事人所提理由中的某些理由进行审查从而作出被诉裁定或决定,其他理由没有进行评述。法院经审理认为被诉裁定或决定所依据的理由不成立,但其他理由因为没有经过行政程序的审查,直接作出司法判断则违背程序原则,因此,应发回重审。在判决理由部分将发挥重审的理由进行阐述,同时,发回重审判项中将重审内容明确。

四、结语

最高人民法院副院长陶凯元在2016年第1期《求是》杂志上发表的署名文章《充分发挥司法保护知识产权的主导作用》中明确提出,随着知识产权保护实践的发展和全社会知识产权保护需求的不断提高,现行知识产权法律体系中一

---

① 《中华人民共和国行政诉讼法》第69条:行政行为证据确凿,适用法律、法规正确,符合法定程序的,或者原告申请被告履行法定职责或者给付义务理由不成立的,人民法院判决驳回原告的诉讼请求。

些与实践和需求不适应的环节和方面逐渐显现，例如，人民法院缺乏司法变更行政决定的司法职权导致循环诉讼屡有发生。最高人民法院知识产权庭庭长宋晓明亦明确提出直接赋予司法变更权可以进一步探究和讨论①。本文仅结合司法实践中的具体情况提出在专利商标确权司法程序中确立司法变更权的粗浅看法以供进一步探讨。时值司法改革深入开展的时代背景下，有些改革可以采取边行边试边总结的方式，在实践中寻求最佳路径。

① 参见《赋予司法变更权应提上日程》，载《法制日报》2016年4月25日，第06版。

商标恶意注册的司法规制实践

周丽婷*

商标恶意注册问题严重,商标注册审查机关、司法审判机关、产业界、代理界有共识。司法审判作为商标授权确权的最后一环,相较于产业界、代理界和商标局、商标评审委员会,应该说体会尚有不及,即便如此,我们也深切感受到恶意注册之害。北京知识产权法院自建院以来,案件数量持续增长,其中商标授权确权行政案件增长尤其明显,自 2014 年年底建院至 2017 年 5 月末,北京知识产权法院共受理商标授权确权行政案件 15052 件,其中 2015 年收案 5501 件,2016 年收案 5936 件,2017 年 1 ~5 月已收案 3472 件。而据统计,2002 ~2009 年,北京市第一中级人民法院共审结商标授权确权行政案件 2624 件①,2009 年,北京市第一中级人民法院新收商标行政案件 1346 件,2010 ~ 2012 年,全国地方法院新收一审商标行政案件分别为 2026 件、1767 件、2150 件。② 可见,商标授权确权类案件相比几年前有大幅增长。另据商标注册受理部门估计,2017 年我国商标申请总量预计将突破 500 万件。③ 这些数字的增长固然与经济增长、与市场主体的商标意识增强有关,但与恶意注册现象越发严重也不无关联。据不完全统计,涉嫌恶意注册的案件在除驳回复审案件④和撤销复审案件⑤之外的其他商标行政案件中的

---

* 北京知识产权法院商标竞争及垄断调研组组长。

① 北京知识产权法院成立之前,北京市第一中级人民法院专属管辖商标授权确权一审行政案件。

② 见周云川著:《商标授权确权诉讼规则与判例》,法律出版社 2014 年版,第 4 页。虽然商标行政案件还包括其他一些与商标有关的案件(主要是对工商部门涉及商标的行政处罚不服提起的行政案件),但绝大多数是商标授权确权案件。

③ 该数字系从北京知识产权法院商标恶意注册的法律规制课题组与商标局的走访调研中获悉。

④ 之所以排除驳回复审案件,并非在驳回复审案件中不存在恶意注册的情况,而是驳回复审案件中,没有人就诉争商标是否构成恶意注册提出主张,恶意一般也不是审查考量因素,但事实上,驳回复审案件中大量存在刻意模仿他人知名商标、抢注名人姓名、抢注公共资源标志的情况。

⑤ 撤销复审案件审查的是商标在指定期间内的商业使用情况,故一般与恶意注册无关。撤销复审案件数量近年也不断迅猛增长,一定程度上反映了囤积商标严重的情况。

比例在30%以上。恶意注册情况严重,倒逼部分合法经营者不得不多类别甚至全类别注册,但普通经营者受经营范围所限不可能全部使用,为规避三年不使用被撤销风险,又被迫每三年再申请一次,如此循环往复,商标申请量逐年膨胀,商标异议申请、无效申请和行政诉讼逐年大增,严重浪费社会资源。商标恶意注册泛滥,不仅扭曲了商标制度的正常功能,也严重扰乱了市场秩序,损害了我国知识产权保护的国际形象。

北京知识产权法院建院以来始终高度重视这个问题,把规制商标恶意注册作为重点工作之一,专项治理。归纳起来,我们在司法实践中有以下主要做法。

一、大力制止无使用意图的商标注册行为

商标是识别商品或者服务来源的标志,商标的生命在于使用,使用应是商标产生价值的唯一途径。与有些国家采取使用取得商标权利的方式不同,我国的商标注册以申请商标具备识别商品或者服务来源的功能为条件,并不要求其已经具备实际识别作用,这种制度安排有利于便捷商标注册程序、提高商业活动效率,但许多抢注者认为有机可乘。实践中,大量存在超出使用需求之外囤积商标、以销售或转让为目的注册商标的情形。例如,在抢注知名内衣品牌经营者——维多利亚的秘密公司系列商标案件中,诉争商标注册人庆鹏公司申请注册700多枚商标且公开售卖;在涉及抢注优衣库品牌权利人的"UL"商标案中,诉争商标注册人指南针公司和中唯公司共申请注册2600多枚商标,并大量通过互联网转让牟利,且中唯公司自身即是商标代理机构。上述行为不仅会对商标注册秩序产生冲击,也会影响有正当注册需求的市场主体依法注册商标,增加其注册商标的成本,损害不特定多数商标申请人的利益。

司法实务中,我们采取了相应措施大力制止无使用意图的商标注册行为,突出体现在适用《中华人民共和国商标法》(以下简称《商标法》)第44条第1款"以其他不正当手段取得注册"的案件数量有显著增加,对超出使用需求之外囤积商标、以销售或转让为目的注册商标的,均适用商标法第44条不予核准注册或予以无效。并将该条款适用于尚处于异议审查阶段的未核准注册商标。此外,在一些案件中,针对商标申请人长期被吊销营业执照,无经营资格、无经营活动的,商标申请人被注销的,考虑到此时商标申请行为已不符合为生产经营所需取得商标专用权的条件,故适用商标法第4条不予其商标注册。

二、在各异议/无效条款的审理中充分考量主观恶意因素,严格适用法律

商标法各异议/无效条款中包含大量裁量性要件,我们在司法实践中结合规制恶意注册的工作目标严格适用法律,充分运用法律。具体而言:

针对抢注驰名商标的行为,因驰名商标制度一度被异化,司法实践也曾因此一度对驰名商标的认定把握过高的判断标准,使一些被抢注者合法权益难以有效得到保护。面对这种状况,我们的司法实践回归驰名商标法律规范作为救济手段的定位,强调驰名商标的判断标准是为相关公众所熟知,对需要用驰名商标条款予以救济的,积极适用。合理把握驰名商标的证明标准,正确认识相关公众熟知的程度可有高有低,保护的范围应有大有小,保护范围要与公众熟知的程度相适应。2016 年,北京知识产权法院在 53 件商标行政案件中认定了驰名商标并给予保护,如注册在服装商品上的耐克公司"勾图形"商标、注册在组织表演服务上的"印象刘三姐"商标等。

针对在相同或类似商品上抢注他人有知名度的注册商标的行为,在判断是否容易导致相关公众混淆时,充分考虑注册人是否具有"搭便车"的主观恶意,包括在商标实际使用过程中是否存在违反诚实信用原则的行为,对"搭便车"意图明显的,在商品类似、商标近似的判断上,采取更宽泛的标准。

针对抢注他人在先使用并有一定影响的未注册商标的行为,准确掌握《商标法》第 32 条"已经使用并有一定影响的商标"的证明标准,原则上只要在先使用未注册商标的知名度和影响力及于恶意注册人,即认定该未注册商标具有"一定影响"。对于抢注手段特别恶劣、恶意特别明显的,降低证明标准。

针对损害他人现有在先权利的抢注行为,我们在商标行政案件中积极探索商品化权益的保护条件、保护范围,制止不正当利用他人具有竞争优势的市场资源的行为;对于有较高知名度的商号,充分考虑现代企业多元化经营发展的现实,在具体案件中提供与其知名度相适应的保护。

针对大量抢注他人权利标识或公共资源标识,谋取不正当利益的恶意申请行为,因其可能引发大量商标异议和无效程序乃至行政诉讼,消耗大量宝贵的行政资源和司法资源,造成严重的社会资源浪费,损害社会公共利益,故属于《商标法》第 44 条所指的"以不正当手段取得注册"的情形。如前述维多利亚的秘密公司案中,仅围绕维多利亚的秘密公司的品牌,庆鹏公司就申请注册了 100 多枚与之相同、近似的商标,维多利亚的秘密公司为此先后提出 100 多件异议申请、近

20 件无效宣告申请，庆鹏公司的抢注行为极大浪费了社会资源，应予坚决制止。

三、加大对连续三年未使用商标的审查力度，提高囤积商标成本

注册商标维持成本低廉，而转让商标可以轻松获利，这是恶意注册现象严重的又一诱因。近年来商标撤销复审行政纠纷有显著增长，2015 年北京知产法院审结撤销复审纠纷 218 件，占全部商标行政案件的 7.1%，2016 年审结 445 件，比例上升至 10%，相较于 2010 年左右，撤销复审纠纷占商标行政案件平均 2% ~ 3% 的比例，这类案件目前有明显上升态势，这一方面与撤销复审程序启动便利，申请人、被申请人双方义务失衡，以致程序会被利用有关，但与注册商标不使用情况严峻也密不可分。为此，我们在实践中加大对连续三年未使用商标的审查力度，坚持商标使用的形式要求和实质要求相结合的标准。在形式上，加强对证据来源和真实性的审查，要求相关使用证据能够体现指定期间、复审商品及复审商标等要素；实质上，要求注册商标系真实投入商业使用，且通过使用已实际发挥识别商品来源的作用，对于以维持商标注册为目的的象征性使用、使用注册商标的商品未进入流通环节的，一般不认为其满足使用的要求。当然，加大审查力度是当严则严，如果商标权人确有实际使用，但因为证据保存等因素无法提举某些证据的，充分运用优势证据规则，综合判断。

在加强证据审查的过程中，北京知识产权法院注重发挥强制措施的威慑、惩戒作用，对当事人提供伪证的，坚决依法给予制裁。在“家家 JIAJIA 及图”商标案中，商标注册人李强、白庆伟为证明涉案商标在“食用油”商品上进行了商业使用，伪造销售发票、产品检验报告、户外广告登记证、清真食品准营证等多种重要证据，北京知识产权法院对其作出各罚款一万元的处罚。

四、对确属恶意注册的商标，在民事侵权案件中不予保护

发挥司法保护知识产权的主导作用，是中国当今社会的现实需要，是知识产权法治进程的必然选择。当恶意注册者起诉商标实际使用者侵权，“贼喊捉贼”时，如果等待行政程序先行处理，将会对合法经营者的利益造成难以弥补的损害，亦会助长恶意注册者气焰，因此，对此种商标在民事侵权案件中不予保护是必要的，也符合法律规定，体现了司法的能动性和有效性。最高人民法院在歌力思指导案例中，也明确提出当事人违反诚实信用原则，损害他人合法权益，扰乱市场正当竞争秩序，恶意取得、行使商标权并主张他人侵权的，人民法院应当以

构成权利滥用为由对其诉讼请求不予支持。

比如前述“UL”商标案,在涉案商标被提起无效宣告之前,涉案商标注册人指南针公司和中唯公司针对优衣库品牌权利人讯销公司及其经销商在全国各地提出了多起诉讼,要求停止侵害、赔偿损失。北京知识产权法院审理认为,指南针公司及中唯公司注册了2600多个商标,已远远超出正常经营所需,两公司在注册涉案商标后,并未实际使用而是意图以高价转让的方式获取巨额转让费,主观上具有不正当注册的恶意,故判决维持一审判决,驳回指南针公司及中唯公司诉讼请求。

五、通过诉讼程序保障合法申请人利益,避免恶意注册商标给合法申请人设置障碍

司法实践中,经常出现诉争商标申请人以引证商标系恶意注册、已被提出异议或无效宣告请求为由,请求暂缓或中止诉争商标审理程序。一方面,因引证商标的审理程序尚在进行过程中,是否不予注册或无效宣告结论不明,且暂缓期间无法准确预期;另一方面,如果对该请求不予理会,则诉争商标很有可能因引证商标的存在而无法取得注册,日后再次申请亦可能出现其他权利障碍,左右为难。针对此种情况,我们引导法官结合事实和证据对引证商标构成恶意注册的可能性进行评估,对于可能性较高或商标评审委员会作出的未生效裁定已认定构成恶意注册的,倾向于中止诉争商标审理程序,避免合法申请人利益被恶意注册商标所损害。

规制商标恶意注册是一项长期、艰巨、有意义的工作,今后我们不仅将继续在审理方式和裁判尺度方面积极探索规制手段,也将在规则建设和工作措施层面力争有所作为,努力净化商标注册环境,促进公平有序市场秩序的建立。

行政规范性文件司法审查标准实务分析*

——以安徽华源医药股份有限公司诉国家工商行政管理总局商标局商标行政纠纷案为视角

司品华**

在我国,传统的行政法理论将行政行为分为具体行政行为与抽象行政行为,后者一直没有纳入司法审查领域。2015 年 5 月 1 日起,新实施的《行政诉讼法》将规范性文件纳入人民法院附带审查的范围,开启了我国司法对于传统的抽象行政行为进行合法性审查的先河。由此,对于规范性文件如何进行合法性审查成为目前司法实务界所面临的理论问题与现实问题。本文拟以现实案例为基础,展开对这一问题的探讨。

原告安徽华源医药股份有限公司(以下简称华源公司)诉被告国家工商行政管理总局商标局(以下简称商标局)商标行政纠纷案中,涉及对商标局的规范性文件——《关于申请注册新增零售或批发服务商标有关事项的通知》(以下简称《新增服务商标的通知》)第 4 条关于“在该期间内(2013 年 1 月 1 日至 1 月 31 日),在相同或类似新增服务项目上提出的注册申请,视为同一天申请。”的规定(以下简称关于过渡期的规定)的合法性审查问题。此案既是我国法院审理的首例对国家部委规范性文件的合法性进行实体审查的案件,也是全国首例由审判委员会全体委员直接就个案中涉及的重大法律适用问题公开开庭审理的案件。

本文将在对上述案件涉及的对规范性文件合法性判断进行分析的基础上,从合法性审查标准与合理性审查标准两个方面重点分析规范性文件附带审查标准的广度与深度。

---

* 本文第一作者作为文中涉案判决书的起草者,全程列席了审判委员会的例次会议,并参与了法院组织的专家讨论会(名单不再列明),他们所有人的观点对于作者均给予了重要的启发,在此予以指出并致以感谢。

** 北京知识产权法院法官。

一、案件审理简介[①]

(一)基本案情

2013年1月4日,华源公司向商标局提出第11988470号由中文“华源医药”及图构成的商标注册申请,指定使用于国际分类第35类药品零售或批发服务等服务项目上,类似群组为3509。

2013年1月11日,上海健一网大药房连锁经营有限公司(以下简称健一网公司)向商标局提出第12029147号由中文“华源”构成的商标注册申请,指定使用于国际分类第35类药品零售或批发服务等服务项目上,类似群组为3509。

华源

2013年1月28日,嵊州市易心堂大药房有限公司(以下简称易心堂公司)向商标局提出第12108760号由中文“华源”构成的商标注册申请,指定使用于国际分类第35类药品零售或批发服务等服务项目上,类似群组为3509。

华源

依商标局的要求,华源公司在规定期限内提交相关使用证据后,商标局认为其提交的证据不足以证明其对申请注册的商标的在先使用,故于2014年10月23日作出被诉《商标注册同日申请协商通知书》,主要内容为:三商标为在同一种或类似服务上的近似商标且均未使用,三商标构成同一天申请,故请各方当事人在规定期限内自行协商,如当事人在规定的期限内未提交书面协议或协议无

① 详见北京知识产权法院(2015)京知行初字第177号行政判决书。

效的,视为协商不成,将另行通知各方当事人以抽签方式确定一个申请人。

庭审时,商标局明确表示,其将三方当事人的申请视为同一天的依据是其于2013年12月4日制定的《新增服务商标的通知》第4条关于过渡期的规定。

(二)当事人诉辩主张简介

原告华源公司诉称:《新增服务商标的通知》第4条关于关于过渡期的规定在制定主体、内容等方面均不合法,违反了《商标法》第31条的规定;被诉行为缺乏事实依据及法律依据。故请求法院对《新增服务商标的通知》第4条关于过渡期的规定的合法性进行审查,并撤销被诉行为。

被告商标局辩称:《新增服务商标的通知》第4条关于过渡期的规定仅适用于首次放开的药品零售或批发等服务上的商标注册申请,性质上属于对《商标法》第31条具体应用过程中的解释。若不设置过渡期,可能造成大量尤其是地处偏远或信息闭塞的在先使用人的商标被抢注、消费者对药品来源产生误认等严重后果,设置过渡期也可防止在先使用人的商标被抢注的现象发生。而且,《新增服务商标的通知》的制定程序得当。故请求法院驳回华源公司的诉讼请求。

第三人易心堂公司表示同意商标局意见;健一网公司未向法院提交意见陈述。

(三)审理结论

合议庭开庭审理后经评议认为,本案中涉及的《新增服务商标的通知》第4条关于过渡期的规定是否合法属于本案的重大法律适用问题,应提交审判委员会讨论决定。审判委员会经讨论,决定对前述规范性文件的合法性问题直接进行审理,对于案件的其他问题由合议庭进行审理。2015年9月17日,北京知识产权法院审判委员会全体委员①公开开庭就前述规范性文件的合法性进行了审理。

审判委员会经审理作出如下决议:《新增服务商标的通知》第4条关于过渡期的规定不合法。

根据审判委员会的决议,合议庭经评议认为:商标局作出的《新增服务商标的通知》第4条关于过渡期的规定依法不得作为认定被诉行为合法的依据,并最

---

① 审判委员会全体成员:宿迟、陈锦川、宋鱼水、杜长辉、姜颖、张晓津、张晓霞。

终撤销了被诉行为。

二、现行行政诉讼制度下的规范性文件合法性的附带审查

(一)现行制度的特点

《行政诉讼法》第53条规定:"公民、法人或者其他组织认为行政行为所依据的国务院部门和地方人民政府及其部门制定的规范性文件不合法,在对行政行为提起诉讼时,可以一并请求对该规范性文件进行审查。前款规定的规范性文件不含规章。"最高人民法院《关于适用〈中华人民共和国行政诉讼法〉若干问题的解释》(以下简称《关于适用若干问题的解释》)第20条规定:"公民、法人或者其他组织请求人民法院一并审查《行政诉讼法》第53条规定的规范性文件,应当在第一审开庭审理前提出;有正当理由的,也可以在法庭调查中提出。"

根据对前述法律规定的解读,我国对于行政规范性文件司法附带审查的特点可简单归纳为以下几点:①

1. 合法性审查的附属性

行政相对人若认为规范性文件不合法不属于行政诉讼的受案范围,对规范性文件进行合法性审查必须依附于具体的行政诉讼案件,换言之,规范性文件并非行政诉讼案件的被诉行政行为,而且,该规范性文件须为被诉行政行为的法律依据。

2. 审查请求的时限性

当事人提出对规范性文件的合法性进行审一般须是《行政诉讼法》第53条规定的起诉时。当然,在最高人民法院《关于适用〈中华人民共和国行政诉讼法〉若干问题的解释》第20条作了"第一审开庭审理前"特别规定的情况下,法院一般会将时间放宽至开庭审理前,而对于"有正当理由的",则允许当事人在"法庭调查中"提出。如果当事人没有在前述法律或者司法解释规定的时限内提出,则可能出现的后果是法院对于其提出的该项请求不予采纳从而不进行实体审查。

---

① 学术界与实务界对于规范性文件合法性审查的特点论述颇多,此非本文重点,本文仅将其典型特点指出。此外,本文也是在行政诉讼案件的构成要件已经成就的语境下论述对生文件合法性的附带审查,对于行政诉讼要件的构成本文不再特别论述。

3. 审查对象的特定性

可以进行司法审查的规范性文件是指国务院部门和地方人民政府及其部门依照法定权限和规定程序制定并公布的除规章以外的，涉及不特定的公民、法人或者其他组织的权利和义务，在一定时期内反复适用并具有普遍约束力的各类行政文件。① 首先，制定主体特定。规范性文件指的是"国务院部门和地方人民政府及其部门制定的规范性文件"，即该处规范性文件的制定主体指的是国务院之下的行政主体（而非立法机关、司法机关或其他企事业单位等主体）。其次，法律位阶低下。并非行政主体制定的所有文件都属于可接受司法审查的规范性文件，《行政诉讼法》第 53 条所指的"规范性文件"指的是不在《立法法》的规制范畴之内的文件，即行政规章不属于可接受司法审查的对象。最后，效力具有外部性且可反复适用。可接受司法审查的规范性文件必须是对行政相对人产生约束力，而不是针对行政主体内部产生约束力，并在特定的时间内对于不特定的对象具有反复适用的法律效果。

4. 司法处分权的有限性——拒绝适用

《关于适用若干问题的解释》第 21 条规定："规范性文件不合法的，人民法院不作为认定行政行为合法的依据，并在裁定理由中予以阐明。"亦即，如果法院认为涉案的规范性文件不合法，不得作出撤销或宣告其无效之类的裁判，法院的处理方式仅在于拒绝适用，并由作出生效判决的法院依法提出司法建议。

（二）审查标准：合法性

虽然《行政诉讼法》规定了法院可以在行政诉讼案件中对"规范性文件"可进行附带性审查，而对于如何审查、审查的深度与宽度等问题并未作出专门性规定。笔者认为，《行政诉讼法》对于司法审查的对象，由原来的"具体行政行为"修改为"行政行为"，而规范性文件本质上也属于"行政行为"，在无特定的法律规定的情况下，对规范性文件的司法审查标准相对于普通的行政行为而言应当是一致的，即对于规范性文件的制定主体的适格性、制定主体的权限、规范性文件的内容、制定程序等合法性进行全面审查。本文将以华源公司诉商标局案对规范性文件的合法性审查进行范式分析。

1. 主体合法性的审查：横向权力配置的考察

判断规范性文件的制定主体是否合法，关键在于审查该规范性文件所针对

① 程琥：《新〈行政诉讼法〉规范性文件附带审查制度研究》，载《法律适用》2015 年第 7 期。

的事项是否属于该制定主体的主管范围,换言之,对于规范性文件所针对的事项,制定主体是否具有合法的权力来源。当然,这仅是从横向权力配置的角度来说,审查行政主体在形式上是否适格。

《商标法》第 2 条第 1 款规定,“国务院工商行政管理部门商标局主管全国商标注册和管理的工作”。《全国人民代表大会常务委员会关于加强法律解释工作的决议》(1981 年 6 月 10 日第五届全国人大常委会第十九次会议通过,以下简称 1981 年《关于加强法律解释工作的决议》)第 3 条规定:“不属于审判和检察工作中的其他法律、法令如何具体应用的问题,由国务院及主管部门进行解释。”1999 年《关于行政法规解释的通知》第 2 条规定:“凡属于行政工作中具体应用行政法规的问题,有关行政主管部门在职权范围内能够解释的,由其负责解释……”

华源公司案中商标局制定的《新增服务商标的通知》明确规定:“为更好保护已使用商标权利人利益,维护稳定的市场秩序,我局研究设立了受理新增服务项目过渡期。”由此可见,《新增服务商标的通知》第 4 条关于过渡期的规定在规范事项上针对的是新增服务项目上的商标申请,其制定目的在于“更好保护已使用商标权利人利益,维护稳定的市场秩序”。而且,1981 年《关于加强法律解释工作的决议》第 3 条中规定的“主管部门”应当根据法律的规定进行界定,而无论其级别高低。因此,《新增服务商标的通知》第 4 条关于过渡期的规定在形式上属于商标局的职权范围,商标局作为全国商标注册和管理工作的主管部门属于制定《新增服务商标的通知》第 4 条关于过渡期的规定的形式上的合法主体。

2. 是否超越法定职权①:纵向权力配置的考察

判断规范性文件的制定主体是否超越法定权限,关键在于审查其是否行使了应当由上级部门或者立法部门等行使的法定权限,是否超越了其上位的法定职权范围。在华源公司诉商标局一案中,笔者认为商标局超越了其法定职权。

首先,立法行为与行政主体对法律如何具体应用的解释存在本质区别。《中华人民共和国立法法》(以下简称《立法法》)对于可“设定”公民、法人或者其他组织的权利义务的立法行为、立法规则等作了严格的限定,行政主体对法律如何具体应用的解释不属于《立法法》规定的立法行为。就本质上而言,行政主体对

① 广义而言,无论是对所辖事情的越权还是对上位权力的越权,均属于超越法定职权。本文将前者归属于行政主体形式上是否适格的审查,将后者限定为超越法定职权,是将形式上的合法性与实体的合法性分开审查,分析思路更加清晰、科学。

法律如何具体应用的解释属于对法律的应用、执行行为,其权限仅在于如何将依法设定的权利义务及其实施方式等进行具体化,而不得"设定"新的权利义务。《行政诉讼法》第53条第1款所指的规范性文件作为行政主体对法律如何具体应用进行解释的常见载体,其效力低于法律、法规及规章,这也表明从法理的层面,行政主体在对法律如何具体应用进行解释时,应当遵循比《立法法》所确立的"根据原则""不抵触原则"更为严格的标准与要求,必须在法律规定的框架内进行。

其次,商标局制定《新增服务商标的通知》第4条关于过渡期的规定已经构成了立法行为,违背了法律保留原则。根据《立法法》第45条的规定,对于法律的规定需要进一步明确具体含义或者法律制定后出现新的情况需要明确适用法律依据的,依法应当由全国人民代表大会常务委员会作出解释。《商标法》第31条中的"同一天"指的是"同一个自然日",即从一个自然日的零时开始至该自然日的二十四时结束,此属于社会生活中众所周知的事实,其含义是清楚、确切的。《中华人民共和国民法通则》(以下简称《民法通则》)第154条规定,民法所称的期间按照公历年、月、日、小时计算。《商标法》对期间的规定与《民法通则》是一致的,而《新增服务商标的通知》第4条关于过渡期的规定将"2013年1月1日至1月31日"31个"自然日""视为同一天"实质上是对《商标法》第31条规定的"同一天"进行了重新定义,超越了商标局所主张的对法律如何具体应用进行解释的范畴。即使商标局认为在新增服务项目上申请商标属于法律运行中新出现的问题,确实有设置过渡期的必要,其也应当依法定程序向有权机关提出立法建议或者依法取得有权机关的授权,而不是直接代替立法机关而为之,就这一角度而言,商标局实际上也是违背了法律保留的原则。

最后,对于《商标法》第31条规定的"同一天"指的是"同一个自然日"众所周知的事实,《新增服务商标的通知》第4条关于过渡期的规定将"2013年1月1日至1月31日"31个"自然日""视为同一天"超越了商标局所主张的对法律如何具体应用进行解释的范畴,实质上是对公民、法人或者其他组织的权利义务进行了"设定",是对《商标法》第31条规定的"同一天"进行了重新定义,商标局作出该项规定超越了其法定权限。即使商标局认为在新增服务项目上申请商标属于法律运行中新出现的问题,确实有设置过渡期的必要,其也应当依法定程序向有权机关提出立法建议,而不应行使应由立法机关享有的权限。

3. 内容合法性的审查

判断规范性文件的内容是否合法,应当主要从其具体规定是否符合上位法、制定目的是否正当、是否符合法律的基本原则等角度进行审查。《商标法》中对于商标注册制度既规定了"申请在先"原则,也规定了维护在先使用人利益的原则,但是前者是基本原则,后者是作为补充性原则存在,对于《新增服务商标的通知》第4条关于过渡期的规定在内容上是否合法,应当在《商标法》条确立的"申请在先"基本原则的语境下进行分析。

首先,《新增服务商标的通知》第4条关于过渡期的规定违背了法律解释方法的基本原理。广义上的法律解释方法包括狭义的法律解释方法、不确定概念和一般条款的具体化、法律漏洞填补方法,而狭义的法律解释方法又可以分为文义解释(包括字面解释、扩大解释、缩小解释)、论理解释(包括历史解释、体系解释、目的解释、比较解释等)和社会学解释。[①] 各种法律解释方法在实际运用中有一定的先后次序和步骤,现今大部分法学家都认可的位阶关系:文义解释→体系解释→立法者目的解释→历史解释→比较解释→客观目的解释。[②] 而对于前述法律解释的位序适用问题,国内外学者均持有类似的观点,"其内容大致是:文义要素优先;出现复数结果时,运用体系要素进一步确定文义;如果按照文义和体系仍不能确定结论,或者出现荒谬结论,那么就要依据法意要素进行解释;如果依据法意得到的结论有违个案正义,那么则须依据目的要素进行解释。"[③]只有遵循这样的次序,才能够消除法律解释中的随意性,方才能够得到正确的解释结论。

相关法律规定在制度层面上对于如何防止抢注、如何保护在先使用人的利益进行了较为完备的制度设计,即使被抢注商标的在先使用人会耗费时间、人力与物力寻求救济,这也是法律正常运行所必然带来的制度成本,符合法律正常运行的规律。这种制度框架下,将《商标法》第31条中的"同一天"认定为"同一个自然日",对于《商标法》的运行并未产生任何不良后果,对《商标法》的体系构建也没有产生任何冲击。而《新增服务商标的通知》第4条关于过渡期的规定实际上是从客观目的解释方法作出的相应规定,有悖法律解释位阶顺序,尽管该位阶顺序并非绝对,但在推翻上述位阶所确定的优先性关系时,须经充分论证有更强

---

① 王利明:《论法律解释学》,载《中国法学教育研究》2010年第1期。

② 白斌:《理论法学》,中国政法大学出版社2015年版,第90页。

③ 参见[德]卡尔·拉伦茨:《法学方法论》,陈爱娥译,商务印书馆2003年版,第219~222页;国内观点可参见梁慧星:《民法解释学》,法律出版社2009年版,第247~248页。转引自李亚东:《我们需要什么样的法律解释学——法律解释规则理论研究》,载《法学论坛》2015年第4期。

的理由存在。

其次,《新增服务商标的通知》第 4 条关于过渡期的规定在制度设计上与《商标法》也存在冲突之处:

(1)《新增服务商标的通知》第 4 条关于过渡期的规定,对于"在先使用人"是否构成真命题及其后续处理方式的规制是否合法缺乏充分的考证。

第一,《新增服务商标的通知》第 4 条关于过渡期的规定是基于对所有新增服务项目的商标申请均存在"在先使用人"的"假设"为前提作出,并在此"假设"框架下设立了"视为同一天申请"可能会出现的协商、抽签的处理规则。[①] 但是现实中,对于商标的申请可能会存在三种情况:第一种情况为多人申请但仅存在一个"在先使用人";第二种情况为多个"在先使用人"共存;第三种情况为不存在"在先使用人"或者"在先使用人"提交的在先使用证据不成立的。《新增服务商标的通知》第 4 条关于过渡期的规定没有将前述可能出现的情况进行区分,从而导致了下一个问题的产生。

第二,《新增服务商标的通知》保护"在先使用人"的目的与其设定的协商、抽签的处理方式存在矛盾之处。从《新增服务商标的通知》的制定目的来看,其第 4 条中关于过渡期的规定仅能解决上述第一种情况下出现的问题且符合该通知的制定目的;对于第二种情况,在多个"在先使用人"同时存在的情况下,《新增服务商标的通知》并没有规定如何确立"在先使用人",也没有提出这种情况下的解决方案,从而难以实现其保护"在先使用人"的目的;而对于第三种情况,由于不存在《新增服务商标的通知》欲保护的对象——"在先使用人",则其制定目的完全落空,如果这时还需履行协商或者抽签程序的话,则会出现《新增服务商标的通知》的制定目的与处理规则相矛盾的情形,从而使原本至少在形式上有规则的正当商标申请行为沦为一种无序的"博彩游戏"。

(2)《新增服务商标的通知》第 4 条关于过渡期的规定缺乏对"可保护的利益"的理性分析。从《新增服务商标的通知》的制定来看,其第四条关于过渡期的规定是为了保护在先使用人的利益,但是,何种程度上的在先使用行为方可构成

---

① 《新增服务商标的通知》第 4 条规定:"……在该期间内,在相同或类似新增服务项目上提出的注册申请,视为同一天申请。……在过渡期内,对申请注册新增服务商标采取以下措施:……(三)一般按以下原则确定商标专用权:同日申请的,初步审定使用在先的;同日使用或者均未使用的,由当事人协商解决;在规定期限内不愿协商或协商不成的,以抽签方式确权。"

《商标法》欲保护的利益？以《商标法》第32条[①]为例,我们认为,对于单纯的以不正当手段抢先注册他人商标的行为,《商标法》第32条欲保护的是"已经使用并有一定影响的商标",而《新增服务商标的通知》对在先使用的商标并无"一定影响"之要求,从这个角度来说,《新增服务商标的通知》与《商标法》欲保护的利益也存在错位的情形。

最后,《新增服务商标的通知》第4条关于过渡期的规定违背了法律优位的基本原则。《商标法》是由全国人民代表大会常务委员会制定的法律,按照法律优位原则,在有法律规定的前提下,行政规范性文件的规定必须与法律一致。《商标法》的法律位阶高于《新增服务商标的通知》,在《商标法》已经明确规定"同一天"指的是"同一个自然日"的情况下,《新增服务商标的通知》仍将31个自然日视为同一天的行为构成对《商标法》第31条的抵触,违背了法律优位的基本原则。

4. 制定程序合法性的审查

法院在对规范性文件附带审查时是否要将制定程序的合法性纳入审查范围,尚有不同观点存在。有些观点认为,规范性文件制定程序的合法性不应纳入法院附带审查范围[②],然本文认为制定程序合法性应当纳入法院的附带审查范围,理由简析如下:

首先,对于规范性文件制定程序合法性的审查符合其为行政行为的本质属性,符合对行政行为的合法性全面审查的立法原则。诚如前文所述,《行政诉讼法》并未对规范性文件的审查作出特殊规定,实际上可以理解为对规范性文件合法性的审查与普通行政行为的合法性审查的标准并无区别,即全面性审查。规范性文件本身即是行政行为的一种,表现为实体与程序的结合,在对规范性文件的合法性进行审查时对其制定程序的合法性进行审查为题中应有之义。

其次,对于规范性文件制定程序合法性的审查与《行政诉讼法》监督行政机关依法行使职权的立法目的相契合。耶林法律哲学的核心概念是目的,其指出:"目的是全部法律的创造者。每条法律规则的产生都源一种目的,即一种实际的

---

① 《商标法》第32条规定:"申请商标注册不得损害他人现有的在先权利,也不得以不正当手段抢先注册他人已经使用并有一定影响的商标。"

② 王红卫、廖希飞:《行政诉讼中规范性文件附带审查制度研究》,载《行政法学研究》2015年第6期。

动机。”[①]《行政诉讼法》第1条开宗明义规定,“监督行政机关依法行使职权”为《行政诉讼法》的立法目的之一,因此,对规范性文件制定程序的合法性进行审查是实现前述立法目的不可或缺的一环。

最后,规范性文件制定程序的混乱更体现了司法审查的必要性,程序合法性的审查可有效防止其制定的随意性。目前,统一行政程序法尚未出台,规范性文件的制定缺乏统一的标准,但是,由于其影响面较广,对于其制定程序进行合法性审查可防止其作出的随意性,有利于对行政相对人利益的维护。而且,对于程序性方面的规定并不完备或者缺乏程序性方面的规定而制定的规范性文件,法院也应当适用程序正当的原则予以审查,这也是对其实质内容合法性的重要保障。

(三)适度考量:合理性

规范性文件制定的合理性因素属于行政主体的自由裁量权范畴,法院出于司法克制的态度一般情况下不予审查,但此并不排除对于合理性的适度考量。

首先,规范性文件本身的特性所决定。规范性文件不同于普通的行政行为,其法律约束力的不特定性,决定了其制定有着特定的时代、地域或社会背景,有其特定的目的,且需要遵循必要性、科学性、可行性等基本规则,在某种意义上具有立法的属性。对于前述因素的考察,有助于法官对规范性文件与上位法之间的冲突等问题作出准确的判断,增强法官的内心确信,从而对合法性问题作出正确的裁判。

其次,有助于合法、合理的司法建议的提出。虽然合理性问题原则上不属于司法审查的范围,但是,法院在认定规范性文件不合法后却有提出司法建议的义务。对于规范性文件的合理性因素的考察,有助于法院在平衡不同主体之间的利益的基础上结合其特定的目的等因素提出正确的司法建议。

最后,行政主体一般也会将合理性的因素作为支持规范性文件合法性的理由,法院在文书中作出相应的回应,也是“诉—审—判”一致性原则的体现。

三、结语

对于规范性文件的合法性审查,应在准确探寻该规范性文件的上位法确立

---

① [美]E.博登海默:《法理学法律哲学与法律方法》,邓正来译,中国政法大学出版社1999年版,第109页。

的法律原则、内容等前提下,正当适用法律的基本原则及法律的解释规则,对规范性文件的制定主体、行政主体的法律权限、上下位法之间在内容的冲突等问题进行理性分析。

从认定规范性文件不合法的结论来看,规范性文件一经作出即对相关公众产生拘束力,从而导致相关公众对其产生信赖利益,若认定其不合法可能会使部分相关公众的信赖利益受到损害。但是,司法首先应当维护的是合法的行为所形成的社会秩序,部分相关公众的信赖利益受到损害,正是实现法治、使违法行为产生的后果回归到法治轨道所必须付出的成本。

通过信息网络传播侵犯著作权刑事犯罪定罪处罚标准研究

宾岳成*

随着互联网的飞速发展，民众对知识产权的价值判断上了新台阶，加大知识产权保护也提上了国家战略高度。然而，以往通过分散式民事诉讼维权方式在打击网络侵犯著作权行为上效果不佳，而追究刑事责任的方式震慑效果显著，因此此类刑事案件数量近年来大幅上升，使对相关的定罪处罚标准进行梳理和研究成为必要。

现有的“非法经营数额”“传播作品数量”“注册会员数量”等定罪处罚标准以及适用方式随着互联网急速发展略显“水土不服”，需要重新审视。可以按照各标准与社会危害性真实的、直接的关联程度大小，确立优先适用顺位。并且，在适用某一标准的同时，也要适度参照其他标准的适用情况，以免使刑罚过于严苛，不利于互联网模式的健康发展。

同时，鉴于侵犯信息网络传播权民事案件与通过网络传播侵犯著作权刑事案件在审理范围、审理标准等方面基本一致，可以合理利用现有民事判决资源，尝试“引民入刑”，通过在刑事案件中引入相关生效民事判决内容作为证据，缓解此类刑事案件取证困难等问题。

我国互联网经济发展时间较短，早期这种新兴经济模式的快速发展伴生了大量通过信息网络侵犯著作权的行为，以往多通过权利人分散式提起民事诉讼方式维权。但是，通过民事赔偿打击网络上的版权侵权行为效果不甚理想，反映在权利人“赢了官司、输了市场”的直观感受上。目前，国家以及民众对知识产权的价值有了新的认识，加大知识产权保护也提上了国家战略高度。尤其是2010年“剑网行动”开展以来，对信息网络传播侵权作品的行为通过刑事打击取得显

* 最高人民法院民三庭法官助理，原北京知识产权法院法官助理。

著的效果。法院受理的此类案件日益增多,作为智能型、隐蔽型的刑事犯罪,与传统刑事犯罪的审理存在一定的区别。本文拟以通过信息网络传播侵害著作权刑事案件定罪处罚标准为对象进行探讨。

一、北京地区案件数据统计分析

2007 年至 2015 年 6 月,北京法院共审结通过信息网络传播侵害著作权刑事一、二审案件 33 件。其中海淀区人民法院 27 件,朝阳区人民法院 1 件,石景山区人民法院 2 件,北京市第一中级人民法院 3 件。与此相对应,仅 2014 年北京法院审结的侵犯著作权民事案件就达 9765 件。

1. 从时间上来看,2007 年至 2013 年的 7 年时间里 6 件,2014 年至今仅一年半时间就已上升到 27 件;

2. 从侵权行为方式来看,通过视频网站传播侵权影视作品类案件 13 件,通过网站传播侵权文字作品 4 件,通过设立游戏私服、出售游戏外挂等侵犯著作权 7 件,通过网络销售小说、计算机软件的 9 件;

3. 从定罪量刑适用来看,适用非法经营数额的 13 件,适用传播他人作品数量的 18 件,注册会员人数标准的仅有 2 件,适用传播他人作品实际被点击次数的目前北京地区没有案例。

具体情况见下表:

2007 ~ 2015 年侵犯著作权民事案件情况表

单位:件

	影视作品	小说	游戏	网络销售	合计
数量	13	4	7	9	33
2007 ~ 2013 年	0	1	4	1	6
2014 ~ 2015 年	13	3	3	8	27
以作品数定罪量刑	10	3	2	3	18
以经营额定罪量刑	2	0	5	6	13
会员人数定罪量刑	1	1	0	0	2

通过这 33 起案件的梳理,可以发现此类案件 2013 年以后案件数量大幅上升,一年半的时间里案件数量达到了以往 7 年案件数量的 4 倍多,并且通过互联网传播影视作品和文字作品犯罪行为案件所占比重较大。

2011年最高人民法院、最高人民检察院、公安部联合印发《关于办理侵犯知识产权刑事案件适用法律若干问题的意见》(以下简称《意见》)明确了"非法经营数额""传播他人作品数量""传播他人作品实际被点击次数""注册会员数""合并处罚"以及"其他情形"等定罪处罚情形,并对前五种情形的入罪规定了明确的门槛。然而互联网技术的发展速度可谓一日千里,近年来数量激增的通过信息网络传播他人作品的刑事案件反映出了存在的问题,需要我们重新审视并作出相应地调整。

二、对目前定罪处罚标准的再审视

我国2009年修正的《中华人民共和国刑法》(以下简称《刑法》)第217条规定:以营利为目的,有下列侵犯著作权情形之一,违法所得数额较大或者有其他严重情节的,处三年以下有期徒刑或者拘役,并处或者单处罚金;违法所得数额巨大或者有其他特别严重情节的,处三年以上七年以下有期徒刑,并处罚金:(一)未经著作权人许可,复制发行其文字作品、音乐、电影、电视、录像作品、计算机软件及其他作品的;(二)出版他人享有专有出版权的图书的;(三)未经录音录像制作者许可,复制发行其制作的录音录像的;(四)制作、出售假冒他人署名的美术作品的。

该条对侵犯著作权犯罪构成以及刑罚作了规定。2004年、2007年最高人民法院与最高人民检察院先后两次颁布的关于办理侵犯知识产权刑事案件具体应用法律若干问题的解释,都只是就侵犯知识产权刑事案件作出一般规定,并未特别规定通过信息网络传播侵害著作权刑事案件定罪处罚标准。这应当与当时信息网络并未普及,此类案件数量过少,未进入立法视线有关。

2011年"剑网行动"开展,净化网络空间、打击互联网刑事犯罪成为共识。新型网络侵犯著作权犯罪案件与传统以复制、发行为主要犯罪手段的此类案件相比,犯罪手段复杂多样,且新型网络侵权案件中的网络数据等电子证据存在虚拟性、易修改、数量多等特征。因此,为了便于司法实践操作,2011年最高人民法院、最高人民检察院、公安部联合印发《意见》,明确针对通过信息网络侵犯著作权犯罪的定罪量刑标准作出了规定。其中第13条将该类犯罪的定罪处罚情形进行了细化,分为"非法经营数额""传播他人作品数量""传播他人作品实际被点击次数""注册会员数""合并处罚"以及"其他情形"等定罪处罚情形,并对前五种情形的入罪规定了明确的门槛。

(一)非法经营数额

《意见》规定非法经营数额在5万元以上的属于《刑法》第217条规定的“其他严重情节”,非法经营数额在25万元以上的属于“其他特别严重情节”。侵犯著作权罪作为经济犯罪,主观上须“以营利为目的”,与此对应的有“违法所得”与“非法经营数额”两种标准。二者区别在于“违法所得”应扣除成本,而“非法经营数额”包括成本。因此,确认非法经营数额比计算违法所得相比要容易得多。在2007年至今北京市法院审理的通过信息网络侵犯著作权的案件中,以非法经营数额作为定罪量刑标准的达到40%。

非法经营数额是指行为人在实施侵犯知识产权行为过程中制造、储存、运输、销售侵权产品的价值①。尽管非法经营数额在司法实务中适用率很高,但仍然存在一个问题:非法经营数额定罪标准相较民事侵权损害赔偿认定显得过于宽松。

第一,刑法中非法经营数额的计算范围大于民事案件赔偿数额计算范围。《意见》第10条规定了对侵犯著作权犯罪案件“以营利为目的”的认定,除销售外,可以认定四种情形为“以营利为目的”:(1)以在他人作品中刊登收费广告、捆绑第三方作品等方式直接或者间接收取费用的;(2)通过信息网络传播他人作品,或者利用他人上传的侵权作品,在网站或者网页上提供刊登收费广告服务,直接或者间接收取费用的;(3)以会员制方式通过信息网络传播他人作品,收取会员注册费或者其他费用的;(4)其他利用他人作品牟利的情形。上述内容同样可以适用于非法经营数额计算范围。可以看出,《意见》采用了开放式的认定方式。

《意见》规定的范围大于民事侵权的认定范围。从刑事犯罪发生的实际情况来看,行为人既可以为自己营利,也可以为他人营利,无论可能的受益对象是谁,不影响本罪营利目的的要件的成立②。这样就形成了一种难以理解的现象:民事侵权案件中都不会被认定侵权的行为,却被认定为刑事犯罪。例如,《意见》中在网站或者网页上提供刊登收费广告服务间接收取费用的也被认为“以营利为目的”,会被计入非法经营数额作为定罪量刑的依据。但是在民事侵犯著作权案件

① 刘宪权:《侵犯知识产权犯罪数额认定分析》,载《法学》2005年第6期。

② 高铭暄、王俊平:《侵犯著作权罪若干问题研究》,载《中国刑事法杂志》2007年第3期。

中广告费一般不认定为直接经济利益。[①] 民事侵权案件审判中，将直接获得经济利益限制为：网络服务提供者的收入与侵权行为之间存在必然的联系，即网络服务提供者的收入与侵权内容挂钩。[②] 因此，有理由认为侵犯著作权刑事犯罪的定罪标准低于民事侵权案件中的损害赔偿标准。

第二，非法经营数额入罪门槛在民事侵权损害赔偿认定面前"相形见绌"。一方面，网络侵权行为日益复杂，大部分并非直接向观众收取费用，而是通过广告获取利益。而此广告收益即使查获，也难以确证绝对是网络著作权犯罪所得，因为侵权作品和非侵权作品共网并存。[③] 另一方面，5 万元的定罪门槛在动辄数万的民事个案赔偿面前显得过低。民事案件损害赔偿以填平为原则。目前一般的侵犯影视作品著作权的民事侵权案件，根据影片的是否在热映期等因素，赔偿数额通常在万元以上。因此，从理论上说某网站未经著作权人许可，以营利为目的，传播 5 部电影就已符合侵犯著作权的定罪门槛，传播 25 部电影就应当量刑 3 年以上。但是在北京法院的 33 起案件中，量刑最低的被告人也被控传播了 500 余部影视作品。可见，民事损害赔偿计算和刑事案件非法营利数额的认定并没有有效衔接。

（二）传播他人作品数量

在作为统计基础的 33 件案件中，以传播他人作品数量作为定罪量刑依据的达 18 件之多，占比为 54.5%。其中传播影视作品的案件 11 起，传播作品数量均在 500～700 部，认定属于"其他严重情节"，量刑均在 1 年及以下有期徒刑；网络传播文字作品的案件 4 起，主要涉及小说，传播数量在 3700～5900 部，均判处 3 年以上有期徒刑；网络传播游戏外挂或者破解程序 3 起，传播数量均在 3000 件左右，判处 3 年有期徒刑。

传播他人作品数量的标准之所以适用较广，主要是因为该数据可以通过网站后台进行技术性调取，固定成书面证据。从上述案件分析，以"传播他人作品数量"定罪量刑的案件基本符合《意见》的操作，但是值得注意的是司法实务中针对传播作品不同类型未作区分。

---

① 最高人民法院《关于审理侵害信息网络传播权民事纠纷案件适用法律若干问题的规定》第 11 条第 2 款规定：网络服务提供者因提供网络服务而收取一般性广告费、服务费的，不属于直接获得经济利益，无须对网络用户侵害信息网络传播权的行为负有较高注意义务。

② 陈锦川：《著作权审判原理解读与实务指导》，法律出版社 2014 年版，第 277 页。

③ 于志强：《信息时代侵权作品传播行为的定罪处罚标准研究》，载《政法论坛》2014 年第 1 期。

1. 应当排除合理怀疑,区分网络用户自行上传及搜索链接的情形

信息存储空间以及搜索链接属于常见服务类型,被广泛应用,不法经营者通常会同时采取"自行上传+用户上传+搜索链接"多种模式。依照刑法的谦抑性原则,应当排除网民自行上传及搜索链接两种服务所指向的作品数量。但这恰恰是适用该标准的难点所在。在前述的18件案件中,虽然被告人多辩称部分内容为网友自行上传,但17件案件的判决没有提及被告人网站的经营模式,亦未对被告人辩称作出回应,而直接以网站全部作品数量定罪量刑。在入选最高人民法院2014年知识产权十大案例的周志全等7人侵犯著作权罪案[①]中,经过后台调取,有证据证明HDstar论坛中的未经著作权人许可传播的种子数量有3万余部,数量巨大。但是法院最终没有适用"传播作品数量"标准,原因在于该网站确实存在着网民自行上传上传的情形,而在案证据无法区分网民自行上传的作品和被告人上传或组织上传的作品的各自数量。

当然,有证据证明被告人教唆或者帮助网络用户上传或者与他人以分工合作的方式共同提供作品的,也应当纳入"传播他人作品的数量"的范畴。

2. 应当合理区分不同作品类型

通过网络传播的作品主要分为影视剧、游戏、音乐、小说四类。在以传播作品数量作为定罪量刑标准时,应当将上述不同的作品类型进行区分。在民事侵权案件中,虽然判决的赔偿数额千差万别,但是一般而言影视剧侵权赔偿数额在每部2万元左右,文字作品在5000元左右,音乐作品则为每部1000元以内。这种认定综合考虑了各类作品的创作成本、盈利能力等因素,相对比较合理。与此相适应,非法传播不同类型作品的社会危害性大小也应当是存在差别的。如果一味按照传播作品数量来定量刑幅度,则明显有失公平。事实上,从统计的18件刑事案件中,传播影视作品数量在500~700部的量刑一般在10个月左右,而传播小说3000部左右的刑期均在3年以上,说明司法实务并未针对不同类型作品作出区别对待。

当然,上述做法源于《意见》设定的门槛未对不同作品类型区别对待,也有利于司法实务的操作。但是这种"便利"的后果,带来了立法和司法中的不公平。笔者建议应当按照不同类型的作品按照相应的价值,规定出不同的入罪处罚门槛。

---

① 案件二审案号为(2014)一中刑终字第2516号,由一中院实行三审合一期间由知识产权庭审理。

3. 海量存储载体和极强压缩技术使得传播作品数量很难确定

由于存储介质不断更新，海量存储空间和极强的压缩技术，使复制品数量标准不具现实操作性①。在早期制造、贩卖盗版光碟的案件中，一般一张光碟中只容纳一部影视作品，因此多以光碟的数量作为定罪量刑的依据。而现在的存储载体已经更新换代，不同于以往的光碟存储空间的局限性，现在采用的移动硬盘存储空间巨大，表面上的一个移动硬盘中可能存储几十部，甚至几百部作品。这种情况下，按照存储载体来计算数量，还是按照作品数量来计算，产生的结果可能就千差万别了。在周志全、寇宇杰侵犯著作权犯罪案②中，寇宇杰一方面通过将向新的1T、2T、3T存储空间的移动硬盘拷贝电影出售营利，另一方面也收费帮助用户自行提供的移动硬盘拷贝电影盈利，所有的影视资源来自某网站，资源总数为2000余部。该案中，即便每部影视作品有几十个G的存储空间，每个硬盘也能容纳30部以上。法院认定其销售或者帮助拷贝的移动硬盘为4000个。本案中，合议庭就传播作品数量是2000余部（按资源总数），还是4000部（按移动硬盘数量），还是按照30×4000=12,000部（所有拷贝的作品数量之和）有过短暂分歧。最终合议庭认为应当按照移动硬盘的数量来确定传播作品数量。

这个案件反映出存储载体的变化给传播作品数量的认定带来了新问题，笔者同意合议庭按照移动硬盘数量确定传播作品数量的结论，一方面，体现了保护被告人原则；另一方面，同一个存储载体虽然含有多部作品，但其通常是由同一人使用，社会危害性并未扩散。

（三）传播他人作品实际被点击次数

互联网经济号称“眼球经济”，实际点播次数意味着网络用户的关注度，一定程度上反映了侵权作品的传播范围。虽然《意见》明确规定了以“实际被点击次数”作为定罪量刑标准，但是在北京地区尚无案例。笔者分析该标准极少适用主要原因在于这一数据的不确定性，主要表现为以下两个问题：

1. 网络数据存在易变性

虽然实际点播次数能够反映侵权作品的传播广度，体现出犯罪行为的社会危害性大小。但是其数据容易被更改，将其作为证据容易被质疑甚至被推翻，难

① 王晓勇：《著作权刑事保护如何面对数字化浪潮》，载《中国知识产权报》2009年3月30日，第10版。

② 案件二审案号为（2014）一中刑终字第2516号。

以直接认定为真实的点击量。被告人作为其网页后台数据的掌控者,能轻松实现网络数据的更改。事实上,点击量往往意味着网络用户的关注度。网络用户在网络观看、下载作品时,会不可避免地参考作品的点击量。在这种用户的使用习惯下,被告人为了增强用户的关注度,将作品点击次数进行修改成为行业惯常做法。因此,网络后台数据显示的点击次数与真实的数值严重背离,法律要求"实际"的数值难以确定。被告人也容易抓住这一点进行辩护。

2. 以点击次数作为定罪处罚标准将妨碍互联网健康发展

《意见》规定,传播他人作品实际被点击次数在5万次以上的构成"其他严重情节",在25万次以上的构成"其他特别严重情节"。随着我国互联网发展,2008年我国的网民人数就超过了美国,跃居世界第一位。2014年我国的网民人数为6.49亿,互联网普及率为47.9%[①]。腾讯、优酷、新浪、搜狐、爱奇艺等视频网站吸引了数亿网民,热播影视剧、综艺节目显示的点击量动辄千万、甚至数亿级别。而这样的涉及版权民事侵权纠纷屡见不鲜。仅举一例,在华谊兄弟传媒股份有限公司与合一信息技术(北京)有限公司侵犯著作权民事纠纷中,华谊兄弟公司认为合一公司未经许可,在其经营的优酷网上提供《非诚勿扰2》供用户播放。华谊兄弟公司提供的公证书显示,优酷网上的《非诚勿扰2》播放界面右侧显示总播放数为10,900,420。二审法院判定合一公司侵权成立,赔偿华谊兄弟经济损失。如果严格按照《意见》的规定,上述合一公司未经许可提供作品点击次数达到了千万之巨,远远超过了5万元的量刑标准,不仅符合侵犯著作权罪的入罪门槛,甚至顶格量刑亦不为过。但是,如果严格适用该标准,我国的视频网站,包括知名网站,都存在被刑事处罚的危险。因此,笔者认为将"实际点击次数"作为定罪量刑标准会使得刑罚过于宽泛和严苛,已经不再适宜互联网的发展趋势。

(四)注册会员人数标准

《意见》规定以会员制方式传播侵权作品的,注册会员达到1000名以上的构成《刑法》第217条规定的"其他严重情节",注册会员达到5000名以上的构成"其他特别严重情节"。以注册会员人数作为定罪量刑标准,同样是因为该数值能反映出侵权作品传播的广度,成为犯罪行为社会危害性大小衡量的尺度。司法实务中适用注册会员人数标准反映出两个问题:

---

① 中国互联网络信息中心:《2015年第35次中国互联网络发展状况统计报告》,载http://www.199it.com/archives/326814.html,最后访问时间:2016年2月18日。

1. 注册会员数量标准是否应剔除免费会员

在被告人经营的网站实行注册会员收费制度时,以收费会员数量作为定罪量刑依据自无疑义。但是当网站实行部分免费甚至完全免费注册时,确定作为定罪量刑依据的注册会员数量是否要剔除免费会员这一问题,现有的法律、司法解释并未作出明确规定,仅有相关的案例。在周志全等7人侵犯著作权案中,周志全等人就辩称公诉机关指控的2.6万名会员中有免费会员的存在,应当剔除。法院最终认为免费会员也应计入。

笔者认同周志全案中法院观点,即量刑标准中的"注册会员人数"应当包括免费会员,具体理由如下:(1)虽然免费注册会员无须交纳会员费,但是,免费会员在浏览涉案网站或者下载免费电影期间,会浏览网站或者下载电影中自带广告,使得广告浏览量增加,被告人可借此从广告商处获得非法利益,因此,免费会员亦可使得被告人达到非法营利目的。(2)2011年最高人民法院、最高人民检察院、公安部颁布的《关于办理侵犯知识产权刑事案件适用法律若干问题的意见》中以会员人数作为定罪量刑的标准时,并未限定注册会员的种类,对此进行"扩大解释",将此处规定的会员理解为包括免费会员并无不当。(3)从立法本意来说,会员人数多寡直接决定了侵权作品的影响范围大小,从社会危害角度来考虑,免费会员与收费会员同样扩大了危害程度,因此,两者的危害后果并无实质区别。(4)互联网经济作为眼球经济,以增强用户黏性为目的,部分免费用户的存在同样是为了提升其"人气",扩大知名度,使被告人变相获取了更大的利益。

2. 注册会员数量按人数确定还是账号数确定

在互联网络中,一个自然人可能在同一网站注册多个账号,因此确实存在注册会员账号数量多于注册会员人数的情形。因此,刑事案件中在确定注册会员数量时,采用注册账号数还是会员人数需要明确。在前述33起案件中仅有2起通过注册会员数来作为定罪量刑依据。其中,伍迪兵、袁江力侵犯著作权案①中,袁江力辩称公诉机关指控注册会员达4万余人的证据不充分。而在周志全等7人侵犯著作权案中,周志全等人辩称有一人多账号的情形,应当扣除。在两起案件中,法院虽未明确注册会员数量应按账号数确定,但是并未对一人多账号的情况进行回应,而是认可了检察机关的认定的会员数量。

① (2012)海刑初字第3240号判决。

笔者认为,注册会员数量应当按照会员的人数确定。因为一人多账号的情形,传播的范围仍限于该个人,社会危害性并未扩散。具体到司法实务操作中,可以分为两种情形,一种是当采用实名制方式方能注册时,应当按照网站后台数据中身份证信息数量确定会员人数;另一种是当无须实名制注册时,在被告人不能提供证据证明真实的会员数时,则直接以后台数据中的账号数来认定注册会员数。

三、如何合理地选择适用定罪处罚标准

新型网络侵犯著作权犯罪案件与传统以复制、发行为主要犯罪手段的此类案件相比,犯罪手段复杂多样,且新型网络侵权案件中的网络数据等电子证据存在虚拟性、易修改、数量多等特征。因此,为了便于司法实践操作,如前所述,《意见》第13条则将该罪的定罪处罚情形细化成数种标准。有观点批评在司法实践中,司法解释中规定的具体数额标准成为定罪量刑的依据,而刑法典中概括型的数额规定最后只是一种简单的标识,形同虚设①。

(一)确立不同标准的优先顺位

从《意见》规定内容来看,四种定罪量刑标准并无优先顺位,可择一适用,将选择权交由司法人员。通过上文的分析,之所以选取上述四种标准,均因为上述标准能够不同程度反映出侵权行为社会危害性大小。正因如此,笔者认为可以按照四种定罪量刑标准与社会危害性判断的关联程度、标准的可操作性进行优先顺位的划分,以有利于司法实务操作。

笔者建议设定:注册会员数—传播作品数量—非法经营数额的顺位,而对于点击量标准应慎重适用。首先,注册会员数量反映了网站对用户的黏性,也最能体现侵权作品流传的广度,因此与犯罪行为危害性大小联系最为紧密,在网站实行用户注册制时应当最优先适用。其次,传播作品数量的网络数据容易固定,较少存在修改的可能,且能够较为真实地反映犯罪行为的社会危害性大小,应当作为第二顺位优先适用。再次,在通过网络传播侵权作品的犯罪中,非法经营数额包括广告费、会员费、道具费等,多通过线上支付的方式,通常难以取证,可作为第三顺位适用。最后,传播作品点击次数存在虚假性,且在互联网普及的情况下,巨量点击数可能带来刑罚过于严苛的风险,建议谨慎适用。

---

① 张勇:《犯罪数额研究》,中国方正出版社2004年版,第157页。

当然,在此类案件审理中以其中一种标准作出裁量时,也不能忽视其他几种标准在本案的适用情况。否则,基于目前视频门户网站的巨量注册会员数量,任何一部侵权作品的出现都将构成严重的刑事犯罪,这显然是不合理的。因此,刑事打击应当谨守技术中立原则底线以应对网络技术下著作权刑法保护。虽然新技术使侵权盛行,但如果因噎废食就此将新技术予以封杀或制定苛刻规则只会使技术畸形发展。①

(二)探索侵犯著作权犯罪"引民入刑"模式

针对通过网络传播他人作品的侵权行为,以往多通过权利人分散式提起民事诉讼方式维权。但是,通过民事赔偿打击网络上的侵犯版权行为效果不甚理想,反映在权利人"赢了官司、输了市场"的直观感受上。而通过刑事手段可以在较低的成本下,掐断继续侵权的可能,有效震慑犯罪行为。但是,我们同样要看到刑事惩罚方式存在的短板,那就是网络犯罪行为的隐蔽性带来的取证难,证据效力不稳定。

虽然一般认为刑事案件定罪处罚标准应当比民事侵权判断标准更为严格,但笔者认为在著作权领域却并非如此。在侵犯著作权民事案件中,单部影视作品的判赔额度通常达到数万元,而刑事案件 5 万元非法营利就可入刑,因此可以说法律为侵犯著作权犯罪刑事处罚设定了较低的门槛。尽管设定的是低门槛,进入刑事司法程序的案件仍然是极少数。随着加大知识产权保护提上了国家战略高度,对网络传播侵权作品的行为通过刑事打击将日益深入,此类案件数量也将有可观的增幅。笔者认为,一方面侵犯著作权刑事犯罪取证难;另一方面是现成的大量民事侵权判决资源,可以探索一条"由民入刑"、二者结合的路径,即将民事判决认定的事实作为刑事犯罪定罪量刑的依据。主要基于以下两点理由:

第一,民事和刑事审查的事实范围几乎相同,奠定了可结合的基础。不同于其他类型刑事犯罪先刑后民的模式,在著作权领域,民事侵权案件和刑事审查案件的审查范围几乎可以一一对应:同样要求未经权利人许可;同样进行作品的比对;同样要求有客观上的传播行为;民事侵权要求的过错一定程度上可以对应刑事中的主观方面。更重要的是,民事侵权案件审理中对权利人权属的举证要求非常严格,且对于被告是否构成侵权,是直接提供行为还是属于仅提供信息存储、搜索链接行为的认定也都结合证据进行了比较明确的认定,甚至著作权民事

① 雷山漫:《网络环境下著作权刑事保护研究》,载《法学评论》2010 年第 6 期。

案件的侵权构成要件认定比刑事案件犯罪构成认定更为复杂和严格。可以说,民事案件审查的细致程度,是刑事案件中面对海量信息时难以企及的。因此,审理范围的一致性,使“引民入刑”具有了实现的基础。

第二,侵犯著作权民事案件生效判决数量庞大且被告相对集中,使“由民入刑”能够较为广泛地适用。仅2014年北京法院就审结著作权一审、二审案9765件。笔者认为,权利人在举报以及公安机关侦查时,可以通过中国裁判文书网收集犯罪嫌疑人或者其公司作为被告的相关生效判决,作为在案证据。甚至由公检法三方共同建立网站侵权档案库,全部的生效判决进入档案库中,可以作为追究刑事责任的证据。可以进一步研究民事判决既判力理论在刑事案件中的适用。此外,在侵权案件中原告会对被告的网站进行公证,证据效力较强,也符合刑法上的证据规则。况且,侵犯著作权犯罪侦查和审理最大的难度在于作品数量过大,难以一一查明。生效民事判决作为证据的引入,必然能够一定程度地解决这一问题。例如,民事判决中所作出的作品比对等事实,可以直接用于刑事案件并作为抽样的样本之一。

四、结语

在当下净化互联网空间、加大知识产权保护的大背景下,追究通过网络侵犯著作权的犯罪行为日渐成为常态。面对此类案件的激增,在审理此类案件时候,既要贯彻刑法的谦抑性原则,又要体现对知识产权刑事犯罪的零容忍态度。笔者认为,应重新审视几种定罪量刑标准,并按照各标准与社会危害性的真实反映程度确立优先适用顺位,以规范此类案件的侦查及审理。并且,在适用某一标准的同时,也要适度参照其他标准的适用情况,以免打击面过广,使刑罚过于严苛,从而不利于互联网模式的健康发展。同时,鉴于侵犯信息网络传播权民事案件与通过网络传播侵犯著作权刑事案件在审理范围、审理标准等方面基本一致,可以尝试“引民入刑”,通过在刑事案件中引入生效民事判决内容,解决取证困难、证据效力难以认定等问题。

方法专利权利要求的解释及使用环境因素的考量

——以华为诉中兴侵害发明专利权纠纷案为例

马云鹏*

摘　要:虽然华为公司诉中兴通讯侵害方法发明专利权的纠纷,以最高人民法院驳回华为公司的再审请求而告终,但此案给如何对专利方法进行保护带来无尽的思考,《中华人民共和国专利法》第11条规定了专利权的排他效力,其对“专利产品”采取“强保护”,对“专利方法”采取“弱保护”,在解释方法专利权利要求时,不仅要考虑到何种被告能成为侵权的适格主体,在面对某种使用方法专利时,还要考虑使用环境是否会对权利保护的范围产生影响。本文从专利法对专利方法的“弱保护效力”为逻辑起点,认为在确定被告和判定侵权时,均应对没有“显现”于权利要求的使用环境因素进行重点考虑。

关键词:方法专利　专利产品　使用环境　权利要求

一、案件的基本情况

(一)案情介绍

2002年6月21日,华为公司[原告(上诉人)]向国家知识产权局申请了“一种动态地址分配中防止IP地址欺骗的方法”的发明专利,授权公告日为2005年12月21日,专利号为ZL02125007.3。2012年3月31日,华为公司经公证,在阿里巴巴公司[被告(原审被告)]网站购买了由中兴公司[被告(被上诉人)]制造、销售的“ZXR10 3952A”型交换机。华为公司认为:中兴公司为生产经营目的制造、许诺销售、销售的型号为ZXR10 3952A的交换机采用的技术方案,落入其专利权利要求1所限定的保护范围,阿里巴巴公司则销售了该交换机,两者的行为

* 最高人民法院民三庭法官助理,原北京知识产权法院法官助理。

给其造成了重大损失,遂于 2012 年 4 月 10 日诉至原审法院,请求判令被告停止侵权行为,赔偿经济损失及合理开支共计 500 万元。

(二)审理结果

一审法院经审理认为,本案的争议焦点为:华为公司有关中兴公司实施了专利侵权行为的指控是否成立。被诉侵权产品在不同的组网方式下呈现了不同的技术方案,故不能仅凭鉴定意见书即作出侵权判定,关键在于判定被诉侵权产品是否会在华为组网方式下得以实际应用。涉案两种组网方式的根本区别在于"DHCP 中继是否开启"。首先,从涉案专利说明书来看,华为组网方式并非涉案专利文件中所披露的组网方式。其次,考量被诉产品正常使用时的组网方式。一是被诉侵权产品为具有 DHCP 中继功能配置的三层智能以太网交换机,通常情况下会开启 DHCP 中继,并被使用在跨网段提供报文传输服务中。二是被诉侵权产品用户手册中并没有披露华为组网方式,既没有对该组网方式之内容进行任何介绍或启发,也没有对其是否可适用于 DHCP 服务器与客户端位于同一网段以及该产品在该组网方式下同样可以实现防 IP 地址欺骗的功能等方面进行揭示。三是被诉侵权产品的配置、安装和调试均系用户自行完成,由用户根据自身需要对产品进行配置和组网。即便用户将被诉产品配置为华为组网方式并使用,中兴公司在其用户手册中并未提示或启发该项配置及其组网方式,故由此产生的法律责任亦与中兴公司无涉。综上所述,华为组网方式并非被诉产品正常使用时所使用的组网方式。最后,华为公司也没能举证证明中兴公司在检测被诉产品时必然会使用华为组网方式来验证防止 IP 地址欺骗功能。故华为公司关于"中兴公司在开发被诉产品中进行的配置和测试,必定要使用涉案专利权利要求 1 所述的方法"之主张也不能成立。综上所述,一审法院认为,本案现有证据尚不能证明中兴公司实际使用了涉案专利方法,负有举证责任的华为公司应承担举证不能的法律后果,据此判决:驳回华为公司的诉讼请求。①

二审法院审理后认为:本案二审的争议焦点即为涉案被诉侵权产品采用的技术方案是否落入了华为公司涉案专利权利要求 1 所确定的保护范围。涉案专利虽未将专利方法的具体网络应用环境作为技术特征写入权利要求 1,但专利方法的实施不能与之相分离。就涉案专利文件记载,依据本领域普通技术人员的通常理解,应确认开启 DHCP 中继使得 DHCP 服务器实现为不在其网段的用户

① 参见浙江省杭州市中级人民法院(2012)浙杭知初字第 419 号民事判决书。

终端提供服务应是实施专利方法最为合理、最为常见和普遍的运行环境和操作模式，也是华为公司作为专利权人所预设的专利方法理想的网络应用环境。而华为组网方式具有较大的特定性和局限性，只为验证被诉侵权产品在物理上能否实施涉案专利方法，仅凭北京紫图鉴定中心的鉴定意见确不足以作出侵权判定。故本案需重点考量中兴公司是否必然应用华为组网方式而实际使用专利方法。由于华为公司未能证明中兴公司在被诉侵权产品的研发或出厂检测过程中必然使用到专利方法，或者用户在购买被诉侵权产品后必然会使用涉案专利方法。而华为公司提供的现有证据仅能证明在其主张的特定组网方式下，被诉侵权产品才会重现涉案专利方法，并不足以证明中兴公司实施了侵害其涉案发明专利权的行为，故其上诉理由不能成立。二审法院判决驳回上诉，维持原判。①

二审宣判后，华为公司向最高人民法院申请再审。最高人民法院经审查后，裁定驳回了华为公司的再审申请。②

（三）案件评析

专利权是一项法定权利，其对应的被控侵权行为亦是法定的，但对于方法专利这类特殊的权利要求而言，并非所有的方法专利均可获得专利法所规定的延伸保护，在无法获得延伸保护的情况下，谁是“使用专利方法”的适格被告？以及在确定适格被告的基础上如何判断其是否使用了该专利方法，是该类专利侵权判定中需要重点关注的问题。

二、“使用方法专利”保护范围的确定

《中华人民共和国专利法》（以下简称《专利法》）第11条位于第一章总则部分，是关于专利权的排他效力的规定，其将专利分为两大类，即产品专利和方法专利。对于产品专利，其排他权包括“制造、使用、许诺销售、销售、进口”五项内容，称之为“强保护”，对于专利方法而言，其排他权则仅包括“使用其专利方法”，或使用、许诺销售、销售、进口“依照该专利方法直接获得的产品”，相对于对专利产品的“强保护”，故而称为“弱保护”。

尽管专利权属于无形财产，但专利产品却是以有形物呈现，“制造、使用、许诺销售、销售、进口”这五种行为，涵盖了从生产源头到流通交易的全过程，上述

① 参见浙江省高级人民法院（2014）浙知终字第161号民事判决书。

② 参见最高人民法院（2015）民申字第2720号民事裁定书。

行为对应的被控侵权产品容易被发现和取证。但对于方法专利而言,其排他权体现为对“行为”的控制,但对于“行为”,由于受各种条件限制,取证难度大,给权利人的维权带来困难。基于上述原因,该条规定特别考虑对专利方法的保护“延伸”到使用、许诺销售、销售、进口“依照该专利方法直接获得的产品”上。需要注意的是,并非所有方法专利均对应有“依照该专利方法直接获得的产品”,仅有“制造方法”才存在“依照该专利方法直接获得的产品”。

本案中,涉案专利共有六项权利要求,独立权利要求1请求保护的是“一种动态地址分配中防止IP地址欺骗的方法”,显然,实施该专利方法并不能“直接获得”产品,故本案中不存在被控侵权产品。因此,从排他权的效力分析来看,本案权利人的专利方法的排他权只可能禁止“动态”的实施专利方法的行为,而无法延及“产品”,因此本案就不可能存在“物证”,从这个角度上来说,原告“购买了由中兴公司制造、销售的ZXR10 3952A型交换机”并不意味着中兴公司就是适格的被告。

既然本案不存在“依照该专利方法直接获得的产品”,那么权利人就只能寻求未经其许可“使用其专利方法”的主体,本案中的主体可能有两个:一是中兴公司,其在ZXR10 3952A型交换机的研发或出厂检测过程中使用专利方法;二是购买ZXR10 3952A型交换机的一般使用者,其为生产经营目的使用专利方法。

(一)中兴公司

以自动汽车为例,假如某人拥有一件关于“自动汽车的控制方法”专利,在生产自动汽车的有关单位出厂检测过程中,必然要测试自动汽车的性能,就有可能使用到“自动汽车的控制方法”专利。同样地,本案中,中兴公司在ZXR10 3952A型交换机的研发或出厂检测过程中,也可能通过运行该交换机使用涉案专利方法。但是,需要注意的是,本案中的交换机并不能像自动汽车那样独立运行“一种动态地址分配中防止IP地址欺骗的方法”,其还必须与其他设备配合组网运行。该交换机不符合“只要保全机器,其运行方法必然蕴含其中”的情况[①]。至于中兴公司是否也先将该交换机通过与其他设备一起组网后再对该交换机进行检测的过程中使用了涉案方法专利,由于原告并没有就此举证,本文也就无意具体

---

① 参见陈宇:《华为技术有限公司诉中兴通讯股份有限公司、杭州阿里巴巴广告有限公司侵害发明专利权纠纷案——被诉侵权产品在实际使用中实施专利方法的实然性界定》,载 http://www.zjcourt.cn/art/2016/2/19/art_86_9293.html,最后访问时间:2016年2月20日。

讨论。不过,即便如此,那么运行该专利方法的就是组网后的系统,而不仅仅是涉案的 ZXR10 3952A 型交换机了。

（二）一般使用者

如果说,为生产经营目的而购买涉案交换机的使用者才可能是涉案专利方法的使用者,那么中兴公司可能并非本案适格的被告,其只有可能作为间接侵权人进入诉讼,而无法成为直接侵权人,因为其并未直接实施专利法法定的侵权行为。对于间接侵权,最高人民法院在 2016 年 1 月 25 日,原则性通过的最高人民法院《关于审理侵犯专利权纠纷案件应用法律若干问题的解释(二)》第 21 条第 2 款有如下规定,“明知有关产品、方法被授予专利权,未经专利权人许可,为生产经营目的积极诱导他人实施了侵犯专利权的行为,权利人主张该诱导者的行为属于《侵权责任法》第九条规定的教唆他人实施侵权行为的,人民法院应予支持。”类似地,《中华人民共和国侵权责任法》(以下简称《侵权责任法》)第 9 条第 1 款规定,“教唆、帮助他人实施侵权行为的,应当与行为人承担连带责任。”上述规定在学理上也被称为“教唆侵权”。但是,即使本案原告有证据证明中兴公司涉嫌教唆侵权,也应将使用专利方法的“被教唆人”与中兴公司列为共同被告。①

可见,本案原告在选择被告和举证方面存在瑕疵,其根源在于对涉案的专利方法的排他权效力认识不足,对权利要求的保护范围解释上也存在偏差,尤其是没有充分认识“特定环境”在解释使用方法权利要求时的影响。

三、“使用方法专利”权利要求的解释

专利侵权诉讼本身是“虚与实”的对抗,所谓“实”,是指实际存在的被控侵权产品或行为,本案涉及使用方法专利,故是指实施其专利方法的行为;所谓“虚”,是指用于确定专利保护范围的依据——权利要求书,其是用文字描述的,并不具备有形物的“一目了然”的明确范围,因此需要通过对权利要求的解释来确定其保护范围,使其保护范围得以明确。专利侵权诉讼既然是“虚与实”的对抗,就必然要求权利人对其作为请求权基础的权利要求范围有清醒的认识,即解释权利要求,并在此基础上,初步判定被控侵权的方法是否落入其主张的权利要

---

① 事实上,本案中,法院已经意识到“用户通过阅读被诉侵权产品用户手册是否必然会使用专利方法”的问题,法院认为:“被诉侵权产品的用户手册亦未给出应用华为组网方式的相关指引,现有证据也不能证明中兴公司提供其他方式向用户给出了类似华为组网方式的网络应用启示。故同样不能推定用户构成被诉侵权产品即存在使用涉案专利方法的必然性。”

求的保护范围内,也就是我们通常所称的“两步分析法”①。

涉案专利的权利要求 1 如下:

“1. 一种动态地址分配中防止 IP 地址欺骗的方法,其特征在于包括:

(1)在合法用户地址表中增加用户终端 MAC 地址、源 IP 地址信息;

(2)用户终端向交换机发出 ARP 报文;

(3)交换机对 ARP 报文中的源 MAC 地址和源 IP 地址进行检查,即在合法用户地址表中查找是否存在匹配项,如果存在,将用户终端发出的 ARP 报文的源 IP 地址和源 MAC 地址加入 ARP 表,从而使用户终端能够上网通信;否则,丢弃该报文。”

该权利要求请求保护的是“一种动态地址分配中防止 IP 地址欺骗的方法”,主题名称中出现了“防止 IP 地址欺骗”的用语,这还需要结合说明书确定该权利要求的保护范围。涉案专利说明书中写道,“本发明涉及通讯网络的接入方法,具体涉及宽带网络中动态地址的分配方法。”可见,该专利请求保护的是接入宽带网络时的“动态地址的分配方法”,其中的“防止 IP 地址欺骗”,应该是实施该“动态地址的分配方法”后所带来的技术效果。②

作为一种方法,独立权利要求 1 中的技术方案必然要在具体的使用环境下运行,其运行包括三个步骤,出现了“用户终端”和“交换机”以及“合法用户地址表”“ARP 表”等名词术语。其中,步骤(1)限定了“在合法用户地址表中增加用户终端 MAC 地址、源 IP 地址信息”,但是谁向“合法用户地址表”增加用户终端的信息并不清楚,结合说明书可知,附图中给出了关于该步骤(1)增加用户信息的具体做法,其中涉及“用户终端”“DHCP 中继”和“DHCP 服务器”三者的互动,首先是由“用户终端”发起,即权利要求 2 中的步骤(11)所称的“用户终端通过 DHCP 中继向 DHCP 服务器发出 DHCPDISCOVER 报文,要求 DHCP 服务器提供服务”,最终由步骤(17)结束处理,即“交换机进行转发处理,并把分配给用户的 IP 地址和 MAC 地址写入合法用户地址表”。

该权利要求 1 的步骤(2)被限定为“用户终端向交换机发出 ARP 报文”,由说明书的记载可知,所谓 ARP 报文中携带该用户终端的 MAC 地址和 IP 地址,

---

① “两步分析法”的提法在美国专利实践中较为常见。

② 将技术效果直接写入主题名称中,有时会对解释权利要求产生不必要的限缩,这种写法不应提倡。

其包括请求或响应报文。这一步骤可理解为该用户终端为了接入网络，需要向交换机“亮明”自己的来路或身份。

接下来的步骤(3)是在收到用户终端信息之后，对其所报送的信息进行核实确认；具体做法是“在合法用户地址表中查找是否存在匹配项”，然后根据是否存在匹配项分别处理，以实现动态的地址分配，并防止 IP 地址欺骗。

通过上述的分析不难发现，权利要求 1 需要在具体应用环境下实施，但权利要求 1 中仅披露了“交换机”，而权利要求 2 是细化了权利要求 1 中的步骤(1)，进一步披露了“DHCP 中继”和“DHCP 服务器”，因此在“用户终端”的请求下，需要“DHCP 中继”和“DHCP 服务器”与“交换机”协同工作，才可能实施权利要求 1 所要求保护的“动态地址分配中防止 IP 地址欺骗的方法”。

可见，在解释权利要求 1 的过程中，需要通过说明书、附图的相关内容，其他权利要求中蕴含的使用环境因素来对权利要求 1 进行解释，这并不意味着对权利要求 1 保护范围进行了限缩。解释权利要求的目的是为了明确其保护范围，在权利要求 1 中的步骤(1)没有指明执行主体的前提下，不搞清楚谁是“增加用户终端信息”的执行主体，权利要求 1 的保护范围就不能确定，因此，必须借助于说明书或者其他权利要求的内容来解读。这种解读的出发点是善意的，即必须在不质疑权利要求 1 的有效性的前提下进行解读，如果不允许借助说明书的内容解释权利要求，则只能得出权利要求 1 的保护范围不清楚以至于无法得到保护的初步结论，这样的结论一定不是权利人所愿意看到的。①

通过对权利要求 1 的解释，我们可以看出，涉案专利方法是在“交换机”、“DHCP 中继”和“DHCP 服务器”组成的网络系统下运行，即法院判决中所称的“在特定环境下实施涉案专利方法”。

四、使用环境因素在侵权判定中的影响

在确定了权利要求的解释原则之后，我们需要分析的即被告实施的行为是否必然使用了涉案的专利方法，需要注意的时，在经过上文的分析后，我们需要

---

① 参见柏万清诉成都难寻物品营销服务中心等侵害实用新型专利权纠纷案，该案由最高人民法院审判委员会作为第 55 号指导案例于 2015 年 11 月 26 日发布，其裁判要旨是：“专利权的保护范围应当清楚，如果实用新型专利权的权利要求书的表述存在明显瑕疵，结合涉案专利说明书、附图、本领域的公知常识及相关现有技术等，不能确定权利要求中技术术语的具体含义而导致专利权的保护范围明显不清，则因无法将其与被诉侵权技术方案进行有实质意义的侵权对比，从而不能认定被诉侵权技术方案构成侵权。”

明白的是,并非任何一种实现涉案方法所能达到的效果的方法均落入专利权的保护范围,而是应结合实施该方法时的组网环境一并考虑,具体到本案而言,需要考证的是,虽然“ZXR10 3952A 型交换机”不属于涉案被控侵权产品,但使用该交换机是否必然实施了涉案专利方法。

进行“两步分析法”的第二步,是以经解释后明确权利要求 1 的保护范围为基础的,根据第一步的解释,我们已经得出涉案专利方法是在“交换机”“DHCP 中继”和“DHCP 服务器”组成的网络系统下运行的分析结论,即“ZXR10 3952A 型交换机”的确是以“交换机”为基础,具有 DHCP 中继功能,且又自带服务器,但进一步的,涉案专利技术方案指向的“华为组网方式”十分特殊,即“并非直接拆封被诉侵权产品,通电即行检测,而系开启被诉侵权设备的 DHCP Snooping 以及 ARP 检查功能,未开启 DHCP 中继和 DHCP 服务器功能,并另行配置了服务器。”①也就是说,在该方式下,使用者关闭了“交换机”自带的服务器功能,而另行架设服务器,将被诉侵权产品仅作为一台纯粹的数据交换机使用。可见,该交换机在“华为组网方式”下不能独立自主运行了涉案专利方法。

反观被告,无论是中兴公司在研发和检测的过程中,还是一般使用者根据说明书使用涉案交换机的过程中,基于本领域普通技术人员的认识,在选择组网方式时,很有可能会选择开启被诉侵权产品“交换机”自带的“DHCP 服务器”这一常规的技术手段,或者采用中兴公司提供的不同的“中兴组网方式”,因为用户购买此类交换机的首要目的,一般在于多网段的网络建设应用必然需要开启 DHCP 中继功能,退一步来讲,在没有确切证据的情形下,至少我们无法确认用户一定会按照“华为组网方式”来实施涉案专利方法,故不能因此判定被告侵权行为的成立。

五、结语

本案中,法院在鉴定机构关于“华为组网方式下被诉侵权产品在实现 IP 地址防欺骗功能的过程中具备了涉案专利权利要求 1 的全部技术特征”鉴定结论下,仍坚持考察“其在实际使用中是否会必然实施专利方法方可作出侵权与否”

① 参见陈宇:《华为技术有限公司诉中兴通讯股份有限公司、杭州阿里巴巴广告有限公司侵害发明专利权纠纷案——被诉侵权产品在实际使用中实施专利方法的实然性界定》,载 http://www.zjcourt.cn/art/2016/2/19/art_86_9293.html,最后访问时间:2016 年 2 月 20 日。

再做出侵权判定,提现了其对于专利权利要求解释基本原则的尊重。笔者认为,本案原告之所以败诉,根源在于专利文件撰写品质不高。在《专利法》第 11 条明定对专利产品和专利方法分别给予不同的保护力度下,在权利要求撰写时,就有必要首先考虑写成"产品权利要求",或者"产品权利要求"与"方法权利要求"同时提出,只有在不得已的情况下,才只写成"方法权利要求"。本案根本不属于"不得已的情况",而是可以写成"一种可进行动态地址分配的设备"及"一种动态地址分配的方法"两种独立权利要求,甚至还可以将本案所述的"华为组网方式"和"中兴组网方式"写成"一种用于动态地址分配的组网系统或方法",由此形成权利要求书的合理布局。

视频类手机应用软件(APP)的侵权责任认定

刘仁婧*

摘　要:视频类手机应用软件(APP)在蓬勃发展的同时,也引发了许多新的侵权纠纷。视频类 APP 侵权案件的基本认定规则可沿用网络纠纷案件中一直以来逐渐形成的规则体系。但因视频类 APP 自身特点所带来的与传统网络侵权表现形式上的不同之处,会导致具体案件中判断结果的差异。本文就视频类 APP 侵权案件中较常涉及的深度链接和定向链接为重点讨论情形,在此之下又以所涉影视作品是否获得权利人授权而区分不同情况予以讨论。具体而言,视频类 APP 进行深度链接时所涉影视作品未经权利人授权,可被认定为帮助侵权或直接侵权;视频类 APP 进行深度链接时所涉影视作品已经权利人授权,但被链接的网站不允许视频类 APP 设置深度链接时,可能会面临侵害信息网络传播权或不正当竞争的诉讼风险;视频类 APP 定向链接于存在盗版视频内容的第三方侵权网站,可被认定为共同侵权、帮助侵权或直接侵权;视频类 APP 定向链接于正版视频网站,如系违背被链方意愿而设置链接,仍有可能构成侵权。

关键词:视频类 APP　侵权责任　深度链接　定向链接

一项新技术的诞生总会伴随着法律适用的探讨。随着互联网技术的日新月异,手机应用软件(APP)越来越多地走入千家万户的日常生活中,甚至成为不可或缺的存在。据统计,中国目前的 APP 数量现在已接近 200 万款,APP 的开发者超过 300 万家。[①] APP 在当今时代蓬勃发展的同时,也引发了许多新的侵权纠纷。在著作权法领域,APP 涉及的侵权形式主要表现为两种。一是 APP 本身侵害了其他 APP 的合法权益,主要表现为计算机软件著作权纠纷类案件;二是 APP

---

* 北京知识产权法院法官助理。

① 刘仁:《打好整治 APP 侵权盗版攻坚战》,载《中国知识产权报》2015 年 8 月 21 日,第 09 版。

中涉及的内容侵害了作品权利人的合法权益,主要表现为侵害作品信息网络传播权纠纷类案件,涉及的作品类型包括音乐、书籍、视频和游戏等领域。当前的司法实践中,据不完全统计,视频类 APP 被诉侵权案件占到全部涉 APP 案件的 60% 以上,已经成为此类案件的主要部分。①

在视频类 APP 的侵权纠纷案件中,直接对抗的两方法律主体为作品权利人和 APP 经营者,后者为免除其法律责任通常会提出其系搜索、链接服务提供者的抗辩,从而引入可能存在的第三方主体,即其他网络服务提供者等。应该说从本质上来看,APP 侵权不过是网络侵权方式由电脑(PC 端)向手机(移动端)迁移的结果,对其基本的认定规则都可沿用网络纠纷案件中一直以来逐渐形成的规则体系。对于视频类 APP 侵权责任的归责原则,仍应适用过错责任原则。但视频类 APP 有其自身特点:(1)功能设定性。任何 APP 在完成发布时,各项功能就已经被定义,即使有供用户进行选择的参数和功能,也是由开发者设定的。(2)主机关联性。APP 的各种功能的实现大多都要与服务器相联通配合完成。(3)内容可控性。APP 进行视频播放的内容,一般会在相应服务器上有对应的播放地址,因此播放内容可以通过主机进行控制管理。(4)可升级性。一款 APP 通常都会有不同的版本,可以更新升级,增加新功能、优化用户体验。② 由其自身特性所带来的与传统网络侵权表现形式上的不同之处,会导致具体案件中判断结果的差异。视频类 APP 可能构成侵权主要有以下几种情形:

一、深度链接

在视频类 APP 被诉侵权案件中一个重要的特点是,视频类 APP 出于界面简洁、用户友好体验等特点,大多在点击播放视频之后直接出现播放画面,看不出跳转过程,也不会在页面顶端显示具体的网页链接地址。也即采取深度链接的方式,用户点击搜索链接后即可直接在 APP 内播放视频,而无须再进入其他网络服务提供商的网站。在实际案件中,这一特点也是双方当事人的必争之地,双方围绕这一特点展开举证质证,发表针锋相对的辩论意见。

根据最高人民法院《关于审理侵害信息网络传播权民事纠纷案件适用法律

① 曹丽萍:《如何界定 APP 侵权的法律责任》,载《中国知识产权报》2015 年 9 月 25 日,第 10 版。

② 吕长军:《视频客户端盗链的侵权模式及法律责任分析》,载《电子知识产权》2014 年第 5 期。

若干问题的规定》第4条和第6条,[①]权利人主张网络服务提供者传播作品、表演、录音录像制品,需要提供初步证据予以证明,而由后者举证证明其仅提供网络服务;网络服务提供者称其提供的仅是自动接入、自动传输、信息存储空间、搜索、链接P2P(点对点)等服务,但无法举证证明的,应认为网络服务提供者的行为构成信息网络传播行为。此时,法律规定的落脚点是服务器标准,但用户对于网络服务提供者的感知状况会影响举证责任的分配。也就是说,如果用户感知到视频内容为视频类APP提供,那么原告(权利人)即完成了初步证据的举证,推定视频类APP在服务器中自行上传了视频内容。此时举证责任转移至被告(视频类APP),其作为实际掌握软件技术的一方,必须提供反驳证据来否定用户感知的结果。如这一事实处于真伪不明的状态时,由被告(视频类APP经营者)承担举证不利的法律后果,视频类APP经营者属于提供权利人作品的法律身份认定,构成直接侵权。

深度链接依所涉影视作品是否获得权利人授权,即正版作品还是盗版作品,可分为以下两种讨论情形:

(一)视频类APP进行深度链接时所涉影视作品未经权利人授权

在所涉影视作品为盗版作品的情况下,此时需看作为被告方的视频类APP经营者能否完成其确为提供搜索、链接服务的网络服务提供者的举证责任。

如果其能够提供充分证据证明其仅是提供搜索、链接服务,那么视频类APP经营者应否承担侵权责任,应当看其是否具备明知或应知的主观过错。应当说,实施深度链接的行为,会赋予视频类APP经营者较高的注意义务。因为在深度链接的情况下,播放画面是在点击后直接出现的,没有跳转过程,此时视频类APP带给网络用户的观感相较于一般的链接服务而言,其更接近于视频内容的直接提供者。此时结合案件具体案情,如视频类APP未尽到与其能力范围相匹配的合理注意,则可能会被认定为间接侵权责任中的帮助侵权。

然而司法实践中更常见的情形是,视频类APP难以完成其仅提供搜索、链接

---

① 最高人民法院《关于审理侵害信息网络传播权民事纠纷案件适用法律若干问题的规定》第4条规定:有证据证明网络服务提供者与他人以分工合作等方式共同提供作品、表演、录音录像制品,构成共同侵权行为的,人民法院应当判令其承担连带责任。网络服务提供者能够证明其仅提供自动接入、自动传输、信息存储空间、搜索、链接、文件分享技术等网络服务,主张其不构成共同侵权行为的,人民法院应予支持。第六条:原告有初步证据证明网络服务提供者提供了相关作品、表演、录音录像制品,但网络服务提供者能够证明其仅提供网络服务,且无过错的,人民法院不应认定为构成侵权。

服务的充分举证。由于原告(权利人)为证明侵权行为的公证取证在先,被告(视频类 APP 经营者)的抗辩、举证在后,一个案件从原告取证,再起诉至法院立案,到被告收到法院传票,再举证反驳,其间经历的时间通常不会太短,涉案 APP 一直处于技术更新、版本升级的变化发展中。被告即使试图模拟原告的取证过程以说明其当时仅为提供链接服务,实际中或是因被告的举证难以完全恢复至与原告公证时刻的相同情形而不具有可比性,或是因视频类 APP 一直处于被告的控制之下而难以保证证据材料的客观真实性等,导致被告提供的证据材料较难被法院采信作为定案证据。在央视国际网络有限公司诉北京豆果信息技术有限公司、北京豆果扬天网络科技有限公司侵害作品信息网络传播权纠纷案①中,"舌尖上的中国 2"APP 的共同经营者北京豆果信息技术有限公司(以下简称豆果信息公司)、北京豆果扬天网络科技有限公司(以下简称豆果扬天公司)提出,视频画面中有其他网络服务提供者的水印,己方并非提供该视频内容而仅是提供了搜索、链接服务,同时还提交了关于抓包程序的公证书等予以佐证。但法院经过审理发现,豆果信息公司、豆果扬天公司在公证中使用的涉案软件与央视国际公司公证中使用的涉案软件存在不一致且未能做出合理解释,无法实现其证明目的,故法院对豆果信息公司、豆果扬天公司提交的公证书证据未予采信。豆果信息公司、豆果扬天公司仅凭节目播放视频画面显示的"搜狐视频"水印不足以证明视频系链接自其他网络服务提供商。在此种情形下,法院基于深度链接的特点——视频画面在点击播放过程中未离开过视频类 APP,视频播放界面仍属于 APP 的组成部分——视频类 APP 具备了提供影视作品的外观,而无充分证据证明其仅提供搜索、链接服务,认定视频类 APP 为盗版内容的提供者,构成直接侵权。

(二)视频类 APP 进行深度链接时所涉影视作品已经权利人授权

在所涉影视作品为正版作品的情况下,此时需看被链接的网站是否允许视频类 APP 对其设置深度链接。

在被链方明显表示出不允许视频类 APP 对其设置深度链接的情况下,例如,被链方曾在网站或 APP 界面明确声明禁止他人对其提供的正版作品设置链接,

① 参见北京市石景山区人民法院(2014)石民(知)初字第 8807 号民事判决书、北京知识产权法院(2015)京知民终字第 1444 号民事判决书。

或者以 Robots 协议[1]做出说明,拒绝搜索引擎进行地址抓取,并对禁止设链采取了必要的技术措施。视频类 APP 为强行设置深度链接而故意破坏、避开被链方的必要技术措施,直接连接到其服务器中的视频文件,此种情况也被称为"盗链",此时视频类 APP 可能会面临两种案由的侵权指控。

1. 侵害信息网络传播权

著作权法赋予权利人信息网络传播权,权利人可根据自己的意志行使,自主决定向公众提供作品的时间、方式、内容、范围等。视频类 APP 在进行盗链时,其本身进行的绕开被链方技术措施、连接到被链方服务器中的视频文件、再以深度链接的方式呈现给公众这一流程,明显违背了权利人意志,主导操控全过程,其扮演角色已不再是中立的搜索、链接服务提供者,而更接近于内容提供者,构成了一个未经许可向公众提供作品的完整过程。反映在实际案例中,作为被告的视频类 APP 面临的最大困难如前所述,亦是举证证明其仅提供网络服务且无过错的,否则易被认定为内容提供者,承担直接侵权责任。加之此种情况由于被链方明确表示其并未许可他人链接其正版作品,故视频类 APP 在视频内容的来源方面也较难说明,举证抗辩的难度更大。当然,这种情况下如果是被链接的网站作为原告提起诉讼,首先要求其必须享有信息网络传播权专有使用权。如果被链方网站从原作品权利人手中购买的并非影视作品的专有使用权,则难以因权利被侵害而以自己的名义提起诉讼。

视频类 APP 在进行盗链时,故意避开或者破坏了被链方的版权保护技术措施,在《信息网络传播权条例》第 18 条中规定了应当根据情况承担停止侵害、消除影响、赔礼道歉、赔偿损失等民事责任,但由于法律在此方面的细化规定较少以及原告的举证难度等因素,实践中涉及此方面的案例并不多见。

还有观点认为,深度链接在视频类 APP 案件中构成侵害信息网络传播权,因为其改变了作品的权利管理电子信息。《信息网络传播权保护条例》第 18 条第(3)项规定,"故意删除或改变通过信息网络向公众提供作品、表演、录音录像制品的权利管理电子信息"的行为属于侵害信息网络传播权,并在第 26 条对该条例中的"权利管理电子信息"作了进一步解释,指说明作品及其作者、表演及其表演者、录音录像制品及其制作者的信息,作品、表演录音录像制品权利人的信息

---

① Robots 协议(也称为爬虫协议、机器人协议等)的全称是"网络爬虫排除标准"(Robots Exclusion Protocol),网站通过 Robots 协议告诉搜索引擎哪些页面可以抓取,哪些页面不能抓取。

和使用条件的信息,以及表示上述信息的数字或代码。视频类 APP 通过设置深度链接,改变或者隐匿了影视作品的播放器、播放框中显示的播放网址以及页面布局等,而这些都标示了该影视作品及其权利人的信息,即所谓的权利管理电子信息。[1] 至于法条所要求的"故意"这一主观意图,通常从视频类 APP 的经营者身份,平常认知水平,以及结合设置深度链接这一行为等具体案情来看不难认定。从损害结果来看,深度链接给通过合法渠道购买版权者所带来的点击量损失、流量损失、广告损失等都是客观存在,并且可以归因于设置深度链接这一行为。

2. 不正当竞争

在互联网时代,传统意义上的搜索、链接服务提供者和内容提供者之间因利益上的平衡而维持着一种默契,即前者基于后者而生,前者存在的价值在于后者自愿开放提供内容,允许自己被正常搜索到;与此同时,后者依赖于前者的帮助得以扩散作品,获取收益,吸引更多的公众关注。内容提供者在开放内容,允许被他人搜索和设置链接的同时,要求被链接的地址和内容得以完整呈现,从而保证其能够从网页浏览量的增加中获得相应利益。目前国内正版视频网站的营利模式仍为"免费 + 广告"和"付费 + 去广告"两种。广告投放是网站收入的重要来源。正如最高人民法院在腾讯科技(深圳)有限公司、深圳市腾讯计算机系统有限公司诉北京奇虎科技有限公司、奇智软件(北京)有限公司不正当竞争纠纷案[2]二审判决中论述的那样,这种免费平台与广告或增值服务相结合的商业模式是互联网行业惯常的经营方式,也符合我国互联网市场发展的阶段性特征。这种商业模式并不违反反不正当竞争法的原则精神和禁止性规定,市场经营主体以此谋求商业利益的行为应受保护,他人不得以不正当干扰方式损害其正当权益。

深度链接的出现打破了这一平衡。深度链接通常只显示被链接作品的内容,未显示第三方网站或 APP 的广告等其他内容,会使用户无法浏览被链方网页中的广告。其行为与未经许可擅自将影视作品复制后上传并对外提供作品的行为并无实质区别。相对于付出了极高对价从权利人手中购买影视作品版权的被

---

① 刘慧:《视频聚合 APP 的著作权侵权责任分析》,载《电子知识产权》2015 年第 8 期。

② 参见广东省高级人民法院(2011)粤高法民三初字第 1 号民事判决书、最高人民法院(2013)民三终字第 5 号民事判决书。

链方来说,其为提供作品而付出的巨额投资不能获得应有的回报,甚至无法收回购买成本。而视频类 APP 设置深度链接的成本极低,利用被链方网站的视频内容、服务器、带宽等软、硬件资源占用原本属于他人的流量入口,提高了自身的受关注度和使用量,并通过在自身 APP 中添加广告等,获得各种不合理收益。因此,从知识产权法利益平衡的角度来看,如果设链方的这一行为未经授权且有主观过错,存在“食人而肥己”的效果,即利用他人劳动而未付出实质性努力便实现了自己的商业目的,则不具有正当性,有可能被认定为违反诚实信用和公平竞争的原则,从而受到反不正当竞争法的规制。实际案例中对于那些获得的作品权利不是专有使用权,无法以侵害信息网络传播权为由提起诉讼的被链方视频网站来说,以不正当竞争为由起诉是可行的一条维权途径。但这种方式的不利之处在于,侵权损害赔偿数额的计算难有证据,法院酌定的数额可能与原告的诉讼预期存在差异。而在侵害作品信息网络传播权纠纷案件中,影视作品的许可使用费一旦被法院采信为确定赔偿数额的依据或参考因素,在当前版权许可使用费普遍高企的行情下,原告可能获得更为可观的赔偿数额。

二、定向链接

为了实现搜索结果的快速与精准,视频类 APP 通常不会进行全网搜索,而是将搜索范围人为限制在特定的被链对象。此时也按所涉影视作品是否获得权利人授权分为两种情况:

(一)将搜索范围限制在第三方侵权网站,在第三方侵权网站存在盗版视频内容

如果作为设链方的视频类 APP 和被链方签订了有关定向链接的合同,侵权作品确系存储在被链方的服务器上,视频类 APP 基于双方之间签订的合同而对侵权作品提供了定向链接技术服务。此时能否适用“避风港”原则呢?笔者认为答案是否定的。因为此时,视频类 APP 提供定向链接服务是双方协商一致的结果,双方有共同的意思联络,作为设链方的视频类 APP 对盗版视频内容提供的事实及由此带来的后果有充分的认知。其实质为视频类 APP 通过分工合作方式与被链方共同实施了提供侵权作品的行为,具体而言,后者上传并存储视频内容,前者将视频内容予以呈现、传播。双方共享因协力提供侵权作品而获得的收益,

应当承担连带责任。[①]

如果视频类 APP 与被链方不存在合同关系，视频类 APP 是通过自主设定条件而导致搜索结果局限在特定的第三方侵权网站，从而提供定向链接服务。此时视频类 APP 应否承担侵权责任，应当看其是否具备明知或应知的主观过错。类似情况的案件可以参见湖南快乐阳光互动娱乐传媒有限公司与同方股份有限公司侵害作品信息网络传播权纠纷案[②]。在该案的二审判决中法院论述到，对于认知能力的确定，则在很大程度上取决于具体的"链接方式"及"被链接内容的性质"。就链接方式而言，相对于被动的全网搜索链接服务提供行为，主动的定向链接服务行为（提供者对于被链接内容进行主动整理编排，且其链接仅指向少量有限网站）提供者应负有更高的认知义务。这一认知义务的具体内容，在相当程度上受到被链接内容性质的影响。通常而言，如果被链接内容是影视类作品，则链接服务提供者有义务对被链接网站传播的内容是否属于正版传播内容进行了解，并应尽可能将其链接服务指向正版的链接网站。这一了解渠道包括多种方式，既包括向权利人询问，亦包括向集体管理组织，或被链接网站询问，以及从公开网络信息中查询等。如果链接服务提供者尽到上述了解义务，则即便其最终链接到的内容确非合法传播的内容，仍应认定其主观不具有过错。

一个总体的原则是，视频类 APP 定向链接的范围越小，其审核内容的困难越小而注意义务更高。当定向链接的结果全都指向唯一的内容提供网站，即所谓的垂直链接时，视频类 APP 对内容进行审查的困难已经不存在，免除其对内容进行审查的义务时考虑的各种因素业已不复存在，在这种情形下，视频类 APP 作为"理性管理者"应当对被链方的内容进行审查以判断来源的合法性。如果未尽到相应的注意义务，就可能会被认定为间接侵权责任中的帮助侵权。[③]

有的视频类 APP，尤其是聚合类视频 APP，往往会在其用户界面上做一些索引目录如"热门""推荐""排行榜"等，或设置"电影""电视剧""综艺""动漫"等分类栏目便于用户分层检索，或将影视作品的片名、海报和剧情简介加以列举，

---

① 类似情况的案件可以参见北京优朋普乐科技有限公司诉环球时报在线（北京）文化传播有限公司侵害作品信息网络传播权纠纷案。北京市朝阳区人民法院（2013）朝民初字第 16511 号民事判决书、北京市第三中级人民法院（2014）三中民终字第 12121 号民事判决书。

② 参见北京市海淀区人民法院（2014）海民（知）初字第 19960 号民事判决书、北京知识产权法院（2015）京知民终字第 559 号民事判决书。

③ 张玲玲：《定向链接网络服务提供者侵犯著作权责任的司法判定》，载 http://www.zhichanli.com，最后访问时间：2015 年 5 月 2 日。

或在搜索时配以“智能匹配”模式等,这些行为都能体现出视频类 APP 的经营者对影视作品进行了选择、编辑、修改、推荐。结合最高人民法院《关于审理侵害信息网络传播权民事纠纷案件适用法律若干问题的规定》第 9 条第(3)项和第 10 条的规定,应当认定视频类 APP 的主观状态构成应知,承担帮助侵权责任。

司法实践中,在此种定向链接同时为深度链接的情况下,如果视频类 APP 没有首先就深度链接中其仅为提供搜索、链接服务完成充分举证,则可能被认定为内容提供者,构成直接侵权。在乐视网信息技术(北京)股份有限公司诉北京风网信息技术有限公司侵害作品信息网络传播权纠纷案①中,原告认为被告未经许可通过其运营的视频播放软件“100TV 高清播放器”iphone 手机客户端提供了涉案电视剧的非法在线播放,侵害了原告的信息网络传播权。被告辩称该软件是全网搜索链接工具,不提供内容,相关影视作品内容由第三方提供,播放器中标注了来源,被告无法对搜索链接到的影视作品进行逐一的版权审核,没有主观过错。被告提供了一份公证书,通过抓包软件解析数据来源信息,然后将该信息输入浏览器下载获得的内容与手机播放内容一致,从而意图证明内容来自于第三方网站,并非软件运营商。

法院认为被告未提供充分证据证明涉案电视剧链接于第三方网站,认定被告构成直接侵害信息网络传播权。理由在于,(1)在涉案电视剧的点击播放过程中无法看到页面跳转或网络地址显示及变更的情形,同时,播放界面及播放器界面亦均没有任何影视作品来自第三方网站的信息。(2)庭审勘验过程中,通过涉案手机软件进行的随机视频搜索与百度视频的对比结果显示两者并不相同,且前者范围明显较小,表明涉案手机软件并非全网视频搜索软件,且被告对此并不能给予合理解释。此外法院对于被告提供的前述公证书没有予以采信,因被告所做公证与原告取证时播放器软件版本不同、时间不同,公证时间系在原告取证之后且在诉讼期间进行,无法再现原告公证取证时有关涉案电视剧来源的真实状态。同时法院认为在通过涉案手机软件查找涉案电视剧时,在搜索结果中涉案电视剧播放图标下方存在“来源土豆”的字样,不能证明涉案电视剧的真实来源。

从法院列举的理由来看,理由一对应的是深度链接,理由二则对应的是定向

---

① 参见北京市朝阳区人民法院(2013)朝民初字第 6665 号民事判决书。本案双方当事人在二审中达成和解,以调解方式结案。

链接。本案中被告提交公证书试图证明其系提供搜索、链接服务却因取证状态的不一致性而未能成为法院的定案依据，法院认为被告在主张涉案电视剧链接于第三方网站并未提供充分证据予以证明，故认定被告构成直接侵害信息网络传播权。

（二）将搜索范围限制在用户经常访问的几大视频网站，其提供的视频内容通常已取得合法授权

如果作为设链方的视频类 APP 和被链方签订了有关定向链接的合同，视频类 APP 基于双方之间达成的合意而对正版作品提供了定向链接技术服务。此时还有一个考虑的因素是被链方与作品权利人之间的协议约定。类似情况的案件可以参见北京动艺时光网络科技有限公司与北京盛世骄阳文化传播有限公司侵害作品信息网络传播权纠纷案①。在该案中，作品权利人在授权给被链方的同时也对其约定了限制条件，被链方不得擅自与第三方平台或网站链接、合作使用授权节目。在有此约定的前提下，如果被链方同意了除权利人之外的其他设链方对正版作品提供定向链接技术服务的行为，就被链方而言，其不构成侵害作品权利人的信息网络传播权，而是构成对作品权利人的违约；就该设链方而言，其提供搜索、链接服务的行为也因直接侵权行为的缺失而不构成间接侵权。

如果设链方与被链方不存在合同关系，设链方是通过自主设定条件而导致搜索结果局限在特定的正版视频网站或 APP。此时与深度链接的此种情形类似，需考虑被链方是否有表达过允许他人设置链接的意思表示。如果被链方有禁止他人设置链接的意思表示，而视频类 APP 故意强行设置链接，则可能会被认定为侵权。

三、结语

本文完成之时，由“快播案”引发的技术与法律的碰撞与思辨正讨论得如火如荼。“技术中立是指技术本身不带有价值评判，但利用技术的人是需要对其行为进行价值评判的，不能把技术与利用技术的行为混为一谈。”②互联网是历史上存在的最接近无政府主义的东西。互联网的技术特性决定了，必须以价值理性

① 参见北京市朝阳区人民法院（2015）朝民（知）初字第 5252 号民事判决书、北京知识产权法院（2015）京知民终字第 796 号民事判决书。

② 杨明：《商业模式之争是法官裁决问题　非监管立法问题》，载 http://news.cyol.com/content/2016-01/12/content_12061859.htm，最后访问时间：2016 年 1 月 12 日。

修正工具理性,以法治之堤圈住奔腾四溢的技术之水。[①] 在这个新技术和新商业模式层出不穷的时代,科技与法律的互动也呈现出前所未有的频繁和紧密。一方面,新技术的诞生不断尝试着探寻法律的底线,立法和司法在回应技术发展带来的新问题同时,也促进了法治体系的日臻完善;另一方面,法律的指引为技术的应用划定了边界,司法判决的结果很大程度上影响了新技术未来的发展方向。这一点在网络知识产权领域体现尤为明显。盗版与反盗版、不正当竞争与反不正当竞争之间"魔高一尺,道高一丈"的较量始终贯穿着互联网技术发展和产业进步的过程。在"内容为王"的移动互联网时代,视频类 APP 无论如何进行技术革新,尊重知识产权、遵守游戏规则,方为在激烈竞争中的立足之本;而对于司法者而言,深刻认识知识产权法的价值精神,在权利人、网络服务提供者和社会公众之间维持利益平衡,才能净化互联网健康生态环境,合理引导新技术和新商业模式的规范发展,真正发挥知识产权制度保障权利、推动创新的积极作用。

① 《人民日报再谈快播案:技术本身并不是谁的免罪牌》,载 http://bj.people.com.cn/n2/2016/0112/c233086-27519711.html,最后访问时间:2016 年 1 月 12 日。

试论信息网络传播权许可使用合同中特殊限制性条款的有效性

张天浩*

摘　要：影视作品权利人为了实现自身利益最大化，在信息网络传播权许可使用合同中设置了各种形式的限制性条款。这其中比较特别是权利人在合同中约定被授权人如与第三方合作提供被授权作品视为超越授权范围使用被授权作品。这种约定方式是否符合法律规定尚有争议。笔者在本文中试图从信息网络传播权的本质特征、著作权利益平衡原则及经济学理论等角度论述这种限制性条款的有效性。

关键词：超授权范围使用　信息网络传播行为　利益平衡原则　交易成本

著作权许可使用合同作为一种知识产权合同同时涉及了著作权法和合同法两大领域。意思自治原则是合同法的基本原则，是指民事主体可以按照自己的判断设定自己的权利义务，法律尊重这种选择①。意思自治原则赋予民事主体在法律范围内广泛的行为自由，允许当事人依据自身情况设定权利义务关系，以牟取最大利益。从合同法原理上来说，当事人之间签订的著作权许可使用合同只要不违反《中华人民共和国合同法》（以下简称《合同法》）第52条的规定，应当认可其自行设立的权利、义务。但是单纯的意思自治在一定程度上会产生“私人造法”的结果，与知识产权法定主义的原则相悖。

著作权的特点之一在于它的法定性，即其各项权利的范围为法律所明确规定。这种法定性体现在两个方面：一是作为一项权利，其权利范围的大小由法律

---

* 北京知识产权法院法官助理。

① 江平主编：《民法学》，中国政法大学出版社2007年版，第25页。

所规定;二是著作权中的每项具体权利的边界也为法律所明确限定。[①]

随着互联网产业的蓬勃发展,影视作品权利人通过同各视频网站或网络内容提供商签订信息网络传播权许可使用合同以期许获得更多的利益。在这些许可使用合同中权利人为了实现利益最大化往往会对其所授予的信息网络传播权进行一些限制。以往较为常见的限制条件包括:许可类型的限制,如独占许可、排他许可、普通许可等;许可时间的限制,即在权利人所享有的作品权利期限内划定一个许可范围;许可地域的限制,如全国范围的许可使用、部分省、自治区、直辖市范围内的许可使用。近年来更常见的限制方式是,权利人在许可合同中与被授权人约定,被授权人仅得在自己的网络平台播放被授权作品,如果其未经权利人许可在第三方平台对授权作品进行推广并链接回被授权方网站播放,则视为被授权人超越授权范围使用被授权作品。[②] 一旦被认定为超越授权范围使用被授权作品,被授权人面临的不仅仅是合同违约责任,还可能被权利人追究其侵犯信息网络传播权的责任。同时,与被授权人合作提供作品的第三方可能会因构成共同侵权行为也被权利人追究责任。

对于当事人如此约定是否具有法律效力,目前有观点认为:知识产权遵循权利法定原则,受信息网络传播权控制的行为的范围应由法律规定,合同双方无权自由约定侵权行为的构成。对于这种被授权方与第三方合作提供作品视为被授权方超授权范围使用授权节目的约定,是被授权方基于合同意思自治原则对自身行为的拟制性和限制性约定,这种限制性约定,实质是对被授权方传播被授权作品的推广方式的限制,而非对信息网络传播权本身的限制。即这种约定因违反了知识产权法定性原则而不具有法律效力。对于这种观点,笔者认为值得商榷。

首先,笔者赞同该观点的前半部分,即按照知识产权权利法定的原则,受信息网络传播权控制的行为范围应当由法律规定。超越法定范围的行为,不宜由当事人双方以意思自治的方式确定为侵犯信息网络传播权的行为。如若不然,则可能导致信息网络传播权的内涵和外延不断扩大且具有不确定性,侵蚀了社会公众的利益。但是笔者认为上文所述的视为被授权方超授权范围使用授权节

---

① 陈锦川:《著作权审判原理解读与实务指导》,法律出版社 2014 年版,第 193 页。

② 与此相关的案件详见北京市海淀区人民法院的(2015)海民(知)初字第 19954 号民事判决书、北京市第一中级人民法院的(2013)一中民终字第 5463 号民事判决书、北京知识产权法院的(2015)京知民终字第 796 号民事判决书。

目的约定并未在法律规定以外创设新的侵权行为，就是对信息网络传播权权利本身的限制性约定。下面笔者将从三个方面进行论述。

一、以协议方式合作提供作品行为的法律定性

我国《中华人民共和国著作权法》（以下简称《著作权法》）第 10 条第 1 款第（12）项规定了信息网络传播权的概念："信息网络传播权，是指以有线或者无线方式向公众提供作品，使公众可以在其个人选定的时间和地点获得作品的权利。"我国《著作权法》上信息网络传播权的概念来源于 1996 年世界知识产权组织在日内瓦通过的《世界知识产权组织版权条约》（WCT）（以下简称《版权条约》）中对网络环境中对著作权传播保护所作的规范。《版权条约》第 8 条规定："文学和艺术作品的作者应享有专有权，以授权将其作品以有线或无线方向向公众传播，包括将其作品向公众提供，使公众中的成员在其个人选定的地点和时间可获得这些作品。"然而，该条款中的"将其作品向公众提供"在《版权条约》中对应的英文文本内容为："making available to the public of their works"。笔者认为《版权条约》中文文本中将原英文文本中的"making available"翻译为"提供"似有不妥。"making available"直译为中文意思为"使某人有可能得到某物"，在语义上与"提供"不完全一致。"使某人有可能得到某物"更强调一种状态，意指行为人通过自己的行为使受众可以得到或接触（access）相关作品的状态，而不问该行为人是否实施了直接将相关作品放置在自己的服务器上的行为；而"提供"则更强调行为人主动、直接实施了将相关作品放置在服务器中的行为。因此如果使用"提供"一词可能会造成一种误解，即只有直接将相关作品放置在服务器中的行为才构成信息网络传播权中的"提供"行为，其他行为则被排除在外。

当然，笔者进行如此解读并非意味着笔者赞同单纯的链接行为也构成"提供"行为。《版权条约》第 8 条议定声明明确指出："仅仅为促成或进行传播提供实物设施不致构成 WCT 或《伯尔尼公约》意义上的传播。"接入服务、信息存储空间、搜索、链接等技术服务是为信息在网络上的传播提供技术、设施支持。这些技术、设施支持行为不应属于在网络上传播信息的行为。[①] 实质上信息网络传播权是一种"交互式"的权利，其定义中还有"使公众中的成员在其个人选定的地点和时间可获得"的表述。如果传播行为并未采用"交互式"手段，则即使通过网

---

① 陈锦川：《信息网络传播行为的法律认定》，载《人民司法·应用》2012 年第 5 期。

络向公众传播作品,也不构成"网络传播行为"。有学者这样论述为何设置链接的行为不构成信息网络传播权中的"提供"行为:"如果被链接的网站删除了歌曲文件,或是关闭了网络服务器,那么设置链接的网站即使保持原有的链接,也无法使得公众通过点击这些链接来获得歌曲文件。相反,即使设置链接的网站移除了原有的链接,公众也依然可以通过直接登录原先被链接的网站而获得歌曲文件。显然,决定公众获得歌曲文件'可能性'的只能是被链接的网站,而不是设置链接的网站。"①

按照上文对信息网络传播权本质的论述,笔者认为,当事人通过协议方式在互联网合作播放作品的行为符合信息网络传播行为的构成要件。具体而言,这种合作方式主要是两方当事人通过协议约定对播放相关作品进行合作,一方当事人将作品放置于自己的服务器上进行播放,另一方当事人通过链接的方式对对方的播放网页进行推广。在这种合作播放作品的行为中,不能将合作双方的行为割裂开进行认定,从而得出一方将作品放置于自己的服务器中供网络用户观看,是作品的提供者,另一方仅对作品播放网页设置链接,并未实际提供作品的结论出来。实际上两方当事人事先以协议进行了约定,两者间具有明确充分的意思共谋,意在将作品通过链接方的网站向公众推广传播。两者通过协议的方式合作,使网络用户通过链接方推广的网页进入到内容提供方的网页在线观看作品,使相关受众在设置链接方的网站实现了"有获得作品可能"的状态,通过两者的合意所实施的共同行为符合《著作权法》规定的"提供"行为。而且,由于两者以协议形式确保了在协议期内链接方的链接能够准确无误的指向被链接的作品播放网页,因此不会出现因为被链接网页移除了相关作品或关闭了网站服务器而导致相关公众通过链接无法链接到原作品的情况出现。合作协议将链接与被链接作品"融为一体",完全符合信息网络传播权的"交互性"特点。有观点认为:"著作权法意义上的提供行为是根据行为的法律特征、法律后果等确定。直接以上传或者相当于上传的其他方式(如利用点对点、快照等网络技术)使作品置于使公众可以通过信息网络获取的状态,固然是一种基础性或者初始性的提供行为,但还不仅限于这些行为,在这些行为之外还有一些延伸,而这些延伸出来的提供行为,必须是与上述初始提供行为在法律上能够成为有机联系的整

① 王迁:《论"网络传播行为"的界定及其侵权认定》,载《法学》2006年第5期。

体的行为,这些行为构成应当作相同的法律评价的行为。"①

最高人民法院《关于审理侵害信息网络传播权民事纠纷案件适用法律若干问题的规定》(以下简称《信息网络传播权解释》)第4条规定:"有证据证明网络服务提供者与他人以分工合作方式共同提供作品、表演、录音录像制品,构成共同侵权行为的,人民法院应当判令其承担连带责任。"从法条之间的逻辑关系来看,该条所规定的合作分工有别于《信息网络传播权解释》第7条所规定的帮助侵权、教唆侵权等间接侵权行为,从侧面证明合作提供作品的行为应当认定为共同实施了信息网络传播行为。

二、超越授权范围与他人合作提供作品行为的法律处置:逻辑分析

对于以协议方式合作提供作品的行为能否被约定为超越授权范围使用作品还需要看该行为与被授权方自己正常提供作品的行为是否可以相对独立。如果两者互为一体,不可分割,那么一旦约定的合作提供行为侵权,则被授权方的正常提供行为将同时构成侵权,造成许可使用合同根本无法实施,所谓的"超授权范围使用"就无从谈起。

常见的著作权许可使用合同中限制的对象均为可分客体。例如,出版发行合同中对出版、发行的发行物册数进行限定,如果约定出版1000册,则出版超过1000册的数量当然属于超授权范围出版,既违反合同约定,也侵犯了权利人的邻接权。又如信息网络传播权许可使用合同,权利人许可被授权人向公众提供相关作品的在先播放,亦会规定该许可的期限。一旦超过该授权期限,被授权人再播放相关作品就是超授权范围使用该作品,既违反合同约定,也侵犯了权利人的信息网络传播权。

因此,如果要约定被授权方与第三方合作提供作品的行为构成超授权范围使用行为,则需要将合作提供行为与被授权人自己单独提供作品的行为相互区分开。笔者认为,这两种行为可以相互区别,各自独立。

第一,合作提供作品的行为中虽然作品存储在被授权方的服务器上,但网络用户要从链接方的网页跳转到实际播放者的网页上,这种播放方式与直接在被授权方自己网页上播放相关作品是有区别的,这种区别不仅仅是发生了一次网页的跳转。笔者举一个极端的例子,如果A网站与B网站通过协议约定合作提

① 孔祥俊:《网络著作权保护法律理念与裁判方法》,中国法制出版社2015年版,156~157页。

供某部作品 C,A 网站在自己的服务器上传了 C 作品,并为 B 网站提供链接端口,B 通过链接的方式在自己的网站上为 A 网站的 C 作品进行推广宣传。此时假设 A 网站由于某种技术原因无法被网络用户直接访问,因此网络用户如果想看 A 网站的 C 作品,则只能通过 B 网站的链接跳转到 A 网站来。在该例子中 A 网站将 C 作品存储在其服务器上的行为和 B 网站提供链接的行为结合起来,组成了一个完整的信息网络传播行为。之所以如此说是因为信息网络传播权要求行为人"将其作品向公众提供,使公众中的成员在其个人选定的地点和时间可获得这些作品",如果仅将作品上传至服务器而不对公众开放,那么公众就永远无法"获得"作品,也就不符合信息网络传播权的定义。因此前文所举例子中 A、B 网站合作提供作品的行为和 A 网站单独提供作品的行为是两条完全不同的传播渠道,彼此相互区别。

第二,两方合作提供作品的行为和一方单独提供作品的行为可以进行量的分割。上述例子中 A、B 网站合作提供作品的行为和 A 网站单独提供作品的行为是两条完全不同的传播渠道,B 网站的推广链接扩大了 A 网站播放 C 作品的受众数量,增加了作品的获取渠道。因此 C 作品最终的观看人数应当是直接登录 A 网站观看 C 作品的网络用户数量加上通过 B 网站的推广链接到 A 网站观看 C 作品的网络用户数量的总和。这两类网络用户数量是可以量化区分的。

三、超越授权范围与他人合作提供作品行为的法律处置:经济学视角

第一,以协议方式合作提供作品的行为能否被约定为超越授权范围使用作品还要考虑著作权法的利益平衡原则。利益平衡是在维持专有领域和公共领域的平衡,在专有领域,著作权人可以充分地行使自己的权利,公共领域是社会公众自由使用作品的空间。①

在许可使用合同中约定被授权人与第三方合作提供作品的行为视为超范围使用作品看上去是对互联网互联互通本质的破坏,但实际上被授权人与第三方合作提供作品的行为对权利人所造成的利益损害要大于权利人对作品传播所造成的限制。对多数网站而言,仅依靠网站自身的知名度获得的访问量是比较有限的。如果其他网络服务提供者能够对特定内容提供链接,则会拓宽用户来源,提高访问量。因此网络服务提供者之间可以就对特定内容的直接链接或搜索进

① 冯晓青:《知识产权法利益平衡理论》,中国政法大学出版社 2006 年版,第 101 页。

行合作。被链者往往需要向设链者支付一定服务费,或从提供内容获得的收益中向设链者分成。①

对于合作提供作品行为中的内容提供方,其通过合作相对方的链接推广行为,获得了比自己单独提供作品更多的利益;对于合作提供作品行为中的链接推广方,其可以无须获得原权利人的许可,只借助相对方提供的作品提高自己的网站浏览数量从而攫取利益。甚至有一些链接推广者在合作提供作品时通过"深度链接""加框链接"等技术手段,使网络用户可以停留在自己的网站页面观看相关作品,实现了与获得作品权利人授权在自己网站播放作品一样的效果,却不必向权利人支付许可使用费。对链接方而言,这与自己直接对外提供作品没有差别,甚至比自己架设服务器对外提供更经济。② 因此从利益平衡的角度考量亦应当承认这种限制性约定的法律效力,在网络环境日新月异的情况下为作品权利人提供更为适当的法律保护。

第二,如果被授权人与第三方合作提供作品的行为不能被约定为超越授权范围使用被授权作品的行为,也就意味着当这种行为发生后,权利人只能依据合同来追究被授权人的违约责任,而根据合同相对性权利人无法向参与合作的第三方主张权利。乍看起来,能否追究第三方的责任对权利人的权利保障来说似乎并无区别。但如果从经济学的角度分析,两者却有很大差别。

如果司法裁判认定被授权人与第三方合作提供作品的行为不能被合同约定为超越授权范围使用被授权作品的行为,则权利人签订许可使用合同时,就要考虑合同约定能否得到司法裁判的认可,其不会再约定"超越授权范围"这样的限制性条款,但会将以前限制性条款中所涉及的利益转嫁到合同其他条款中。例如,权利人可以在合同中约定被授权人约定与第三方进行合作构成违约,并设置较高数额的违约金。一旦违约行为发生,权利人可以通过主张高数额违约金来弥补其因不能向第三方主张权利所造成的损失③。或者权利人在合同中不再限

① 王迁:《网络环境中的著作权保护研究》,法律出版社 2011 年版,第 412 页。

② 崔国斌:《加框链接的著作权法规制》,载《政治与法律》2014 年第 5 期。

③ 采用提高违约金数额方式弥补可能的利益损失对于权利人来说实际上意义不大。权利人在授权时毕竟无法知晓被授权方在将来和第三方进行合作的具体情况,对其可能的损失也无从估计,因此违约金数额无法准确预设。而且按照最高人民法院《关于适用〈中华人民共和国合同法〉若干问题的解释(二)》第 29 条的规定,如果当事人认为违约金数额过高,可以请求法院在裁判时以实际损失为基础对违约金数额进行调整限制,故权利人在合同约定巨大数额的违约金亦不能完全得到支持。因此权利人无法指望通过违约金来弥补被授权人与第三方进行合作给自己造成可能的利益损失。

制被授权人与第三方合作提供作品的行为,但会相应地提高许可使用费用从而囊括今后可能发生的合作提供作品行为。不论采取哪种授权方式,本质上都更类似于一份"一揽子"授权协议。由于双方都不确定被授权方未来与第三方合作的具体情况,因此权利人会尽可能提高许可费用,以至于该费用可能远高于被授权方的心理预期价格。许可使用合同双方对许可费用的巨大心理差异将导致双方在签订合同时增加了不少议价成本,并使交易难度上升。在经济学理论中,高交易成本将会妨碍市场的运行。因为经济学上我们假设每一个交易主体都是一个"其自利的理性最大化者",如果交易双方都无法预期交易能使他们的境况更好,那么交易就不会发生。在信息网络传播权许可合同中,较高的交易成本会扼杀一些潜在的交易可能性,从而影响作品的传播。

如果司法裁判认定被授权人与第三方合作提供作品的行为可以被合同约定为超越授权范围使用被授权作品的行为,权利人在签订许可使用合同时无须考虑今后可能发生的合作提供作品行为。因为该行为一旦发生,权利人可以就具体行为单独主张具体行为人的侵权责任。如此一来,交易中的不可预期性将会降低,从而导致交易成本降低。

四、超越授权范围使用作品行为的法律责任承担

目前对于未经权利人许可,被授权方与第三方合作提供作品的行为是否可以被约定为超越授权范围使用被授权作品,权利人是否可以选择侵权或违约中任一方式向被授权人主张权利,司法实践中尚存争议。笔者在前文的论述中已经明确观点:(1)被授权人和第三人以协议方式合作提供作品的行为构成著作权法意义上的"提供",即使这种提供是完全链接自被授权人的网站;(2)被授权人和第三人以协议方式合作提供作品的行为是可以与被授权人自己单独提供作品的行为相互分割、独立的;(3)未经权利人许可,被授权人和第三人以协议方式合作提供作品的行为可以被约定为超越授权范围使用被授权作品。综上所述,既然这种行为构成超越授权范围使用被授权作品,那么权利人可以选择侵权或违约中任一方式向被授权人主张权利。

从责任承担的角度来说,"超越授权范围使用被授权作品"的约定是对被授予的权利本身的限制,被授权人必须在权利人划定的"圈子"里使用被授权作品。一旦越过了"圈子",被授权人既可能构成违约,亦可能构成侵权。被授权人的行为一旦被认定为侵权,则与其合作的第三方也有可能构成共同侵权。在司法实

践中,权利人仅向参与合作提供作品的第三方主张侵权责任亦能得到法院的支持。有观点认为:“在司法实践中,基于网络环境的特殊性以及民法的规定,当事人以网络内容提供者与网络技术提供者作为共同被告起诉的,人民法院作为共同诉讼予以审理;当事人仅起诉网络技术服务提供者的,法院不要求必须追加网络内容提供者为被告参加诉讼。”①因此“超越授权范围”的约定意味着权利人的可追责范围扩大到了参与合作的第三方。

五、结语

权利人在合同中约定被授权人与第三方合作使用被授权作品的行为构成超越授权范围使用作品的限制性条款是否具有法律效力关键在于这种约定究竟是对权利本身的限定还是对当事人行为方式的限定。而对限制性条款效力的分析最终还是要落到对合作提供作品这个行为本身来探讨。如果这种行为本身就是一种信息网络传播行为,且其可以与被授权人单独实施的信息网络传播行为相互区别开来,那么这种行为被约定为“视为超越授权范围使用被授权作品”的行为是符合法律规定的,在合法的前提下应当尊重当事人之间的意思自治,使当事人通过许可使用合同各取所需,创造出更多经济利益。

① 陈锦川:《著作权审判原理解读与实务指导》,法律出版社 2014 年版,第 241 页。

图书在版编目(CIP)数据

知识产权法院论丛. 第二辑 / 北京知识产权法院编著 ; 宿迟主编. -- 北京 : 法律出版社, 2018
ISBN 978-7-5197-1927-2

Ⅰ. ①知… Ⅱ. ①北… ②宿… Ⅲ. ①知识产权-中国-文集 Ⅳ. ①D923.404-53

中国版本图书馆CIP数据核字(2018)第013461号

知识产权法院论丛(第二辑)
ZHISHI CHANQUAN FAYUAN LUNCONG(DI ER JI)

北京知识产权法院 编著
宿 迟 主编

策划编辑 蒋 橙
责任编辑 蒋 橙
装帧设计 鲍龙卉

出版 法律出版社
总发行 中国法律图书有限公司
经销 新华书店
印刷 三河市兴达印务有限公司
责任校对 马 丽
责任印制 吕亚莉

编辑统筹 法律应用·大众出版第二分社
开本 710毫米×1000毫米 1/16
印张 33.25
字数 552千
版本 2018年1月第1版
印次 2018年1月第1次印刷

法律出版社/北京市丰台区莲花池西里7号(100073)
网址/www.lawpress.com.cn
投稿邮箱/info@lawpress.com.cn
举报维权邮箱/jbwq@lawpress.com.cn
销售热线/010-63939792
咨询电话/010-63939796

中国法律图书有限公司/北京市丰台区莲花池西里7号(100073)
全国各地中法图分、子公司销售电话:
统一销售客服/400-660-6393
第一法律书店/010-63939781/9782 西安分公司/029-85330678 重庆分公司/023-67453036
上海分公司/021-62071639/1636 深圳分公司/0755-83072995

书号:ISBN 978-7-5197-1927-2 **定价**:68.00元
(如有缺页或倒装,中国法律图书有限公司负责退换)